KB235318

동학의 정치사회운동

장 영 민

景仁文化社

책을 내면서

이 책에 실은 글들은 이미 오래 전에 발표한 것들이다. 자신에게 만족스러웠거나 남에게 좋은 평가를 받았더라면, 벌써 출간되었을지도 모른다. 그 동안 수정과 보완을 누차 다짐하였지만, 단번에 넘지 못한 고개는 두고두고 높게만 보였다. 그래도 이제는 이런저런 사정으로 정리하지 않을 수 없는 시점이 되었으므로 손을 보는 둥 마는 둥해서 부끄러운 마음으로 세상에 내놓는다. 자신의 최근 연구가 거론되지 않았다고 마음 상할 분들이 계시겠지만, 출간 이면이 이러하므로 넓은 양해를 바란다.

이 연구의 초점은 東學이라는 종교에 맞춰졌다. 19세기 후반 민중운동사에서 동학이 차지하는 위상과 영향은 대단히 중요하였다. 1871년 영해병란에서 1894년 동학농민전쟁에 이르기까지 전개된 주요한 민중운동의 중심에는 동학이 자리를 잡고 있었다. 그 시기에 민요와 병란을 비롯한 각종 민중운동이 일어났지만, 동학이 주도한 투쟁과 비교한다면, 발생구조가 비슷하거나 동질적인 성격이 있기는 하였을지라도, 무엇보다 규모와 의의에서 수준이 낮았다고 할 수 있다. 동학이라는 종교집단이 주축이 된 정치사회운동과 그렇지 않은 민중운동이 드러내고 있는 이런 차이는 무엇에서 기인하는지, 그리고 동학의 정치사회운동의 원인과 과정을 실증적으로 밝히려는 작업의 결과가 이 책이다.

당초 19세기에 다발하였던 민란이 놀랄 만큼 유형적인 구조와 양상을 보인다는 점이 흥미로웠다. 그 중에서도 홍경래와 같은 병란의 주모자에 관련된 사실들이 옛날이야기처럼 좀 황당하다는 생각이 들었다. 19세기에 작성된 각도의 監營啓錄에서 빈번히 등장하던 이필제라는 인물과 그의 활동이 인상적이었으므로 글을 하나 쓰고자 하였다. 그러던 중에 장서각에서 헤매다가 발견한 『嶠南公蹟』은 영해병란 가담자들의 공초에 관한 기록이었으므로 너무나 기뻤다. 그리고 한국학대학원 국문학과에 계시던 조동일 교수님께서 저술하신 「진인(眞人) 출현설의 구비문학적 이해」를 읽자, 이필제와 같은 인물이나 영해병란을 비롯해서 유사한 사건들의 내부가 환히 보이는 듯하였다. 대학원생들에게 다른 전공에도 관심을 가질 것을 당부하시던 조 교수님의 가르침이 새로웠다. 그런데 병란이나 농민전쟁의 구조와 성격은 종교학을 통해서도 심층적으로 이해할 수 있음을 황선명 교수님의 「後天開闢과 革世思想」을 읽고 깨닫게 되었다. 천년왕국운동에 관련된 종교학 저서에 줄곧 인용되기에 대단한 저서라고 생각하여 어렵게 입수하여 읽었던 The Pursuit of the Millennium은 다른 것보다 저자 Norman Cohn의 학문적 위업에 경탄을 금할 수 없게 만들었다. 만용을 부려 거의 절반가량을 번역하였을 즈음, 이미 우리말로 번역된 저서임을 알게 되었다. 그리고 실제 연구를 수행하면서 지도교수이신 신용하 선생님의 폭넓은 시야와 거침없는 해석에 나의 좁은 소견과 우둔한 재주가 부끄럽기 그지없을 때가 많았다. 더욱이 엄한 꾸중과 넓은 아량으로 제자의 잘못을 바로잡아주셨다. 여기에 누구도 따라갈 수 없던 학문에 대한 열정은 아직도 생생히 살아있는 교훈이다. 이처럼 필자가 민중운동에 나타나는 종교적 특성, 강력한 정치사회운동의 구심체로서 동학의 역할과 중요성, 동학과 맥락이 연결된 조선후기 민중신앙운동 등에 관해서 관심을 가지게 되고 연구 과제로 설정하게 된 것은 이처럼 좋은 기회와 뛰어난 선생님들을 만날 수 있었기 때문이었다.

조선시대 민중운동에 관한 관심이 고조되었던 80년대에 풍미하였던 연구 경향은 유물사관에 경도된 것이었다. 필자도 어줍게나마 좇아가려고 애를 쓰기도 하였다. 그러나 어정쩡하게 지내온 생리 탓에 그마저도 쉽지 않았고, 이성무 선생님께서 조성하신 한국학대학원 역사학과의 학풍이라고 할 수 있는 '사료 읽기의 중요성'도 괴로움을 더해 주었다. 결국 이 길도 아니고 저 길도 아닌 미로에서 헤어나지 못한 채, 학위논문을 받게 되었다. 결코 받을 만한 수준의 것이 아님에도 가득 차버린 기한 덕을 보았다. 이 학위논문을 처음 구상하던 때에는 동학농민전쟁 부분을 포함시키기 어렵다고 생각하였다. 왜냐하면 정창렬 교수님께서 『갑오농민전쟁연구』라는 결정적 연구로 이미 학위논문을 받으셨기 때문이었다. 이럴 즈음에 「1894년 경상도 고성민요 연구」라는 글을 쓰면서 자연재해라는 환경적 요인이 사회 전반과 민중운동에 미치는 영향이 지대함도 알게 되었다. 공부를 해가면서 동학이라는 종교를 중시하는 관점이 조금 더 뚜렷해지고, 자료를 세심히 읽어가면서 완벽한 연구란 없다는 자신감이 어느 정도 생겨났다. '진보적 역사학'과 일맥상통한 재일사학자 조경달 교수님의 연구에 대해서도 비판할 수 있는 여지를 발견하였다. 역시 동학의 중시, 사료의 음미, 계급결정론의 탈피 등이 널찍한 길을 열어주었다. 동학농민전쟁 100주년이 다가오고 있었으므로 학계도 관련 연구를 활발히 진행하였고, 관련 단체도 행사를 자주 열었기 때문에 적지 않은 자극을 받기도 하였지만, 자의든 타의든 이런 분위기와는 일정한 거리를 유지하였다고 생각한다. 대신 대학원 동문이자 동일한 주제로 논문을 준비하던 박맹수 교수에게 지대한 도움을 받았다. 몸소 발로 뛰면서 발굴한 자료를 복사해서 보내주는 정성에 감격하기도 하였지만, 한

번도 보답한 적이 없었던 것 같다. 성직자니까 그래도 된다는 뻔뻔한 마음이 행여 없지는 않았을까. 덕분에 장기간에 걸친 '나의 투쟁'이 끝난 뒤에 그야말로 단기간에 학위논문을 생산할 수 있었다. 또한 표영삼 천도교 상주선도사님과 이이화 선생님의 가르침을 적지 않게 받기도 하였다.

학위를 받은 이후에도 논문 몇 편을 발표하였지만, 나 혼자만을 위한 무의미한 글을 쓰고 싶지가 않았다. 우리나라 종교사회사를 좀 더 공부해 보고 싶고, 복고적이라는 누명(?)을 쓴 전봉준 등이 그렇지 않았다는 단서를 잡은 상태에서 그친다는 것이 아쉽기도 하였다. 뿐만 아니라, 반침략 항일전쟁의 최초 "의병"인 동학농민군과 후손의 한도 풀어드리지 못하였다. 신용하 선생님 말씀대로 시골의 寒士가 되어버린 것 같았다. 그러나 이제는 동학이나 민중운동에 관련한 연구는 일단락을 맺었다. 그나마 뒤늦게 책으로 내 젊음의 흔적이라도 남길 수 있게 된 것이 다행이 아닐까 한다. 이 책의 출간을 준비하는 동안 동학이나 농민전쟁에 관련된 저서 몇 권이 나온 것을 보았다. 과연 그 반열에 함께 오를 수 있을지 초조하다.

이 보잘것없는 책을 돌아가신 부모님께 삼가 바친다는 말을 적고 싶다. 오직 통곡, 통곡할 뿐이다. 고마운 안사람과 예쁜 예준이에게도 미안한 마음이 가득하다. 그리고 아직까지도 걱정해 주시는 처부모님 역시 감사한 분들이다. 그 동안 도움을 주신 많은 분들, 특히 경인문화사 이미진님께 감사드린다. 마지막으로 새로운 길을 가는 나 자신에게도 격려를 보낸다.

목 차

[附　錄]

序 論

조선후기 이래 면면히 이어진 민중의 사회변혁운동과 신앙운동의 전통은 동학을 탄생시켰고, 동학은 그 토양을 더욱 기름지게 가꾸었다. 최제우가 창도한 동학의 교리에는 새로운 이상세계에서 사람다운 사람으로 살고 싶다는 민중의 소망과 의지가 짙게 배여 있다. 이러한 희망찬 메시지가 민중세계로 되돌아가자, 민중들은 열광적인 신앙으로 화답하였다. 이처럼 동학은 민중에게 희망과 위안을 주는 종교였지만, 19세기 후반 대내외적 모순이 심화되어 감에 따라 종교의 테두리를 벗어나 정치사회적 운동을 전개함으로써 우리 역사에 커다란 족적을 남겼다. 그 가운데에서도 가장 빛나는 업적은 동학농민전쟁으로, 하나로 결집된 동학과 민중의 역량이 이룩한 민중민족운동의 금자탑이었다. 그러나 이 투쟁의 주체가 종교였기 때문에 가질 수밖에 없던 한계도 지적하지 않으면 안 될 것이다.

이러한 역사적 의의를 가진 동학에 대한 연구는 단순히 종교사적인 차원에 머물렀던 것이 아니라, 우리 근대사를 규명하기 위한 필수적인 작업의 일환으로 진행되었다. 다수의 학자들이 동학과 농민전쟁에 관련된 연구를 하였고, 그 성과도 많이 축적되었다.[1)]

---

1) 동학과 동학농민전쟁에 관한 연구의 업적은 박맹수의 1991, 「東學과 東學農民戰爭 硏究動向과 課題」『白山朴成壽教授華甲紀念論叢 韓國獨立運動史의 認識』에 잘 정리되어 있고, 종합적인 참고문헌은 동학농

1930년대 초반에 김상기가[2] 이룩한 학문적 수준은 재차 높게 평가되어야 할 것이다. 오랜 침체기를 벗어나 민족주의의 열풍이 분 1960,70년대에는 다른 역사학 분야와 마찬가지로 이 주제에 관련된 연구는 양과 질의 면에서 커다란 발전을 이루었다. 그에 따라 교리의 구체적인 내용을 비롯하여 동학의 전반적인 면모가 밝혀졌고, 아울러 동학농민전쟁의 원인과 전개 과정도 폭넓게 조명을 받았다. 그를 통하여 동학과 농민전쟁이 우리 역사에서 차지하는 중요성이 거듭 확인되었다. 그리고 이러한 연구의 활성화는 종교적인 측면에 치우쳤던 이전의 시각에서 벗어나 본격적인 학문적 연구 분위기를 조성하였다는 점도 중요하다. 특히 한우근의 꾸준하고 심도 깊고 철저한 실증적 연구는 단연 뛰어난 업적이다.[3] 그러나 자료의 한계와 협소한 시각은 수준 높은 학문적 성과를 지속적으로 생산하는 데 지장을 초래하였다.

1980년대에 이르러 정치적 저항운동이 활발하게 전개되면서, 우리의 역사를 민중적 관점에서 파악하는 동시에 민중운동의 원류를 찾으려고 하는 욕구가 동학과 동학농민전쟁 연구에 새로운 바람을 불어넣었다. 이런 점에 있어서, 『동학혁명의 연구』를[4] 필두로 발간된 관련 업적은 대중적 차원은 물론 연구사적으로도 커다란 의

민혁명기념사업회가 편찬한 『동학농민혁명과 사회변동』(한울, 1993년)의 「부록」에 실려 있다. 그리고 연구사는 졸고(1995, 『동학농민운동연구』, 한국학대학원박사 학위논문, 1~60쪽)을 참고.

2) 金庠基, 1975, 『東學과 東學亂』, 한국일보사. 이 저서는 1931년 『동아일보』에 연재된 것을 약간 수정하여 재출간 한 것이다.

3) 동학과 동학농민전쟁에 관련된 한우근의 단행본만 살펴본다면, 『東學亂 起因에 관한 硏究』, 『韓國開港期의 商業硏究』, 『韓國史』 제15권과 제17권, 『東學과 農民蜂起』 등이 있다.

4) 노태구 엮음, 1982, 『동학혁명의 연구』, 백산서당. 이전의 연구 성과를 묶은 것이므로 80년대의 특수성이 반영되어 있지는 않다.

의를 가지고 있다고 할 수 있다. 이를 계기로 유물사관적 시각을 견지하고, 동학보다는 민중의 역할을 중시하는 경향이 뚜렷하게 형성되었다. 그러나 그것이 수준 높고 구체적인 연구 논문의 형태로 나온 것은 그다지 오래되지는 않았다. 정창렬의 역저는[5] 이런 역사관의 결정이라고 할 수 있다. 그리고 1980년대에 양질의 측면에서 괄목할 만한 업적은 신용하에 의하여 이루어졌다.[6] 전자의 연구가 민중적 시각을 중시하였다고 한다면, 후자의 것은 민족적 성격을 새롭게 발전시켰다.

본서는 이러한 기존의 풍부한 연구 성과를 이어받아 그것을 좀 더 부연하는 데 치중되었다. 그러나 기본 자료와 기존 연구를 검토하는 과정에서 사료의 오독과 해석의 오류를 발견하는 일이 많았다. 사실과 어긋나는 사료 읽기와 아전인수식 해석은 그간의 연구 성과를 무색하게 하는 경우가 많았다. 그렇기 때문에 무엇보다 실증적인 작업을 충실히 해나가는 것을 기조로 삼고 동학의 정치사회적 운동에 접근하려고 하였지만, 이 대사건이 점하고 있는 역사적 위치와 시간적인 근접에 비하여 기본 자료는 그렇게 풍부하지는 않은 듯하다. 더욱이 한 가지 사실에 관하여 상호 배치되게 기술한 자료도 적지 않다. 따라서 사료의 발굴과 치밀한 검토 등 철저한 실증적인 연구가 더욱 필요함을 인식할 수 있었으나, 그런 수준에 훨씬 미흡한 결과를 얻었을 뿐이다. 하지만, 몇 가지 잘못된 점은 바로잡았다고 생각한다.

그리고 동학농민전쟁 같은 전근대사회의 민중운동은 종교가 이끌어낼 수도 있었다는 점을 강조하려고 한다. 그처럼 거대하고 수준 높은 민중운동이 일어나기 위해서는 사상이나 이념, 지도세력,

---

5) 鄭昌烈, 1989, 『甲午農民戰爭硏究』, 연세대 박사학위논문.
6) 愼鏞廈, 1993, 『東學과 甲午農民戰爭硏究』, 일조각.

초지역적 조직 등 여러 면에서 상당히 공고하고 발전된 지도체가 있어야 한다. 물론 동학도 전근대사회의 종교로서 사회를 근본적으로 혁명할 수 있는 역량이 완비되지는 못하였다. 오히려 동학에서 완벽한 투쟁 주체로서의 역할을 찾으려고 한다거나, 동학농민전쟁을 근대적 사회혁명으로 보는 시각도 적절하지는 않은 것 같다. 그리고 전근대사회의 민중운동이 반드시 종교에 의하여 추동되는 것도 아니다. 다만 사실적으로 동학이 19세기 후반 민중들의 정치사회적 운동의 핵심이었음을 말하고자 한다. 다시 말하여 동학을 제외하고는 동학농민전쟁과 같은 수준의 투쟁을 이끌어낼 수 있는 '민중적 이데올로기'와 민중의 투쟁 조직을 발견하지 못한다는 점에서 이미 많은 자료에서 보이는 동학의 주도적인 역할을 거듭 강조하지 않을 수 없다.

동학과 동학농민전쟁은 조선사회가 처하고 있던 대내외적 상황의 총체적 산물이므로 연구가 본격적인 수준에 도달하기 위해서는 엄청난 노력과 시간이 필요하다. 기존의 연구도 다른 주제에 비하여 결코 적다고 할 수 없을 정도로 축적이 되었기 때문에, 구체적이며 세부적인 소주제를 철저하게 연구하는 작업도 필요하다. 그러나 동학의 중요성을 강조하는 연구나 낮게 평가하는 연구도 당시 역사에서 차지하는 동학의 의미와 역할이 구체적으로 무엇인지에 대하여 설득력 높은 성과를 내지 못하고 있는 듯하다. 따라서 부족하나마 본서를 통하여 동학의 정치사회운동을 개괄적으로 밝혀 향후 연구에 도움이 되는 징검다리가 되고자 한다.

본서에서 가장 먼저 다룬 주제는 동학의 발생과 성격이다. 흔히 동학은 조선후기의 대내외적 모순에서 태어난 민중종교라고 한다. 그런 사회경제적, 혹은 정치외교적인 접근만으로는 동학의 성격과 의미가 제대로 밝혀지지 않을 것 같다. 동학은 종교이기 때문에 종교 외적인 조건에 의하여 피동적으로 발생한 것은 아니라고 생각한다. 조선후기 민중의 종교적 문화를 고찰하고, 그 가운데에서 동학과 맥락이 잇닿아 있던 전통을 찾아내는 작업이 이루어져야 동학을 제대로 이해할 수 있을 것이다. 이런 측면에서 동학 발생의 종교문화적 배경을 정감록과 같은 도참과 진인출현설에 대한 민중의 믿음과 그를 토대로 한 민중신앙운동에서 발견하고자 하였다. 그리고 동학 본래의 사상과 성격을 정확하게 이해하기 위해서 동학 경전을 서지적으로 검토하였고, 이미 널리 알려진 다시開闢(後天開闢)과 侍天主라는 동학의 근본 사상도 깊게 이해하려고 하였다. 특히 동학의 중요한 요소임에도 불구하고 소홀하게 다루어진, 고유의 절대신 한울님이 최제우에 의해서 재발견된 의미와 구원자로서 최제우의 위치를 강조함으로써 동학의 독특한 구원종교적인 성격을 부각하려고 하였다.

이러한 시각에서 동학을 보았을 때, 낡은 세계의 종말과 새로운 이상세계의 도래에 대한 믿음에서 발생한 서양 중세말 기독교의 천년왕국운동과 유사한 면이 있는 것 같다. 현실부정적인 종교 요소와 성격을 가진 동학이 고통과 절망을 강요하는 현실세계, 구체적으로 말하자면, 조선왕조와 외세와 갈등하게 되고, 나아가 양자의 대립이 격화되는 상황까지 이르게 되자, 고통의 원천이자 낡은 세계 그 자체와 대결하겠다는 의지를 가진 교도들이 나와 정치사회운동을 전개하였고, 마침내 대대적인 무력 충돌도 불사하게 되었다. 최제우 포덕기의 초기동학도 악과 고통의 근원인 현실세계를 부정하려는 성향이 강하였지만, 조정의 탄압에 직면해서 스스로 약화시키려던 움직임을 보였다. 이처럼 외적 조건의 변화에 따라서 동학의 성격이 변질되거나 활동 양상이 달라졌다. 그렇지만 대내외적으로 가중되는 모순과 격화되는 위기 속에서 동학과 현실세계는 충돌할 수밖에 없었고, 그 총결적 사건이 바로 동학농민전쟁이었다.

초기동학의 본질에 다가서기 위해서 그 성격이 잘 나타나 있는 동시에 동학의 첫 번째 정치사회운동인 1871년 寧海兵亂을 집중적으로 다루었다. 영해병란은 원인과 성격이라는 측면에서 기왕의 병란이나 순수종교운동과는 구별된다. 일반적으로 영해병란을 최제우 신원운동으로 말하고 있으나, 그것은 영해병란의 부차적이며 부분적인 목적과 의의일 뿐이다. 또 병란 참가자들이 동학교도가 아니라 일반적인 농민으로서 가담하였다는 연구도 수긍하기 어렵다. 스승의 원통한 죽음에 대한 원한과 새로운 세계의 출현에 대한 확신이 잔존 동학교도들을 병란으로 몰았다. 그리고 병란의 참가자들 다수가 조선사회의 신분적 질곡 아래에서 커다란 불만을 가졌다는 사실도 중요하다. 결국 영해병란에는 조선사회의 모순과 동학 신앙과 왕조타도운동이 일관되어 있다고 할 수 있다.

영해병란 뒤 커다란 위기를 맞았던 동학은 최시형의 헌신적인 노력 끝에 재기하는데 성공하였다. 때마침 개항 이후 정부가 대외적인 도전에 동학을 제대로 탄압하지도 못하였고, 더욱 고통스러워진 현실을 초탈하고 부정하려는 민중들의 종교적 희구가 강해지자, 동학은 1890년대 초반에 놀라울 정도로 교세를 확대하였다. 그것은 동학 자체의 사상적 역량이라기보다는 기본적으로 종교 외적인 상황, 시대적 모순이 결과한 것이라고 할 수 있다. 그리고 이렇게 변화된 외적 상황에서 동학이 처음부터 내포하고 있던 현실부정적 성격이 갑자기 대두되기 시작하였다. 여기에 동학의 발전에 놀란 정부와 양반들이 동학교도들을 탄압하자, 체제와 동학 사이의 긴장은 높아갔다. 이런 위기에 대처하기 위한 동학의 정치사회운동이 신원운동이었다. 그런데 신원운동을 최제우의 신원이나 신앙의 자유와 같은 종교적 영역에만 한정시킬 수 없다는 견해는 이미 확립되어 있지만, 여기에서 더 나아가 계급적 민중을 앞세우고 종교적 성격을 과소평가하는 것은 그다지 타당하지 못하다. 동학은 신원운동 과정을 통하여 빠른 속도로 정치집단적 성격을 가지게 되었다. 신원운동이 소기의 목적을 달성하지도 못하였고, 가중된 탄압으로 동학의 위기감은 더욱 고조되었지만, 한편으로는 왕조체제와의 대결을 통하여 정치의식, 조직과 동원 능력을 얻었다. 이런 측면에서 신원운동은 동학농민전쟁으로 가던 중요한 징검다리였고, 동학과 조선왕조의 정면충돌은 불가피한 형국이 되었다.

1894년 1월 10일에 일어난 고부민요는 신원운동 단계에서 투쟁적인 노선을 선도하였던 전봉준 등 소수 교도들이 향촌주민들과 함께 전개한 국지적 조세저항이었다. 그러나 동학교도와 일반 향촌주민 간의 의식과 역량의 차이는 너무나 컸기 때문에, 결국 향촌주민의 이탈로 민요는 해체되고 말았다. 조선후기에 다발하였던 일과적이며 국지적 민중운동이었던 병란이나 민요는 비록 양자가 결합된다고 할지라도, 체제와의 전면적 투쟁으로 발전할 수 없었다는 한계를 가지고 있었다. 즉 동학농민전쟁은 정감록과 같은 비기에 의존한 병란이나 향촌주민들의 조세저항인 민요와는 전혀 차원이 다른 새로운 형식의 민중운동이었음을 고부민요를 통하여 확인할 수 있다. 또 고부민요는 동학농민전쟁을 이끌어낸 세력이 동학교도임을 명백한 사실로 말해준다. 동학이 비록 정치사상, 혹은 혁명사상은 아니지만, 민중을 체제와 정면 대립시킬 수 있는 이념과 조직, 그리고 정서적 영향력을 가지고 있었다는 점은 인정하여야 한다. 동학을 무시하거나 혹은 동학을 종속적 지위에 놓고 동학농민전쟁의 발발을 말하는 것은 잘못되었다고 할 수 있다. 그런 연구들은 고부민요부터는 동학과 농민들을 극력 분리시키고, 농민들에게 주도권을 넘겨주려고 하지만, 실증적인 측면에서 제대로 성공하지 못하였다고 할 수 있다.

고부민요의 해체 단계에 이르러서 전봉준 등 주동자들은 무장봉기하여 서울에 올라가 권력을 장악하겠다는 투쟁의 목적을 확고하게 정하게 되었다. 이후 동학교도를 대대적으로 규합한 전봉준 등은 무장에서 역사적인 동학농민전쟁을 선언하였다. 고통의 원천이자 모순의 총체인 조선왕조를 타도하고 민중이 인간답게 살 수 있는 세계를 만들기 위하여 동학농민군들이 분연히 궐기한 것이다. 그들의 목표는 輔國安民이라는 동학의 언어로 제시되었다. 제1차 봉기의 참가자들은 대부분 동학교도로서 동학농민군의 종교집단성은 강고하였다. 혹자는 이 사실적 부분에서도 동학을 농민과 계급의식에 종속적이며 부차적인 요소로 격하하기도 하지만, 그 근거는 별로 견실하지 못하다.

그리고 봉기한 동학농민군은 승승장구하며 관군을 난국에 몰아넣은 것만은 아니었다. 특히 신식군대인 京軍과 일대 격돌한 전주성 공방전에서는 많은 희생자가 났다. 그렇지만 다수 연구는, 청일 양국의 출병은 동학농민군과 관군에게 민족적 위기로 받아들여졌기 때문에 서둘러 '전주화약'을 맺은 뒤, 관군은 서울로 올라가고, 동학농민군은 전라도 중심부로 이동하게 되었다고 한다. 이러한 주장은 '전주화약'을 동학농민군이 거둔 승리의 결실로 해석하는 오류보다는 낫지만, 사실을 정확하게 읽지 않았다는 점에서는 동일하다. 동학농민군은 승리를 거두지 못하였고, 청일 양군의 출병 때문에 '화약'을 체결한 것도 아니었다. 실상은 관군에게 패배하여 전주성에서 철수, 후퇴, 해산한 것이었다.

이후 상황은 군사적으로 조선을 점령한 일본, 그들에게 의부하여 갑오경장을 단행한 개화파, 그리고 전라도 일대를 완전히 장악한 동학농민군 3자의 세력 관계에 의하여 전개되었다. 일본은 청국과 전쟁을 하고 있었고, 중앙정부는 정치세력 교체와 신식제도의 창출로 분주하였다. 따라서 양자는 비록 동학농민군이 전라도 일대를 장악하고, 지방사회를 거의 독자적으로 통치함에도 불구하고 그대로 방관할 수밖에 없었다. 한마디로 조선왕조 자체가 커다란 변화와 위기에 봉착하였던 것이다. 이러한 힘의 공백 국면에서 동학농민군은 폐정개혁을 실시하여 지방행정은 물론이며 사회구조적 모순까지 해결하려는 의지를 갖고 활동하였다. 특히 제2차 봉기가 그렇게 대대적으로 일어날 수 있었던 이유로 바로 강력한 동학농민군의 활동과 그것을 억제하지 못하는 중앙정부의 무기력한 통제는 아주 중요하였다. 적어도 전라도 거의 전역, 충청도와 경상도 일부는 새로운 세계가 전개되었던 것이다.

제2차 봉기의 목적은 무엇보다 일본의 침략에 대한 민족주의적 저항이었다. 당시는 어떠한 세력도 동학과 무관하게 창의할 수 없었던 상황이었다. 심지어는 대원군도 보수적인 양반유생과 동학농민군을 봉기시키려고 밀사를 파견하였지만, 결국 동학농민군만 재차 기포하였을 뿐이며, 그마저도 대원군의 지시나 명령에 의한 것은 아니었다. 일본의 침략에 맞서 수많은 조선의 민중들이 동학농민군의 봉기에 참여함으로써 동학농민전쟁은 민족적 반침략 반일투쟁이라는 의의를 지니게 되었으며, 스스로 지칭한 것처럼 동학농민군들은 최초의 "의병"이었다. 그렇다고 해서 제2차 동학농민전쟁의 의의가 반침략에만 국한되는 것은 아니며 수명을 거의 다한 조선왕조에 최후의 일격을 가해서 새로운 세계를 만들고자 하였다. 여기에서 불분명하지만 '근대문명'과 연결된 동학농민군 지도자도 있었음을 알 수 있었다. "동학군 세상"이 되자, 현실적인 목적을 가지고 입도한 새로운 교도들이 많아졌고, 자연히 동학의 주도권은 약화되는 듯하였으며, 전쟁의 종교적 성격도 적지 않게 희석되었다. 이런 점은 분명히 제1차 동학농민전쟁과는 다른 양상이었으나, 여전히 동학의 지도자들이 투쟁을 지도하였으며, 적극적으로 투쟁에 참여하는 자들도 동학교도였다.

이 중대한 시기에 비록 동학교도 사이에 남북접의 분열도 있었지만, 민족적 대의 앞에서는 양측 모두 힘을 합하였기 때문에 결정적인 전력의 손실을 초래하지 않고 전봉준과 손병희의 대연합군이 결성될 수 있었다. 그럼에도 학계에서는 남북접의 분열과 갈등을 과도하게 해석하여 북접을 과소평가하는 경향이 있지만, 이런 시각은 정확한 실증을 통하여 바로잡혀야 된다고 본다. 남접의 우두머리라고 하는 서장옥(서인주)와 최시형의 관계를 고찰하여 남북접 분열이 동학농민군 봉기를 실패로 이끌었다는 주장은 왜곡된 자료에 입각한 억측임을 밝히고자 하였다.

동학농민전쟁은 성패를 떠나 우리 근대사의 커다란 획을 그었고, 동시에 이후 민족민중운동의 원천이 되었다는 점에서 역사적 의의를 찾을 수 있다. 그런데 동학농민전쟁에 관한 우리의 인식은 아직도 다양하다. 용어조차도 확정되지 않고 있는 실정에서는 그 성격과 의의에 관한 견해가 분분하다는 것은 당연한 현상일 수도 있다. 학계는 물론이며 대중적으로도 많이 쓰이고 있는 '반봉건 반침략'이라는 투쟁의 성격도 엄밀한 것은 아니다. 본서도 용어, 성격, 의의 등에 관해서 논지를 전개하고 나름대로 규정도 하지만, 관련 연구자들을 설득할 수 있는 과학적이며 타당한 근거를 제시하지는 못하기 때문에 납득하기 어려운 주장을 되풀이하는 것이라는 질타를 피하기는 어렵다고 본다. 단지 또 다른 논의를 추가하였다는 평을 받기를 기대한다. 동학농민전쟁을 '반왕조 반침략' 투쟁이라고 보고, 여기에 종교적 성격이 아주 강하였다는 점을 강조하고 싶다.

부록에는 한국역사연구회가 출간한『1894년 농민전쟁연구』5책에 대한 서평을 실었다. 농민전쟁 100주년을 기념하는 차원에서 나온 저작으로 농민전쟁 연구의 집대성이라고 할 수 있는 뛰어난 업적으로 인정받고 있다는 점에서 평가할 필요가 있다고 본다. 그리고 동학농민전쟁의 진보성을 인정하지 않으며, 특히 전봉준의 거의 동기를 보수적이며 근왕적인 것으로 주장하고 있는 유영익의 논문을 비판하는 짧은 글을 실었다.

제1장

동학의 종교문화적 발생 배경

-정감록을 중심으로-

Ⅰ. 머리말

Ⅱ. 정감록의 형성

Ⅲ. 정감록의 구성 요소

Ⅳ. 도참비기의 종교적 한계

Ⅴ. 맺음말

Ⅰ. 머리말

조선후기의 민중들은 고통스럽고 절망에 찬 현실을 어떻게 이겨낼 것인가 하는 절박한 문제를 안고 있었다. 또 그에 따른 현실적 대응은 기존 지배질서가 무너지지 않는 한 성공보다 실패가 더 많기 마련이었다. 따라서 현실에서의 좌절과 패배 속에서 정신적 고통은 더욱 격심해질 수밖에 없었다. 특히 빈번하게 발생한 참혹한 흉년과 무서운 전염병은 사회적 모순을 심화시키는 원인인 동시에 인간이 철저하게 무력한 존재임을 일깨워주는 계기였다. 바로 여기에서 인간들은 관념적으로 고통스러운 현실을 거부하고, 행복하고 이상적인 종교 세계를 갈구하게 된다. 그 누구도 회의하거나 부정하지 못할 절대 권능을 지닌 초월적 존재에게 의지하여 악과 불의로 가득한 현실세계를 부정하고 새로운 이상세계를 희구하는 현상은 지극히 자연스러운 인간의 종교적 심성의 발로이다.[1)]

이러한 민중의 종교적 열망은 기성종교에서는 충족되기 어렵다. 기성종교는 이미 현실의 지배질서 일부가 되어 있기 때문에, 민중들에게 내세의 행복 등을 강조하며 현세의 고통을 참고 견딜 것을 요구하며, 심지어는 다른 형태의 억압이 되기도 한다. 또는 민중들에게 정신적 위안과 피난처를 제공하기도 하지만, 절박한 처지에 놓인 그들을 현실에서 궁극적으로 구원해 주지는 못한다. 민중과는 밀접한 무속 등도 단지 개인적인 고통을 일시적으로 완화시켜 줄 따름이다. 동학을 창도한 최제우가 유·불·선의 운이 다하였

---

1) 黃善明, 1983, 「後天開闢과 革世思想」『韓國近代民衆宗教思想』, 학민사.

다고 말한 까닭도 바로 이러한 점에 있었다. 그러므로 민중들은 현세에서의 새로운 삶과 이상세계를 예언하고, 즉각적인 구원을 약속하는 새로운 신앙, '구원자'의 출현을 고대하게 되었고, 그에 부응하여 동학이 민중종교로 새롭게 태어났다.

그런데 새로운 신앙운동은 전혀 백지 상태에서 발생하는 것은 아니다. 그것은 민중신앙 영역에서 신앙 혁신이 일어나거나, 외래종교문화가 유입되어 기존 종교문화의 장을 재편성하게 될 때만이 가능하다.[2)] 특히 종교적 카리스마들은 민간신앙을 재발견하고, 민중의 종교적 욕구를 만족시키면서 자신들의 종교적 욕구는 물론이고 세속적 욕구까지 융합시키는 방법으로 구복적이고 현세적인 구원자 신앙을 만들어낸다. 그렇다고 하여 모든 민중신앙이 일정한 조건만 갖춰지면, 새로운 신앙운동으로 발전하는 것은 아니다. 특히 사회변혁에 잘 어울리는 신앙형식이 되려면, 종교성과 예언성이 강하고 집단적 사회성이 있어야 한다. 그러므로 이러한 조건을 어느 정도 충족시키는 신종교가 주목된다.

동학과 신종교의 발생에서 중시하여야 하는 대표적인 종교문화적 배경은 鄭鑑錄과 같은 圖讖秘記, 그리고 眞人說이라고 할 수 있다. 물론 이 두 가지 요소만이 신종교 발생의 배경이 된다거나 가장 중요한 요소라는 것은 아니다. 다만 그것이 가지고 있는 정치적 예언은 종교적 성격이 농후하였고, 또 동학을 비롯한 우리나라 신종교의 공통적 성격과 긴밀하게 연결되었기 때문이다. 따라서 신종교가 성립되기 위해서는 민중들의 의식 깊숙한 곳에 자리 잡고 있는 도참비기와 진인에 대한 믿음과 기다림이 필요하였다고 할 수 있다. 만약 이런 종교문화적 기반이 형성되어 있지 않았다면,

---

2) 윤승용, 1990, 「민간신앙과 사회변혁」『역사속의 민중과 민속』, 한국역사민속학회 엮음, 이론과 실천, 444~449쪽.

동학이나 기타 신종교가 일어나기는 아주 어려웠을 것이다.[3] 그렇기 때문에 동학의 발생과 성격을 도참비기와 연결시키지 않는 연구를 거의 찾아볼 수 없다고 할 정도이다.[4]

이처럼 조선후기의 도참비기와 진인설이 신종교 발생의 주요한 기반이었다는 사실이 갖는 중요한 의미는 신종교가 강한 현실부정

---

3) 尹以欽, 1991, 『韓國宗教研究』 3, 집문당, 311~312쪽. 尹以欽은 鄭鑑錄과 같은 秘訣信行은 사회구성원 전체에게 신념체계를 강력히 전하여 주며, 따라서 이러한 신행을 根源宗教傳統(Primal Religious Tradition)이라고 한다. 근원종교전통은 조직과 교단은 없지만, 전체 성원의 무의식적 가치관에 뿌리를 두고 있으며, 한국의 자생신흥종교들은 흔히 이러한 근원종교 뿌리의 신념체계를 새롭게 재구성하여 표현하고, 또 이를 근거로 새로운 조직을 형성한다고 한다. 이렇게 탄생하는 신종교나 제도종교의 교리나 공식화된 신념체계는 근원종교의 무의식적 신념체계라는 빙산의 일각에 불과하다고 말할 정도로 민간신앙과 속신 등 근원종교전통은 종교 발생과 발전의 중요한 기반이다. 또한 이 보이지 않는 신념체계가 사회적 위기의식과 만날 경우, 구시대의 종말과 새시대의 개벽에 대한 열망으로, 극단의 기복행위로, 민중의 집단의식으로 뭉쳐져 사회개혁의 의지로 나타나기도 한다고 한다. 다시 말해서 비결신행이 갖는 '신비스러움'과 '운명관'의 두 조건을 내포하는 근원종교의 신념이 사회변동의 내적 에너지를 제공하며, 이 에너지가 이상세계의 상징으로 표현될 때 천년왕국의 신흥종교집단은 만들어지기도 한다.

4) 金庠基, 1975, 『東學과 東學亂』, 한국일보사, 43~48쪽. 동학을 최초로 본격적으로 연구한 金庠基는 동학의 출현을 사회적 배경 외에 종교적 조건, 그 중에서도 讖緯說을 중심으로 한 민간신앙에서 살피고 있다. 이 민간신앙의 일반적 형태를 巫卜的 信仰과 風水信仰이라고 하며, 특히 風水說로 윤색된 秘記讖緯說을 자못 중요시하였다. 조선후기의 각종 정치적 사건과 변란은 鄭鑑錄을 비롯한 讖緯說과 직결되어 있었고, 이런 것을 종교적으로 이용하여 인심의 취향을 모으려고 한 인물이 최제우였다고 한다. 따라서 동학, 특히 초기동학의 진면목은 민간신앙 위에 상당 부분 근거하고 있으며. 결과적으로 종교적 요소는 민간신앙에 의하여 제약될 수밖에 없었다고 한다 ; 金龍德, 1964, 「東學思想研究」 『中央大 論文集』 9, 190~204쪽. 金龍德은 중요한 동학사상인 革命主義는 鄭鑑錄的인 時運論, 眞人과 造化에 대한 믿음이라고 한다.

적 성격을 갖는다는 점이다. 곧 신종교의 원형은 조선후기 민중의 정치사회적 의식의 성장과 민중신앙운동에서 찾을 수 있다. 전근대사회의 민중들은 흔히 '이념'이라고 하는 추상적인 철학이나, 명료한 계급의식보다는 초자연적이며 초월적인 종교적 세계관을 통하여 우주와 세계를 파악하였다. 더욱이 고통스러운 난관을 탈출할 수 있는 현실적인 길이 차단되어 있었기 때문에 종교적 구원에 대한 갈망은 한층 강렬하였다. 따라서 민중사회에서 발생하는 신앙운동과 신종교는 자연히 현실세계와 대결하고, 또 그것을 부정하는 정치성이 강할 수밖에 없었다. 물론 종교가 갖는 정치성은 현실의 정치와 다른 점이 있을 것이다. 그러나 자신들을 에워싸고 강요되는 질서를 부정하고 다른 질서를 요구한다는 점에서 충분히 정치적이라고 할 수 있다. 그렇기 때문에 어느 정도 교리체계와 조직기반을 확보한 신종교집단은 일정한 내외적 조건하에서 정치사회적 운동을 전개하게 된다. 우리나라 신종교의 효시인 동학이 동학농민전쟁 등을 주도한 역사적 사실이 이를 잘 말해준다. 요컨대 민중의 신종교운동은 민중들의 정치사회적 의식과 행위의 또 다른 표현이라고 말할 수 있다.

동학의 창시자 최제우는 "한울님"의 無極大道에 의하여 先天의 시대가 가고 지상선경인 後天의 시대가 도래한다고 예언하였다. 동학 외에도 증산교와 원불교 등 여러 신종교도 역시 이와는 크게 다르지 않은 교리를 가지고 있다. 이와 같은 철저한 현실부정의 예언은 현실세계 자체라고 할 수 있는 조선왕조가 멸망하고 새로운 왕조가 개창될 것이라는 도참비기와 본질상 일맥상통하는 것이다. 최제우가 비록 "괴이한 동국참서"인 도참을 거부하려고 하였을지라도, 민중세계에 이미 뿌리를 내리고 있던 그런 요소를 자신의 사상 안에서 소화하고 종교적으로 승화시키지 않았다면, 동학이 민중들에게 그처럼 커다란 호응을 받기는 어려웠을 것이다. 그리고 새로운 이상세계를 가져올 신이한 존재인 진인에 대한 민중의 믿음은 동학의 창시자 최제우에게 투사되어 있었다. 최제우 자신은 교도들에게 자기를 믿지 말고 한울님만 믿으라고 가르쳤으나, 그들은 최제우가 자신들을 구원해 주기 위하여 한울님의 명을 받고 온 진인, 구원자와 같은 존재라고 생각하였다. 또 조동일은 경주지방에서는 아직도 최제우를 진인이나 神人으로 여기고 있는 구비설화가 채집된다고 한다.[5] 그리고 강증산을 비롯한 수많은 신종교의 창시자들은 자칭, 또는 타칭 구원자라고 하였다. 따라서 동학을 비롯한 조선사회의 자생적 신종교의 발생을 제대로 이해하기 위해서는 무엇보다 정감록을 중심으로 한 도참과 진인설에 대한 검토가 필요하다.

Ⅱ. 정감록의 형성

중국 후한 때에 발생한 도참은 왕조교체에 대한 정치적 예언이다.[6] 圖는 미래에 일어날 사실의 비밀스러운 상징(Symbol)·표징(Token)·신호(Signal)·징후(Symptom)·전조(Omen)·암시(Suggestion)로서의 의의를 가진 것이다. 讖이란 것은 隱秘한 言語 혹은 文字로써 장래의 일을 예언·암시하는 것이라고 할 수 있다. 즉 圖나 讖은 장래의 징험을 의미하고 天意的(神意的)·自然的 現出을 표

5) 조동일, 1981, 『동학성립과 이야기』, 홍성사.
6) 李丙燾, 1986, 『高麗時代의 硏究』, 亞細亞文化社 재판, 15쪽.

방하는 동시에, 그 표현의 방법과 형식이 지극히 신비하며, 또 양자가 흔히 王者受命의 符驗으로서 임무를 다하던 점에 있어 서로 일치하여 조금도 다름이 없다. 결국 도참은 천의 의지에 가탁한 왕조의 멸망과 개창에 관한 정치적 예언이라고 할 수 있다.

우리나라와 중국의 역사에는 도참을 이용하여 왕조의 종말과 개창을 정당화하였던 예가 많다.[7] 고구려와 백제의 멸망에 관련된 도참도 쉽게 찾을 수 있으며, 고려 건국의 경우에도 마찬가지이다. 왕건의 등극과 통일에는 좀 더 구체적이며 정교한 도참이 보인다. 왕건은 이러한 도참을 아주 능동적이며 적절하게 이용하였던 것처럼 생각되기도 한다. 그리고 고려사회에서는 왕조가 멸망할 때까지 내내 도참은 아주 중요한 정치적 요소로서 작용하였다. 조선의 건국도 역시 도참을 이용하여 합리화되었지만, 고려의 그것과 비교하여 주로 유학적인 천명사상에 의하여 이루어졌다고 생각되며, 도참은 부차적이며 하위적인 기능을 담당하였던 것이 아닌가 한다. 그래도 조선왕조 건국 이후 한동안은 도참을 싣고 있는 圖書·讖書·秘記·秘訣·秘籙 등이 공공연하게 유포될 수 있었다. 그러나 왕조체제가 안정되고 유교적 정치문화가 기반을 확보해 나가게 되자, 그 속성상 체제부정적인 도참은 더 이상 용인될 수 없었다. 그에 따라 몇 차례에 걸쳐 도참비기의 폐기가 대대적으로 이루어졌다. 그렇지만 이렇게 오랫동안 왕조교체의 예언으로 사람들의 마음에 각인된 도참이 쉽게 사라질 수는 없었다. 조선사회에서 도참은 여전히 정치적 저항문화로서 잠류하고 있었다.

정감록은 조선후기의 가장 대표적인 도참으로 조선왕조의 멸망

---

7) 崔守正, 1948,『鄭鑑錄에 對한 社會學的考察』, 해방서림 ; 李丙燾, 위의 책 ; 車柱環, 1978,『韓國道教思想研究』, 서울대 ; 梁銀容, 1984,「近代韓國의 圖讖思想」『崇山朴吉鎭博士古稀紀念 韓國近代宗教思想論叢』, 원광대, 2~8쪽.

과 새로운 왕조의 창건에 대한 예언서이다. 현재 흔히 정감록이라고 하는 것은『鑑訣』·『三韓山林秘記』·『無學秘訣』·『道詵秘訣』·『南師古秘訣』등 개별적 비기들을 모아 놓은 책을 지칭한다.[8] 이런 비기들은 내용이 비록 상이한 점이 많아도, 모두 조선왕조의 멸망을 예언하고 있다는 공통점을 가졌고, 정감록이 가장 대표적인 비기이기 때문에 정감록으로 통칭되는 것 같다. 정감록이란 명칭이 가장 먼저 보이는 것은 영조 15년의『비변사등록』기사이다.[9] 그러나 그것은 "鄭鑑錄歷年等事"에 불과하여 조선왕조의 멸망을 예언한 내용일 것이라는 점 외에 다른 사항은 알 수 없다. 정조 6년 거의 비슷한 시기에 각각 황해도 평산과 충청도 진천에서 수상한 자들이 체포되었다. 평산 사건의 연루자가 정감록을 소지하고 있었고,[10] 진천 사건의 주모자도 역시『經驗錄』이란 비결에 있는 여섯 자의 흉언을 정감록에 삽입하기도 하였다.[11] 이 두 사건은 송시열의 후손으로 홍국영의 편을 들다가 유배된 송덕상과 연결되어 있었는데,[12] 그 가운데 한두 사람이 체결되기는 하였지만,[13] 사건의 전개상 긴밀한 관계는 없었던 것 같다. 이런 점으로

8) 일제하부터 여러 가지 비결을 집성한 책들이 다수 편찬되었다. 그 가운데 鄭鑑錄이란 책명을 쓰고 있는 것은『異本鄭鑑錄』·『批難鄭鑑錄眞本』·『鄭鑑錄』(安春根 編, 1973,『鄭鑑錄集成』所收, 아세아문화사), (金水山 編著, 1975, 명문당), (정다운 글,『鄭鑑錄』; 1986,『鄭鑑錄』, 밀알),『原本新析 鄭鑑錄』(1990,『한국의 민속·종교사상』所收, 삼성출판사) 등 다수가 있다.

9) 李炫熙, 1984,「水雲의 開闢思想 硏究」『東學思想과 東學革命』, 청아출판사, 주 29 참조. 영조 8년에도 鄭鑑錄을 연상시키는『尊家秘記』가 출현한 것을 보면(『推案及鞫案』 제21권, 184册 罪人之曙推案, 44쪽), 이미 鄭鑑錄의 원형은 널리 유포되었다고 할 수 있다.

10)『正祖實錄』권14, 6년 12월 신미. 조선왕조실록의 기사는 서울시스템의 조선왕조실록 CD-ROM에서 찾았다.

11)『正祖實錄』권14, 6년 11월 계축.

12)『正祖實錄』권13, 6년 3월 을축 ; 동년 11월 계축 참조.

미루어, 정감록이란 이름의 비결은 조선사회에 이미 널리 퍼져 있었다고 할 수 있다. 정조 9년의 홍복영 사건에 이르러 좀 더 구체적인 것을 알 수 있다.[14] 그 내용 가운데는 지금 출판되어서 나온 정감록류의 비결, 그 중에서 정감록의 전형으로 흔히 인정되는『감결』에도 전혀 찾아볼 수 없는 것이 실려 있다.[15] 따라서 같은 이름의 비결이라도 시대에 따라 내용이 일정하지 않았다고 할 수 있다. 즉 민중의 염원이 변화하는 정치사회적 상황과 민심의 흐름에 따라 비결의 표현을 달리하였으므로 정감록의 내용은 고정될 수 없었다. 그리고『감결』에는 이른바 신임사화와 戊申亂의 사실을 담고 있거나, 영조와 정조 대에 세곡을 안전하게 수송하기 위하여 인천과 부평 사이에 운하를 파려고 했던 시도에 근거를 둔 내용이 실려 있다.[16] 비결의 작자나 윤색자는 예언의 신뢰성을 높이기 위하여 이렇게 역사적 사실을 동원하지 않을 수 없었다. 또한『慶州李先生家藏訣』은 19세기 말이나 20세기 초에 만들어진 것이 분명하

13)『正祖實錄』 권14, 6년 11월 임자.

14)『正祖實錄』 권19, 9년 3월 을축.

15)『正祖實錄』 권19, 9년 3월 갑자. 이때의 鄭鑑錄은『眞淨秘訣』과 함께『國祚編年』이라는 비결집에 수록되었고, 이전부터 流傳되어 온 서책이라고 한다. 그런데 그 내용 일부에는 "我國歷六百年後 有百年干戈之說 而眞淨秘訣與鄭鑑錄相符云 而所謂三家 卽鄭金劉三姓"이 있다. 이것은 현재의『鑑訣』에는 들어 있지 않다. 나라가 鄭·金·劉 三姓으로 나누어진다는 말은 현재 전하는 다른 비결에서도 빈번하게 보이지는 않는 것이지만, 조선후기의 비기에는 종종 나오던 내용이다.

16)『推案及鞫案』 제21권, 192册 逆賊尹志等推案, 432쪽. "辛臘壬三"과 "申年春三月 聖歲秋八月 仁富之間에 夜泊千艘 安竹之間 積尸如山"이 그것이다. 뒤 구절은 영조 31년에 일어난 尹志의 역모 사건에도 이미 등장하였다. 이는 영조 4년과 31년 사이에 鄭鑑錄의 주요한 구절이 만들어진 것을 의미한다. 더 나아가『鑑訣』에는 戊申亂 이후 발생한 것이 명백한 역사적 사실들이 실려 있지 않다는 점에서 十勝地를 제외한 鄭鑑錄의 내용이 이 시기에 완성된 것이라고 추측된다.

다. 그 내용 중 임오군란, 갑신정변, 청국의 대원군 납치, 대원군과 고종의 반목, 1880년대의 자연재해 등의 사실을 그대로 적고 있으며, 바로 이때 兵禍가 일어나는데 鄭氏가 海島에서 갑오년 12월에 금강에 直到할 것이라고 한다.[17] 이것은 작자가 개항 이후의 시대를 말세로 인식하며, 이씨가 망하고 새로운 왕조가 세워져야 한다고 생각하고 있었음을 말한다. 특히 시대가 늦은 것일수록 상상력이 약화되는 대신 역사적 사실을 그대로 반영하는 내용이 많이 실려 있다. 이는 민중들의 저항의식이 좀 더 직접적이고 강렬해졌다는 것으로 이해된다. 이렇게 비결은 민중의 현실인식, 특히 위기감과 희망을 잘 반영한다고 할 수 있다. 이러한 의미에서 정감록은 또한 역사서이기도 하다.

이런 도참비기의 작자는 '失志怨國之徒', 즉 권력에서 배제되고 소외된 양반이거나 피지배신분으로 어느 정도 교육을 받은 자들인 불만지식인들이었다.[18] 예를 들어, 인조반정으로 실세한 大北, 숙종대의 南人, 영조대 戊申亂 이후의 小論과 南人 등 커다란 정치적 격변이 있을 때마다 양산된 실지원국지도가 주요한 작자이며 추종자들이었다.[19] 한 번 권력투쟁에서 패하면, 廢族이 되어 다시 정계에 복귀하기가 거의 불가능하였으므로 실세자들의 저항은 치열할 수밖에 없었던 것이다. 또한 주요한 작자로서 빼놓을 수 없는 층이 바로 승려들이었다. 사회적으로 낮은 지위에 처하였던 승려들 가운데는 체제에 대하여 비판적이고 부정적인 의식을 가졌던

17) 金用杜 輯, 1923, 『鄭鑑錄』(『鄭鑑錄集成』 所收, 586쪽), 한성도서주식회사.
18) 李能和, 1968, 『朝鮮基督教及外交史』, 學文閣, 18~20쪽.
19) 예를 들어, 鷄龍山에 새로운 왕조가 도읍한다는 내용의 圖讖이 처음으로 기록에 나타난 것은 1628년의 柳孝立 逆謀 사건이었다. 유효립도 大北人으로 인조반정으로 원주에 유배되어 있었다.

자들이 많았고, 그런 불만을 표현하고 조직화할 수 있는 지적인 능력을 가졌기 때문에 도참비기의 주요한 작자가 되었다.[20] 이 외에 임진왜란을 계기로, 또는 明末의 혼란을 피해 조선으로 들어온 중국인들도 비기의 작자로 나타난다. 중국인 가운데는 조선정부의 초청으로 온 풍수들도 있었고,[21] 비기를 지었다고 하는 杜士忠 같은 자는 실제 지방으로 "相地"를 하러 다니기도 하였다.[22]

비기를 만들기 위해서는 한문 구사력 외에도, 일정한 수준의 역사적 지식과 사회에 대한 통찰력이 필요하였기 때문에 지적 수준이 낮은 층이 실제 창작자가 되기는 어려웠을 것이다. 정감록과 같은 비결에는 한글본도 있으나, 이것은 한문본을 한글로 옮겨 놓은 데 불과하다. 또 작자가 누구든지 간에 현실세계의 종말을 고대하는 민중의 현실인식, 특히 긴박한 위기감과 간절한 희망을 잘 반영하여야 하였다. 그래야 현실에 대한 증오와 원한의 감정을 효과적으로 해소시킬 수가 있고, 사회 분위기의 불안정이나 무력봉기 가담자들의 포섭 등 소기의 결과도 얻을 수 있었다. 이렇게 끊임없이 발생하였던 사회적 불만세력들이 창작한 도참비기는 완결된 것이 아니라 시대와 상황에 맞게 내용이 고쳐지고 새로 들어가고 나가면서, 일종의 공동창작으로 집단의 공동의식, 좌절과 분노, 소원과 희망을 담았다고 할 수 있다.

그리고 비기는 특정한 목적을 가지고 그것을 지어낸 작자나 그 주변의 소수인들의 손에서 떠나 은밀하게 사회로 확산되었다.[23]

---

20) 여러 가지 도참비기 가운데 『三韓山林秘記』·『道詵秘記』·『義湘大師秘訣』·『無學大師秘訣』·『西山大師秘訣』 등은 불교적 색채가 농후한 것으로 보아 승려들이 지은 것이 틀림없다.

21) 『宣祖實錄』 권41, 26년 8월 기축, 신묘.

22) 『推案及鞫案』 제4권, 37冊 宋匡裕獄事文書 二, 371쪽.

23) 『推案及鞫案』 제10권, 93冊 梁禹澈推案, 30쪽. "今世 士夫家 多有如許等書(秘記－인용자) 矣身只是不免世態 此豈爲別樣 可罪之事也"

다시 말하여 양반을 중심으로 한 불만지식인들이 만들어낸 비기가 점차로 민중들에게 전파되었고, 민중들은 그것을 정말로 이루어질 예언서로 믿게 되었다고 생각된다. 물론 모든 사람들이 비기의 내용을 믿지는 않았겠지만, 도참비기가 주는 신비성에다가 고통스러운 현실을 벗어나고 싶다는 염원이 간절하였기 때문에 비기의 예언은 많은 민중에게 상당한 신뢰성을 얻었을 것이다. 또 그에 따라 비기는 민중의 종교적 심의의 표상으로 자리 잡게 되었다고 본다.

Ⅲ. 정감록의 구성 요소

정감록, 그 가운데에서도 『감결』은 여러 가지 도참비기 가운데 가장 정감록적인 비기, 즉 도참의 기본적 요소를 갖춘 비기로 인정받는다는 점에서 상세한 분석이 요구된다. 『감결』이 정감록의 원형이라고 하여도, 애초에는 지금처럼 분량이 많지는 않았을 것이다. 최초에는 아마 조선왕조의 멸망과 정씨의 계룡산 건도, 그리고 그 시대적 징후만 갖춘 것이 아니었는가 한다.[24] 이 정도의 구성 요소만 있다고 하여도 왕조교체를 예언하는 비결로서는 충분한 것이다. 따라서 첫 부분에서 "吏殺太守 綱常永殄"까지를 본래의 핵심 내용으로 볼 수 있다. 다음 부분은 피난지인 十勝地를 제시하며, 여러 가지 말세의 모습을 말하는 "沁曰三人相對 何所不言"부

24) 계룡산 建都만 보이고 정씨 개국은 찾을 수 없는 유효립의 역모 사건이 일어난 4년 뒤인 1631년 발각된 정한의 역모에는 鄭氏와 鷄龍山 建都가 결합되어 있다(『仁祖實錄』 권24, 9년 2월 정미 참조).

터 "許多事 不可盡其云已"까지이다. 임진왜란과 병자호란을 겪은 경험과 공포가 피난지를 구하게 하였을 것이다. 그리고 이 부분은 역사적 사실과 다른 비결에서 보이는 내용이 잡다하게 섞여 있고, 중과부언이 많아 예언의 긴장감과 집중도가 떨어지고 있다. 그리고 『감결』의 마지막 부분은 앞의 피난지와는 다른 곳을 재차 피난지로 꼽고 있다. 이미 제시한 피난지를 거듭 거론한다는 것은 또 다른 작자가 있다는 표시이다. 이처럼 처음에는 독자적으로 발생하였겠지만, 시간이 흐르면서 『감결』의 중요한 요소들인 정씨의 개국, 계룡산 건도, 말세와 병화, 십승지는 하나로 결합되어 도참비기로서 탄탄한 구성을 이루게 되었을 것이다.

1. 鄭氏의 開國

정감록에서 예언하는 다음 왕조의 주인인 정씨는 이 세계를 무너뜨리고 새로운 세계를 가져온다는 神異한 존재로서 마치 종교적 구원자와 같은 위치에 있었다. 정씨가 등장하여 새로운 왕조를 세울 것이라는 예언에 대한 믿음은 조선후기에 나온 많은 도참비기 가운데 정감록을 최상의 지위로 끌어올리는데 결정적 구실을 하였을 것이라고 생각된다. 여타의 비결들은 새로운 세상의 주인을 단지 성인이나 진인 등 불분명하기 짝이 없는 존재로 상정하고 있기 때문에, 민중들은 이보다는 적어도 정이라는 성이나마 확실하게 보여주는 정감록에 더욱 이끌리지 않았는지 추측된다. 그렇기 때문에 특히 19세기에 일어난 여러 병란과 역모에서 정씨가 구심체적인 위치를 차지하는 추세가 보이게 되었다고 생각된다.

정씨가 새로운 왕조의 주인이 된다는 도참, 즉 "木子亡 奠邑興"

은 선조년간의 鄭汝立亂에서 보인다. 이보다 더 거슬러 올라간다면,『龍飛御天歌』제86장의 주에서는 삼한을 멸한 존재로 “三奠三邑”을 말하고 있는데, 이것은 당시 정도전·정총·정희계를 가리킨 것으로 해석되기도 하였다.[25] 이후 인조년간에 일어난 모역 사건에서도 異人 혹은 성인이라는 정한이 새 주인이 되어 계룡산에 도읍을 정할 것이라는 참언이 나왔지만,[26] 또 다른 허씨가 신인으로 등장하고,[27] 어머니가 최영과 교접하여 낳았다고 하는 梁氏도 보이는 것으로 미루어, 정씨가 새로운 왕조의 주인이라는 이미지가 그다지 선명하지 못하다. 아직 정씨의 개국과 계룡산 건도가 도참의 중심에 자리 잡지 못한 듯하다. 그러나 숙종 13년에 일어난 양우철의 모역 사건에서 드러난『秘記大摠』이란 비결에는 좀 더 분명하게 정씨의 得國이 예언되고 있으며, 정씨 이후에는 曺氏가 주인이 되고 나라가 분열된다는 후대의 비결에서 나오는 내용도 실려 있다.[28]

이런 비기에 다음 왕조의 주인으로 설정되는 정씨는 정도전이나 정여립을 암시한다기보다는 정몽주가 그 대상이었을 것으로 생각된다. 왜냐하면, 민중에게 초월적인 존재 내지 그 대리자로 인식되는 대상으로는 恨이 많은 역사적 인물들이 많기 때문이다. 최영이나 단종, 또는 남이와 임경업 등이 대표적이다.[29] 이들은 이루어지지 않은 민중의 염원과 소망, 곧 한을 풀어줄 대상으로 투사되어

---

25) 李丙燾, 앞의 책, 358~259쪽.
26)『推案及鞫案』제4권, 46冊 鄭澣獄事文書 第三, 702쪽, 47冊 鄭澣獄事文書 第四, 822쪽 ;『仁祖實錄』권24, 9년 2월 정미.
27)『推案及鞫案』제4권, 361~370쪽 참조. 이 許氏는 許懿의 아들로 이미 宋匡裕 사건에도 보인다. 진인이 만들어지는 과정을 잘 보여주는 사례이다.
28)『肅宗實錄』권31, 13년 1월 임술 ;「梁禹澈推案」, 26쪽.
29) 黃善明, 1985,『朝鮮朝宗敎社會史硏究』, 일지사, 272~273쪽.

있는 것이다. 무속에서도 이들은 유명한 신장들이다.[30] 실제 숙종대에 일어난 무장반란에서도 참가자들이 봉기하기 전에 마치 무속의 굿과 같은 纛祭를 거행하였는데 최영과 남이 등의 모습을 그려놓고 거사의 성공을 빌었다.[31] 정몽주도 역시 조선왕조 창건 과정에서 참혹하게 희생당한 대표적인 인물인 동시에 절의의 상징으로서 나름대로의 정당성을 확보하고 있기 때문에 현실의 악을 부정하고 선이 실현되는 이상세계를 희구하는 의식에 부합될 수 있었다. 이 원한 가득한 정몽주가 새로운 왕조의 주인이 된다는 것은 불만세력들에게는 통쾌한 발상이었을 것이다.

그리하여 그들 가운데는 정몽주의 13대손을 그 주인공으로 생각하기도 하였다.[32] 또 19세기 양반들은 정몽주의 죽음을 애통해 하는 민심을 위로하기 위하여 정감록의 도참을 의도적으로 지어냈다고 이해하기도 하였다.[33] 그렇다고 하여 정감록의 정씨가 정몽주 자신을 상징한다는 것은 아니다. 다만, 민중의 소원과 한을 풀어주기에 적합한 역사적 인물로서 정몽주를 들 수 있다는 뜻이다.

이씨를 쓰러트리고 새로운 왕자가 된다고 하는 성씨로서 정씨가 확고하게 자리 잡게 된 배경에는 심리적 차원만이 아니라 현실적인 상황도 있었던 듯하다. 임진왜란과 병자호란이 조선인에게 가한 충격은 엄청나게 큰 것이었다. 조선후기 내내 외침은 조선인들에게 공포의 대상이었다. 그런데 현종 말년에 명나라 회복운동을 하던 정성공의 아들 정경이 대만을 근거로 청나라에게 강력하게 저항하며, 일본에게 청병하였다는 경악스러운 소식이 사신을 통하

---

30) 金泰坤, 1981, 『韓國巫俗硏究』, 집문당, 284쪽.
31) 『推案及鞫案』 제4권, 41册 逆賊李忠慶文書 一, 485·554쪽.
32) 『推案及鞫案』 제11권, 114册 李榮昌等推案, 740쪽. "榮昌言內 鄭圃隱拾三世孫 及崔瑩後裔 望氣尋得 立鄭哥於我國 立崔哥於中原"
33) 『北崖逸稿』「文」, 鄭堪論.

여 조선에 전해져 왔다.[34] 이런 사태는 조선왕조를 부정하려는 세력들에게는 심상치 않은 것이었다. 그들로서는 이 사회적 위기감을 자신들에게 유리하도록 이용하여야 하였다.

그리하여 숙종 5년에는 일본을 거쳐 중국에 들어가서 朱氏를 세워 천하를 차지한 뒤, 정성공의 손자 정금과 함께 조선으로 돌아오려고 하였던 자도 나오게 되었다.[35] 숙종년간에 이런 내용의 비결에 가탁한 모역 사건이 집중적으로 일어났던 것으로 보아도,[36] 이 추측이 맞을 것 같다. 실제 숙종 37년 연은문에 붙은 掛書에 鄭軍師 등이 나오자, 좌의정 김창집은 정금의 자손에 가탁한 것 같다고 풀이하였다.[37] 이런 상황이 전개되기 전에 나온 비결이나 모역사건에서는 정씨가 계룡산에서 도읍한다는 말은 나왔어도, 그 정씨가 남쪽의 해도에서 나온다는 예는 찾아볼 수 없다. 또한 국가의 수탈적 권력이 미치지 않는 避役地로서, 혹은 막연하게 이상향으로서 해도가 동경되기는 하였어도 정씨와는 무관하였다. 이 사건은 단지 시작에 불과하였다. 이후 거의 모든 비결은 정씨·정도령·진인이 남쪽의 해도에서 나온다고 예언하게 되었는데, 그 결구는 바로 이런 분위기에서 나오게 된 것이 아닌가 한다. 정씨가 새 왕조의 주인이 된다는 예언은 이처럼 현실의 생생한 상황과 결부되어 강화되었다고 생각한다.

그런데 정감록의 정씨는 이러한 민중의 심리적 투사나 대외적인 상황 외에도 좀 더 근원적인 인간의 종교적 본성과 결부되어 있다

---

34) 『顯宗改修實錄』 권18, 9년 3월 기해.

35) 『肅宗實錄』 권8, 5년 5월 을미.

36) 『肅宗實錄』 권26, 20년 4월 무진 ; 권31, 23년 1월 임술 ; 『推案及鞫案』 제9권, 92冊 盧繼信推案, 518쪽, 『推案及鞫案』 제4권, 91책 逆璽瑛推案上, 841쪽 ; 『推案及鞫案』 제1권, 108冊 咸以完金寅等推案, 557쪽.

37) 『肅宗實錄』 권50上, 37년 4월 무자.

고 생각된다. 민중들은 하늘의 명을 받거나 우주적인 질서에 의하여 초월적인 권능을 가진 존재가 이 세상에 출현하여 현실의 악과 재앙을 몰아내고 새로운 이상세계, 新世界와 彌勒世界,[38] 鄭哥世界,[39] 南朝鮮을[40] 가져와 자신들의 질곡을 풀어줄 것이라는 믿음을 가슴속에 간직하고 있었다. 무기력한 민중들로서는 비참한 상태를 일거에 벗어날 수 있는 길은 초인간적인 존재의 출현밖에 없다고 생각하기 십상이었다. 그것이 곧 진인 출현의 대망이다. 이러한 진인에 대한 믿음과 기다림이 있기 때문에 정감록에서도 진인으로서 정씨의 출현이 예언되고 있는 것이다. 정감록 외에도 대부분의 비결에서는 眞人 · 神人 · 異人 · 生佛 · 聖人 등이 인간을 구원할 존재로 등장하고 있다. 그 중에서도 진인은 이러한 존재를 통칭하는 용어로 보아도 좋을 정도로 두루 사용되었다. 이들은 비결만이 아니라, 구전설화에서도 나타나고 있으며, 기록이 풍부한 병란의 경우에도 거의 빠짐없이 보이며 사건의 중심에 위치한다. 따라서 도참비결에서는 빠질 수 없는 중요한 요소라고 할 수 있다.

---

38) 『推案及鞫案』 제24권, 239冊 逆賊同參罪人柳泰守等推案 乾, 585~586쪽. "男女當子夜半 弁着白弁 設祭祈禱于天神云 此所謂迎神將之事云矣 (중략) 如此則當逢新世界 或云當逢彌勒世界云矣"

39) 『正祖實錄』 권 23, 11년 6월 경술. "曰此世界 卽鄭哥世界 而汝輩有忠心於朝鮮 故打之云"

40) 1994, 『東學關聯判決文集』, 총무처 정부기록보존소, 35~36쪽. 1900년 2월에 "정해룡과 서정만이 최시형의 신원을 위하여 속리산에 치성한 뒤 서울에 올라가 복합한다고 하고, 청기를 만들어 南朝鮮忠義將軍先鋒大元帥라고 크게 쓰고 (하략)" ; 최남선, 1978, 『朝鮮常識問答』, 삼성문화재단, 162~165쪽. 崔南善은 南朝鮮을 現實苦에 대한 정신적 반발력으로 만들어낸 이상사회의 표상으로, 미래에 南朝鮮이 있어서 때가 되면 眞人이 나와서 고통받는 인간을 그곳으로 데려가 바라고 하고자 하는 모든 것이 저절로 성취된다고 하는 민중의 신념이라고 해석하였고, 특히 19세기에 普遍深固하여 이 신앙을 내용으로 하는 秘密結社가 성립하고 그 실현을 위하는 革命運動으로 발전하기에 이르렀다고 한다.

진인은 도교에서 나온 용어로 사전적 정의로는 천지의 도를 얻은 사람, 그리하여 仙人이 되어 하늘로 올라간 사람이다.[41] 그러나 진인은 이와는 별도로 다양한 뜻으로 사용되었다. 예를 들어, 후한에 나온 도교의 原典인 『太平經』에는 하늘의 세계와 인간의 세계는 神人, 眞人, 仙人, 道人 등의 순으로 이루어지는 위계질서에 따른다고 한다.[42] 이에 의하면, 神人은 하늘의 가르침을 직접 전하는 天師이며, 이 세상을 구제할 임무도 수행한다고 한다. 그리고 진인은 이 세상을 관장하는 직임을 맡고 있었다.

그런데 조선에서는 이들을 엄격하게 구분하여 사용하지는 않은 듯 상호 간의 지위나 역할 분담이 제대로 확립되지 않았다.[43] 『태평경』에서 말하는 신인, 즉 천사의 역할을 담당한다고 믿어지던 존재는 바로 진인이었다. 그렇다고 천과의 관계와 천사로서의 역할이 분명히 설정되어 있다거나 뚜렷이 보인다는 것은 아니고, 대체로 그런 성격을 가진 존재로 인식되었다고 생각된다.

하여튼 조선후기에 나타난 진인은 넓은 의미에서 하늘의 명에 따라 새로운 왕조를 개창하고, 민중을 구원할 구원자였다. 최남선이

---

41) 『辭海』, 眞人 項目.

42) 尹燦遠, 1992, 『太平經에 나타난 道教思想 硏究』, 서울대 박사학위논문, 195~196쪽.

43) 조동일, 1981, 「진인(眞人) 출현설의 구비문학적 이해」(『韓國古典散文硏究』, 張德順先生華甲紀念論文集刊行委員會). 이 논문은 약간 보충되어 「진인 출현설의 이야기 구조와 기능」(조동일, 1992, 『민중영웅이야기』, 문예출판사)에 수록되었다. 조동일교수는 眞人을 비롯하여 神人·異人·英雄의 용어가 상이한 개념으로 사용되었다고 하지만, 영웅을 제외한 진인·이인·신인은 다른 점도 있는 듯 하지만, 많은 용례를 통해서 볼 때 명확히 나눠지는 것도 아닌 것 같고, 특히 진인과 이인은 동일한 인물에도 혼용된 예가 많다. 따라서 본고에서는 眞人이란 용어로 이러한 존재를 통칭한다. 그리고 진인에 관한 본고의 기술은 이 연구에 도움을 많이 받았다.

정감록의 정신적 표현이라고 한 이인은[44] 곧 진인이다. 또한 황선명은 진인을 주술과 예언 같은 초월적인 힘을 발휘하는 카리스마이며 "革世主"로서 궁극에 가서는 메시아로 현현되기를 바라던 존재라고 하며,[45] 조동일은 "나라를 차지하거나 세상을 구하는 성스러운 과업을 담당할 사람"이라고 한다. 요컨대 정감록 등 도참에서 새로운 왕조의 주인이 된다고 하는 진인 정씨, 또는 정 도령은[46] 구원

44) "鄭鑑錄은 朝鮮民衆의 어떠한 社會的 客觀政勢를 배경으로 하여 一種의 預言的 暗示를 주는 預言으로서 그것의 消極的 表現은 逃避處 探索(?)이오 精神的 表現은 異人出現입니다. 異人이 나오면 理想의 世界는 그와 함께 버러진다고 합니다. 이러한 時代心理(공상)가 一轉하여 迷信이 되고 再傳하여 狂信이 되고 傳傳又傳하여 不測한 해독을 社會人心에 미치게 된 것"(최남선,『每日申報』, 異人說話, 1939년 1월 23일) ; "이러한 內外의 形勢 외에 아무도 亂局을 擔當하리라 믿을 만한 사람 보이지 않고, 여기서 현실을 떠나서라도 어디다가 마음을 부쳐볼까 하여 생각낸 것이 異人이란 것인양 합니다. 凡常한 사람으로는 이미 도리가 없으니 非凡特異한 인물이 나와야지 하는 觀念이 어느 틈엔지 具體的 偶像으로 변화한 것쯤 됩니다. (중략) 異人이나 나와야 어떻게 되지 하는 생각이 萬人의 가슴속에 기약지 않고 一致해서 떠오르게 되였겠지 웅. 하늘이 우리 백성을 아직 못살게 하실리가 없으니까 언제고 異人이 나와서 이형편을 페여놓겠지 하는 생각도 하였겠지 웅-이러나 저러나 異人이 나오너라! 하는 소리 없는 부르짖음은 아마 明宗으로부터 宣祖·光海主 때에 걸쳐 半島의 山河에 가득히 찼을 것을 생각할 수 있습니다"(위의 신문, 1939년 1월 30일).

45) 黃善明, 앞의 논문, 15~33쪽.

46) '鄭도령'의 도령이란 말은 巫俗에서 나온 것으로 생각되는데, 李能和에 따르면 巫祝의 노래 가운데 "강님도령"이 있다고 한다(李能和, 1927,「朝鮮巫俗考」『啓明』19 ; 1977,『이능화전집』제 6집 所收, 영신아카데미 韓國學硏究所, 52쪽). 또 이 강님도령은 佛家에서 齋를 드릴 때, 불보살이 道場에 강림하여 공양을 받아달라는 말에서 나왔고, 어린 아이의 혼을 몸주인 무당들이 강림해 달라고 부를 때 도령이라고 높였던 것이라고 한다. 또한 巫祝의 徒領은 신라의 花郎을 일컫던 말로도 해석한다. 그런데 道家思想이 밑에 깔린 세창서관본『田禹治傳』에는 나라를 속이고 節婦를 훼절하려는 전우치를 징치하려는 "강림도령"이 나

자, 메시아로서 조선후기 민중에게 널리 믿어졌다고 할 수 있다.

2. 계룡산 建都

널리 알려졌다시피 계룡산은 태조 이성계의 건도 후보지의 하나로서 풍수지리상 回龍高祖, 또는 山太極 水太極이란 명당의 형국이라고 한다. 그래서 태조가 궁궐역을 시작하였으나, 하륜이 중국 胡舜申의 풍수설에 의거하여 반대 의견을 내세워 결국 역사가 중지되고 도읍은 한양으로 결정되었다. 그러나 한양 천도 과정에 나타난 시비와 일화는 끊임없이 전개되었다. 1615년에 죽은 車天輅가 임진왜란 이전에 쓴 『五山說林』에는 한양 천도를 논의할 때, 정도전의 주장대로 궁궐 터전이 정해졌으므로 5세가 지나지 않아 찬탈의 화가 일어나고, 200년 뒤에는 커다란 난이 닥칠 것이라고 의상대사가 예언한 『山水秘記』가 있었다고 한다.[47] 궁궐이 명당에 자리 잡지 못하였기 때문에 조선왕조가 임진왜란과 같은 위기를 맞게 되었다는 『山水秘記』의 내용에는 노골적으로 드러나 있지는 않지만, 한양 도읍이 완벽하지 못하므로 왕조의 운수도 안 좋다는 뜻이 들어 있다. 여기에서 조금 더 발전하면, 한양의 지기 쇠약이나 새로운 왕조의 개창이 제기될 수 있는 것이다.

그리고 민중들은 이런 역사적 사실을 신비화하여 새로운 왕조의

타나는데, 강림도령은 "하날이 날을 내이사 너갓흔 요물을 업시게 하심이니라."고 하였다(李相澤, 1986, 「韓國道家文學의 現實認識 問題」 『韓國文化』 7, 서울대, 66~67쪽 참조). 즉 강림도령은 하느님의 사자인 것이다. 이런 점으로 미루어 鄭도령이란 용어는 신적이며 메시아적인 존재의 출현을 갈망하는 민중의 바람과 관계가 있다고 생각된다.

47) 위의 책, 383쪽 참조.

도읍지는 이곳이라고 믿었다. 그리하여 태조가 계룡산에 궁궐터를 닦을 때 꿈에 노인이 나타나 이곳은 정씨의 터이고, 이씨의 터가 아니므로 빨리 나가라고 말을 했기 때문에 한양에 도읍을 정했다는 설화가 생겨났다.48) 이러한 설화는 물론 계룡산 도읍에 관한 도참이 널리 유포된 이후 만들어진 것이겠지만, 민중들은 새로운 서울의 후보지였던 계룡산의 의미를 놓치지 않았음을 알 수 있다. 이씨를 거부한 곳에 다음 왕조의 주인인 정씨가 도읍을 정하는 것은 지극히 당연한 것, 하늘이 정해 놓은 운명으로 생각하였을 것이다. 따라서 계룡산은 새로운 세계가 열리는 일종의 성지였다. 그렇기 때문에 19세기부터 많은 사람들이 계룡산으로 몰려들었고,49) 이후 수많은 신종교들의 터전이 되었던 것이다.

그런데 여기에는 두 가지 배경이 있다. 하나는 풍수지리에 기초

---

48) 洪萬鍾, 『旬五志』(李能和, 『朝鮮基督教及外交史』, 19쪽 참조) ; THE KOREAN REPOSITORY, VOL.1, A VISIT TO A FAMOUS MOUNTAIN, 1892, 44면. 이 설화와 내용이 크게 다르지 않은 『鷄龍山錄』이라는 기록이 존재한다고 한다(柳炳德, 1985, 「鷄龍山下의 宗教」 『韓國民衆信仰思想論』, 시인사).

49) 위의 홍복영 사건에서도 鄭鑑錄을 믿고 계룡산에 집을 지었다는 기록이 있다. 또 1821년에 강원도 낭천에 사는 자가 계룡산은 오백 년 도읍지이기 때문에 먼저 들어가 자리를 잡고 살면 자손들이 榮貴하게 될 것이라는 비결을 믿고 다른 사람들과 함께 계룡산으로 들어가려고 하였다(『左捕盜聽謄錄』 제4책, 7월 14일조). 이들 사실에서 중요한 것은 이미 계룡산에 관한 예언이 사회에 널리 퍼졌고, 또 실제로 그것을 믿고 행동하였던 사람들이 있었다는 점이다. 그러나 19세기에 들어서 이러한 현상이 나타났다는 것은 구체적인 자료에 입각한 견해는 아니다. 다만 圖讖과 관련된 기록에서 나타나는 사회적 분위기와 경향을 고려할 때 그렇게 추측된다(우윤, 1994, 「동학사상의 정치·사회적 성격」(『1894년 농민전쟁연구』 3, 역사비평사, 275쪽 참조). 설사 이러한 현상이 눈에 띄게 된 때가 이보다 더 늦은 것이라고 하여도, 1860년 최제우가 弓弓村을 찾아가는 온갖 종류의 사람들을 비판한 데에서 짐작할 수 있는 것처럼 그렇게 늦지는 않았을 것이다.

한 고래의 王朝延基思想이다.[50] 풍수지리에 대한 전통시대의 믿음은 광신에 가까운 것이었다. 여기에서 왕조의 도읍지가 왕조의 수명과 관련된다는 믿음이 탄생하였다. 왕조가 衰運에 빠지는 까닭은 地氣가 쇠하였기 때문이며, 그런 왕조를 구하기 위해서는 천도를 하여야 한다는 것이다. 그렇기 때문에 도읍이 갖는 상징성은 왕조의 운명이 될 수밖에 없었다. 왕조의 수명을 연장시킨다는 명분으로 고려시대에도 여러 차례에 걸쳐 천도 시도가 있었다. 이성계도 역시 풍수지리에 따라 도읍지를 고르고 고른 끝에 한양을 수도로 정했던 것이다. 조선왕조 초기에 도읍지를 둘러싸고 벌어진 유명한 논란도 역시 계룡산 건도 도참에 상당히 큰 영향을 미쳤을 것이다. 따라서 조선왕조의 멸망에 관한 예언에 반드시 부가되어야 할 것은 한양의 지기 쇠퇴와 새로운 도읍지의 제시였다. 결국 계룡산 건도는 왕조의 멸망을 강력하게 상징하였던 것이다. 즉 풍수지리가 심대한 영향을 미치고, 국운과 수도의 地氣衰旺이 밀접하다고 믿고 있던 조선사회에서 현실을 부정하는 의식과 이상세계의 소망이 당시 중요한 세계관이었던 풍수지리에 기초한 예언으로 나타난 것이다.

세계는 기로써 이루어지고, 그 기의 흐름이 하늘에는 별로 나타나고, 땅에는 지형으로 나타난다. 또한 氣의 흐름에는 通塞과 旺衰가 있으니, 인간이 吉地에 머문다면, 모든 것이 좋고 잘 될 수 있다고 하는 것이 풍수지리설이다.[51] 이는 일종의 형이상학적 자연관이나 고대적 인문지리학의 성격을 지녔다고 볼 수도 있겠지만, 이기가 인간의 운명, 더 나아가 국가와 사회에 커다란 영향을 미친다는 논리는 과학적인 것은 아니다. 이 비과학적이며 비이성적 공간

50) 李丙燾, 앞의 책, 179쪽.
51) 崔昌祚, 1984, 『韓國의 風水思想』, 민음사, 21~32쪽.

이 바로 인간의 종교적 심성이 숨쉴 수 있는 곳이다. 인간이 이룰 수 없는 일을 주술에 의탁하여 해결하려는 의식이 얼마나 강하였는가는 풍수지리에 대한 맹신에서 잘 엿볼 수 있다. 전래로 상하층 모두 陽宅을 풍수지리에 많이 따랐지만, 특히 묏자리잡기는 상하 구분 없이 모두 풍수지리를 좇았다. 일반 백성들도 묏자리를 둘러싸고 양반과 다툴 때는 끝까지 물러서지를 않았던 사례를 무수히 본다. 이것은 자신들의 처지에서 나오는 강한 반작용으로서 明堂發福으로 상징되는 행복한 미래에 대한 확신이다. 이렇게 민중들까지도 풍수지리를 혹신하였기 때문에 풍수지리에 입각한 정감록을 비롯한 도참비기들은 널리 유행하였고, 그 예언은 신뢰성을 얻었던 것이다. 그리고 이러한 풍수지리에 대한 믿음이 확산되어 계룡산은 단지 신왕조의 도읍지라는 의미 외에도 미래에 실현될 이상세계의 상징이 되었다.

두 번째 배경도 이 풍수지리에 기초한 실제의 천도 계획이었다고 본다. 임진왜란과 다난한 정치과정을 겪고 왕위에 오른 광해군은 한양의 지기가 쇠하였다는 術官 李懿信의 건의에 따라 길지라고 하는 경기도 교하로 천도하려고 하였다.52) 이런 천도 계획은 당연히 양반관료들의 반대에 중지되고 말았다. 비록 결과는 이렇게 되었지만, 몇 년에 걸친 광해군의 천도 노력은 집요하기조차 한 것이었고, 그에 따라 많은 물의와 갈등을 불러일으켰다. 이와 같은 천도 소동은 아마 정씨의 계룡산 건도설에 직접적이고 커다란 영향을 미쳤을 것으로 생각된다. 광해군으로서는 절체절명의 위기에서 간신히 벗어난 왕조를 회생시키기 위한 방안의 하나로 천도를 추진하였다고 하여도, 새로운 질서를 갈구하던 세력들이나 권력투

---

52) 『光海君日記』 권57, 4년 9월 을사 ; 권59, 4년 11월 을사 ; 권62, 5년 1월 갑자.

쟁의 패배자들에게는 중요한 암시였을 것이다. 허균이 율도국을 건설하는 것으로 끝을 맺는 『홍길동전』을 이 시대에 내놓는데[53] 그치지 않고 참서까지 지었다는[54] 것은 의미심장하다. 따라서 새로운 왕조의 주인으로서 정씨와 그 도읍지로서 계룡산은 광해군 시대와 인조반정으로 이어지는 정치적 격변기에 조선왕조 종말의 상징으로 조작되기 시작하였다고 본다. 이 두 가지 상징을 실제 모역에서 이용한 것으로 기록에 처음 보이는 유효립과 정한도 바로 "大北失時之人"이었다.

이처럼 정여립난에서는 보이지 않던 계룡산 정도가 이때부터 분명하게 나타난 것은 왕조의 멸망을 예언하는 도참이 더욱 강력해졌다는 것을 의미한다. 이렇게 17세기 전반에 계룡산 정도의 참언은 조선사회에 널리 퍼졌던 상태라고 할 수 있다. 이후 계룡산은 비결이나 사람들의 마음속에 다음 왕조의 도읍지로 확고하게 자리를 차지하였다.[55]

---

53) 『홍길동전』이 이때 나오지 않았다는 여러 학자들의 주장도 있다(李能雨, 1977, 「「洪吉童傳」 硏究의 現況과 問題點」 『韓國學報』 8).

54) 李圭景, 1982, 『五洲衍文長箋散稿』 上, 명문당, 579쪽. 정확한 것인지 잘 알 수 없지만, 허균의 讖은 "一漢二河三江四海"로서 二河는 交河로 천도하기 위한 의도였다고 한다 ; 『推案及鞫案』 제2권, 12冊 癸亥三月 以後獄事 上 第八, 56쪽. 허균 자신이 참서를 지은 것이 아니라, 모두 『王弇州集』에 나오는 것이라는 진술이 있다.

55) 『慶尙監營啓錄』, 庚午(1870년) 6월 14일 楊永烈供招 ; 尹大遠, 1987, 「李弼濟亂의 硏究」 『韓國史論』 16, 서울대, 155쪽 참조. 鷄龍山 외에도 尙州를 새 도읍지라고 한 『尙州新都錄』이라는 비기도 있었다.

3. 末世와 兵禍

진인, 정씨가 이 세상에 나타나게 되는 직접적 계기는 천운의 바뀜, 運數이다. 이 천운과 운수는 한자문화권의 천의 사상에 뿌리를 내리고 있으며, 순환론적 역사관의 표현이다. 따라서 이러한 세계관 뒤편에 숨어 있는 궁극적인 존재는 그것이 하나의 이치든지 인격적 신이든지 天으로 나타난다. 정감록을 풍수지리에 입각한 도참이라고 하지만, 그 풍수지리의 세계관도 천과 천운에 결부되어 있다. 一盛一衰하고 無往不復하며 往者必反하는 天運과 運數는 周易의 陰陽思想, 孟子의 一治一亂說, 소옹의 元會運世說 등 전통적인 유교문화에 기반을 두고 있지만, 결국 우주와 세계, 즉 천지는 필연적으로 철저하게 뒤바뀐다는 당시인들이 가진 관념의 표현이다. 한편으로는 불완전할 수밖에 없는 인간의 삶과 세계에서 벗어나 완벽한 원초의 순간으로 되돌아가려는 인간 본성의 소산이기도 하다. 이것에 학문적 체계를 갖추어 제시한 것이 천운관이다.

그런데 이 천운에 따른 대전환은 갑자기 오는 것도 아니며, 미리 알 수 없는 것도 아니다. 자연현상이 질서를 벗어나고, 정치가 잘못 되어 백성이 도탄에 빠지고, 사회의 기본적 가치와 윤리가 무너진 상태가 되면, 머지않아 이 세계가 멸망하고 새로운 세계가 올 것이다. 이때가 바로 말세이며 下元甲의 시대이다. 자신을 둘러싼 인간의 삶이 극한의 고통에 빠져 있다고 주관적으로 판단할 때가 바로 이런 종말의 시간인 것이다. 그러나 이 대변화의 시점을 알기 어려운 민중들에게는 진인 출현 자체가 곧 세계의 종말이었다. 양반지배층들이 태평성세라고 한 시대를 정감록을 만들고 믿던 자들은 하원갑의 시대로 인식하였다. 이들은 이런 시대는 반드시 망하고 말 것이고, 상원갑의 이상세계가 올 것이라고 믿었다. 혹은 불교적 역사관에 의거하여 말세로 규정하거나, 머지않아 미륵불의 龍華世界가 올 것이라고 확신하였다.[56] 요컨대 元甲說과 末世觀

---

56) 삼국시대와 고려초기까지 유행하였던 미륵신앙, 가운데에서도 궁예에 관한 사실에서 나타나는 정치성 강한 미륵신앙의 전통은 거의 이어지지 않았던 것 같다. 그렇다고 완전히 단절된 것은 아니지만, 조선시대에 미륵신앙이 크게 성행하였다는 사실을 보여주는 연구도 그다지 많지 않다. 미륵신앙에 관한 대표적인 저작의 하나라고 할 수 있는 金三龍의 『韓國 彌勒信仰의 硏究』(동화출판사, 1983)에서도 만족할 만한 것을 얻을 수 없다. 미륵신앙은 무속과 습합되어 祈子 등 주술적 신앙화하지 않았나 생각된다. 그러나 근대에 들어 甑山敎 등에서 미륵신앙적 요소가 두드러지게 보이는 것으로 미루어 그 전통이 완전히 단절되지는 않았음을 알 수 있다. 李能和는 조선후기에 일어난 미륵신앙의 사례를 세 가지 소개하고 있다(李能和, 1959, 『韓國道敎史』, 동국문화사, 450~452쪽). 즉 숙종 14년 妖僧 呂還 사건, 영조 34년의 海西 妖女 사건, 정조 11년의 江陵 金女 사건이 그것이다. 이는 釋迦佛의 시대가 가고 彌勒佛의 시대가 온다는 미륵신앙에 의한 것이었다. 특히 海西 사건에서는 釋迦와 彌勒은 원수라고까지 할 정도로 현실세계와 미래세계를 대비하였다. 呂還 사건은 이미 鄭奭鍾이 자세히 다룬 바 있다(鄭奭鍾, 1981, 「朝鮮後期 肅宗年間의 미륵신앙과 社會運動」 『전통시대의 민중운동』 상, 풀빛). 그러나 이 사건은 "무기에 의하여 힘으로 실현하려는 층"이 있었다는 해석은 무리가 아닌가 생각될 정도로 아주 강한 종교성을 지녔다. 또한 비록 주모자들이 석가불의 시대가 가고 미륵불의 시대가 올 것이라는 믿음을 가지고 있었지만, 이 점을 제외하고는 미륵신앙의 면모가 거의 나타나지 않고, 오히려 무속 내지는 다른 잡다한 민간신앙적 요소가 두드러지게 보인다. 특히 여환의 신비체험은 그 단적인 증거이다. 그리고 이런 미륵신앙적 요소는 이미 무속에 습합되어 버렸다. 김헌선은 '인세차지경쟁' 신화소의 분석을 통하여 제의적 구속력과 신앙적 기반이 더 완강한 미륵하생신앙이 무속신화보다 구전신화에 깊이 침투하였지만, 자생력이 엄청난 무속 자체가 오히려 미륵신앙적 기반을 원용해서 역침투한 결과로 볼 수도 있다고 한다(김헌선, 1994, 『한국의 창세신화』, 길벗, 170쪽). 그러므로 여환 사건은 민간신앙에 바탕을 둔 새로운 신앙운동이었지만, 강한 현실부정적 성격을 제대로 조절하지 못하여 왕조가 멸망한다는 예언을 공공

은 종교적 종말론이라고 할 수 있다. 혹은 이러한 역사관이 아니면, 조선왕조의 수명을 백 년 단위로 예언하였다. 예를 들어 건국한지 300년이 가까운 시대에는 왕조의 수명은 300년으로 예언되고, 400년이 가까워 오면 400년, 500년이라면 500년으로 정해져서 널리 유포되었다. 이러한 조선왕조의 멸망에 대한 정치적 예언도 그 밑바닥에는 종말론적 역사관이 자리 잡고 있다는 것은 분명하다.

현실세계의 멸망은 조용히 저절로 이루어지는 것은 아니다. 『감결』에 따른다면, 말세의 재앙을 당하면 9년 동안 큰 흉년이 계속 들고, 4년 동안 전염병이 돌아 사람이 반은 죽는다. 또한 엄청난 전란과 병화도 겪어야 한다. "安竹之間에 積尸如山하고 麗廣之間에 人影永絶하고 隋唐之間에 流血成川하고 漢南百里에 鷄犬無聲"한다고 무시무시하게 예언한다. 뿐만 아니라, "士者橫冠하고 神人脫衣하고 走邊橫己라가 聖諱加八(壬申起兵의 破字 - 인용자)"하면, "鷄龍石白하고淸浦竹白하고 草浦潮生行舟하고 黃霧黑雲이 亦盪三日하고 彗星出於軫頭하여 入於河間하고 犯於紫微하고 移於斗尾하고 至於斗星하고 終於南斗면 則大小中華偕亡矣리라"한다고 한다. 즉 전 우주와 세계가 일대 변화하는 것이다.

이렇게 세계의 변화와 전란이 결합되는 이유는 이러한 역사관에는 현실에서 고통당하는 사회세력들이 가진 증오와 분노가 투사되기 때문이다. 그들은 궁극적이며 초월적인 존재가 자신들은 구원하지만, 악의 무리들은 징벌하고야 말 것이라고 믿는다. 십승지에 들어가 살 수 있는 사람들은 가난하고 천한 사람들이며, 부귀한 자들은 죽음을 면하지 못할 것이다. 설사 그들이 병화를 간신히 피할 수 있을지라도, 다음 세계에서는 빈천한 처지를 면하지 못한다고

연하게 내놓고, 또 그에 부응하려는 실제적 행위를 하였기 때문에 초기에 와해되어 버린 예라고 할 수 있다.

단언한다. 또한 왕조교체는 평화롭게 이루어지는 것이 아니라 전쟁의 참화를 거치는 것이 역사의 항례이며, 천명을 새롭게 받은 왕자가 폭군을 정벌함으로써 이루어진다는 천명설이 보편화되어 있었다. 이러한 까닭으로 전란은 새로운 세계가 이루어지는 필연적 과정으로 인식되었다.

그러나 이러한 우주와 세계의 대변화 속에서 살아남는 인간이 없다면, 모든 것은 의미가 없는 것이다. 그 파국에서 새로운 생명을 얻으려고 함은 인간의 본능이므로 진인과 같은 구원자를 생각하게 되는 것이다. 오히려 천운의 순환과 종말의 불가피성을 확신하면 할수록 구원을 간절하게 갈망하고 진인의 출현을 고대하게 된다. 이러한 인간의 종교적 희구에서 진인은 구원자로서 확실하게 위치하게 된다.

그렇기 때문에 진인은 병화와 함께 출현한다. 그렇다고 하여 진인이 장수처럼 무술이 뛰어난 무사라고는 하지 않는다. 무서운 전란에 직면한 많은 사람들은 비기에 실린 피난지를 찾아가 목숨을 구하려고 하지만, 천명을 받은 진인의 출현과 그의 권능을 직접 목격하거나 확신하는 사람들은 적극적으로 "義兵"에 가담한다. 진인의 출현에 부응하여 일어날 병란에 동참한다면, 병화에서 목숨도 건지고 새로운 세계에서 부귀하게 될 것이라고 믿었다. 이것은 천운에 따른 주체적이며 정당한 행위인 것이며, 멸망하는 현실에서 구원받는 것을 의미한다. 이런 점은 정감록과 같은 비결의 적극적이고 정치적인 측면이다. 혹은 이와 같은 소극적 도피나 적극적 참여로 대처하는 것 외에도 전란을 당하여 이러지도 못하고 저러지도 못하는 사람들은 주술 행위를 함으로써 면화하려고도 하였다.[57]

---

57) 『山陰記事』「掛榜書査案」, 국립도서관 소장. "非久有時變 而擧世雖死 我獨無患矣 道路雖擾 吾家晏如矣 我有妙術 衣食自出云."

정감록과 같은 비기는 병화 이후에 대하여는 별로 말하지 않는다. 대개의 비결은 커다란 파국을 거친 뒤 나타날 새로운 이상세계를 단지 貴者賤하고 賤者貴할 사회라고 지극히 막연하고 상징적으로 말할 따름이다. 이것은 현재의 사회적 지위가 완전히 역전된 세계임을 보여주는 것이지만, 그것이 과연 어떤 사회인지는 구체적으로 알 수 없다. 극히 드문 예지만, 승려가 지은 『삼한산림비기』와 같은 비기는 摩訶旃檀大國土라는 불교적 이상세계를 제시하기도 하지만, 그 역시 자세하지 않다. 분명한 것은 조선왕조가 멸망하고 새로운 왕조가 개창된다고 하는 필연성이다. 아마 이 상징이 너무 강하기 때문에 이상세계가 구체성과 명확성을 읽어버리지 않았는가 생각된다. 혹은 이상세계의 도래보다는 당장 병화에서 탈출하려는 소극적인 태도가 반영되어 있을지도 모른다.

4. 十勝地

조선후기에 나타난 비결의 주요한 특징은 전화를 피할 수 있는 피난지인 십승지를[58] 싣고 있다는 점이다. 그 이전에 나온 비결들도 피난지를 꼽았는가는 정확하게 알 수 없지만, 그런 증거는 찾기 어렵다. 따라서 승지는 임진왜란과 병자호란과 같은 전쟁이 조선인들의 의식 깊은 곳에 각인시켜 놓은 극도의 혼란과 공포, 혹은 죽음이나 세계의 종말과 다름없는 절박한 경험에서 기인한 것이라고 생각된다. 여기에 화포를 앞세운 서양세력들의 무서운 침략도

58) 『推案及鞫案』 제28권, 287책 逆賊 公彦膺中慶中憲周獄案, 189쪽. 十勝地라는 용어를 가장 일찍 보이는 기록은 헌종 2년에 일어났던 역모사건에 관한 것이다. 그리고 아마 비슷한 시기에 저술되었을 李圭景의 「青鶴洞辨證記」 『五洲衍文長箋散稿』에도 실려 있다.

이들의 위기의식을 가중시켰던 것이다. 특히 조선후기에는 조그만 대외적 문제라도 발생하면, 그것이 곧 외세의 침략으로 확대되어 조선인들을 공포에 몰아넣었던 사례는 다수이다. 비결에 흔히 나오는"非胡非倭", "似倭非倭",[59] "南倭北胡西㺚",[60] "一義二公", "一平二公三漢四光"[61] 등 외침을 의미하는 내용을 비롯하여, 정씨가 처음으로 나오는 곳이 해도라는 점도 전란이 외침으로 시작될 것이라는 두려움과 깊은 관련이 있다고 짐작된다. 아울러 역모와 병란 세력의 근거지라고 여겨지던 海浪島나 三峰島와 같은 섬이 갖는 이상향으로서의 이미지도 작용하였을 것이다.[62]

이런 외세의 침략에 대한 두려움과 아울러 피난지에 대한 관심과 열의를 고조시켰던 것은 민중의 종교적 세계관에 뿌리를 내리고 있는 종말의식, 劫災觀이었다. 현실세계가 멸망하고 새로운 세계가 도래할 때는 위에서 말한 바와 같이 전란과 병화가 불가피하다. 그렇기 때문에 그런 위기에 직면한 인간들은 난리를 두려워하며 그 재앙을 피하려고 하기 마련이었다. "積尸如山하고 人影永絶하고 流血成川하고 鷄犬無聲"하는 그 순간에 그들로서는 이 세상이 곧 끝나는 것으로 생각할 수밖에 없었을 것이다. 그렇다면, 몸을 보전할 수 있는 곳, "兵火不入하고 凶年不入"하는 피신지를 찾아야 되는 것이다. 커다란 병화가 낡은 세계를 휩쓸고 지나간 뒤에 그곳에서만 새로운 세계를 열어갈 수 있는 "人種과 穀種"을 구할 수 있다.

---

59) 『英祖實錄』 67권, 24년 5월 갑진.

60) 「罪人之曙推案」, 54쪽.

61) 『推案及鞫案』, 191冊 捕盜廳推案, 434쪽. 一義와 一平은 임진왜란 때 의주와 평양으로, 二公은 이괄의 난 때 공주로, 三漢은 병자호란 때 남한산성으로 피신한 사실을 말하며, 四光은 앞으로 있을 광주 피신을 말한다.

62) 정석종, 1994, 「조선후기 이상향 추구 경향과 삼봉도」 『조선후기 정치와 사상』, 한길사.

이 시대 사람들의 피난지에 대한 관심은 단지 비결에서만 보이는 것이 아니라, 이익과 같은 학자도 太小白山의 아래와 예안의 사이는 나라에 일이 있을 때 의뢰하여야 되는 곳이라고 하였다.[63] 이로 보면, 병화를 피할 수 있는 승지를 알고 싶어했던 것은 당시 사회의 일반적 분위기였던 것 같다. 그런데 이익의 후배인 이중환도 태백산과 소백산이 제일의 피병지라고 꼽았지만,[64] 당쟁의 여파에 휩싸였던 그가 가진 의식은 단순히 피난에만 머물지 않았던 듯하다. 피난지를 찾으려는 생각이 '이인' 남사고에 닿아 있다.[65] 그가 살았던 18세기라면 남사고가 만들었다고 하는 비결은 이미 존재하였지만, 그가 본 『남사고비결』은 다른 종류였던 것 같다.[66] 이 『남사고비결』은 아마도 승지만을 싣고 있던 지리서에 가까운 것이었던 듯하다. 하여튼 『택리지』의 산수조에는 이곳 외에도 남사고가 福地로 지정해 놓은 곳이 여러 군데 있다. 무주의 무풍과 지리산 북쪽의 함양, 그리고 영암의 월출산이 그곳이다. 그리고 어떤 성격의 것인가는 불분명한 『저기』라는 기록이 있어, 태백산과 소백산을 제일의 피병지로 꼽고, 청천의 선유산을 수도하는 자들이 살 만한 곳이라고 추천한다. 『택리지』에는 이밖에도 『地誌』가 인용되

63) 李瀷, 『星湖僿說』 권1, 天地篇下 兩南水勢條. "大小白之下 禮安之間 爲堂奧 他日邦家有事 終必賴之也"

64) 李重煥, 『擇里志』, 伏居總論 山水條.

65) 위와 같음. "昔有方士南師古見小白 輒下馬拜 曰此活人山也 著記言以大小白爲避兵第一地"

66) 『推案及鞫案』 제19권, 115冊 元八推案, 543쪽. 그러나 다른 비결과 마찬가지로 『南師古秘訣』도 내용이 상이한 異本이 많았을 것이다. 영조 년간에 일어난 湖南掛書 사건에 보이는 『南師古秘訣』의 내용에는 『鑑訣』과 같이 戊申年에는 "流血成川하고 路塞烟絶한다"는 등의 귀절이 있었다. 이것은 이중환과 이규경이 보았던 『南師古秘訣』은 아니고, 현재 『鄭鑑錄集成』 등에 실려 있는 것과 크게 다르지 않을 것이라고 짐작된다.

고 있다. 이처럼 이 시기에는 피난지·피병지·은둔지·피세지·복지 등을 찾는 사람들이 많았고, 그에 따라 이런 지역을 소개해 주는『著記』·『地誌』·『擇里志』와 같은 책자들이 널리 유행하였던 것 같다. 결국 이런 풍조는 자연히 정감록과 같은 비결이 형성되고, 널리 퍼질 수 있는 배경이 되었던 것이다.

그리고 이 피난지를 찾으려는 의식은 도교적인 선인사상과 깊은 관련이 있었다.[67] 불로장생이라는 요소가 강한 선인사상은 무릉도원과 같은 仙人鄕에의 동경을 낳았다. 지리산의 靑鶴洞과 속리산의 牛腹洞과 같은 선인향은 이미 오래 전부터 추구되었다.[68] 또한 이런 곳은 전란이 미치지 못하는 것을 제일 조건으로 삼았다는 점에서 피난지가 될 수 있었다. 따라서 전쟁을 겪고 사회적으로 인심이 불안하게 되자, 선인향은 십승지와 겹치게 되었다. 단 이때의 청학동이나 우복동은 신선이 살만한 곳이라기보다는 넓은 토지 등 피난지로서의 조건이 좋은 福地라는 이미지가 강한 듯하다.

그런데 십승지 선정에는 도읍지와는 달리 풍수지리의 원칙이 제대로 지켜지지 않은 듯하다. 최창조의 사례 연구에 따르면, 모든 풍수지리서에서 가장 길지로 꼽히는 영월 상동·단양 영춘·영주 풍기는 "방어상 혹은 피난지로서의 유리성을 전적으로 인정할 수 있고 술법적 풍수원칙에 부합되는 바도 약간은 있으나, 陽基風水原理에는 대체로 어긋나 있고 함박요풍의 風水禁忌를 범하고 있으며, 합리성 있는 취락입지로서도 매우 불리한 곳"이라고 한다.[69]

---

67) 金庠基, 앞의 책, 47쪽. 다만 金庠基는 피난사상에서 선인사상이 나온 것으로 보았으나, 선인사상의 전통이 시간적으로 먼저였던 것 같다.

68)『五洲衍文長箋散稿』上,「牛腹洞辨證說」, 601~603쪽,「牛腹洞眞假辨證說」, 110~112쪽. 李圭景도『南師古秘訣』에 실린 靑鶴洞과 牛腹洞에 대한 관심이 대단히 높아, 실제로 속리산에 있다는 牛腹洞을 찾아 나서기도 하였다.

69) 崔昌祚, 앞의 책, 314~326쪽.

결국 십승지는 풍수지리라고 하는 그 시대의 지리관에서 만들어진 것이라기보다는 절박한 위기 상황에서 탈출하고 구원받고자 하던 민중들의 의식에서 나온 것이라고 할 수 있다. 풍수지리는 단지 그런 의식의 외피일 뿐이다. 또한 이와 같은 풍수지리의 이론이 아니더라도, 역사에의 주체적 참여보다는 소극적이며 도피적인 태도를 상징하는 십승지는 왕조 교체를 적극적으로 예언하는 도참의 본래 성격과는 잘 어울리지 않는 것이다.

이와 같이 승지라고 하는 도피처를 제공하는 것은 정감록의 소극적 측면이라고 할 수 있다. 그러나 실제는 이런 십승지에 관심 있는 자들이 정치사회적으로 더욱 적극적 태도를 보였지 않았나 생각된다. 이점은 정감록과 같은 도참비기가 현실을 부정하는 의식을 담고 있다는 적극적인 측면, 즉 천운에 따라 인간이 주체적으로 행위를 하여야 한다는 성격을 강하게 지니고 있기 때문이라고 생각된다. 예컨대 동학의 지도자인 최시형의 중요한 피신지였을 뿐만 아니라 1893년에는 동학농민전쟁의 전 단계 투쟁이라고 할 수 있는 신원운동이 대대적으로 개최되었던 보은의 장내는 십승지의 하나로 유명하였던 속리산의 四甑과 八項牛腹洞이라고 한다.[70] 그렇기 때문에 帳內는 당나라의 서울인 長安처럼 장안이라고 달리 불리었던 것이다.

그런데 각종 도참비기에 피난지 내지 피난의 방법으로 말해지는 것 가운데 대표적이며 유명한 것은 "利在松松 利在家家 利在弓弓"이다. 대개 이재송송은 임진왜란 때에 사람들이 산으로 들어가 목숨을 구한 사실, 혹은 명군의 대장인 이여송의 이름에서 나온 것이라고 해석된다. 또 이재가가는 병자호란, 혹은 홍경래란 때에 집

70) 姜仁秀, 1989, 『동학소설 연구』, 부산대학교 박사학위논문, 41쪽 주 78 참조.

을 떠나 피난가지 않은 사람들이 살아났다는 의미이다. 그리고 이 재궁궁은 다음에 있을 전란에서 살아남을 수 있는 피난지, 또는 묘책을 의미한다. 그런데 궁궁의 뜻이 명확하지 않다는 점에서 그 해석이 분분하기 짝이 없었다. 弓弓은 활처럼 생긴 지형의 피난지, 난세에는 숨어사는 弱者가 살아남는다는 속설에서 나온 弱字의 破字, 弓字는 弗字로 전란이 일어났을 때 화를 입지 않는다(弗參其禍)는 뜻, 佛이라는 뜻, 坐의 古字라는 뜻 등으로 다양하게 해석되었지만, 결코 일치된 견해에 이르지는 못하였던 듯하다. 여기에 乙乙까지 첨가하게 되어, 주문의 색채가 농후한 弓弓乙乙이나 弓乙로도 변형되었으므로 도저히 하나의 해석이 나올 수 없게 되었다. 그러면서도 민중들은 결정적 위기를 모면할 수 있는 열쇠는 바로 弓弓이라고 굳게 믿었다. 이와 같은 간절할 마음은 궁궁의 뜻을 피난지 외에도 중대한 재액에서 인간을 살릴 수 있는 상징이라고 받아들였다.[71]

최제우가 한울님에게 받은 靈符는 弓弓과 太極의 형상이며, 이것은 사람들을 질병에서 구할 수 있는 불사약이라고 하였다.[72] 최제우는 한울님에 대한 믿음이 약하면, 영부를 태워 마셔도 전혀 효과도 없다고 하며 철저한 신앙심을 요구하였다.[73] 여기에서 동학이 말하는 불사약은 몸의 질병만을 고치는 치료약이란 의미를 뛰어 넘는다. 이 弓乙形의 不死藥은 인간의 흉중에 있다고 한다.[74] 인간 자신에 품부 된 본성을 찾고 닦는 일, 즉 守心正氣야말로 장

---

71) 『龍潭遺詞』「夢中老少問答歌」. “매관매작 세도가도 일심은 궁궁이오 전곡 쌓인 부첨지도 일심은 궁궁이오 유리걸식 패가자도 일심은 궁궁이오.”

72) 『東經大全』「布德文」; 『龍潭遺詞』「安心歌」

73) 『日省錄』 고종 1년 3월 2일.

74) 『東經大全』「布德文」. “胸中不死之藥 弓乙其形.”

생불사의 요체라는 것이다. 이런 점에서 弓乙符는 인간을 구할 수 있는 도, 동학의 본질을 상징하는 것으로 이해된다.[75] 다시 말하여 弓弓은 동학에서 인간을 구원할 수 있는 궁극적인 가르침의 상징으로 발전하였다고 할 수 있다. 그렇다고 하여도 동학이 도참비기에서 말하는 피난지, 또는 면화의 상징으로서의 이재궁궁에서 완전히 벗어난 것은 아니었다.[76]

Ⅳ. 도참비기의 종교적 한계

도참의 정치적 성격은 왕조의 교체와 현실세계의 부정이라는 점으로 요약된다. 비결을 이용하는 세력들은 대개 사회적으로 불안 분위기를 조성하거나 고조시키려는 뚜렷한 목적을 가지고 있었다. 더 나아가 병란과 같은 투쟁을 준비하면서 동조세력을 얻기 위하여 일부러 비결을 지어내고, 진인출현설을 유포시켰다. 이러한 작업을 하던 대표적인 사회세력은 불만지식인이었다. 개인적으로 좌절당한 이들은 자신의 현실적, 정치적 목표를 추구하였다. 이러한

---

75) 金庠基, 앞의 책, 61~63쪽. 韓㳓劤은 金庠基 教授의 弓乙은 正心을 상징한다는 것 같다는 설을 받아들였고, 특히 弓弓乙乙을 “落盤孤四乳”라는 해석(『西溪李先生家臟訣』)에 대하여 이는 “落盤의 경우와 같은 危難의 경우라 하더라도 홀로 마음만 바로잡으면 畏怯할 것이 없다”는 것으로 풀이하였다(韓㳓劤, 1987, 「東學唱道의 時代的 背景」『斗溪李丙燾博士九旬紀念韓國史學論叢』, 지식산업사, 686쪽).

76) 『日省錄』, 고종 1년 3월 2일. “昔在壬辰壬申之年 有曰 利在松松 利在家家 而甲子則利在弓弓 燒飮弓字 足以制之云”

의식은 결국 정치사회적인 저항을 낳았으며, 그 강렬한 저항과 부정의 표현이 바로 도참비기이며 진인설이었던 것이다.

성리학이 지배이데올로기였던 조선사회에서 도참비기와 진인설만큼 강력한 체제 도전적이었던 사상이나 종교는 없었다. 사문난적이라고 불린 유학의 분파나 이단사설인 불교도 이 비결이 가지고 있는 현실부정의 파괴력에 비하면 미약하기 짝이 없었다. 왕조체제나 집권세력들에게 정치적인 증오심을 가진 자들, 반역을 준비하는 자들이 성리학이나 양명학, 혹은 불교보다는 도참과 진인설을 이용하였던 데는 그럴 만한 이유가 있었던 것이다. 이 저항문화 속에 담긴 현실부정의 강력한 상징은 민중들에게서 현장감과 긴박감, 그리고 기대감과 불안감을 불러일으켰다. 이미 사회적으로 위기의식이 팽배해 있던 상태에서는 더욱 효력을 발휘하였다. 억압적인 사회윤리와 비주체적인 의식에서 벗어나 자기를 둘러싼 세계의 형성에 주체적이며 적극적으로 참여하겠다는 의지가 강화되고 분출하였던 것이다. 그러므로 비결과 진인설은 반역집단의 참가자 동원 수단의 역할을 수행하였던 예가 많았다.

그렇다고 도참비결과 진인설이 철저하게 정치사회적 성격만을 가진 것은 아니었다. 거기에는 당시 사회의 종교적 세계관과 신앙의 태도가 배여 있었다. 도참은 정치적 목적을 가진 세력들이 민심을 장악하기 위하여 행하는 정치적 조작 수단만은 아니다. 왜냐하면, 전근대사회에서는 권력은 초월적인 존재로부터 나오는 것이라고 생각되었기 때문에, 새로운 왕자에 관한 정치적 예언은 신성에 가탁하지 않을 수 없었다. 어떠한 정치적 권위도 신성에 의하여 정당화되고 합리화되지 않는다면 성립하지 못하였다. 여기에서 도참은 정치적 성격 외에도 종교적 성격을 가진 예언이 되는 것이다. 王者授命이란 바로 초월적이며 근원적인 존재인 천이 특정한 인물에게 生民을 대신 다스릴 임무를 주었다는 의미이다. 이 천명은 신성하며 은미하지만, 天이 圖와 讖으로 미리 엿보여 주기 때문에, 그 천의를 빠르고 정확하게 파악하고 실행하는 특정한 인물을 좇는다면 대업을 이루는 데 동참할 수 있다. 도참은 바로 초월적 존재가 구원을 갈구하는 인간들과 맺는 새로운 이상세계의 도래에 대한 약속과 다름없다. 그렇기 때문에 도참은 앞으로 실현될 초월적 존재의 확고한 의지의 표징이다. 다시 말하여 도참은 초월적이며 신성한 존재가 전제되는 정치성이 강한 왕조 흥망성세의 예언이라고 정의된다. 특히 우리 역사에서는 억압된 민중의 원과 망의 표상으로, 미래의 이상세계를 현세적으로 집약한 민중신앙적 면이 강조된다.[77)]

그리고 민중들의 애타는 기다림의 대상으로서, 고통에 빠진 자신들을 구원해 줄 초월적 존재로서 진인이 존재하였다는 것은 종교적으로는 커다란 의미가 있다고 할 수 있다. 다시 말하여 새로운 신앙운동의 구심점이 민중의 의식에 미리 설정되어 있었고, 좀 더 뚜렷하고 풍부한 메시지를 전파하며 주술적 권능을 발휘할 수 있는 진정한 진인을 만나기 고대하였으므로, 그러한 존재가 등장한다면 곧바로 그의 추종자가 될 수 있었다. 그러므로 진인설 자체는 현실적으로 정치운동에 기여한 바가 컸지만, 신앙운동의 구심체가 될 수 있는 소지도 풍부하였다고 할 수 있다.

이처럼 정감록이 제시한 정 진인의 출현과 함께 이루어질 새로운 왕조의 개창이라는 확고한 목표, 풍수지리설과 역사적 사실에 의거한 예언의 증거력, 파자와 은유가 주는 신비감과 긴박감, 메시아로서의 진인상은 종교적 색채가 농후하다.

---

77) 金水山 編著, 앞의책, 20~21쪽 ; 양은용, 앞의 논문, 1~2쪽 ; 신일철, 1990,「鄭鑑錄」에 대하여」『한국의 민속·종교사상』, 289쪽.

하지만 정감록이 가지고 있던 종교성은 새로운 종교를 탄생시킬 수 있을 만큼 풍부하거나 강하다고 보기는 어려운 듯하다. 아울러 구원자를 대망하는 진인설 자체도 비체계적이며 무조직적인 설화라는 형식에 의거하고 있다는 점에서 강력한 메시아 신앙을 형성하고 구원종교로 발전하기에는 역부족이었다. 또한 진인의 추종집단도 제1차적인 사회적 관계인 혈연에 주로 의존하였고, 소규모의 비밀결사라는 폐쇄성을 극복하고 종교결사와 같은 조직을 갖추기에는 국가권력의 감시와 탄압이 너무 엄중하였다. 이처럼 도참비기가 민중의 새로운 신앙운동을 일으킬 수 있는 종교문화적 잠재력을 가지고 있었더라도, 결국 정치적 영역에서 벗어나지 못한 이유는 도참이라고 하는 정치적 예언이 가진 근본적인 한계라고 생각된다.

이러한 종교적 한계로 진인이 가지고 있던 종교 상징으로서의 劣性도 들지 않을 수 없다. 종교 상징이 약하다는 의미는 신앙운동의 구심이 될 수 있는 진인이 익명성 때문에 카리스마적 인격이 뚜렷하지 못하다는 것으로 해석되기도 한다.[78] 진인은 민중에게 새로운 세계와 삶을 예언하거나 구원을 약속하는 메시아로서의 속성을 어느 정도는 지니고 있었지만, 신앙운동의 중심이 되기에는 상당히 미약하였다고 본다. 특히 현실에서의 구원을 초월적 존재에게 의존하려고 하는 민중들에게는 메시아적인 진인이 언제 어떻게 출현하며, 어떠한 신성과 권능을 가졌고, 어떻게 민중을 구원할 것인가, 또한 진인이 가져올 이상세계는 어떠한 모습인가를 어느 정도는 선명하고 풍부하게 보여줘야 한다. 이렇게 구원의 약속이 모호한 것이 아니라 구체성을 띠고, 구원의 주체가 명확할 때, 신앙운동은 발생할 수 있다.

메시아의 개념은 다양하겠지만, 적어도 신적이며 초월적이며 궁

78) 黃善明, 『朝鮮朝宗教社會史研究』, 277쪽.

극적인 존재와 깊은 관련을 가진 구원자로 나타나야 할 것이다. 이런 점에서 비록 정감록과 같은 도참비기는 천과 천운을 말하고 있더라도, 그 천의 관념은 민중에게 구체적으로 생생하게 다가오지 않았을 것이다. 동학의 신관을 다루면서 다시 언급하겠지만, 당시 민중들이 가졌던 전통적인 하느님의 관념은 그다지 선명하지 않았던 것 같다. 막연한 인격적인 한울 관념 내지 주재자로서의 천, 곧 상제의 관념만으로는 진인의 메시아적 위치가 확고히 설정되지 못한다. 다른 비기와는 달리 그래도 종교 상징이 정씨라고 좀 더 구체적으로 제시한 정감록마저도 새로운 왕조의 주인인 그 정씨가 남해의 섬에 있고, 병화가 일어날 때 神兵을 이끌고 出陸할 것이라는 점만 분명하게 말하고 있을 뿐이다. 이런 측면에서는 민중의 설화 속에 담겨 있던 진인의 모습도 크게 다르지 않다. 다시 말하여 종교 상징으로서 진인의 劣性은 먼저 궁극적인 존재인 천의 관념이 강력하게 새로 정립되어야 극복될 수 있다. 이와 같은 작업은 뚜렷한 정치적 목적 아래 진인을 만들어내는 인물이 감당할 수 있는 것은 아니었다.

그리고 현실에 나타난 진인은 정치적 성격을 농후하게 가지고 있었으므로, 종교적 성격은 약할 수밖에 없었다. 그는 단지 도참비기에서 예언된 천명을 받은 존재로서 새로운 왕조의 주인일 따름이다. 그의 메시지는 새로운 세계관이 되기에는 너무 빈약하기 짝이 없었고, 그의 카리스마는 역사의 단절과 세속의 부정을 근원적으로 행하지는 못하므로 종교적 창시자가 될 수 없었다.[79] 또 신이한 탄생과 용모, 잡술적인 권능 등으로 신비화되어 있지만, 종교 창시자에게 예외 없이 보이는 주술적 권능은 거의 찾아보기 힘들거나 희박하기 짝이 없다. 특히 治病禳災 등 추종자의 개인적인 신앙의 동

79) 黃善明, 앞의 논문, 31~32쪽.

기에 부응하려는 태도를 찾아보기 힘들다. 따라서 그를 추종하는 집단도 종교적 신앙심을 거의 보이지 않는다. 다시 말하여 진인을 포함한 그 추종 집단은 신비성이 전혀 없다고는 말할 수 없지만, 기본적으로 정치적 목표를 추구하는 집단이 될 수밖에 없었다.

이와 달리 진인의 종교적 메시지와 초인간적 권능이 강력하다고 하면, 다수의 열렬한 신자들을 얻을 수 있었을 것이다. 이런 신자들이 많아져 종교결사가 형성되고, 나아가 교단적 기구가 성립된다. 여기에서 특히 중요한 것은 신자집단과 그들의 조직은 신앙운동이 지속될 수 있는 결정적 조건이라는 점이다. 수많은 신앙운동이 발생과 소멸을 거듭하지만, 그중에서 하나의 종교집단으로 성립하고 발전하는 예는 그다지 흔하지 않다. 조선후기 신앙운동사에서 동학의 발생이 차지하는 의미도 바로 여기에 있다고 하겠다. 따라서 강력한 종교 상징과 풍부한 예언 내용은 새로운 종교의 탄생에 주요한 조건이 된다.

이상에서 살펴본 바와 같이 정감록류의 비기와 진인설은 나름대로 종교적 성격을 가졌으나, 그에 기초한 신앙운동이 형성되기에는 정치적 성격이 너무 강하였다고 할 수 있다. 그러나 한편으로는 정치성과 종교성을 복합적으로 갖고 있기 때문에 인간 정신의 지평에 보편적으로 깃들어 있는 이상향과 구원자의 추구가 결합될 수 있다고 볼 수 있다. 이런 점에서 정씨, 진인은 새로운 왕조의 개창자이며 구원자적인 존재이다. 조선후기에는 많은 민중신앙운동이 발생과 소멸을 거듭하였고, 민중들이 가진 이러한 현실부정의 예언과 구원자 출현의 기다림은 현실의 고통이 심해질수록 종교적 성격이 농후해졌다. 즉 초월적이며 신적인 존재가 인간의 역사에 개입하여 고통을 받고 있는 자신들을 지금 당장 이 자리에서 구원해 줄 것이라는 믿음이 강렬해졌다. 결국 최제우라는 종교적 천재에 의하여 이러한 민중의 종교적 희구는 결실을 맺게 되었고, 이런 맥락에서 동학은 조선후기 민중신앙운동의 결실이었다고 할 수 있다.

V. 맺음말

동학의 발생과 성격을 이해하기 위해서 그 종교문화적 배경을 고찰하였다. 그 중에서도 가장 커다란 비중을 가진 鄭鑑錄의 형성 과정과 그 구성 요소를 주요하게 다루었고, 그것이 가지고 있는 종교적 한계와 정치적 성격도 찾으려고 하였다. 그 결과를 요약하면 다음과 같다.

가. 정감록은 민중의 현실부정적 의식을 담고 있는 왕조교체의 예언서이며, 그 핵심적 내용은 17세기 후반에는 정착된 것 같다. 특히 권력투쟁에서 패배한 자들의 손에서 나왔기 때문에 현실부정적 정치성이 아주 강하였다. 그러나 고통스러운 현실세계가 멸망하고 이상세계가 오기를 간절히 희구하는 인간의 종교적 희구도 담겨 있었으므로 신비성과 주술성도 농후하였다. 이런 점에서 정감록은 진인설과 함께 민중신앙운동과 동학 발생의 중요한 기반이 될 수 있었다.

나. 정감록의 구성 요소로 먼저 鄭氏의 開國을 들 수 있다. 이 새로운 왕조의 주인이 되어 민중을 구원한다고 믿어진 鄭氏는 眞人으로서 넓은 의미에서 종교적 구원자, 메시아의 성격을 갖는다. 그리고 도읍지의 地氣가 왕조의 수명을 결정한다는

風水地理 관념이 강하던 시대에는 地氣가 성한 도읍지가 새롭게 예언되어야 한다. 鷄龍山 建都는 鄭氏와 마찬가지로 왕조교체와 이상세계 도래의 강력한 상징이다. 또한 현실세계가 망하고 신세계가 도래하는 역사적 전환기인 末世에는 兵禍가 반드시 발생하는데, 이때 화를 피하고 이상세계로 들어가기 위해서는 義兵을 일으켜야 된다. 마지막으로 十勝地는 참혹하였던 외세 침략의 경험에서 나온 요소로 정감록에 뒤늦게 부가되었다. 전란이 일어나면 숨어야 하는 피난지를 소개하는 것은 정감록의 도피적이며 소극적인 측면이라고 할 수 있다. 여기에서 더나아가 궁궁이나 궁을은 면화와 구원의 상징이 되었다.

다. 도참비기와 진인설의 종교적 한계는 이에 근거한 신앙운동을 찾기 어렵다는 점에서 단적으로 드러난다. 가장 중요한 까닭은 그것이 기본적으로 왕조교체의 예언으로서 강한 정치성을 갖는 반면 종교 상징 등 종교적 요소가 빈약하였다는 점이다. 아울러 추종집단들도 결코 항구적인 신앙결사 수준에 미치지 못하였다. 그러나 현실부정적이며 구원자를 待望하는 기본적 성격은 동학으로 이어지게 되었다.

이러한 연구의 결과는 본래의 의도에는 크게 미치지 못하였으며, 특히 주제의 범위가 너무 넓었기 때문에 심층적인 작업이 필요한 중요한 문제를 제대로 밝히지 못하였다는 큰 한계를 갖는다. 따라서 이 연구는 단지 동학을 비롯한 19세기 이후 등장한 신종교의 발생과 성격에 관한 시론적인 의의를 가질 뿐이다. 각종 도참비기의 서지적 검토와 성격 파악, 그리고 문헌과 구전으로 전해오는 진인설의 연구에 좀 더 힘을 기울여야 할 것이다.

제2장

동학의 사상과 성격

Ⅰ. 머리말

Ⅱ. 동학 경전의 서지적 검토

Ⅲ. 동학사상

Ⅳ. 동학의 성격

Ⅴ. 맺음말

Ⅰ. 머리말

동학사상에 관한 연구는 일일이 거론하기가 어려울 만큼 다수가 발표되었고, 그를 통해서 사상의 요체와 성격 등을 잘 이해할 수 있게 되었다. 그렇기 때문에 이런 실정에서 동학사상의 형성 과정, 내용, 성격을 고찰하는 작업은 빈약한 결과를 얻을 가능성이 높다고 생각된다. 본고도 동학사상을 새롭게 해석하거나 중대한 사실을 밝히는 것과 같은 연구사적으로 큰 의의를 지니는 것은 아니다. 다만 기존 연구가 간과하거나 소홀하게 다룬 작은 문제를 나름대로 재검토하면서 동학사상을 전체적으로 정리함으로써 신종교로서[1] 동학의 특성을 찾아내고자 한다. 그 중에서도 조선후기 민중신앙운동과의 관계, 최제우 사상의 변화 과정, '천년왕국운동과 유사한 성격'을 주목한다.

대다수 연구는 동학사상의 본질을 유학, 또는 도교, 아니면 비기참위설이나 무속적 시각에서 파악하거나, 여러 가지 사상과 신앙이 결합된 구성물로 이해하였다. 사실 동학의 종교요소는 다양하고 복합적이기 때문에 특정한 사상이나 종교가 아니라 후자의 관점에서 접근하는 것이 타당하다고 생각된다. 하지만 동학을 이렇게 儒彿仙의 종합이라거나, 민중신앙의 영향을 강하게 받았다고 하면서도, 동학사상의 일면만을 강조한다든지, 복합성을 인정하더

1) 신종교의 개념은 姜敦求의 「新宗教硏究序說」(1987, 『宗教學硏究』 6), 김홍철의 「신종교론」(1989, 『한국 신종교 사상의 연구』, 집문당), 김종서의 「현대 신종교 연구의 이론적 문제」(1996, 『현대 신종교의 이해』, 한국정신문화연구원) 참조.

라도 각 요소들의 단순 결합으로 이해하여 그 요소들이 새로운 성격을 가진 사상으로 발전하였다는 점을 밝히는데 소홀하였던 듯하다. 또 한 가지 유의할 점은 동학은 철학이 아니라 종교임에도 불구하고, '철학적 분석'에 치중한 연구들은 이런 점을 경시함으로써 살아있는 인간의 신앙 동기와 종교행위, 동학이라는 종교 자체를 충분히 이해하였다고 보기 어려운 한계를 보이기도 한다.

특히 동학은 조선사회의 일정한 사회적 조건과 종교적 전통에서 발아하였으므로 그 사상과 신앙 양태에는 민중신앙의 요소가 강하게 배여 있다는 사실을 중시해야 할 것이다. 새로운 신앙운동은 전혀 백지 상태에서 발생하는 것은 아니다. 그것은 민중신앙 영역에서 신앙혁신이 일어나거나, 외래 종교문화가 유입되어 기존 종교문화의 장을 재편성하게 될 때만 가능하다.[2] 예컨대 우리 민족 고유의 신인 한울님, 鄭鑑錄과 같은 圖讖秘記의 종말론적 예언, 시대를 초월하는 인간의 보편적 가치와 삶에 대한 민중의 희구 등은 넓게 보아 전통적인 민중신앙운동의 핵심이었다. 이런 종교적 요소와 기타 다양하고 뿌리 깊은 민중신앙을 근원종교전통이라고[3] 하며, 만약 이와 같은 종교문화가 부재하였더라면, 동학은 발생하지 못하였거나 전혀 다른 모습을 갖추었을 것이다. 다시 말해서 동학을 형성한 조선후기사회의 민중신앙운동과 그 요소가 동학사상의 핵심인 神觀, 다시開闢思想, 侍天主思想 등과 어떻게 연관되어 있는지 찾아내고, 아울러 보편성을 띤 새로운 차원의 종교사상으로 발전된 과정, 또한 그에 의해서 형성된 민중신앙운동으로서 동학의 성격을 구체적으로 밝혀야 할 것이다.

---

2) 윤승용, 1990, 「민간신앙과 사회변혁」『역사속의 민중과 민속』, 이론과 실천, 444~449쪽.

3) 尹以欽, 1991, 『韓國宗教研究』 3, 집문당, 311~312쪽.

동학이 신종교로 성립될 수 있었던 데에는 이런 종교문화와 전통 외에도 창도자 최제우의 독특한 신비체험, 그 체험을 종교사상으로 발전시킬 수 있던 지적인 능력, 제자들의 헌신과 희생에 의한 인적 결합의 유지와 확대 등을 중요한 요인으로 꼽을 수 있다. 사상적으로 보았을 때, 최제우의 유학적 세계관과 지식은 동학사상의 형성과 변화에 큰 영향을 미쳤다. 특히 동학이 서학이라는 혐의를 받으면서 박해를 당하는 상황에서 최제우는 유학을 비롯한 전통적 학문의 형이상학으로 자신의 사상을 재해석하였다. 예를 들면, 한울님을 귀신이나 지기로 설명하며 인격적인 신관의 사변화를 시도하였다. 이러한 사상적 변화는 외적인 압력에 대응하려던 의도인 동시에 동학사상의 체계화와 윤리성을 강화하려는 노력에서 나온 것으로 동학이 제도종교로 성립하는데 불가결한 과정이었다.

그리고 동학이 조선사회의 현실부정적인 민중신앙운동과 맥락이 닿아 있었고, 최제우의 가르침도 새로운 세상이 온다는 것이 요지였다는 사실은 초기동학의 성격을 확연히 보여준다고 생각된다. 즉 '지금 이 자리에서 下元甲 淆薄한 세상이 開闢되어 上元甲 好時節이 되고, 따르는 자는 새로운 이상세계의 주인이 된다'는 메시지에 기초한 신앙운동은 자연히 기독교의 천년왕국운동과 흡사한 양상과 성격을 띠었다. 천년왕국운동(Millenium Movement)은 서양 중세 말기에 일어난 민중신앙운동을 지칭하는 용어와 개념이기는 하지만, 단지 기독교라는 특정한 종교문화와 서양사회에만 국한된 것은 아니며, 중국 등 아시아와 아프리카 등 전 세계에서 보편적으로 발생한 종교현상이다.[4] 실제 동학의 사상과 운동에서도 잘 나

4) 중세 말 천년왕국운동의 개념과 전개에 관한 것은 Norman Cohn의 The Pursuit of the Millennium(Oxford University Press, 1970, Revised and expanded edition)을 참고. 중국의 예는 미이시 젠키치, 『중국의 천년왕국』(최진규 옮김, 1993, 고려대학교 중국학 총서 10, 고려원), 세계 각지의 운동은

타났으며, 동학의 중요한 성격이라고 할 수 있다. 따라서 동학사상을 이런 관점에서 이해하려고 하였으며, 또한 현실과의 마찰이 불가피하였던 이 뜨거웠던 신앙열을 최제우가 어떻게 대처하였는지 알아보려고 한다. 이와 같은 동학의 성격은 초기에만 나타났던 것이 아니라 이후 동학의 발전과 동학농민전쟁에 이르기까지, 더 나아가 여러 신종교까지 현저하였기 때문에 매우 중요한 향후 연구 과제이다.

Ⅱ. 동학 경전의 서지적 검토

동학의 교리와 교도들의 신앙을 살필 수 있는 자료로는『水雲行錄』·『道源記書』·『東經大全』·『龍潭遺詞』와 같은 동학 자체의 교단사와 경전이 있다. 그리고 관청 측의 자료로는 實錄 외에도『承政院日記』·『日省錄』·『備邊司謄錄』이 중요하다. 동학 교단 측의 자료는 최제우 수형 이후 적어도 10년 이후에 만들어진 것이라는 점에서 그 내용의 신뢰성에 약간의 문제가 있다고 할 수 있다. 반면 관변 자료는 당시에 기록된 것이기는 하지만, 동학의 구체적인 면모와 성격에 초점을 맞춘 것이 아니라, 단지 동학 정체에 대한 탐문 및 최제우의 체포와 수형의 전말에 관한 기록일 뿐이다. 따라서 최제우 생시의 동학에 관한 정확하고 객관적인 자료는 크게 부족하다고 할 수 있다. 이는 결국 현재의 경전과 교단사에는

페라이라 데 케이로즈,『세계의 메시아운동』(이상률 옮김, 1992, 청아출판사)을 참고.

나타나 있지 않은 중요한 사실이 많이 있으며, 혹시 그 때문에 동학에 대한 이해가 정확하지 않을 수 있음을 의미한다.

동학에 관한 연구, 특히 교리에 관한 연구는 거의 전적으로 『東經大全』과 『龍潭遺詞』에 의존하여 진행되어 왔다. 하나의 종교를 연구하는데, 가장 비중이 무거운 자료로 다루어야 할 것은 그 경전임은 분명하다. 그러나 동학의 교리를 자세히 분석하면서 경전의 저술 시기와 그에 따른 변화를 무시하는 경향이 적지 않다고 생각되는데, 그런 점에 관하여 주의를 기울여야 할 필요성은 크다. 특히 동학처럼 험난한 노정을 거친 새로운 종교의 경우는 말할 것도 없다. 따라서 동학 경전의 결집과 간행 과정 등을 중요한 검토 대상으로 삼지 않는다면, 정확하고 신뢰할 만한 연구가 나오기는 힘들다.[5] 하지만, 동학에 관한 객관적인 자료, 특히 경전을 검토하는데 필요한 상세하고도 풍부한 자료는 동학교단 외부에는 존재하지 않는다는 사실은 연구의 커다란 장애이다. 그렇기 때문에 동학 경전의 검토도 뚜렷한 한계를 가질 수밖에 없다. 다만 이러한 작업을 통하여 동학의 성격과 변화 과정을 조금이라도 더 잘 이해하기 위해서는 경전에 관한 서지적 검토를 할 필요가 있다.

우선 『東經大全』과 『龍潭遺詞』에 실린 경전 각편이 집필된 시기에 대하여 검토하기로 하자. 최제우가 도를 받았던 1860년 庚申年에 나온 것이라고는 呪文과 『龍潭遺詞』의 첫 부분에 실린 「龍潭歌」 정도가 아닌가 생각된다.

---

5) 특히 동학사상의 정치적 성격을 밝히려는 목적을 갖고 이러한 측면에서 작업한 연구가 있지만(金義煥, 1986, 『近代朝鮮東學農民運動史の研究』, 和泉書院, 제1장 東學思想の形成とその性格, 참조), 경전 각편의 저술 시기를 명확하게 검토하지 않았다는 점에서 문제가 있는 듯하다. 참고로 김의환 교수는 지배층에 대한 최제우의 태도가 상대적으로 신중하고 겸손하게 된 시기는 1861년 후반 이후이라고 한다.

다음과 같은 『道源記書』의 기사는 검토의 여지가 있다.

> 이 이후로 거의 일년 동안 수련하니 自然의 理致가 아닌 것이 없었다. 이에 龍潭歌를 짓고, 또 處士歌와 敎訓歌와 安心歌를 지었다. 아울러 한편으로 呪文 2건을 지으니, 주문 하나는 선생이 읽고, 다른 하나는 子侄에게 주었다. 또 降靈之文을 짓고, 또 劍訣을 짓고, 또 告字呪를 지으니 이것이 곧 白衣童靑衣童이다. (중략) 그해 10월에 조카 孟倫이 와서 入道를 청하니 선생이 道를 전해 주었다.[6]

이에 따르면, 「龍潭歌」·「處士歌」·「敎訓歌」·「安心歌」·「劍訣」을 비롯하여 先生呪文과 弟子呪文, 그리고 降靈呪文까지 1860년 10월 이전에 지은 것이다. 그러나 이러한 기사를 전적으로 신뢰할 수는 없다. 왜냐하면, 「敎訓歌」와 「安心歌」는 그 내용에 1861년 6월 이후의 사실을 담고 있다. 「敎訓歌」는 「道修詞」 및 「勸學歌」와 마찬가지로 1861년 11월 최제우가 경주를 떠나 전라도 남원에 은신하였다가 다음해 3월 경주로 돌아왔던 사이에 子侄들에게 수도에 전념할 것을 당부하기 위하여 집필한 것이다.[7] 그런데 「安心歌」는 세상 사람들의 질시를 받게 되고, 西學으로 오인되었다는 말을 하고 있다. 특히 다른 사람들에게 西學으로 오해를 받게 된 사태는 1862년 3월 이후, 최제우가 남원에서 돌아와 다시 적극적으로 포덕하던 시기 이후에 일어난 것으로 추측된다. 「敎訓歌」를 통하여 최제우가 남원으로 갑자기 떠나게 된 까닭을 살펴보면, 경주 鄕中에서 최제우에 대한 "無根說話"가 일어났기 때문이다.

---

6) 『道源記書』, 168쪽. "自此以後 修心正氣 幾至一歲 修而練之 無不自然 乃作龍潭歌 又作處士歌 而敎訓歌及安心歌 並出一以作呪文二件 一件呪先生讀之 一件呪傳授於子侄 又作降靈之文 又作劍訣 又作告字呪 是乃白衣童靑衣童也"

7) 『龍潭遺詞』「敎訓歌」. "멀고먼 가는 길에 생각나니 너희로다 객지에 외로 앉아"

『東經大全』의 「通諭」에는 指目의 혐의가 있었다고 한다. 만약 이 일이 西學이라는 오해에서 비롯되었다고 하면, 최제우가 「安心歌」에서처럼 좀 더 상세한 사정을 밝혀 놓았을 것이다. 그리고 「勸學歌」에서는 西學을 비판하고 있지만, 최제우 자신의 개인적 문제와는 전혀 연관시키지 않고 있다. 동학이 서학으로 오해받은 것은 1862년 이후이라고 생각되는데, 그해 10월 초 최제우가 慶州營將에게 피체된 까닭도 바로 그 때문이다. 『東經大全』의 말미에 실린 통문은 최제우가 그때 석방된 지 열흘 뒤에 보낸 것이다.[8] 따라서 1861년에는 아직 서학이란 혐의가 최제우를 괴롭히지 않았고, 「安心歌」는 분명히 1862년 겨울 이후에 나온 것이라고 생각된다.

그런데 「龍潭歌」도 이러한 가사들과 함께 1861년 이후에 나왔을 것이라는 주장도 있다.[9] 이는 "幾至一歲 修而練之"를 12개월 가까이 수련하였다는 뜻으로 해석하여, 「龍潭歌」는 1861년 辛酉年 봄 이후 지은 것으로 본다. 그러나 그것은 『道源記書』를 과신하는 해석이 아닌가 한다. 더구나 『東經大全』의 「論學文」에는 위의 『道源記書』 인용문과 상통하는 내용이 있는데, 그 다음에 곧바로 辛酉年 기사가 이어지고 있다.[10] 1861년이 되기 전에 최제우가 呪文과 함께 지었다고 하는 "不忘之詞"가 「龍潭歌」일 가능성이 높다.[11] 「龍潭歌」의 주된 내용은 고향 龜尾山의 龍潭에 대한 찬미와 父祖에 대한 追遠, 그리고 자신이 한울님에게 無極大道를 받았다는 자부심이다. 따라서 고향·조상·한울님 3자는 모두 최제우에

---

8) 『道源記書』, 177쪽.

9) 표영삼, 1983, 「동학경전 해의」 『新人間』 407호, 11~13쪽.

10) 『東經大全』 「布德文」. "吾亦 幾至一歲 修而度之 則亦不無自然之理 故 一以作呪文 一以作降靈之法 一以作不忘之詞 次弟道法 猶爲二十一字 而已 轉至辛酉 四方賢士 進我而問"

11) 尹錫山, 1987, 『龍潭遺詞硏究』, 민족문화사, 27쪽.

게는 커다란 덕을 베푼 근원적인 존재들로 최제우에게는 잊을 수도 없고, 고맙기 짝이 없는 대상들이다. 아마 "不忘"이라는 어휘도 이런 연유에서 쓰였지 않나 생각된다. 이렇게 「龍潭歌」는 지극히 사적인 성격이 농후하며, 다른 사람들에게 동학의 교리를 가르치려는 의도를 엿보기 어렵다. 이러한 점들을 살펴볼 때, 『道源記書』의 인용문에는 1861년 이후의 기사도 혼재 되어 있는 것이다. 1860년 말쯤에 최제우가 지은 것은 呪文과 「龍潭歌」 정도이다. 그 외에 「夢中老少問答歌」는 1862년 6월에,[12] 「道德歌」는 1863년 7월에, 「興比歌」는 그해 8월에[13] 지었다.

『東經大全』의 가장 앞에 나오는 「布德文」은 최제우가 한울님과 처음으로 만났던 종교 체험과 동학의 요체, 그리고 최제우의 사명 등을 주로 기술하고 있다. 이 편이 경전 가운데 가장 일목요연하게 동학 창도의 계기와 본질을 말하고 있으므로 『東經大全』의 경전 각편과 비교할 때, 제일 먼저 저술된 것이라고 할 수 있다. 그러나 그 시기는 1861년 봄으로 최제우가 득도한 지 1년이 지난 뒤였다.[14] 그리고 「論學文」·「修德文」·「不然其然」 등은 모두 최제우가 포덕을 개시하였던 1861년 6월이 한참 지난 뒤에 나온 글들이다. 동학 경전 가운데 「論學文」은 유학적 형이상학으로 가장 논리정연하게 체계화된 점으로 미루어 아마 상당히 늦은 시기에 저술된 듯하다. 그리고 『東經大全』 가운데 오직 「論學文」만 한울님을 鬼神이라고 하고 있는데, 1863년 작인 『龍潭遺詞』의 「道德歌」도 유일하게 天地가 鬼神이고 鬼神이 陰陽이라고 말하고 있다는 점에서 「論學文」의 저작 시기도 1863년 이후가 아닌가 한다. 뒤에

---

12) 『道源記書』, 174쪽.
13) 위의 책, 182쪽.
14) 위의 책, 170쪽.

서 상술하겠지만, 이 鬼神論은 동학 교리에서 중요한 위치를 차지하기 때문에 「論學文」과 「道德歌」에만 공통적으로 나타났다는 것은 주목하여야 한다. 또 「修德文」은 1862년 6월에,[15] 「和訣詩」는 그해 11월에,[16] 「不然其然」과 「八節」은 최제우가 체포되기 직전인 다음해 11월에 각각 저작되었다.[17] 이렇게 볼 때, 『東經大全』의 각편도 1861년 봄에 나온 「布德文」을 제외하고는 모두 저작 시기가 늦다.

이처럼 『東經大全』과 『龍潭遺詞』라는 동학의 경전 각편에는 최제우의 득도 1년 내의 것은 呪文과 「龍潭歌」를 제외하고는 없다. 대부분의 경전이 집필된 시기는 동학이 새로운 종교로서 수많은 신앙자를 얻게 되었지만, 타인의 지목을 받아 최제우가 전라도로 은신하거나 西學이라는 혐의로 경주부에 체포되는 등 험난한 길을 걸어야 하였던 때였다. 그렇기 때문에 최제우의 포덕 후반기, 좀 더 구체적으로 말한다면, 1862년 6월 이후에는 자연히 현실과 직접적으로 마찰하고 충돌할 수 있는 현실 부정적 성향이 약화된 경전이 나오고, 「道德歌」처럼 동학은 유학의 한 갈래라는 이해가 가능할 정도로, 오히려 현실의 가치와 질서를 긍정하는 경전도 나왔다고 본다. 특히 1863년 봄에는 盈德에서 사건이 일어났는데, 그 때문에 최제우는 지목을 받을 일을 하지 말도록 명령을 내렸던 것으로[18] 보아, 동학교도 가운데 관리들과 충돌하는 자들이 있었던 것이 아닌가 한다. 이 해 8월 최제우는 鑄洞接의 全聖文이 曉明接中과 상종하는 것을 금지하고, 특별히 「興比歌」를 주어 외우도록 하였다. 이 「興比歌」는 동학의 교리를 임의로 해석하며 위험스러운

15) 위의 책, 174쪽.
16) 위의 책, 179쪽.
17) 위의 책, 189쪽.
18) 위의 책, 181쪽.

일을 만드는 자들을 "蚊將軍"이라고 규정하며, 관리의 탄압을 유발시킬 수 있는 행위를 금지하는 내용을 담고 있다.[19] 「道德歌」도 바로 이즈음에 만들어졌다. 더구나 이때는 동학 자체가 서학으로 오인되고 있던 위태한 상황이었으므로, 8월에 최제우는 罷接마저 하여야 하였다. 이처럼 동학의 경전은 시간이 흐르면서 전개되는 상황과 밀접한 관련을 가진 내용을 담고 있고, 되도록 현실과 갈등을 하지 않으려는 성향을 두드러지게 보이고 있다.

다음에는 『東經大全』과 『龍潭遺詞』의 결집 경과에 대하여 살펴보기로 하자.[20] 이 두 경전은 최시형이 1871년 영해병란 이후 정선과 영월 등 강원도 영서지방에서 동학을 재건하는데 성공한 1880년대 초반에 간행되었다. 그리고 현재 남아 있는 것 가운데 이른 『東經大全』 판본이 1883년 여름에 나온 慶州本이다. 하지만 실제로 인행된 곳은 충청도 공주였다. 이곳의 接이 중심이 되어 동학의 발생지인 경주를 기념하기 위하여 "慶州開刊"이라는 板本을 간행하였던 것이다.[21] 그리고 『龍潭遺詞』도 1881년 6월 단양에서 처음으로 간행되었다.[22] 그러나 현재 전하는 판본으로 가장 이른 것은 1883년 癸未本이다.[23]

경전 간행과 함께 이루어진 것이 教團史인 『道源記書』이다.[24] 이 교단사를 편찬하기 위하여 1879년 말에는 각지에 흩어진 자료를 구하기도 하였다. 그런데 이 『道源記書』는 『水雲行錄』이라는 저본이 분명히 있었다고 생각된다.[25] 그러므로 당연히 『水雲行錄』

---

19) 『水雲行錄』, 4쪽.
20) 金義煥, 앞의 책, 119~131쪽.
21) 『東經大全』, 跋文, 53쪽.
22) 『侍天教歷史』 下, 568쪽.
23) 『東學思想資料集』 1 所收의 『龍潭遺詞』.
24) 『道源記書』, 282쪽.
25) 먼저 두 자료의 저술 시기를 살펴보면, 『道源記書』는 1880년 인제에서

『東經大全』을 간행할 때, 최시형과 강수가 최제우에게 직접 도를 받지 못한 교도들을 위하여 최제우의 행적에 대한 자료들을 모아 편찬한 것이다. 반면 『水雲行錄』은 필자와 저술 연대가 밝혀져 있지 않다. 그런데 최시형이 1875년 10월 18일 '用時用活'이란 뜻으로 주요 제자들을 이름을 時자를 넣어 개명했는데, 『水雲行錄』 중에 그때 개명한 全聖文이 全時光으로 나온다. 그런 점으로 미루어 볼 때, 『水雲行錄』은 1875년 10월과 1879년 11월 사이에 저술되었다고 할 수 있다. 다음으로 『水雲行錄』이 『道源記書』의 저본이 되지 않았나 하는 점이다. 두 자료는 최제우 수형 이전의 기사가 거의 일치하는데 문장의 자구조차도 동일한 경우가 대부분이다. 심지어 오류조차도 같다. 최제우가 체포되어 서울로 압송되던 경로를 보면, 보은－청산－청주로 되어 있는데, 이것은 분명히 틀린 것이다. 위치상 보은은 청주와 청산 사이에 있고, 상주에서 화령을 거쳐 보은에 도착하였다면, 노정상 청산을 경유할 필요가 전혀 없다. 또 청산에서 아침에 떠난다고 하여도 하루에 청주에 도착하기는 어렵다. 그리고 『水雲行錄』의 기사가 『道源記書』보다 훨씬 자세하다. 다른 부분은 『道源記書』가 최시형의 지위를 격상시키려는 의도가 분명한 곳이다. 따라서 『水雲行錄』에서 최시형보다 월등히 중요하였던 영해접주 박하선의 활동상은 사라지거나 약화될 수밖에 없었다. 또한 『水雲行錄』은 최시형이 최제우에게 도통을 받았을 가능성을 전혀 시사하지 않는 반면에, 『道源記書』에서는 그 사실이 명확하다. 책의 제목에 "도통의 근원"이 들어간 것은 의미심장하다. 『水雲行錄』에 따르면, 수운은 그의 후계자로 누구도 직접적으로 지목하지 않았고, 다만 자기와 비견할 수 있는 자는 호서의 인물이라고 하였을 뿐이다. 최시형이 충청도 출신이 아님은 두말할 나위가 없다. 그러므로 『道源記書』는 1870년대 최시형이 가장 유력한 지도자로 떠오르던 상황하에서 ("時元 對曰道之眞源 可實在於兄 則祭之設不設 何所問吾也", 『道源記書』, 273쪽.) 그를 제2대 교주로 섬기려는 교도가 『水雲行錄』을 저본으로 편찬한 것이라고 할 수 있다. 세 번째로 두 자료는 영덕 출신의 교도가 저술한 것이 분명하다. 왜냐하면, 최제우의 포덕지인 경주 지역의 활동을 제외하면, 기술이 거의 영덕 지역의 교도 활동에 집중되어 있다. 그밖에 상주 지역의 활동도 약간 언급하고 있는데, 최제우 수형 이후 그곳의 교도들이 최제우의 가족을 도왔고, 최시형이 정선과 인제에서 포덕할 때도 경상도 지역에서는 유일하게 관계를 맺고 있었다. 이 세 곳을 제외한 다른 지역의 활동은 거의 보이지 않는다고 하여도 과언이 아니다. 그러므로 『道源記書』를 쓴 강수가 『水雲行

이『道源記書』보다는 훨씬 신빙성이 높은 동학의 역사서라고 할 수 있다.

흔히『東經大全』과『龍潭遺詞』는 그의 기억에 의존하여 결집되었다던가, 혹은 이미 문서 형태의 자료들이 존재하였으므로 그에 기초하여 경전이 간행된 것이라는 주장이 있다. 물론 어느 주장도 명백한 자료적 근거가 있는 것은 아니다. 그런데『水雲行錄』이나『道源記書』의 기록을 본다면, 적어도 간략하나마 기록된 자료가 있었지 않았는가 추측된다. 예를 들어 구체적 사실은 물론이고 수많은 날짜・인명・지명을 기억력에 의존하여 복원한다는 것은 결코 쉬운 일이 아니다. 따라서 경전이나 역사서가 어느 정도의 자료적 근거를 갖는다고 할 수 있다.

그런데 문제는 그 문서자료들이 어떤 것들이며, 그것을 제공한 인물들이 누구인가 하는 점이다. 최시형이 이미 경전을 가지고 포덕하고 있었고, 그 경전이 완벽하지 못하였다는 사실은 1880년『東經大全』의 간행에 참여하였던 金演局의 글에서 분명히 확인할 수가 있다.[26] 그리고 최시형의 것과 새로 수습한 것은 많은 차이가 있었다고 한다.[27] 양자 가운데 어떤 것이 더 정확한지는 판단하기

錄』의 저술자라고 추정된다. 강수는 영덕 출신으로 최시형과 영해병란에 참가하였다가 둘이 함께 도피하여 정선 등지에서 포덕을 하였던 교도였다. 그는 최시형과 의형제이며 최시형의 오른팔로서 후에 충청도와 전라도 교도에게로 교권이 넘어가기 전까지 교단을 실질적으로 장악하였던 인물이었다. 그러나 그와 전시광은 최제우 생존시에는 그다지 중요한 교도가 아니었고, 두 자료에서 나타나는 두 사람의 행적도 미미한 것이다. 그런데 그것이 강수가 쓴『道源記書』에 실린 것은 이상하지 않지만,『水雲行錄』까지 실려 있다는 점은 강수가 바로『水雲行錄』의 저술자이며,『水雲行錄』이『道源記書』의 저본이 아닌가 하고 추측케 하는 단서이다.

26)『侍天教 東經大全』발문. 尹錫山, 앞의 책, 45쪽, 주56에서 재인용. "海月聖師 以斯經傳斯道 或恐聖德之有誤 收其散編 大成剞劂之功"

어려운 문제이다. 이때 최시형이 모았다고 하는 散編은 강원도에서 유전하던 것이었을 가능성이 높다. 최시형과 강수가 강원도에 안착하기 전에 이미 이곳에는 동학이 성행하고 있었고, 교도 상호간의 관계도 긴밀하였다. 최제우의 가족도 이곳에 옮겨 살고 있었고, 이들이 신앙의 구심체 역할을 하였던 자취도 보인다. 따라서 강원도에도 동학의 교리와 역사에 대한 기록물이 틀림없이 존재하고 유포되었으리라고 생각한다.

이처럼 동학 주요 경전의 결집 시기, 그리고 그 과정을 통해서 볼 때, 최제우가 한울님과의 만남이라는 종교 체험을 거의 1년 동안 자기 나름대로 어느 정도 체계화하고 합리화할 수 있는 시간적 여유를 가졌다. 그때 동원된 교리 전개의 논리는 다분히 유학적인 형이상학에 의존하였다. 더구나 본격적으로 포덕을 개시한 이후에는 외적 상황의 영향을 받지 않을 수 없던 형편이었기 때문에 자연히 경전 각편이 현실사회의 가치와 윤리를 지배하고 있는 유학적 성격을 지니게 되고, 그것과 정면으로 대결하지 않으려는 성향을 띠지 않을 수 없었을 것이다. 특히 동학이 서학이라는 오해를 받아 양반과 관리의 대대적인 탄압이 가해졌다. 결국 경전의 이러한 색채는 전체적으로 동학의 현실부정적 성격을 약화시켰던 것으로 나타난다.

이에 못지 않게 중요한 문제는 경전을 결집하고 간행하는데 주도적 역할을 하였던 교도들의 의식이다. 위의 『水雲行錄』의 저자로 추정되는 강수는 영해에서 최시형과 함께 강원도로 피신한 교도였다. 피신처인 단양에서 훈장을 할 정도였다면, 최시형보다 훨

---

27) 『東經大全』, 跋, 천도교 중앙총부, 1907, 위의 책, 같은 쪽 주 57에서 재인용. "昔大神師著一經 以詔後世 當時門弟之親炙者 隨聞箚記 或不無異同錯餘 (중략) 收拾於뤍燼之餘者 較諸原本 又十誤八九"

씬 뛰어난 문필력이 있었다고 생각되며, 그렇기 때문에 동학의 경전과 역사서의 발간을 실질적으로 주관하였다고 할 수 있다. 따라서 동학의 경전과 역사에는 강수의 주관적 신앙관과 체험이 스며들게 되었을 것이다. 이 인물에 관한 것 가운데 가장 확실하게 파악되는 점은 관리나 양반들의 지목과 탄압을 받지 않아야 동학이 재기할 수 있다는 그의 상황인식이다. 현실과의 직접적 대결을 회피하여야 한다는 이런 상황인식은 강수만이 아니라 최시형도 가지고 있었다고 생각된다. 두 사람은 영해병란에서 크게 활약한 교도로서 그 때문에 온갖 고난을 다 겪었다. 다시 강원도에서 이제 막 싹을 내리기 시작한 형편에 지배체제에 대한 명백한 반역 혐의를 받을 수 있는 내용은 마땅히 간행 과정에서 제외되어야 하였다. 예를 들면, 최제우가 체포당할 때 관리들이 특히 주목한 「劒訣」은 『龍潭遺詞』에 실리지도 않았다. 또한 내용은 자세히 알 수 없지만, 告字呪文이라고 하는 秘訣 색채가 농후한 「靑衣童白衣童」과[28] 같은 것이 보이지 않는다. 그렇다고 이러한 유추에 근거하여 경전이 간행되던 당시 상황이 경전의 성격을 크게 변질시켰다고 단정할 수는 없다. 하지만 경전을 분석하기에 앞서 변질의 가능성을 반드시 고려하여야 하며, 경전에 나타난 동학의 교리와 신앙의 양태를 그대로 인정하는 것은 곤란하다고 생각한다.

---

28) 『道源記書』, 168쪽.

Ⅲ. 동학사상

1. 神 觀

1860년 4월 5일 崔濟愚는 한울님과 처음으로 만나는 종교 체험을 겪었다. "如狂如醉"한 상태에 빠져 있던 최제우가 공중에서 소리가 들려 누구냐고 물었더니 "나는 上帝이다. 너는 上帝를 모르느냐?"라고 대답하는 소리가 들렸다.[29] 그리고 上帝, 즉 한울님은 그에게 無極大道를 내려 주며 布德天下하여 輔國安民과 廣濟蒼生하도록 명령을 내렸다.[30] 이 만남은 최제우와 우리나라 근대사에서 역사적인 순간이었다.

최제우가 가장 힘들여 할 일은 한울님이 초월적이며 절대적인 神으로 존재하고 있음을 세상 사람에게 널리 알리는 것이었다. 한울님의 존재가 입증되지 않고는 최제우를 통하여 전달되는 구원의 메시지는 공허할 뿐인 것이다. 최제우는 정연한 우주자연의 질서에서 그 존재를 확인할 수 있다고 하였다.[31] 그리고 「論學文」에서도 이와 마찬가지로 우주자연의 질서를 사람들이 제대로 알지 못하였는데, 바로 자신이 庚申年에 한울님을 만남으로써 그것이 다름 아닌 귀신인 한울님의 조화인 줄 알게 되었다고 자부하고 있다. 「不然其然」 편은 造物者가 존재하느냐는 의문에 대하여 확실히 존재한다는 최제우의 답변이다. 한울님이라는 神이 전제되지 않는

29) 『龍潭遺詞』「安心歌」.

30) 『東經大全』「布德文」.

31) 위와 같음. "皆自上古以來 春秋迭代 四時盛衰 不遷不易 是亦天主造化之跡 昭然于天下也"

다면, 동학은 처음부터 성립할 수 없었다.[32)]

한울님은 최제우와 의사소통을 하고, 의지를 가졌다는 점에서 초월적 인격신이다.[33)] 그리고 자연과 세계와 역사도 모두 주재하므로[34)] 초월적인 절대신이다. 인간의 탄생과 죽음, 그리고 화와 복까지도 모두 한울님이 관장한다.[35)] 한울님은 오만 년만에 최제우를 만났다고 기뻐하기도 하며, 선악을 불문하고 모든 인간을 똑같이 사랑하여 모두가 행복한 세상을 만들고자 한다.[36)] 그러나 한울님이 정한 것을 인간이 어기면 재앙을 내리기도 한다.[37)] 또 겸손하

---

32) 李赫配, 1988, 「天道敎의 神觀에 關한 硏究」『宗敎學硏究』 7. 동학의 神觀에 대한 각종 학설이 잘 정리되어 있다.

33) 崔東熙, 1965, 「東學의 信仰對象」『亞細亞硏究』 8~2, 120쪽.

34) 『東經大全』, 「論學文」. "四時盛衰 風露霜雪 不失其時 不變其序 如露蒼生 莫知其端 或云 天主之恩 或云化工之迹 然而 以恩言之 惟爲不見之事 以工言之 亦爲難狀之言 何者 於古及今 其中未必者也" ; 『龍潭遺詞』 「安心歌」. "개벽시 국초일을 만지장서 내리시고 십이제국 다 버리고 아국운수 먼저 하네."

35) 『東經大全』 「論學文」. "命乃在天 天生萬民 古之聖人之所謂 而尙今彌留" ; 『龍潭遺詞』 「安心歌」. "나도 또한 한울님께 명복받아 출세하여 자아시 지낸 일을 역력히 헤어 보니 첩첩히 험한 일을 당코 나니 고생일세 이도 역시 천정이라 무가내라 할 길 없네 (중략) 자조정 공경 이하 한울님께 명복받아 부귀자는 공경이오 빈천자는 백성이라 (중략) 대저 생령 초목군생 사생재천 아닐런가 하물며 만물지중 유인이 최령일세 나도 또한 한울님께 명복받아 출세하여" ; 위의 책, 「勸學歌」. "장평갱졸 많은 사람 한울님을 우러러서 조화중에 생겼으니" ; 위의 책, 「敎訓歌」. "천생만민 하였으니 필수기직 할 것이오 명내재천 하였으니 죽을 염려 왜 있으며 한울님이 사람 낼 때 녹 없이는 아니 내네 (중략) 착한 운수 돌려 놓고 포태지수 정해 내어 자아시 자라날 때 어느 일을 내 모르며 격치만물 하는 법과 백천만사 행하기를 조화중에 시켰으니."

36) 『龍潭遺詞』 「道德歌」. "한울님은 지공무사 하신 마음 불택선악 하시나니 효박한 이 세상을 동귀일체하단 말가"

37) 위의 책, 「安心歌」. "이도 역시 천정일세 한울님이 정하시니 반수기앙 무섭더라"

지 못한 최제우를 꾸짖기도 하였다.[38] 따라서 한울님은 인간의 속임과 거짓도 모두 아는 전지한 존재이다.[39] 인간은 한울님을 원망하기도 하지만, 어려울 때는 역시 근원적인 존재인 한울님을 찾는 것이 인간이다.[40] 이렇게 우주와 역사의 가장 한 가운데에 한울님을 위치시키는 役事가 최제우의 몫인 것이다.

인간의 근본인 한울님은 고마운 분이다. 인간은 마땅히 한울님의 은덕을 잊으면 안 되며, 공경하여야 한다.[41] 한울님의 존재를 인정하고 믿는다는 것을 '위한다'고 하였다. 동학의 주문도 바로 한울님을 지극히 위하는 글이다.[42] 한울님을 성실하게 위하여야 靈符도 효험이 있다.[43] 감사한 한울님은 또한 경외의 대상이기도 하다.[44] 신앙의 대상인 신에 대한 존경과 외포의 감정이 없다면, 종교는 이루어지기 어렵다. 단순한 敬天順理보다 敬畏之心이 더 우선하며 더 높은 차원인 것이다.[45] 한울님의 말씀을 一心으로 지

---

38) 위의 책, 「敎訓歌」. "남만 못한 사람인 줄 네가 어찌 알았으며 남만 못한 재질인 줄 네가 어찌 알잔 말고 그런 소리 말아서라"
39) 위의 책, 「興比歌」. "아서라 저 사람은 네가 비록 암사하나 한울님도 모르실까"
40) 『東經大全』「論學文」. "曰一世之人 何不敬天主也 曰臨死號天 人之常情" ; 『龍潭遺詞』「勸學歌」. "불시풍우 원망해도 임사호천 아닐런가"
41) 『龍潭遺詞』「勸學歌」. "장평갱졸 많은 사람 한울님을 우러러서 조화중에 생겼으니 은덕은 고사하고 근본조차 잊을쏘냐 가련한 세상사람 각자위심 한단말가 경천순천 하여서라 효박한 이세상에 불망기본 하여서라 (중략) 성지우성 공경해서 한울님만 생각하소 처자 불러 효유하고 영세불망 하여서라"
42) 『東經大全』「論學文」. "至爲天主之字 故以呪言之"
43) 위의 책, 「布德文」. "誠之又誠 至爲天主者 每每有中 不順道德者 一一無驗 此非受人之誠敬耶"
44) 『龍潭遺詞』「道德歌」. "아동방 현일달사 도덕군자 이름하나 무지한 세상 사람 아는 바 천지라도 경외지심 없었으니 아는 것이 무엇이며"
45) 위의 책, 「道德歌」. "이 같이 아니 말면 경외지심 고사하고 경천순리 하단 말가"

켜 내어 道成立德하게 되면, 허다한 세상 "惡疾"이 스스로 낫게 되니, 이것은 기이하고 두려운 한울님의 권능이다.[46] 이 感謝와 恭敬과 敬畏之心이 신앙의 처음이고 마지막인 것이다. 최제우는 도덕군자라고 하는 유학자들이 『大學』과 『中庸』의 이치를 아무리 많이 안다고 하여도 敬畏之心이 없으니 결국 아는 것이 없는 것과 마찬가지라고 하고 있다.[47] 이것은 신과의 인격적 관계를 전제하는 동학이라는 종교와 근원자로서 인격신에 대한 신앙을 인정하지 않는 性理學이라는 학문의 차이를 단적으로 지적하는 말이다.

그런데 『東經大全』의 「論學文」에서는 한울님이 다른 성격을 가진 것으로 나타난다. 즉 최제우는 만물과 인간의 근원은 陰陽五行의 理致라고 설명하거나,[48] 혹은 降靈呪文의 '至氣'의 氣를 渾元之一氣라고 해석하였다.[49] 그렇기 때문에 東學의 사상은 東洋 古來의 天道·天德思想이라든지,[50] 道教的 氣一元論이라고[51] 이해되기도 한다. 至氣는 渾元之一氣라는 풀이는, 至氣가 우주만물 형성의 근본 질료라는 것이다. 氣에는 濁氣와 淑氣가[52] 있다는 점에서 알 수 있듯이, 그 성질에는 차이가 있음이 전제되어 있다. 至氣라는 표현은, 至氣가 氣 가운데에서 가장 지극하며 순수하다는 의

46) 위의 책, 「道德歌」. "어질다 제군들은 이런 말씀 본을 받아 아니 잊자 맹세해서 일심으로 지켜 내면 도성덕립 되려니와"

47) 위의 책, 「道德歌」. "아동방 현인달사 도덕군자 이름하나 무지한 세상 사람 아는 바 천지라도 경외지심 없었으니 아는 것이 무엇이며"

48) 『東經大全』 「論學文」. "陰陽相均 數白千萬物 化出於其中 獨惟人最靈者也 故定三才之理 出五行之數 五行者 何也 天爲五行之綱 地爲五行之質 人爲五行之氣 天地人三才之數 於斯可見矣"

49) 위와 같음. "氣者 虛靈蒼蒼 無事不涉 無事不命 然而 如形而難狀 如聞而難見 是亦渾元之一氣也"

50) 韓沽劤, 1969, 「東學思想의 本質」 『東方學志』 10.

51) 申一澈, 1985, 「東學思想의 道教的 性格問題」 『韓國思想』 20.

52) 『東經大全』 「嘆道儒心急」.

미이다. 그리고 그것이 一氣로 표현된다는 면에서 유일한 근원적 존재라고 할 수 있다. 모든 사물은 이 궁극적 하나에서 비롯된다는 인식은 결국 至氣에 인격적 의미를 부여하고,[53] 더 나아가 神的 존재를 상정하는 것으로 쉽게 발전할 수 있다.

이것은 형이상학적 개념의 인격화 내지 신격화인가? 정통적인 유학자, 특히 만물의 근원을 태극, 천리로 규정하는 성리학자들은 이러한 시도를 결코 하지 않았을 것이다. 조선후기 유학자들이 천주교의 천주에 대하여 비판한 이유도 바로 이 점에 있었다. 마찬가지로 초월적 존재를 전제하는 종교의 경우에서도 형이상학적 개념에서 유일한 신격은 탄생하지 않는다. 오히려 그 반대로 이 神格이 전통적인 형이상학으로 해석된다. 최제우도 시간의 선후상으로 분명히 초월적이며 인격신적인 한울님과 먼저 만난 다음에 그 종교적 신비체험에 대하여 형이상학적 해석을 가하였다.

그렇다고 한다면, 우주만물의 근원을 이치로 파악하는 듯한 이런 설명은 초월적이며 인격신적인 한울님의 관념에 비추어 어떻게 이해하여야 할 것인가? 반대로 이치라는 해석이 잘못된 것이고, 한울님이 존재한다면, 동학의 교리는 분명한 논리적 오류가 있게 된다.

이러한 논리적 오류가 발생하는 까닭은 한울님이란 존재를 형이상학적으로 파악하고 설명하려는 데에서 비롯된 것이 아닌가 한다. 뒤에서 상술하겠지만, 우리 민족의 한울님에 관한 전통적인 관념은 상당히 막연하고 추상적이었다. 최제우는 이런 한울님을 궁극적인 신으로 재발견한 것이다. 그가 말하는 천도·천덕·천명 등도 각각 한울님의 도·한울님의 덕·한울님의 명령을 의미한다.[54] 그런데 그는 이 초월적이며 인격신적인 한울님의 道·德·

53) 金敬宰, 1974, 「崔水雲의 神觀念」『韓國思想』12(『東學思想과 東學革命』所收, 133~134쪽).

命을 형이상학적으로 이해하고 설명하려고 하였다. 그가 이러한 노력을 기울이게 된 이유는 동학 교리를 이론적으로 체계화하고 윤리화하려는 데에서 찾을 수 있다. 결국 이러한 작업은 최제우가 지녔던 전통적 문화와 지식의 내용을 토대로 하여 이뤄질 수밖에 없다. 그러다 보니 이런 형이상학적 해석에는 자연히 그의 유학적 세계관이 강하게 반영되었다.

그렇다고 하여, 이러한 시도가 갖고 있는 근본적인 논리적 오류가 오로지 최제우에서 비롯된 것도 아니다. 초자연적 현상을 과학적으로 설명한다는 것이 거의 불가능하였던 전근대사회의 사유체계인 유학에서도 동일한 한계가 내포되어 있다. 유학자의 鬼神論은 바로 이와 같은 논리적 오류와 과학적 한계를 뛰어넘기 위한 개념이었다. 최제우도 역시 유학의 전통적인 귀신론에 의거하여[55] 한울님을 이치로 이해하고 설명하려고 하였다.

「論學文」과 함께 『龍潭遺詞』에서는 유일하게 귀신을 말하고 있는 「道德歌」에서도 천주교를 비판하는 내용 가운데 초월적 신을 부정하는 듯한 말이 있다. 그리고 이어서 천지는 귀신이고, 귀신은 음양이라고 한다. 사람의 수족동정과 선악 간 마음용사도 모두 귀신이며 기운이다.[56] 이 귀신이 바로 한울님이라고 「論學文」에서

---

54) 崔東熙, 1990, 「東經大全 해설」 『한국의 민속 · 종교사상』, 삼성출판사, 488쪽.

55) 朱熹의 鬼神說을 요약하면, 귀신은 實理이며, 陰陽之氣이며, 운동의 情狀이며, 자연현상의 표시이다(張立文, 1980, 『朱熹思想硏究』, 中國社會科學出版社, 318~26쪽 참조). 최제우가 한울님의 존재를 입증하기 위하여 「布德文」의 첫 머리에 "春秋迭代 四時盛衰 不遷不易 是亦天主造化之迹"이라고 하였는데, 주희는 이것을 鬼神의 功用으로 말하고 있다. 즉 "鬼神者 有屈身往來之迹 如寒來暑往 日往月來 春生夏長 秋收冬藏 皆鬼神之功用"(『朱子語類』 권68, 위의 책, 324쪽에서 재인용)이라고 하였다. 이 점에서 최제우의 한울님은 주희의 귀신과 다르지 않다고 할 수 있다.

단언하고 있다.[57] 결국 귀신은 한울님이며 음양인 것이다.

한울님의 존재와 권능을 음양으로 해석할 때 발생하는 명백한 논리적 오류를 피하기 위한 매개적 개념이 귀신이지만, 음양기운으로 설명되는 귀신 자체도 인격신적인 한울님의 관념과는 엄청난 거리가 있는 것이다. 이렇게 한울님을 귀신이나 음양으로서 파악하려는 최제우의 시도는 한울님의 인격신적 성격을 약화시키는 것이며,[58] 더 나아가 동학의 종교적 성격을 탈색시킨다. 그렇기 때문에 동학 교리에서 氣一元論的 思辨은 더 이상 발전하지 않는다.

또 「論學文」과 「道德歌」를 제외한 다른 경전이나 실제 동학 신앙의 현장에서는 한울님을 귀신으로 보던 사례가 드문 듯하다. 그렇다고 하면, 유학적인 귀신의 개념이란 최제우가 한울님을 형이상학적으로 설명하기 위하여 일시적으로 차용한 것에 불과할 뿐이며, 또 그런 노력은 실패한 것이라고 판정할 수 있다. 동학의 신앙대상인 한울님은 여전히 초월적이며 절대적인 인격신의 성격을 잃지 않았던 것이다.

동학이 발생하였던 19세기에 조선인들이 가지고 있던 한울님이라고 하는 초월적 신에 대한 관념은 막연하고 모호하기 짝이 없었던 것 같다. 한울님이 최제우에게 자신을 모르느냐고 물은 데에서도 짐작할 수 있듯이, 당시 사람들은 최제우의 표현에 따른다면, 한울님의 존재를 잊고 있거나,[59] 老天이기 때문에 영험함이 없다

---

56) 『龍潭遺詞』 「道德歌」. "천상에 상제님이 옥경대에 계시다고 보는 듯이 말을 하니 음양 이치 고사하고 허무지설 아닐런가 (중략) 집집이 위한 것이 명색마다 귀신일세 이런 지각 구경하소 천지 역시 귀신이오 귀신 역시 음양인 줄 이같이 몰랐으니 (중략) 사람의 수족동정 이는 역시 귀신이오 선악간 마음용사 이는 역시 기운이오 말하고 웃는 것은 이는 역시 조화로세"

57) 『東經大全』 「論學文」. "鬼神者 吾也"

58) 張立文, 앞의 책, 323쪽 참조.

고 무시하였다.[60] 그래도 사람들은 죽을 때는 한울님을 부르는 것으로 보아 아주 잊지는 않았다고 보았다. 이 시기에 조선에 들어와 천주교와 기독교를 선교하고 있던 신부나 목사는 종교가이기 때문에 누구보다도 조선인들의 신에 대한 관념에 많은 관심을 표명하고 알려고 노력하였다. 그런데 그들 역시 조선인들은 한울님을 대개는 알지도 못하고 있었고, 또 그 점을 별로 개의치 않는다고 말하고 있다. 혹은 한울님은 창조자라거나 주재자라고 하는 조선인도 있지만, 한편으로는 곡식의 생산을 관장하거나 병을 물리치는 기능신 정도로만 인식하던 사람들도 있었다.[61] 이렇게 조선인들의 한울님에 대한 관념은 사람마다 천차만별할 정도로 불명확하고 미약하였던 것은 사실 같다. 하지만, 좀 더 날카롭게 관찰하였던 서양인은 조선인들의 한울님에 관한 관념이 이와 유사하더라도, 절대자・근원자로서는 확실하게 인식되고 있으며, 한울님은 다른 신격과는 다른 최고의 신격을 가진다고 하였다.[62] 요약한다면, 조선

---

59) 『東經大全』「布德文」. "是亦天主造化之跡 昭然于天下也 愚夫愚民 未知雨露之澤 只其無爲而化矣" ; 『龍潭遺詞』「勸學歌」. "효박한 이 세상에 불고천명 하단 말가 장평갱졸 많은 사람 한울님을 우러러서 조화중에 생겼으니 은덕은 고사하고 근본조차 잊을쏘냐"

60) 위의 책, 「道德歌」. "몰몰한 지각자 옹총망총하는 말이 지금은 노천이라 영험조차 없거니와 몹쓸사람 부귀하고 어진 사람 궁박타고 하는 말이 이뿐이오"

61) 샤를르 달레, 1980, 『韓國天主敎會史』 上(安應烈・崔奭祐 譯註, 한국교회사연구소), 210쪽.

62) Strange to say, the purest religious notion which the Korean to-day possesses is the belief in Hananim, a being entirely unconnected with either of the imported cults and as for removed from the crude nature-worship. This word Hananim is compounded of the words 'heaven'(sky) and 'master', and is the pure Korean counter-part of the Chinese word 'Lord of Heaven.' The Koreans all consider this being to be the Supreme Ruler of the universe. He is entirely separated from and outside the circle of the various spirits and demons that

인의 한울님에 대한 관념은 한울님은 다른 신들과 함께 있고, 그 기능도 불명확하기도 하지만, 상대적으로 가장 절대적이며 근원적인 최고의 신격을 가지고 있는 존재라는 것이다. 그러나 조선인들은 현실적으로 한울님을 절대적이며 궁극적인 신앙의 대상으로 삼고 있지는 않았다. 그렇기 때문에 한울님에 대한 관념이 그렇게 명료하지도 강력하지도 못하였던 것이다.

그러므로 종교사적으로 최제우는 우리 민족의 전통적인 한울님을 재발견하였다는[63] 점만이 아니라, 초월적이며 절대적인 인격신으로 한울님에 관한 관념을 강화시키고 분명하게 하여 신앙의 대상으로 삼았다는 점에서 중요한 공헌을 하였다고 할 수 있다. 동학이 삽시간에 널리 전파될 수 있던 이유도 사람들에게 쉽게 받아들여질 수 있던 한울님을 신앙의 대상으로 하고 있기 때문이라고 생각된다. 이 초월적이고 절대적인 한울님은 사람들에게 깊숙하고 강력한 원본의식을 제공하였으리라고 짐작된다.

또한 최제우가 이런 한울님을 재발견하였다는 것은 동학 이전의 미성숙한 신앙운동이 가지고 있던 근본적인 한계인 종교상징의 열성을 극복하고 동학이란 신종교를 창시할 수 있던 결정적 계기였다.[64] 종교상징의 미약성은 신앙 대상이 불분명하다는 것을 의미

infest all nature. Considered from this standpoint, the Koreans are strictly monotheists, and the attributes and powers ascribed to this being are in such consonance with those of Jehovah that the foreign missionaries (protestant) have almost universally accepted the term for use in teaching Christianity. (중략) the Koreans have nerver attempted to make any physical representation of Hananim. He never been worshipped by the use of any idolatrous rites, and the concept of him, in the Korean mind is, so far as it goes, in no way derogatory to the revealed character of God himself.(Homer B. Hulbert, The Passing of Korea, 404쪽).

63) 鄭鎭弘, 1987, 「한국 종교문화의 전개」『社會變動과 韓國의 宗敎』, 한국정신문화연구원, 60쪽 참조.

하며, 신앙운동의 구심체가 제대로 형성되기 어렵다는 결과를 초래한다. 이러한 신앙운동은 결국 인적 결합부터 취약하기 때문에 그 생명이 짧아 이합집산을 거듭하다가 마침내 종식하고 만다. 동학이 이전의 다른 신앙운동과는 달리 우리나라 역사에 커다란 발

64) 그러나 黃善明은 동학 경전을 통해서 볼 때 天主를 종교상징의 중추로 설정한 것은 분명하지만, 초월적 인격신에 대한 동양적인 범주가 전통적으로 존재해 오지 않았고, 天主라는 용어도 천주교에서 차용한 개념이었기 때문에 최시형에 이르러는 천주가 汎神論 혹은 養天主으로 변화하였다고 한다. 따라서 최제우의 천주 개념은 종교사상으로서는 과도기적인 형태에 지나지 않기 때문에 민중의 체험적 신앙에 부응하기 위하여 종교상징의 축은 후천개벽으로 중심 이동하였다고 본다(黃善明, 1985, 『朝鮮朝宗敎社會史硏究』, 일지사, 349~352쪽). 이러한 견해는 아주 중요하며, 어느 정도는 타당하다고 인정된다. 특히 최시형에 이르러는 天의 관념이 변하는 것 같기도 하다. 반대가 없는 것은 아니지만, 汎神論이라는 해석도 그 점에서 나왔다고 생각한다. 그러나 적어도 최제우 당시에는 "한울님"은 생생하고 강력한 상징이었다. 1861년 최제우가 포덕을 시작하였을 때 그에게 "天靈"이 내렸다는 소문을 듣고 온 제자들이 많았다(『東經大全』「論學文」). 또한 그는 대구감영에서 자신에게 "天神"이 내렸다고 진술하였다(『日省錄』, 고종 1년 2월 29일). 이것은 최제우가 단지 경전상으로만 한울님을 강조한 것은 아니라는 증거이다. 더욱이 최제우 자신이 한울님과의 만남을 통하여 동학을 창도하고 그 신비체험에 입각하여 교리를 만들었는데, 한울님을 천주교에서 빌려온 개념이라고는 볼 수 없다. 동학이 천주교의 영향을 받았다고 주장하는 근거는 단지 天主라는 용어뿐이다. 따라서 천주교 영향설은 극히 피상적인 견해로 보지 않을 수 없으며, 여러 연구자들이 지적한 바와 같이, 천주란 용어 자체도 한문으로 쓴 『東經大全』에만 나오고 한글본인 『龍潭遺詞』에서는 찾을 수 없다. 또 최제우 자신이 「論學文」에서 "主者 稱其尊 而與父母同事者也"라고 해설하고 있다. 다시 말하여 天主는 "한울님"을 우리말에 맞는 漢字로 바꾼 것에 지나지 않는다. 上帝라는 개념을 쓰지 않은 이유는 유학적이며 중국적인 主宰者로서의 개념이기 때문이었을 것이다. 천주교의 영향을 애써 찾는다면, 절대적인 유일 神觀에 최제우가 깊은 인상을 받았을지도 모른다는 것이지만, 우리 민족도 한울님을 최고신으로 경배하고 있었다. 이런 점에서 최제우의 한울님은 강력한 종교상징이 될 수 있었다.

자취를 남기게 된 이유는 한울님이란 신앙의 구심체, 강력한 신관을 가지고 있었기 때문이었다.

2. 다시開闢思想

동학사상 가운데 가장 정치적이며 사회적인 차원의 것은 이 다시開闢思想, 後天開闢思想이다. 혼란과 고통의 下元甲의 시대가 가고, 인간이 인간답게 살 수 있는 上元甲의 시대는 반드시 오고야 만다.[65] 그것은 곧 세계 전체가 다시開闢하는 것을 의미한다. 다시開闢을 관념적인 차원에 머문 우주적 시간의 변화라고 해석하는 것은 이 사상을 관념적으로만 파악한 견해이다. 그러나 다시開闢思想은 탄탄한 현실적 토대 위에서 형성되었다.

최제우의 한울님이 본 조선사회는 한마디로 참혹한 傷害之運에 처하고 있었다. 三綱五倫이 무너지고, 수령들이 탐학하고, 백성들이 분수를 잃어버린 사회, 道와 德을 따르지 않는 사회가 되어 버렸다.[66] 사람들이 도탄 중에 빠져 있고, 죽을 땅에 빠져 있다.[67] 한마디로 君不君 臣不臣 父不父 子不子하는 유교적 인륜이 붕괴된 세상이다.[68] 여기에다가 서양인들이 천하를 공격하여 취하려고 하고, 머지않아 조선까지도 그 화가 미칠 염려가 있어 세상이 어지럽고 민심이 효박하게 되었다.[69] 마치 임진왜란과 같은 난리가 일어

---

65) 『龍潭遺詞』「夢中老少問答歌」. "하원갑 지내거든 상원갑 호시절에 만고 없는 무극대도 이 세상에 날 것이니 너도 또한 연천해서 억조창생 격양가를 불구에 볼 것이니 이 세상 무극대도 영세무궁 아닐런가"

66) 『道源記書』, 170쪽.

67) 『龍潭遺詞』「勸學歌」.

68) 위의 책, 「夢中老少問答歌」.

69) 『東經大全』「布德文」. "西洋之人 以爲天主之意 不取富貴 攻取天下 入

날 듯하였다.[70] 이러한 혼란과 위기는 조선에만 해당되는 것은 아니었다. 온 세상 모두가 "괴질운수"에 빠져 이러하였다.[71] 세상 사람들은 各自爲心하여 天理를 따르지 않고 天命을 쳐다보지 않아 세상이 어지러워졌다.[72] 이러한 세상을 이끌어 가기에는 儒佛道의 운도 다하였다.[73] 堯舜의 다스림과 孔孟의 덕도 부족한 시대이다.[74] 그렇다고 西學으로 몰려가 各自爲心하는 사람도 개탄스럽기 짝이 없다. 괴이한 讖書에 따라 弓弓村을 찾아가는 것도 마찬가지이다.[75]

이렇게 고통에 빠져 있는 세상이, 최제우가 득도한 庚申年이,[76] 조선왕조 건국 사백년 후가 바로 下元甲이지만,[77] 上元甲 호시절이 멀지 않고,[78] 오만 년만에 다시 開闢이 일어날 때였다. 또한 一

其堂 行其道"; 『東經大全』「論學文」. "攻鬪干戈 無人在前 中國燒滅 豈可無脣亡之患也"

70) 『龍潭遺詞』「安心歌」. "가련하다 가련하다 아국운수 가련하다 전세임진 몇 해런고 이백사십 아니런가 십이제국 괴질운수 다시 개벽 아닐런가"

71) 『龍潭遺詞』「夢中老少問答歌」. "천운이 둘렀으니 근심말고 돌아가서 윤회시운 구경하소 십이제국 괴질운수 다시 개벽 아닐런가"

72) 『東經大全』「布德文」.

73) 『龍潭遺詞』「敎訓歌」.

74) 위의 책, 「夢中老少問答歌」.

75) 위와 같음. "풍편에 뜨인 자도 혹은 궁궁촌 찾아가고 혹은 만첩산중 들어가고 혹은 서학에 입도해서 각자위심 하는 말이 내 옳고 네 그르지"

76) 위의 책, 「勸學歌」.

77) "삼각산 한양도읍 사백년 지낸 후에 하원갑 이 세상에"(위의 책, 「夢中老少問答歌」). 이 「夢中老少問答歌」는 사실 이상의 상징적인 표현을 적극 사용하였는데, 운수가 다한 조선왕조는 삼각산을, 또 그보다 높고 신령스러운 금강산은 상원갑을 상징하였다(조동일, 1994, 『한국문학통사』 4, 지식산업사, 제3판, 14쪽); 중국 민중신앙에서의 元甲說은 崔甲洵, 「明・淸代 宗敎結社의 "三陽"說」(1982, 『歷史學報』 94・95 합집, 291~3쪽)을 참조.

78) 『龍潭遺詞』「夢中老少問答歌」.

盛一衰란 天道의 순환법칙에 비춰 보아도 이제 盛運의 시대가 가고 衰運의 시대가 온 것이다.[79] 그렇기 때문에 이처럼 고통스럽고 위기에 찬 이 시대는 다른 한편으로는 행복스러운 새 세상이 다가올 희망의 시대이기도 하다. 이것이 바로 時運이며 天運인 것이다.

최제우가 『龍潭遺詞』에서 가장 빈번히 사용한 단어가 바로 運・運數・時運・天運 등 運과 관계된 것으로 58개나 나온다고 한다.[80] 세계의 변화는 최제우에게 그만큼 중요한 개념이었던 것이다. 그런데 이 一盛一衰하며 無往不復 순환하는 天運은 결국 종교 창시자의 시대 인식에 따른 것이다. 가혹하고 고통스러운 현실에서 벗어나려는 염원에서 출발하는 민중의 신종교에서는 그 속성상 흔히 종교 창시자가 자신의 시대를 末運・末世, 혹은 下元甲 衰運의 시대로 인식한다. 전란과 질병과 흉년과 사회적 모순에 찬 현실 자체가 그와 같은 인식과 역사관을 발생시킨다. 동학의 다시 개벽사상도 새 시대의 새로운 이상세계를 그리는 종말론적 종교사상의 한 형태로서 조선사회에 만연되어 있던 말세론적 위기의식을 깊이 담고 있다.[81] 이렇게 최제우가 자신의 시대를 다시개벽이 박두한 下元甲으로 선언한 것은 객관적이며 과학적인 역사 변화의 계산법에 따른 것은 아니다. 그것은 어디까지나 자신의 주관적 시대 인식의 산물이다. 그렇기 때문에 無極大道가 오만 년만에 출현하였다거나, 한울님이 오만 년을 기다렸다고 하는, 오만 년의 시간은 별로 의미가 없다. 또한 時運이 循環한 결과로 세상이 효박하게 된 것이 아니라, 세상이 효박하기 때문에 최제우가 衰運이 도래하

79) 위의 책, 「勸學歌」. "시운을 논의해도 일성일쇠 아닐런가 쇠운이 지극하면 성운이 오지마는"

80) 睦貞均, 1975, 「東學運動의 求心力과 遠心作用」 『韓國思想』 13(『東學思想과 東學革命』 所收, 226~229쪽)

81) 尹以欽, 1991, 「東學運動의 開闢思想」 『韓國文化』 8.

였다고 말했던 것이다. 따라서 下元甲, 혹은 衰運이라는 최제우의 時運觀은 고통스러운 현실 세계가 끝나고 새로운 이상세계가 곧 올 것이라는 주관적인 판단과 믿음에 기초하고 있다고 할 수 있다.

그러면 현실의 멸망과 신세계의 도래는 구체적으로 어떠한 과정을 거치는가? 이전 세상과 오는 세상, 下元甲과 上元甲이 어떠한 계기와 과정을 거쳐 교체되느냐는 현실적으로 아주 중요하다고 할 수 있다. 만약 鄭鑑錄 등 圖讖秘記가 조선인들의 마음에 심어 놓은 兵亂의 발생이나 眞人의 출현을 최제우가 말했다면, 동학은 반역의 집단으로 삽시간에 무너지고 말았을 것이 분명하다. 그렇기 때문에 최제우는 의도적으로 이 과정을 명확히 제시하지 않았던 것 같다. 그러나 그의 제자들 가운데 몇몇은 守心正氣하여 道成德立이 이루어지기를 마냥 기다릴 수는 없었다. 새로운 이상세계의 출현에 대한 그들의 희구와 기대는 오랜 시간을 기다릴 수 없을 만큼 절박하고 절실하였다. 그 세계는 정감록 등 도참비기에서 예언하고 있는 것처럼 末世에 반드시 갑자기 도래할 것이라고 믿어지고 있었다. 최제우는 이와 같은 민중세계의 전승과 염원을 무시하며 君子가 되어야 한다고 윤리성만을 강조할 수는 없었다. 비록 鄭鑑錄처럼 戰亂 등 災禍가 일어나 人種과 穀種을 十勝地에서 찾아야 될 정도로 현실 세계가 철저히 파멸한다고 명언하지 않더라도, 그 세계의 교체가 멀지 않은 장래에 반드시 이루어질 것이라고 예언하여야 하였다.

따라서 최제우는 "無兵之亂 지낸 후에 살아나는 인생들은"[82)]이라는 가사에 나타나듯이, 전란은 아니더라도 어떤 중대하고 넘기 어려운 고비를 우회적으로 예언하였다. 실제 최제우는 1863년 12월 19일을 어떤 결정적 계기로 상정하였다가, "消息"이 없으면 제

---

82) 『龍潭遺詞』「安心歌」.

자들이 實이 없다고 할까봐 다시 1864년 10월 11일로 연기한 바가 있었다.[83] 이 예언의 구체적 내용이 무엇인지 알 수는 없지만, 그것이 실현되지 않으면 다시는 공부를 하지 않기로 맹약하였다는 것으로 보아 종교적으로 매우 중요한 의미를 지닌 것으로 짐작된다. 이 진술의 전후에 보이는 최제우의 말이 서양과 일본의 침략에 관한 것으로 미루어 보아, 외적의 침략으로 전혀 새로운 사태가 전개된다는 예언이었던 것 같다. 이렇다고 한다면, 최제우는 외적의 침략을 하원갑의 시대를 마감하는 결정적인 계기, 다시 말하여 다시개벽의 순간으로 인식하였다고 할 수 있다.[84]

최제우는 이러한 과정을 거쳐 다시개벽된 세계상을 명확하게 말하지 않았다.[85] 다만, 이전 시절 貧賤한 자가 오는 시절 富貴한다는 지극히 상징적인 말로 다가올 세계의 사회상을 보여줄 따름이다. 또는 이와 비슷하게 地上仙境과 好時節을 노래하고, 그때에는 萬古에 없는 無極大道가 나타난다고 한다.[86] 이런 후천개벽의 사회를 태평성세[87]라고 하여도, 그 추상성은 제거되지 않는다. 이처럼 막연하고 불명확한 이상세계상은 현실적인 시각에서 본다면, 새로운 사회관과는 전혀 관계가 없다고 할 수도 있다.[88] 그러나 발

83) 『日省錄』, 고종 1년 1월 29일조. "以癸亥十二月十九日期限 無消息 恐學徒認以無實 更以甲子十月十一日云云 若過次月 更不爲學之意 互相盟約"
84) 金義煥, 1986, 『近代朝鮮東學農民運動史の硏究』, 大阪, 和泉書店, 243·246쪽.
85) 申一澈, 1974, 「崔水雲의 歷史意識」『韓國思想』 12, 25쪽.
86) 『龍潭遺詞』「夢中老少問答歌」.
87) 위와 같음.
88) 이러한 동학의 이상세계상과 無爲而化라는 실현 과정은 관념적이며 환상적이라고 비판받는다(姜在彦, 1973, 「東學 = 天道敎の思想的性格」『近代朝鮮の變革思想』, 日本評論社, 79쪽 ; 김영작, 1982, 「동학사상과 농민봉기」『동학혁명의 연구』 所收, 백산서당, 86쪽).

생 과정에 있으면서 교리를 발전시켜 나가는 신종교에서 중요한 것은 낡은 세계가 새로운 이상세계로 반드시 바뀐다는 예언에 대한 믿음이다. 현실세계가 종말을 고하기만 하면, 새로운 세계는 두말할 것도 없이 완벽한 세계이며, 東學의 진리인 無極大道가 실현되는 세계라고 생각할 것이다. 그 까닭은 교도들이 절대적으로 신앙하는 초월적인 신의 의지에 의하여 新世界가 오고야 말 것이기 때문이다. 신이 자신들에게 구원을 약속하였으므로 아주 행복하고 부족함이 없는 세계와 삶이 꼭 이루어질 것이라는 점은 전혀 의심할 여지가 없는 것이다. 그들에게 중요한 것은 세계가 반드시 변한다는 예언이다. 그리고 새로운 이상세계로 상징된 지상선경, 상원갑 호시절 등은 이미 문화적으로 친숙한 대동사회, 요순시대, 무릉도원 등의 이미지로 해석되었을 것이다. 만약 최제우가 地上仙境에 현실성을 세세하게 가미하였다면, 오히려 다시개벽된 사회의 완전성이 훼손되거나 민중들의 풍부한 상상력이 제약당하여 예언에 대한 믿음이 약화되었을지도 모른다. 그러나 교도들 가운데는 다시개벽을 전통적인 도참비기의 시각에서 새로운 왕조의 탄생으로[89] 이해한 자들도 많았으며, 실제로 동학농민전쟁에서도 그런 이해는 뚜렷한 모습을 드러내었다. 그렇지만, 왕조교체라고 하는 鄭鑑錄的인 예언은 모순에 찬 현실 사회가 끝나고 영원한 평화와 번영과 평등의 세계가 도래한다는 다시開闢의 사상과 동일한 차원의 것은 아니다.[90]

---

89) 申一澈, 1974, 「崔水雲의 歷史意識」『韓國思想』12, 28쪽 참조.
90) 金龍德, 1964, 「東學思想硏究」『中央大 論文集』9, 194쪽.

3. 侍天主思想

동학이 조선사회의 전통적이며 차별적인 人間觀을 그대로 따른다면, 종교적 각성에 의한 '새로운 인간', 또는 '근대적 인간'은 탄생할 수 없었다. 그리고 민중들도 동학을 그처럼 구원의 메시지로 받아들이지 않았을 것이다. 동학처럼 고통받는 민중들의 세계에서 탄생한 민중신앙운동은 인간에 대한 가치를 다시 해석하고 강조하는 절차와 표현이 있어야 한다. 이런 점에서 동학의 핵심 사상인 侍天主思想은 새로운 인간관을 내포하고 있다고 할 수 있다.[91]

「論學文」은 呪文에 나온 侍天主의 侍자를 "內有神靈 外有氣化

91) 侍天主라는 本呪文의 字句와 관련하여 검토하지 않을 수 없는 점이 있다. 『東經大全』의 「布德文」에 실린 本呪文의 내용이 최제우 당대의 기록과 다르다. 최제우가 체포되었을 때 관리들이 조사한 本呪文은 "爲天主顧我誠 永世不忘萬事知"이었고, 최시형이 간행한 경전에 실린 本呪文의 문구인 侍天主와 造化定은 관변 기록에서 전혀 발견할 수가 없다. 두 가지의 주문이 함께 쓰이지 않았다면, 후에 나온 주문은 최시형이 다시 만든 것으로 볼 수밖에 없다. 그는 1880년대 이후에도 동학이 관리들의 지목을 받자, 1884년 本呪文을 "奉天上帝一片心 造化定萬事知"로 일시적으로 바꾼 적이 있었다(1979, 『天道教會史 草稿』·『東學思想資料集』 壹 所收, 아세아문화사, 430쪽). 이렇게 상황에 따라 주문을 바꿀 수 있다면, 爲天主와 顧我誠도 충분히 바뀌었을 수가 있다. 그렇다고 한다면, 지금까지 최제우 자신의 저술로 알려진 「布德文」의 侍天主造化定 永世不忘萬事知와 그 해설은 철저한 재검토를 받아야 한다. 金義煥은 이렇게 변경된 이유에 대하여, "객관적인 대상으로서의 天主로부터 자신의 마음에 모신 주체적인 天主라고 하는 自主性을 강조하려는 뜻이 나타나 있고, 顧我定이란 哀願的 자세로부터 造化定이라고 하는 自發可能的 자세에로의 전환을 의미하였던 것은 아닌가" 한다(金義煥, 앞의 책, 130쪽). 여하튼 이 문제는 대단히 중요하지만, 결정적인 자료가 나올 때까지, 侍天主를 담고 있는 本呪文은 본래의 것으로 인정할 수밖에 없을 것 같다.

一世之人 各知不移者"라고 설명하고 있다. 쉽게 말하여 한울님이 우리 몸안에 모셔져 있다는 뜻이다. 이렇게 한울님을 인간이 몸 안에 모셨다는 것은 결국 한울님과 인간이 하나라는 뜻이다. 이때 하나라는 말은 두 가지 의미를 지닌다. 外在하는 한울님을 인간의 몸 안으로 불러들인다는 뜻과 본래부터 인간에는 한울님이 모셔져 있다는 뜻이다.[92)]

전자는 인간이 接靈하는 방법을 통하여 한울님을 몸 안으로 불러들여야 한다. 반면 한울님은 최제우의 경우처럼 마음대로 인간의 몸으로 들어올 수 있다. 접령의 방법은 곧 呪文을 때를 가리지 않고 수만 번씩 무수하게 외우는 것이다. 그 결과 느끼는 接靈의 기미는 최제우의 신비체험처럼 마음이 춥고 몸이 떨리는 것이다. 혹은 몸마저도 특이한 증상을 보이기도 한다. 그래서 그 체험은 降神巫의 入巫體驗과 유사하다고도 한다.[93)] 최제우가 검가를 부르며 목칼을 가지고 춤을 추었는데, 높이 도약하였다는 말은 마치 신이 내린 무당의 모습과 같기도 하다. 혹은 그것은 무당의 入神 상태가 아니라 신비·망아·황홀·행복의 경지라고 한다. 곧 侍天主는 한울님과 자신이 하나로 된 상태, '절대자와의 합일'의 경지인 것이다.[94)]

이런 신비적이며 주술적인 체험은 분명히 일상적인 것은 아니며, 이성적인 논리로서 설명할 수는 없다. 동학교도들은 동학의 요체라고 하는 呪文을 열심히 외우며 이러한 신비체험을 자주 경험하였다. 이렇게 侍天主함으로써 후천개벽의 지상선경 속에서 '사람이 한울 되는 진리'를 실제로 경험할 수 있었다.[95)] 동학의 본뜻

92) 金龍德, 앞의 논문, 192쪽.
93) 金烈圭, 1976,「新興宗教와 民間信仰」『韓國學報』4, 10~18쪽.
94) 李符永, 1973,「崔水雲의 神秘體驗」『韓國思想』11, 21쪽 ; 趙鏞一, 1988,『東學造化思想硏究』, 東星社, 113~117쪽.
95) 朴承龍, 1924년 12월호,「大神師에 對한 나의 體驗」『天道敎會月報』

을 제대로 알지 못한 사람들도 흘러 다니는 말과 주문을 듣고 수련하였을 정도였다.[96] 이런 신비체험은 한울님의 존재와 가르침을 확집하게 해 준다. 최제우 자신도 한울님의 존재를 잊고 있었다가, 4월 5일 한울님과 만나는 신비체험을 통하여 한울님의 존재와 그의 메시지를 확신하며 새로운 인간으로 다시 탄생하게 되었다. 최제우의 말을 믿지 않는 자도 이런 체험을 하게 된다면, 열렬한 동학교도가 되었을 것이다. 따라서 최제우 자신도 한울님과 빈번히 만나면서 宗教的 靈性을 쌓아나갔다. 이런 개념의 侍天主는 동학의 주요한 본질의 하나이며, 西學은 몸에 氣化之神이 없다고 비판한[97] 까닭도 여기에 있다고 생각된다.

그러나 결코 영속할 수 없는 이 신비체험에만 매달린다면, 한울님의 가르침은 궁극적인 구원의 메시지가 될 수 없다.[98] 이 세상의 인간들을 구제하겠다는 커다란 포부를 가지고 한울님께 무궁의 조화를 받아낸 최제우 자신도 이런 행위에 만족하여 머물 수는 없었다. 그렇기 때문에 그는 초자연적인 신비체험에 몰두하는 교도들을 경계하였다. 따라서 이 체험은 후자의 의미로 해석되어 윤리화되는 방향으로 발전되었다.

한울님이 인간 몸안에 모셔져 있다는 의미는 동학 고유의 신관이며 인간관이다. 한울님은 인간의 밖에서 인간에게 자신의 의지를 전달하는 외재적인 신만이 아니라, 인간의 내부에 자리 잡고 있는 내재적 신이기도 하다.[99] 최제우는 초월적인 신을 신앙 대상으

171호.

96) 『東經大全』「布德文」. "或聞流言而修之 或聞流呪而誦焉 其不非哉"

97) 『東經大全』「論學文」.

98) 김열규처럼 侍天主의 상태를 샤머니즘적인 엑스타시로 규정하며, 인간과 한울님이 하나로 되는 그 체험을 통하여 구원을 받을 수 있다고 한다면, 그 제의적 체험의 지속과 윤리성의 확보가 문제된다고 생각한다.

99) 『龍潭遺詞』「教訓歌」. "나는 도시 믿지 말고 한울님만 믿어서라 네몸

로 삼고 있는 천주교를 虛無之說로 비판하였다.[100] 이와 같은 神觀을 가능하게 해주는 것은 인격신적인 한울님을 渾元한 一氣, 至氣로 전환하여 설명하는 논리이다. 신관을 정립할 때 사용된 유학적 내지 도교적 사상이 侍天主에도 대입된 것이다. 인간도 이런 氣哲學上으로는 元氣의 산물이며, 一氣의 分殊일 따름이다. 인간은 最靈한 수준의 氣로써 이루어졌기 때문에 至氣인 한울님을 모셨다고 할 수 있다. 그러므로 인간은 한울님만큼 존엄하다.[101] 결국 한울님의 말씀에 따른다는 것은, 신앙 행위의 요체라는 것은 모든 인간을 한울님처럼 소중하게 여기고 똑같이 대우한다는 것이다. 여기에서 인간의 존엄과 평등이란 사회사상이 배태될 수 있었다. 종교사상의 특징은 그것이 곧바로 사회적 차원에서 신앙의 행위로 실천된다는 점이다. 최제우 자신은 두 명의 婢를 한 명은 며느리로, 한 명은 양녀로 삼았다고 한다.

이렇게 侍天主思想이 전통적인 사상으로 해석되고 있지만, 최제우의 글에서는 性理學처럼 氣質之性에 의하여 인간의 선천적 차별상을 인정하는 논리를 찾아볼 수 없다. 인간의 차이는 다만 守心正氣하는 태도, 한울님을 성실하고 지극히 위하고 도덕을 잘 따르느냐에 달렸을 뿐이다. 인간은 한울님의 조화로 생성된 가장 신령한 존재이며, 이러한 인간들 사이에는 어떠한 차별도 존재하지 않는다는 것이다.[102] 그러므로 최제우의 인간관이 가장 잘 나타나 있

에 모셨으니 사근취원 하단말가"

100) 『龍潭遺詞』「校訓歌」. "천상에 상제님 옥경대에 계시다고 보는듯이 말을 하니 음이 고사하고 허무지설 아닐런가"

101) 그렇다고 하여 인간이 한울님과 동격이 된다는 의미는 아니다. 인간이 侍天主하여 한울님과 만난다거나, 한울님을 몸안에 모신 존귀한 존재일지라도, 한울님은 언제까지나 경외의 대상으로 남아있다.

102) 李吉鎔, 1990,『初期 東學의 人間觀 硏究』, 서강대학교 박사학위논문, 77~78쪽.

는 侍天主思想은 신비주의적 요소와 유학적 형이상학을 가지고 있지만, 현실사회에서의 평등한 인간관계를 본질적으로 규정하고 있는 사상이며, 동학의 핵심적인 사회사상이라고 할 수 있다.[103)]

4. 救援者로서 崔濟愚

한울님은 최제우를 처음으로 만났던 때, 그에게 "너는 나의 아들이니 나를 아버지라고 불러라"하였고, 최제우는 그에 따라 한울님을 아버지라고 불렀다.[104)] 한울님 자신이 이 세상에 내보낸 아들 최제우를 다시 찾아온 것이다. 이제 최제우는 인간의 아들이 아니라 한울님의 아들이 된 것이다. 한울님이 그를 시험하기 위하여 白衣宰相의 벼슬을 주겠다고 하였을 때, 최제우는 자신은 한울님의 아들이기 때문에 그런 것은 필요 없다고 단호하게 대답하였다. 그가 한울님과 만나기 전에 겪은 길흉화복도 모두 한울님이 간섭한 결과였다.[105)] 그리고 한울님은 최제우가 한 일을 모르는 것이 없었다.[106)] 한울님의 아들인 최제우가 이 세상에 와서 한울님과 만나기 전까지 지질하고 모진 고생을 한 것도 모두 한울님의 뜻이었다.[107)]

---

103) 金龍德, 앞의 논문 ; 金義煥, 1964, 「初期東學思想에 관한 硏究」『우리나라 近代史論考』; 愼鏞廈, 1987, 「東學의 社會思想」『韓國近代社會思想史硏究』, 일지사.

104) 『道源記書』, 166쪽.

105) 위의 책, 175쪽. "上帝又謂 曰汝之前後吉凶禍福 吾必所爲涉之也"

106) 『龍潭遺詞』「敎訓歌」. "포태지수 정해 내어 자아시 자라날 때 어느 일을 내 모르며 격치만물 하는 법과 백천만사 행하기를 조화중에 시켰으니"

107) 『龍潭遺詞』「安心歌」. "첩첩이 험한 일을 당코 나니 고생일세 이도 역시 천정이라 무가내라 할 길 없네" ; 위의 책, 「敎訓歌」. "한울님도 이리 될 우리 신명 어찌 앞날 지난 고생 그다지 시키신고".

한울님은 최제우를 통하여 인간 세계에 자신의 의지를 실현하려고 하였던 것이다. 이를 위하여 한울님은 開闢 이후 오만 년을 기다려야 하였다.[108] 또한 이럼으로써 이 세상의 인간들도 오만 년의 운수를 만난 것이다. 더 나아가 한울님은 최제우를 내서 "我國" 운수를 보전하였다.[109]

이 특별한 한울님과의 관계는 이 세상에서 최제우의 존재 의미가 남다르다는 것을 뜻한다. 한울님은 '疾病'으로 가득하고 혼란스럽고 고통스러운 이 세상을 구제하기 위하여 최제우를 보냈다.[110] 최제우도 이 세상을 구제하여야 하는 자신의 운명을 깨닫고 있었다.[111] 그것은 한울님이 정한 것이기 때문에 자신으로서도 어찌할 수 없었다.[112] 그는 체포되기 직전인 자신의 생일에 스스로 세상 사람이 자기를 天皇氏라고 부를 것이라고 제자들에게 말하였다.[113] 즉 다시개벽이 된 세계, 또 하나의 이상세계가 오며, 그 세계의 주인이 바로 자신이라는 것이다. 그의 수형 이후 제자들도 그를 그렇게 인식하였던 듯하다.[114] 그리고 신원운동과 동학농민전

---

108) 『龍潭遺詞』 「龍潭歌」. "한울님 하신 말씀 개벽 후 오만년에 네가 또한 첨이로다"

109) 위의 책, 「安心歌」. "한울님이 내몸 내서 아국 운수 보전하네"

110) 『東經大全』 「布德文」. "余亦無功 生汝世間 敎人此法 勿疑勿疑 曰然則 西道以敎人乎 曰不然 吾有靈符 其名僊藥 其形太極 又形弓弓 受我此符 濟人疾病 受我呪文 敎人爲我 則汝亦長生 布德天下矣".

111) 『龍潭遺詞』 「龍潭歌」. "구미산수 좋은 풍경 아무리 좋다 해도 나 아니면 이러하며 나 아니면 이런 산수 아동방 있을쏘냐" ; 위의 책, 「安心歌」. "만세명인 나뿐이다 (중략) 나도 또한 한울님께 옥새보전 봉명했네 무병지란 지낸 후에 살아나는 인생들은 한울님께 복록 정해 수명을랑 내게 비네 (중략) 한울님이 내몸내서 아국운수 보전하네"

112) 위의 책, 「敎訓歌」. "윤회같이 돌린 운수 내가 어찌 받았으며 억조창생 많은 사람 내가 어찌 높았으며 일세상 없는 사람 내가 어찌 있었던고 (중략) 한울님이 정하시니 무가내라 할 길 없네"

113) 『道源記書』, 185쪽.

쟁 과정에서도, 동학 일부에서는 최제우가 다시 세상에 강림하여 민중들을 구원할 것이라는 믿음이 강하게 나타났다. 이 낡은 세계가 종말을 고할 때는 '先生', 즉 최제우가 강림한다거나,[115] 그가 죽지 않고 조화를 부려 자신들을 곧 구원하러 올 것이라고 믿었다.[116] 이렇게 동학교도들은 신종교의 특성이라고 할 수 있는 구원자, 곧 최제우에 의한 현세적, 즉각적, 궁극적인 구원을 열광적으로 고대하였다. 동학의 후신인 시천교나 천도교에서 최제우를 濟世主라고 하는 것은 그 자취인 듯하다. 그리고 창시자가 동학교도였으며, 동학의 영향이 농후하게 나타나는 甑山教에서도[117] 姜甑山은

114) 위의 책, 209~10쪽. "옛날 夏나라 禹임금 시대에 泰山에 커다란 신비한 짐승이 나타났다. 堯임금이 말하길 이 짐승의 출생은 이미 前千年의 運을 받고, 後千年의 運으로 化生하는데, 東方 太陽의 運을 기다렸다가 그때 화생할 것이라고 하였다. 또한 明나라 張處士와 黃將이 논한 秘訣은 李氏의 말엽에 道學先生이 太陽의 氣로 세상에 화생할 것이라고 하였다고 한다"

115) 1986, 『韓國民衆運動史資料大系』,(1894년 농민전쟁편1, 여강출판사) 57~60쪽. 1892년 10월 17일 삼례취회에서 나온 立義通文.

116) 『鄉約章程』(1991, 『求禮郡 사회조직 문서』 所收, 한국농촌경제연구원), 35쪽 ; 1991, 『駐韓日本公使館記錄』 6, 東學黨 騷亂原因 調査結果報告書 送付의 件, 국사편찬위원회, 25쪽.

117) 『大巡典經』, 111~112쪽. "나는(姜甑山－인용자) 서천서역대법국천계탑천하대순이라 동학주에 시천주조화정이라 하였으니 내 일을 이름이라 내가 천지를 개벽하고 조화정부를 열어 인간과 하늘의 혼란을 바로잡으려하여 삼계를 두루 살피다가 너의 동토에 그쳐 잔피에 빠진 민중을 먼저 건지려함이니 나를 믿는 자는 무궁한 행복을 얻어 선경의 낙을 누리리니 이것이 참 동학이라 궁을가에 조선강산명산이라 도통군자 다시 난다 하였으니 또한 나의 일을 이름이니라 동학신자간에 대선생이 갱생하리라고 전하니 이는 대선생이 다시 나리라는 말이니 내가 곧 대선생이로라 또 가라사대 예로부터 계룡산의 정씨왕국과 가야산의 조씨왕국과 칠산의 범씨왕국을 일러오나 이 뒤로는 모든 말이 영자를 나타내지 못하리라 그러므로 정씨를 찾아 운수를 구하려 하지 말지어다 하시니라"

玉皇上帝라든지 彌勒佛이라고 자처한 점으로 미루어 보아도 그렇게 추측된다. 이 동학에서의 구원자신앙, 메시아신앙에 대하여는 연구가 훨씬 진척되어야 제대로 이해할 수 있을 것이다.

황선명은, 조선후기 정감록 등과 관계되는 민중운동은 그 인적 구성이 혈연 내지 擬制血緣 관계의 결합이기 때문에 그 운동을 이끌고 갈 주체들이 공고한 조직과 제도를 발전시켜 가지 못하여 주변적인 미성숙한 豫兆信仰으로 끝나고 말았다고 한다.118) 그러나 한울님이 종교상징으로 확고한 역할을 하며, 구원자가 동학의 교리 안에 설정되었다는 것은, 위의 사례에서 보듯이, 신종교 창시자로서 강한 카리스마적 권능을 가졌던 최제우를 중심으로 공고한 인적인 결합, 항구적인 종교결사로서 동학이 발전할 수 있는 가능성을 가지게 되었음을 뜻한다. 이는 동학이 신종교로서 성립될 수 있는 아주 중요한 조건이었으며, 구원종교로서 동학이 정치사회적인 영역으로 전개될 수 있던 기반이었다.

Ⅳ. 동학의 성격

동학은 조선후기 종교문화의 커다란 저수지인 동시에 근대 이후 족출한 신종교와 신앙운동의 발원지라고 할 수 있다. 물론 여기에

118) 황선명, 앞의 책, 274~283쪽 참조. 그러나 저자는 동학도 기초가 확고한 교단적 성숙이 아니었기 때문에 恒久性이란 점에서 문제가 있다고 보았다. 하지만 동학의 종말은 자체의 인적 결합이 취약했기 때문이라기보다는 동학농민전쟁의 패배라는 외적 조건 때문이라고 보는 것이 정확한 역사인식이다.

서는 기독교의 영향을 많이 받은 신종교는 제외한다. 동학에 나타난 주요한 종교적 특징은 그 이전의 종교문화와 이후의 신종교에서도 거의 공통적으로 찾아볼 수 있다. 예를 들면, 宗敎合一·後天開闢·地上天國·救世主라는 요소는 많은 신종교의 주요한 특징이다.[119] 이 가운데 儒佛仙 三敎合一을 위한 노력은 오랜 역사를 갖지만,[120] 신종교의 창시자로서는 최제우가 처음으로 선언하였고, 나머지 다른 특징의 골격도 이미 조선후기의 독특한 종교문화인 도참비기에 나타났다. 그러므로 여기에서는 민중신앙운동으로서 동학의 성격을 주로 도참비기의 종교성과 비교하면서 살펴보려고 한다.

신종교 발생에서 가장 결정적인 것은 聖者의 出現이다.[121] 즉 종교 엘리트의 깨달음이야말로 신종교가 출현하는 직접적인 동기가 되며, 기타 사회적 상황이나 인간의 심리적 요인은 간접적인 동기 내지는 신종교 출현과 확산의 기반이 될 뿐이다. 이 종교 엘리트는 다른 정상의 인격과는 달리 생득적이며 계시적인 비일상적인 인격, 카리스마적 인격을 지닌다. 흔히 그 카리스마의 권능은 예언과 주술로 나타난다. 이러한 점에서 진인도 카리스마라고 할 수 있다.[122] 그러나 진인은 예언사상이 내포하는 윤리성을 구현하기 어렵기 때문에 주술에 매달린다. 그 주술이란 그가 추종자들에게 종종 과시하는 축지법 등 雜術일 경우가 많았다. 그러나 최제우의 카리스마는 이러한 한계를 넘어서 심오한 구원의 메시지를 전파하였

119) 姜敦求, 앞의 논문, 200~201쪽 참조.

120) 韓鍾萬, 1991, 「韓國의 儒佛道 三敎 會通論」『韓國道敎와 道家思想』, 아세아문화사 ; 1993, 「韓國 近代 儒·佛·道 三敎會通論」『震山韓基斗博士 華甲紀念 韓國宗敎思想의 再照明』 上, 원광대.

121) 金洪喆, 앞의 책, 23~24쪽.

122) 黃善明, 1983, 「後天開闢과 革世思想」『韓國近代民衆宗敎思想』, 학민사, 28~33쪽.

다. 그가 겪은 신비체험도 다른 진인에게서는 찾아볼 수 없는 것이라고 생각된다. 또한 그는 그 체험을 통하여 풍부하고 체계적인 종교사상을 내놓았다는 점에서 진리를 통찰하고 해석할 수 있는 지적인 능력과 자세를 가지고 있었다고 본다. 이처럼 종교 창시자가 비일상적인 성격과 함께 합리적인 자질을 갖추어야 새로운 종교는 탄생할 수 있다. 그리고 그런 창시자는, 비록 자신이 기대하지 않는다고 하여도, 믿는 자들은 자신들과 세계를 구원할 수 있는 메시아, 신적인 존재가 되기를 열망한다.[123)]

동학과 도참비기의 종교성이 공통으로 지니고 있는 점은 현실세계를 강력하게 부정하고 새로운 세계의 도래를 확신한다는 것이다. 도참비기는 종교적 성격이 없는 것은 아니지만, 본질적으로 왕조교체의 정치적 예언이다. 반면 동학에서는 그 부정의 대상이 전우주적이며 역사적인 것으로 확대되어 있다. 이 세계 전체, 十二諸國은 철저하게 바뀔 수밖에 없는 衰運에 빠져 있다. 다시開闢이라고 하는 우주와 세계의 대변화에는 모든 것이 포함되어 있고, 왕조교체는 그 안에서 작은 부분에 지나지 않는다. 도참비기가 예언하는 조선왕조의 멸망은 동학에 이르러 다시開闢이라는 종교적 사상으로 발전한 것으로 생각된다. 또한 이 교리는 주요한 종교 상징의 축으로 작용하였고, 이후 신종교 발생과 성격에도 커다란 영향을 미쳤다.

그런데 이 현실세계는 저절로 멸망하는 것이 아니라 민중의 적극적인 투쟁과 초월자가 내리는 재앙에 의하여 망하는 것이다. 정감록에서는 "流血成川"과 "人影永絶"하는 참혹한 병화를 말하며, 진인 정씨와 함께 의병을 일으켜 조선왕조를 멸망시키라고 권한다.

---

123) 金光日, 1991, 「한국 신흥종교의 심리현상」 『韓國傳統文化의 心理分析』, 教文社, 433쪽.

동학은 "怪疾", "天下盡滅", "無兵之亂"이라고 재앙을 상징하나, 조선왕조를 무력으로 타도한다는 말은 찾아볼 수 없다. 최제우는 오히려 그런 행위를 하려는 제자들을 "蚊將軍"이라고 비난하였다.

민중신앙운동이나 신종교는 새로운 세계가 자신들의 적극적이며 투쟁적인 행위로 오는가, 아니면 초월적인 존재의 의지에 의존하고 있어도 저절로 오는가 하는 점에서 모호하다. 그러나 궁극적인 승리에 대한 믿음이 고조되는 순간에는 수동성보다는 능동성과 활동성을 증가될 수밖에 없고, 이러한 변화는 외적 상황에서 비롯되기가 쉽다. 다시 말하여 신종교가 결정적인 순간에 적극적으로 무력 투쟁에 나서게 되는 계기는 잠복된 현실부정적인 교리 외에도, 그 교리가 표출하게 되는 상황적인 조건이 필요하다고 할 수 있다.

그리고 예언된 이상세계가 언제 어디에서 실현될 것인가, 또 어떻게 그 세계를 맞을 수 있는가 등도 상당히 중요하다. 예컨대 19세기 조선의 천주교도들이 보여준 놀라운 순교 정신은 天主敎의 정통적인 교리에 따라 이상세계인 天國을 결코 이 세계에서는 얻을 수 없다고 믿었던 데에서 나온 것이라고 생각한다. 그들의 신앙동기 가운데 가장 일반적인 것은 죽은 다음에 천당에 올라가는 것이었다. 그것은 곧 현세에 대한 혐오이자 부정이며, 강렬한 내세지향적 신앙 태도였다.[124] 만약 천주교의 교리가 죽은 다음이 아니라 다른 신종교처럼 현세에서의 福樂을 약속하였다면 그 여파는 정치사회적으로 대단하였을 것으로 짐작된다. 그러나 도참비기에서 예언하는 새로운 왕조나 동학의 경전에 나타난 地上仙境은 어디까지

124) 趙珖, 1988, 『朝鮮後期 天主敎史 硏究』, 고려대, 105~106쪽. 그러나 유관검과 같은 교도는 鄭鑑錄의 예언과 예수의 出世를 연관시켜 굳게 믿기도 하였다.

나 현세에서 실현되는 이상세계이다. 이들이 보여주는 이상세계의 모습은 천주교의 것과 비교한다면, 불명확하고 구체적이지 못하다. 그렇기 때문에 이상세계상 자체로서는 미약하다고 할 수 있지만, 그래도 이들의 정치사회적 성격이 더 강한 이유는 추종자들이 현실세계가 멸망하고 이상세계가 "지금 이 자리에서" 실현될 것이라는 예언을 굳게 믿었기 때문이다. 동학에서는 내세관념을 전혀 찾아볼 수 없다는 점에서 그 현세성을 다시 확인할 수 있다. 다만 동학은 현실부정을 도참비기보다는 좀 더 추상적이며 암시적으로 말하고 있다는 점에서 정치사회적의 행위를 불러일으키는 데에는 일정한 상황적 계기와 운동 과정이 필요하였지만, 일단 분출되기 시작하자 엄청난 폭발력을 보였다. 다시 말하여 이상세계는 인간의 주체적이며 능동적인 행위에 동반하여 현실화되는 것으로 믿어졌다.

도참비기나 동학을 믿는 자들은 사회적으로 억눌리고 수탈당하던 민중이라는 점도 그 신앙운동의 현세적 성격을 말해 준다. 이들이 갈구하는 바가 부귀한 사회적 지위라는 점도 피압박과 피지배의 처지를 반영하는 것이다. 따라서 동학교도는 정신적 위안과 심리적 도피, 그리고 주술적인 기복신앙만을 기대하지 않았다. 설사 평화로운 신앙생활만을 고집하는 교도들이 다수였다고 하여도, 이에 만족하지 않는 일부 교도들이 정치사회적 방향으로 교리를 해석하며 새로운 삶을 능동적으로 추구하게 마련이었다. 그러므로 이들은 기본적으로 피지배계급과 피지배신분이며, 황선명이 말하는 일종의 願望共同體로서 현세에서 전개될 새로운 세계에서는 잘 살고 득세할 수 있기를 원하였던 것이다.

동학의 정치사회운동에서 나타난 정서적 흥분과 집단적 열광은 단지 불안정한 외적 상황에서만 기인하였던 것은 아니다. 인간은 신앙을 통하여 새로운 삶의 가치와 의미를 발견하고, 이전의 생활은 잘못된 것이며 지금은 전혀 다른 세계에 살고 있다고 생각하게 되는 回心을 겪을 수 있다.[125] 이러한 과정을 통하여 종교적 세계관과 가치를 확신하며, 善과 惡에 대한 구별, 정의의 추구와 희생의 감수 등 종교적 태도가 견고해진다. 특히 급격한 회심은 감정적인 동요를 수반하는 경우가 많다. 더구나 동학농민전쟁 당시처럼 집단적인 入道가 대대적으로 이루어질 때에는 엄청난 집단적 열광이 발생될 수 있다. 이런 정서적 흥분 상태에서는 예언된 이상세계가 당장 실현될 것으로 여겨지고, 악과 불의로 가득한 현실세계는 사라져야 될 것으로 규정되기 쉽다. 종국에는 공격적이며 파괴적인 행위로 발전하기도 한다. 극단적인 정서적 흥분에 이르지 않는다고 하여도, 외적인 억제력이 약화된 상태에서는 현실비판과 부정의 인식이 강화되고, 분노와 정의감과 용기 등이 불이익과 희생을 감수토록 한다. 물론 목숨을 걸고 병란에 참여한 진인의 추종자들도 이러한 정서적 흥분 상태에 있었다는 점을 인정할 수 있지만, 그것이 동학의 경우처럼 심원하였다고는 생각하지 않는다.

민중신앙운동으로서 동학, 교도의 신앙관과 태도에 나타난 이러한 양상과 성격은 도참비기에 의거한 민중운동 내지 민중신앙운동과 어느 정도 유사성과 연관성을 보이기는 하였지만, 그 차원은 이처럼 현격하게 달랐다. 이러한 차이는, 동학에는 강력하며 심오한 현실부정 사상이 종교 세계관으로 승화 발전되어 있었으나, 도참비기는 그렇지 못하였다는 점으로 설명된다. 도참비기도 비록 종교성을 지니고 있었을지라도, 그것은 피상적인 회심과 일시적인

125) 黃善明, 1982, 『宗教學概論』, 종로서적, 140~50쪽 ; 松本滋, 1982, 『宗教心理學』, 동경대(崔玄覺 옮김, 1993, 『종교학 · 종교심리학』, 불교시대사, 202~209쪽).

흥분을 가능하게 하였지만, 동학처럼 인간의 세계관과 삶을 근본적으로 변화시키기에는 역부족이었다. 따라서 전근대민중들을 정신적으로 각성시키고 격렬한 민중운동의 장으로 이끌어 낼 수 있는 동력은 인간 존재의 깊은 곳에 자리를 잡고 있는 종교적 세계관 내지는 종교문화에서 나왔다고 할 수 있다.

V. 맺음말

동학은 조선후기 민중신앙운동으로서 기존의 종교문화 요소를 다분히 포섭하고 있다. 동학사상의 핵심이라고 할 수 있는 神觀, 다시開闢思想, 侍天主思想에는 그 흔적이 아주 현저하다. 물론 동학이 이와 같은 전통적인 종교문화만으로써 강력한 종교가 되었던 것은 아니다. 최제우의 종교적 영성과 지적 능력이 종전과는 차원이 다른 민중신앙운동을 창시하는 데 결정적인 구실을 하였다. 결국 동학은 조선후기라는 일정한 시대적 조건 아래에서 성립한 역사종교로서 그 사상과 성격에는 전래의 사상과 종교문화, 그리고 민중신앙운동의 영향이 강하다고 할 수 있다.

동학의 신관은 우리 민족 고유의 한울님 관념 위에 형성되었다. 그 한울님은 절대적이며 초월적인 인격신으로 나타난다. 최제우는 한울님을 재발견하고 강화시킴으로써 강력한 종교 상징을 세울 수 있었고, 동학사상과 신앙은 바로 이 신관을 중심축으로 형성되었다. 그는 유학적 형이상학, 음양오행설을 원용해서 인격신적인 한울님의 관념을 至氣와 鬼神로 해석하였지만, 신앙의 현장에서는 한울님은 여전히 인격신적인 존재로 남았다.

다시開闢思想은, 유학적인 運數觀에 근거해서 下元甲의 세계가 가고 上元甲 五萬年의 無極大道가 출현한다는 일종의 常數論이지만, 한마디로 현실세계가 종말을 고하고 새로운 이상세계가 도래한다는 예언이다. 이와 같은 末世觀 내지 終末觀은 鄭鑑錄과 같은 圖讖讖緯說의 형태로 이미 오래 전부터 조선사회에 뿌리를 내리고 있었다. 따라서 현실 모순에 고통을 당하던 민중들에게 쉽게 수용될 수 있었고, 동학이 정치사회운동으로 발전하는데 크게 기여하였다.

侍天主思想은 억압당하던 민중을 위한 새로운 인간관으로 인간 존엄과 평등의 사회사상이 되었다. 초월적이며 신비적인 절대자와의 합일 상태로서의 侍天主도 역시 유학적인 형이상학에 의해 인간 고귀성의 근거로 사변화, 윤리화되기도 하였지만, 역시 동학교도들에게는 한울님과 하나가 되는 신비체험으로 남아 있었다.

그리고 최제우는 자신을 스스로 한울님의 아들이며, 인간을 구원하라는 명을 받아 이 세상에 내려 온 구원자라고 말하였고, 제자들도 그렇게 믿었다는 사실도 아주 중요하다. 마치 정감록 등 도참비기에서 말하는 眞人, 새로운 왕조의 주인을 연상시킨다. 이와 같은 구원자로서 최제우의 이미지는 제자들이 강력한 인적 결합, 곧 교단적 조직을 형성할 수 있게 해주었다.

이렇게 동학은 조선후기의 사상과 종교문화의 영향을 강하게 받았을 뿐더러 그것을 기반으로 성립되었다. 그리고 현실세계의 종말과 이상세계의 도래를 희구한다는 맥락에서 정감록 등 도참비기에 의거한 정치사회적 민중운동과 상당한 유사성과 연관성을 내포하고 있는 민중신앙운동이었음은 부정할 수 없지만, 양자의 차원은 크게 다르다. 종교상징으로서 동학의 한울님과 최제우는 진인과는 비교 대상이 아니다. 그리고 세계관이라는 측면에서도 동학은 심원하며 풍부한 종교 사상을 제시하고 있다. 현실세계와의 투쟁력에서도 정감록 등에 의거한 兵亂은 동학농민전쟁과 비교할 상대가 전혀 되지 못한다. 왜냐하면, 동학의 현실세계에 대한 부정은 강력하며 광대하고, 이상세계의 도래와 현세적 구원에 대한 교도들의 확신은 굳건하고 뜨거웠기 때문이다. 이런 점에서 동학의 사상과 신앙은 천년왕국운동과 매우 유사한 성격을 지녔다고 할 수 있고, 특히 최제우 포덕기에는 더욱 그러하였다.

제3장

1871년 寧海兵亂

Ⅰ. 머리말

1871년 3월 10일 밤 경상도 영해부에서 관아가 점령되고 부사가 살해된 병란이 일어났다. 난민들은 다음날 그곳을 떠나 日月山으로 도주하였고, 인근 군현과 진영의 관군과 민군은 추격에 나섰다. 체포된 병란 가담자들을 신문한 결과, 그들 다수는 영해를 비롯한 경상도 각지에서 모여든 동학교도였다. 난의 우두머리는 晋州作變으로 수배된 이필제(李弼濟)였다. 이필제가 진인으로 자처하며 최제우 수형 이후 잔존한 동학교도들을 규합하여 또 다시 병란을 일으킨 것이다.

이미 이필제란 인물과 그가 주도한 난에 대해서 상세하게 밝힌 연구와[1] 영해란에 관한 연구가[2] 이지만, 구체적이며 신빙성 높은 자료를 발견하지 못하였기 때문에 많은 한계가 있다. 그러한 연구들은 특히 이필제와 동학과의 관계에만 주목하고 있다. 또한 향촌사회와의 관련에 대해서는 피상적인 고찰만 하고 있을 따름이다. 그러므로 새로운 자료인 『嶠南公蹟』,[3] 『衙變時日記』,[4] 『寧海府

---

1) 이이화, 「동학혁명의 선구 이필제」『學園』, 1985년 여름호, 1호 ; 尹大遠, 「李弼濟亂의 硏究」(『韓國史論』 16, 서울대, 1987).

2) 김의환, 1986, 『近代朝鮮東學農民運動史の硏究』, 和泉書院 ; 田保橋潔, 1940, 『近代日鮮關係の硏究』 下卷, 宗高書房.

3) 『嶠南公蹟』은 寧海按覈使 朴齊寬이 1871년 7월 조정에 보고한 査啓로서 한국정신문화연구원 장서각에 소장되어 있다. 영해병란 관련자들의 第一推 부분이 없는 破損本으로 280면에 달하는 분량이다. 아마 근래에 改裝되고, 表題도 교남공적으로 붙여진 것 같다. 그런데 그 체제나 글씨체가 규장각에 소장된 비슷한 시기의 『慶尙監營啓錄』과 동일하며, 규장각에는 그 시기의 『慶尙監營啓錄』이 없다는 점에서 『嶠南公蹟』은 『慶尙監營啓錄』이 틀림없다고 판단된다. 第一推 부분이 없는

賊變文軸』[5], 그리고 동학교단사인 『道源記書』를[6] 중심으로 하여 영해병란을 살펴보려고 한다.

조선후기 民亂의 형태는 크게 民擾와 兵亂으로 나눌 수 있다. 민요는 보통 '자연발생적이고 비조직적'이라고 하는 '吏民是非'로[7] 1862년 임술란이 대표적인 예이다. 그리고 병란은 불만지식인들이 주동이 되어 진인 출현설로 가담자를 포섭하고, 계획적인 무력봉기를 통한 체제 전복을 목적으로 하는 '亂離'이다. 영해병란의 과정을 자료와 口碑文學的 연구를[8] 통해서 검토해 보면 병란의 전

것이 아쉽지만, 第二推와 第三推에 査官의 말로 그 내용이 요약되었기 때문에 대강은 알 수 있다.

4) 『衙變時日記』는 『盈德郡誌』에는 南慶純 소장으로 되어 있으며, 原本은 보지 못하였고, 鄭昌烈 교수를 통하여 李佑成 교수의 복사본을 얻었다. 심심한 감사를 드린다. 『衙變時日記』는 병란의 경과와 수습 과정에 대한 영해에 살던 양반의 기록으로 25면의 분량이다. 영해의 동학과 병란, 신구반의 관계, 양반과 관리의 대응 등을 구체적으로 보여주는 좋은 자료이다.

5) 『寧海府賊變文軸』은 연세대 도서관에 소장된 자료로서 병란이 발생한 다음날인 3월 11일부터 사건 처리가 완전히 마무리가 된 그해 9월 4일까지 각 군현과 관리들 사이에 오고 간 문서들을 수합해 놓은 것이다. 일종의 사건 일지라고 할 수 있다. 그리고 일부 참가자들의 供草도 포함되어 있다. 『嶠南公蹟』에는 실려 있지 않은 내용이 많기 때문에 상당히 자료적 가치가 높다고 할 수 있다. 특히 영해병란이 동학교도의 伸冤運動이 아니라 전형적인 병란임을 확실히 보여준다.

6) 『道源記書』(1979, 『東學思想資料集』 壹 소수, 아세아문화사).

7) 『右捕盜廳謄錄』 제18책, 1863년 11월 7일 啓, 金橘 白等. "去年(1862) 日不記 五月分 張基衡 又到矣身家 忽曰湖南鄭瀚順民擾事 密啓入來 畢竟亂離長驅大進云云 故矣身答 以此不過吏民是非 實非亂離也".

8) 구비문학과 역사학의 접맥을 역설하는 조동일은 이미 설화를 통해서 신인, 영웅, 이인의 본질을 밝힌 바 있고, 홍경래란의 기록을 구비문학적으로 이해하여 진인과 병란의 관계를 해명하였다(조동일, 1981, 「진인(眞人) 출현설의 구비문학적 이해」『韓國古典散文硏究』, 張德順・先生華甲紀念論文集刊行委員會). 진인과 이인을 구태여 구분하는 점을 제외한다면(진인과 이인은 함께 쓰이는 실례가 많으며, 본고에서도 혼

형적인 예임을 알 수 있다. 따라서 이 사건을 교조신원운동으로 보고 있는 천도교와 기존 연구의 주장은 재고가 필요하다. 즉 영해병란은 최제우의 신원 차원보다는 조선후기 민중사회변혁운동의 맥락에서 파악하여야 한다.

이와 함께 동학을 민중세계에 광범하게 유포되어 있던 민중신앙과 진인 출현에 대한 염원이 결합, 승화된 종교로서 이해할 때, 병란에 최시형을 비롯한 동학교도들이 대거 가담하였던 이유가 제대로 밝혀질 것이다. 이러한 측면에서 동학의 교리와 의례를 분석한 연구는[9] 이미 상당히 많지만, 본고는 동학이 정치사회적 운동으로 전개, 발전될 수 있던 배경으로 교리적 요소와 교도의 성향 및 의식을 주목하였다. 또한 지도력 부족과 교도간의 긴밀한 연락 관계나 조직이 교단적 기구로까지 성장하지 못한 결과도 알아보았다.

그리고 동학과 영해병란은 영해와 그 인근 지방의 신분상승운동과 밀접한 관계를 맺고 있었다. 기존 동학 연구는 동학교도, 특히 지도자들을 몰락양반이라고 단정하고 있다. 물론 그러한 존재도 있었겠지만, 최제우를 제외한 다른 지도자들의 출신 배경에 대해서는 상세히 밝혀진 바가 없는데도 그렇게 주장하고 있다. 따라서 동학의 평등사상은 민중의 요구나 조선사회가 이룩한 연속적이며

용하였다.), 이 연구 결과는 영해병란을 포함한 모든 병란에 적용될 수 있는 일반성을 가진 것으로 생각된다. 특히 진인출현설의 형성과 기능에 관한 이해는 병란의 계획 과정과 난 참가자들의 의식을 아주 명쾌하게 보여준다.

9) 金庠基, 1975, 『東學과 東學亂』, 한국일보사, 38～52쪽 ; 崔東熙, 1975, 「東學思想」『國民倫理硏究』 4, 국민윤리교육연구회, 5～9면 ; 안진오, 1978, 「東學思想의 淵源과 그 展開(一)」『歷史學硏究』 7, 전남대, 151～64쪽 ; 조동일, 1981, 『동학성립과 이야기』, 홍성사 ; 黃善明, 1983, 「後天開闢과 革世思想」『韓國近代民衆宗敎思想』 ; 黃善明, 1985, 『朝鮮朝宗敎社會史硏究』, 일조각.

전반적인 발전의 산물로서가 아니라 일부의 국외자에 의한 외침으로밖에 평가될 수 없다는 한계에서 벗어나지 못한다. 이미 동학농민전쟁의 연구를 통해서 동학과 상승하던 세력을 연결시키려고 하는 시도가[10] 있었지만, 그보다 시기적으로 이른 영해병란에서도 그 관계를 확실하게 밝힐 수 있다.

Ⅱ. 병란의 배경

1. 초기 동학의 교도와 조직

동학 창도되었을 당시 사람들은 동학을 '直一巫史鬼呪者'라고[11] 일률적으로 인식하기도 하였지만, 교도들의 출신 배경은 상이하였고, 그에 따라 신앙태도도 달랐던 것처럼 보인다. 실제로 많은 교도들은 주술적 효과만을 위하여 주문만 열심히 염송하였으므로 崔濟愚도 그 점을 염려하였다.[12] 특히 주문을 수없이 외우면 하늘로 오르고 땅으로 들어가고, 기사회생하고, 농사나 장사를 하지 않아

---

10) 愼鏞廈, 1985, 「甲午農民戰爭의 主體勢力과 社會身分」『韓國史研究』 50·51.

11) 崔承熙, 『韓國古文書研究』(한국정신문화연구원, 1981) 420~424쪽에 실린 서원의 동학배척통문은 초기 동학의 모습을 잘 보여주는 자료이다. 이에 대한 분석은 역시 최승희, 1981, 「書院(儒林勢力의 東學排斥運動小考」『韓沽劤博士停年記念史學論叢』 참고.

12) 『東經大全』「修德文」. "或聞流言而修之 或聞流呪而誦焉 其不非哉 敢不憫然 憧憧我思 靡日不切 彬彬聖德 或恐有誤 是亦不面之致也 多數之故也."

도 의식을 해결할 수 있다고 믿었던 "草童牧竪 不學無識之輩"가 있었다.[13] 혹은 동학에 산과 바다를 옮기는 법이 있다고 말할 정도였다.[14]

반면에 "冠儒服儒 讀書誦詩 外假學者之名 內行魔鬼之術者"도 있었다. 어느 정도 학식이 있었다고 생각되는 이들은 21자 주문에 만족하지 못하고 동학의 본뜻을 더 알고 싶어 최제우를 직접 방문하여 詩와 訣을 토론하고, 경전을 궁구하였다. 최제우도 이들에게 경전 공부를 적극적으로 권장하였는데, 「論學文」은 그들과의 문답 형식으로 지은 것이다. 守心正氣나 誠敬信도 이들에게 제대로 이해되었을 것이다. 최제우 수형 이후 동학의 신앙열은 급속도로 냉각되고 말았는데, 동학의 잔맥을 이어나간 교도들은 주문만 염송하던 교도이기보다는 교리를 자신의 신념체계 안에 받아들였던 이런 유식층이 많았다고 본다. 후술하겠지만, 영해병란의 주모자들은 무식한 백성들이 아니었다.

또 다른 성향을 보였던 교도들은 최제우가 「興比歌」에서 "蚊將軍"으로 비난하였던 부류였다. 이들은 교리를 해석하고 무리를 모을 수 있었다는 점에서 "賢人達士"였을 것이다. 또한 이들은 이미 日月山 騷訛之說을 만들어 냈고, 結幕을 하고 出入을 狼藉하게 하다가 체포되어 유배까지 당하였다.[15] 특히 최제우도 鑄洞接의 全聖文으로 하여금 曉明接中과 상종하지 말도록 경계하고, 「興比歌」를 특별히 그에게 주었다는 사실로[16] 미루어, 동학 자체적으로도

---

13) 李源祚, 『凝窩先生文集』 券之十, 「東學禁勅事通諭一鄕文」

14) 『左捕廳謄錄』 戊辰(1868) 黃載斗發告, 朴允垂·鄭德基 對質. '移山移水'는 『鄭鑑錄』과 같은 도참 비기에 잘 나온다.

15) 『水雲行錄』(1964, 『亞細亞研究』 7-1 所收, 고려대학교), 181쪽. 이 교도는 李敬汝인데, 최시형과 강수가 영해병란 가담 여부를 상의하자 이필제의 글월을 보고 칭찬함으로써 두 사람의 의기를 북돋아 주었다(『道源記書』, 214쪽).

이런 문제를 중시하였다는 점을 알 수 있다. 이들은 다른 교도보다 더욱 관리들의 지목과 탄압을 받았다는 점에서 혹시 교리를 정치 사회적 의미로 해석하지 않았나 추측된다. 『道源記書』에서도 이필제를 蚊將軍이라고 비난하였다. 영해병란이나 다른 난에서도[17] 殺牛祭天하여 성공을 기원하였고, 최제우도 체포되어 신문을 받으면서 入山行祭는 하였으나, 牢牛之事는 없었다고 진술하였던 사실로 볼 때, 殺牛祭天은 국가에 대한 반역의식이었다고 생각되며, 동학교도 중에는 산에 올라가 그런 의식을 하였던 자들이 있었던 것 같다. 이들의 수상한 행적은 동학에 대한 관리들의 지목과 유림의 배척을 조장하였으므로,[18] 최제우는 1863년 8월 罷接을 하게 되었다. 그러나 宣傳官 鄭雲龜의 보고대로 이런 성향을 가진 교도들은 최제우의 주변에는 아직 형성되지 않았고,[19] 淵源이 불명한 문장군적 교도들이 멀리서 암암리에 움직이고 있었을 뿐이었다. 그렇기 때문에 최제우는 연원의 확립을 강조하였다. 실제 동학이 左道亂正으로 몰리고 최제우가 수형된 근본 이유는 교리와 의식보다는 동학교도가 중국의 홍건적이나 백련교도처럼 왕조의 안전에 위협을 가할 수 있는 세력으로 변할 것을 두려워했기 때문이었다.

동학교도들은 흔히 신종교의 교인들이 그러하듯이 포덕을 열심히 하여 새로운 입교자를 얻는 것을 제일의 공적으로 여겼다. 그리

16) 『水雲行錄』, 180쪽.

17) 예를 들어 1869년 3월 전라도 광양에서 일어난 병란(『日省錄』, 고종 6년 6월 6일조).

18) 앞의 李源祚의 통문도 營甘을 받고 지은 것이다.

19) 『備邊司謄錄』, 哲宗 14년 12월 20일조. "旣未見屯聚可疑之蹟 亦未聞綢繆非常之事 無論遠近 來學者日增 而來往則絡續不絶 然則相應相求 聲氣潛通 而所謂徒黨 不可以一二數 故不得指的臚陳 而上項傳聞諸條中事涉荒誕者有之 有難準信."

하여 자신이 사는 향촌의 주민들을 입교시키니 교세가 점차 "張角이 36方을 두었던 것"과 같이 되었다.[20] 귀천・상하・남녀를 차별하지 않는 평등주의와 재산을 나누어 없는 사람을 돕던 "有無相資"로 입교자들은 더욱 증가하였다. 이러한 평등주의와 상호부조 정신은 신앙공동체적 의식의 발로였다.

최제우가 1862년 11월 그믐에 각처 접주를 직접 정하였다고 하지만, 그 이전에 接의 존재와 활동이 기록상에 보이고 있다. 그렇다면 최제우가 동학의 공식적인 교단적 조직으로 접을 처음으로 두었던 것이 아니라, 이미 교도의 조직으로 형성된 접의 지도자 내지는 책임자를 선정함으로써 비로소 공식적인 교단적 조직이 되었다고 생각된다. 따라서 최제우가 1863년 파한 接이나, 崔慶翔(崔時亨의 본명 - 필자)이 1878년 다시 연 접은 신앙공동체, 혹은 자생적인 교단적 조직으로서의 접과는 다른 것 같다. 왜냐하면, 破接이나 開接을 전후하여 최제우나 최시형의 포덕 활동과 집회상의 변화가 전혀 발견되지 않는다. 단지 최제우는 파접 후에 筆書를 그만두었고, 최시형은 開接하는 이치를 天과 陰陽五行說을 관계시켜 설명하였다.

접주로 임명된 인물에 관한 기록은 별로 없고, 그것조차도 큰 중요성이 없는 듯하다.[21] 다만 府西接主 姜元甫, 府內接主 李乃鎌, 寧海接主 朴夏善에 대하여는 약간이나마 추측할 수 있다. 강원보는 최제우가 그의 집에 머물렀을 정도로 측근의 인물이었으며, 최제우의 수제자인 崔自元과 함께 최제우 다음으로 중한 벌을 받았다. 또 그는 紙商이라고 하는데 19세기 후반 경주 일대는 造紙業이 번창하였다.[22] 최시형도 영덕의 조지소에서 일한 적이 있었다. 최

20) 崔承熙, 앞의 논문, 418쪽.

21) 『日省錄』, 고종 1년 2월 29일조 참조.

제우가 감영에 투옥되었을 때, 丹陽接主 閔士燁이 300량, 尙州接主 黃文奎도 많은 돈을 내었던 것으로[23] 보아 접주들은 재산이 어느 정도 있었다고 본다. 하나의 조직을 통괄하는데 재산이나 학식은 필수적인 것이 아닌가 한다. 따라서 강원보는 재력을 가진 지물상이라고 할 수 있다. 이내겸은 읍내에 살고 있던 퇴직 향리로 최제우의 신임을 받았고, 주문·포덕문·수덕문·검가 등 동학의 거의 모든 것을 알고 있었다. 『水雲行錄』 상으로는 제자 중 제1인자로 보이는 박하선은 영해의 咸陽 朴氏 서손이라는 구전이 있다. 이에 대하여는 자세히 뒤에서 말할 것이다.

최제우의 집이 포덕 활동의 중심지였다. 그는 찾아오는 사람들을 맞아 포덕하였다. 동구 밖에 살던 교도가 방문자를 안내하였고, 읍내의 首弟子와 接主는 그들에게 숙소를 마련해 주거나, 그들의 질문에 대답해 주기도 하였다. 그렇지만 최제우의 측근에서 그를 도와주던 교도들을 중앙교단의 교직자라고 볼 수는 없는 것 같다. 宣傳官 鄭雲龜의 부하들이 최제우를 정탐하기 위하여 그의 집에 잠입하여 최제우와 수작할 때의 정황은 교직자 집단 내지는 교단과 유사한 조직마저 보여 주지 않는다. 처음 찾아간 그들과 다른 방문객들이 최제우를 직접 만나 대화하던 모습은 기성 종교교단을 염두에 둘 때 납득되지 않는다. 교도들은 최제우를 先生으로서 지극히 위하였지만, 아직은 서로 밀접하여 복잡한 절차와 형식적인 의전이 필요 없었을 것이다. 또한 교도 사이에도 서열이 있을 수 없었다. 동학교세가 중앙에 교단조직을 두고 각지의 교도들을 통제할 만큼 대단하지 않았고, 신앙 여부는 순전히 교도 자신의 의사

22) 『皇城新聞』, 1907년 1월 14일. 경주에서는 40여 명의 조지업자가 매년 6,7만 원어치의 종이를 생산하였고, 경주 종이는 전국적으로 유명하다고 한다.

23) 『道源記書』, 199～201쪽.

에 달렸고, 주문과 부적이란 주술을 통한 개인적 현세기복의 경향이 약화되지 않던 당시 실정도 동학을 제도화한 종교로 간주하기 어렵게 한다.

최제우의 受刑 이후에는 맹아적 교단 기구인 接마저 와해되어 버렸다. 종교적 열기는 식었고, 주요한 교도들은 쫓기는 몸이 되었다. 교도들은 서로 왕래하지 않았을 뿐만 아니라, 심지어는 서로 원수처럼 보게 되었다. 이와 같은 동학의 위기를 극복하기 위해서는 강력한 최제우의 후계자가 등장하여야 하였다. 그는 무엇보다 최제우처럼 기적을 행할 수 있는 초인간적인 능력을 구비하고, 다음으로는 교리를 정연하게 체계화하고, 느슨한 교우 관계를 위계질서가 엄정한 교단으로 발전시킬 수 있는 지성과 통솔력이 요망되었다.

이와 같은 동학 재건의 사명을 수행한 인물이 최시형이었다. 그는 진심으로 동학을 신앙하면서 조직을 복구하고, 최제우의 가르침을 널리 퍼트려 동학을 일시적인 '邪道'로 끝나게 하지 않고 우리 역사상 중요한 자리를 차지하게 하였다. 그러나 그의 동학 재건은 결코 용이하지 않았다. 그 재건 작업이 그렇게 험난하였던 이유는 계속된 정부의 탄압과 정치 사회적 운동을 하려는 교도, 그리고 후계자로서의 위치 불안정과 재건에 필요한 역량 부족 등이다. 최시형이 최제우에게 직접 도통을 받았다는 것은 "애매하기 그지없다"는[24] 지적도 이미 나왔지만, 초기 동학의 모습을 거의 유일하게 보여주는 『水雲行錄』과 『道源記書』을 면밀하게 검토해 보면, 역시 그런 사실은 없지 않았나 생각된다. 그러나 최시형이 최제우 수형 이후 영해와 영덕 지방에서는 동학의 주요한 지도자였다는 증

24) 朴孟洙, 1896,「海月 崔時亨의 初期 行蹟과 思想」『淸溪史學』3, 132~137쪽.

거는 충분히 있다. 『道源記書』의 여러 기사는 물론이고, 영해병란 참가자들도 최시형을 동학의 우두머리로 진술하였고, 관리들도 역시 그를 동학괴수로 체포하려고 애썼다.

일월산 근방의 동학교도들이 최시형을 중심으로 동학 재건에 착수할 수 있었던 때는 丙寅洋擾로 나라가 떠들썩하던 1866년경이었다.[25] 그 이전에는 포덕 활동은 물론 생명과 생활도 위협받고 있었고, 최제우 가족의 거처와 최시형의 행동도 교도 사이에 제대로 알려지지 않았다. 이런 혼란을 틈타 동학교도들은 최제우의 가족을 大家로 삼았고, 최제우의 生辰과 忌日에 제사를 지내기 위한 契도 만들었다. 그 契長은 최시형이 아니라 姜洙의 부친이었다.

이런 움직임 외에도 각지의 잔존교도들과의 연락도 시도되어 교도들이 제일 많이 피신하였던 경주 北山과 별로 피해를 입지 않은 듯한 상주의 교도와 손을 잡게 되었다. 그리고 최시형은 포덕을 하기 위하여 은밀하게 영양지방으로 가기도 하는 등 동학 재건의 기미는 뚜렷하였다. 그렇지만 접과 유사한 그 어떤 교단적 기구도 형성하지 못하였고, 단지 동학을 신앙하는 개인 간의 긴밀한 유대 내지 연락 조직에 불과한 실정이었다. 또한 최시형이 살던 日月山 上竹峴에는 여러 명의 교도들이 함께 피신 생활을 하였다. 마치 박해받던 천주교 신자들이 教友村을 만들어 신앙생활을 지속하였던 것과 같다. 이러한 교도 개인 간의 결합과 유대가 영해병란의 조직적 기반이 되었다. 참가한 교도들의 출신지를 살펴보아도 동학 재건 지역과 일치하고 있음을 알 수 있다. 『嶠南公蹟』에 의하면 체포된 참가자는 영해의 유학 16명과 양인 7명, 양양의 유학 3명과 양인 12명, 경주의 유학 1명과 양인 6명 등이다. 영해의 23명은 『衙變時日記』의 50여 명에 비하면 반밖에 되지 않는 숫자이다. 그리고 職

25) 『道源記書』, 206~207쪽.

役 자체의 유효성도 의문이거니와 경제적 배경은 드러나 있지 않다. 어쨌든 이 지역에 상주를 더하면『道源記書』의 기록과 일치한다. 즉 최제우 포덕시의 접 조직은 해체되었고, 일부 지방에서만 재건되고 있었으며, 그것이 영해병란의 기반이 되었다고 할 수 있다.[26] 특히 1860년대 후반에는 교도가 30여 집밖에 되지 않았지만, 많은 양인이 참가한 영양 지역은 주목된다.

2. 향촌사회의 신분상승운동

영해병란의 배경으로 장기간에 걸친 향촌사회의 사회경제적 변동, 특히 향촌사회세력이 분열되어 심하게 대립하고 갈등하고 있었다는 사실을 빼놓을 수가 없다. 변명이지만, 영해에 갔을 때, 金・朴・權姓이 난을 일으키고 자신은 구경만 하였다는 이필제의 말에서도[27] 그러한 사정을 짐작할 수 있다. 이 일대에 동학의 교세가 강하고, 병란이 일어날 수 있었던 까닭도 바로 그 점에서 기인한다.

> 영해에서는 6,7년 전에 동학의 한 무리들이 있어 다른 읍의 同類들과 서로 통하고, 살고 있는 窮村에 왕왕 소굴을 만들어 무리를 모으고 가르침을 펴기를 마음대로 행하여 거리낌이 없었다. 鄕中에서 혹 絶族한다는 글을 내기도 하고, 혹 경계하는 거동을 하기도 하여 우리들 양반의 대열에 발을 붙이지 못하도록 하였으나, 완고하여 그만둘지를 몰랐다. 마침내 감영으로 잡혀간 다음에 그쳤으나, 舊班을 원수처럼

---

26) 金義煥, 앞의 책, 282쪽.

27)『逆賊弼濟岐鉉等鞫案』(1982,『推案及鞫案』高宗1 所收), 419쪽. 여기에서 金은 혹시 全의 誤記가 아닌가 한다. 金姓은 참가자도 별로 없고, 중요 인물도 없다.

보는 것이 골수에 사무친 까닭이 되었다. 지금 체포된 자는 대개 이 무리가 많다. 邪說의 害가 이에 이르렀는가.[28)]

위의 인용문에서 보듯이, 영해에서는 1863,4년경에 동학이 치성하여 교도들끼리 모여 신앙 행위를 하고, 다른 지역의 교도들과도 밀접한 관계를 갖는 등 동학 신앙의 열기가 뜨거웠다. 최제우 생시에 이 지역의 接主로 임명받고, 최제우의 장례를 거의 주관하다시피 한 朴夏善은 咸陽 朴氏 庶出이 분명한 것 같다.[29)] 그를 중심으로 하여 영해의 庶孽 가문 출신들이 동학을 독실하게 믿었다. 그렇기 때문에 평소 원한이 깊던 嫡孫들의 탄압을 받았고, 마침내 감영에 체포되는 자들까지 나왔고, 그 결과 양자간의 반목과 증오가 더욱 심해졌다.[30)]

이처럼 동학 신앙 및 병란 발생과 관련이 깊은 영해의 嫡子와 庶子 갈등을 중심으로 영덕·평해·울진 등 근방의 향촌 사정을 개괄적이나마 살펴보고자 한다.[31)]

영해의 대표적인 양반 가문은 '五大姓'이라고 불린 英陽 南氏·

---

28) 『衙變時日記』, 3월17일조. "盖本鄕 於六七年前 有一種東學之黨 交通列邑之同類 庭庭作窟於所去窮寸 聚徒設教 恣行無忌 自鄕中 或發絶族之文 或爲鳴鼓之擧 使不得厠跡於衣冠之列 而頑不知戢 竟至於營囚之境而後熄 然所以讐視舊鄕着在骨子 今之俔捉者 大抵多此輩也 邪說之害至於是也."

29) 『寧海府賊變文軸』, 4월초2일 壽洞幼學朴宗海 供草. "所習者 是東學而已 今已廢棄 矣身師朴河成 爲十三寸 而今已身死云." 여기에서 나오는 朴河成이 바로 朴夏善일 것이다.

30) 위의 책, 5월초1일 成册草 ; 『嶠南公蹟』, 54~56쪽. "鄕論을 주도하는 舊班인 朴周翰·白重穆·南敎儼·權萬銓도 동학을 신앙하는 서얼을 배척하였기 때문에 그들에게 원한을 사게 되어 무고로 억울하게 체포되었다고 진술하였다."

31) 拙稿, 1987, 「1840年 寧海 鄕戰과 그 背景에 관한 小考」『忠南史學』 2, 참조.

大興 白氏·安東 權氏·載寧 李氏·務安 朴氏이다. 이들은 모두 다른 지역에서 入鄕한 姓氏들로 일률적이지는 않지만 16세기, 특히 그 후반에 在地士族으로서 튼튼한 기반을 가지게 되었다. 1700년을 전후한 수십 년 동안은 그들의 전성기로서 다수의 중앙관료와 뛰어난 학자들을 배출하였다. 그와 함께 교유·혼인·학파 면에서도 安東 등지의 경상도 내륙지방과 연결되어 그들의 존재를 인정받을 수 있게 되어 '小安東'이라고 자부하였다. 이런 외양적 발전과는 달리 17세기 말부터 그들의 향촌기구인 향교·서원·향약·동약 등이 제대로 운용되지 않게 되었다. 또한 중앙정계에서 일어난 당쟁의 여파는 南人을 철저하게 고수하던 이곳 양반 세력들에게도 미쳤기 때문에 肅宗 이후에는 중앙 진출은 거의 봉쇄된 상태와 마찬가지였다. 중앙권력과 단절되고 향촌사회에서 약화되던 양반 세력은 새로운 사회세력의 도전을 피할 수 없었다. 그 결과 1840년 祭任과 鄕任을 둘러싼 鄕戰이 영해에서도 발발하게 되었다. 舊班들은 그때 서얼들의 거센 도전에 크게 고전하였고, 쇠퇴로 향하는 걸음을 멈출 수가 없었다.

영해의 유력한 양반 가문의 庶孽들, 그 중에서도 咸陽 朴氏·英陽 南氏·安東 權氏의 출신들이 유명하였다. 口傳에 따르면, 이 지방 庶出 가운데 가장 세력이 컸던 집안은 咸陽 朴氏 身之의 庶子孫들이었다고 한다. 그런데 그의 집은 본래 빈한하여 끼니마저도 걱정해야만 하였는데, 그의 庶孫들은 오히려 嫡孫들보다 번성하였던 것 같다. 자손들 상당수가 '안진벼슬'이나마 직함을 지녔으며 遺稿도 많이 남겼다. 그들은 嫡孫들과 거주도 달리하여 따로 마을을 만들었고, 그 부와 위세는 한 울타리 안에 十八從班이 모두 함께 살 수 있었을 정도였다고 한다. 이 마을이 바로 仁川里로 다수의 병란 가담자들이 거주하였던 곳이다.

조선후기에 전개된 庶蘗許通運動은 18세기경 그 성과를 맺기 시작하였고, 1823년의 癸未許通은 서얼들에게 宦路를 좀 더 열어 주었고, 향촌사회에서도 위망이 따르는 직에 나아갈 수 있게 되었다. 영해의 구반들이 19세기에 들어서는 문과 급제를 거의 못하던 것과는 달리 그들 중에는 관계로 진출하는 인물들이 나오기 시작하였다. 가장 두드러진 인물은 權弘復으로 그는 이미 1816년 文科에 급제하고[32] 黃山 察訪을 역임하였다. 또한 그의 가계는 이미 상당한 실력을 축적했던 것으로 보인다. 그의 할아버지 載仁은 護軍이었고, 홍복 자신은 후손이 없었지만,[33] 그의 형 弘燮은 5형제를 두었는데 모두 通德郎이었다. 그의 삼촌인 度亨은 贈左承旨였고, 두 사촌형제도 遺稿를 남기거나 贈吏曺參議였다. 이것이 비록 족보의 기재 내용이고, 이들의 직함이 벼슬로서 의의는 별로 없는 것이지만, 이들의 배경은 충분히 짐작할 수 있다. 1840년 향전을 주도한 인물 중의 한 사람인 權度益은 홍복의 조카였다.

이외에도 務安 朴氏 가운데 임진왜란으로 功臣 책봉을 받은 朴毅長에게도 庶子가 있었고, 동생은 嫡妻에게서 자손을 얻지 못하였다. 이들이 부유하였기 때문에 庶出들은 적지 않은 토지와 노비를 상속받았고, 納贖까지 할 정도였다. 또한 李玄逸로 대표되는 載寧 李氏들에게도 庶出들이 있었다. 즉 웬만한 양반 가문에는 庶出들이 반드시 있었다.

그들은 재산·학식·인맥 면에서 구반들보다 우월하기도 하였다. 또 17세기 이래 직역을 參奉·宣敎郎·通德郎·幼學으로 표기하고 있었고, 贈職과 武科 급제자도 많았다. 이러한 직역명 자체

32) 「丙子式年文科榜目」(1984, 『國朝文科榜目』 3, 太學社, 1470쪽).
33) 『寧海府賊變文軸』, 4월 28일 報. "그에게는 養子 在規가 있었고, 曾孫 한 명이 있었는데, 병란 이후에 도망하여 거처를 알 수 없었다."

가 당시 신분적, 사회적 지위를 그대로 말해주지는 않는다고 하여도, 적어도 그들의 신분상승 노력과 그 결실을 시사한다고 할 수 있다. 특히 유력 서얼 가문들은 상호 간에 폐쇄적인 通婚圈을 형성하여 기반을 분산시키지 않고 세력을 강화할 수 있었다.[34] 또한 구반들과는 黨色을 달리하여 老論으로 행세하였고, 그래서 중앙권력과 연결되고 수령의 지원을 얻을 수 있었다. 이들이 주체가 되어 세운 仁溪書院은 朱子와 宋時烈을 봉향하는 서원으로 그들의 세력 거점이기도 하였다. 1786년에는 이 서원을 설립을 둘러싸고 양자 사이에 심각한 향전이 벌어졌으나, 결국 서얼들이 패배하고 말았던 일이 있었다.[35] 이때 서얼 출신 朴來祐는 "挾其財富"하여 서원 설립 운동을 주도하였다고 한다.

권홍복이 致仕하고 향리에 거주하자 구반들은 그를 釋奠의 祭任으로 추천하였다. 그 직임은 향촌사회에서의 지위를 반영하는 것이기 때문에 이것은 종전 같았으면 구반들이 결코 용납할 수 없었던 조처인 것이다. 그만큼 구반이 쇠퇴하였고 서얼의 세력이 신장되었음을 말해주는 것이다. 그러나 권홍복은 祭任에 취임하지 않았다. 이에 대하여 구반들은 권홍복이 조상이 하지 않았던 일을 맡아 선배들의 鄕規에 어긋나는 짓은 도리가 아니라고 스스로 사절하였다고 주장하였다. 권홍복 자신은 그럴 수도 있었겠지만, 다른 서얼들의 본심은 그것이 아니었으므로 구반에 대한 감정이 악

34) 예를 들면, 咸陽 朴氏인 朴身之의 庶出들은 주로 安東 權氏·英陽 南氏·寧海 申氏·咸陽 吳氏의 유력한 서얼 가문과 통혼하고 있었다. 1840년 朴基邠과 향전을 주도한 다른 두 사람인 南孝翼과 權度益은 각각 朴基恭과 朴基仁의 사위였다(『咸陽朴氏世譜』 卷之三, 544, 550면, 참조).

35) 裵在弘, 1992년, 「朝鮮後期 鄕村社會에서 庶孼의 存在樣態와 鄕戰」 『慶北史學』 15, 55~65쪽.

화되었다. 또 남효익이 부사에 의해 座首에 차정 되었으나 구반들의 반대로 며칠만에 물러나야 되었다. 1840년의 향전도 향교의 祭任과 鄕廳의 鄕任 때문에 촉발된 것이다. 이렇게 서얼들은 향촌사회에 위망이 높던 지위를 차지하여 당당한 양반으로 행세하려고 반대 세력인 구반들을 집요하게 공격하였으나 결정적인 승리를 거두지 못하고 있었다. 따라서 양자간의 대립은 첨예화되어 서로 원수처럼 보게 되었다.

이러한 서얼의 도전은 단순한 鄕中의 지위가 아니라 궁극적으로는 신분적 차별을 지양하게 되었다고 본다. 1840년의 향전에서도 그들이 富民들과 힘을 합쳤다는 점에서도 그들의 신분의식을 엿볼 수 있다. 또한 그 향전을 겪었던 구반의 유력한 한 인물도 약간이나마 약화된 서얼에 대한 의식을 보였다. 즉 조선사회의 전체적 신분의식이 그 이전보다 상대적으로 약화되고 있었다. 그러나 서얼들의 신분상승욕구는 그 발전의 속도를 추월하고 있었고, 그들의 거듭된 도전의 좌절은 조선사회의 신분체제를 아주 부정하려는 의식을 형성하였을 것이다. 아니면 적어도 신분을 부정하는 이념이나 사상을 받아들일 수 있는 의식상의 기반을 갖추었을 것이다.

서얼인 최제우가 동학을 창도하였다는 사실은 간과되기 쉽지만 충분히 고려해야 된다고 생각한다. 최제우는 出自 때문에 많은 설움을 받았고, 그의 운명을 결정하였던 것도 바로 이 점이었다. 그러므로 평등적 인간관이라는 동학사상을 차치하더라도 최제우와 영해의 서얼들은 서얼이라는 공통점만으로도 양자 간에는 긴밀한 관계가 형성될 수도 있었으리라는 추측이 자연스럽게 떠오른다. 또한 구반들은 동학을 신앙한다는 이유로 이들을 배척하였던 일이 있었고,[36] 병란의 조사 과정에서도 權·朴氏 一族을 지목하였던[37]

---

36) 주28.

점으로 미루어, 동학 신앙은 일정한 혈연적 범위를 가지고 있었던 것이 분명하다. 그렇다면 서얼이 동학을 신앙하였던 근본 동기는 자신들을 서얼이게 하는 혈연적 신분적 구속을 부정하는 동학의 평등사상이었다고 할 수 있겠다. 모든 서얼이 동학을 신앙하지는 않았으나,[38] 많은 서얼들이나 신분적 차별을 당하고 있던 자들에게 동학은 새로운 삶의 지표와 이상세계의 약속이 될 수 있었다.

朴身之의 庶孫들이 영해병란에 참여하였다는 구전이 있으며, 족보상 그렇게 판단되는 인물도 상당수 있다.[39] 그들은 1894년에도 민란에 가담하였기 때문에 집안이 몰락하였고, 족보에 오르지 못한 사람들이 많고, 또 족보상의 이름도 바뀌었기 때문에 몇 명만 제외하고는 정확히 지적하기가 어렵다. 그러나 그들의 묘지가 풍기・단양・순흥・지리산 등지로 갑자기 확산되고, 絶孫되거나 養子를 들인 경우가 다수이고, 妻의 姓氏도 변하는 것으로 보아 적극적 참여는 의심할 수 없다. 또한 백해운의 조카, 안동 권씨 서얼 여러 명도 관문서와 족보로 확인할 수 있다.[40] 이필제를 도와 병란을

37) 위의 책, 3월 24일조. "自按府 捉去權朴姓 前後合十餘人 皆年前東學者云."

38) 咸陽 朴氏인 朴基來(박신지의 서손이다)의 사위인 黃瀷(1822~1866)은 그의 輓辭에 "氣宇軒昻 學識超邁"한 인물로 "怪說風頭擧見欺 惟君志氣確扶持"하였다고 한다(1934,『平海黃氏世譜』五, 寒). 그러므로 서얼 중에도 怪說(동학－인용자)을 받아들이지 않았던 인물도 있었음을 알 수 있다. 그들은 기존의 朱子學的 가치체계에 고착되고 동시에 향촌에서 어느 정도의 존경을 받던 인물 같다. 반면에 庶出이 아닌 구반으로서 예외적으로 병란에 참가한 자도 있었다(南皐,『時庵集』「哭族孫基煥」 참조).

39) 鍾字 돌림, 漢字 혹은 惟字 돌림에서 참가자들이 많았다고 한다.

40)『嶠南公蹟』・『道源記書』・『各司謄錄』17권, 175쪽에서 찾은 白重昊・白居運・權在華・權在一・權錫重・權錫斗는『白氏大同譜』와『安東權氏族譜 副正公派』에서 확인할 수 있었지만, 그밖에 白奎欽・權一彦・權一元・權養一・權德一・權斗石・權永和 등은 발견하지 못하였다.

주모한 李秀用도 載寧 李氏 庶孫일 가능성이 높다.

울진과 평해는 鮮初부터 사족의 재지기반이 허약한 곳이었다.[41] 평해는 동해안에 위치하여 농토도 적고 척박하였다. 특히 양란 직후 사족들의 경제력은 상당히 곤궁하여 학문에 전념할 수도 없던 상황이었으므로 사족간의 세력 결집도 이루어지지 않았다. 따라서 평해의 양반들은 점차 쇠퇴하여 鄕廳과 鄕案을 자신들의 의도대로 운영할 수 없었고, 향리세력을 제대로 통제하지 못하였다.

영해병란의 주요한 가담자 중에 이런 지역적 특성을 가진 울진과 평해의 驛屬인 全氏 일족이 많았다. 그들 중『道源記書』에 보이는 교도는 3,4명이지만 영해의 서얼과 마찬가지로 일족 10여 명은 거의 교도였다고 생각된다. 그들 가운데 全永奎는 어느 정도 자산이 있었다. 그는 몰락한 영양 남씨 양반을 훈장으로 들여 자제를 교육시켰고, 역시 일족인 全仁哲은 평해의 將校로서 그의 아들도 5촌들과 함께 배우도록 하였다. 또한 전인철은 그의 집으로 반지를 고치러 갔다는 진술이 있고, 대장장이를 두고 집에서 무기를 만들었다는 후대의 기록으로[42] 미루어 볼 때 대장간을 경영하였던 것으로 추측된다. 이렇게 驛屬들이 將校가 되고 자제들을 교육시켰다는 사실은 그들이 신분상승을 하던 새로운 계층임을 의미한다.

영덕지방도 영해와 사정이 비슷하였다. 양반의 위세가 강하지 못하였기 때문에 일찍부터 鄕吏와 品官의 자손들이 신분상승을 할 수 있었다.[43] 그들은 노론 정치가의 도움을 받아 新安書院을 세우

41) 丁淳佑, 1986,『18世紀 書堂硏究』, 韓國精神文化硏究院 附屬大學院 박사학위 논문, 23～28쪽.

42) 1984,『蔚珍郡誌』, 蔚珍郡誌編纂委員會, 519～520쪽. 비록 口傳이지만, 全義哲(全仁哲－필자)은 동학교도로 최제우를 추종하다가 그의 수형 이후 고향인 울진군 箕城面 芳栗里에 돌아와 동학교도를 이끌고 거사하였다고 한다.

43)『承政院日記』1017책, 영조 23년 6월 15일조. “盈德故家大族 皆是南人

고 주자와 송시열을 배향하고 있었다. 1860년에도 향전이 크게 벌어져 암행어사가 와서 겨우 해결하였다.[44] 이처럼 영덕도 사족이 분열되어 있었다는 사실에서 향촌사회의 질서가 공고하지 못하였고, 신분적 갈등이 발생하기 쉬운 조건을 지니고 있었다고 볼 수 있다.

이곳의 동학교도 중에는 최제우가 체포되었을 때 최시형에게 도피자금을 주었고, 재산을 탐낸 자가 관청에 밀고하여 귀양을 갔던 劉尙浩라는 부자가 있었다.[45] 그는 경기도 광주에서 이거한 江陵 劉氏의 후손으로 보이며, 유씨들은 영해와 영덕의 읍지인 『盈寧勝覽』의 대과・소과・무과・인물・학행・충의 각조에 한 명도 실려 있지 않은 것으로[46] 미루어 세력 있는 양반으로 행세하지 못한 듯하다. 또한 영덕접주 吳明哲도 咸陽 吳氏인 것 같은데, 그들 역시 유씨와 유사한 처지였다. 그 외에 500여 량을 내어 최제우 가족과 최시형 등을 도왔고, 영해병란에도 참가하였던 金用汝라는 부자도 있었다. 자료적인 제한도 있지만 영덕접이 항상 돈을 가장 많이 각출하였다.

이상에서 살펴본 바와 같이 동학은 상승하던 세력에게도 신앙되었지만, 모든 동학교도들이 동일한 사회적 출신 배경을 가지고 있는지는 않았을 것이다. 다만 초기 동학교도들의 출신에 관하여 알려진 것이 거의 없는 상태에서 상승하던 사회세력이 새로운 종교

所謂新鄕 則皆是吏胥品官之子 自稱爲西人者也 近來 則西人主權於學宮 舊鄕自相傾軋矣" ; 위의 책, 동년 동월 16일조. "上曰影幀作變人 亦是士子也 在魯曰戶長之子 亦入其中 豈可謂士子也 應洙曰出入於鄕校書院 則可以爲兩班 故如是爭奪矣 (중략) 所謂西人 則近來始有之 而蓋多鄕品 欲爲士夫之類."

44) 1981, 『盈德郡誌』, 639쪽.

45) 『道源記書』, 194・198～199쪽.

46) 金秉濟 等編, 1935, 『盈寧勝覽』.

를 신앙하고 병란을 일으켰다는 사실은 의미 있는 것이라고 생각한다. 특히 이들이 기득권을 쥐고 있던 신분 집단과 갈등하고 대립하고 있었다는 점은 매우 중요하다.

Ⅲ. 병란의 계획과 경과

영해병란은 최제우에게 도를 받았다고 한 이필제가 주도하였다. 그는 1870년 진주거사에서 실패한 뒤, 1866년 영해에 피신했을 때 文名을 듣고 교제하여 함께 각지를 돌아다니기도 하였던 李壽龍을 찾아갔다.[47] 그의 동료인 金洛均도 역시 그곳으로 왔다. 이필제는 동학교도였던 이수용과 함께 동학교도를 이용하여 변란을 일으킬 것을 모의하였다. 울진의 南斗柄도 이필제를 1866년부터 알고 있었고, 그가 공주와 진주에서 일을 꾸밀 때 사용했던 變姓名까지도 정확하게 알고 있었던 것으로 미루어 병란 계획의 초기 단계부터 적극적으로 참여했던 것 같다. 그는 자신을 "出於儒者之本色"이라고 말하는 것처럼[48] 평범한 인물은 아니었고, 그 진위를 가릴

---

47) 朴周大, 1980, 『羅巖隨錄』「鳥嶺賊魁等巡營招辭」, 국사편찬위원회, 103~105쪽. "丙寅年 卽往寧海地 聞李秀用文名 與之結交 旋卽分張 昨年十一月 又往秀用家 則金洛均亦爲來致 而秀用卽東學與黨也 其黨崔景五(최시형-인용자)柳性元(劉聖元-인용자) 互相謀議 經營出變 遂與姜士元(姜洙-인용자) 會于雨井洞朴永琯家 成群入邑." 위의 기록과 『嶠南公蹟』에는 李秀用으로 되어 있지만, 『寧海賊變文軸』 5月 20日報와 9月 4日報에는 李壽龍으로 나와 있는데 이것이 정확한 이름 같다. 그의 아들 海發도 함께 참가하였다.

48) 『嶠南公蹟』, 68쪽. "矣身頗有文癖 如見文士 則許心相從 卽出於儒者之

수 없지만 『蔚珍郡誌』에는 그가 지었다고 하는 사회성이 농후한 漢詩가 실려 있다. 그도 역시 이필제가 글도 잘하고, 특히 강한 北伐意志를 가지고 있었기 때문에 속았다고 하였다.[49)]

그런데 『道源記書』에서는 이미 10월에 이필제가 영덕 上竹峴에 피신해 있던 최시형에게 李仁彦(위의 이수용이라고 판단됨)을 보내 최제우 伸寃의 뜻을 전하였다고 한다.[50)] 최시형은 우선 이필제가 정말로 동학교도인가 의심하였지만 자신이 모든 교도의 연원을 파악하고 있지 못하였으므로, 그 의심은 오래 가지 않았을 것이다. 그러나 左道亂正으로 수배를 받아 생명도 위협받던 잔존 교도들은 신앙의 자유를 요청할 정신적 여유도 없었을 뿐더러, 후에 伏閤上疏와 같은 집단적 시위 형식인 伸寃運動마저도 꿈꾸지 못할 형편에 있었다. 따라서 최시형은 무장봉기를 통하여 최제우의 伸寃을 하자는 이필제의 말은 가당치 않다고 생각하여 그 제안은 "사리에 맞지 않고 이룰 수 없는 것이다"고 일축하였다. 이와 같은 최시형의 판단은 동학의 존속과 발전을 염두에 둘 때 지극히 타당한 것이었다.

그러나 영해지방의 동학지도자들은 이필제의 계획에 동참하기를 거부하던 최시형을 4, 5차례 방문하여 기어코 설득하고야 말았다. 최시형은 다음해 2월 영해로 가서 이필제를 만나게 되었다. 이필제는 최시형이 자신을 무시하였다고 비난하였다. 그리고 자신의 정체와 야망, 그리고 거사 목적을 밝히고, 최제우의 수형일인 3월 10일로 거사일을 정하였다고 일방적으로 통보하고 위협적인 언사

本色也 年前李濟發(李弼濟－인용자) 來訪時 但知其能文之士 不知其亂逆之類 始於去正月間 往寧海雨井洞 更逢濟發 聞其所言 則果是不軌之徒也."

49) 『寧海賊變文軸』, 4월 9일 공초.

50) 『道源記書』, 211～227쪽.

로 따를 것을 강요하였다. 두 사람의 첫 대면에서 최시형은 이필제의 언변과 용모에 완전히 압도당하고 말았으며 무시까지 당하였다. 최제우의 도통을 받았다고 하는 지도자로서의 권위와 능력은 찾아볼 수도 없었다. 그 뒤 며칠 동안 이필제를 지켜본 최시형은 그가 스스로 하루에 아홉 번 변한다는 말처럼 하루에 서너 번 변하는 것을 보고 범상한 인물이 아니라는 점을 깨닫게 되었다. 이런 두 사람의 관계는 곧 이필제가 眞人이 되고, 최시형이 그 추종자가 된 것을 의미한다.

그러나 마음이 편하지 못한 최시형은 사태를 더 관망하기로 작정하였다. 며칠 후 최시형은 다시 그에게 가을 뒤에 거사하는 것이 어떠냐는 의견을 제시하였다가 여지없이 묵살당하고 말았다. 어쩔 수 없던 최시형은 강수의 집으로 돌아와서 그런 사정 이야기를 강수에게 하였더니 그가 이필제를 만나 보겠다고 하였다. 강수는 이필제에게 동학교도로 거사하려는 이유를 물었다가 도리어 背道人으로 몰릴 뻔하였다. 최제우를 위하는 일에 동학교도가 아닌 다른 사람들을 쓸 수 없다는 이필제의 말에 강수는 응대할 말을 찾을 수가 없었던 것이다. 이때 김낙균이 훈련대장과 금위대장의 가짜 서찰을 가지고 와 강수에게 보이니 그도 의심을 풀지 않을 수 없었다고 한다. 가담세력을 포섭하는 이런 방식은 이필제가 鳥嶺에서 변을 일으킬 때도 사용되었다.

이필제에게 참여를 승낙한 교도 중에는 최시형과 같은 의구심을 품은 자들이 있었다. 朴春瑞나 朴士憲도 거사가 이치에 맞지 않지만 이필제의 말이 오직 최제우를 위하는 것이므로 따르게 되었다고 한다. 그러나 박춘서는 그렇게 말하였다고 하여도 본심은 모호한 것 같고, 박사헌은 최시형을 설득하는 데 큰 역할을 하였을 뿐만 아니라, 난 참가자들이 집결하였던 집의 주인이었으므로 이필제의 본래 목적을 모를 리가 없었다고 본다. 중요하지도 않은 참가자도 이미 姜洙에게 雨井洞에서 병란이 일어날 것이라는 말을 들어 알고 있었다.[51] 따라서 강수가 기술한 『道源記書』의 내용은 동학지도자들이 이필제의 완벽한 속임수와 강요로 어쩔 수 없이 병란에 가담하였다는 변명의 뜻도 포함하고 있는 것이라고 해석된다.

강수가 처음에 최시형을 설득하러 왔던 이인언과 박군서를 背道人으로 비판하고 있고, 최시형·박춘서·박사헌과 자신이 분명히 함께 병란에 참가하였던 교도들을 옹호하고 있는 이유를 살펴보면, 병란의 참가를 둘러싸고 교도 간에 적극 가담자와 신중론자의 갈등이 있었다고 판단된다. 사실 영해 일대에는 최시형이 가담하지 않았다고 하여도 거사하였을 교도들이 있었다. 최시형과 강수가 일단 참가하기로 결정한 뒤에도 여러 교도의 의견을 물어보기 위하여 주요 교도들을 방문하였는데 울진의 全東奎는 "어디에서 오느냐? 일이 급하다. 내가 일을 준비한 지 오래 되었다. 당신들은 빨리 집으로 돌아가 때를 놓치지 않는 것이 어떠냐."고 하였다. 거사일도 최시형이 아니라 이필제와 이들이 정해 놓고 있었다. 또한 박춘서의 "吾輩之入於其藪者"라는 말에서도 병란에 애초부터 적극 가담한 교도들이 있었음을 알 수 있다. 최시형이 도통을 받은 최고지도자로서 권위가 있고, 교도들을 통괄할 수 있던 교단적 기구가 있었다면, 일부 교도들의 독자적인 활동은 불가능하였을지도 모른다. 그러나 실상은 그렇지 못하였으므로 신중론자들은 결국엔 난에 가담하게 되었다. 그들도 참가를 결정한 다음에는 적극적으로 활동하였다.

그런데 이러한 의견의 대립을 보인 교도들을 계급 개념에 의해

51) 『嶠南公蹟』, 16쪽. "寧海幼學韓相燁更推 (중략) 三月初七日 偶往盈德次俊家 則次俊兄士元對矣身 曰寧海雨井洞 有理人 汝亦往見否云."

정치적 혁명을 지향하는 동학의 하층농민세력과 그렇지 않은 동학 상층부로 구분하는 것은[52] 현재의 자료로는 무리라고 생각된다. 물론 그 개연성마저도 부정하기는 어렵지만, 소극적 태도를 취하던 최시형 자신도 피신 생활을 하고 있었으므로 결코 넉넉한 형편은 못되었을 것이다. 반면 적극 참여자라고 할 수 있는 全仁哲 등 驛屬 출신들은 앞에서 말한 듯이 경제적 처지가 열악하지 않았다. 또『衙變時日記』에 "落草屬"이라고 한 자들도 있었으나, 이는 참가자 일부의 경제적 형편을 말해주는 것이라고 하여도, 참가자들을 하층농민세력과 동학상층부로 구분할 수 있는 기준은 될 수 없다. 그리고 이 사건의 전체적 맥락에서 본다면, 참가자 내부의 계급적 차이와 그에 따른 분열을 강조하기보다는 의식상 일치점과 동질성에 주목하여야 할 것이다.

이필제와 더불어 병란을 계획한 주요 인물들은 기록에 따라 상이하다.『道源記書』에서는 그 점이 확실하지 않고, 다만 최시형을 찾아왔던 이인언·박군서·박춘서·김낙균·이경여·전동규·강수의 이름만 준비 단계에서 보인다. 그러나 병란 참가자들의 직접적 진술에 바탕을 둔『嶠南公蹟』과 다른 관청 기록에서는 최시형·강수·이수용·박사헌·정치겸·전인철·김낙균·남두병을 들고 있다. 특히 鄭致兼은 최시형과 日月山에서 한 동네에 거주하고 있었고,[53] 가담자를 제일 많이 포섭하였고,[54] 도피할 때 이필제와 함께 가마를 타고 있었던 자였다. 그런데도『道源記書』에서는 별로 중요시 여기지 않은 것으로 보면, 주요한 동학지도자는 아니었지만 자신의 조직을 가지고 있던 인물이 아니었던가 추측된다.『統制營啓

52) 金義煥, 앞의 책, 298쪽.
53)『道源記書』, 206쪽.
54)『嶠南公蹟』, 43쪽.

錄』에서는 그를 作變魁首, 최시형을 東學魁首라고 하였다.[55] 또한 강수는 이필제를 비난하는 말 중에 "携入背道之林中 探知於愛儻之源 揚出於奪人之敵"이 있는데, 背道之林은 물론 이인언·박군서 등의 동학교도이며, 愛儻之源은 서얼이나 驛屬을 가리킨 것이다. 그리고 奪人之敵은 바로 山賊이 아닌가 하지만, 정치겸을 이런 무리로 추정할 수 있는 근거로 불충분하다. 하지만 영락한 농민 출신의 범법자가 병란에 가담하였을 가능성은 완전히 배제할 수 없을 것이다. 그렇다면 정치겸이 그 우두머리로 떠오른다.

계획은 이미 이필제를 비롯한 주모자들이 세워 놓고[56] 일부를 실행하고 있었지만, 최시형이 참가를 수락하자 급속도로 진행된 것 같다. 이들은 동조자 포섭에 주력하여 상당수를 얻었고, 전인철은 이필제가 진주거사시에 죽창을 준비하였다는 말에 따라 대나무 180개를 사다가 죽창을 만들었다.[57] 또한 최시형은 거사 자금을 제공하였는데, 아마 교도들의 성금일 것이다. 그들은 검은 儒巾, 青周衣, 식량을 그 자금으로 구입하였다.[58] 200명가량 되던 참가자들 거의 모두가 이것을 착용한 것으로 보아 그 액수가 결코 적은 것은 아니었다.

총참가 인원수는 정확하지 않다. 『道源記書』와 『衙變時日記』에서는 500명 내지 600명으로 말하고 있지만, 체포된 자들의 진술을 종합해 볼 때, 집결지인 박사헌의 집에 거사 당일 모인 숫자는 동학교도와 평민을 합쳐 200명을 약간 웃돌 것으로 추산된다. 관청

55) 『各司謄錄』 17, 175~176쪽.

56) 『寧海府賊變文軸』, 3月17日酉時報. 모의 장소는 평해와 울진 경계에 있는 有淵寺라고 한다.

57) 『嶠南公蹟』, 40쪽.

58) 위의 책, 43쪽. "諸般凶械所入 濟發每與崔景五 商議辦出 景五家計 稍有錢兩 (중략) 衆徒屯聚時 糧資則李濟發崔景五朴永璀等 周旋變通 又或使每名自備一二日之資."

문서는 180여 명이 병란에 참가한 것으로 파악하고 있다.[59] 특히 영양현감은 182명 중 31명은 物故, 114명은 체포, 37명은 도주하였다고 상세하게 보고하였다.

그리고 동조자를 포섭하던 방법은 동학교도에게 연락하여 참가하도록 하는 식, 불평불만에 찬 자에 접근하는 식, 생활이 어려운 거지나 머슴에게 호의호식으로 유인하는 식이었다. 특히 風水·異人·眞人이 나타났다는 말로 포섭한 예도 많은데, 뒤에서 그에 대하여 상술할 것이다. 여러 포섭 방법 중에 가장 단단한 끈은 혈연이었다. 자신의 의사와는 반대로 혈연에 묶여 어쩔 수 없이 가담했다는 진술도 많은데 자신들의 동조 사실을 부인하려고 그랬는가는 잘 알 수 없다. 혈연의식이 강하던 사회에서 邪道로 낙인찍힌 동학을 포교하거나 반란을 모의할 때, 혈연에 의존하는 것이 가장 안전하였겠지만, 그와 같은 조직과 활동이 범위가 극히 좁은 일차적 사회관계를 중심으로 이루어졌다는 사실은 민중운동상 일정한 한계를 보여주는 것이라고 하겠다.

그러나 이렇게 혈연과 신앙으로 서로 결합되었기 때문에 병란의 계획은 사전에 누설되지 않았다. 이필제가 일으킨 4차례의 변란 가운데 영해의 경우를 제외하고는 모두 동모하였던 자들이 관청에 고발함으로써 실패하였다. 이필제가 주도한 다른 난을 보면 그는 치밀한 준비나 조직을 하지 않았다. 그는 거사의 성공 가능성에 대하여 그렇게 심각히 생각하지는 않았던 듯하다. 만약 도중에 비밀이 탄로난다거나 거사에 실패할 경우를 생각한다면 그와 같이 허술한 방식으로 난을 준비하지 않았을 것이다. 그는 포섭이나 선동에 실패하지 않는 자신의 능력을 과신하였던 것 같고, 한 지역에서 일단 거사가 성공한다면 주민들이 전폭적으로 지지하여 봉기할 것

---

59)『各司謄錄』17, 177쪽.

이라는 자신감을 가졌던 것이라고 생각된다. 하여튼 영해병란에서는 모의가 중도에서 누설되지 않았다는 점에서 병란에서 계획·조직·이념이 얼마나 중요한 것인가 확인할 수 있다.

그러나 모든 것이 순조롭게만 진행되지는 않았다. 울진의 남두병은 2월 박사헌 집에 갔다가 오면서 전인철에게 자신의 도당 300여 명도 거의할 것이라고 알렸다. 그러나 그는 참가하지 않았고, 오히려 거사 다음날인 11일 영해병란을 진압하기 위한 召募文을 지었다.[60] 참가하기로 약속하였지만, 자신의 도당이 300여 명이라는 말이 허위이거나, 이필제의 정체를 잘 알고 있었기 때문이거나,[61] 아니면 난의 실패를 예측하였기 때문에 배신한 듯하다. 자칭 謀士로 행세한 李群協도 영덕·울산·동래 등지에서도 영해병란에 화응하여 봉기가 일어날 것이라는 말을 하였다.[62] 이필제 자신은 영해에서 실패한다면 진주 덕산에서 다시 일어날 것이라고 하였다. 이와 같은 和應說은 일시적이나마 참가자들에게 기대감과 용기를 주었지만, 그런 일이 일어나지 않았으므로 참가자들은 불안감을 느끼지 않을 수 없었을 것이다.

냉정한 입장에서 난의 성패를 가늠해 보면, 이들의 거사 계획은 무모하기 짝이 없는 것이었다. 군사훈련을 받아본 적도 없는 소수의 오합지졸을 가지고 관군과 대적한다는 것은 당초부터 역부족이었다. 이런 취약점은 영해부를 습격하였을 때 당장 나타났다. 관아에 있던 軍校들의 경미한 저항을 받자 곧바로 이탈자가 생기고 지휘부마저 우왕좌왕하였다. 또한 무장도 빈약하여 죽창 100개, 총과 환도 각 세 자루에 불과하였다. 또 영해부의 조총을 4,50정 빼앗았

60) 『嶠南公蹟』, 37～39쪽 ; 『寧海府賊變文軸』, 南斗柄召募文.
61) 『寧海府賊變文軸』, 4월9일 南斗柄 供草.
62) 『嶠南公蹟』, 15쪽.

어도 이들이 퇴각한 뒤에도 400여 정이 남아 있었고, 화약도 그대로 물에 집어넣었다는 것으로[63] 보아 총기를 다룰 수 있던 사람도 많지는 않았다고 판단된다. 이처럼 병란에서 제일 중요한 군사적 측면에서도 성공을 기대할 수 없었다.

드디어 3월 10일 황혼녘에 그들은 소를 잡고 제물을 마련하여 兄弟峯에 올라가 이필제의 주재로 하늘에 제사를 지내고 祝文을 읽었다. 이전에 이필제·최시형·정치겸·박사헌 등 주요인물들은 참가자들 중에서 핵심적인 사람들 46명의 명단을 따로 작성하였고,[64] 또 別武士·中軍·先鋒 등 주요 지휘자를 임명하고 차첩을 주었다. 그리고 평민은 紅, 동학교도는 靑으로 軍號를 정하였다.[65]

그들은 밤 9시나 10시경에 영해부 성밖에 도착하여 동정을 살폈다. 그러자 성안에서 두 사람이 나와 府使만 불을 끄지 않았고, 모두 잠들었으니 아무 염려 말고 빨리 들어오라고 하였다. 그중 한 명은 朴箕俊으로 박사헌이 용의주도하게도 그날 미리 읍부의 동정을 살피기 위하여 파견한 자였다.[66] 박기준은 관의 허실과 응변을 알아내고, 관의 눈을 다른 곳으로 유인하기 위하여 우정동과는 멀리 떨어진 곳에서 수상한 자들이 모이고 있다고 거짓으로 밀고하였다. 이방은 이 말을 듣고 곧 부사에게 알리고 포교를 보내 정탐하도록 하였지만, 그들은 아무것도 발견할 수 없었다. 부사도 이 조처만 취하고 안일하게 아무런 방비도 하지 않았다.[67] 그런데 향리의 결탁도 있었던 것 같지만 분명하지가 않다.[68]

---

63)『各司謄錄』 17, 178쪽.
64) 嶠南公蹟』, 43쪽.
65) 위의 책, 2쪽.
66) 위의 책, 8, 87쪽.
67)『羅巖隨錄』「寧海賊變日記」, 87～88쪽.
68)『嶠南公蹟』, 6～7·42쪽. 진술이 혼란되고, 안핵사의 結辭에도 그 사실이 없기 때문에 향리의 가담은 없었다고 판단하였다.

관아에 도달한 그들은 2대로 분산하여 1대는 군기고에 가서 조총을 탈취하고, 1대는 동헌으로 가서 부사를 찾았다. 또한 객사를 지으려고 쌓아둔 목재와 관아 담에 불을 질렀다. 그런 와중에 관아에 남아 있던 포교들이 군기고 습격자들에게 총을 발사하여 3,4명을 쓰러뜨렸다. 그러자 이필제를 비롯하여 모두가 혼비백산하여 관아 밖으로 도망하였다. 이런 의외의 사태를 맞았던 참가자들은 이필제를 신뢰하지 못하게 되었고, 스스로 오합지졸로서 관군과 싸워도 승산이 없음을 깨닫고 도망치는 자들이 나왔다.[69]

결국 화약이 떨어진 포교들이 탈출한 뒤에야 그들은 다시 東軒 앞에 모일 수 있었다. 이필제는 부사를 포박하여 섬돌 아래에 꿇어앉히고 부정부패에 대하여 일갈하고 항복으로 받으려고 하였으나,[70] 부사가 항거하였으므로 김낙균이 칼로 죽였다.[71] 부사는 적들에게 굽히지 않고 항의 질책하였다고 이조판서에 추증되고 忠烈이라는 諡號를 받았다. 그러나 그는 부패하기 짝이 없어 생일잔치를 벌이고 大小民人을 초치하여 떡국 한 사발에 30金을 받았고, 병란을 당하여 개구멍으로 도망하려다가 잡혔다고 한다.[72] 다시 대열을 정비한 이필제는 계획대로 빨리 영덕으로 진격하자고 하였으나, 다른 자들이 날이 샌다고 반대하였다.[73] 아마 총소리에 놀라 관아 밖으로 도망갔던 일로 사기가 저하되어 이필제의 명령을 따르지 않았던 것 같다. 무력봉기의 성공을 보장하던 진인에 대하여

69) 『嶠南公蹟』, 1쪽. "聞外間砲響忽起 魁首喫驚 與卒徒逃出城外 衆皆稱怨曰一砲響畏怯至此 其何以作魁做事乎."

70) 『道源記書』, 220쪽. "弼濟洛均卽入東軒 下其本倅數罪 曰汝以國祿之臣 濁亂誤政 虐民如此 貪財如彼 衢有掛榜 市多寃群 此邑民情 罪將何去 雖欲恕容 義殺貪吏."

71) 『嶠南公蹟』, 12쪽.

72) 『羅巖隨錄』, 96쪽.

73) 『嶠南公蹟』, 6쪽.

엄청나게 실망하였을 것이다. 결과적으로 사태는 그들에게 불리하게 진행되었다.

그들은 영해부에서 다음날 오후까지 머물렀다. 그들은 주민들의 호응을 기대하였으나, 그런 일은 일어나지 않았다. 오히려 밤중의 소란으로 주민들이 산으로 피신하였다. 그래서 이필제는 자신들은 탐학한 부사를 죄주기 위하여 일어났고 주민들을 해치지 않겠으니까 안도하라는 榜을 내걸었지만 반응은 신통치 않았다.[74] 부자라고 생각되는 白氏 한 사람에게 군량을 담당하라고 하였으나, 그것도 거절당하였다.[75] 또 그들은 관의 돈 140량을 가지고 5개 동의 頭民과 주민에게 20량씩 나누어 주고 빈궁한 자에게 균등히 분배하라고 하였지만, 그 돈도 모두 후에 그대로 吏胥에게 반납되었다.[76] 또 아침식사를 해결하기 위하여 노인과 여자들에게 돈을 주고 조반을 짓도록 하였다.

이후 그들이 선택할 수 있던 방도는 관군의 추격을 피해 태백산맥의 험준한 산악지대로 도피하는 것뿐이었다. 또한 그곳에서 재기를 도모할 수 있다고 생각하였을 것이다. 그들은 가마를 탄 이필제와 정치겸의 뒤를 따라 日月山으로 향하여 행군하였다. 도중에서 이필제는 몇 차례에 걸쳐 안도하라는 榜을 내걸었지만, 주민들의 반응은 역시 냉담하기 그지없었다.[77] 영해 서얼들의 본거지인 仁川里에 도착하였을 때는 심한 비바람까지 만났다. 13일에는 6,7명을 영양으로 보내 그곳의 동정과 군기의 허실을 정탐하도록 하였지만, 모두 체포되고 말았다.[78] 그리고 나머지는 영양 문암동을

---

74) 朴成壽 註譯, 1993,『渚上日月』上, 서울신문사, 132쪽.
75)『嶠南公蹟』, 22쪽.
76)『嶠南公蹟』, 63쪽.
77) 위의 책, 17쪽.
78) 위의 책, 4쪽.

거쳐 최시형이 살던 上竹峴으로 갔다. 이렇게 도주하는 길에서 이미 많은 참가자들이 대열에서 이탈하여 제각기 도피하였고, 가족들을 데리고 가던 자도 있었다. 그들은 일반 양민을 강제로 가담시켜 끌고 가기도 하였고, 민간에 방화를 하고 소를 약탈하는 등 점차 규율이 없는 패잔병처럼 변하였다.[79] 이리하여 14일 일월산에 들어갔는데, 이때 남은 인원이 겨우 30여 명밖에 되지 않았다.[80] 다음날 日月山 大泰谷 지경에 이르러 官軍과 民軍의 공격을 받았다. 여기에서 대부분 사람들이 제대로 싸움도 해 보지 못하고 잡히거나 사살당하였다.[81] 이 와중에서도 탈출에 성공한 최시형과 강수는 이필제와 함께 단양의 정기현 집까지 동행하였다. 이리하여 영해병란은 막을 내리고 말았다.[82]

영해의 향리들은 기습을 당하자 영덕현령에게 변란이 일어났음을 알렸다. 영덕현령이 12일 아침에야 관군을 영해부로 보낸 것은 두 곳의 거리로 볼 때 그렇게 신속한 것은 아니었지만, 13일에는 대구감영, 15일에는 서울의 삼군부에 보고가 도착하였다. 그리하여 영해 인근의 각읍과 진영에서 관군이 동원되고 안동부사 박제관이 영해 안핵사로 임명되었다. 그리고 각 마을에서도 장정들이 징집되어 警巡幕을 설치하고 수상한 자들을 포착하였다.[83] 이러한 민

---

79) 위의 책, 21쪽. "十三日轉倒英陽門巖洞 放火於民間時 所謂賊魁 以不善聽逆罪 立殺手下一口."

80) 위의 책, 71쪽.

81) 『各司謄錄』 17, 177쪽. "十五日夜半 逢着於水峽屯聚處 卽十三漢則中丸而斃 十五漢擒來."

82) 金義煥, 앞의 책, 305～306쪽 ; 朴孟洙, 앞의 논문, 147쪽. 이필제의 鳥嶺亂에 영해에서 도망한 동학교도가 참가하였다는 주장은 근거가 부족한 것 같다. 그 사건의 참가자 가운데 영해병란에 가담하였던 자는 이필제와 김낙균뿐이었다. 그리고 김의환 교수가 자료로 이용한 1915년에 나온 『侍天教宗繹史』는 초기 동학에 관한 한 사료적 가치가 『道源記書』를 넘어서지 못한다고 본다.

간의 방비는 그 지역의 유력한 양반이 자발적으로 주도하는 경우가 많았다.[84] 영해에서도 南有鎭이 鄕校 都有司가 되어 鄕員들에게 發文하여 '壯丁奴丁輩'를 모으도록 하였다.[85] 14일 풍우가 그치자 영해 읍부에 모인 향원은 400여 명이었고, 군정이 600여 명이었다. 부사와 병교가 군정을 이끌고 토벌에 나서 인천리부터 수색하여 일월산까지 갔다. 영덕현령의 지휘 아래 하루 반만에 체포한 17명 중 군졸과 주민의 고문과 구타로 죽은 자가 12명이나 될 정도로 참가자들은 증오되었다.[86] 그 외에도 주민에게 살해당한 자들도 여러 명이 되었다.

Ⅳ. 병란의 성격

계획 단계를 제외한 병란의 실제적 기간은 단 5일밖에 되지 않고, 관련 기록도 충분하지 않기 때문에 난의 전모나 성격을 구체적으로 알기에는 어려움이 많다. 그렇지만 아쉬운 대로 병란의 목적·형태·포섭 방법·배경 등을 통하여 그 성격을 살펴보려고 한다.

우선 그들이 난을 일으켰던 근본 동기 내지 목적이 강수가 『道源記書』에서 주장한 대로, 혹은 학계에서 인정받고 있는 대로 최제우의 伸寃인지를 다시 한번 검토해 볼 필요가 있다.[87] 왜냐하면

83) 『嶠南公蹟』, 18쪽.
84) 위의 책, 22쪽.
85) 『衙變時日記』, 3월10일－14일조.
86) 『各司謄錄』 17, 175～176쪽.

伸冤은 상소 등의 합법적인 절차를 통하여 왕에게 죄를 赦免 받는 것으로, 왕의 통치에 대한 정당성의 인정을 전제로 하는 것이다.[88] 그러나 무력봉기를 하고, 영해부사를 죽인 행위는 그것을 부정하는 것임은 말할 필요도 없으며, 참가자들이 일월산에서 관민군에게 기습당할 때, 부사에게서 빼앗은 印符를 제단에 꽂아 놓은 깃대에 매달고 天祭를 지내기 위하여 소를 잡고 있었다.[89] 이 殺牛祭天 의식은 그들이 왕의 통치를 상징하는 印符로써 그들의 승리를 한울님께 고하는 것으로 짐작된다. 이런 점으로 볼 때, 그들의 행위는 왕이 행하는 伸冤을 목표하지 않았다는 것이 확실하다. 또한 계획 단계에서 최시형을 참여시키기 위한 명분으로 '스승을 위한다'는 이필제의 말도 최시형을 설득하러 온 權一元의 표현에 따르면, 이런 전통적 伸冤이 아니라 최제우가 억울하게 죽음을 당한 치욕을 무력봉기를 통하여 씻자는 것으로 이해된다.[90] 그렇기 때문에 최시형이 그런 제의에 대하여 "이치에도 맞지 않고 생각대로 될 수 없다"고 답변하였던 것이다.[91] 동학교도들이 최제우의 伸冤을 위하여 목숨을 걸고 거사에 참가하였다고 한다면, 다수가 物故당할 정도로 가혹하였던 고문 아래에서 왜 한 사람도 그렇게 진술하지 않았던가 의아스럽기 짝이 없다. 그들이 제작한 문서 8장을 압수하고, 그들을 심문하였던 안핵사의 結辭에서도 신원에 대한 것은 한마디도 없다. 그렇기 때문에 『道源記書』에서 비록 伸冤이란

87) 金庠基教授는 이러한 의문을 오래 전에 제기하였다(金庠基, 앞의 책, 85~86쪽 참조)
88) 田保橋潔, 앞의 책, 218쪽.
89) 『衙變時日記』, 3월16일조. "是時 獲本衙所失印符於當處 盖賊黨掛印符於旗端 插置壇上 方祭天云."
90) 『道源記書』, 214쪽. "二月 權一元來言 曰前人頻數來 議以弼濟爲師一雪之意 如是累及 而彼此抱寃 一般同懷."
91) 위의 책, 212쪽.

용어를 사용하였다고 하더라도, 그것은 당시나 오늘날의 伸寃에 대한 일반적 개념과는 결코 부합되지 않으므로 다른 용어를 사용하고, 사건의 성격을 달리 규정하여야 할 것이다.

거듭 말하지만, 강수는 『道源記書』에서 최시형을 비롯한 두 명의 접주가 함께 영해병란에 참가하였다는 사실을 책임 회피적 입장에서 기술하였다. 또 한 가지 증거를 덧붙인다면, 강수는 이필제의 정체를 거사 당일 天祭를 지낼 때 겨우 알았다고 하였지만, 그는 천제를 지낼 때 옆에서 도왔다.[92] 또한 그는 참가자들을 다수 포섭하였고, 中軍으로서 부사를 묶고 印符를 빼앗을 정도로 적극적으로 활약하다가 부상까지 입었다.[93] 더욱이 府使를 죽인 다음에는 寧海府使로서 印符까지도 전해 받았다고 한다.[94] 최시형과 함께 이필제를 따라 단양으로 도망할 때도 이필제에 대한 믿음이 완전히 없어지지는 않았다.[95] 그렇기 때문에 강수가 난에 소극적으로 참가하였거나 이필제의 본색을 몰랐다고 하는 말은 결코 믿을 수 없는 것이다.

이러한 강수의 변명은 영해병란이 동학을 절체절명의 위기에 빠트렸고, 향후의 발전에 커다란 장애를 가져왔기 때문이다. 그 병란 때문에 경상도 지역에 있던 동학 잔존 세력들이 큰 타격을 받아 그 이후 활동을 재개하지 못하였다. 실낱같은 연락망도 끊어졌고, 동학 자체의 이미지도 손상되었고, 신앙의 위험은 더욱 커졌다. 따라서 포덕은 물론 불가능하였고, 기존 교도들도 신앙을 포기하였다. 그러

---

92) 『嶠南公蹟』, 94쪽. "雨井洞天祭時 主祀者 李濟發也 讀祝者 金震均(김낙균－인용자)也　其餘姜士元朴永琯崔景五全永奎全仁哲鄭致兼張成眞等也."

93) 『嶠南公蹟』, 1쪽.

94) 『寧海府賊變文軸』, 3월 14일 午時文.

95) 『道源記書』, 221～222쪽. "雖然 既至此境 則同隧弼濟之後 以觀日後之眞僞 又觀其人之去趣 則不捨斯人 而同爲逃避."

므로 최시형과 강수는 자신들이 지도자로서 병란에 동학교도들을 이끌고 참가하였던 과오에 대하여 변명을 하여야 했던 것이다.

최시형처럼 중요한 지도자가 필연적으로 자신과 동학을 커다란 위기에 몰아넣을 병란에 적극적으로 참여한 이유는 교도로 가장하여 스승을 위하자고 역설하던 이필제의 말을 순수한 마음에서 따랐을 가능성도 크다. 신종교의 창시자로서 카리스마적인 인격을 가진 최제우와 제자들의 관계는 상당히 공고하였을 것이다. 최제우의 수형 이후 신앙을 견지하던 교도들의 마음에는 원통하게 죽은 스승의 한을 풀어야 한다는 윤리적 부담감 내지 강박감이 남았을 것이 틀림없다. 따라서 그들이 스승을 위하여 가만히 있을 수 없다는 이필제의 말을 수긍할 수도 있었다. 그럼에도 불구하고 의문점은 여전히 남아 있다. 난을 일으켜 신원을 한다는 것은 결국에는 복수가 될 수밖에 없다. 그렇기 때문에 최시형과 강수는 참가를 거부하려고 하였던 것이다. 또한 단순히 복수의 차원에서 무장봉기를 하려고 했다면, 생명도 잃을 수 있는 위험성 때문에 많은 참가자들을 구할 수는 없었을 것이다. 분명히 복수의 차원을 넘는 병란의 목적이 있었고, 그 성공을 보장하는 동기부여가 있었다고 생각된다. 그러므로 최제우의 伸冤은 잘해야 부차적인 목적이거나, 이필제가 병란의 초기 계획 단계에서 동학교도를 유인하기 위하여 발휘한 그의 상투적 수법에서 나온 속임수라고 해석될 수밖에 없다. 분명히 영해병란에는 최제우의 신원 이상의 목적과 동기가 있었다고 생각한다.

이필제는 언제나 風水나 異人으로 행세하며 불만지식인들에게 교묘하게 접근하였다. 자신의 뛰어난 학식과 용모, 그리고 언변과 열정으로 그들의 신뢰를 얻은 뒤 부패한 정치, 서양 오랑캐의 침입, 흉흉한 민심, 鄭鑑錄의 鄭氏 출현, 變亂의 발발 등을 말하여 그들의 마음을 떠보았다. 그런 후 자신은 지금 北伐을 하여 중국을 차지하고 남으로는 왜를 정벌하겠다는 본심을 밝혀 그들의 동조를 얻었다. 그리고 그들의 불만을 고조시키고 세력을 규합할 수 있는 적절한 선동책을 구사하여 그들 자신의 기반과 노력으로 난을 일으키도록 부추겼다. 이필제는 영해에서도 동일한 수법으로 불만세력을 포섭하였고, 최제우의 신원도 좋은 자료가 되었을 것이다.

이필제가 최시형을 설득할 때 하였던 말은 그와 참가자들의 의식, 더 나아가서는 영해병란의 성격을 잘 보여준다.[96]

> 古書에 하늘이 주는 것을 받지 않으면, 도리어 그 재앙을 받는다고 하였는데, 나 역시 天命을 받은 사람이다. 내가 또 말하는데, 옛날 檀君의 靈이 劉邦에 化生하였고, 劉邦의 靈이 朱元璋에게 화생하였고, 지금 세상에 檀君의 영이 다시 나왔으니 하루에 아홉 번 변하는 자가 곧 나이다. 한편으로 선생의 치욕을 씻고, 다른 편으로 창생의 재앙을 구제하려는데, 다만 나의 뜻은 중국에서의 창업이다. 그러나 이 땅에서 일을 일으키는 것은 다름이 아니라 先生께서 東에서 나고 東에서 받으셨기 때문에 그 道를 東學이라고 하셨고, 東은 東에서 일어나는 것이므로 寧海에 이르렀으니 우리나라의 동쪽 바다이다. 이 때문에 東에서 일을 일으키는 것인데 지금에 이르러 선생을 위하는 자가 어찌 즐겨 좇지를 아니할까. 나의 이름이 세상에 드러나고, 조정 또한 알기 때문에 五營이 감응하고 六朝가 머리를 돌리니 이 어찌 天運이 아니겠는가.

간단히 말해 자신은 天命을 받고 檀君의 靈을 받은 眞人으로서 최제우의 치욕을 씻고 백성들을 재앙에서 구제하려고 하며, 궁극적 목적은 중국에서의 창업이라는 것이다. 자신은 理人이며 北伐을 하려고 한다는 말은 안핵사의 보고에서도 나타나고 있다.[97] 檀

96) 『道源記書』, 215~216쪽.

97) 『嶠南公蹟』, 127쪽. “李濟發段 渠本東學餘黨 自謝理人 肆發北征悖說煽惑愚民.”

君의 靈이 다시 세상에 출현한다는 것과 아홉 번 변한다는 말도 鄭鑑錄類의 秘記에서 나온 것이고,[98] 유방과 주원장은 모두 낮은 신분 출신으로 농민반란이나 민중종교의 힘으로 거대한 제국을 세운 자들로 역시 천명을 받은 신이한 존재로 인식되고 있었고, 자신이 바로 이런 인물이라고 자처한 것이다. 北伐을 하여 병자호란의 원수를 갚겠다는 말은 당시 이른바 眞人들도 많이 했다.[99] 또한 최제우가 한울님께 받은 無極大道를 東學이란 부르게 된 연유는 이수용 등을 통하여 쉽게 알았을 것이고, 영해는 우리나라의 최동단으로[100] 알려졌기 때문에 양자를 결합시켜 동학교도들이 영해에서 거사해야 한다는 구실을 만들었던 것이다. 최제우의 치욕을 씻겠다는 점과 東의 周易的 해석을 제외하고는 이필제가 다른 곳에서도 한 말이며, 또 다른 진인들도 가지고 있던 의식이었다. 영해병란을 주도한 이필제의 의식이 이와 같았다는 것은 이 사건이 형태상으로는 물론이고 성격 면에서도 다른 변란과 크게 다르지 않았다는 점을 강하게 시사한다.

최시형 등 동학교도가 이필제의 이런 말에 완전히 유인되었다고는 볼 수 없지만, 그 속에는 그들의 의식과 상통하는 점이 있었으므로 그를 진인으로 신뢰하고 추종하게 되었을 것으로 생각된다. 그들에게는 이필제의 다른 면모도 보통 사람 이상의 것으로 과장되게 보였다. 최시형은 그가 하루에 서너 차례 변하는 것을 보고 결정적으로 승복하였으며,[101] 그는 遁甲眩人之術에 능하여 관아에

98) 『要覽歷世』·『鑑寅錄』(安春根 編, 1981, 『鄭鑑錄集成』 所收, 아세아문화사), 514·643쪽 ; 또한 '檀君九變都說'이란 도참도 있는데, 출전이 분명치 않다고 한다(崔守正, 1948, 『鄭鑑錄에 對한 社會學的 考察』, 36면) 단군은 이미 공민왕대에도 도참과 관련되어 언급되었다(『高麗史』 卷一百十二, 列傳 卷二十五, 白文寶).

99) 『右捕盜廳謄錄』 제7책, 「高成旭發告」 奇德佶 白等.

100) 李肯翊, 『연려실기술』 9, 민족문화추진위원회 번역본, 168쪽.

돌입할 때도 어디 있는지 모르겠더니 東軒 堂上에 앉아 있더라는 진술도 있다.[102] 이필제가 발휘했다고 하는 이런 雜術的 능력은 현재 전하는 동학의 경전을 통해서는 발견할 수 없는 동학과는 전혀 이질적인 것이다. 오히려 전통적으로 민중들에게 진인과 같은 神異한 존재가 가졌다고 믿어지던 초인간적인 권능에 해당되는 것이다. 민중사회에 이미 형성되어 전승되어 왔던 眞人像과 이필제의 권능이 부합되었기 때문에 그를 진인으로 믿었던 것이다.

실제 강수는 장성진과 같은 동학교도들에게 그가 진인이니까 우정동에 가서 한번 만나보라고 권유하여 병란에 가담시켰다. 그리고 朴士憲도 자신의 집에 眞人이 머물고 있는데, 영해부에서 作變하려고 한다고 하며 다른 사람들을 가담시켰고,[103] 더 나아가 倭船 수천 척이 3월 10일에 寧海 鯨浦에 정박하고 읍부를 함락시킬 것이므로 生旺方에 모여 있어야 화를 면할 수 있다고도 하였다.[104] 또한 장차 크게 귀하게 될 鄭哥가 동해의 섬에 있는데 함께 가서 大事를 도모하자는 말도 떠돌았다.[105] 결국 이런 것들은 세상이 시끄러우니 장차 난리가 일어날 것이고, 義兵을 일으킨 연후에 살아날 수 있다,[106] 그러니 자신의 무리에 가담하라는 말로 요약될 수 있다. 그리하여 많은 사람들이 우정동에 있다는 진인 이필제를 찾게 되었던 것이다.[107] 난이 일어나면 이것을 막아야 하는 것이 아니라 동참하여야 새로운 세계에서 좋은 자리를 차지할 수 있는 것

---

101) 『道源記書』, 216쪽.

102) 『衙變時日記』, 3월19일조. "長於遁甲眩人之術 東閃西倏 變化叵測 當其突入衙門時 不見所在 及倒東軒 屹然坐於堂上"

103) 『寧海府賊變文軸』, 3월24일, 金貴哲 供草.

104) 위의 책, 3월21일 安大齊 供草.

105) 위의 책, 3월20일 全仁哲 供草.

106) 위의 책, 3월21일 權永和 供草.

107) 『嶠南公蹟』, 1·2·4·16～17·19쪽.

이다. 그러므로 군량을 담당하면 수령 자리를 주겠다는 말에 가담한 자도 있었다.[108] 또한 이필제 외에도 경주 玉溪山의 力士나 병란의 실패로 체포되는 것을 天命으로 해석하며 순순히 결박당한 '兼人之勇者'도 있었다.[109] 이들은 진인이 일으키는 난리에 반드시 동참한다고 하는 장사들이다.

이렇게 동학교도들이 진인 출현설에 이끌려 병란에 참가한 의식상의 이유는 앞에서 살펴본 바와 같이, 동학이 鄭鑑錄과 같은 圖讖秘記와 眞人 出現에 대한 민중의 믿음과 기다림에서 승화된 종교이며, 최제우가 악과 불의로 가득한 현실세계가 멸망되고, 선과 정의가 지배하는 地上仙境이 반드시 도래할 것이라고 예언한 점에서 찾을 수 있다. 비록 최제우가 무장봉기를 통하여 後天開闢이 온다고 직접적으로 말하지 않았을 뿐더러, 그런 쪽으로 교리를 해석하려는 교도들을 경계하였을지라도 예언의 초점은 현실세계의 변혁이다.

위에서 인용한 이필제의 말은 물론 축약과 왜곡된 부분이 있겠지만, 절대자 · 현실세계와 이상세계의 모습 · 세계 변혁에 대한 정당성과 필연성 등이 구체적으로 밝혀지지 않았고, 중국에서의 창업 · 조정 내부의 호응 · 영해에서의 거사 등과 같이 현실적인 정치성이 두드러졌기 때문에 상대적으로 최제우의 예언과 가르침, 그리고 종교성이 거의 나타나지 않았다. 한마디로 이필제는 최제우보다 종교적 성격이 약한 대신에 정치적 성격이 강한 진인이었다고 할 수 있다. 이것은 그가 '직업자 혁명가'로 불릴 만큼 여러 차례 병란을 도모하였다는 사실에서도 설명된다. 하지만 진인으로서 그가 보이고 있는 종교적 성격도 무시되어서는 안 될 것이다.

---

108) 위의 책, 105~106쪽.

109) 『衙變時日記』, 3월21일, 28조.

이필제의 이런 이중적 성격은 영해병란 발발의 결정적 요인으로 작용하였지만, 추종자들의 성격도 그에 못지않게 주목하여야 한다. 병란 참가자들의 구성은 동학교도가 주축이 되었지만, 그밖에도 일괄적으로 규정할 수 없는 불분명하고 복잡한 요소들이 포함되어 있었다. 그러나 자료상에 가장 뚜렷하게 보이는 참가자들은 신분상승, 더 나아가서 신분제 철폐를 추구하였던 사회세력으로서 동학교도들이다. 동학의 평등사상은 신분구조의 견고성이 붕괴되면서 향촌사회에서 '상대적 박탈감'을 통감하던 신분상승세력을 더욱 불만세력화하였을 것이다. 그러다가 최제우가 처형당하고, 자신들은 사도난적으로 탄압을 받게 되었다. 이런 사태의 변전은 그들에게 절망감을 더욱 안겨주었고, 동학 재건의 분위기 속에서 이필제라는 진인이 출현하자 그를 추종하여 병란을 일으키게 되었다고 본다.

왜 이러한 불만세력은 이필제가 등장하기 전에는 조선왕조체제를 전면적으로 부정하는 사회변혁운동을 일으키지 않았던가? 그리고 향촌주민들은 호응 대신에 강한 증오심을 보인 이유는 무엇인가? 아울러 병란에는 진인이 반드시 개입하지만, 일반 주민들은 참여하지 않는 양상에 대해서 설득력 있는 설명이 요구된다. 이와 같은 문제 해결에 시사점을 주는 것이 조선후기 민중신앙의 한 갈래인 진인 출현설이다.

현실세계의 모순을 인식하고 있으며 강한 불만을 느끼고 변혁을 위한 의지를 품고 있던 사람들이 단일한 성격의 사회세력으로 결합되어 있는 상황에서 절대적 존재가 부여한 권능을 지니고 이상세계를 현실에서 실현시킨다고 믿어온 진인이 출현하였을 때, 특히 그가 정치사회적 지향성을 가지고 그들의 현실 인식에 동감을 표시하고 병란의 길을 제시하면, 그들은 지금까지 행동화를 구속하였던 제반 조건을 뛰어 넘고, 그 수단의 적절성과 일의 성패를 고려해 보지도 않은 채 진인과 함께 병란을 일으키게 된다. 그렇지만 진인 출현에 따른 열기와 힘에 고무, 격려되지 못한 일반 주민은 병란 참가자들과 동일한 사회경제적 조건을 가지고 있더라도 일상적인 삶의 질서를 과격하게 파괴하는 병란에는 호응을 보내지 않는다. 더구나 관과 지역 양반층의 강력한 진압은 난의 확산, 즉 주민의 호응을 차단한다. 따라서 양면에서 위협을 받은 주민들은 본래의 위치에서 떠나지 않고 반대로 불안감으로 병란에 대한 증오심을 증대하게 된다. 병란이 민요와 구별되는 가장 현저한 특징은 진인 출현설과 주민의 무호응이다. 진인 출현과 병란 계획은 소수에게만 한정될 수밖에 없으므로 병란은 조직, 인원, 이념, 지도력, 무기, 지역 연계 등 모든 면에서 취약하다. 결국 대규모적인 주민의 참여를 얻을 수 없는 병란은 언제나 진인과 그 추종자 몇 명의 거사로 끝나고 만다. 그 좋은 예가 바로 영해병란이라고 할 수 있다. 그렇다고 병란의 원인을 심리적, 종교적 요인만으로 설명하는 것은 아니다. 왜냐하면 병란을 도모하는 자도 사회경제적 모순을 객관적으로 정확하게 인식하기도 하였다.[110] 이러한 모순의 토대 위에 변혁을 위한 의식과 사상은 조성되는 것이다. 현재로서는 영해병란의 사회경제적 배경으로 신분상승운동만 제시할 수밖에 없다는 점이 아쉽다.

그러나 사회경제적 모순이 존재하더라도 농민사회가 파괴되고 농민들이 심각히 동요하지 않고 압력을 흡수할 수 있는 이상, 그들은 봉기를 일으키지 않는다는 사실은 일반적인 경향이었음을 잊어

110) 『右捕盜廳謄錄』 제7책, 「高成旭發告」 奇德佶 白等. "目下生民困瘁 慮在朝夕 八道同然中 至於本道(황해도－인용자) 結弊還弊軍弊等 許多難支之狀 尤有甚焉 去戊申年五月分 羅列弊瘼 裹足上來 欲爲鳴寃擊鼓 到闕門入去之際 見捉於守門軍 而矣身原情 兵曹推納 仍爲自外嚴飭放送."

서는 안 된다. 그 인내와 흡수의 한계를 벗어날 때는 민요의 형태로 관리의 부정부패를 고쳐 줄 것을 호소하지만, 그 지도부에는 진인이 설 자리가 없다. 이필제와 함께 진주거사를 계획하던 자들 중에는 자신들은 민요가 가지고 있는 폭발적인 힘을 이용해야 한다고 주장한 관찰자도 있었지만,[111] 양자의 결합은 그들로서는 기대하기 어려운 기회였던 것이다. 따라서 국지적 고립성과 이념적 미숙성, 그리고 취약한 지도력을 가진 민요가 농민전쟁으로 확대되는 결정적인 계기는 광범위하고 심화된 사회경제적 모순 외에도 강력한 정서적 고양 내지 종교적 힘을 들 수 있다. 소수인에게만 유포되는 진인 출현설이나 허약한 종교결사의 힘만으로는 농민전쟁과 같은 거대한 농민항쟁을 일으킬 수는 없었으므로, 동학농민전쟁에서 초지역적인 조직, 혁명적 이념, 강력한 지도력을 제공하였던 동학의 역할은 중시되어야 한다. 그렇기 때문에 동학의 지도력이 부재하거나 미약하였던 지역의 봉기는 전봉준 휘하의 동학농민군이 전개하였던 투쟁과는 다른 양상을 보였다.

교리를 합리화하고, 교단을 복구하여야 할 중요한 시기에 병란에 가담함으로써 엄청난 시련을 겪은 뒤, 최시형은 결코 정치군사적 모험을 하려고 하지 않았다. 이런 그의 태도는 1894년까지 일관되었다. 그는 신앙의 자유를 얻고 관리의 탐학을 막기 위한 신원운동에 대하여 그다지 탐탁하게 생각하지 않았다. 그는 사회변혁운동에 뜻을 둔 교도들이 현실 문제에 깊게 간여함으로써 일어날 교단의 위험을 막으려고 하였을 뿐만 아니라, 동학의 교리 자체도 합리화하는 데 큰 힘을 쏟았다. 그리하여 최제우 생존의 동학에 비하여 보수화된 면을 보였다. 그런 덕분에 동학은 관리들의 박해 속에

111) 『慶尙監營啓錄』(1870년), 右兵使任商準謄報, 巨昌幼學崔鳳儀年四推白等.

서도 착실하게 성장할 수 있었다. 또한 전혀 의도한 바는 아니었지만, '蚊將軍'的 세력이 영해병란을 통하여 제거되었으므로[112] 최시형의 동학 재건 노력은 성공을 거둘 수 있었다. 이와 같은 최시형의 지도노선은 바로 영해병란의 경험에서 나온 것이다.

Ⅴ. 맺음말

이상에서 살펴본 바와 같이 1870년 3월 영해에서 발생한 사건은 이필제가 주모자가 되고 동학교도가 대거 참여하였던 병란이었다. 참가자들의 의식적 배경을 잡술과 도참비기에 대한 조선사회 민중의 믿음과 진인 출현에 대한 원망의 승화체로서의 동학의 본질, 그리고 현실의 모순에 저항하고 타파하려던 민중운동의 전통에서 찾았으며, 사회경제적 조건으로는 영해와 인근 지방의 신분상승운동을 제시하였다. 즉 영해병란은 종교적 이상세계를 추구하다가 탄압을 받아 존립의 위기에 처하였던 동학이 이필제라는 진인이 출현하여 낡은 세계의 멸망과 새로운 세계의 도래를 확신시키자 일으켰던 무장봉기였다.

이필제는 3일 동안 영해부를 장악하였을 따름이었고, 기대하였던 것과는 달리 주민들의 호응도 얻지 못하였다. 그 결과 영해병란

112) 영해병란에 참가하였던 교도로서 후에도 계속 활동하던 자로 기록에 보이는 교도는 최시형 · 강수 · 전성문 · 황재민에 지나지 않았다. 그러므로 경상도의 동학 교문은 병란으로 철저히 와해되었다고 할 수 있다.

은 조선후기 빈발하였던 다른 병란과 마찬가지로 무수한 희생자를 내고 단 5일만에 막을 내리고 말았다. 하지만 많은 병란이 계획 단계에서 무너지거나, 가벼운 소동에 그쳤던 것과는 달리 무장한 가담자들이 관청을 기습해서 점령하였다는 점에서 주목할 만한 사건이었다. 홍경래란을 제외한다면, 조선후기에 민중이 중심된 병란 가운데 가장 큰 투쟁이었다고 할 수 있다. 그리고 참가자들은 영해병란을 스스로 '義擧'라고 하였고, 또한 자신들을 '義士'라고 일컬었다.[113)]

동학이라는 고차적인 종교집단이 중심되어 일으킨 사건이었으므로 여타의 병란과는 구별되는 특징을 지니기도 하였고, 기록에는 남지 않은 사건의 다른 면모와 성격도 있었다. 그러나 조직, 이념, 무기, 인원, 지도력의 측면에서 조선후기에 빈발하였던 전형적인 병란의 범주에서 벗어난 것이라고 보기는 어렵다. 그렇기 때문에 병란의 목적으로 널리 알려져 있는 교조신원은 부차적인 목적이거나 가담자 포섭 수단에 불과하였다고 생각된다. 그리고 1894년 동학농민전쟁과 직접적으로 연관시켜 그 모태라든지[114)] 맹아적 현상이라고[115)] 규정하기에는 그 발생구조와 성격이 상이한 점이 크기 때문에 좀 더 신중한 연구가 필요한 것 같다. 그러나 영해병란이란 커다란 시련을 겪은 최시형은 동학의 교리를 합리화시키고, 교단을 형성하는 데 주력함으로써 다시 동학 재기의 발판을 마련할 수 있었고, 더 나아가 이 과정에서 축적된 역량이 동학농민전쟁의 밑거름이 되었다.

---

113) 『衙變時日記』, 3월 21일조. "英陽馳通 又入來云 昨夜一隊賊黨 大喝于縣衙後峰 曰寧海之變 出於義擧 以本縣恣抱義士 若是無忌 早晩屠戮之擧 不止海鄕云."

114) 田保橋潔, 앞의 책, 218쪽.

115) 김의환, 앞의 책, 282쪽.

제4장

신 원 운 동

Ⅰ. 머리말

Ⅱ. 1890년대 초반의 교세 확대

Ⅲ. 동학의 변화

Ⅳ. 신원운동의 전개

Ⅴ. 맺음말

Ⅰ. 머리말

동학의 신원운동에[1] 관한 학계의 관심은 그다지 크지 않은 것 같다. 특히 동학농민전쟁에 관련된 연구와 비교한다면, 질과 양의 면에서 현저한 차이가 있다. 아마 발굴된 관련 자료가 한정된 데다가 전쟁에 비하여 극적인 요소나 역사적 의의가 떨어진다고 보기 때문에 이와 같은 현상이 일어났다고 생각된다. 혹은 동학을 창도한 최제우의 신원을 위한 종교운동이라고 보기 때문일 것이다.

이런 결과 신원운동의 구체적인 전개 과정을 실증하고, 그 정확한 의미를 파악하는 데 소홀하거나 편향된 시각에서 벗어나지 못한 예가 많다. 동학농민전쟁에서 차지하던 동학의 비중을 낮게 평가하는 입장에서 보면, 신원운동은 단지 종교운동에 불과할 뿐인 것이다. 또한 그 운동은 계급적으로 '부농'인 동학지도부가 '빈농하층농민'의 반봉건 투쟁을 약화시켜 버렸다는 의미만 가진다. 현실도피적인 동학의 교리와 사상은 오히려 투쟁에 부정적인 영향만을 미쳤다고 단순하게 해석하기도 한다. 그리고 신원운동이 농민전쟁으로 상승해 갔던 과정을 유기적이며 논리적으로 접근하는 연구를 찾아보기 어렵다는 점도 아쉽다.

본고는 신원운동 자체가 동학농민전쟁의 전단계 투쟁이었다는 관점에서 이미 발굴되고 공개된 자료들을 상세하게 분석하고, 기

---

1) 이 시기 동학은 최제우를 大先生이라고 불렀다. 현재 教祖伸寃運動이란 용어가 많이 쓰이고 있지만, 그 당시에는 대선생신원이라고 하였고, 뒤에 나온 천도교나 시천교 자료도 교조신원이라고는 하지 않았다. 김상기의 『東學과 東學亂』에서도 교조라는 용어는 찾아볼 수 없고, 언제부터인지는 잘 모르지만 일본인들이 썼던 것을 빌려온 것 같다.

존 연구가 밝힌 중요한 사실을 검토하고 재해석하는 데 초점을 맞추었다. 특히 신원운동의 기반이 되었던 1890년대 초반의 교세 확대가 동학에 미친 영향, 운동을 정치적 차원으로 한층 이끌고 간 금구취회, 또한 그와 대비된 보은취회, 그리고 운동 목표가 대선생 신원에서 척왜양으로 바뀐 배경과 동학교문의 분열을 중점적으로 다루었다. 그와 관련하여 1890년대 초반 조선사회의 위기, 동학의 교단적 기구의 형성과 성격의 변질 등도 함께 살폈다.

이처럼 신원운동과 관련된 주제이기는 하지만 개별적 사실을 집중적으로 밝히거나 기존 연구를 검토하였으므로, 본고는 신원운동 전반을 균형 있게 고찰하였다고는 말하기 어렵다. 그러나 그 운동은 종교집단이 주도하였기 때문에 정치사회적 성격을 가졌어도 종교성이 강하였고, 또한 그 자체가 운동의 원동력이었으며, 더 나아가서는 농민전쟁도 여러 차례에 걸친 신원운동의 연장선상에서도 보아야 한다는 시각을 견지하려고 하였다. 하지만 이렇게 동학의 역할과 의미를 중시하는 관점이더라도, 신원운동이나 농민전쟁의 원인과 전개를 살피면서 동학이라는 종교만 주목하고 여타 조건을 경시한다거나, 동학 내부에서 분열이 일어났다는 사실을 도외시하는 것은 아니다. 다만 주도세력이 종교집단이라는 이유로 역사적 사실과는 달리 신원운동의 전개와 의의가 일방적으로 해석되는 것을 경계하여야 한다는 점을 강조하고자 한다. 그리고 본고와 함께 이루어져야 하는 연구는 1890년대 전반의 현실 모순, 특히 경제적 위기에 관한 것이라고 생각하나, 필자의 미흡한 역량으로는 함께 수행하기가 어려웠으므로 앞부분에서 잠깐 언급하였을 따름이다.

Ⅱ. 1890년대 초반의 교세 확대

개항 이후 조선사회는 대내외적 모순과 혼란 속에 빠져 버리고 말았고, 그에 따라 민중의 고통은 더욱 격심해져 갔다. 이 시기에 동학이 그렇게 탄압을 받았음에도 불구하고 시간이 갈수록 동학교도가 급증하였다는 역설적 현상에는 이와 같은 동학 외적인 상황이 전개되었다는 배경이 있다.

그리고 최제우의 신원운동이 시작된 1892년은 干支가 壬辰으로 1592년의 임진왜란과 같이 병화가 일어나 이씨 왕조가 멸망한다는 참언이 갑자기 비등하여 사회적 불안이 고조되었다.[2] 그리고 조선 건국 500주년이 되는 해로서 역시 위기의 시점이었다. 조선왕조의 멸망을 예언하는 이런 참언은 정감록류의 도참과 비기에서 비롯되었으며, 사회 전반에 깔린 시대적 위기의식의 소산이었다. 주목할 만한 점은 이것이 동학과 깊은 연관이 있는 것으로 당시대인들에게 인식되었다는 사실이다. 이러한 인식은 이때 생긴 것이 아니라, 오래 전부터 있어온 것으로 동학이 어떠한 토양에서 자라났는가를 보여준다. 사실 동학의 후천개벽과 같은 중심 교리나 동학교도의 의식에서도 도참비기에 깔린 현실부정적 예언을 어렵지 않게 찾아 볼 수 있다.

이런 분위기는 이 시기에 활동하였던 교도 개인의 의식과 체험을 상세히 담고 있는 『白凡逸志』에 아주 잘 나타나 있다. 그에 따르면, 1892년 김구가 동학에 입도할 당시 유행하던 소문은 "眞人이

2) 金九, 1947, 『白凡逸志』, 27쪽 ; 1983, 『빠리外邦傳敎會 年報』(『敎會史硏究』 4, 韓國敎會史硏究所), 277쪽 ; 姜萬吉 편, 『明治官報拔萃駐朝鮮日本國領事館報告』, 1892년 8월 22일조, (新書苑, 1988, 영인본), 342쪽.

나타나 화륜선을 못 가게 막고 세금을 받고야 놓아 주었다", "머지 아니하여 계룡산에 정도령이 도읍할 터이니 바른목에 가 있어야 새 나라 양반이 된다" 등의 것이었다. 이런 풍문 속에서 공중을 나는 등 초인적인 능력을 가지고 있다는 해주 지방의 동학 지도자인 오응선을 찾아간 김구는 동학의 도에 관하여 다음과 같은 요지의 설명을 들었다.[3]

> 빈부귀천에 차별이 없고, 누구나 평등으로 대접한다. 도의 宗旨는 말세의 간사한 인류를 개과천선하여서 새 백성이 되어 가지고 장래에 眞主(참 임금)를 뫼시어 계룡산에 새 나라를 세우는 것이다.

위와 같은 설명을 듣고 "심히 환희심"이 생긴 김구는 마음 좋은 사람이 되기로 맹세한 자기로서는 하나님을 몸에 모시고 하늘도를 행하는 것이 요긴하고, 상놈된 한이 골수에 사무친 자기에게는 동학의 평등주의가 고마웠고, 또 정치가 부패한 이씨의 운수가 다하였으니 새 나라를 세운다는 말도 적절하게 들렸다고 한다.

위의 설명을 통하여 알 수 있는 점은 동학의 기본 교리인 시천주, 후천개벽, 평등사상이 김구처럼 억압과 수탈 속에서 고통 받고 있던 민중들에게 커다란 희망과 위안을 안겨줄 수 있었다는 것이다. 그리고 그것은 단순히 논리, 사상, 관념으로만 다가오지 않고, '천년왕국'적인 신앙의 열기까지 동반하였다. 즉 김구 자신이 포덕에 힘써 수개월에 제자가 수백 명이 되었고, 당년에는 무려 수천에 달하였다고 한다. 이렇게 동학이 말하는 바람직한 인간상과 미래 세계는 아득히 멀리 떨어져 있는 것이 아니라, 지금 막 전개되는 생생한 현실로 수용되었다. 또한 일반인들 사이에 유행하던 진인 출현이나 계룡산 도읍 소문도 역시 당장 실현될 예언으로 널리 유

3) 김구, 위의 책, 27~30쪽.

포되었다. 동학은 이런 도참과 비기보다 더욱 구체적이며 체계적인 미래세계를 차원 높게 말하고 있다는 점에서 민중들에게 더 큰 호소력을 가졌다. 따라서 1891년 이후 교도의 폭발적인 증가는 사회경제적 모순의 심화 외에도 조선왕조의 멸망을 예언하는 참언으로 고조된 위기의식이 민중사회에 널리 퍼져 있었고, 동학이 새로운 이상세계를 내놓을 수 있었기 때문에 가능하였다.

동학의 중요한 지도자였던 오지영, 강경중, 손화중, 고영숙 등이 1892년 8월에 겪은 전라도 무장현 선운사 석불비결 사건은[4] 동학과 참언이 어느 정도 연관이 있었으며, 일반적 인심이 어떠하였는가를 아주 잘 대변해 주는 일화이다. 또 이 비결과 관련된 이야기가 약간 다르게 기록된 것도 있으나, 역시 동학의 전파에 큰 영향을 미쳤다는 이야기다.[5] 더욱이 비결 사건은 최제우의 신원운동과 무관하지 않은 것 같다. 황현은, 이 시기에 전라도에 동학교도들이 수십만이 되었는데, 무장 山壁 가운데에서 용당선사 참결을 얻었으므로 거사를 할 수 있으니 때를 잃어서는 안 된다는 소문이 돌아 私通傳告하여 교도들을 보은에 모이도록 하자, 서쪽으로는 임피와 함열부터 동남쪽으로는 광양과 순천에 이르기까지 모든 교도들이 소 팔고 땅 팔아 그곳으로 몰려갔다는 기록을 남기고 있다.[6] 이 기

4) 오지영, 『東學史』, 88~92쪽 ; 『뮈텔문서』 1893~64에 따르면, 오지영의 기록처럼 이때 300여 명의 동학교도들이 이 사건에 조직적으로 참여한 듯하다.

5) 金在洪, 『嶺上日記』, 1892년 12월 20일조. 李書九는 비결을 지은 것이 아니라, 그도 이것을 얻으려고 했던 사람이나 끝내 얻지 못하였는데, 1892년 동학교도들이 석불을 기어올라가 가져갔으므로 사람들이 신기하다고 하여 동학에 추부하였다는 내용이다

6) 黃玹, 『梧下記聞』 제1필, 43쪽. 동학의 창도부터 시작하여 동학농민전쟁의 전개 과정까지 자세히 기술하고 있는 『梧下記聞』은 흔히 『梅泉野錄』의 대본으로 알려져 왔으나, 『梧下記聞』 乙未 4月 이전의 부분은 『梅泉野錄』은 물론이고 황현의 다른 저술에도 없다. 따라서 『梧下記

록이 당시의 상황을 정확하게 전해주는 것이라고 하여도 동학 지도부까지 이런 비결 때문에 일을 추진하지는 않았을 것은 분명하다. 그러나 일반 교도들, 특히 지상선경을 간절히 바라고 있던 교도들에게는 최제우의 신원은 그 자체로서만 의미를 지닌 것이 아니라, 새로운 세계를 실현할 수 있는 결정적 기회로 다가왔을 것이다. 이런 시대적 분위기를 감안하여야 비로소 동학의 종교적, 정치적 운동을 제대로 이해할 수 있다고 생각한다.

그런데 여기에서 또 주목해야 할 점은 이 시기 교도의 증가는 교도 성격의 변화를 가져왔고, 그것은 동학 자체의 변화를 야기하였다는 사실이다. 김구의 체험 기록을 통하여 알아본 바와 같이 새로 입도한 많은 교도들은 동학의 기본 사상과 시대적 분위기에 끌려 입도하였을 것으로 추측된다. 물론 현실 상황과는 거의 무관하게 오로지 교리 자체에 이끌려 입도하였던 교도들도 있었을지도 모른다. 또한 현실의 고통 때문에 입도한 교도라고 할지라도 그의 사회정치적 태도는 현실과 적극적 대결을 회피하거나 온건할 수가 있다. 사실 이런 교도는 최시형처럼 동학이 사회정치적 운동을 전개하는 것을 바람직하다고 생각하지 않았을 가능성이 높다. 하지만 만일 이런 성향의 교도들이 동학의 주축을 이루었다고 하면, 최제우의 신원운동이나 동학농민전쟁이란 투쟁은 전개되지 않았을 것은 자명하다. 따라서 동학이 전개한 투쟁의 전제 조건으로서 이런 교도와는 성향이 다른 교도들이 많이 있었다는 것이 필요하다. 적절하지 않은 듯하지만, 우선 이들을 '현실부정적' 교도라고 하자.

聞』은 보수적인 양반유생이었던 황현이 후세인들에게 역사적 교훈을 남기기 위하여 저술하였다고 하는 『東匪紀略』의 草稿本으로 추정된다(金昌洙, 1985, 「黃玹의 『東匪紀略』 草藁에 대하여－『梧下記聞』 乙未 4月 以前 記事의 檢討－」 『千寬宇先生還曆紀念 韓國史學論叢』, 정음문화사, 참조).

여기에서 현실부정적이란 말은 현실의 모순과 질곡을 사회정치적 내지는 현실적인 모든 수단이나 종교적 원리와 열기에 의하여 깨트리고, '지금 당장 이 땅에 이상세계 (地上仙境)'을 만들려는 의식과 태도이다. 과학적인 세계관에 근거하고 있고, 인간을 사회적 관계에서 파악하는 현대에서는 이상세계를 건설하려는 어떤 사회정치세력도 절대적 신이나 초월적 존재에 의존하지는 않을 것이다. 그러나 지상선경을 고대하던 100년 전의 동학교도들은 그렇지 않았다.[7] 무력 등 현실적인 수단을 강구하던 교도일지라도 종교적 분위기나 신앙의 힘을 무시할 수는 없었다. 동학농민전쟁 와중에도 開闢, 氣數, 주술, 동학 의례 등이 농민군의 사기를 돋우었다.[8] '비종교적' 지도자라고 일부에서 말하는 전봉준도 종교적 열광에 빠져 있던 다수의 교도를 의식해서라도 신앙으로부터 이탈한다는

---

7) 黃善明, 앞의 책, 274~283쪽.

8) 성암, 1934년 8월호, 「교사이문－갑오년동학이야기」『天道教會月報』, 27~29쪽. 동학농민전쟁의 40주년에 당시 7세였던 한 천도교도가 쓴 목격담을 장황하지만, 요약하여 인용하겠다. "갑오년 봄부터 마을에 동학열이 더욱 심하여 집집마다 청수단을 만들고 낮이나 밤이나 소리가 글방에서 글 읽는 소리 같았다. 접주 이인환이 동학대모임을 열은 뒤, 들려오는 말은 접주는 조화가 비상하여 앉아서 십여장 되는 나무를 뛰어넘고, 용도 되고 범도 된다, 또 고읍면 송현리 등지에서는 侍女가 나고 최제우의 신원운동이 나서, 돌바위 밑에 용천검이 있고, 갑옷이 있으니 파라고 해서 날마다 사람이 구름 모인 듯하였다. 한편에서는 소를 잡고 도야지를 잡고 술을 마시고 참으로 동학의 기분은 굉장하였다. 접주의 기포령이 내리자 사람들이 물끓은 듯하였다. 아버지와 삼촌도 행군에 나갔다. 대장기 아래 청수를 모시고 주문을 세번 고성대독하니 강산초목이 동하는 것 같았다." ; 그리고 양호우선봉장이었던 이두황이 미원장에 붙인 효유문도 동학의 10가지 죄목을 열거하였는데, 그중 "假稱平等以毁壞名分, 奇言怪事 眩惑愚民, 妄言氣數 躬犯不軌"가 들어 있어, 당시 분위기를 엿보게 해준다(국사편찬위원회, 1959, 『兩湖右先鋒日記』, 『東學亂記錄』 上 所收, 11월 13일조, 272쪽).

것은 거의 불가능하였다고 생각된다.[9] 그렇기 때문에 이 시대의 정치적, 혁명적 세력이 가지고 있던 종교적 성격을 중시하지 않을 수 없으며, 이들의 투쟁을 종교와 분리하여 이해하려는 시각은 받아들이기 어렵다.

이 현실부정을 가능케 하는 종교 내적인 조건 가운데 중요한 것은 이상세계가 언제 도래하느냐, 지도자의 카리스마는 어느 정도인가, 교리와 교단이 어느 정도 확립되었는가, 실제 동원 가능한 수단이 현실적으로 어떤 결과를 가져올 것인가, 교도들이 어떠한 처지에 놓여 있는가 등이라고 생각된다. 만일 카리스마가 약한 지도자가 초월적인 존재에 의거하여 현실세계의 종말과 이상세계의 도래를 예언한다면, 그 시점을 한참 유예하거나 유동적으로 잡을 수밖에 없을 것이다. 왜냐하면 지도자의 카리스마적 인격에 철저히 함입되지 않은 교도들은 그토록 싫어하는 현실세계의 종말을 한편으로는 대단히 두려워하고, 또 강고한 현실세계가 당장 쉽게 무너진다는 예언을 잘 믿을 수가 없기 때문이다. 반면 교도들은 받고 있는 현실의 억압과 그에 따른 고통이 못 견딜 정도라면, 이상세계는 지금 당장 이 자리에서 이루어져야 하며 더 이상 기다릴 수 없다고 생각할 것이다.

---

9) 전봉준도 六爻, 斷時 등 卜筮에도 능통하였고, 龜尾聖人出이라는 讖緯說에 따라 全州 鳳翔面龜尾里에 김개남, 송희옥과 함께 이주하였다고 한다(金庠基, 앞의 책, 109~110쪽). 또한 그는 동학농민전쟁중에도 손에 105 念珠를 들고, 呪文을 외우며, 부하들에게는 어깨에 弓乙 두자를 표하고, 몸에 同心義盟 4자를 써부치고, 旗에는 五百年受運이라고 쓰도록 하였다(張奉善 편, 1988, 「全捧準 實記」『井邑郡誌』, 영인본, 385쪽). 오지영도 전쟁 당시 전봉준에 관한 소문을 적고 있는데, '全大將은 참英雄이니 異人이니 新出鬼沒의 才操가 있고, 乘風駕雲이 妙術히 만하며 (중략) 銃劍을 마저도 죽지 안코 銃구멍에서 물이 나게 하는 法이 있다고 떠들'었다고 한다(『東學史』, 115쪽).

동학사상 가운데 현실세계의 종말과 지상선경의 도래와 관련된 것으로는 후천개벽과 무위이화 두 가지 개념이 중요하다고 본다. 최시형도 최제우처럼 후천개벽을 말하였으나, 그 긴박성은 상당히 약화된 듯하다. 그리고 그렇게 강조하지는 않았던 것으로 보인다. 반면 무위이화는 후천개벽이 어떻게 이루어지는가 하는 방법론적인 의미가 강하다. 최시형이 중요한 순간마다 무위이화를 강조하였다는 것은 잘 알려져 있다. 무위이화에 의하여 후천개벽이 언제 이루어질 것이라는 말이 없다는 것은 결국 지상선경의 도래를 시간적으로 유예하는 것이며, 그 과정상에서도 인간의 주체적 의지와 활동을 완전 부정하지는 않았으나, 천운이라는 초월적 존재 내지는 원리가 절대적이라고 보았다.

하지만 '그 천운이 왔는가, 오지 않았는가, 언제 오는가'는 결국 인간이 주체적으로 판단하여야 할 문제이다. 종교 지도자로서의 최시형이 가졌던 카리스마와 종말의 예언이 과연 어떠하였는가는 연구가 더 진척되어야 분명히 말할 수 있겠지만, 최시형이 취하였던 정치사회적 태도는 결코 현재의 체제와 정면 대결하여 지상선경을 건설하는 것은 아니었다. 그는 자신의 경험과 판단에 근거하여 천운이 오지 않았다든지, 무위이화를 강조함으로써 현실세계와의 대결을 회피하였다. 따라서 최시형에게 무력을 포함한 현실적인 제 수단을 강구하여 동학이 처하였던 위기나 민중들의 고통을 해결하라는 주문은 극히 어려운 과제였다. 이런 의미에서 1890년대 초반 고난 속에서 떠오르던 현실부정적 노선이란 최시형이나 일부 지도자의 의중과는 거리가 있었다.

그렇다고 기존의 동학 지도부나 교도의 성향과 지향이 현실과 무관하거나 대결의식이 약하였다는 것은 아니지만, 동학의 재기에 진력하고 있던 최시형 등 교문의 지도부는 정부의 탄압을 피하기에도 힘들었던 실정이었다. 따라서 자연히 그들의 현실 대응책은 적극적이거나 사회정치적인 성격을 띠기 힘들었다. 그러나 정감록류의 도참과 비기가 예언하는 조선왕조의 멸망과 새로운 세계의 탄생이 가지고 있는 생생한 현실감을 고려한다면, 고통스러운 현실을 벗어나고 싶어 동학에 입도하였던 교도들이 보일 수밖에 없던 태도는 후천개벽이나 '조화가 장차 이를 것이다'라는 예언을 믿는다거나, 현실의 모순과 맞대결하는 것이었다고 생각된다. 이런 교도들에게 어떤 계기가 주어졌을 때, 즉 최제우의 出世, 후천개벽의 도래 등 새로운 세계가 열린다는 예언이 강한 현실성을 띠게 될 때, 또 동학 교단이 그를 위해 실제 행동할 때, 이들은 전에는 감히 생각하지도 못하였던 체제와의 정면 대결도 불사할 것이다. '천운'은 상황에 따라서는 인간에게 자율성이 전혀 보장되지 않은 절대적 질서가 아니라, 새로운 세계로 들어가려고 하는 인간의 주체적이며 능동적인 행위가 필요한 계기로 해석된다. 어떤 사람들은 단지 피난처인 '十勝地'가 절실하나, 어떤 사람들은 예언이 이루어지는 새로운 세계의 주인이 되기 위하여 무력봉기를 꾀한다. 이는 조선후기 이래 "미성숙한 천년왕국적 민중운동"[10] 의 면면한 전통으로 최제우의 신원운동과 동학농민전쟁에도 그 자취는 역력하다.

그러나 이들 현실부정적 교도들이 기존의 동학 지도자들이나 다른 교도들과 심각한 갈등을 노정하였다는 말은 아니다. 아직까지

---

10) 주7. '천년왕국'이란 용어와 개념은 기독교에서 온 것이다. 그러나 전근대사회에서 전개된 민중신앙운동, 그 중에서도 현실을 강력히 부정하고 구원자의 출현을 대망하며, 이상세계의 도래를 열광적으로 고대하는 집단적인 민중신앙운동은 세계 각지 널리 퍼진 보편적인 종교현상으로 인식되고 있다. 서양 중세의 천년왕국운동에 관한 것은 The Pursuit of the Millennium(Norman Cohn, Oxford University Press, 1970, Revised and expanded edition)을 참고하였고, 동학을 이와 같은 관점에서 볼 수 있다는 시사도 이 책에서 받았다.

는 두 흐름이 갈라지지 않고 함께 흘러가고 있었고, 두드러진 분열은 찾아볼 수 없다. 하지만 현실부정적인 교도의 증가는 전체 교문의 성격과 지도노선에 심대한 영향을 미쳤던 것은 분명하다. 이들 존재가 점차 수면위로 부상함으로써 결국엔 '시기가 오지 않았다'고 하던 최시형도 이 흐름에 동참하지 않을 수 없었다. 이런 변화는 사회정치적 성격이 농후한 최제우의 신원운동을 전개하였던 동학 내적인 조건의 하나였고, 또 그런 운동을 거치면서 현실부정적인 교도들은 모습을 뚜렷하게 드러내었고, 더 나아가 그를 통하여 자기 확신을 강화할 수 있었다. 이렇게 교도가 갈등하고 교문이 분열하게 되는 계기가 1890년대 초반 동학이 발전하는 과정에서 잉태되어 가던 실정을 다음 부분인 교단 기구의 형성 과정에서도 좀 더 서술하겠다.

동학의 接·包·六任所·便義司 등 교단적 기구는[11] 인적 결합에서 출발하여 지역적 결합으로 발전되어 가는 과정을 밟았다. 이 과정에서 나타난 중요한 변화는 교도를 효율적으로 조직하고 관리할 수 있는 동시에 그들을 동원할 수 있는 능력이 제고되었다는 점일 것이다. 이런 조직과 기구는 결국은 동학 지도부가 좀 더 확실하게 교도를 파악, 조직하는 동시에 지도부의 결정과 영향이 교도 각 개인에게 신속하고 효과적으로 전달하도록 하였을 것이다. 동시에 교도들은 체계적인 신앙 생활을 통하여 상호 간에 강한 일체감과 구속력을 가질 수 있게 되었다고 짐작된다. 이렇게 조직되고 교화된 교도들은 중앙 지도부의 지휘를 받을 태세를 갖추게 되었을 뿐만 아니라, 또한 독자적인 세력을 형성할 수 있는 조직적

---

11) 包와 接에 대한 것은 金龍德의 1974, 「東學軍의 조직에 대하여」(『韓國思想』 12)와 박맹수의 1993, 「동학농민혁명에 있어서 동학의 역할」(『동학농민혁명과 사회변동』, 한울)을 참조.

근거를 확보할 수 있게 되었다. 일부의 강력한 지도자, 예를 들면 전봉준·손화중·김개남 등이 농민전쟁 시기에 지역 할거적 면모와 독자성[12]을 가질 수 있었던 것도 바로 교단적 기구를 세력 근거로 삼았기 때문이다. 또 다른 주요한 변화는 최시형을 바로 옆에서 옹위하고 있던 손천민·손병희·김연국·서인주 등 핵심 지도자 외에도 각지에서 대접주와 접주로 활동하고 있던 중간 지도자라고 할 수 있는 일단의 인물들이 교단 외곽에서 1890년대 초반 급부상하던 경향이다. 예를 들면 전라도에서 김영조·김낙철·김낙봉·김낙삼·남계천·손화중·김덕명·박치경·김석윤·옹태규·조원집 등이 도내에서 유수한 두령으로 최시형에게 종사하였다는 『동학란』의 기록이 있는데[13], 이런 인물들의 중요성은 『천도교회사 초고』의 여러 부분에서 간접적이나마 확인된다. 이들은 이전 시기에도 간혹 기록에 보이고 있으나, 동학 교세 자체의 한계이기도 하지만, 큰 활약은 하고 있지는 못한 듯하다. 그러나 1890년대 초반 이후 농민전쟁에 이르는 시기에는 중앙 교단보다는 지역 지도자로서 활약이 두드러지며, 농민전쟁에는 주요 군사 지휘자로 나타나는데, 특히 손화중·김덕명·김개남·조원집 등과 같이 이들 중에서도 중앙 지도부와는 거리가 있었던 것 같은 인물들이 장령으로서 전쟁의 초기부터 적극적으로 참여하였다. 또한 비록 이 시기 기록에는 주요 지도자로 언급되지 않았더라도, 최제우의 신원운동과 농민전쟁에서 지도자로서 지속적으로 활동하였던 많은 인물들도 1890년대 초반에 지역의 유력한 지도자로 성장하였다고 추

12) 鄭碩模, 『甲午略歷』·『東學亂記錄』 上 所收, 65쪽. "全捧準擁數千之衆 據金溝院坪 行號令于右道 金開南擁數萬之衆 據南原城 統轄左道 其與金德明 孫和中 崔景善輩 各據一方 而其貪虐不法 開南居最 與全捧準者 藉賴東徒 以圖革命 而所謂巨魁輩 各自以謂大將"

13) 『東學史』, 69쪽.

측된다. 이처럼 이 시기에 이루어진 교단적 기구의 형성과 지도자들의 등장을 고려하지 않고는 최제우의 신원운동과 농민전쟁에서 동학교도들이 보여 주었던 조직력과 결속력, 그리고 일사불란한 통솔체계는 이해하기 어려울 것이다.

그런데 동학의 제도 종교로서의 성장, 포와 접 등의 조직을 통한 교단적 기구의 강화 과정이 완벽하고 일정한 수준까지 올라왔다고 가정하면, 어떤 경우에는 이와 같은 제도 종교로의 확립은 정치사회적 운동에 저해되는 요소일 수도 있다. 다시 말하여 기성 권력과의 타협을 통하여 존립하고 있는 종교집단의 정치사회적 운동의 한계는 분명한 것이다. 따라서 완전한 교단적 기구를 형성하지 못하였다는 것이 일부 세력의 정치사회적 활동을 가능하게 해주었으며, 더 나아가서는 동학이 정부와 정면 대결에 이르도록 한 조건이기도 하였다. 이 단계는 주요 지도자들의 사상적 독자성, 인적 결집력, 세력적 할거성이 어느 정도까지는 보장되던 시절이었다. 그렇기 때문에 동학 자체의 운동이 소수의 지도자들 주도하에 시작될 수 있었다. 그 과정에서 최시형의 우월성은 원칙적으로 인정되었겠지만, 상당히 도전받았다고 할 수 있는데, 그것은 최시형 등 동학 지도부가 교도들을 제대로 사상적으로 통일하지 못했기 때문이며 조직적으로도 통괄하지 못했기 때문이다. 이런 과제는 적어도 국가권력으로부터 인정을 받은 다음에나 완결될 수 있는 것이다. 동학은 그와 같은 행운을 얻지 못하고, 결국에는 동학농민전쟁의 초기 단계에 이르러 北接과 南接이라는 두 개의 派로 나누어지게 되었다.[14]

---

14) 이이화는 남접은 원평집회로부터 등장하였다고 하지만(1984, 「東學 農民革命에 나타난 南・北接의 갈등」『民族・統一・解放의 論理』, 형성사, 27쪽), 그 단계에서는 남접이 일정한 인적 결합과 독자적인 성격을 가진 조직적 세력으로 형성되지는 못하였을 것 같다. 朴贊勝도 이 취

이와 같이 1890년대 초반은 동학의 발전사에 획을 긋는 중요한 시대로서 교도의 급증과 교세의 확장, 교단적 기구의 확립과 유력 지도자의 부상 등이 이루어졌다.[15] 그런데 모든 것이 순조롭게 진행되지는 않았다. 이런 발전의 과정에서 접과 접, 접과 포, 포와 포 사이에는 통합과 흡수라는 세력 경쟁이 벌어졌다. 이러한 교도 늘리기 경쟁은 이미 1890년대 초에 교단의 커다란 문제로 대두되었다. 1891년 호남의 교도들을 살피고 온 뒤 나온 최시형의 통문에서 제시한 제자들이 지켜야 될 것 가운데 하나가 正淵源이었고,[16] 다음해 나온 통문에서도 교도 사이의 교권 다툼, 접이나 포의 경쟁, 교도의 연원 바꿈 등의 폐단이 좀 더 심각해진 양상을 찾아볼 수 있다.[17] 이것은 동학의 교세 확장 과정에서 필연적으로 일어나는 현상으로서 긍정적으로 보면 열렬한 것이 지나쳐 경쟁적이었던 포덕 활동의 결과이며, 갑작스럽게 증가하는 새로운 교도들을 제대로 이끌지 못한 지도부의 통솔력 문제이기도 하다. 후자 쪽에서 그 원인을 살핀다면 현실부정적 목적과 방법을 가지고 입도하거나,

---

회를 이끈 전봉준 등도 아직 충분히 조직화된 세력은 아니었고, 독자적으로 척왜양운동을 밀고 나갈 준비가 되어 있지 않았고, 전봉준의 지도력이 전라도 교도들 내부에서도 충분히 확립되지 못하였기 때문에 지도력이 확립되고 교도들의 정치의식이 고양되기 위해서는 시간이 필요하였다고 보았다(박찬승, 1994, 「'신원'운동과 '척왜양'운동」『1894년 농민전쟁연구』 3, 역사비평사, 376쪽). 그리고 남접과 북접이라는 용어 자체도 전쟁 중에 나온 것이 확실하다고 생각된다. 이런 사실을 잘 밝힌 것이 박맹수의 「甲午東學農民戰爭과 東學」(『갑오농민전쟁의 종합적 고찰』, 1994년 10월 28, 9일 고려대에서 한국사연구회가 주최한 학술대회 발표 요약문)이다.

15) 동학 교단의 발전에 대하여는 金義煥의 앞의 책, 32~40쪽과 박맹수의 1993, 「동학의 교단조직과 지도체제의 변천」(『1894년 농민전쟁 연구』 2, 역사비평사, 참조).

16) 『天道敎會史 草稿』, 435~436쪽.

17) 위의 책, 437~438쪽.

그편으로 경도되는 기존의 교도가 많아지므로, 최시형이 취하고 있던 기존의 지도노선 혹은 지도권역으로 수용되지 못하는 교도들이 다수 발생하고 있다는 증거이다. 이와 같은 경쟁과 갈등이 위의 원인에서만 일어났다고는 볼 수 없고, 또한 최시형이 지적한 대로 그야말로 세속적인 이기심에서 나온 예도 있었다. 그러나 현상 자체는 종전에는 볼 수 없었던 것이며, 결국 그것은 최제우의 신원운동과 동학농민전쟁 과정에서 노선 차이로 드러났다는 사실로 미루어 이 시기 분열의 조짐은 그에서 비롯되었다고 할 수 있다.

특히 최시형이 전라도 교도 중에는 동학의 교리를 제대로 아는 사람이 없다고 한 말이나, 위와 같은 통문이 실제 전라도 지역을 순방한 뒤에 나왔다는 점을 고려하면 1890년대 초반 급속히 교세가 확장되었던 전라도에서 이러한 교도들이 많았을 것으로 추측된다. 확증이 없으므로 무리한 추측이지만, 이때 최시형이 단속하려고 했던 교도들 가운데는 전봉준이 포함되어 있었지 않나 한다. 즉 1891년 여름 최시형은 금구·태인·고부·부안의 교도를 순방한 적이 있었다.[18] 전봉준의 거주지가 고부이기[19] 때문에 그곳 지도자였을 전봉준과 최시형의 만남이 이루어졌을 것은 분명하다.[20] 따라서 최시형 주변의 지도부와 일부 성향이 다른 교도는 벌써 이 시기부터 지도부와 원만하지 못한 관계에 있었을 것으로 생각된다. 최시형이 질타하고 실심수도를 당부한 교도들이 모두 현실부정적인 관점을 가지고 있었다고는 말할 수 없지만, 동학의 교세가

18) 위의 책, 435쪽 ; 부안의 윤상오 소실집에는 수백 명이 모였다고 한다. (金洛喆, 『手記』, 복사본).
19) 전봉준의 가계, 출생지, 거주지에 관해서 송정수의 2000, 「전봉준의 가계와 출생지에 관한 연구」(『조선시대사연구』, 12집)을 참고.
20) 전봉준의 동학 입도년에 대하여는 1885, 88, 90, 92년설이 있는데, 그가 1892년 말이나 다음해 초에 지도자로 활약했던 것을 보면 적어도 92년 이전에는 입도하였을 것이다.

충청도 못지않게 부흥하여 최시형 자신이 몸소 순방을 할 정도였던 전라도의 많은 교도들, 특히 지도자급의 인물들이 동학의 기본 교리를 제대로 이해하지 못하는 수준은 아니었을 것이다. 그럴 가능성보다는 동학의 교리와 예언을 최시형과는 다른 방향으로 해석하거나 강조하는 내용이 다르지 않았는가 생각된다. 예를 들면 誠敬信이나 무위이화보다는 제폭구민이나 보국안민과 같은 현실의 모순을 척결하고 도탄에 빠진 민중을 구하겠다는 뜻이 더 중요하다고 생각한 교도도 있을 수 있었다. 앞에서 살펴본 바와 같이, 이 시기 교도의 급증은 동학 외적이며 현실적 요인에도 그 원인이 있다. 그렇기 때문에 현실의 모순을 현실적인 수단으로써 시급히 극복하려는 교도들은 상당한 숫자였을 것이다. 보은취회에 참가한 교도에 대한 어윤중의 유명한 성분 분석이 이 주장에 대한 적절한 근거이고, 또한 2,3년 뒤에 일어난 농민전쟁의 열기를 고려한다면 쉽게 이해할 수 있을 것이다.

거듭 말하지만, 그렇다고 하여 양자의 골이 깊어 일치된 행동이나 의식을 가지기 어려운 상태는 아니었다. 보은취회까지도 동학 교도들은 기본적으로 하나의 커다란 흐름을 이루고 있었다. 최제우의 신원운동의 원동력은 바로 최시형을 비롯한 지도부와 현실부정적 성향을 가진 교도의 결속에서 나올 수 있었던 것이다. 그러나 분명히 밝혀야 할 것은 최제우의 신원운동이 실제로 추진되고, 정부의 탄압에도 불구하고 중도에서 좌절되지 않고 여러 차례에 걸쳐 실행할 수 있었던 저력은 지도부에게 계속적으로 압박을 가하였던 현실부정적인 일부 지도자와 교도들에게서 나온 것이다. 비록 이들이 최상부에서 운동을 지도하였던 것은 아니지만, 운동의 전개 과정에서 점차 진면목을 전면에 나타내기 시작하였다. 이런 시각에서 최제우의 신원운동을 본다면, 그것은 억울하게 순도한 최제우의 신원이나 신교의 자유를 위한 종교운동 이상의 의미를 지니게 되는 것이다.

Ⅲ. 동학의 변화

앞에서 살펴본 바와 같이, 1890년대 초반 심화되고 있던 모순과 교도의 급증 및 조직력의 강화가 최제우의 신원운동을 이끈 주요한 원동력이었지만, 당시 동학교도들에게 절실한 문제는 관리의 탄압과 침탈에서 당장 벗어나는 일이었다. 정부는 1880년대 초반 동학의 교세가 급격히 신장되자, 1884년부터 한층 가혹하게 박해하였다.[21] 그 중에서도 심하였던 해는 1889, 90년과 92년이었다. 이렇게 되자 최시형은 서학의 혐의를 피하기 위해 천주를 상제로 바꾸는 중대한 조처를 내렸고, 교단 기구를 임시 해체하거나, 교도의 활동을 제한하기도 하였다. 또 자신은 강원도 등 산악 오지를 전전하며 관리의 지목을 피하였다. 일반 교도들도 관리와 토호들에게 침탈을 당하고, 목숨까지 잃기도 하였다. 특히 1892년 탐학관리인 충청감사 조병식이 내린 동학 금령은 더욱 혹독하여 교문과 교도의 운명이 긴박한 지경에 달하였으므로, 지도부는 활로를 열기 위하여 어떠한 결단이라도 내려야 하였다.

동학이 이렇게 금지된 사도로서 계속 남아 있다면, 동학의 발전과 교도의 안전은 기대할 수 없었다. 이러한 위기 상황에서 창도자

---

21) 1880년대 후반과 90년대초 동학의 탄압 사례는 박맹수의 「甲午東學農民戰爭과 東學」 12쪽에 잘 정리되어 있다.

가 左道亂正의 죄목으로 형을 받은 지 30년도 채 안 되는 취약한 종교집단인 동학이 신앙의 자유를 얻기 위해서 동원할 수 있는 현실적 방법에는 대략 두 가지가 있었을 것이다. 기존 체제를 일단 인정한 뒤, 합법적 수단을 통하여 교조의 무죄를 호소하는 것과 정치사회적 운동을 통하여 체제에 압력을 가하여 신교의 자유를 획득한 것이 있겠다. 체제가 자신의 입장을 후퇴하지 않으며, 동학교도도 불굴의 투쟁을 다짐하는 상황에서 후자를 선택한다면 상당한 위험 부담이 따를 수 있고, 종국에는 무력 충돌까지 빚어질 가능성이 높다. 따라서 동학 지도부는 어떤 노선을 택할 것인가, 그 선택된 방법을 구체적으로 어떻게 실천할 것인가, 그 시도가 실패하였을 경우 어떻게 대처할 것인가 등등에 관하여 고심하였을 것이다. 이 선택의 두 갈래 길에서 동학의 지도부는 먼저 전자를 선택하였고, 구체적인 실천 방안은 지방관리인 감사에게 呈訴하는 것이었다. 복합상소는 신원운동을 주창하였던 서병학과 서인주가 처음부터 계획하였던 것 같지만, 충청감사와 전라감사에게 정소하였음에도 불구하고 아무런 결과도 얻지 못하자, 삼례취회 직후 정식으로 결정되었다. 하여튼 지도부는 우선 집권양반들이 관례적으로 이용하던 신원운동을 통하여 자신의 정당성과 신교의 자유를 보장받으려고 하였다.

여기에서 주목해야 하는 점은 동학의 체제 인정이 자체의 기반 없이는 이루어지기 힘들었다는 사실이다. 즉 대립적 상황에 놓여 있던 동학과 체제가 연결 고리, 공통적 이해관계 없이 상호 인정하기는 불가능하였으므로, 동학은 자신의 정당성, 이단이나 邪道가 아님을 '힘'을 가지고 있던 체제에게 논리적으로, 그리고 현실적으로 증명하여야 하였다. 적어도 체제를 일정 부분이라도 인정할 수 있는 동학 자체적인 사상이나 논리가 존재하여야 체제와의 대화에 나설 수 있었다. 그렇지 않다고 하면 과연 동학은 어떤 방법을 가지고 탄압을 자행하던 체제로부터 최제우의 신원을 얻어낼 수 있었겠는가?

동학의 지도부가 체제의 인정을 전제로 하는 최제우의 신원운동 방법을 선택한 배경에는 이 조건을 충분히 충족시킬 수 있는 내적인 계기가 마련되어 있었다. 그것은 다름 아니라 이 시기 동학이 유교적 형이상학과 사회윤리의 영향을 많이 받았다는 점이다. 최시형의 오른팔로서 교문을 실제적으로 이끌어 갔던 주요 지도자들이 여러 가지 사정으로 교체되면서 동학의 성격도 그 지도자에 따라 다르게 파악된다. 이것이 동학 자체의 변화인가는 단정할 수는 없지만, 최시형 다음의 지위를 누리면서 교문의 주요한 의례를 작정한다거나 통문을 작성하던 인물들의 사상이나 지향에는 서로 다른 점도 있었던 것 같다. 그렇다고 한다면 동학의 사상이나 현실대응도 달라질 수 있는 것이며, 교도 간에도 불일치가 발생할 수 있는 것이다. 적어도 1890년대 초반에 이르러는 동학의 유교에로의 경도가 분명히 나타나고 있었다고 말할 수 있다. 그렇기 때문에 동학은 최제우의 신원운동 과정에서 체제를 인정하는 동시에 자신을 유교적 가치질서의 수호자로까지 부각시킬 수 있었다.

이점을 좀더 상세하게 살피기 위하여 동학사상의 변모 과정을 대략 알아보겠다. 1880년대 초반은 겨우 정선과 단양 등 영서지방에서 도의 명맥을 이어오던 동학이 새로운 발전의 전기를 맞이하였다. 그런데 1870년대 말엽에 만들어진『도원기서』에 보이는 동학은 적어도 불교적인 색채는 그다지 두드러지지 않았다고 말할 수 있다.[22] 1875년 冠과 衣服을 仙道에 따라 처음으로 만들었다는 사실

22) 李丙燾, 1960,「東學敎門과 그 발생의 제 導因」『국사상의 제문제』6, 143쪽. 그러나 동학과 불교의 관계를 강조하는 연구도 있다. 朴孟洙,

이나 최제우를 제사 지낼 때 '先生의 仙靈'이라고 한 것을 보면 선교의 면모가 돋보이지만[23], 동학 전체적으로는 어떤 성격이라고 단정하기는 어려운 것 같다. 그러나 손병희·손천민·황하일·서인주 등 나중에 동학을 이끌었던 인물들이 입도한 1880년대 초반 이후 중반에는 여러 가지 변화가 일어났다. 지금까지는 강수를 제외한 강원도 출신의 지도자들이 최시형의 측근이었으나, 최시형이 탄압을 피해 거주를 보은 등지로 옮기면서부터는 황하일과 서인주를 중심으로 한 충청도 교도들이 중요한 구실을 수행하였다. 특히 의례나 통문에서 불교적 성격이 강하게 드러나기 시작하였다. 예를 들면 六任을 처음 정하는 등 교문에 큰 변화가 온 1884년 10월에 역시 祭儀를 새로 정하였는데, 그때 발표된 글에서도 傳鉢의 恩惠, 道場, 大德 등의 불교 용어가 사용된 것을 보면 그 점이 분명하다.[24] 최시형 자신도 승려 출신인 서인주의 공을 높이 평가하였다.[25]

그러다가 서인주가 관리들에게 체포되어 유배되는 등 활동의 공백이 발생한 뒤,[26] 손천민이 새롭게 부상하였던 시기,[27] 적어도

1991, 「東學과 韓末 佛教界와의 交涉」『莊峰金知見博士華甲紀念思友錄 東과 西의 思惟世界』, 민족사, 참조.

23) 『道源記書』, 257·273쪽. 그 복식에 관한 자세한 소개는 위의 자료집 參卷에 실린 『侍天敎歷史』下, 44쪽에 나와 있다.

24) 『侍天敎歷史』 下, 55~56쪽.

25) 羅龍煥, 1927년 4월호, 「海月神師日常生活」『天道敎會月報』 196호 ; 吳知泳도 이 시절 동학의 의식과 제도는 30여 년간 불도에 있던 서인주가 많이 만들었고, 서인주와 윤성화 등이 최시형을 거들었으므로 거의 반이나 불도의 퇴물이나 유도의 찌꺼기로 된 비빔밥이라고 하였다. 또한 최시형은 新道의 세력이 약하고, 舊習의 여력이 강하므로, 지금은 그들에게 끌려 따라가나, 나중에는 그들이 자신을 따라 올 것이라는 태도를 보였다고 한다(『東學史』, 193~195쪽).

26) 徐仁周는 1883년 黃夏一과 함께 입도한 이후, 위에서 말한 바와 같이 동학의 발전에 크게 기여하였고, 1885년 5월 지금까지는 정선·인제·단양 등 영서지방으로만 피신 다니던 최시형을 공주 마곡으로, 곧바로

1890년대 초반에 이르러는 교리가 유교의 영향을 많이 받으며 사변화, 규범화하는 모습이 뚜렷하게 나타난다. 물론 동학의 현실적 조건이 유교적인 것이었으므로 종전에도 그런 면이 전혀 없었다고는 말할 수 없지만, 주목되는 현상은 유교 사상, 특히 충효나 삼강오륜과 같은 기존의 유교적 사회윤리와 규범이 그대로 동학의 것으로 나타나고 있다는 점이다. 여러 통문 및 議訟은 그런 경향을 분명히 보여준다. 손천민은 최제우의 신원운동 과정에서도 유교적

報恩 帳內로, 9월에는 다시 尙州 化寧으로 이주시키고 힘을 다해 도왔다. 그러다가 1889년 10월 다른 교도와 함께 체포되었다가 다음해 보방되었다(『侍天敎歷史』 下, 582·584쪽 ; 『大先生事蹟 附 海月先生文集』, 己丑年, 庚寅年). 그 이후 행적은 1892년 7월까지 나타나지 않는다. 또한 그는 최시형의 아들 率奉과는 同壻之間으로 淸州 栗峯 陰善長의 사위였다(1994, 『大先生事蹟 附 大先生事蹟 附 海月先生文集』, 癸未年, 乙酉年, 丁亥年 ; 『東學關聯判決文集』, 총무처 정부기록보존소, 131쪽). 아울러 1900년 그가 청주에서 손천민과 함께 관리들에게 체포되었다는 사실을 주목하여야 할 것이다(李顯奎, 1924, 『新世紀』, 侍天敎宗務本部, 47쪽). 위의 『大先生事蹟 附 大先生事蹟 附 海月先生文集』은 1994년 1월 31일 전라북도 부안의 천도교 壺岩修道院에서 전북일보 특별취재팀이 동학 접주 金洛喆의 『龍菴誠道師歷史略抄』와 『海月文集』을 비롯한 다수의 동학자료를 발굴하였는데, 그 자료의 하나이다. 발굴 경위와 의미에 대하여는 『全北日報』 1994년 2월 15일자 박맹수의 글을 참조. 『大先生事蹟 附 海月先生文集』은 그 내용과 시각으로 볼 때, 侍天敎를 세운 金演局 계열의 교도가 저술한 것이 분명하다.

27) 손천민의 지위가 높아졌다고 기록한 자료는 없지만, 삼례취회에서 최시형 대신 해산 통유문을 작성한 것은 그였고(『天道敎會史 草稿』, 444쪽), 복합상소문도 그가 쓴 것이다. 또한 최시형의 언행을 기술하고 제자를 가르치는 서류는 모두 그가 지었다고 한다(『新世紀』, 47쪽). 그런데 『天道敎會史 草稿』를 살펴보면, 1891년부터 기록 내용이 그 이전의 1880년대와는 비교할 수 없을 정도로 풍부해진다. 이것은 동학 지도부의 구성에 변화가 있었다는 것을 시사한다. 즉 이 시기부터 손천민이 그만큼 많은 기록을 하였다는 표시이며, 동시에 그의 위치가 중요해졌다는 사실을 말해준다고 생각한다.

소양이 풍부한 다수의 의송과 통문을 썼던 것으로 보아, 동학이 유교적 사회윤리로 기울어지는 데 크게 기여한 것 같다.

그리고 이와 같은 동학의 사상적 변화는 단순히 최시형의 측근이 승려 출신에서 유학자로 교체되었다는 사실에서만 기인하는 것이 아니라, 동학 내적인 필요성 내지는 불가피성에서 초래된 것이다. 즉 예언과 주술로 뜨거웠던 최제우의 시대가 지난 다음 동학이 하나의 제도화된 종교로서 현실 세계에 안착하기 위해서는 교리의 체계화와 윤리화는 반드시 이루어져야 하였다. 그것은 또한 어느 의미에서는 동학의 보수화 과정이기도 하였다. 그렇다고 하면 동학은 기존 체제를 지탱하고 있는 유교와 친화적인 관계를 맺을 수밖에 없었고, 그 결과의 하나는 유교적 소양과 배경을 가지고 있던 인물들의 활발한 입도였다.[28)]

동학 지도부가 최제우의 신원운동을 주도적으로 전개하면서 교도들을 동원한 논리도 기존의 가치와 윤리에 의존한 바가 컸다. 지도부는 개인적인 기복신앙에 열중하는 교도들, 즉 "肥己潤產", "宿病自效", "富貴功名"만을 꾀하는 교도들은 충군효부과 똑같이 사제의 의도 竭力盡命하여야 하는 동학의 대의를 모르는 자들이라고 꾸짖었다. 또 "君父有冤 爲其臣子者 不思致身圖報 惟待君父之恩愛乎"와 마찬가지로 선생의 신원을 하지 않는 不義不誠한 자가 조화를 어찌 감히 바랄 수 있느냐고 하였다.[29)] 이는 동학교도와 교리가 전

---

28) 예를 들어 金開南의 從兄인 金三默은 수천 명을 거느리고 있던 동학 두령이었다. 그는 태인의 구족으로 명망이 있고, 글을 잘 지어 監試에도 매번 나아갔고, 그 일대의 양반들과도 교제를 하고 있었다(『甲午略歷』, 70~72쪽). 또한 1888년에는 태인의 武城書院 本邑掌議를 역임하였다(이진영, 1995, 「東學農民戰爭期 全羅道 泰仁 古縣內面의 反農民軍 構成과 活動」『全羅文化論叢』 6, 전북대, 74쪽 주74 참조).

29) 1892년 10월 17일 밤에 작성된 立義通文(1986, 『韓國民衆運動史資料大系』(1844년 농민전쟁편1, 여강출판사), 57~60쪽).

체적으로 기존의 사상과 윤리에로 경도되었음을 잘 말해준다.

그러나 동학이 유교적 가치와 윤리를 표방한다고 하여도, 그것은 어디까지나 동학의 논리 안에서 해석될 수밖에 없는 것이다. 그것은 다름 아닌 三道統合論으로 동학은 유불선을 통합하였다는 주장이다. 최제우도 물론 삼도통합 사상으로서의 동학을 말하였으나, 그것은 삼교를 극복하고 전혀 새로운 만고의 무극대도를 만들어냈다는 자부심이었다. 그런데 이때 홀연히 대두된 삼도통합론은 수세적 입장에서 동학이 유교를 비롯한 기존의 가치나 윤리와 크게 다르지 않다는 점을 애써 강조하는 뉘앙스를 풍기고 있다.[30] 아마 공주감영에 정소하는 중이던 1892년 10월 17일에 교도들에게 보낸 통문은 내용 분량의 거의 반이 삼도통합론에 할애되었고, 충청감영과 전라감영에 보낸 議送에도 많이 언급된 것으로 보아, 지도부가 삼도통합론을 통하여 동학은 전혀 이단이 아님을 얼마나 강조하려고 하였고, 또한 단순히 체제에 교리를 석명하는 데 그치는 것이 아니라 그 정당하고 논리적인 근거로서 삼도통합론을 제시하면서 자신들의 인정을 요구하였다는 점을 알 수 있다. 혹은 동학은 공자와 맹자부터 시작하여 주자와 같은 성리학자와 선왕에 이르기까지 여러 성인들의 가르침을 이어받은 도라고도 하였다. 동학의 탄생도 주자에 의한 성리학의 완성과 같은 맥락에서 해석하였다. 또한 두 사상의 공통적 근원으로 전래의 동양적 천을 제시하며, 동학교도 천인합일의 도라고 주장하였다. 그렇기 때문에 유교나 동학을 가릴 것 없는 천에 대한 일치된 태도가 바로 동학은 이단이 아니라는 근본적 이유라는 것이었다.

이처럼 이 시기 동학 자체, 혹은 손천민이 이끌었다고 생각되는

30) 김연국이 만든 시천교의 역사에도 『道源記書』와는 달리 三教統合을 말하는 부분이 많은 것으로 보아 당시 지도부에는 삼교통합론이 널리 수용되었다고 생각된다.

지도부가 유교적 성향을 강하게 띠고 있었고, 그에 따라 체제의 인정을 전제로 하는 정소를 통한 최제우의 신원운동을 전개하여 체제에게 자신들과 공존할 것을 강력하게 요구할 수 있었던 것이다.

Ⅳ. 신원운동의 전개

서인주와 서병학[31] 등은 누구보다도 먼저 위기에 서 있는 동학을 발견한 인물들이었다. 특히 서인주는 다른 교도와 함께 체포되

31) 신원운동을 주도하였던 서병학은 제2차 동학농민전쟁에서는 參謀官이란 직책으로 隊官 김명환을 따라 다니면서 동학교도, 그 중에서도 지도자급 교도들을 색출하여 체포하는 데 도움을 주었다(『兩湖先鋒陣謄錄』, 1월 12일조, 684~685쪽). 김명환은 우금치전투나 용산전투에도 참가하였지만, 봉기가 진압된 지역에서 은신한 동학 지도자를 체포하는 임무도 수행하고 있었던 것 같다. 12월 6일에도 연산에서 소수의 병력을 이끌고 首接主 등 동학교도를 색출한 바 있었다(위의 책, 12월 6일조, 596쪽). 그런데 서병학은 일찍부터 관군과 동행하면서 이와 같은 행위를 하지 않았나 추측된다(『時聞記』에는 그가 이해 8월에 포도대장 신정희에게 체포되었다고 하며, 『天道教會史 草稿』에서는 南部都事 자리를 얻어 비밀리에 교도들을 정찰하였다고 한다). 12월 10일 龍山戰鬪에서 역시 동학교도였을 것으로 추정되는 이윤철이라는 참모관이 죽은 다음, 곧바로 서병학이 참모관이란 이름으로 등장한다. 그리하여 서병학은 1895년 1월 8일 이후부터는 옥천과 영동 일대에서 수많은 동학교도를 체포하고 처형하는데 앞장섰다. 따라서 서병학은 동학교도에게 결코 용서받을 수 없는 인물이 되고 말았다. 전봉준은 체포되어 심문을 받는 과정에서 그와는 "絶不往來"하였다고 그 혐오감을 강하게 드러내었다. 그리고 『大先生事蹟 附 海月先生文集』에서도 그는 "內懷發身之計 間於齊楚 助桀爲虐 事不如意 終反討道 此實蚊將軍者也"라고 평가되었다.

었으나 간신히 죽음을 면하고 절도에 유배되었던 바가 있다. 그 이후 1892년 7월까지 그의 행적은 기록상 나타나지 않지만, 급속히 신장되던 교세에 고무되어 교도가 침탈을 면하고 동학이 발전하기 위해서는 체제와 대결하여 동학을 인정받아야 한다는 인식 아래 그 준비 작업을 했다고 추측된다.[32] 1892년 7월 그는 서병학과 함께 최시형을 방문하여 동학의 당면 과제는 최제우의 신원이며, 각지의 교도들이 복합상소해야 함을 역설했으나, 허락을 얻지 못하였다.

그러나 서인주 등은 그 해 10월 26일 천여 명의 교도를[33] 모아 충청감사 조병식에게 의송을 보냄으로써 신원운동을 개시하였다. 복합상소를 하여야 한다는 서인주 등의 제안이 너무 위험 부담이 컸기 때문에 동학 지도부가 그 수위를 낮춰 충청감사에게 청원하였던 것이 아닌가 한다. 이 공주취회에 대한 구체적 자료는 많지 않기 때문에 그 전모를 제대로 파악하기는 힘들다.『대선생사적 부 해월선생문집』과『천도교회사 초고』에는 분명히 서인주 등이 최시형의 허락을 받지 않았던 것으로 기록되어 있다.[34] 그러나 10월 17일자로 최시형이 立義通文을 보내는 동시에 각 접주들은 믿을

---

32) 그런데 관련 기록들을 자세히 검토하면, 그는 유배에서 완전히 풀려나지 못하였던 것이 아닌가 한다. 즉 "翌年仁周得保見釋 與徐炳學等 密議進稟於師 呈寃狀于錦完兩營後 仁周仍還匪所 炳學脫身在逃"(『侍天敎歷史』下, 598쪽)라는 기사가 1892년 11월 이전에 나오는 것으로 보아, 서인주는 비록 보석이 되었다고 하더라도, 완전한 자유를 얻지는 못하였을 듯하다. 또한『大先生事蹟 附 海月先生文集』甲午年條의 기사에는 "徐仁周 以島配重囚 欲圖脫身 嘯聚包中 竟至濁亂"하였다고 한다. 1894년에도 아직 유배에서 풀려나지 않았다는 말이다.

33)『時聞記』. "壬辰十月二十六日 東學徒 千餘名 聚於錦營下 以行其道之義 敢爲呈訴 錦伯趙秉式氏 嚴題逐送 錦府中旅舍 生業民之賣飯於東徒者 幷囚獄中 以絶食道 東徒皆散云"

34)『大先生事蹟 附 海月先生文集』, 壬辰年 ;『天道敎會史 草稿』, 439쪽.

만한 교도들을 데리고 '公州議送所'로 오고, 두목들은 청주로 와서 명령을 받으라는 지시를 내린 통문이 발견되었다.[35] 이와 같은 지도부의 결단에 의하여 공주취회는 천여 명이 모이는 성황을 이루었다. 조병식은 평소 동학교도는 물론이고 다른 사람들까지 동학교도로 몰아 재물을 갈취해 왔기[36] 때문에 이와 같은 대규모 취회에 깜짝 놀라 황급히 관리들의 탐학을 금한다는 감결을 각 군현으로 보냈다.

공주취회로 말미암아 어떠한 희생자도 나오지 않았고, 신원의 목적은 달성하지 못하였더라도 집단적인 정소 덕분에 충청감사 조병식의 題와 甘結을 얻어내는 의외의 소득을 올렸다. 몇몇 지도부는 이 성과에 상당히 고무되었을 것이고,[37] 또한 일부 교도들이 추진하는 정소 운동을 막을 수 없다는 판단을 내리게 된 것 같다. 이리하여 동학 교문 전체가 합심하여 삼례취회를 성사시키게 되었다. 그렇다고 하여 최시형 등 정소 운동 자체를 마땅하게 여기지 않은 지도부가 적극적으로 참여한 것으로 보이지 않으며, 그들의 생각은 단지 "禍機를 조금 늦추고자 했을 따름"이었다.[38] 최시형이 신원운동에 대하여 가지고 있던 기본적인 생각은 俗情에 따른 최제우의 寃과 伸은 별 의미가 없다는 것이었다.[39]

---

35) 壺岩修道院에서 발견된『海月文集』에 실려 있다. 그러나『대선생사적 부 해월선생문집』의 내용과 정면으로 배치되는 기록이기 때문에 확실한 근거에 입각하여 통문의 진위 여부를 가려야 할 것이다. 그런데『대선생사적 부 해월선생문집』은 전봉준의 투쟁을 심하게 비판하고 평하였던 사천교 계열의 인물이 저술한 것이 분명하므로 공주취회는 최시형의 허락을 얻지 못하였다는 기술은 일단 신빙성이 약한 것으로 판단된다.

36)『聚語』, 宣撫使探探趙秉式貪虐狀文, 129~132쪽.

37) 李光淳,「東學의 顯道運動」『東學思想과 東學革命』所收, 266쪽.

38)『韓國民衆運動史資料大系』, 83~84쪽. 삼례취회가 끝난 뒤, 北接道主의 명의로 두 번째 나온 통문.

그러나 수많은 교도들이 참가한 삼례취회는 좋은 결과를 별로 얻지 못하였다. 최제우의 신원, 탐학 금지, 중앙정부 보고를 요구한 정소는 공허한 메아리였다. 전라감사 이경직의 대응은 충청감사보다도 더욱 경직되었다. 이와 같은 완강한 전라감사의 태도와 미미한 성과 때문에 삼례에 모인 교도들이 크게 동요하였다. 사실 엄격하게 보면 공주취회나 삼례취회나 얻은 결과는 대동소이한 것이었다. 그럼에도 불구하고 삼례취회의 막바지에서는 상당히 격앙된 분위기가 감돌았음이 감지된다. 또한 지도부에도 문제가 있었던 듯하다. 이런 현상은 교도들의 요구 조건이 관철되지 않아서 나타났다고 할 수 있으나, 그것만 가지고는 설명이 불충분하다.

삼례취회에서 가장 중시해야 할 점은 새로운 노선의 태동이다.[40] 즉 지도부의 지휘에서 벗어나 독자적인 노선을 추구하거나 활동하려는 움직임의 징후가 엿보인다. 이 취회에 참가한 교도들이 삼례에서 일단 해산하게 된 때는 지도부가 해산 명령을 내린 11월 12일로부터 열흘 이상 뒤인 20일 이후이다. 해산하라는 손천민의 통문이 나왔음에도 불구하고 교도들 가운데 여전히 남아 있던 자들이 많았기 때문에 재차 해산을 명령하는 최시형의 통문이 나온 일자가 11월 19일 밤이었다. 그리고 각 지방 관리들에게 동학교도들이 安接토록 하라는 전라감사의 두 번째 감결이 21일에 나온 것을 보아도 해산하지 않거나 다른 곳을 돌아다니며 귀향하지 않은 교도들이 있었음을 짐작할 수 있다. 참가 교도들 중에는 취회에 참석하기 위하여 傾家蕩産하였으므로 유리를 면하기 어려운 자들도 있었다. 이들은 머지않아 봄이 왔어도 고향에 돌아가지 못하였

---

39) 『天道教會史 草稿』, 452쪽.
40) 삼례취회의 중요성에 관하여는 박맹수의 「동학농민혁명에 있어서 동학의 역할」을 참조.

을 것이다. 시기가 겨울철이었기 때문에 할 일이 별로 없던 농민도 여기에 적극 동참하였을 것이다. 또한 이번 취회를 통하여 자신들의 희망이 달성되고, 더 나아가서는 그야말로 지상선경이 올 것이라는 환상을 가진 자들도 있었을지 모른다. 혹은 상당한 종교적 열광이 취회의 분위기를 사로잡았을 가능성도 자연스럽게 연상된다. 그렇기 때문에 해산하라는 지도부의 명령에도 불구하고, 그대로 남거나 다른 움직임을 보이는 교도들이 많았다고 생각된다. 따라서 지도부는 적어도 2~3 차례 통문을 발하여 해산을 종용하고, 관리들과 마찰을 빚지 말도록 당부하여야 하였다. 그럼에도 道所가 보은 장내에 설치되자 찾아오는 교도들이 너무 많아 교무가 지장을 받을 정도였으므로 교도들의 출입까지 통제하였던 것으로 보면, 삼례취회 해산 이후 수많은 교도들이 여기저기에서 취산하며 불안정하게 지냈던 것 같고, 또 실제로 취회가 열렸다.

그리고 다음 단계의 방법인 복합상소가 그 자리에서 결정되지 못한 배경에는 최시형이 참가하지 않았기도 하였지만, 삼례취회를 지도한 교도들 사이에도 그 실행 여부를 둘러싸고 의견이 통일되지 못했기 때문이었다고 짐작된다. 복합상소를 즉시 하자거나, 아니면 다른 좀더 강력한 방법을 동원하자는 의견이 틀림없이 있었을 것으로 생각되는데, 다음해 지도부가 주도하지 않은 전라도 취회가 열리고, 또한 복합상소가 뚜렷한 성과를 얻지 못하자 서울에서 독자적으로 전개된 활동이 있었다는 사실에서 이런 내부적 사정이 충분히 유추된다. 그리고 삼례취회를 해산시키면서 손천민이 발행한 통문에서 중요한 것 중에 하나는, 다음 취할 바는 최시형의 지휘를 다시 기다리자는 내용이다. 그럼에도 불구하고 교도가 잘 해산하지 않고, 지도부 사이에 이견이 존재하였으므로 이레 뒤 최시형의 통문이 거듭 나와야 하였다. 그 속에서 최시형이 복합상소의 문제는 의논하여 다시 도모하자고 한 것으로 보아 교도 중에는 당장 복합상소를 하자고 주장하며 해산을 거부했던 자들이 있었음이 틀림없다.

이렇게 지도부와는 점차 거리를 두게 된 일부 지도자들은 해산하지 않으려는 교도들을 하나의 세력으로 쉽사리 규합할 수 있었을 것이다. 특히 각포의 접장에게 취회하라는 통문이 나간 뒤 4, 5일만에 전라감영에 의송을 보낸 것으로 보아, 삼례취회에는 지리적으로 가까운 전라도 교도들이 많이 모였을 것이다. 그렇기 때문에 뒤에서 자세히 언급하겠지만, 연이은 취회가 전라도에서 그곳 교도들을 중심으로 하여 열릴 수 있었다고 생각된다. 삼례취회가 끝난 뒤 전개된 상황도 또 다른 취회의 개최를 촉진하였다. 감사의 금령에도 불구하고 지방관리들은 더욱 가혹한 수탈을 서슴지 않았고, 더구나 가짜 어사들까지 등장하여 교도들을 침탈하였으므로 지도부가 그들에게 뇌물을 주지 말도록 하는 통문도 보내야 하였다. 그리고 주동자인 서인주와 서병학을 쫓는 관리들의 지목도 삼엄해졌다. 여기에다가 천주교도들이 취당하여 동학교도를 해치려고 한다는 소문이 나돌았으므로 동요하는 교도들을 진정시켜야 하였다. 이러한 탄압의 국면은 그렇지 않아도 삼례취회의 결과에 대하여 만족하지 못하였던 교도들을 불안과 분노로 몰아넣었을 것이다.

최제우의 신원은 지방관의 권한이 아니라는 전라감사의 답변은 최제우의 신원의 목표를 달성하기 위해서는 왕에게 직접 상소를 보내야 한다는 의미였으므로, 지도부는 삼례취회를 해산하면서 복합상소를 고려하겠다고 발표하였다. 그러나 복합상소는 그렇게 쉽게 실행되지는 못하였다. 자세한 과정은 알 수 없지만, 그해 12월 都所에서는 먼저 정부에 공한을 보내었다.[41] 이렇게 서울로 직접

---

41) 『韓國民衆運動史資料大系』, 87~91쪽.

올라가지 않고 공한을 발송한 것은 복합상소에 대한 의견이 지도부 내부에서 통일되지 않았고, 더욱이 회의적이던 최시형의 허락을 얻지 못했기 때문으로 추측된다. 그 내용은 최제우의 신원을 직접적으로 요구하는 것이 아니라, 삼도통합 사상으로서의 동학, 충청감사와 영장의 탐학, 그 중에서도 심하게 교도를 침탈하는 지역을 열거하고, 송나라 인종의 붕당설을 인용하며 자신들도 보부상과 마찬가지로 특별한 사회집단으로 인정해 줄 것을 요청하는 것이다. 이 공한은 분명히 복합상소를 대치할 수 있는 방도를 모색한 결과라고 해석된다. 복합상소의 성과도 의문스러웠지만, 복합상소의 절차상 어려움, 이후의 탄압도 충분히 고려했을 것이다. 이러한 위험 부담과 불투명한 성과 때문에 지도부는 복합상소를 쉽사리 결정하지 못하였고, 대신 동학은 이단이 아님을 역설하며 당장 해결하여야 하는 관리들의 탐학 금지를 요구하는 미봉적인 방법을 채택하였다. 그러나 이에 대한 답신마저 오지 않았으므로 지도부는 다음 단계인 서울에서 복합상소를 실행할 수밖에 없었다.

어렵게 최시형의 허락을 얻어 추진한 복합상소가 드디어 2월 11일부터 시작되었으나, 관리들은 절차상의 문제를 들어 상소의 접수를 거부하였다. 그러나 동학교도가 궁궐 앞에서 시위하는 것이 서울사람과 외국인에게 불안감을 조성하였으므로 '돌아가면 원하는 바에 따라 해주겠다'는 내용의 구전을 14일에 내렸다. 이에 따라 동학교도는 다시 아무것도 얻지 못하고 돌아올 수밖에 없었고, 소두 박광호 등을 잡아들이라는 왕의 명령으로 종전보다 더욱 가혹한 탄압을 받게 되었다. 그러나 복합상소는 동학의 존재를 조선사회와 외국까지 널리 알리게 되는 계기가 되었고, 동학이 정치적 집단으로 변할 가능성이 있다는 인식도 많은 사람들에게 심어주었을 것이다.

그런데 복합상소 후 3월 초까지 서울에서 발생한 몇 건의 외국인 위협 괘서 사건이 모두 동학교도의 소행으로 알려져 있지만, 일부는 다른 사람이 붙인 것일 수도 있다. 2월 14일 미국 선교사 기포드의 학당에 붙은 괘서와 2월 18일에 존즈라는 미국인 집에 붙은 괘서는 내용상 동학교도가 쓴 것으로 보이지 않는다. 후자에 대하여 언급한 프랑스 천주교회측의 자료는 이때 미국인의 실제 얼굴과 아주 비슷한 초상화까지 나붙은 것을 보면 목사의 집 내부의 조선인 소행이라고 단정하고 있다.[42] 미국공사 허드도 전자는 동학교도가 쓴 것 같지만, 후자는 서울사람이 쓴 것 같다는 판단을 외아문에 보내었다.[43] 그러나 전자도 자신의 정체를 도참 내지 정감록적 분위기로 애써 감춘 비동학교도의 유치한 집필로 느껴진다. 계룡산 樂斯村에 산다고 자신을 밝힌 白雲山人 弓乙先生은 동학교도들이 사용하는 상투적인 어휘나 동학 경전 등에 있는 서양배척 논리를 거의 사용하지 않았다. 그러나 동학와 계룡산 정씨를 결부시킨 동학교도들도 많았기 때문에 이 사람을 동학교도가 아니라고 단언하기도 어렵다. 그리고 외국인들이 퇴거하지 않으면 쳐들어가겠다는 기한인 3월 7일은 현재 발견된 자료 중에서는 비동학교도가 쓴 후자의 방문에만 유일하게 나온다. 그렇기 때문에 3월 7일 척왜양의 날을 동학교도가 지정한 것이라고는 볼 수 없다. 3월 7일설은 충청도 면천에 유배되어 있던 김윤식의 일기에도 다시 나오는데, 그것은 프랑스공사관에 붙었다고 한다.[44] 그 원본을 발견하지 못하였으므로 단정하기는 어려우나, 과연 그와 같은 문서가 존재했는지 의심스럽다. 만일 프랑스공사관에 그와 같은 중대한

42) 『빠리外邦傳教會 年報』, 1893년 보고서, 279쪽.
43) 1967, 「1072. 美人趙元時家에 貼付된 牧師退去榜文의 犯人逮捕要求」『舊韓國外交文書』 美案 Ⅰ, 고려대학교 아세아문제연구소, 719쪽.
44) 金允植, 『續陰晴史』 上, 癸巳 2월 24일, 257쪽.

사안을 담고 있는 괘서가 붙었다면, 적어도 조선정부 측의 각종 연대기나, 『구한국외교문서』 法案이나 『빠리외방전교회 연보』에 관련 사실이 실려 있을 가능성이 없을 가능성보다 더 클 것이다. 아니면 청국이나 미국 관계 문헌에 나타날 수 있겠지만, 그렇지도 않다.[45] 3월 7일설은 외교문서와 같은 공식 문서가 언급한 경우는 단지 일본 변리공사였던 大石正己가 외무대신에게 보낸 것뿐이나[46], 그 보고 자체는 확인된 사실에 근거한 것은 아닌 것 같다. 방곡 배상 문제 때문에 파견된 大石正己는 교착 상태에 빠진 양국의 협상을 타개하기 위하여 동학교도의 서울 활동을 빌미로 삼으려고 했기 때문에 정확히 확인되지도 않은 사실을 일본에 그대로 보고했다고 본다.[47] 동학교도가 이처럼 척왜양의 격문을 서울 도처에 정말로 붙였다고 한다면, 그 가운데 가장 그럴 듯한 것은 일본영사관문에 붙인 문서이다. 그 내용은 떠나지 않으면 어떻게 하겠다는 노골적인 위협은 없다. 大石正己도 그것을 무뢰한의 惡戲라고 보고 그 이상의 정치적 의미를 부여하지 않았다.[48] 사실 이 문서도 동학

---

45) 원세개는 이홍장에게 동학교도의 복합상소와 보은취회에 관하여 보고하면서, 동학교도가 복합상소를 하던 시기에 서양인을 꾸짖는 포고문을 붙이고, 장차 서울 객주를 誅討할 것이라고 했다고만 말하였으며, 3월 7일설은 전혀 언급하지 않았다(1971, 『清季中日韓關係史料』 5, 中央研究院 近代史研究所 編, NO.1807, 3165~3175쪽). 그리고 당시 중국측 사료를 풍부히 이용한 임명덕의 저서에서도 나타나지 않는다(林明德, 1983, 『袁世凱與朝鮮』재판, 中央研究院 近代史研究所). 한국정신문화연구원에 마이크로필름으로 소장된 『주한미국공사관기록』에도 전혀 관계 사실이 없다. 또한 최제우의 신원운동를 다루면서 주한미국공사였던 허드의 보고서도 찾아 이용한 벤자민 윔즈의 『革命, 叛亂 그리고 天道』에도 3월 7일설에 관한 구체적 증거가 없다.

46) 「205. 4月 10日, 東學黨ノ擧動ニ關聯, 軍艦派遣方上申ノ件」 『日本外交文書』 5, 453쪽.

47) 『清季中日韓關係史料』 5, NO.1807, 3167쪽 ; "日本公使大石正基 以北道黃豆事 欲面程於榻前 肆悖無常 擧朝憤惋"(『續陰晴史』, 263쪽).

교도가 작성한 것이라는 어떤 직접적 근거는 없는 것이지만, 이것을 끝으로 서울에서는 척왜양 괘서 사건은 없었다.

이러한 괘서가 동학교도의 복합상소 직후에 일어났고, 동학교도가 상경하여 외국인을 습격할 것이라는 소문을 근거로 모두 동학교도의 소행으로 돌렸으나, 이렇게 정황만으로 추측하면 동학교도와 무관한 개인이나 세력들도 괘서할 충분한 이유를 가질 수 있었다. 즉 프랑스와 미국 선교사들의 거리낌없는 활동, 방곡에 따른 일본의 배상 요구, 청국과 일본을 비롯한 외국인들의 서울 시내 상업 활동 등등의 문제가 당시 외국과의 긴급한 현안으로서 조선인들, 특히 서울 사람들의 반발과 분노를 고조시키고 있었다. 서울의 상인들은 외국상인의 상행위 문제로 1890년 초에 철시라는 집단적 행동을 한 바도 있었다.[49] 따라서 결정적 증거 없이 괘서 사건을 모두 동학교도의 소행으로 돌리는 것은 문제가 있다.

그러나 지도부가 복합상소 기간 중에 무력 봉기를 하자고 하던 서병학을 제지하였다는 기록이[50] 있다. 아래 인용문의 내용처럼 그런 제의가 분명히 있었다. 그런데 그 발언자가 서병학이었는지는 불명하다. 왜냐하면, 그는 신원운동을 처음부터 끝까지 주도하였다는 점, 보은취회에서 금구취회에 대하여 비난한 점, 또한 보은취회가 끝난 다음에도 이관영 등과 함께 최시형을 찾아가 신원운동을 재차 건의하였다는 점으로 볼 때, 무력으로 정부나 민영준을 치자는 그의 말은 논리적 일관성이 없다. 하지만, 그 여부와는 관계없이 지도부 안에서 이와 같은 견해를 표명하였던 교도가 있었다는 것은 동학의 중요한 변화라고 생각한다. 체제와 적극적으로

48) 田保橋潔, 앞의 책, 226~227쪽.
49) 金敬泰, 1986, 「甲申甲午期의 商權回復問題」『韓國史硏究』 50·51.
50) 權秉德, 앞의 글, 331쪽.

대결하겠다는 결의가 교도 내부에서 강해져 가고 있던 표시이다.

다음의 인용문은 1898년 최시형이 체포되어 행한 진술의 일부분이다.[51]

> 왕에게서 답변을 얻지 못하자, 그 중 한 사람(복합상소 참가자 - 인용자)이 참석자들이 군인으로 변장하여 먼저 민영준의 집을 공격하자고 제안하였다. 그러나 그것은 받아들여지지 않았고, 모였던 대중은 흩어져 모두 귀가하였다. 이 동안 나는 아파서 전주에 내내 있었다. 나중에 정부가 우리를 체포하기 위하여 군대를 보내려고 한다는 소식을 듣자, 열 명 정도의 추종자들이 斥倭의 깃발을 세워야 하고, 그리고 보은에서 취회를 하여 서울과 가까운 한강을 따라 반란을 개시하여야 된다고 제의하였다. 그러나 그 제의는 반대에 부딪쳤고, 우리가 취할 행동에 대하여 여러 가지로 논의하는 동안, 선유사 어윤중이 와서 흩어지도록 우리를 설득하였다. 그의 두 번째 효유에 우리는 해산하였다.

우선 최시형은 복합상소 시기에 전주에 있었다는 사실을 주목하자. 3월 금구취회의 주동자로 서인주와 황하일이 거론되었는데, 아마 2월에도 이들은 서울에 가지고 않고, 전주 근방의 취회에서 지도적 역할을 담당하고 있었던 것 같다. 서인주 등이 이곳에 와 활동한 까닭은 먼저 앞에서 말한 바와 같이 서인주 자신이 아직 자유롭지 못한 상태에 있었기 때문에 서울에 올라가서 활동하기는 어려웠던 것 같고, 복합상소와 동시적으로 하나의 취회를 개최하여 효과를 극대화하기로 미리 계획되어 있었기 때문이 아닌가 한다. 왜냐하면, 전라감사에게 선언문을 보낸 날짜가 2월 10일이었다.[52] 복합상소가 10일 치성식을 치루고, 11일에 시작되었다는 사실을

---

51) THE KOREAN REPOSITORY, VOL.5, Confession of a Tong Hak Chief, 234~235쪽.

52) 『뮈텔문서』, 1893~1861.

염두에 둔다면, 이 제출 날짜가 가지는 의미는 좀더 확연해진다. 복합상소를 준비한 교도와 이 취회를 주도한 교도 사이에 어떤 연락이 있었을 가능성이 높다고 본다.

이 전라도 취회에는 동학창의회소가 존재하였다. 여기에도 적어도 수천 명의 교도들이 모여 "夫人事之難有三"으로 시작하는 유명한 선언문 성격의 글을 다시 전라감사에게 보냈다. 그 취회는 장소는 금구,[53] 혹은 삼례이었을[54]것이다. 아마도 전라감사에게 문서를 보냈다는 점으로 미루어 전해 10월에 열린 취회처럼 삼례에서 개최되었을 가능성이 더 높다. 추측컨대, 삼례에서 전라감사에게 글을 보냈으나, 그에 대한 회답도 없기 때문에 다시 금구로 이동한 것이 아닌가 한다. 하여튼 이 취회에서는 의병을 일으킨다는 의미와 크게 다르지 않은 "倡義"라는 말을 처음으로 썼다는 점이 우선 눈에 띄는데, 11월의 삼례취회에서는 전라도삼례도회소라고 하였을 뿐이다. 또 하나는 이전의 의송보다 왜양, 특히 왜에 대한 강렬한 적개심이 엿보인다는 점이다. 한마디로 이 취회에서는 투쟁적인 성격이 분명하게 드러났다고 할 수 있다.

이 취회는 분명히 1893년 3월의 금구취회와 깊은 관련이 있을 것으로 본다. 그리고 '金溝聚黨'의 존재 자체와 주도자가 전봉준이라는 사실은 이미 다른 연구를 통하여 분명히 밝혀졌다.[55] 그에 따

---

53) 趙景達, 1982, 「東學農民運動と甲午農民戰爭の歷史的性格」『朝鮮史研究會論文集』 19 ; 鄭昌烈, 1986, 「古阜民亂의 研究(上)」『韓國史研究』 48.

54) 李離和, 1989, 「전봉준과 동학농민전쟁」『역사비평』 가을호, 210쪽.

55) 박찬승, 1994, 「'신원'운동과 '척왜양'운동」『1894년 농민전쟁연구』 3, 역사비평사. 주 53의 조경달과 鄭昌烈의 논문 참조. 그런데 박찬승은 금구취회의 정치적 성격을 인정하지만 신원운동 단계까지만 하여도, 아직 독자적으로 척왜양운동을 밀고 나갈 수 있을 정도로 조직화된 세력은 아니라고 한다.

르면, 이 취회는 보은취회와는 독자적 자세를 가지고 있었고, 척왜양과 지방관의 탐학 금지 요구를 더욱 정치적인 운동 형태를 통하여 추진하였다고 한다. 이러한 주장의 대강에 대하여 일단 동의하지만, 실증적인 측면과 그에 따른 금구취회의 정치적 성격의 해석, 그리고 구체적으로 거론되지는 않았지만, 상대적으로 약화된 보은취회의 정치성 등에 관하여 재검토가 필요하다.56)

첫째, 최시형과 그의 측근들이 이 취회, 적어도 삼례취회에 참석하였을 가능성이 높다.

둘째, 『동경일일신문』 4월 18일자(음력 3월 3일)에 근거하여 금구취회에서 대표 20여 명을 서울로 보냈고, 이들이 서울에서 요구조건을 관철시키기 위한 운동을 벌이다가 포도청에 구류되었다고 한다. 그런데 이 신문 기사를 자세히 살펴보면 이것은 삼례취회와 복합상소를 전하는 내용이며, 따로 금구에서 올라온 세력에 관한 것은 아님이 확실하다. '이 무렵'으로 시작하는 이 기사가 보도된 음력 3월 3일경이나 大石正己가 보고서를 보낸 음력 2월 25일경이 아니라, 이미 한참 지난 복합상소의 시기이다. 덧붙여 말한다면 이 보도 다음의 동학 관련 기사는 '동학당의 성질', '복합상소의 자세한 내용', '동학당의 목적', '동학당 격발의 사정'으로 사태의 발전과정과 시간적 순서가 잘 지켜지고 있다. 금구취회 기사라고 한다면 순서가 전혀 맞지 않다. 따라서 이 기사에 근거하여 금구취회에서 대표들이 상경했다는 주장은 재고하여야 한다.

셋째, 금구취회는 남접과 합세하여 보은취회를 좀 더 정치적으로 몰고 가기 위하여 보은취회에 집단적으로 참여하려고 하였으

---

56) 金義煥, 1986, 『近代朝鮮東學農民運動史の硏究』,(和泉書院) 412쪽, 주95참조. 金義煥은 金溝聚黨이 동학농민전쟁과 직접적으로 연결되는 집회라는 주장에 대하여는 의문을 표시하였다.

나, 취회가 해산한 뒤였기 때문에 금구 원평에서 온 선발대 천여 명은 충주로 방향을 돌려 서울에 올라가 정치적 활동을 하려고 하였다고 한다. 그런데 보은취회에 참석하기 위하여 금구취회에서 다수의 교도들이 3월 22일 장내로 올 예정이었고,[57] 실제로 다수의 전라도 교도들이 참가하였다. 또한 보은에 왔던 전라도 지역의 교도들은 해산할 때 관리들이 파악한 바에 따르면 6천 명이 넘었다.[58] 보은취회에서 대두령을 맡았던 접주 중에는 남계천·손화중·김개남·김덕명 등 주요한 전라도 지도자들이 망라되어 있었다.[49] 그리고 위의 논문에서는 報恩의 院坪을 金溝의 院坪으로 잘못 해석하였다. 보은 北面에 있던 將吏는 "間路自院坪向忠州去者 爲千餘名 所居地方 不得探聞"이라고 보고하였는데, 어느 지방에 사는 지도 알아내지 못하였는데 금구 원평에서 왔다고 하는 것은 있을 수 없다. 또 "원평으로부터 충주로"라는 표현에서도 드러나듯이, 이때의 원평은 금구 원평이 아니라, 현재 보은군 산외면 원평리이며, 장내의 동북 방면인 청천, 괴산, 충주, 그리고 이들 지역을 거쳐 경기도와 강원도로 가장 빠르게 갈 수 있는 길목이다. 그들은 금구취회에서 온 교도들이 될 수 없고, 보은취회에 참가하였다가 해산하던 사람들이었다. 따라서 보은취회가 금구취회 세력의 참가를 막기 위해 황망하게 도주했다거나, 4월 5일 어윤중이 진산군에서 만난 금구에서 온 동학교도 4백여 명은 선발대를 뒤따라간 세력이라는 주장은 근거가 없다.

위의 두 번째와 세 번째 사항은 금구취회의 지도자가 전봉준과 서인주였다는 점, 그리고 척왜양을 방으로 써 붙였다는 점과 함께

---

57) 『聚語』, 3월 20일 探知21일 發報, 111쪽.

58) 위의 책, 124~125쪽.

49) 『東學史』, 83~84쪽.

금구취회가 정치적 성격을 강하게 띠었고, 보은취회를 종교적 운동으로부터 정치적 방향으로 치닫게 하였다는 주장의 중요한 근거이다. 그러나 위에서 살펴보았듯이 이 사료는 금구취회와는 상관이 없는 것이다.

보은관아를 비롯하여 여러 곳에 붙인 방문의[50] "죽음을 맹세하고 왜양을 깨트려 버리겠다"는 斥倭洋의 의지는 금구취회의 정치적 성격을 강렬하게 부각시키고 있다. 그러나 이때 절대적 목표로 등장한 척왜양 정신은 이전의 최제우의 신원운동 과정에서도 비록 척왜양이라고 언표되지도 않았고, 최제우의 신원에 밀려 중요성을 얻지 못하였던 수준이었을지라도 이미 어느 정도는 표출되었다. 예를 들면, 충청감사에게 보낸 議送에서도 "西夷之學", "倭酋之毒", "倭國之商"이란 표현을 사용하며 천주교와 일본 상인을 비판하였고, 1892년의 삼례취회에서도 역시 이와 동일한 어사로 외세를 배척하였다. 그러므로 금구취회에서 척왜양이란 정치적 목표가 등장하였다는 점에서 금구취회를 이전의 최제우의 신원운동과 분리하여 그 투쟁성을 강조한다는 것은 문제가 있다. 또한 척왜양 정신은 보은취회에서는 오히려 더욱 강하게 발휘되었다는 것을 고려한다면, 결국 금구취회와 보은취회의 각각의 성격과 양자의 관계를 좀 더 신중히 판단해야 한다. 즉 금구취회는 최제우의 신원을 중심으로 한 이전의 운동과 투쟁의 연장선상에 있으며, 그 기본 노선과 방법, 그리고 기반에서 크게 벗어나지는 않았다고 생각된다. 그리고 보은취회와의 관계도 그렇게 대립적인 것은 아니었다.

그런데 금구취회에서 왜 갑자기 척왜양이 투쟁의 제일차적 목표로 부상하였는가 하는 의문이 생긴다. 금구취회 자체의 기록으로는 유일하게 남은 위의 문서는 전라감영에도 보냈던 것인데, 여기

50) 『聚語』, 108~109쪽.

에서도 척왜양 외에는 다른 요구가 보이지 않는다. 천주교의 발전과 그에 대한 조선인의 반발, 그리고 과장되거나 근거가 없는 소문에서 그 변화의 이유를 유추해 볼 수 있다.

1890년대 초반 천주교 선교사들은 서울과 그 근방에서는 성직자 복장을 하고 다닐 수 있었고, 지방에서도 교세가 확장되고 있었다.[51] 1892년 9월(양력) 보고에 따르면, 조선인 천주교 성인 영세자는 총 20,840명, 당년도 영세자는 1,443명, 예비교우는1,800명이 넘는 것으로 기록되었다. 이 가운데에서도 남부지방이 북부지방보다 신자들이 많아 전라도에서는 110개 공소에 4,500명, 충청도에서는 4,000명의 신자들이 신앙활동을 하고 있었다. 또한 최제우의 신원운동과 동학농민전쟁을 겪고도 교세는 확대되어 신자수가 24,733명, 당년도 성인 영세자는 전년보다 약간 많은 1,740명으로 나타났다.

그렇다고 하여 선교 활동이 아무런 문제없이 잘 이루어진 것은 아니었고, 지방에서는 비신자들과의 마찰이 종종 야기되어 국가간에 외교적 차원까지 발전되곤 하였다. 예를 들어 1890년 2월 함안의 한 향리가 신자였던 어머니의 장례를 천주교식으로 치르자, 죽은 어머니 시체의 목을 잘라 피를 빨아먹었다는 소문과 재물 약탈 소동이 함안을 비롯하여 김해·진주·통영·고성·칠원·창원 등 근방 일대에서 일어나, 프랑스공사 꼴랭 드 쁠랑씨의 항의를 받은 외아문에서 경상감사에게 전보를 쳐서 금지시킨 일도 있었다.[52] 또한 1891년 7월 장성에서는 지역 주민들과 향소의 좌수 등이 한 동리의 주민들이 선교사와 교섭하는 것을 막기 위하여 그 동리를 폐쇄하고, 관청에 呈狀을 올려 사람을 옥에 구금하게 한 일이

51) 1890년대 전반의 천주교 교세 확장과 비교도와의 마찰은『빠리外邦傳敎會 年報』에 실린 1890~1894년까지의 뮈텔주교의 보고서를 참조.
52) 1967,『舊韓國外交文書』法案 Ⅰ,「248. 慶尙道騷訛事件收拾策建議의 件」, 고려대학교아세아연구소, 107쪽.

일어나기도 하였다.[53] 이외에도 거제도 · 대구 · 김천 · 삼가 · 안면도 · 전주 · 제주 등을 비롯한 각지에서 천주교 신자들과 비신자 사이에 마찰이 발생하였다. 특히 이런 충돌은 프랑스 선교사들의 활동이 활발하고 신자들이 많았던 남부지방에서 다수 일어났다. 이와 같은 천주교 교세의 확장과 함께 빈발하던 신자와 비신자들 갈등과 분쟁은 '금수와 같은 이적'의 대표적 상징인 천주교를 피부적으로 접하였던 일반 백성들의 위기의식과 거부감에서 비롯된 것이었다. 그런 면에서 동학의 척왜양은 당시 조선사회 전반에 걸쳐 팽배하였던 반외세적 정서의 표출이었으며, 동학교도교가 아니라도 조선인 대다수가 내심으로는 반겼을 '왜양의 침략'에 대한 강력하고 조직적인 저항이었다는 점은 중요하다.

여기에 불을 지른 것은 위정자들이 보여준 외세에 대한 저자세였다. 1890년대 초반은 천주교만이 아니라 동학의 발전 시대였다. 그런데 1891년 말경 정부가 비밀리 내려보낸 사교 금지령은 지방에서는 그 대상이 천주교, 혹은 동학으로 해석되기도 하였으나, 이 시기 천주교 신자들과 일반 백성의 마찰은 천주교 측에 유리하게 해결되고 있었던 실정이었으므로 동학만 가혹한 금압의 대상일 뿐이었다.[54] 이런 차별적 탄압은 그렇지 않아도 천주교를 비롯한 외세에 대하여 대결적 자세를 견지하던 동학교도에게는 천만 불공평한 것이었다. 또한 그들은 천주교인들은 서양 선교사 덕분에 관리들에게 가혹한 세금을 징수당하지 않는다는[55] 피해의식도 가지고 있었다. 그렇기 때문에 뮈텔주교의 보고서에는 동학교도가 천주교 신자들을 가장 큰 원수로 취급했다거나, 정부군에게 당하는 패전

53) 위의 책, 「379 長城塔亭里 (중략) 要望의 件」, 165쪽.
54) 『빠리外邦傳教會 年報』, 1892년 보고서, 266~267쪽.
55) 벤자민 B.윔즈, 『改革 · 反亂 그리고 天道』(홍정식 역, 1966, 신명문화사), 62~63쪽.

을 신자들에게 앙갚음하려는 것 같다고 하였다.

삼례취회 중이거나 끝난 직후에 발행된 최시형 명의의 통문은 다음과 같은 사정을 말하고 있다.

> 천주교도가 공중에 樓閣을 짓고, 취당하여 화를 만드니, 이것은 진짜 위기이다. (중략) 비록 飛砲와 利劍이 수풀 같고 산과 같아도 우리가 어찌 두려워 피하겠는가. 천주교인도 역시 本然之善을 가졌을 것인데 어찌 공연한 근거 없는 말을 하여 東西之敎를 서로 해치겠는가.

이와 같은 천주교에 대한 소문이 가져온 충격은 아마 상당히 컸을 것으로 생각된다. 그렇기 때문에 지도부에서 천주교인과 爭端을 만들지 말도록 당부하였을 것이다. 위에 말하는 공중누각은 천주교 교회나 사제관일 것이며, 취당 등은 천주교 집회가 와전된 것이라고 추측된다. 『본교역사』는 당시의 소문을 좀 더 구체적으로 전해준다.[56] 그런데 자세한 전말은 모르나, 1893년 10월자 천주교 보고서에는 전주에 있던 보두네 신부가 감영 군사들의 '침입'을 받고 서울로 도움을 청하러 갔다는 내용이 있다. 이 사건이 이 시기에 일어났다고 하면 큰 여파를 미쳤을 것이다. 실제로 천주교도도 동학교도의 취회나 자신들에 대한 위협적인 소문을 듣고 공포에 사로잡히기도 하였다.

동학교도가 천주교도와 충돌할 뻔하였던 이 위기는 단순한 사건으로 해석될 수도 있지만, 동학교도가 척왜양을 외치게 된 중요한 계기가 아니었는가 한다. 그렇지 않아도 동학은 전혀 이질적인 존재인 서양이 가한 위협과 충격에 대한 대항으로서 발생된 민족종

---

56) 『本敎歷史』 삼례취회 부분, 현대 맞춤법으로 바꿈. "時에 托名西學者가 興化造訕하여 排斥東學曰西道中에 自有神通妙術하니 將造出空中樓閣하고 衆中於斯하여 以震天大砲로 能殄滅一切道人이라 한대, 於時에 流言이 波蕩하고 輿論이 鼎沸라"

교라는 면모도 지니고 있는데, 실제 '倭洋'들이 일반 민중들의 일상생활 영역으로 들어와 여러 가지 다툼이 벌어지게 되자, 그들에 대한 공포와 증오가 더욱 증폭되었을 것이다. 또한 자신들에게 가해지고 있던 억압과 침탈에서 벗어나기 위한 취회가 관리들의 완고한 태도로 만족스러운 결과를 얻지 못하게 되자, 그 원망과 증오가 일시에 천주교도를 향하여 폭발할 수준까지 올랐던 것이 아닌가 한다. 공주취회 이후 짧은 시간에 척왜양의 수준으로 발전한 이러한 분노와 증오는 어떤 사회경제적 요인으로 설명하는 것보다는 사회심리 내지는 종교적 측면에서 분석하는 편이 훨씬 타당하다. 척왜양이 제시된 뒤에는 최제우의 신원이나 현실 정치의 불만은 상대적으로 약하게 나타난다는 느낌도 든다. 이점에 대하여는 뒤부분에서 다른 방향에서 기술하겠지만, 동학교도 가운데는 어떤 것보다도 척왜양이 가장 현실감 있고, 당면한 과제라고 느끼었던 자들도 많았다고 본다. 이렇게 갑자기 증폭된 천주교도와의 대결의식은 이후 동학의 척왜양 운동의 기폭제인 동시에 체제와의 정치사회적 투쟁을 향하여 가는 과정의 하나였다.

금구취회가 방으로 써 붙인 글에서는 나타나지 않지만, 그 취회의 정치적 성향을 살필 때, 척왜양의 의지와 실제 행동이 주는 강한 느낌은 이 세력들이 단순히 외세 배격에만 뜻이 있는 것이 아니라, 그 이면에는 현실에 대한 불만도 대단하다는 것이다. 이점을 감안하지 않고, 척왜양만을 주목한다면 사실 취회의 정치적 의미는 적지 않게 감소될 것이다. 이들의 척왜양은 단지 외세에 대한 분노만이 아니라 결국 교도에 대한 침탈, 경제적 곤궁, 토호의 무단 등 자신들이 일상생활에서 겪고 있는 현실 전반의 모순과 폐단에서 나왔을 것은 분명하다. 그렇기 때문에 지배층이나 외세는 동학교도들의 척왜양은 핑계에 불과하고 안으로는 난을 일으키려고 한다고 분석하였다. 실제 어윤중이 진산에서 만난 금구취회에서 온 교도들도 척왜양 외에도 수령의 침탈을 호소하였다. 이런 현실에 대한 불만은 오히려 공주와 삼례에서 강하게 표출되었다. 따라서 참가자들도 보은취회와 마찬가지로 빈궁한 자, 침탈을 견디지 못한 자, 도망자, 억울한 자, 의기로운 자, 樂地에 들어가려는 자 등등 온 나라의 "不平之氣"였을 것이다. 또한 금구나 보은 가릴 것 없이 참가자들 다수는 이런 처지에서 고통당하고 있던 민중이었으므로, 두 취회의 성격은 기본적으로 크게 다르다고 할 수 없다.

두 취회에서 다른 것이 있다면, 그것은 취회 지도자의 노선일 것이다. 서병학이 어윤중에게 금구취회를 자신들과 다르다고 강변한 것은 전체 참가자들의 성격이 아니라, 지도부 내부의 분열을 의미한다. 특히 위에서 인용한 최시형의 진술은 보은취회에 참석한 동학 지도자 가운데 10명 정도가 척왜를 주장하고, 반란을 일으키자고 제의하였다고 하는데, 그들은 금구취회와 깊은 관련을 맺고 있거나, 그 노선을 지지하는 교도였을 가능성이 상당히 높다. 전봉준이나 서인주가 남접이 되었다는 사실, 전라감영을 비롯하여 서울이나 각지에 척왜양하겠다는 의지를 발문게방하였다는 사실, 서병학이 어윤중에게 금구취회를 비난한 사실 등과 함께 금구취회의 정치적 성격을 잘 말해주는 증거이다.

보은취회가 열리자 전라도에서는 많은 교도들이 참가하였다. 다른 자료에는 없으므로 진실 여부를 신중히 판단하여야 하지만, 보은취회에 전봉준이 참석하기 위해 4, 50리 떨어진 보은 元岩 장터까지 왔다가 취회가 해산하였으므로, 원평으로 되돌아갔다는 기록이 있다.[57] 원암은 옥천, 청산, 영동으로 통하며 전라도에서 온다면 이 길이 가장 편리하다. 또한 현재 천도교 표영삼 상주전도사에 따

57) 『新世紀』, 42~43쪽.

르면 오지영이 해방 뒤 서울에서 강연할 때, 전봉준이 보은에 왔었다고 한 말을 들은 교도가 있었다고 한다. 그리고 『취어』에도 전라도 교도들이 가장 많이 왕래하던 길목은 남면의 원암으로 장리의 보고로는 이곳을 통하여 오륙백여 명이 돌아갔다고 기록되어 있는 것을 보면 어느 정도 신빙성이 있다고 생각된다. 만일 이 사실이 맞는다고 하면, 특히 두 취회 지도자 사이의 노선 차이도 화합하지 못할 정도로 그렇게 큰 것은 아니었다고 해도 될 것이다. 보은취회에 참석한 금구취회의 지도자는 전봉준만이 아니라, 그와 동일한 비중으로 주목받던 서인주와 황하일도 역시 지도자로 『취어』에 나와 있다.[58] 그리고 어윤중이 진산에서 만난 교도들도 최시형의 지시에 따라 척왜양하러 간다고 하였다. 금구취회에서 서인주와 황하일을 파견하여 보은취회를 "더욱 정치적 방향으로 치닫게 하려고 했다"고 할지라도, 또한 금구취회의 정치적 투쟁의 선도성을 인정하여도, 두 취회의 기본적 노선이나 성격의 차이는 그렇게 큰 것은 아니었고, 최시형을 비롯한 지도부의 통제가 무력화된 것도 아니었다. 또한 보은취회의 정치성도 그렇게 약하지는 않았다. 다만 동학 지도부가 분열하기 시작하고, 특히 금구취회의 정치성이 대단히 고조되었고, 이 취회의 지도자들이 이후 동학의 정치사회적 투쟁의 선도적인 구실을 하였다는 사실은 충분히 인정할 수 있다.

외세를 배격한다는 등의 정치적인 문제를 일부러 회피하고 단지

58) 黃河一은 보은의 吏로서(1986, 『駐韓日本公使館記錄』 1, 국사편찬위원회, 173쪽), 서인주와 밀접한 관계를 맺고 있었다. 그러나 그는 동학농민전쟁에서는 서인주가 남접이 되었던 것과는 달리 북접의 두령으로 활약하였다. 1894년 8월 남북접 사이의 불화를 해소하기 위해 오지영 등이 보은 장내에 갔을 때, 황하일은 김연국·손병희·손천민 등과 함께 앉아 있었다. 그 자리에서는 전봉준과 서인주에 대한 강도 높은 비판이 가해졌던 것으로 보면(『東學史』, 161~162쪽), 황하일은 서인주 등과 일정한 거리가 있었다고 생각된다.

최제우의 신원만을 간절히 청원하였던 복합상소마저도 아무런 결실도 맺지 못하고 끝나자, 동학 지도부는 심각한 딜레마에 빠졌다. 구체적 사안이나 정도의 차이는 있지만, 전라도의 취회도 역시 동일한 문제와 해결 방법을 놓고 고심하였을 것이다. 첫째, 최제우의 신원과 신교의 자유를 획득하기 위한 노력을 중지할 수는 없었다. 소두와 주모자를 체포하라는 명령이 떨어져 동학에 대한 금압은 그 강도를 더하였다. 또한 교도들이 해산하지 않고 영동·보은·목천 등지에 둔취하였다는 소문이 돌았다.[59] 금구취회에서 보듯이 지도부의 노선에 대한 회의의 움직임이 이미 드러나기 시작하였다. 이렇기 때문에 지도부는 가중된 탄압을 벗어나야 하고, 자체 분열을 막기 위해서라도 복합상소가 끝난 다음 "더 이상 최제우의 신원운동을 하지말고 심지를 굳게 가져 무궁대도와 무궁진리에 도달하라"는 통문을 내린 최시형을 설득하여 재차 취회하기로 하였다. 둘째, 그와 같은 목표를 달성하기 위해서는 무엇을 어떻게 요구할 것인가 하는 곤란한 문제를 해결하여야 하였다. 지도부는 복합상소가 동학에 대한 왕을 비롯한 비교도의 몰이해 때문에 허사로 돌아가고, 소두와 주모자가 쫓기는 상황에서 현실 권력에 의해 좌도난정으로 형을 받은 최제우의 신원을 계속 주장한다는 것은 별로 효과가 없을 뿐더러 더 큰 화란을 자초할 수도 있다고 판단하였을 것이다. 신원운동의 본래 목적이 단순히 최제우 개인의 원통함을 푸는 데 그치는 것이 아니라, 동학교도에게 가중되고 있던 탄압과 수탈을 물리치고 신교의 자유를 획득하는 데에 있었기 때문에 신교의 자유라는 목적이 달성된다면 최제우 신원의 고리는 자연스럽게 풀리는 것이다. 따라서 무엇보다도 시급한 일은 동학교도도 충효와 같은 유교적 덕목과 윤리를 중요시한다는 점을 널리

59) 『續陰晴史』上, 계사 3월 23일조, 261쪽.

효과적으로 알리고, 정부를 자극하는 최제우의 신원을 다른 목표로 대치하는 것이었다. 셋째, 지도부가 여러 번 실패한 정부에 대한 탄원과 청원만으로 계속하여 당면과제를 해결하려고 하다가, 마침내 실질적 성과를 얻지 못할 경우, 그 다음에 취할 방법은 동학 자체를 위험에 빠트릴 가능성이 높은 무력 사용밖에 없었다. 또한 이런 과정에서 내부의 분열이 심각해질 우려도 없지 않았다. 그러므로 무력 충돌을 피하면서 다중이 모여 힘을 과시함으로써 체제에 압박을 가하여 소기의 목적을 달성하는 방법, 즉 가능한 한 많은 교도들을 보은에 집합시키는 동시에 오랫동안 둔취하여 집단적으로 시위한다는 계획을 세웠다.

이렇게 하여 보은취회에서는 현실적 외부 상황과 동학 자체적 사정을 고려하여 최제우의 신원 요구는 일단 유보하고, 당장 절박한 과제를 달성하기 위하여 체제에게 공인받을 수 있는 斥倭洋의 기치와 그 공존의 전제 조건격인 교도를 탐학하는 관리에 대한 처벌의 요구를 전면에 내걸었던 것이다. 그래서 보은취회에서는 최제우의 신원이란 말은 전혀 나오지 않았고, 취회의 목적은 어디까지나 "專主擊倭洋 盡忠扶國"일 따름이라고 극력 주장하였던 것이다. 이 척왜양은 동학교도가 아니더라도 거의 대부분의 조선인들이 염원하는 시대적 과제이며 민족적 명분이었으므로 동학의 이미지 쇄신과 서학이라는 의구심 해소에 좋은 재료였다.[60] 더구나 삼례취회 즈음부터 나돌기 시작한 소문, 즉 천주교도들이 동학교도를 해치려고 한다는 풍문 때문에 공포에 떨고 그에 대항하려는 움직임을 보였던 동학교도들은 서학으로 상징되는 왜양을 누구보다도 몰아내고 싶었을 것이다. 이미 공주와 삼례의 취회에서도 왜양에 대한 반감은 표시되었으나, '斥倭洋'이라는 노골적인 외세 배척의

60) 金龍德, 「東學思想硏究」『중앙대 논문집』 9, 219쪽.

구호는 등장하지 않았다. 그러나 보은취회 경우에는 척왜양이 제일차적인 명분으로 강력하게 제시되어 정부를 압박하였고, 심지어는 온 나라의 義兵과 협력하여 척왜양하겠다는 의지가 천명되었다. 즉 신원을 호소하는 것이 아니라, 외세의 구축 외에도 기존 체제와의 공존을 당당히 선언하였던 것이다. 그러나 척왜양의 요구는 외세에 의존하고 있던 권력집단에 대한 통렬한 비판이기도 하였지만, 공존의 기반 자체를 아예 허물어 버릴 대내적인 정치 비판보다는 강도가 낮고 간접적인 공격이었다. 척왜양의 목표가 지닌 이런 의미는 다음해 동학농민전쟁이 대내적인 모순에서 촉발되었다는 사실에 비춰 보면 쉽게 이해된다.

종전에는 볼 수 없던 이러한 적극적 대응 방식은 지도부의 전술적 계산이기도 하였으나, 단순히 그런 차원만의 것은 아니었다. 그것은 앞에서 살펴본 바와 같이 지도부를 포함한 전 동학교도와 민중들이 가지고 있던 시대적 위기의식과 민족정신의 소산이기도 하였다. 이 시기에는 제반 모순이 더욱 심화되어 가고, 민중의 고통은 날로 심해지고 있었으며, 그에 따라 왕조체제와 외세에 대한 불만과 비판이 끓어오를 대로 올랐다. 예를 들어 보은취회에서 대표들이 어윤중과 나눈 대화 가운데 '오랑캐들이 서울에 몰려들어 나라의 이익을 빼앗다'라는 내용은 거의 10년 가까이 해결되지 않았던 외국 상인들의 서울 안 불법 영업에 관한 것이다. 또한 보은취회는 아니지만, 전라도 취회에서는 제물포로 올라가겠다는 말이 나왔는데, 개항장에는 일본인들이 많이 거주하고, 미곡의 대일본 수출이 주로 부산항과 인천항을 통하여 이루어졌기 때문에 그에 대한 반발인 것 같다. 그 외에 나라의 상징인 임금이 외세에게 간섭받는 것도 모욕으로 받아들였다. 이런 점에서 척왜양이 갖는 의미는 하나의 종교 집단의 존립에 관계된 것뿐이 아니라, 더 나아가서는 외세의 침략에 대한 민족적 저항이라는 성격도 갖는다. 따라서 척왜양을 부르짖으며 수많은 교도들이 집단적 시위를 하였던 보은취회는 기존 체제와의 공존을 통하여 신교의 자유를 획득하기 위한 동학교도의 정치사회적 운동이란 성격을 지니며, 또한 종교적 차원을 초월하여 민족적 위기를 극복하기 위한 선구적 민족운동의 성격도 내포하고 있다. 그렇기 때문에 집권세력과 외세는 보은취회를 기화로 외국군대의 진주를 고려했던 것이다.

그러나 동학이 비록 이와 같은 강경한 투쟁의 길로 나서게 되었다고 하여도, 체제가 가지고 있던 동학에 대한 입장은 한결같이 견고하였다. 이러한 체제에 척왜양을 제시하고 공존을 요구하였더라도 성공의 가능성은 희박하였으며, 도리어 체제의 위협세력으로 간주되어 선무사와 군대가 파견되고 외세까지 동원될 판이었다. 그렇다고 하여 동학은 이런 집단적 시위 다음에 남은 거의 유일한 수단인 무력 동원을 할 수 없던 것이 현실이었다. 섣부른 무력적 모험의 결과는 최시형이 이미 영해병란을 통하여 절감한 바가 있었다. 따라서 보은취회 단계에서 동학이 가진 투쟁 방법은 처음부터 명백하게 한정되어 있었다고 할 수 있다. 실제로 정부가 군대를 파견하고, 양도를 끊고, 복병을 다수 설치하는 등 강경하게 대응하자,[61] 지도부는 철석같던 척왜양의 요구에서 갑자기 후퇴하여 "다시 曲全의 은택을 입으면 비록 척화의 본의를 얻지 못하였더라도, 어찌 감히 명에 항거하여 물러나지 않겠습니까"하고, 마침내는 별다른 소득 없이 해산했던 까닭은 무엇보다도 집단적 시위의 한계와 무력 동원의 불가능 때문이었다.[62] 체포된 최시형이 진술하였

61) 吳宖默, 『慶尙道固城府叢瑣錄』, 3월 25일조 ; 『淸季中日韓關係史料』 5, NO.1807, 3166~3167쪽.

62) 『聚語』, 癸巳 3월 24일 探知 25일 發報, 114쪽. "都會所使其省察等 布言于接徒曰 明日自邑中 率軍來到云 若或驚怯 而願歸者歸之 不然者留

듯이, 내부적으로 무력 투쟁을 요구하는 목소리도 있었으나, 그것은 누구도 결코 쉽게 결정할 수도, 성공을 장담할 수도 없던 문제였다.

그렇다고 최시형 등의 반대가 무력 투쟁이 현실적으로 불가능하다는 이유에서만 나왔다고는 말할 수 없을 것이다. 최제우의 정통 후계자로서 온갖 고난을 무릅쓰고 동학 교문을 이끌어 왔던 최시형은 동학을 하나의 제도종교로서 키워내는 일이 중요하다고 생각하고 있었는데, 무력 투쟁은 지금까지 이룩한 성과를 무산시킬 수 있었다. 그리고 그의 종교적 성향은 기존의 유교적 가치와 질서를 철저하게 거부하지도 않았고, 지금 당장 새로운 후천개벽의 세계가 도래한다는 예언과 믿음을 전파하지도 않았다. 이것은 즉각적이며 현세적인 구원을 열망하였던 수많은 교도들의 성향과는 분명히 일정한 거리가 있었던 태도이다.

그런데 보은취회가 실패로 돌아간 원인을 동학 지도부의 상층간부의 계급성으로 돌리는 주장도 널리 퍼져 있다.[63] 특히 조경달은 신원운동은 빈민적 동학운동이 사족적 동학운동과 부민적 동학운동을 부정하는 과정이었다고 이해한다. 따라서 남접은 빈농하층민에 기반을 둔 정치개혁파 집단이며, 북접은 부민층에 기반을 둔 종교파가 되는 것이다. 상층간부들, 북접은 하층교도의 투쟁 요구를 무시하고 무력하게 도망쳤다고 한다. 동학교도 사이에는 경제적 차이가 전혀 없다고 단정하는 것도 성급하지만, 지도부와 그 반대쪽 세력의 계급적 실상과 참가자들의 출신 지역에 따른 계급적 차이를 분명히 보여주는 사료는 아직 발견되지 못했고, 그에 관한 설

之 雖千萬軍兵 持兵刃而來 我當有備禦之策 (중략) 且各接中 或有造置棒杖之說 而自都所嚴責禁止云云"

63) 姜在彦과 朴宗根과 趙景達 등 在日 연구자와 국내 학계의 일부 연구자는 이 주장을 의심할 수 없는 정설로 받아들인 듯하다.

득력 있는 연구가 없다는 점에서 이런 주장은 인정하기 어렵다. 반면 현지답사에 충실한 몇 명의 연구자들은 다수 발견되는 부유한 동학 접주는 지역과는 관계가 없이 고루 분포한다고 말한다.[64)]

보은취회를 마지막으로 다음해 동학농민전쟁이 일어나기까지는 동학교도의 대규모 집단 활동은 보이지 않는다. 그렇다고 하여 동학에게 가해지고 있던 억압과 수탈이 그친 것은 아니었고, 동학교도의 대항도 완전히 소멸되지는 않았다. 보은취회가 끝난 뒤에도 일부 교도들은 상주의 우복동이나 호남의 두류산 등처에서 둔취하였다. 또한 괘서도 나돌아 부정한 관리를 죽이지 않고, 부정 명색을 민간에 환급하지 않으면 장래에 다시 모일 것이라고 공언하였다.[65)] 7월에는 충청감영에서 동학 금단의 명령을 각읍에 내렸는데, 이것은 동학교도들이 충주에 모여 서울로 향할 것이라는 소문 때문이었다.[66)] 이처럼 동학교도들은 보은취회 이후 다음해 농민전쟁 시기까지도 계속 산발적인 취회를 거듭하였다.[67)] 이런 소규모의 취회는 아무런 소득도 얻지 못하고 끝난 보은취회에 대하여 나름대로 반성하다든지 혹은 새로운 투쟁을 모색하기도 하였을 것이다. 그 외에도 신앙적 수련도 하며 동학의 가르침을 더욱 내면화하였을 것이다.

공주취회를 비롯하여 전해 겨울부터 시작된 동학의 신원운동이 고수한 체제 인정과 평화적인 방법이 가지고 있는 한계는 너무나 뚜렷하였다. 당시대의 객관적 조건은 동학교도의 온건한 요구마저

64) 表映三·李離和·申榮祐·朴孟洙 제씨들의 주장.
65) 『續陰晴史』 上, 계사 5월 16일, 276~277쪽.
66) 위의 책, 7월 27일조, 281쪽.
67) 『日省錄』, 1894년 6월 14일. "所謂匪類 自昨春報恩經擾以後 餘黨尙此聚散無常"; 『侍天敎歷史』 下, 74쪽. "全捧準金開南於湖南地方 自領敎衆 或聚或散 延至于甲午年也"

도 받아들일 수 없었다. 따라서 몇 차례에 걸친 신원운동의 실패는 동학교도를 자연스럽게 마지막 수단인 무력 동원으로 이끌고 갔다. 이제 소규모 취회에 참가한 교도나 다른 현실부정적 교도가 할 바는 투쟁 조직을 편성, 강화하는 동시에 제 모순이 더욱 심화되고, 특별한 계기가 돌출되는 것을 기다리는 일만 남았다. 그중에서도 소수인들은 사회 저변에서 직접 활동을 전개하였고, 또한 일부는 체제와의 결정적인 대결을 준비하고 있었다.

이렇게 새로운 투쟁을 고대하던 교도들에게 현실 상황은 좋은 기회로 다가왔다. 1893년 8월에 큰 난리가 난다는 소문이 돌아 농사를 도무지 짓지 않는 사람들도 많았다.[68] 또 각처에서 민란이 발생하여 사회적 불안은 한층 고조되었다. 전쟁이 일어나기 직전인 1893년 말과 다음해 초만 하여도 전라도에서는 고부 외에도 전주・익산[69]・순천・영광[70]에서 민란이 일어났다. 이런 민란의 여러 원인 가운데 중요한 것은 연속된 자연재해와 그에 따른 흉년, 그리고 가중된 조세 수탈로서 농민들의 생존 기반을 위협하였고, 체제에 대한 불만을 위험 수준까지 올렸다.

신원운동은 비록 최제우의 신원과 신앙의 자유라는 애초의 목적을 달성하지는 못하였더라도, 동학은 정부도 마음대로 하지 못하는 강력한 도전세력이라는 점을 널리 인식시켰다. 또 동학은 이러한 성과를 밑바탕으로 하여 수많은 入道者들을 얻게 되었다. 한편으로 신원운동은 보은취회를 전환점으로 하여 동학의 분열, 특히 지도노선의 갈등을 불러일으켰다. 체제와의 정면충돌을 막으려고 하였던 지도부가[71] 보은에서는 이들을 제지하는데 성공하였지만,

---

68) 『뮈텔문서』, 1893－60.
69) 『東學史』, 101~710쪽.
70) 『梧下記聞』, 제1필, 48쪽.
71) 보은취회를 대표하여 선무사 어윤중에게 文狀을 보낸 “倡義儒生” 許

평화적인 수단으로서는 더 이상 문제를 해결할 수 없음을 확인한 이 현실부정적 교도들을 지속적으로 통제할 수 있는 마땅한 방법이 없었다. 따라서 보은취회 이후 전봉준 등의 활발한 활동을 억제하려고 동학 지도부가 실시하였던 종교적 수련과 조직의 강화는 결코 성공하지 못하였다. 이렇게 지도자들의 노선에 실망한 세력들은 동학농민전쟁을 향하여 걸음을 떼어놓기 시작하였다.[72] 그러므로 신원운동은 체제와의 투쟁을 불가피하게 만들었다는 점에서 동학농민전쟁의 전단계 투쟁이라고 할 수 있다.

延과 徐炳學 등 일곱 명 가운데 서병학만을 제외하고는 3월 20일 보은의 將吏들이 탐지한 지도자들에는 들어 있지 않은 인물들이다. 그렇다고 하여 동학 교문에서 이들의 위치는 그다지 낮은 것은 아니었을 것이다. 그런데 서병학은 금구취회를 비판하는 발언을 하였고, 전쟁 때에는 관군의 참모관으로 동학교도들을 색출하여 체포하는 데 앞장선 인물이었다. 또 許延은 1894년 제2차 봉기 때에 광혜원에 취회한 신재련 부대와 마찰을 빚었던 "許文叔"이 아닌가 추측된다(『兩湖右先鋒日記』, 9월 24일조, 27일조, 260~264쪽). 왜냐하면, 신재련이 동학교도들이 취회한 이유를 "今此八道道儒 不期而會者 寔出於亂民殺害之故也 而非徒許延一人也"라고 하였는데, 자신들을 살해하는 亂民의 우두머리가 허연이라는 말로 해석된다. 그 난민이 소위 幼學黨이라고 한다면, 그 지휘자는 허문숙, 즉 허연이다. 이이화도 허문숙은 허연의 별명으로 나타난다고 하였지만, 근거는 밝히지 않았다(이이화, 1990년 여름호 「전봉준과 동학농민전쟁」 『역사비평』 9, 281쪽 주20). 이 양자가 동일인일 가능성이 높기 때문에, 1980년에 나온 『許氏大同譜』 가운데 양천 허씨와 진천에 거주하는 김해 허씨의 족보를 살펴보았으나, 허연을 발견하지는 못하였다. 또 文과 叔은 돌림자로 사용되지 않은 것으로 보아 허연의 字가 아닌가 한다. 양자가 동일인이라는 것은 어디까지나 추측이기 때문에 좀 더 확인 작업을 하여야 할 것이다. 그러나 만일 동일인이라면, 동학교도의 출신 배경, 특히 지도부의 구성에는 양반 유생적 색채가 농후한 일면도 있었다고 할 수 있다. 이들로서는 무력 투쟁을 허용할 수 없었을 것이다.

72) 金庠基, 앞의 책, 99~101쪽 참조.

V. 맺음말

동학의 대선생신원운동은 동학농민전쟁의 전단계 투쟁으로서 1892년 10월부터 다음해 4월까지 전개되었다. 이 과정을 통하여 동학이라는 종교집단은 정치집단의 성격을 농후하게 가지게 되었고, 더 나아가서는 전쟁이라는 극단적인 투쟁으로 치닫게 되었다.

동학이 탄압을 감수하지 않고 조선왕조에 과감하고 적극적으로 도전하게 된 자체적 요인은 교세의 확대였다. 영해병란의 실패로 세력을 완전히 상실하였던 동학은 1870년대 강원도 정선과 영월 일대에서 재기하는 데 성공하였다. 또한 조선이 개항 이후 대내외적 혼란에 시달리던 틈을 타 1880년대에는 충청도와 전라도까지 진출하여 수많은 교도들을 얻었다. 특히 1892년에는 조선왕조가 멸망한다는 참언이 유행하여 민심이 흉흉하였고, 경제적 위기는 민중의 삶을 더욱 고단하게 만들었다. 이처럼 커다란 변화를 갈구하는 사회 분위기에서 동학의 교세는 1890년대 전반에 다시 폭발적으로 신장되었다.

대폭적인 교도의 증가는 동학 자체의 성격에 영향을 미쳤다. 최시형은 동학을 하나의 종교로서 육성하는 데 힘을 기울여 탄압을 초래할 수 있는 소지를 줄여 나갔다. 그 결과로 사회윤리적 측면에서 동학은 유교적인 색채가 농후하게 되었다. 반면 후천개벽과 지상천국은 천운에 따른 무위이화로만 가능한 것은 아니라고 생각하던 현실부정적 성향이 강하였던 교도들은 현실세계와 적극적으로 대결하는 길로 나섰고, 그 첫번째 도전이 바로 신원운동이었다. 그들은 지금까지 체제의 금압을 감내만 하던 지도부의 노선에서 벗어나 정부에게 동학의 인정을 요구하여 신앙의 자유를 얻으려는

데 신원운동의 일차적 목표를 두었다. 지도부 역시 관리와 토호에게 생명을 위협받고 재산을 침탈당하는 교도들의 긴박한 처지를 구원하기 위해서는 중대한 결단을 내려야 할 시점에 처하였으므로 신원운동을 추진하였다.

그러나 막상 전개된 신원운동은 많은 어려움에 처하였고, 목표달성이 요원하게 보였다. 서인주와 서병학이 주도한 최초의 신원운동인 10월의 공주취회는 만족할 만한 성과를 거두지 못하였다. 그래도 전체 교문이 일치단결하여 다시 삼례취회를 열었다. 그 결과는 정부의 완강한 거부 자세를 거듭 확인했을 뿐이었다. 삼례취회가 이렇게 끝나게 되자, 해산을 종용하며 더 이상의 투쟁, 즉 복합상소를 회피하려는 듯한 지도부와는 다른 노선을 지향하는 세력들이 모습을 드러내기 시작하였다. 그들은 점차 종교적 요구 외에도 정치적인 구호를 내걸기 시작하였다. 결국 복합상소는 최시형의 부정적 태도에도 불구하고, 추진 지도자들의 설득과 전라도 지역의 독자적인 취회의 존재 덕분에 실행될 수 있다. 그렇지만 그것도 실질적인 결과를 얻는데 실패하였고, 오히려 정부의 탄압이 더욱 가혹해지는 계기가 되고 말았다.

전봉준이 이끌던 금구취회는 척왜양을 요구하는 격문을 각지에 게시하는 등 독자적인 활동으로써 지도부로 하여금 재차 행동하도록 압력을 가하였다. 종국에는 지도부도 보은취회를 개최하면서 최제우의 신원과 관리의 침탈 금지를 정부에게 호소하고 탄원하던 종전의 운동 방식에서 탈피하여 정치성이 농후한 척왜양을 제일차적인 투쟁 목표로 설정하였다. 또한 그 투쟁 방법도 집단적인 시위와 장기간의 농성으로 바꾸어 정부를 강력하게 압박하였다. 이와 같은 신원운동의 방법과 목표의 변경에는 몇 가지 요인이 작용하였다. 그것은일본의 양력과 천주교도의 동학교도에 대한 위협 소문으로 고조된 외세 배격 분위기, 무력 충돌을 피하면서 체제에 한층 강도 높은 압력을 가할 수 있는 명분의 필요성이었고, 또 중요한 이유는 외세의 침략을 격퇴해야 된다고 믿고 있던 동학교도를 포함한 민족의 반외세의식이었다. 이런 점에서 보은취회는 이전의 것보다 정치사회적 운동의 성격이 강하였다고 할 수 있다. 보은취회가 이처럼 좀 더 강경한 투쟁으로 전환하는데 일정한 역할을 담당하였던 금구취회는 기왕에 알려진 것과는 달리 전체적으로 볼 때, 보은취회와의 성격의 차이가 크지는 않았다. 다만 두 취회의 주도세력들의 노선은 분명히 틀렸다고 생각되지만, 양자가 그 차이 때문에 결별할 단계는 아니었다.

그러나 보은취회마저도 평화적 방법이 처음부터 가지고 있던 한계로 말미암아 아무런 성과를 거두지 못하게 되고, 지도부도 그 이후 더욱 험해진 난관을 돌파할 수 있는 새로운 대책을 마련하지 못하였다. 그러자 신원운동 과정에서 대두된 전봉준과 서인주 등을 중심으로 한 일단의 세력들, 이후 남접이란 독자적인 세력으로서 결집된 현실부정적 성향이 강하던 동학교도들은 무력 동원도 불가피하다는 인식에 도달하였다. 이미 보은취회에서도 한강을 따라 반란을 일으켜야 된다는 의견이 제의되기도 하였다. 결국 이들은 체제와의 정면충돌을 향하여 한걸음 다가서게 되었고, 1893년의 나라 전체 상황도 파국을 피할 수 없을 정도로 최악의 것이 되고 말았다.

요컨대 동학의 신원운동은 체제와의 공존을 통하여 신교의 자유와 교도의 안전을 보장받기 위한 종교운동인 동시에 전 민중과 민족의 시대적 과제와 모순을 해결하기 위한 정치사회운동이란 두 가지 성격을 가지고 있었으며, 1894년 동학농민전쟁의 전 단계 투쟁이라는 의의를 지녔다.

제5장

1894년 고부민요

Ⅰ. 머리말

동학농민전쟁에 관한 대다수의 저술들은 그 직전인 1894년 1월(음력)에 일어난 고부민요를 반드시 언급하고 있다. 이 민요를 전쟁의 개시로 보거나, 아니면 전혀 관계가 없는 전통적인 군현 차원의 투쟁으로 보는 경우에도 고부민요를 지나쳐 버리지 않는다. 구태여 연구사를 소개하지 않아도 좋을 만큼 그 빈도가 높다. 이는 고부민요가 농민전쟁과 깊은 연관이 있는 중요한 사건이기 때문이다.

그럼에도 불구하고 고부민요의 원인과 계획, 그리고 전개 과정 등에 관한 실증적인 측면은 충분히 연구되지 않았다고 할 수 있다. 이러한 까닭은 무엇보다 이 민요에 관한 자료들이 다른 민요와 비교하여 상대적으로 풍부한 편이며, 또한 일찍부터 그 중요성을 주목받아 비록 다른 주제에 부수되어 있거나 단편적인 고찰일지라도, 적지 않은 연구가 나왔기 때문이라고 생각한다. 따라서 더 이상의 연구가 필요하지 않을 것 같던 분위기가 상당히 지속되다가 1986년 정창렬의 「古阜民亂硏究」가 발표되었다. 이 논문은 종전까지 독립적인 연구 대상이 되지 못하던 고부민요를 전쟁 주체 형성의 문제와 연결시켜 아주 세밀히 고찰하였다. 즉 새로운 시각과 실증적 검토를 겸비함으로써 좋은 성과를 얻었다고 평가된다.

하지만 여전히 미진한 부분이 적은 편은 아니라고 본다. 그 중에서도 가장 곤란한 점은 정확한 사실 연구가 이루어지지 않고 있다는 것이다. 사료적 가치가 제대로 평가되지 않고 있는 '沙鉢通文'을 비롯하여 민요의 계획과 초기 단계의 진행, 동학교도와 향촌주민의 관계 등을 먼저 사실적으로 명확히 규명하여야 할 것이다. 그리고 민요의 전개 과정과 그 양상의 특징도 역시 면밀하게 살핌으로써 민요의 성격이나 의의를 제대로 이해할 수 있을 것이다. 그러므로 본고가 비중을 크게 둔 것은 실증적인 작업이다.

그리고 많은 다른 민요도 동일하다고 보지만, 고부민요의 기본적 성격은 계급투쟁적 측면보다는 국가의 조세수탈에 저항하는 군현 차원의 공동체적이며 전통적인 투쟁으로 파악해야 한다. 고부민요 자체가 곧바로 전쟁으로 이어지지 못한 이유는 향촌 주민들이 공동체적 제관계와 의식의 구속에서 자유롭지 못하였기 때문이다. 따라서 좁은 군현사회에서 벗어나 그보다 넓은 지역이나 전국차원의 투쟁이 전개되기 위해서는 향촌 주민들이 가지고 있던 '비정치성'을 어떻게 극복할 것인가 하는 점이 지도세력에게는 제일 큰 과제였다.

다음으로 중요한 것은 전봉준 등 동학교도들이 이 민요의 과정에서 수행한 역할과 비중, 그리고 민요와 농민전쟁의 관계에 초점을 맞추는 작업이다. 이에 관한 논의가 고부민요에 관한 연구의 핵심이라고 할 수 있는데, 최근 연구 동향을 보면, 동학교도의 활동은 사실로서 인정하기는 하나 그를 합당하게 평가하는 데는 인색하다고 여겨진다. 오히려 전통적이며 수동적 태도에서 벗어나지 못한 채 민요에 가담하였던 향촌주민들을 주시하는 것 같다. 이러한 잘못된 인식도 역시 정확한 실증이 부족한 탓에서 비롯된다고 할 수 있다.

네 번째로 고부민요가 전통적인 민요의 형태와 성격에서 크게 벗어나지 못하였다고 하여도, 다른 민요와 동일한 의의를 가졌다고 볼 수는 없다. 고부민요를 농민전쟁과의 내적 연결 관계에서 파악한다면, 전쟁의 전단계 투쟁이라고 할 수 있다. 즉 신원운동 이후 동학과 체제 사이에 형성된 대치적 상황은 고부민요와 같은 항쟁을 야기할 수밖에 없었고, 모순이 심화된 조선사회는 그 항쟁을 피하기 어려웠다. 또한 고부민요가 해체되자, 전봉준 등 동학교도가 봉기를 촉구하는 통문을 각지 동학에 보내며 농민전쟁을 일으켰다는 사실이 명확하다. 이러한 측면에서 고부민요는 전통적인 범주에 속하는 민요를 넘어선 동학농민전쟁의 전단계 투쟁이라고 할 수 있다.

마지막으로 강조하고 싶은 점은 여러 가지 고부민요의 원인 가운데 자연재해가 중요하였다는 사실이다. 많은 연구자들도 전혀 무시하지는 않았으나, 그에 관하여 충분한 관심을 기울이지 않았다고 생각한다. 그러므로 이 민요는 물론이고 전쟁의 원인을 고찰하면서 자연재해의 영향에 대해서도 주목해야 할 것이다.

Ⅱ. 沙鉢通文의 檢討

東學農民戰爭에 관련된 자료로서 이미 널리 알려진 '沙鉢通文'은 당시 은밀하고 긴장된 謀議의 분위기와 동학 지도자들의 결연한 모습을 생생하게 전하여 준다.[1] 또한 학계에서도 귀중한 가치

1) 일반적으로 이 문서 전체를 沙鉢通文이라고 하지만, 진정한 沙鉢通文은 (가) 부분일 뿐이며, 그마저도 후대에 필사되었고, (가)앞의 본문이 없는 것이다. 나머지는 沙鉢通文 자체와 문서상으로 전혀 연결되는 부분이 아니므로 이 문서 전체를 沙鉢通文이라고 한다면 혼란이 있을 수 있다. 그런데 사발 형태의 통문은 반드시 이와 같은 謀議的 상황에서만 작성된 것이 아니다. 마을사람들이 모여 유교적인 규범과 윤리의 부식을 위하여 만든 契의 문서에서도 사발 형태의 서명을 찾아볼 수 있다(우리민속 편, 1992, 『생활문화와 옛문서』, 민속박물관 학술총서 10, 재판, 206면, 圖3-1 洞中完文 완도 금일도). 그러나 사발 형태의 서명에

를 지닌 문서로 일단 인정되어 그에 근거한 연구가 다수 이루어졌다.[2] 일부의 연구자들은 아주 적극적으로 그 자료적 가치를 인정하기도 하였지만, 이에 대한 회의가 처음부터 없었던 것은 아니었다.[3] 더구나 현존하는 사발통문은 조작되었다는 주장까지 제기되어 있다.[4] 이런 결과 비록 논문이나 글의 형태로 발표하지는 않더라도, 일부에서는 이 문서를 후대에 위조된 것으로 평가하고 있는 것 같기도 하고, 또한 사발통문의 가치를 인정하면서도 역사 서술에는 적극적으로 반영하지 않기도 한다.

사발통문의 가치를 부정적으로 1평가하는 입장에서 제기할 수

굳이 집착한다면, 이 문서도 同志的 結合을 강조하고 있다고 해석할 수 있다. 이 문서에서는 대표자들이 圓의 가운데 서명을 하여 자신들의 지위를 분명히 밝히고 있다. 또한 모든 서명자의 手訣이 있다는 점이 沙鉢通文과는 다르다. 사실 어느 문서라도 手訣이 있어야만 완벽한 증거력이 있는 것이다. 沙鉢通文에 手訣이 본래 없었을 가능성도 전혀 배제할 수 없지만, 筆寫의 과정에서 삭제되었을지도 모른다.

2) 김광일, 1974, 「전봉준의 고부 백산 기병」『나라사랑』 15 ; 金義煥, 1979, 『全琫準傳記』, 정음사 중판 ; 申福龍, 1985, 『東學思想과 甲午農民戰爭』, 평민사; 愼鏞廈, 1985, 「古阜民亂의 沙鉢通文」『魯山劉元東博士華甲紀念論叢 韓國近代社會經濟史硏究』, 정음문화사, (『東學과 甲午農民戰爭硏究』에 收錄) ; 鄭昌烈, 1985, 「古阜民亂硏究」(下)『韓國史硏究』 49. 「古阜民亂硏究」(上)은 『韓國史硏究』 48집에 발표되었다. 그리고 이 논문들은 『甲午農民戰爭硏究』에 약간 수정되어 수록되었다.

3) 金龍德은 고부민요에서는 서울로 직향하려는 움직임이 없다는 점을 들어 그 문서가 진본임에는 회의를 표시하였다(김용덕, 1974, 「격문을 통해 본 전봉준의 혁명사상」『나라사랑』15,48-9면). 그리고 사발통문을 감정한 이홍식 교수도 '서명한 필적이 동일인에 의하여 되어 있는 점이 약간 의심스럽지만'하고 의문을 품었다(김의환, 위의 책, 55면에서 재인용).

4) 사발통문이 발견된 주산마을에 사는 林斗榮은 진짜 사발통문이 따로 있었으나, 발견자 宋基泰가 나중에 엉뚱한 것을 가져 왔다고 하며 조작설을 제기하였다(『全北日報』, 1993년 1월 4일자, 「동학농민혁명」 기사 참조).

있는 문서의 집필과 발견 경위, 그리고 진본 여부는 기술 내용이 사실이 아닐 수도 있다는 의심을 불러일으키기에 족하다. 그러나 엄연히 기록되어 있는 문서의 내용을 부정하기 위해서는 정확하고 중립적 사료 비판 자세가 필요하나, 그것이 쉽지도 않을 뿐만 아니라, 이미 존재하는 자료 자체를 결정적으로 부정하기는 처음부터 어렵다. 그렇다고 하여 사발통문처럼 신뢰성이 충분하지 못한 자료 전체를 사실로서 인정하는 것도 위험하기 짝이 없다. 그러므로 완벽을 기하는 어렵지만, 사발통문의 내용을 정확하게 검토하고 그 가치를 객관적으로 평가하려는 태도가 당위적으로 요구된다. 그럼에도 불구하고 지금까지 사발통문에 대한 학계의 평가가 일치되지 않는 이유는 사료비판을 가능하게 해 줄 구체적이고 직접적인 자료가 없었다는 점에서 비롯되었다. 그렇기 때문에 연구자들의 사발통문에 대한 평가는 비록 객관성을 취한다고 하여도 주관적인 수준을 벗어나기 힘들었다. 결국 사발통문에 관한 문제는 새로운 관련 자료가 발굴되어야만 해결될 수 있을 것이다.

필자는 이와 같은 난제를 결코 결정적으로 해결할 수 있는 자료는 아니지만, 사발통문과 고부민요에 관한 한 어느 정도의 주목과 검토를 받아야 하는 새로운 자료인 『語錄』을 최근 입수하였다.[5] 이 『語錄』은 井邑에 살던 柳雨日이 여러 가지 단편적인 글을 묶어 놓은 일종의 隨錄으로, 그 가운데 고부민요에 관한 기사인 「東學推考」가 실려 있다. 이것은 본래 고부안핵사 이용태가[6] 민란

---

5) 이 자료는 원래 단국대 洪允杓 教授가 무주지방에서 입수하여 소장하던 문서로서 영산대학 朴孟洙 教授에게 제공하였던 복사본의 하나이다. 이 자리를 빌어 두 분께 심심한 감사를 드린다.

6) 이용태가 고부에서 언제 떠나고, 언제 장흥에 도착하였는 지 정확히 알 수 없지만, 4월 20일경에는 장흥 任所에 있었고, 이미 이달 15일에는 譴罷당하였다(『承政院日記』, 1894년 4월 15일조, 21일조). 동학농민군

(가)

ㄱ. 癸巳十一月 日

ㄴ.

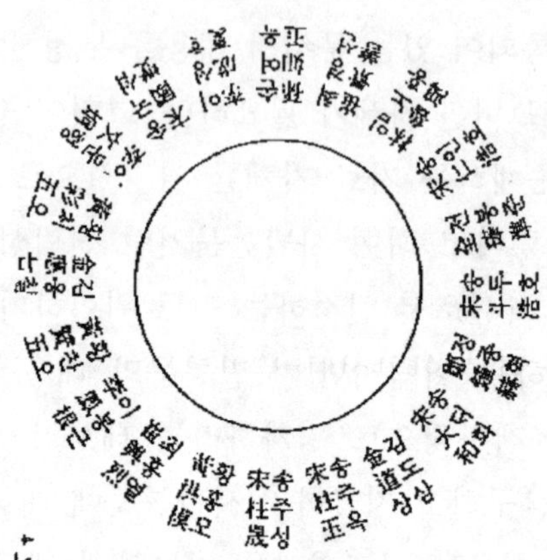

ㄷ. 各里里長 執綱 座下

(나) 右와 如히 檄文을 四方에 飛傳ᄒ니 物論이 鼎沸ᄒ얏다. 每日亂亡을 謳歌ᄒ던 民衆드른 處々에 모여서 말ᄒ되 「낫네 낫서 亂離가 낫서」「에이 참 줄 되얏지 그냥 이대로 지내서야 百姓이 ᄒᆞᆫ사람이 나머 잇겟나」ᄒ며 期日이 오기만 기다리더라

(다) 이때에 道人드른 善後策을 討議決定ᄒ기 爲ᄒ야 古阜 西部面 竹山里 宋斗浩家에 都所를 定ᄒ고 每日 雲集ᄒ야 次序를 決定ᄒ니 그 決議된 內容은 左와 如ᄒ더라

(라)
一. 古阜城을 擊破ᄒ고 郡守 趙秉甲을 梟首ᄒᆯ 事
一. 軍器倉과 火藥庫를 占領ᄒᆯ 事.
一. 郡守에게 阿諛ᄒ야 人民을 侵漁ᄒᆫ 貪吏를 擊懲ᄒᆯ 事.
一. 全州營을 陷落ᄒ고 京師로 直向ᄒᆯ 事

(마) 右와 如히 決議가 되고 ᄯᅩ는서 軍略에 能ᄒ고 庶事에 敏活ᄒᆫ 領導者될 將……

이 고부로 재진격한 일자가 3월 23일(巴溪生, 앞의 책, 373-4면)이므로, 이용태의 안핵 활동은 10여 일에 불과하였을 것이다.

자들을 조사하여 중앙정부에 보고한 狀啓의 草本 일부를 필사한 기록이라고 추정된다.[7] 그러나 이용태가 보고한 문서와는 동일하지 않은 것 같다. 4월 24일 議政府가 이용태가 올린 고부민요 조사보고에 의거하여 올린 啓言에는, 이 「東學推考」에 나오지 않는 인명과 신분명도 보인다. 긴요한 자료이긴 하지만, 700 字가 되지 않는 분량으로 지극히 소략하고, 반 정도는 민란의 직접 참가자가 아니라 연루자들에 관한 내용이라는 점이 아쉽다. 그러나 사발통문에 관한 논의를 약간이나마 진척시킬 수 있는 자료임은 분명하다.

그렇기 때문에 필자도 비록 고부민요 전개 과정을 통하여도 사발통문을 검토하였더라도, 기본적으로 주관적인 해석과 판단에 많이 의존할 수밖에 없었다. 이러한 한계를 안고 작업한 결과, (나)에 나타나는 민중사회의 분위기가 (가)의 사발통문에 대한 반응으로 보기에는 과장된 것이고, 11월에 발행된 사발통문 자체와 뒤에 나오는 (라)의 네 가지 조항의 결의가 약 한 달 가량의 시간적 간격이 있었음을 알 수 있었다. 그리고 그 조항 중 전주감영을 점령하고 서울로 直向한다는 것은 고부민요의 계획 단계에서는 투쟁의 목표로서 확실히 설정되었을 가능성은 그다지 많지 않다고 생각한다.

사발통문에서 제일 먼저 관심을 끄는 것은 20명의 인물들이 원형으로 서명하였다는 점이다. 이런 사발 형태의 서명은 서명자들의 동지적 결합을 강조하고, 서명자들이 다른 사람들의 이목을 피하려는 비밀스러운 집단이기 때문에 이 서명된 문서가 노출되었을 경우에도 누가 우두머리인가를 알 수 없도록 하려는 의도에서 나온 것이라고 쉽게 짐작할 수 있다. 따라서 이 사발통문이 실제로 이들에 의해 작성되었다면, 그 시기는 1894년 3월 20일 제1차 봉기 이전일 것이다. 그 이후에는 이들 가운데 지도자는 전봉준이라는

---

7) 『日省錄』, 1894년 4월 24일조 참조.

사실을 전혀 감출 필요가 없었던 상황이기 때문이다. 또 그때가 되면 전봉준과 어울려 이런 서명을 할 수 있는 사람들은 저명한 인물들이었을 것이나, 20명 가운데 12명은 관련 기록을 찾아보기 어려운 존재들이다.[8] 전쟁 중에 나온 격문 등의 문서는 全琫準·義所·都所·大都所의 명의로 발표되었고, 사발 형태의 서명은 현재까지는 발견되지 않았다. 그런데 고부민요 초기 단계에서도 이미 전봉준은 장두 중에서도 최고의 지도자로 널리 알려졌다.[9] 그리고 동학교도이며,[10] 민란의 장두인 鄭益西가 서명자에 포함되지 않았으므로 사발통문은 민란 과정에서 작성된 것도 아니다. 그러므로 사발통문의 작성 시기는 좀 더 소급된 1894년 1월 10일 고부민요의 발생일보다 이전이라고 추정된다.

비록 본문이 파손되었을지라도, 발견 당시의 문서가 처음 작성된 형태를 그대로 유지하고 있다면, 즉 ㄱ 과 ㄷ 사이에 사발 형태의 서명이 있었다면, 몇 가지 고려해야 할 점이 있다. 우선 ㄷ 의 執綱은 동학 조직이 아니라, 행정조직인 里의 執綱이다. 따라서 사발통문은 서명자가 모두 동학교도라고 할지라도, 동학 자체의 특수한 종교적 목적이 아니라, 향촌사회의 문제 때문에 지방말단행정조직에 보내는 것이다. 이 문서의 작성지가 고부라면, 고부의 각 리 집강들이 수신자들이다. 그렇다면 1893년 11월에 근접한 시기에 고부에서 발생한 중요한 사건을 고려해야 할 것이다. 그 해 11

---

8) 崔玄植, 1980,『甲午東學革命史』, 金剛出版社, 41-3면. 20인의 이름, 출생과 사망 일자, 道號, 후손 거주지가 기재되어 있다. 이 가운데 10명이 1894,5년에 刑殺되었고, 그 이후에도 생존한 인물들도 천도교와 시천교에서 사용한 庵 돌림의 道號를 가진 것으로 보아 모두 동학교도일 가능성이 높다. 또한 이채로운 것은 10대가 두 명이나 있다는 점이다.
9) 巴溪生,『全羅道古阜民擾日記』(1986,『駐韓日本公使館記錄』1 所收, 국사편찬위원회), 371쪽.
10) 張奉善, 앞의 책, 385쪽.

월과 12월에는 수십 명의 고부 주민들이 군수 조병갑에게 정소한 일이 있었다.[11] 혹은 12월에 정소한 곳은 전라감영이었다고도 한다.[12] 따라서 문서의 형태가 변형되지 않았고, 작성지가 古阜라는[13] 전제가 맞다면, 이 문서는 전봉준 등이 11월과 12월의 정소를 준비하기 위해서 작성하였을 가능성이 상당히 높다. 일반적으로 민란에서 주민을 직접 동원하고 감독할 책임은 바로 면리제상의 면임과 동임에게 지워졌다. 따라서 이 문서는 전봉준 등이 정소에 관여하는 과정에서 이임들에게 보낸 통문일 것이고, 통문 본문은 민란이 아니라 정소를 위하여 대표를 선발한다거나 정소하러 간다는 내용일 것이다.[14]

그런데 20명의 서명자 가운데 동학교도로 확실히 판명되는 사람들은 8명이다. 즉 전봉준 · 정종혁 · 송대화 · 최경선 · 송주옥 · 손여옥 · 송두호 · 김도삼이 그들이다.[15] 그리고 기타 12명도 모두 동학교도가 틀림없는 것으로 판단된다.[16] 또한 출신지역은 崔景善의 태인과 孫汝玉의 정읍을 제외하고는 거의 고부인 듯하며, 태인이나 정읍도 고부와는 접한 가까운 지역이다. 또한 고부 중에서도 남

---

11) 이 呈訴의 배후에는 전봉준이 있었지만, 그가 직접 대표가 되어 訴狀을 바치지는 않은 것 같고, 참가자들 가운데 조병갑에게 체포되어 곤욕을 치룬 사람들도 있었다. 그러나 당시에는 사태가 더 이상 악화되지 않고, 그에 그치고 말았다고 생각된다. 그런데 11월 정소의 일자가 12일(양력 12월 22일)이라는 설도 있다(田保橋潔, 앞의 책, 245쪽).

12) 金庠基, 앞의 책, 114쪽.

13) 문서를 보관했던 분이 서명자인 송대화의 아들이며, 계속 고부의 같은 마을에서 거주했고, 또한 서명자들이 고부 출신들이 많기 때문에 이점은 틀림없는 것 같다.

14) 愼鏞廈, 앞의 논문, 122쪽.

15) 이들은 동학농민군의 주요 장령으로 활약하였음은 『東學史』와 「全琫準實記」를 통하여 확인된다.

16) 주9).

쪽보다는 그 위쪽인 북서쪽 지역 출신들이 대부분이다. 이는 상당히 지역적 편중성을 갖는다고 할 수 있는데, 그 의미는 분명히 있다고 생각한다. 이점에 관하여는 고부민요의 원인과 성격을 살펴볼 때, 자세히 언급할 것이다.

이와 같이 몇몇 동학의 지도자급 교도들이 지방말단행정조직을 동원하여 관리의 탐학에 저항하는 운동을 전개하였다는 사실은 중요하다. 아마 전봉준이 교도를 私奪하여 갑오년까지 이르렀다는 기록은[17] 전봉준을 중심으로 일부의 교도들이 이와 같이 결집하고 있었던 사정을 말하는 것이 아닌가 한다. 동학과 군현 단위의 민중운동이 이렇게 결합되고 있었다는 점도 중요하므로 뒤에서 좀더 상세히 다루겠다.

다음은 (나)의 내용을 살펴보자. 이 부분은 어떤 "檄文"이 민중사이에 일으킨 반향이다. 그런데 그 격문이 위의 沙鉢通文을 지칭하는 것인지, 아니면 다른 격문인지가 불분명하고, 그에 따라 이 부분 전체가, 특히 마지막 부분에 있는 "期日이 오기만 기다리더라"가 명료하게 이해되지 않으므로 검토가 필요하다.

우선 (나)가 위의 (가)와 그대로 연결되는 것이라면, 期日은 위의 呈訴에 관계된 날짜일 것이다. 그렇다고 한다면, 민중들이 "亂離"라고 하는 것이 정소가 되는데, 과연 정소 정도가 난리라고 표현될 수 있는가 하는 문제가 생긴다. 亂離는 군현 차원에서 발생되는 吏民是非인 민란보다도 규모가 크고 주요한 사건을 지칭하였다.[18]

---

17) 『侍天敎歷史』 下(1979, 『東學思想資料集』 參 所收, 아세아문화사), 74쪽.
18) 『右捕盜廳謄錄』 第十八册, 1863년 11월 7일 啓, 金橘 白等. "去年(1862년－필자) 日不記 五月分 張基衡 又到矣身家 忽曰湖南鄭翰淳民亂事密啓入來 畢竟亂離長驅大進云云 故矣身答 以此不過吏民是非 實非亂離也." 위의 鄭翰淳사건은 民軍이 관아를 습격하여 현감을 구타하고, 문서를 탈취하고, 죄수를 방면하는 등 전형적인 민란의 범주를 벗어나

(나)의 분위기를 그대로 인정한다면, 민중들이 바랐던 바는 정소보다 더 엄청난 투쟁이었고, "期日"은 그 투쟁과 연관된다고 생각된다. 만일 실제로 11월이나 두 번째 정소가 행해진 12월의 어느 날 이전에 그런 격문이 나왔다면, 고부민요는 실제보다 훨씬 더 일찍 발생하였을 것이다.

그러나 (가)와 (나)가 서로 연결되지 않는다면, 어떤 다른 격문이 11월의 사발통문과 다음해 1월 고부민요 사이에 나왔을 가능성을 전혀 무시할 수는 없다. 예를 들면, 12월의 정소에 관련된 통문이나 격문이 또 나왔을 수도 있다. 하지만 상황 면에서 보면, 무력 항쟁을 준비하였다던 (다)의 일이 있기 전에는 난리와 같은 대대적 투쟁을 선동하는 격문은 나올 수가 없었다. 설사 그런 격문이나 움직임이 존재하였다고 하더라도, 그것은 사발통문을 돌리고, (다)와 (라)의 일을 직접 계획하였던 세력과는 일정한 거리가 있는 다른 인물의 소행일 것이다.

따라서 이 문서의 기록자가 사발통문이나 그와 비슷한 내용을 담고 있는 어떤 문서의 반향을 (나)처럼 과장하였을 것으로 생각한다. 아니면 가능성은 극히 적지만, 전혀 다른 사실을 잘못 적었을 수도 있다. (나)가 과장되었다는 사실이 명백할 경우, "'沙鉢通文' 에 기재된 사실 관계는 實在하였다고 보아야" 한다는 주장, 즉 (나)에 나타난 민중사회의 분위기에 의거하여 (나), (다), (라)의 내용이 사실이며, (다)와 (라)를 이끌고 있는 "이때에"는 사발통문에 대한 민중의 반응이 (나)처럼 나타난 시점과 극히 짧은 시간적 간격을 가졌을 따름이라는 주장의[19] 설득력은 떨어진다.

稱兵召亂이라고 규정될 정도로 과격성을 보인 咸平民亂를 말한다(망원한국사연구실 19세기 농민항쟁분과, 『1862년 농민항쟁』, 동녘, 1988, 273~286쪽 참조). 이처럼 亂離는 국지적 투쟁인 민요를 넘어서는 대대적 사건을 지칭하였다.

(다)를 이끌고 있는 "이때에"는 12월의 제2차 정소가 실패로 돌아간 다음과 1월 고부민요가 일어나기 전의 시기가 분명하다. 呈訴처럼 평화로운 請願 運動이 감사나 군수에게 받아들여지지 않음으로써 그 의미가 없어지게 된 시점에서부터, 민란이 일어나 전봉준 등 지도부가 邑內나 馬項장터, 혹은 白山에 위치하기 전까지의 사이에 (다)의 都所 설치와 (라)의 결의가 있었을 것이다. 이 사이를 제외하면, (다)의 사실이 위치할 시간대가 없는 것이다. 따라서 11월의 사발통문의 작성과 (라)의 결의는 약 한 달 가량의 시차를 두고 이루어진 것이라고 할 수 있다.

그런데 사실 이 정도의 시차는 크게 중요하지는 않은 듯하다. 왜냐하면 사발통문의 작성과 (다)의 도소 설치의 주체들은 한결같이 전봉준 등 동학교도이기 때문이다. 이 사발통문을 통하여 확인될 수 있는 주요한 사항중 하나는 고부민요 이전 시기에 나타나는 동학교도의 일관된 활동이다. 이점에서 약 한 달 정도의 시차란 큰 의미가 없다고 생각한다.

그리고 현재 이 沙鉢通文에서 가장 큰 문제점으로 거론되는 것은 (라)의 모든 조항이 과연 사발통문 작성 단계나 그와 가까운 시점, 혹은 고부민요 계획의 단계에서 결의되었는가 하는 점이다. 실제의 사실이 기록대로라면, 고부민요를 비롯한 그 이후의 투쟁은 전봉준 등 동학교도가 아주 일찍부터 주체적이고 조직적으로 준비

---

19) 鄭昌烈, 앞의 책, 87~90쪽. 『東學史』와 『梧下記聞』에서 인용한 내용도 東學農民戰爭이 발발하기 직전에 그 발생 지역을 중심으로 형성된 일반적 사회 분위기이며, 생활 근거지가 달랐던 인물들이 남긴 두 자료들도 지역적으로 古阜에 한정될 수밖에 없던 '沙鉢通文'의 반응 자체를 특별히 적고 있다고는 생각되지 않는다. 따라서 '난리'가 났으면 좋겠다는 일반적 사회 분위기를 사발통문이 거의 그대로 담고 있다는 것은 (나)가 사발통문의 반응이 아니라는 증거로 해석될 수도 있다.

하였다고 할 수 있다. 더 나아가서는 동학농민전쟁의 시점에 관한 논쟁에도 관련된다. 특히 고부민요에서 실행되지 않은 조항인 郡守 趙秉甲를 梟首한다는 제1항과 全州監營을 함락하고 서울로 直向한다는 제4항은 의심해 볼 만하다. 제2항과 제3항은 실행되었기 때문에 별 문제가 없다고 본다.[20)]

바로 「東學推考」가 (라)의 각 조항의 사실 여부를 약간이나마 검토할 수 있는 자료이나, 이론의 여지를 전혀 남겨두지 않을 수 있을 정도로 충분한 것은 아니다. 그에 따르면, 2월 19일 감영병정과 충돌한 이후의 사태 진행에 대하여 이용태는 다음과 같이 보고하였다.

> 斬竹爲搶 銷鎌造刃 倚山勢而築壘結陣 揭邑號而建旗分伍 請赴州縣之士吏 (?)何意於通文 遍披面里之銃(?) 抑何事於備武 赴群港而欲破運所 供辭旣備 合畿湖而直向京城 情節已露 三尺莫嚴 萬戮猶輕是去乙

전체적인 내용과 그 속에 담긴 분위기는 전봉준 등이 관군과의 무력적 충돌에 대비하는 동시에 군현 차원에 국한되는 민란에서 벗어나 전국적 차원의 투쟁을 준비하고 있었음을 말해준다. 기호와 합하여 서울로 곧바로 향하겠다는 구절 앞의 내용만으로도 고부민요는 더 이상 민란의 수준에 그치지 않고 그 이상의 투쟁으로 발전되고 있었음을 알 수 있다. 특히 邑의 이름을 게양하고 隊伍를 나누었다는 말은 동학교도들의 최제우의 신원운동, 그 중에서도

---

20) 『全羅道古阜民擾日記』에 의하면, 제3항은 실행되었고, 또한 제2항의 사실과 관계있는 사건, 명확히 말한다면 民軍이 화약을 잘못 다루어 폭발한 사건은 3월 25일에 일어났다. 그러나 그보다 이전인 고부민요 시기에도 고부 읍내는 民軍의 수중에 있었기 때문에 軍器庫와 火藥庫도 民軍에게 점령되어 있던 것과 마찬가지였다.

출신지에 따라 포접을 조직화하였던 보은취회를 연상시킨다. 동학의 포접은 기본적으로 인적 결합이지만, 신원운동 시기에 이르러서는 지역적 결합도 강화되고 있었다. 또한 이때 내걸린 邑號가 오직 고부뿐이라고 한다면, 굳이 읍호를 내걸 필요는 없었을 것이다. 이미 고부민요에는 태인과 정읍 등 인근 지역의 동학교도들이 참가하고 있었던 것으로 판단되므로, 이들이 각기 자신들의 읍호를 내걸었을 것이며, 통문에 따라 다른 지역에서도 참가자들이 오기를 기다렸을 것으로 추측된다.

여기에 총과 칼 같은 무기를 수집하여 무장하는 단계에 이르렀다면, 사태는 이미 국지적 범위를 넘어섰다고 할 수 있다. 전운소나 조창을 공격하여 파괴하려는 계획은 이러한 군사력을 갖춘 다음에나 실제 행동으로 옮길 수 있었고, 그렇지 않다면 공허한 구호에 불과하였을 것이다. 다른 자료를 통하여 분명히 확인되는 사실은 民軍의 白山 이동과 전운소의 파괴 기도이다. 이 두 가지 사실만 가지고도, 낮은 수준이나마 무력적 투쟁의 상황이 진행되고 있었다는 것을 충분히 짐작할 수 있는데, 이와 같이 무력 투쟁의 준비 활동이 활발히 이루어지고 있었다는 구체적 기록은 이에 대한 증거가 될 수 있다. 그런데 문제는 "合畿湖而直向京城"은 명확한 진술이나 결정적 증거가 아닌 "情節已露"라는 점이다. 이는 이용태가 2월 19일 이후의 긴급한 상태를 통하여 추측하였다는 의미로 해석된다. 다시 말하여 "欲破運所"까지만 고부민요 관련자들의 供辭에 나와있는 것이고, 뒤 내용은 동학농민군의 기포 이후 사태를 보고 이용태가 자의적으로 짐작해서 붙인 말이다. 따라서 고부민요의 종말이 과격한 방향으로 흘러갔다는 것은 충분히 인정할 수 있어도 처음부터 서울로 직향하려던 계획이 있었다는 것으로 보기는 힘들다.

결국 제4항의 사실 여부는 그 점을 확실히 근거해 주는 자료가 부재한 현재 상태에서는 여전히 연구자의 주관적 판단과 해석에 의존하지 않을 수 없다. 이런 한계 내에서 필자는 전봉준 등 민란의 지도세력들이 서울로의 직향이라는 전국적 차원의 투쟁을 의식상 상당한 수준까지 구체화시키고 있었더라도, 또한 이러한 인식이 상호 간에 공감대를 충분히 형성하고 있었더라도, 정소 운동의 연장선에 놓인 고부민요의 계획 단계에서는 제4항을 투쟁의 공동목표로서 결의하였다고는 보지 않는다. 특히 뒤에서 상론할 고부민요의 전개 과정과 성격을 통하여 보면, 이런 판단은 어느 정도 설득력이 있지 않을까 생각된다. 만약 그들이 고부민요를 전국적 투쟁의 시발점으로 잡고 있었다면, 투쟁이 기본적으로 전형적인 민란에서 벗어나지 못한 까닭이 명확하게 이해되지 않는다. 그러므로 제4항은 고부민요 이전에 계획된 목표가 아니라, 민란의 발전 과정 속에서, 특히 백산 이동 이후 새롭게 정립된 목표라고 말할 수 있다.

흔히 "사발통문"이라고 하는 이 문서는 위에서 검토한 바와 같이 제대로 이해가 되지 않는 부분과 잘못 기술된 부분이 있다. 사건이 일어나고 한참 뒤에 만들어진 기록들이 가질 수 있는 오류를 그대로 보여준다고 할 수 있다. 더구나 그마저도 완전한 문서가 아니라는 점에서 아쉽기 짝이 없다. 그러나 정말 후대에 남기 어려운 민중운동의 사료라는 점에서 의미가 크고, 고부민요 이전 단계에서도 전봉준을 비롯한 동학교도들의 활동이 활발히 전개되었음을 말해주는 귀중한 문서라고 할 수 있다.

Ⅲ. 민요의 전개와 그 양상의 특징

1. 민요의 발생과 동학교도의 참가

고부관아의 습격을 고부민요의 시작이라고 한다면, 고부민요의 정확한 발발 일자는 1894년 1월 10일 새벽이었다. 『동학사』에는 1월 3일 밤,[21] 『동도문변』은 11일,[22] 『근대조선사』는 1월 16일로[23] 기술되어 있다. 그러나 고부민요에 관한 자료 중 가장 정확하고 풍부한 내용을 담고 있는 『전라도고부민요일기』가 말하는 10일이 확실한 발발 날짜일 것이다.[24]

1월 10일 이전, 고부민요의 발발 이전 단계에 관한 자세한 기록

---

21) 『東學史』, 110쪽.

22) 崔永年, 『東徒問辨』(『東學亂記錄』上 所收), 157쪽.

23) 菊池謙讓, 1939, 『近代朝鮮史』 下, 214쪽.

24) 巴溪生, 앞의 책, 370~375쪽. 고부에서 20리 떨어진 곳에 머물렀던 巴溪生은 고부민요의 발생과 해산까지의 전체 과정을 자신이 견문한 사건 경과에 대한 메모에 기초하여 그해 4월 12일에 일기 형식으로 재정리하였다. 이 자료는 고부민요에 관한 여타의 기록과 비교될 수 없는 중요한 가치를 지녔다. 따라서 필자도 이에 상당히 의존하였으며, 그 내용에 입각하여 서술해 나가면서도 특별한 경우가 아니면 주를 달지 않았다. 그러나 이 일기를 통하여 전봉준 등 고부주민들이 고부관아를 습격한 때와 그 이후 사정은 잘 알 수 있지만, 그 이전의 계획 단계나 동학교도와 주민의 집결이 이루어진 시간이나 장소에 대하여 전혀 알 수 없다는 한계가 있다. 그리고 『駐韓日本公使館記錄』외에도 『全羅道古阜民擾日記』는 伊藤博文 編 『秘書類纂 朝鮮交涉資料』中에 수록되어 있는데, 후자에 실린 것은 오자도 있고, 특히 내용이 뒤섞여 버린 부분이 많다. 그러므로 만약 『秘書類纂 朝鮮交涉資料』의 것을 철저히 검토하며 작업를 한다면, 민란의 진행 과정은 물론이고 성격까지도 크게 달라질 위험이 있다.

을 담고 있는 자료로서는 『동학사』와 사발통문이 있고, 그 외 『전봉준공초』도[25] 중요하나 내용이 소략하다. 그런데 『동학사』의 문제점은 고부민요와 동학농민전쟁의 초기 단계를 그대로 통합시키고 있다는 점이다. 즉 布告文의 발표를 1월 10일의 봉기에 앞서서 일어난 사건으로, 그리고 고부관아 습격 시점에 이미 손화중과 김개남을 비롯한 전라도 동학교도들이 참가하고 있었다고 기술하고 있다.[26] 신용하의 무장기포설이[27] 나오기 전까지는 이 부분의 진위가 문제되지 않았고, 많은 연구자들이 그대로 지나치고 말았다.

고부민요는 전봉준을 비롯하여 동학교도가 주동세력이 되어 먼저 계획하고 실행했는지, 아니면 향촌주민들이 그랬는지 자료에 따라 다르게 나타나기 때문에 사실을 정확하게 알기 어렵다. 그러나 양자가 이전에 정소 운동을 함께 전개하고, 양자의 굳은 결합이 이미 민란의 초기 단계에서 보이고, 또한 양자의 관계를 구체적으로 알려 주는 자료가 발견되지 못한 상태에서는 이와 같은 의문은 실상 큰 의미가 없는 것처럼 생각된다. 하여튼 민란의 장두였던 전봉준은 자신이 글줄이나 알기 때문에 자기의 집에 몰려온 수천 명이나 되는 중민의 원에 따라 장두가 되었다고 분명히 말하였다. 당사자가 그 점을 시인했다는 것보다 더 확실한 근거는 없을 것으로 생각되기도 한다. 그 외에도 향촌주민의 요청에 따라 장두가 되었다는 사실을 분명하게 기술해 놓은 자료로 1920년대 말에 행해진 현지 조사에 근거한 『근대조선사』가 있다.[28]

그런데 이와 같은 조사 과정의 진술이나 후일의 회고담은 고부

---

25) 『全琫準供草』(『東學亂記錄』 下 所收), 525쪽.
26) 『東學史』, 107～115쪽.
27) 愼鏞廈, 1985, 「甲午農民戰爭의 第1次農民戰爭」 『韓國學報』 40.
28) 菊池謙讓, 앞의 책, 214쪽. 그런데 사실을 정확히 검토할 때, 고부민요에 관한 이 자료의 신빙성은 대체로 별로 높지 못하다고 생각된다.

민요를 전년부터 전개된 연속적인 정소 운동의 연장으로 볼 때, 그리고 구체적인 전개 과정을 통하여 볼 때, 사실을 그대로 정확히 말해준다고 믿을 수는 없다. 정소 관계 때문에 각리 집강 앞으로 발행된 사발통문에서는 오히려 전봉준 등 동학교도의 적극적인 태도가 나타나고 있으며, 주민들이 수령에게 보내는 정사를 써주었다는 전봉준의 공초도 있다. 전봉준이 글줄이나 알기 때문에 장두로 추대된 것이 아니라, 그가 향촌주민과는 이미 이렇게 이전부터 매우 긴밀한 관계를 유지하고 있었기 때문이었다. 주민들은 글을 알고 있다는 이유만으로 전봉준을 장두로 추대하지는 않았을 것이다. 그 외에도 글을 아는 사람은 많이 있었다. 여기에서 '글'도 도구적인 의미만 가지고 있다고는 생각되지 않는다. 따라서 수천 명이 자신의 집에 몰려와 주모자가 되어달라고 했다던 전봉준의 진술이나, 『근대조선사』의 기술은 비록 향촌 주민들의 집합과 전봉준의 장두 추대를 말하고 있지만, 그것은 이미 함께 정소 운동을 전개하던 전봉준과 향촌주민들이 이제 다시 정소 이상의 투쟁, 즉 민란을 일으키자고 결의하던 당시의 모습을 상징적으로 전하는 것이라고 해석된다. 그리고 이것은 소수의 동학교도가 향촌 주민과 결합하면서 민요의 주도권을 장악하였다는 의미로 파악되기도 한다. 『전라도고부민요일기』의 필자인 파계생은 민란이 일어난 당일에 벌써 민란에는 전봉준을 필두로 한 7명의 수령이 있다고 쓰고 있고, 민군들이 마항장터로 옮겨간 17일에는 다시 13명의 정예를 뽑았다는 소식을 전하고 있는데, 이 20명은 아마 사발통문에 서명한 동학교도가 대부분일 것이다.

그런데 전봉준 개인이 민란의 장두가 되었다고 하여, 그것을 동학교도의 주도적 참여와 그대로 직결시키려는 시도는 성급한 단정이므로 약간의 검토가 요구된다. 전봉준이 지도한 고부민요는 어디까지나 민란 수준에 그치는 것이었고, 전봉준 자신도 그 이상의 계획을 가지지 못하였고, 동학과도 관계가 없었다는 주장도 오래 전에 제기되어 있다.[29] 이에 대하여 제시할 수 있는 반대 자료로는 이미 널리 알려진 전봉준의 공초, 사발통문, 『동학사』, 그리고 「동학추고」 등 여러 가지가 있다. 전봉준은 재판관에게 자신은 고부에서 동학을 行敎한 일은 없으나, 그곳에는 동학교도들이 있었으며, 그들도 향촌주민보다 수는 적었으나 민란에 참가하였다고 명확히 진술하였다. 상식적으로 참가자들 수천 명 가운데 향촌주민이 동학교도보다 수적으로 많았다는 사실은 특별한 것이 아니라 지극히 자연스러운 것이다. 또한 동학교도들은 민란의 주도층으로 활약하였음은 장두 3인 모두 교도였다는 사실을 통해서도 거듭 확인된다.[30] 그리고 사발통문은 정소 운동과 민란, 그리고 동학교도가 하나의 맥락으로 관통되어 있음을 보여주는 자료이다. 본고의 앞부분에서 검토한 그 내용에 따르면, 동학교도는 고부민요 이전에 벌써 조직적으로 군현 차원에서 정소 운동 등을 전개하고 있었다. 『동학사』도 태인 주산리 최경선의 집에서 동학교도 300명을 모아 고부로 들어왔다고 한다.[31] 고부민요에 동학교도가 깊이 간여하였

29) 金容燮, 「전봉준 공초의 분석」, 152~158쪽.

30) 巴溪生은 民亂의 수령은 全明淑, 鄭益瑞 및 金某로서 全明淑은 동학당에서도 다소 聲望이 있으며, 이들 3인이 사건을 일으킨 시초부터 大小의 일을 장악하고 있었다고 하였다. 金某는 金道三로서 全琫準이 거주하던 宮洞面 鳥巢里의 이웃 마을이던 畓內面 山梅里에 거주하였고, 鄭益瑞는 長順面 蓮池坪 출신이라고 한다(崔玄植, 앞의 책, 36~37쪽). 이 두 사람도 모두 동학교도였다(張奉善, 앞의 책, 385쪽).

31) 吳知泳, 앞의 책, 110~111쪽. 表暎三 天道敎 常住宣道師와 院坪에 소재한 母岳鄕土文化硏究會 崔洵植 회장에 따르면, 古阜郡 梨坪面의 동학교도들은 崔景善接에 속하였고, 그 接은 다시 院坪의 金德明包에 속하였다고 한다. 이를 통하여 다른 지역에 사는 崔景善이 고부민요에 참가한 이유를 알 수 있다.

다는 사실을 강력하게 시사해 주는 자료로 『전라도고부민요일기』도 있다. 위의 자료들이 동학 측의 자료인 반면에 이것은 고부민요에 대한 가장 객관적인 기록이다. 그 저자도 일기의 앞머리에서 고부민요를 "동학당의 소요"와 별개의 것으로 보지 않아야 한다는 견해를 피력하였다. 더욱 결정적인 것은 이용태도 민란 참가자들의 성분을 "不但本邑之民 所謂 東學黨 不逞之流 縇巾商 無賴之輩"라고 분석하고 있다는 사실이다. 여기에서는 농민전쟁에서 농민군은 동학의 조직만 빌린 것에 불과하다는 학설에 대하여 검토할 계제는 아니지만, 일단 동학교도들이 고부민요의 초기 단계부터 조직적으로 움직이었고, 지도적 역할을 수행하고 있었다는 점만 확인하도록 하겠다.

그러나 위에서 잠깐 언급한 대로 『동학사』의 이 부분에 관한 기사는 의심스러운 면이 없는 것도 아니다. 『동학사』의 저자 오지영은 이 고부민요에 참가하지 않았을 뿐만 아니라, 동학농민전쟁의 초기 단계도 제대로 알지 못한 점이 많았다. 이런 까닭으로 『동학사』의 이 부분에는 잘못 기술된 곳이 적지 않다. 하지만 오지영은 동학농민전쟁에 직접 참가하였던 지도적 인물로서 고부민요에 관계하였던 인물로부터 그 시말을 전해 들었음이 분명하다.[32] 단지 고부민요와 그 이전의 정소 운동 및 동학농민전쟁의 초기 단계의 사실을 그만 혼동하는 실수를 하였다고 짐작된다.[33] 오지영은 동

32) 2월 19일의 사건, 즉 民軍들이 전라감영 병사들을 체포하였다는 기록이 전쟁의 초기 단계 기술속에 포함되어 있다(위의 책, 114~115쪽).

33) 위의 책, 102~104쪽. 저자는 민란의 전형을 벗어난 고부민요의 특이한 양상은 전쟁의 초기 단계의 것으로 이해하였고, 대표자가 조병갑에게 체포되어 곤욕을 치른 정소 운동의 결과는 고부민요의 것으로 오인하여 기술하고 있다. 덧붙여 全琫準의 부친인 全彰赫의 죽음이 바로 고부민요에서 비롯된 것으로 쓰고 있는데, 이것은 민란이 끝난 뒤에 퍼진 소문 때문이었을 것이다. 南原지방의 유생이었던 金在洪이 쓴 『嶺

학농민군이 무장에서 포고문을 최초로 선포하였다는 사실을 처음부터 전혀 몰랐거나, 세월이 많이 흘렀으므로 제대로 기억하지 못하였던 듯하다. 그렇기 때문에 동학농민군이 무장에서 고부로 진격했다는 것을 빠트리고, 고부민요의 발발 단계에 관련된 사실을 동학농민군 최초의 거사로 기술하였다고 생각한다. 만약 무장의 사실을 알지 못하였다면, 백산 주둔 이전의 경과는 고부민요와 겹치기 십상이었을 것이다. 그러나 동학농민전쟁이 고부에서 일어났다는 것과 3월 20일 무장에서 시작되었다는 것, 또 동학교도가 고부민요 이전 단계부터 적극적으로 참여하였다는 것을 그로서는 다른 사람과의 논쟁 때문에 과도하게 의식하거나 사실을 일부러 왜곡하여 기술할 필요는 없었을 것이다. 이런 면에서 혼동된 『동학사』의 이 부분을 정확하게 이해하면, 110면의 "갑오년 정월 초3일 밤에" 이하부터 다음 면의 "읍의 일을 대략 정리한 후"까지의 동학교도와 고부 주민의 연합, 관아 습격, 군수 조병갑 수색 등의 기사는 3월 23일 동학농민군이 고부로 들어올 때의 상황이라고는 보기가 어렵고, 바로 고부민요의 초기 단계의 사실이다.

다음에는 민란이 어떻게 발단하고 전개되었는가 구체적으로 알아보자.

고부민요가 일어나기 직전의 상황으로 판단되는 『근대조선사』의 기사에 따르면, 조병갑의 명령에 의하여 몇 명의 주민들이 체포

上日記』 1894년 3월 29일조에는 전봉준의 부친이 안핵사에게 체포되었다는 내용이 있다(이 자료도 역시 朴孟洙 教授가 제공한 것이다). 당시 이런 소문은 널리 퍼져 전봉준이 부친의 원수를 갚기 위하여 起包하였다든지, 전창혁이 정소의 대표자로서 처벌을 받아 죽었다든지 하는 여러 갈래의 소문을 다시 파생하였던 모체가 되었다. 전창혁의 죽음은 정소나 민란과는 직접적 상관이 없었고, 그의 사망 일자는 1893년 6월경이라는 주장에 상당한 신뢰감이 간다(崔玄植, 앞의 책, 31~32쪽 ; 신복룡, 앞의 책, 118~119쪽, 참조).

되었고, 그에 따라 향촌의 동정과 분위기는 뭔가 일어날 듯하였다고 한다.[34] 이 기록은 다른 자료에는 보이지 않으므로 그 진위나 구체적 사유를 살펴보기 힘들지만, 이 사태는 조병갑이 정소한 주민들을 계속 구금하였다든지, 세금을 내지 않은 주민들을 잡아가둠으로써 조성되었을 가능성이 높다. 이런 조병갑의 학정은 주민들이 민란을 일으키는 데 직접적인 원인으로 작용하였을 것이다. 덧붙여 읍민 심명덕과 조성국 등이 조병갑과 담판하던 중 전봉준이 지휘하는 읍민이 관아를 습격하였다는 『근대조선사』의 기록은 「동학추고」에 따르면 전혀 잘못된 것이고, 고부민요와 직접적으로 관련이 있다고 생각되는 인물은 『일성록』에 죄인으로 나와 있는 최시중과 김양보에 불과하며, 이들은 읍폐 조사 등 민군의 활동에 적극 가담하였던 이서였다고 생각된다.

고부민요의 초기 단계는 비슷한 시기에 발생한 다른 민란과는 자못 다른 바가 있었다. 그 중에서도 두드러지는 양상은 전봉준 등 봉기 민군들의 관아 습격은 상당히 비밀스럽고 갑작스러웠다는 점이다. 일반적인 민요는 향촌사회질서와 면리제에 의해 동원된 민군들이 읍내 가까운 곳에 둔취하며 주민들을 계속 동원하는 동시에 정소를 올리거나 대표를 보내 수령과 접촉을 가진다. 즉 수령에게 자신들의 집합된 세력을 과시하며 요구 사항의 수락을 강요한다. 비록 관아를 습격하고 수령을 상해하는 지경으로까지 사태가 악화되더라도, 민군의 屯聚와 관아 습격 사이에는 상당한 시간적 간격이 있기 마련이다. 임술란의 사례를 통하여 보아도, 이런 양상은 정형적인 것이다. 최초의 봉기인 단성민란부터 좀 더 과격성을 띠었던 진주·익산·함평의 민란에 이르기까지 향촌주민들의 취회도 이루어지지 않은 상황에서 민군이 무장을 하고 새벽녘에 관

34) 菊池謙讓, 앞의 책, 214쪽.

아를 암습한 예는 없다.[35] 그러나 고부민요는 전혀 그런 일반 민란의 양상을 보이지 않았다. 최초의 집결지와 출발지는 이평면 예동이라고도 하지만,[36]『동학사』는 동학교도들이 태인 주산리 최경선의 집을 출발하여 그 밤으로 마항장터로 달려가서 모여 있던 향촌 주민들과 합하였고, 다시 그 밤으로 떠났다고 한다.[37] 또한『동학과 동학란』도 "그 이튿날 일찌기" 읍내로 쇄도하였다고 기록되어 있다.[38]「전봉준실기」와『갑오동학혁명사』에서도 똑같이 밤중의 행군과 새벽녘의 습격을 확인할 수 있다. 파계생은 이들의 관아 습격이 끝났을 때도 아직 날이 밝지 않았다고 기록하였다.

이와 같은 고부민요의 양상은 전형적인 민란보다는 모두 밤에 이루어진 1869년 민회행 일당의 광양 관아 습격이나 1871년 이필제 일당의 영해 관아 습격 등과 더욱 유사하다. 이렇게 전봉준 등이 갑작스럽게 관아를 습격한 이유를 살펴본다면, 조병갑을 포착하기 위한 것으로 간주할 수밖에 없다. 이와 같은 새벽녘의 관아 돌입과 도망한 수령의 추적은 조병갑과 협상하고 타협하려는 의도에서 나온 행위라고 해석되지는 않는다. 민군은 악정의 장본인인 군수 조병갑을 직접 잡아 징치하려고 하였던 것이다.

더 나아가서는 사발통문 (라)의 제1항을 실천하기 위한 과감한

35) 망원한국사연구실 19세기농민항쟁분과, 앞의 책 참조. 익산과 함평은 민군들이 관아를 습격하고 수령을 구타하는 데까지 이르렀으나, 이전 단계는 여타의 민란와 거의 동일하였다.

36) 禮洞에서 최초로 집결하였다고 하지만(張奉善, 앞의 책, 382쪽), 乞軍을 조직하여 수천 명이 모이고, 전봉준이 참가를 강제하였다는 기술 내용 전체는 최초로 집결하였을 때의 상황으로는 보기 어렵다.

37) 태인 주산리는 동진강을 사이에 두고 고부 이평면과 마주 대하고 있다. 또 전봉준 자신은 그날밤 永元面 雲鶴洞을 지나 읍내로 직접 갔기 때문에 馬項장터는 거치지는 않았으나, 다른 길인 天峙재를 넘어 마항장터를 거쳐 읍내로 진격한 민군도 있었다(崔玄植, 앞의 책, 38쪽).

38) 金庠基, 앞의 책, 114쪽.

기습이었을 가능성도 있지만, 이점은 그렇게 간단한 문제는 아니다. 제1항에 나타난 수령 효수가 가지는 엄청난 심각성을 그대로 지나쳐서는 안 될 것이다. 통상적으로 민란의 계획이나 초기 단계에서는 수령에 대한 신체적 상해는 주모자나 민군 어느 편도 고려하고 있지 않다. 그런 사건은 민란이 발발한 뒤 어느 정도 시간이 경과한 다음이나, 사태가 갑자기 악화되어 우발적으로 발생하는 것이 일반적 예였다. 수령에게 신체적으로 위해를 가하는 것은 곧 반역 행위로 해석될 수가 있었고, 그에 따라 주모자와 가해자에 대한 처벌도 사형처럼 무거운 것이었다. 민군이 이서들의 공격을 받자 갑자기 관아를 습격하여 수령을 구타하고 군 경계 밖에 내다버린 함평민란의 경우, 주도자 6명은 作變罪人으로 규정되어 효수를 당하였다. 또한 수령을 구타하는 정도까지는 이르지 않았으나, 군수의 옷을 찢고 욕설을 퍼붓고 경계 밖으로 내다버린 익산민란의 주도자 10명도 동일한 형에 처하여졌다.[39] 따라서 이 조항의 계획과 실행은 고부민요의 성격에 커다란 영향을 미치는 요인이다. 이 조항이 단지 계획에 불과한 것이 아니라 실행되었다고 한다면, 사태는 결국 제4항대로 진행되었을 것이다. 수령이 민군에게 목숨을 잃었는데, 정부가 방관할 리는 없는 것이고, 그렇게 되면 공권력과 민군의 충돌은 필연적인 것이다. 이런 사태의 발전을 전봉준 등이 계획 단계에서 예상하지 못하였을 리가 없다. 하여튼 조병갑이 도피하였으므로 민군이 그 실행의 기회를 전혀 가질 수 없었기 때문에 제1항을 검토할 수 있는 근거는 고부민요의 전개 과정과 성격에서 찾을 수밖에 없다. 이점에 관하여는 제4항과 연관하여 다시 뒤에서 거론하겠다.

조병갑을 잡으려는 목적을 가진 관아 습격이 성공하기 위해서는

---

39) 망원한국사연구실 19세기 농민항쟁분과, 앞의 책, 264~286쪽.

여타의 민란처럼 참가자들이 다수라든지, 무조직해서는 안 되었다. 그렇기 때문에 참가자의 숫자는 약 500명 정도밖에 되지 않았다.[40) 이들 가운데 동학교도는 300명이라고 하지만,[41) 동학교도가 아닌 다른 주민들도 이미 전봉준과 밀접한 관계를 맺었거나, 그들 상호간에 비밀을 지킬 수 있는 믿을 만한 주민들이었을 것이다. 그럼에도 불구하고 다른 주민의 제보 덕분에,[42) 조병갑은 미리 습격을 알고 도망쳐 버렸다. 수천 명 동원한 다음에 본격적으로 전개되는 다른 민란과는 달리 이렇게 소수의 집단이 동원되었다는 점도 특이하다. 또한 고부민요가 다른 민란과 달랐던 점은 최초의 봉기군이 읍내를 장악한 다음에, 즉 11·12·13·14일 간에 걸쳐 향촌주민들을 민군으로 조직하였다는 사실이다. 향촌주민들을 모음으로써 시작되는 전형적인 민란의 과정에서 진행되는 순서와는 반대이다. 이 결과 민란에 가담한 면수는 15개, 인원은 1만여 명에 이르렀다. 이 때에 비로소 민란의 모습을 갖추게 된 것이다.

고부민요는 다른 민란처럼 실효 없는 정소 운동의 결과로서 일어났지만, 그 초기 단계가 일반적인 민란과는 달리 특수한 양상을 보인 근본적인 원인은 동학교도의 참가와 주도 때문으로 생각된다.

---

40) 최초의 참가자에 대하여는 『全琫準供草』를 비롯하여 『東學史』와 「全琫準實記」에는 수천 명이라고 되어 있으나, 가장 정확하고 객관적인 숫자는 민란의 진행 당시에 기록된 『全羅道古阜民擾日記』라고 판단된다. 특히 최초 참가자에 대한 숫자는 정확하게 알고 있어야 사건의 본질을 명확히 파악할 수 있을 것이다.

41) 『東學史』에 나온 300명의 숫자를 확인해 주는 다른 자료는 없다. 그러나 이들은 종교 집단에 소속된 자들로서, 이미 어느 정도 조직화되어 있고 자체의 취회에 참가한 경험을 가지고 있었다고 생각되므로 극히 짧은 시간 안에 동원될 수 있었다고 본다. 그리고 당시 동학교도가 집단적으로 살고 있던 곳은 주산리 자체가 아니라, 그 앞마을이었다는 村老들의 말도 있다(表暎三 宣道師와 崔洵植 會長의 말씀).

42) 崔玄植, 앞의 책, 38쪽.

왜냐하면 전봉준을 중심으로 한 동학교도들은 사발통문에 나타나듯이 상호의 결합이 강하여 일종의 조직을 형성하고 있었다고 보아도 좋을 정도였으며, 전해 가을 이후 향촌주민들의 정소 운동에 깊숙하게 관여해 왔기 때문이다. 또한 그들은 이미 최제우의 신원운동과 그 이후 산발적인 취회 등 동학의 정치사회적 운동에도 참가했다고 보아야 할 것이다. 즉 그들은 의식은 물론이고, 조직력과 동원력, 투쟁의 목표 및 방법의 설정, 그리고 경험의 면에서 일반 향촌주민들보다 우월하였으므로 지도조직으로서 손색이 없었다고 본다. 파계생은 "진영은 정숙하였고, 호령은 명석하였으며 어느 민군 같지가 않았다"는 다른 사람의 말을 전하고 있다. 물론 봉기에 참가한 비교도의 농민들도 관아 습격의 계획을 세우고, 또 그를 실행할 역량이 없지는 않았겠지만, 실제 관아를 습격한다는 것은 그들 자체의 의식과 역량만으로는 결행하기 어려운 일이었을 것이다.

이렇게 이 시기에 의식과 역량을 갖춘 동학교도가 군현 차원의 투쟁에서 지도적 역할을 담당하게 되었다는 것은 중요하다. 그 좋은 예가 1893년 11월에 오지영을 장두로 하여 일어난 익산민란이다.[43] 그러나 이 민란에서 동학적 색채를 찾아볼 수 없으므로, 오지영의 참여는 개인적인 차원의 것으로 해석된다. 그렇다고 그것을 동학과는 전혀 관계가 없는 사회경제적 모순에 대한 저항만으로 해석할 수는 없다. 오지영이 민란의 장두가 되었던 배경으로 그의 종교적 태도와 가치관, 혹은 동학이 처하던 탄압적 상황에 대한 반발 등이 고려될 수 있다.

관아를 점령한 이후 민군들은 조병갑의 수색, 오리배의 체포와 조사, 新洑 허물기, 收稅米의 分給 등 자신들의 원망의 표적을 즉각적으로 조처하려고 하였고, 향촌주민들을 민란에 동원하여 읍내

43) 吳知泳, 앞의 책, 105～106쪽.

외에 설영하였다. 또 17일에는 읍내로부터 마항장터로 취회 장소를 옮겼고, 민군들은 면동임의 지시에 따라 면리별로 교대하여 취회에 참가하였다. 그리고 白山에 성을 수축하기 시작하여 혹시 일어날 지도 모르는 관군과의 충돌도 대비하였다.44) 그러나 2월 중순까지는 특별한 사태가 벌어지지는 않았던 것 같고, 민란의 양상도 특기할 만한 것도 없었던 것 같다. 그렇기 때문에『전라도고부민요일기』의 저자도 1월 22일 이후부터 2월 중순까지 거의 한 달 동안은 민란의 발발 이후 계속하여 시간적 경과에 따라 기록하던 일을 멈추었다. 이웃 군에서도 이번 거사에 대하여 동정을 표하며 대체로 악평하는 자는 없었으나, 아직 고부민군들과 합세하여 자신들에게 해를 주는 악정을 없애려는 움직임은 보이지 않았다고 한다. 이런 일종의 소강 상태로 민란은 한 달 이상 지속되었다.

2. 민요의 지속성과 지도세력의 목표

전라감사 김문현이 고부민요에 대한 보고를 중앙정부에 처음 보낸 일자나 査官 임명 여부 등 감사의 민란에 대한 초기 조처를 분명히 알려주는 자료는 아직 찾을 수 없다. 민란이 발생한 지 한 달이 지난 2월 15일에야 조병갑의 論罪罷拿에 대한 김문현의 의견과 정부의 안핵사 파견과 신임군수 임명 사실이 연대기에 보인다.45) 그 동안 김문현이 어떠한 대책을 시행했는지를 정확하게는 모르나, 이때 정부가 김문현을 亂民未捉과 明査未行의 이유로 越

44) 성을 쌓았다고는 하지만, 대단한 것은 아닌 듯하다. 巴溪生은 단지 짚으로 假城을 만들었다고 한다.

45)『日省錄』, 1894년 2월 15일조.

奉 3等典에 처한 것으로 미루어 고부민요의 해결을 위하여 김문현이 행한 실질적 노력은 별로 없었던 것 같다. 김문현은 고부민요를 여타의 민란과 동일하게 생각하고, 자신의 면책과 조병갑에 대한 배려에서 자신의 힘으로 은밀하고 아무 말썽 없게 해결하려고 했으나, 민군의 완강한 태도에 봉착하여 이때야 할 수 없이 정부에 고부의 폐막과 군수 조병갑 처벌 등의 보고를 올리지 않았나 생각된다.[46] 즉 김문현은 민란이 일어나자 수하를 파견하거나 고부의 이향들을 통하여 민란의 원인과 정세를 비밀스럽게 파악하는 등 나름대로의 노력을 하였을 것이나, 전봉준 등 강력한 지도부가 지휘하는 고부민요가 다른 민란처럼 제풀에 지쳐 저절로 해산할 가능성을 보이기는커녕 고부의 폐정 이혁과 그 책임자인 조병갑의 처벌을 강력하게 요구하였기 때문에 그에 따른 자신의 의견을 정부에 상신하고 대책을 요청하였다가 월봉의 처분을 받은 것이었다. 그렇다고 김문현은 관군을 동원하여 민란을 무력적으로 진압할 수도 없었다. 만일 그럴 경우 자신의 관내에서 반역이 일어난 것인데, 그것이 토벌되더라도 책임을 모면할 수 없었을 것이다.

따라서 감사와 민란의 지도부는 초기 한 달 가량은 실질적인 해결책을 함께 강구하지 못하였다. 김문현 자신은 되도록 여파가 미미한 수준에서 민란을 조용히 해결하려고 하였을 것이고, 민란의 지도부는 다시 못 올 좋은 기회로 생각하여 강경한 입장을 누그러트리지 않았을 것이다. 이런 상태에서는 김문현은 고부민요도 여타의 민요와 비슷한 운명일 수밖에 없을 것이라는 선입관을 가지고 민군의 투쟁력 약화와 민란의 해산을 고대하며 사태를 관망만 하였을 것이다. 그렇기 때문에 민군은 문제 해결을 위하여 협상이나 타협을 할 수 있는 대상이 없는 상태에서 취회만 계속할 수밖에

46) 위와 같음.

없었다고 추측된다. 김문현이 책임 있는 관리로서 민군과 대화나 해결을 시도하지 않는다고 하여도, 민군으로서는 그를 협상의 장으로 끌어낼 적절한 방법을 가지고 있지 못하였다. 전봉준은 민란 기간 계속하여 전라감영에 呈狀하였으나 소용없었다고 하였다. 그러므로 사태를 해결하기 위해서는 전주로 가서 집단적 정소를 하거나 아예 해산하는 수가 가장 현실적이었다. 하지만 후자의 경우는 누구보다도 지도부가 용납하지 않았을 것이며, 향촌주민도 이때까지만 하여도 투쟁열이 식지 않았으므로 불확실한 미래에 희망을 걸지 않으려고 하였을 것이다. 그러므로 후자는 실질적으로 고려의 대상이 되지 못하였고, 많은 사람들이 전주성에 집단적으로 들어간다는 것도 상당한 위험 부담이 따랐기 때문에 주저하고 있었다고 짐작된다. 민군들로서도 좋은 해결책이 있었다면, 그처럼 오랫동안 봄추위 속에서 고생하지 않았을 것이다. 이렇게 고부민요가 해결의 방향을 찾지 못하고 표류하자, 자연히 민란은 장기적 국면으로 전환되었다. 만약 전봉준 등이 전주감영의 점령과 서울로의 직향을 처음부터 계획하였다면, 민란은 장기화되지 않았을 것이다.[47)]

고부민요가 지속성을 보인 다른 중요한 원인은 민군의 식량이 확보되어 있었다는 사실이다. 일반적으로 민란이 짧은 시간밖에 지속되지 못했던 이유 가운데 하나는 민군들의 식량 문제였다. 비

---

47) 巴溪生은 민란의 분위기가 차분해지고, 일부의 민군이 이탈하는 듯한 모습을 본 1월 22일 민란의 추이와 지도부의 구실에 관하여 자신의 생각을 적고 있다. 그도 문제 해결을 위한 방법으로 평화적인 것과 무력적인 것을 모두 고려하면서, 결국 민군에게 현실적인 해결책이 없으므로 민란이 해산의 운명에 접하게 되지 않을까 예상하였다. 국외자인 파계생이 이 정도의 생각을 하였다면, 전봉준 등도 민란의 해결을 위하여 그 이상의 노력을 하였을 것이다.

록 부정한 명목의 稅米라고 하여도 민군들이 식량으로 소비를 하였을 경우에는, 민란이 끝난 다음 자신들에게 또 다른 부담으로 전가될 수밖에 없었다. 고부관아의 습격이 있은 다음 민군들은 조병갑이 불법으로 거두어들인 세미를 본래 주인들에게 되돌려주었다. 그때 남은 세미가 어느 정도인가는 알 수 없으나, 민란이 거의 끝난 다음에도 민군이 두 달 동안 더 버틸 수 있을 정도의 곡식이 있었다고 한다. 3월 1일 茁浦의 조세 창고 습격은 곡식을 빼앗기 위한 것이 아니라 전운영을 비롯한 징세기구가 원망의 대상이었으므로 막바지 위기에 몰린 일부 민군들이 결행하였을 것이다.[48] 하여튼 민군들이 사용할 수 있는 식량은 넉넉하였다. 그렇기 때문에 추수를 하여도 별로 저장할 곡식이 없던 빈민들은 민란에 참가함으로써 호구를 쉽게 해결할 수 있었을 것이다. 또한 1월은 일반 농민들도 식량 사정이 좋다고 할 수 없는 시기였으므로 통상 관청의 진휼도 이때부터 시작되었다. 그러므로 타의에 의해 동원된 민군 외에도 양식이 충분하지 못한 빈민이 적극 참가하였다고 생각된다. 또한 망건상처럼 생활 기반이 넉넉하지 못한 행상들도 가담하였다고 한다. 그러나 이런 점들을 민군의 계급적 구성을 확실히 말해주는 증거로 보는 데는 아직 불충분한 면이 있다. 그러나 세미 등 민군의 양식이 되는 곡식의 양은 민란 발발 초기처럼 1만여 명의 민군들을 오랫동안 먹일 수 있을 만큼은 되지 않았을 것이다. 참가하지 않는 주민들에게서 받아내는 벌전이나 다른 수입을 감안하더라도, 결코 감당할 수 없었을 것이다. 이를 해결하기 위해서는 물리력을 과시할 수 있는 적정 인원만 유지하고 나머지 주민들은 귀가시켜야 되었다. 그 결과 아마 수백 명 정도의 민군이 항시 취회하지 않았는가 생각된다. 이렇게 민군을 먹일 수 있는 식량이 확보되

48) 『日省錄』, 1894년 4월 24일조.

었으므로 민란은 거의 두 달 동안 지속될 수 있었다. 다른 것보다 이것이 고부민요가 지속성을 보이게 된 가장 실질적이며 현실적인 요인이었을 것이다. 어떤 투쟁의지와 조직이라고 하여도 민군을 먹이지 못한다면, 민란은 단시간에 끝나고 말았을 것이다.

또한 민란의 참가자들을 계속 동원하고 민군을 유지하는 데 적지 않은 구실을 한 것은 향촌사회와 면리제의 조직과 강제력이었다. 최초의 거사는 비록 이런 조직과는 무관하게 이루어졌다고 하여도, 전체 향촌주민을 민란에 참여시켜야 한다는 문제는 중요하였다. 비록 소수의 봉기가 성공하여 수령을 체포하고 오리배들을 징치하는 등 일단 군현을 장악하였다고 하여도, 일반 향촌주민의 도움과 지지를 얻지 못한다면, 아주 짧은 시간 내에 거사는 실패하고 말았고, 참가자들은 포착되거나 도망할 수밖에 없는 운명에 직면하고 말았다. 바로 민회행과 이필제 일당의 관아 습격 이후의 사태가 좋은 예이다. 따라서 향촌주민들을 동원하여 자신들과 함께 투쟁에 나서도록 하기 위해서는 거사의 정당성은 물론이고 주민들을 동원할 수 있는 조직의 확보는 필수적이었다. 다행히 고부민요는 적어도 이 지역에서는 충분히 지지를 받을 수 있을 만큼 여러 가지 조건이 이미 무르익은 상황에서 일어난 것이기 때문에 향촌주민의 동원이 손쉬웠을 것이다. 또한 전봉준 등 주도자들은 전해부터 전개된 정소 운동을 통하여 면리제상의 집강과 동장 등과도 밀접한 관계를 맺고 있었다. 민란의 전개 과정에서도 민군들의 수는 줄지 않았다고 하는 데에서도 주민의 참여와 동원은 일단 성공을 하였다고 생각된다.

그런데 이와 같은 사실이 면리임의 주체적이며 능동적인 참가로 곧바로 해석되는 것은 신중해야 할 여지가 있지 않나 한다. 왜냐하면 고부민요는 전봉준 등 동학교도를 비롯한 소수의 향촌주민들이 주도하고 있었기 때문이다. 고부민요를 포함한 여타 민란의 사례에서도 면리제가 민군의 동원과 통제에 많이 이용되었음을 확인할 수 있지만, 그렇다고 면리임이 민란의 주도자 역할을 담당하였다고는 보지 않는다. 그들 대다수는 주도세력에 의하여 여타의 향촌주민들과 마찬가지로 공동체의 구성원으로서 자신의 의사에 관계없이 공동체적 투쟁에 동원되었을 뿐이라고 생각된다. 조선후기에는 시간이 흐를수록 향촌사회에서 차지하던 면리임의 위치가 향상되었음은 인정할 수 있지만, 민란을 주도하거나 적극적으로 참가할 수 있을 정도는 아니었다고 본다. 지방행정기구에 종사하며 민란의 주도자층이 될 수 있던 세력은 이향족에 불과하였을 것이며, 특히 향전적 배경을 가지고 있던 민란에서 그 점이 뚜렷이 나타난다. 실제로 면리임이 민란의 장두가 되었다든지 처벌받을 정도로 주도적 역할을 하였던 예는 찾아볼 수 없다.[49] 물론 이런 주장도 이향임들이 행정적으로 면리임들을 어느 정도 장악하고 있었기 때문에 민란의 주도세력이 이향임들과 연결을 가지는 경우, 이향임이 면리임을 통하여 향촌주민을 동원할 수 있었다는 간단한 설명을 넘는 좀 더 치밀한 근거가 요구되지만, 면리임들이 민군의 동원에 일익을 담당하였다고 하여 그들이 능동적으로 참가하였다고 주장하는 것은 문제가 없지는 않다.

이와 같이 민군들을 동원하였던 기본적인 조직을 향촌사회와 면리제가 제공하였다고 하여도, 또 동학의 조직이 민군의 동원이나 조직에 이용된 자취가 보이지 않는다고 하여 민란의 조직으로서 향촌사회기구만 기능하였다고 말할 수는 없는 듯하다. 그 이유는

49) 발생 시기를 정확히 알 수는 없지만, 여주민란의 주도자들은 面執綱이라고 하는데, 이들은 여기에서 말하는 面里制의 執綱이 아니라 鄕約의 執綱이며 양반들이었다(백승철, 1992, 「개항 이후(1876~1893)농민항쟁의 전개와 지향」『1894년 농민전쟁연구』 2, 주61~63 참조).

고부민요는 동학교도가 주도적 역할을 하면서 일어났기 때문이다. 그리고 이들이 장두가 된다든지 하며 계속하여 민란을 주도했으므로 동학의 조직은 어떤 형식으로든지 가동하였을 것이다. 물론 수백, 수천 명이 모인 민란에서 독립적이거나 공식적인 지위를 얻고 있지는 못하였을지라도, 다른 향촌주민과는 구별되는 성향을 지닌 동학교도들은 내적 결합도가 높을 수밖에 없었기 때문에 '조직 속의 조직'으로 보이지 않게 활동하였을 개연성은 충분히 있다. 물론 이 조직은 상당한 수준의 투쟁을 지도하는 조직다운 조직으로서 완전한 요건을 구비하고 있었다기보다는 동학교도 간의 개인적 수준의 공고한 결합 정도에 불과하였을 것이지만, 민란 수준의 투쟁을 뒷받침하는 조직으로서는 적절히 기능하였을 것이다. 또한 민군 모두가 자발적으로 적극 참여한 것이 아니라, 분명히 향촌사회와 말단행정기구가 가지고 있는 강제력에 밀려서 가담한 자들도 있었으므로, 민군의 의식과 역량이 동일하다고는 할 수 없다. 그러므로 투쟁을 실질적으로 이끌어 나가는 조직 속의 조직은 엄연히 존재하였다고 생각된다. 이 보이지 않는 조직은 2월 하순에 이르러 지도부와 향촌주민들의 결합이 급속히 약화되면서 다시 투쟁의 전면에 부상하였을 것이다. 전봉준의 격문 발송 여부와 그 내용도 바로 여기에서 논의되고 결정되었을 것이다. 그렇지 않았다고 한다면, 그 중대한 행위는 전봉준 개인이나 향촌사회기구에서 나왔을 터이지만, 그럴 가능성은 없다.

그런데 민란의 전개 과정을 살펴보면, 비록 동학교도들이 주도하였다고 하더라도, 그들이 과연 사발통문 (라)의 제4항처럼 전주감영을 함락하고 서울로 직향할 계획을 처음부터 가졌는가는 의심하지 않을 수 없다. 다른 말로 하면, 전봉준 등 주도자들이 국지적인 민란의 차원을 넘어서는 전국적 투쟁을 고부민요 계획 단계에서부터 목표하였는가 하는 점이다. 만일 그들이 그와 같은 대대적 무력 봉기를 계획하고 실행하려고 하였다면, 민란의 발생 이후 한 달 동안 여느 민란처럼 장터에서 취회나 하며 무익하게 힘을 소모하지는 않았을 것이다. 민란의 전개 과정을 통해서도 고부군의 경계를 벗어나 이웃 군현으로 투쟁이 확산되거나 전라감영으로의 진격을 말해주는 움직임을 발견할 수 없다. 사태가 전형적인 민요를 넘어서기 시작한 것은 2월 중순 이후, 정확히 2월 19일의 사건 발생 이후인 것이 확실하다. 또한 그때쯤 전봉준은 다른 지역의 동학교도들에게 연합을 제의하고 무력을 조직화하기 시작하였다. 그러므로 거사 후 한 달 동안 지도부는 민란 이상의 투쟁으로 발전하는데 필요한 현실적인 지도력을 제대로 발휘하지 못했다고 말할 수밖에 없을 것이다. 그 이유는 무력적 준비가 거의 되어 있지 않은 상태에서는 고부군의 경계를 넘어서는 투쟁이 현실적으로 불가능하였기 때문이었다. 설사 제2항대로 고부군의 무기를 탈취하여 무장을 갖추었다고 하여도, 이와는 별개의 문제로서 전봉준 등 지도세력들이 군현 차원을 벗어나는 무력적 투쟁에 향촌주민들로 구성되는 민군들을 동원할 수 있었겠는가 하는 점도 결코 무시할 수 없다. 따라서 전봉준 등에게는 처음부터 민란 이상의 투쟁을 전개할 현실적 수단, 무력적 수단을 향촌사회 내부에서 확보되지 않았으므로, 사발통문 (라)의 제4항은 고부민요의 계획 단계에서는 확정되었다고 보기 어렵다. 이처럼 제4항은 실행이 가능하지 않은 것이었기 때문에, 결국 제4항의 사태를 야기할 수밖에 없는 제1항의 조병갑 효수도 계획되지 않았다고 할 수 있다.

그렇다고 하여 이 두 개의 조항이 전혀 근거 없는 순전한 허구라고는 생각하지 않는다. 10일 새벽녘의 고부관아 습격에서도 나타나는 것처럼, 전봉준 등은 조병갑을 잡아 효수는 아니더라도 자신들의 손으로 징치하려는 의도를 확실히 가졌다. 이렇게 그들은 전형적인 민란 수준에서 찾아보기 어려운 목표를 설정하였고, 또한 최초의 단계에서 그것을 행동으로 옮기었다. 그리고 제4항이 무력적으로 전주감영을 함락하고 서울로 직향한다는 내용이 아니라, 무력을 전혀 사용하지 않고 감사에게 폐막을 정소하고, 그것이 만약 감사에게 받아들여지지 않는다면 서울로 올라가 중앙정부에 직접 해결을 요구하겠다는 내용이었다면, 고부민요의 계획 단계에서도 충분히 결정될 수 있는 것이었다. 군현의 주민들이 시정할 지방행정이 있다면, 일단 해당 군현의 수령에게 정소하고, 해결되지 않는다면 다시 관찰사에게 정소하고, 그래도 실효가 없다면 비변사의 문앞에서 擊錚하는 관행은 19세기 말 이전에 확립되어 있었다.[50] 또한 실제 사례도 찾아볼 수 있다.[51] 그렇기 때문에 고부의 민막을 제거하기 위하여 민란을 일으켰던 전봉준 등이 이와 같은 정소의 방법도 고려했을 가능성은 높다. 민란이 일어난 뒤 전봉준 등과 전라감영의 관리가 만났다는 직접적인 근거는 없으나, 전봉준의 공초에는 그해 1, 2, 3월 연속하여 정소하였다고 나와 있고, 「동학추고」에서도 그 사실이 확인된다. 또한 전라감사도 중앙정부에 고부의 폐정을 보고한 바가 있었다. 그러나 민란 과정에서도 이렇게 정소를 계속 올렸다는 점만으로도 사발통문의 조항처럼 무력

50) "呈訴於地方官 若有寃抑 卽呈觀察使 勿論京外人民 有寃抑未伸 擊申聞鼓 (중략) 其後 申聞鼓閉止 使寃民擊錚於邊司門外矣" (金洛憲, 1990, 『從宦錄』·『法史學硏究』 11 所收, 214~215쪽).

51) 1862년 진주민란이 일어나기 전인 1859년 鄕民들은 備邊司에 가서 呈訴한 바가 있었다(『晉州樵軍作變謄錄』 제6호 柳啓春 白等). 또한 함평민란의 주도자인 정한순은 함평의 폐막 때문에 여러 차례에 걸쳐 중앙과 감영에 정소하였고, 심지어는 擊錚하여 判下文蹟까지 얻어냈으나, 시행되지 못하였으므로 다시 서울 남산에서 擧火까지 한 바가 있었다 (망원한국사연구실 19세기 농민항쟁분과, 앞의 책, 277쪽).

을 동원하여 감영 함락과 서울 직항을 처음부터 계획하였다고는 보기 어렵다.

이어서 사발통문의 (다) 부분을 검토하도록 하자. (다)의 사실을 입증하거나 반증하는 자료는 없으므로, 결국 사태의 진행을 통하여 살펴볼 수밖에 없다. 그런데 앞에서 밝혔듯이 장두의 추대와 관아 기습과 같은 발발 단계에서도 동학교도는 적극적으로 참여하였다. 그러므로 (다)에서 보이는 도소의 설치와 목표의 설정 같은 수준의 활동은 아니더라도, 그렇지 않아도 현실 비판적인 노선을 취하고 있고 정소 운동에도 나선 바가 있던 전봉준과 그 주변의 동학교도들은 민심의 동향과 사태의 추이에 대한 의견을 나누기 위하여 소수인들이 만나거나 여러 사람들을 한 곳에 모았을 가능성은 충분히 있다. 자신들끼리 어떤 예비적 활동도 하지 않고 있다가 갑자기 민란에 적극적으로 조직적으로 가담하여 장두가 된다든지 하며 주도적 역할을 수행하기란 어려운 일이었을 것이다. 따라서 (다)의 신빙성은 상당히 높다고 할 수 있다. 그러나 (라)의 조항 가운데 중요한 제1항과 제4항이 기록된 바와는 다르다고 할 경우, 동학교도의 이와 같은 활동과 모임의 수준도 역시 그대로 인정하기는 어렵다. 좀 더 구체적으로 설명하면, 사실적 차원에서는 (다)의 내용을 인정할 수 있겠지만, 그 의미와 중요성을 평가하는 차원에서는 그렇지 않다는 말이다. 뒤집어 이야기하여 동학교도의 활동이 (다)보다 약하였으므로, (라)의 결의 사항도 그 수준에 머물고 말았고, 그것은 고부민요의 전개 과정에서 그대로 나타났다고 본다.

그러나 정말로 (다)와 (라)의 사실이 실재하였다고 한다면, 동학농민전쟁을 일으키고 이끌어 나갔던 인물들의 역량은 아주 낮았다고 평가하지 않을 수 없다. 왜냐하면 (라)의 제1항과 제4항의 실행을 가능하게 하는 현실적 수단에 대한 고려와 그 성공 여부에 대한 예측이 결여되었다고 보기 때문이다. 결국 이것은 주도세력들이 현실을 객관적으로 정확하게 파악하지 못하고, 과도하게 높은 목표를 빈약한 수단을 통하여 조급하게 달성하려고 하였다는 비판을 면할 수 없다. 그렇지만 실제 그들이 그렇게 현실성을 결여하고 있다고는 생각되지 않는다. 아마 그들은 고부민요를 준비하면서도 적극성을 견지하는 동시에 냉정함도 잃지 않았을 것으로 믿어진다. 그런데 이와 같은 합리성에 입각한 행위가 과연 민란이나 그 이상의 투쟁을 일으킬 수 있었는가 하는 의문도 없는 것은 아니지만, 다른 민란의 경우처럼 적어도 고부민요의 단계에서는 종교적 열기나 주술적 환상은 찾아볼 수 없다.

이러한 사발통문의 기록은 이 회고록을 남긴 사람이나 재정리한 사람이 고의로 없는 사실을 조작하려고 했다기보다는 시간이 한참 흐른 다음에 정리했기 때문에 사건을 정확하게 기억하지 못했다거나, 자신들의 행적을 과장하고 싶은 마음에서 비롯되었다고 생각한다. 아마 후자의 가능성이 높다고 생각된다. 추측컨대 조병갑에게 신체적 상해를 가하려고 하였더라도 엄청난 결과를 초래할 효수는 고려하지 않았을 것이다. 동학농민전쟁의 제1차 봉기 과정에서도 수령을 효수하였던 일은 일어나지 않았다. 또한 전주와 서울로 가겠다는 말은 무력적 진격이 아니라 여전히 呈訴 차원의 청원 계획에서 나왔다고 생각한다. 그러나 만일 집필자가 사실의 조작을 시도했다면 이보다 훨씬 과장되거나, 더 많은 내용을 적어 두었을 것이다. 이 사항들이 당초부터 계획되었다는 주장을 반박할 결정적 자료가 없는 현재로서는 위와 같은 설명도 한계를 가질 수밖에 없는 것이지만, 확실한 근거나 엄격한 비판도 없이 그 기재 내용을 그대로 사실로서 인정하여도 좋을 만큼 사발통문 자체가 신뢰성 높은 사료는 아니라고 본다.

3. 민요의 해산

『동도문변』에는 김문현이 고부에 병방패장과 군교를 파견하여 민군을 효유하여 퇴산시켰으므로, 조병갑이 돌아와 근무하게 되었으나, 그가 다시 탐학하여 2월 19일 민란이 일어났고, 감영에서는 관군을 파견하여 거듭 효유귀산케 하였다는 기록이 있다. 도망했던 조병갑이 돌아왔다가 다시 민란을 만났다는 사실은 이곳에만 나오고, 『전라도고부민요일기』를 비롯한 다른 자료에서는 조금이라도 시사해 주는 바를 전혀 찾을 수 없다.[52] 사태의 전개상 조병갑이 다시 복귀하였을 가능성은 별로 없으며, 19일의 사건도 그와는 관계가 없는 다음의 것이다.

2월 15일 정부는 고부민요에 대한 전라감사의 대응이 효과적이지 못하고, 재차 민란이 일어난다는 소문이 돌았기 때문에 감사 김문현을 월봉 3등전에 처하고, 군수 조병갑을 파직하고, 장흥부사 이용태를 고부안핵사로 차하하는 등 강경한 인사 조처를 단행하였다. 때문에 김문현은 은밀히 병정들을 고부에 파견하여 민란을 진압하려고 하였다. 그러나 병정들은 민군과 충돌한 끝에 체포되고, 한 두 명이 목숨을 잃었다. 『동도문변』은 이 사실을 잘못 기술하였을 것으로 생각된다.[53]

---

52) 『東徒問辨』은 이외에도 당시 사태와 연관된 사실과 그 해석의 면에서 부정확하고 왜곡된 부분이 많아 사료적 가치가 적다고 생각한다. 그 이유는 저자인 崔永年은 전라감사 김문현의 兵房으로서 동학농민전쟁과 관련하여 자신과 김문현에게 집중되던 비판과 책임을 모면하려는 의도를 강하게 가지고 있었다. 즉 고부민요를 비롯하여 동학농민전쟁의 책임을 고부군수 조병갑과 안핵사 이용태와 전운사 조필영에게 오로지 전가하며, 감사인 김문현은 전혀 책임질 일이 없다는 변명으로 일관하였다.

이처럼 민군과 전주감영에서 파견된 병정들이 충돌하여 사상자가 생기게 된 것은 민란의 과정상 중대한 문제였다. 김문현이 병정을 파견한 목적은 그 숫자가 4,50명이 되고, 무장까지 한 것으로 보아 전봉준 등 주모자의 체포나 민란의 무력적 해산의 기도가 명백하다. 김문현은 이런 궁여지책이 실패로 돌아가자, 즉각 5개 진영과 금구·정읍·부안·김제·담양·무장·태인·흥양 등 11읍에 관문을 보내 병력을 소집하여 대기하도록 하였다.[54] 그로서도 고부민요를 군현 차원의 전형적인 민요으로서 더 이상 안이하게 인식할 수가 없게 된 것이다.

이에 따라 고부에도 관군이 공격해 올 것이라는 긴박한 소문이 떠돌았다. 이제 고부민요는 순조롭게 해결될 수 있다거나 예사스런 민란으로 끝날 가능성은 크게 줄어들었고, 특히 전봉준 등 주도자들의 신변도 매우 위태로워졌다. 그리고 긴장이 풀리고 의지가 약해진 모습을 보이던 민군들도 새로운 결의와 각오가 필요하였다.[55] 특히 자신의 본래 의사와는 다르게 향촌사회질서 등 타인의 강제에 따라 민란에 참가하고 있던 향촌주민은 이런 사태의 급격한 변전이 자신의 이익과 안전에 어떤 영향을 미칠 수 있는가를 심사숙고하고, 민군으로부터의 이탈도 고려하게 되었을 것이다. 설사

53) 鄭昌烈, 앞의 책, 100쪽. 그러나 99면에서는 이 사건 이전에 軍尉 鄭錫珍이 살해당했다는 「全琫準實記」의 기록을 인용하고 있다. 그러나 감영의 병정들이 연이어 두 번씩이나 민군들에게 살해당하지는 않았을 것이므로, 99면의 인용은 부정확하다고 생각된다.

54) 黃玹, 『梧下記聞』 제1필, 45~48쪽 ; 『全羅道古阜民擾日記』는 정읍과 9군의 병을 정읍으로 집결시켰다는 내용을 싣고 있다; 「全琫準實記」는 체포된 병정들이 무기를 숨기고 있었고 십여 명이라고 하였으나, 무장하였다는 점에서 이보다는 많았을 것으로 추정된다.

55) 민군이 설영한 마항장터에 장사가 모이고 음식점을 비롯한 잡화점이 성황을 이루었다는 사실은 민란이 큰일 없이 장기화되자 형성된 해이한 분위기를 보여준다(『全羅道古阜民擾日記』, 372쪽).

자신들의 의사에 따라 민란에 참가하였다고 하여도 이런 결정적 위기의 순간에는 적극적 참여에서 소극적 참여 내지는 이탈을 선택하였으리라는 추측은 여타의 민란 사례를 통해서도 가능하다.

이렇게 관군과의 무력적 충돌까지도 예견되는 사태가 전개되자, 전봉준 등 지도세력은 이 난관을 타개할 수 있는 방도를 취하여야 하였다. 그러나 그들 앞에 놓여 있는 현실적인 길은 체포될 위험은 있으나 재기를 도모할 수 있는 피신과 오히려 더욱 강력한 투쟁을 전개하여 아예 상황을 정면 돌파하는 것뿐이었다. 심각한 위기에 처하고 있던 그들에게나, 민란을 방치하지 않고 즉각적인 탄압을 가하여야 하는 정부에게도 이 두 가지 선택을 제외한 어떠한 길도 열려 있지 않았다. 이 갈림길에서 전봉준 등은 다시 돌아올 수 없는 후자의 길을 선택하였다.

앞에서 살펴본 바와 같이, 민란 이상의 전국적 투쟁이 뚜렷한 목표로 설정되지 않았다고 하여도, 전봉준 등의 의식에는 전라감영의 점령과 서울로의 직향은 상당한 수준으로 구체화되어 있었다고 생각된다. 그러므로 민란이 장기화됨으로써 원만하게 해결될 가능성이 거의 없어져 버리자, 그들은 결국 자신들이 선택할 수 있는 길은 그것밖에 없음을 통감하고 있었을 것이다. 이런 마당에 돌발적인 사건이 터졌으므로 마지막 결단을 내려야 하였다. 전봉준이 19일의 사건이 일어난 지 며칠 되지 않은 22일이나 23일경[56] 전라도 각지의 동학교도에게 통문을 보내 전운소 공격과 폐정개혁을 호소하고, 2월 25일에는 可活萬民의 秘訣이 있던 白山으로 민군의 주둔지를 옮기게 된 배경은 바로 이때 자신들의 의사를 정리하고 폐정개혁이라는 목표를 확실하게 세웠기 때문이라고 생각된다.

그리하여 전봉준 등 지도부는 더 적극적인 태세를 갖추어 나갔

---

56) 鄭昌烈, 앞의 책, 123쪽.

고, 반면 향촌주민들은 그 위험에서 벗어나려는 입장을 보이는 등, 고부민요는 이제 동학교도와 향촌주민의 견고했던 결합이 해체되는 국면으로 진전되었다. 다음과 같은 지도세력과 향촌주민의 분열이 민군의 백산 이동일부터 30일 사이에 일어났다.[57)]

> 白山城에 移屯하였는데, 琫準이 부하에게 咸悅漕倉에 나아가 轉運·營을 擊破하고 轉運使 趙弼永을 徵治하자 하였으나, 群衆은 此에 應치 않았다. 그는 民擾가 越境하면 叛亂의 稱을 받는다는 理由이다. 그럼으로 群衆은 首領들과 意見이 不致되어 解散코자 하였으나, 罪禍를 得할까 懼하여 未然하던 터이었다.(현대 맞춤법으로 바꿈-인용자)

여기에서 가장 먼저 눈에 띄는 점은 향촌주민들이 당초에 가진 진정한 의도는 자신들의 투쟁이 전형적인 군현 차원의 민란에 국한되기를 바랐다는 것이다. 향촌주민으로서 고부군의 경계를 넘어 그 습격에 가담한다는 것은 난민으로 처벌을 받아도 좋다는 의사로 해석되는 것이었다. 이렇게 자신들의 군현 행정 가운데 부당한 조세와 수탈 문제만 어느 정도 해결되면 '비정치적 존재'로 돌아갈 수 있다는 것이 그들의 정치적 의식 수준이었다. 이것은 기존의 전형적인 민란 참가자들의 의식과 크게 다른 바가 없다. 투쟁 역량의 주요 부분이 보여준 의식과 지향, 그리고 실천이 이렇다는 점에서 고부민요의 성격은 여타의 민요와 마찬가지로 공동체적인 조세저항으로 규정해도 되겠다.

위의 인용 자료 외에도 민란의 주도층과 향촌주민의 분리를 말해주는 것은 더 있다. 실제 일부의 참가자들이 민군에서 이탈하는 모습은 2월 19일의 사건으로 말미암아 관군이 동원될 때부터 벌써 나타나고 있다. 또한 그해 4월 동학농민전쟁을 진압하기 위하여 서

57) 張奉善, 앞의 책, 383쪽.

울에서 내려온 초토사 홍계훈은 전봉준을 잡아주겠다는 주민들의 제의를 거절하고, 전봉준으로부터 뇌물을 받았다는 죄목으로 전라감영 군교 정석희를 사형한 일이 있었다.[58] 이것은 전혀 무고한 형벌이었다는 주장도 있었으나, 이제는 전봉준을 부담스러워 하는 주민과 전봉준의 거리를 고려한다면 있었을 법한 일이다. 그리고 신임군수가 사태 수습에 나서 효유문을 민군에게 보내고 관속을 추천받겠다는 등 민란을 진화해 나가자, 주민들은 쉽게 제자리로 돌아갔다. 새로운 수령이 부임해 왔다는 것은 중앙정부에서도 자신들의 호소를 들어주었다는 증거이며, 다음에 올 안핵사의 조사에 따라 군의 폐막은 교정될 것으로 믿었을 것이다.

이와 같은 향촌주민들의 의중을 전봉준 등이 즉각 간파하지 못하였을 리가 없다. 큰일이 없었을 때는 커다란 힘이 되어줄 것 같던 주민들이 직면한 위험과 실질적인 이해관계 앞에서 이기적 태도로 돌변하는 변덕과 연약함을 보여주었을 때, 그들은 나름대로 대책을 세워야 하였다. 지도부는 강제력에 의하여 향촌주민들을 계속 동원하고, 그런 민군을 기반으로 하여 그 이상의 투쟁을 전개한다는 것은 불가능하다고 판단하였을 것이다. 그럼에도 불구하고 고부민요가 곧바로 대대적인 전쟁으로 발전하지 못한 이유를 민군들, 향촌주민들의 부족한 역량이 아니라 다른 지역 동학교도의 비참여에서 찾는다면, 그것은 사실을 정확하게 파악하지 못했기 때문이다. 오히려 지도조직과 향촌주민이 분리되면서 동학교도에 의하여 민란의 차원을 초월하는 투쟁이 가능하였던 것이다.

마침내 2월 19일을 전환점으로 향촌주민들이 투쟁의 대열에서 이탈하면서 고부민요는 해체되어 갔고, 반면 동학교도들에 의하여

58) 『兩湖招討謄錄』(『東學亂記錄』 上 所收), 169쪽 ; 『뮈텔문서』, 1894－259.

민란 차원을 넘어서는 투쟁이 준비되기 시작하였다. 25일 백산으로 이동한 민군의 숫자가 어느 정도인가는 정확히 알 수 없지만, 대다수의 향촌주민들은 다른 민군과 함께 이동하였다고 하여도, 곧 이탈하였을 것이다. 중앙정부는 30일 이전에 이미 민군이 해산 국면에 있다고 보고받았고, 그에 따라 이후의 사태도 낙관하고 있었다.[59] 남아 있던 민군들, 즉 3월 1일 茁浦 稅庫를 습격하였던 수백 명은 동학교도와 소수의 주민들에 불과하였다고 추측되며, 대다수의 민군들은 귀가하여 본래의 위치로 돌아갔고 누구나 민란이 끝난 것을 축하하였다.[60] 이렇게 사태가 저절로 조용해지자, 3월 초에는 그 동안 고부로 들어오지 못하던 안핵사 이용태까지 부임하였다. 전봉준 등은 가족을 데리고 도망하거나, 체포되어 고초를 겪어야 하였다. 결국 3월 13일에 이르러 두 달 동안 환히 타올랐던 저항의 횃불을 완전히 꺼지고 말았다.

---

59) 『日省錄』, 1894년 2월 30일조.

60) 巴溪生, 앞의 책, 373쪽 ; "조금전의 보고에 의하면 全羅道 監司가 그들이 바라는 案을 받아들여 시행하겠다고 說諭했기 때문에 난민들이 점점 離散하여 歸農하려 하고 있는 모양이지만, 오직 동학당의 一團은 무리를 지어 이산하지 않고 있다고 한다"(『駐韓日本公使館記錄』 3, 보고제 6호, 10쪽).

Ⅳ. 민요의 원인과 성격

1. 민요의 원인

고부민요의 사회경제적 원인 내지 배경과 직간접적인 연관을 가진 기존의 연구 가운데 주목할 만한 가치를 지닌 것은 한우근·김용섭·정창렬·왕현종의 논저이다. 한우근은 동학농민군이 제시한 폐정개혁안에 입각하여 '동학란'의 기인은 삼정문란임을 밝혔고,[63] 김용섭과 왕현종은 전라북도 일원의 균전과 명례궁 장토의 설치와 경영에 한정하여 연구하였다.[64] 그런데 후자의 연구들은 중요하기는 하나, 균전과 명례궁 장토가 설치된 고부군의 인근 지역을 대상으로 한 것이며, 그러한 명목의 토지가 고부군에 새로 설치되었는지도 불확실하다.[65] 또한 전통적인 국가의 토지지배와 밀접한 연관이 있다고 생각되는 사례로서 일반 지주경영과는 다르게 파악되어야 하지 않는가 한다. 그리고 정창렬은 고부민요의 폐막으로 제시된 내용을 중심으로 고부군의 사회경제적 조건을 살펴 지역성과 고립성은 현저하게 해체되고 있었고, 민군의 대다수는

---

63) 韓㳓劤, 1971,『東學亂 起因에 관한 硏究』, 서울대학교 출판부.

64) 金容燮, 1968,「高宗朝의 均田收賭問題」『동아문화』8 ; 왕현종, 1991,「19세기 말 호남지역 지주제의 확대와 토지문제」『1894년 농민전쟁연구』1, 역사비평사.

65) 韓㳓劤, 앞의 책, 104～105쪽. 均田使 金昌錫는 古阜의 재결을 조사하지도 않아, 정부가 5년 간 停稅 조처를 해 주었다. 그리고 명례궁 장토가 설치되었다고 하는 고부군의 富安面은 越境地로서 일제하에 高敞郡으로 이속되었다. 그러므로 그곳에 설치된 장토 때문에 일어났을지도 모르는 문제는 고부민요에 직접적 영향을 주지 않았다고 생각된다.

재생산의 유지가 불가능해진 빈농과 소농이었다고 하였다.[66]

이러한 연구를 기초로 고부민요의 사회경제적 원인, 특히 조세 징수와 관련한 원인에 대하여 좀 더 살펴보도록 하겠다. 이에 관한 자료는『전라도고부민요일기』·고부안핵사 이용태의 계본·『오하기문』·전봉준의 공초·『동학사』등이 중요하다. 이것들은 정창렬의『갑오농민전쟁연구』에 잘 정리되어 있으므로 번거롭게 재정리한다거나 인용하지는 않겠다. 이외에도 염찰사 엄세영이 고부의 민막에 관하여 보고한 장계가 있다.[67] 필자는 다른 연구자들도 이미 간략하게나마 지적한 바 있지만, 민란의 여러 가지 원인 중에서도 특히 자연재해를 중시하여, 이것이 제반 모순을 심화시키고 폭발시키는 데 결정적 구실을 하였음을 강조하려고 한다.

민군의 요구 사항과 관리의 조사 등을 통하여 알 수 있는 고부민요의 원인은 조병갑 개인의 부정과 조세 징수에 관한 문제로 크게 나눌 수 있다. 여기에서 가장 먼저 주목되는 점은 이 두 가지 문제의 영역을 벗어나는 조항은 조병갑의 미곡 판매밖에 없다는 사실이다. 물론 고부민요의 원인이 이처럼 기록으로 남은 것에 한정된다고는 전혀 생각할 수 없다. 향전적인 배경이나, 작인들을 과도하게 수탈하는 지주도 있을 수 있었다. 혹은 상품화폐경제의 진전으로 고통당하던 농민이 있기도 하였을 것이다. 그럼에도 불구하고 수령 개인적 부정과 조세 징수에 관한 문제만이 제시되고 있다는 것은 고부민요의 성격을 고찰하는 작업에 중대한 시사점을 던져준다. 그에 관한 견해를 미리 밝힌다면, 고부민요는 여타의 민란과 마찬가지로 조세저항적 성격을 갖는다.

조세징수와 직접적 연관을 갖지 않은 조병갑의 개인적 비리는

66) 鄭昌烈, 앞의 책, 111~120쪽.
67)『日省錄』, 1894년 7월 17일조.

만석보를 쌓는 과정에서의 강제노력동원, 아버지의 사당과 첩의 집을 짓는 과정에서의 늑징과 늑역, 부민에게서의 2만여 량의 늑탈, 미곡의 매점매석 등으로 생각된다. 이 모든 것들은 당시 수령들이 예사롭게 자행하던 부정이었고, 이중에서 늑탈한 2만여 량을 제외한 항목은 사실 주민들 전체에게 엄청난 부담과 피해를 주는 것으로는 생각할 수 없다. 그리고 늑탈의 주된 대상도 수백 년 묵은 나무를 소유한 부유한 자나 소수의 부민인 것이다. 향촌 주민들이 비록 늑역을 당하였다고 하여도, 자신들의 이해와는 어느 정도 거리가 있던 일 때문에 위험스러운 민란을 일으켰다거나, 전봉준 등이 이런 조병갑의 개인적 불의에 대항하여 오로지 도덕적 명분에 의거하여 거사를 했다고 보기는 어렵다. 이런 점에서 조세와는 직결되지 않은 조병갑의 개인적인 탐학 행위 자체는 민란의 발생에 적지 않은 원인을 제공하였다고 하더라도 결정적 요인이라고 보기 어렵다.

좀 더 중요한 요인은 조병갑의 수탈과 직접적인 연관을 가지고 있던 조세징수상의 문제였다. 안핵사의 보고는 다른 자료에서 부분적으로 제시하고 있는 고부민요의 원인과 이유, 특히 조세 문제를 두루 망라하고 있다는 점에서 조세와 관련된 고부의 폐단을 전반적으로 균형 있게 잘 보여준다고 평가할 수 있다. 그에 열거된 구체적 항목을 들어보면, 移結·轉運所穏加量餘新創不足米·流亡結稅未收·陳畓已墾處賭租·陳畓已墾處柴草·萬石洑水稅·八旺洑水稅 등 모두 7조이다.[68] 이런 폐막들은 민란의 모든 원인을 조병갑의 탐학과 연관시키고 있는 전봉준의 진술대로 조병갑의

68) 『日省錄』, 1894년 4월 24일조. 그런데 『承政院日記』의 同日條에는 流亡結稅米未收와 陳畓未墾處柴草로 되어 있다. 어느 기록이 정확한 것인지 알 수 없다.

학정의 원천이었다고 생각된다. 이결을 하면서 사익을 도모하였고, 전운소의 양여미 재징을 빌미로 하여 민간에 늑봉하였음이 충분히 인정된다. 그리고 이와 같은 탐학은 조세징수와 직접적으로 관련을 맺고 있었다는 점을 주목하여야 할 것이다. 다시 말하여 조병갑의 부정행위가 자행되고, 그것이 주민들의 대대적인 저항을 초래하게 된 저변에는 조세 문제가 깔려 있었다.

동학농민군의 제1차 봉기가 끝날 즈음인 5월 상순 이 일대에 파견된 염찰사 엄세영도 고부 주민들의 가장 절실한 문제는 이용태가 지적한 바와 같이 조세에 관련된 것으로 면세되지 못하였던 500결 정도의 진결과 미수되어 상정의 처분을 받은 1580石의 유망세곡을 들고 있다. 파계생이 기록한 대로 고부군의 상납액이 1만 8천여 石에 달한다면, 결과적으로 이로 말미암아 주민들이 입은 손실은 결코 적은 것이었다고 할 수 없다. 그리고 이 진결과 유망세곡 외에도 전운소 설치 이후 발생한 여러 폐단도 조세징수상의 문제에서 벗어나지 않는다. 과연 조병갑이 어느 정도 부정을 저질렀는지 정확히는 알 수 없지만, 아주 취약하였던 주민들의 경제력을 고려한다면, 조세 자체의 부담이 민란의 결정적 원인으로 작용하였다고 생각된다. 여기에 조병갑의 탐학과 수탈이 가중됨으로써 마침내 주민들은 민란을 일으키게 되었던 것이다.

그러나 이러한 조세의 문제 외에도 고부민요에서 제기되지 않거나 제기되었더라도 중요성을 제대로 인정받지 못한 원인이 있었다고 생각된다. 예를 들면, 토지 소유의 현격한 차이가 야기하는 문제이다. 당시의 자료나 현재의 연구가 모두 극단적인 농민계급의 분화 내지는 분해를 말하고 있는 것처럼, 농민경영 대다수는 재생산에 필요한 잉여도 제대로 확보하지 못하였던 실정이었다. 이런 상황에서 발생한 나머지 이결 등의 폐단도 역시 조세와 직접적인 관련을 가진 것들이었고, 조병갑의 개인적 부정은 그에 부가되었던 것이다. 따라서 밖으로 드러난 민란의 원인 외에도 그 저변에 있는 근본적인 원인 내지 배경들도 세밀히 검토하여야 할 것이다.

위의 원인 가운데 자연재해라고 하는 공통적 배경에서 비롯된 것으로는 전운소 폐단을 제외한 다른 조항들, 즉 이결에 따른 폐단, 농민이 유망해 버린 토지에서의 결세 미수, 이미 개간한 진답에 대한 도조와 그렇지 않은 진답에 대한 시초 징수이다. 그리고 사실상 수세 문제도 이와 깊이 관련되어 있다고 하여야 할 것이다. 이와 같이 주요한 폐막의 공통적 배경이 된 자연재해는 지금까지 크게 주목받지 못하였으므로 좀더 자세히 알아보자.

> 癸巳 湖右旱饑 無以徵稅 古阜地 山海相錯 北荒而南差熟 秉甲報災巡營 北四面田結 以宣言營門不減災 乃移北結於南 加倍督捧於北 即自以移結之功 責民重償 每水田一頃 收租之百斗 實即重於國稅三倍

이처럼 1893년 고부는 다른 인근 지역과 마찬가지로 심한 가뭄이 들어 재결이 발생하였다.69) 특히 군의 남쪽지역보다는 북쪽지역이 피해를 많이 입었다. 그러므로 조병갑이 감영에 재결을 보고하고, 감영은 북사면의 전결을 감면해 주었다. 그런데 조병갑이 과연 피해를 모두 보고해 주었을 것으로는 생각되지 않는다. 왜냐하면 재결을 많이 보고하여 그 대책을 요구한다고 하여도, 감영과 중앙정부에서 그대로 인정해 주지 않는 것이 일반적 관행이었기 때문이며, 그것은 수령 자신의 치적과 연관되지 않을 수 없었으므로 피해를 축소 보고하고 그 이후 야기되는 문제는 수령 스스로 해결하여야 하였다. 분명히 고부에서도 재결의 조사와 확정, 그리고 표재를 둘러싸고 주민과 수령간에 대립이 필연적으로 발생하였을 것

---

69) 『梧下記聞』, 제1필, 23쪽.

으로 추측되며, 여기에 이서들의 농간과 불만도 적지 않았으리라고 짐작된다. 이와 같은 징세를 둘러싼 주민과 관리의 마찰과 대립의 상황은 민란 발발의 좋은 토양이 되었다.[70]

전봉준을 비롯한 고부의 주민들이 그해 11월과 12월에 조병갑에게 몇 차례에 걸쳐 정소를 한 이유는 조세를 둘러싼 여러 가지 문제를 해결하기 위한 것임이 분명하다. 그렇다고 한다면 재결의 처리와 징세의 문제 등이 틀림없이 비중 있게 거론되었을 것이다. 실제로 조병갑은 감영에서 탕감해 준 재결을 숨기고, 대신 북쪽지역의 결세를 남쪽지역에 이결하였다. 그렇게 되니까 남쪽지역의 주민들은 더 많은 결세를 내야 되었고, 북쪽지역의 주민들도 그 이결의 대가를 치러야 하였다. 그리하여 주민들이 내야 될 결세는 국결로서 규정된 액보다 3배가 많은 100두에 가까웠다.[71] 이런 결세의 과징이 조병갑의 개인적 탐학에서 오로지 비롯된 것이 아니라면, 재결의 피해를 충분히 인정해 주지 않은 감영의 결정으로 말미암아 발생한 조세 부족분을 보충하기 위한 조처로도 이해할 수 있을 것이다. 그러나 비록 사정이 이와 같았다고 하여도, 재해의 피해를 입은 토지에 조세를 부과하는 것은 백지징세와 다름이 없었다. 이와 같은 불공정하고 과중한 조세의 강요는 그렇지 않아도 경제적 궁핍으

---

70) 拙稿, 1990, 「1894년 固城民擾研究 I 」『윤병석교수환갑기념 한국근대사논총』, 지식산업사, 제4장 1893・1894년의 自然災害와 租稅抵抗 참조.

71) 그런데 지방관들에게 내린 다음의 飭諭는 각 지방의 농민에게 큰 폐단이 되는 것들을 열거하고 있지만, 의정부가 고부안핵사의 査覈狀에 따라 覆啓를 올린 것이 24일이라는 점에서 중앙정부는 결세의 과징을 전쟁의 일반적 원인으로 파악하였을 뿐 아니라, 전쟁의 발단이 된 고부군의 폐막으로 인식하였다고 생각된다. "夫國結所重 雖一把一束 有未可率爾增加者 而亦或有朝家所不知者 擅自加斂 一結之多 或倍蓰於原摠(中略)元結外 無或濫收"(『日省錄』, 4월 27일, 「飭諭各道道臣及守宰」)

로 생존을 위협받던 주민들의 저항을 불러일으키기에 족하였다. 그런데 군현의 거의 모든 면동리가 참여하는 민란은 겉으로 보기에는 참가자들이 보여주는 투쟁의 호응도가 똑같은 것 같지만, 세밀히 관찰해 보면 국지적 차이가 드러난다. 자연재해를 많이 입은 북쪽의 면동민보다 사정이 그래도 좀 나았을 남쪽의 면동민들이 소극적인 자세를 보이지 않았나 추측된다. 사발통문에 나온 인물들의 거주지가 남쪽이 아닌 북서쪽에 많았고, 최초의 봉기가 북서쪽에서 이루어져 읍내로 내려왔다는 사실에서도 사정을 짐작할 수 있다. 30여 년이 흐른 다음에 채집된 경험담이지만, 이평면 사람들이 전봉준에게 거사를 간청하였고, 장두인 전봉준과 김도삼도 이평면에 거주하고 있었다는[72] 점에서도 북서쪽 지역의 주민, 특히 이평면민들이 선도적 역할을 하였다는 사실이 재차 확인된다.

더구나 만석보와 팔왕보는 모두 북서쪽 지역의 경지에 물을 대고 있었는데, 가뭄으로 수확을 제대로 하지 못했음에도 불구하고 그 수세를 다섯 말의 도조에 육박하는 세 말씩이나 과중하게 부과한다는 것은 이 지역 농민들로서는 도저히 용인할 수 없던 조병갑의 탐학이었다. 그리고 만석보는 주민들의 무상 노동력 동원으로 바로 그해에 개축된 것이므로, 수세의 과징은 더욱 부당한 것으로 인식되었다고 본다. 고부민요에 관한 모든 자료들이 수세 문제를 거론하고 있는 것으로 보아, 부당한 수세 징수가 민란의 도화선이 된 것은 틀림없다.[73]

---

72) 菊池謙讓, 앞의 책, 214쪽 ; 崔玄植, 앞의 책, 37쪽.

73) 金庠基, 앞의 책, 113쪽 ; 이 水稅의 문제는 『全琫準實記』에 더욱 자세히 거론되고 있다. 이외에 吳宖默의 앞의 책, 1894년 4월 29일조에 실린 『古阜民亂廉探記』를 참조. 현재 禮洞의 어귀에 1862년과 1898년에 세워진 두 개의 石碑가 서 있다. 1862년 것은 萬石洑를 쌓은 것을 기념하는 碑이지만, 그 뒤의 것은 破洑 기념비이다. 이를 통하여 동진강을

특히 재결은 이 시기에만 발생하여 문제가 되었던 것이 아니라, 그것은 상당히 오래 전인 1875,6년의 병정흉년으로부터 비롯되었다. 이때부터 본격적으로 시작된 자연재해로 말미암은 농지의 황폐화는 농민경영에 엄청난 피해를 주었고, 그런 토지는 쉽게 복구되지 못했다. 피해를 당한 농민들은 심한 경우에는 유리할 수밖에 없었고, 그렇게 되면 그 토지에 부과된 조세는 다른 주민들이 떠맡아 책임지고 납부하여야 하였으므로, 일반 주민들의 부담과 불만은 더욱 커졌다. 유망결세의 미수가 문제되는 이유는 바로 이와 같은 사정 때문이다.[74] 그리고 1892년 정부는 전라도암행어사의 보고에 따라, 尤甚한 災邑인데도 균전사의 査墾成册에도 들지 못한 고부의 진전에 대하여 5년 정세를 특허하였다.[75] 그러나 이것은 제대로 시행되지 않은 듯하다. 조병갑은 개간한 진답에 과세하였고, 엄세영은 原陳結 300결을 3년 동안 停稅하자는 건의를 하고 있다. 이와 같이 당시에 고부군 주민들의 생활에 타격을 가하였던 것은 무엇보다 연속된 자연재해에 따른 재결의 발생과 그로 말미암아 일어난 조세 문제를 비롯한 제반의 문제였고, 더 나아가 자연재해와 그에 따른 재결과 진전의 발생은 고부에만 국한되지 않았고, 그

끼고 있는 水稻作 지대인 이 일대에서 차지하는 水利의 중요성과 그로 말미암아 야기된 여러 가지 지방행정적, 사회적 문제의 심각성을 짐작할 수 있다(1992년 7월 20, 1일 이틀간 전북일보 동학농민혁명 특집 취재팀을 비롯하여 天道敎 表暎三 宣道師·母岳文化硏究會 崔洵植 會長·전북대 朴明圭 교수·영산대 朴孟洙 교수 등과 전북 일원을 답사하였다. 그러나 이 碑들은 마모가 심하게 된 부분도 있고, 준비와 시간이 부족하여 내용을 제대로 판독하지 못하였다).

74) 고부군의 流亡 稅穀 未收條는 1,580석인데, 조병갑은 轉運所에 미루어 京倉에 선납토록 하였고, 다시 詳定 代捧의 조처를 얻어낸 다음, 주민들에게 1천석을 거두어 官況이라고 하며 횡령하였다(『日省錄』, 1894년 7월 17일조 참조).

75) 韓沽劤, 앞의 책, 104~105쪽.

일대 균현도 동일하였다는 점에서 동학농민전쟁의 기폭제이기도 하였다.[76] 균전사 김창석이 저지른 부정의 바탕도 여기에 있었음은 길게 말할 필요도 없다.

고부민요의 또 다른 원인으로 검토해 봐야 되는 것은 조병갑의 미곡 판매 행위와 관련된 문제이다. 이 사항은 고부민요만 관계가 있는 것이 아니라, 개항 이후 대일미곡수출과 상품화폐경제의 발전이 농민들에게 어떠한 영향을 미쳤고, 동학농민전쟁과 어떠한 연관을 지니고 있는가 하는 중요한 연구 과제임은 두 말할 필요도 없을 것이다. 그러나 여기에서는 다만 고부민요의 원인과 성격에 관련하여 살펴보는 데 그치겠다. 이 사실은 일본인 미곡수집상인 파계생이 기록하였으므로 상당한 신빙성이 있다고 생각한다. 또한 근거를 전혀 알 수 없지만, 박은식도 조병갑이 미곡을 戶斂하여 바다에 나가 판매하려고 하였다는 기록을 남기고 있는 것으로 보아, 당시 많은 관리들처럼 그도 그런 불법을 저질렀을 가능성은 높다. 그럼에도 불구하고 『전봉준공초』를 비롯한 다른 자료에서는 이 주요한 조병갑의 부정이 전혀 거론되지 않았는데, 그 까닭은 조병갑이 자신의 불법적인 모리행위를 은밀하게 감추었으므로 전봉준과 향촌 주민들은 그 사실을 몰랐을 수 있다. 따라서 이것은 고부민요의 원인으로 제대로 인식되지 않을 수 있었다.

그렇다고 하여도, 미곡의 이출이 가지고 있는 의미를 그냥 지나쳐서는 안 된다. 비록 그런 불법적 상행위가 인지되지 않았다고 하여도, 그것은 이미 사실적으로 존재하며 향촌 주민들의 생활에 영향을 미치고 있었다고 보아야 한다. 실제로 조선인들은 미곡의 대외 수출이 가져오는 생활상의 문제점을 벌써 잘 알고 있었다.[77] 또

76) 위의 책, 96~109쪽 ; 김용섭, 「高宗朝 均田收賭問題」 ; 왕현종, 앞의 논문.

한 고부민요가 끝난 뒤 얼마 되지 않은 동학농민전쟁의 초기 단계에서 나온 각종 격문이나 읍폐민막에서도 미곡의 이출과 그 거래의 폐단을 쉽게 찾아볼 수가 있다.[78] 이를 통하여 고부민요를 이끌었던 전봉준은 물론이고 많은 사람들이 미곡의 이출을 심각하게 여기고 있었다는 사실이 충분히 인정된다. 이외에도 상품화폐경제의 발전이 농민들의 실제 생활과 농업경영에 결코 미미한 수준이라고 말할 수 없을 만큼의 영향을 미치고 있었다고 생각된다.

그러나 이 문제가 중요하였음에도 불구하고, 고부민요 단계에서는 민군 자신들에 의하여 거론된 흔적을 전혀 발견할 수 없다는 사실은 민란의 성격 규명에 적지 않은 시사점을 준다. 그것은 바로 민란의 성격에서 기인한다고 생각된다. 한마디로 말하자면, 고부민요의 투쟁 범위와 목표는 군현 차원의 조세저항에 국한되었다. 따라서 자신들도 인식 가능한 여타의 중요한 문제들, 예를 들어 이런 미곡의 이출과 상품화폐경제의 발전으로 말미암은 여러 가지 폐단을 비롯하여 다른 중대한 문제들인 토호무단 · 지주의 수탈 · 부당한 채무 등등의 해결을 시도하지 않았다고 본다. 이러한 점은 민생을 위태롭게 하는 원인으로 제기된 전쟁 초기 단계의 폐정개혁안과 고부민요의 요구 조항을 비교해 보아도 쉽사리 드러난다. 각각 제시된 조항의 종류와 성격, 그리고 그 요구의 강도가 가지고 있던 차이는 결코 적다고 할 수 없을 것이다. 또한 앞에서도 살펴본 바와 같이, 전봉준을 포함한 향촌 주민들은 다른 경제적 조건과 조세의 문

---

77) 韓沽劤, 1985,『韓國開港期의 商業硏究』, 일조각, 제2부 二. 米穀의 國外流出 참조.

78) 예를 들어, 他國潛商峻價貿米 · 各浦口貿米商一倂禁斷 · 各浦港潛商貿米一倂禁斷 · 各浦口私貿米嚴禁 · 大同上納前各浦口潛商貿米禁斷 등등 전봉준을 포함하여 동학농민군의 모든 요구에는 미곡 이출 문제가 거론되고 있다(鄭昌烈, 앞의 책, 167~171쪽 참조).

제가 있음에도 불구하고 민란의 원인을 오로지 조병갑의 개인적 탐학과 관련하여 찾았다. 그러나 다른 문제들을 그들이 인식하지 못하였을 리가 만무하므로, 그들이 내놓은 조항들은 의도적인 선택을 거친 결과라고 생각된다. 다시 말하여 민요는 상당히 계산되고 한정된 목표와 일정한 저항 형식을 가지고 있던 향촌사회의 공동체적 대국가조세저항이라고 할 수 있다. 만약 지주에 대한 작인들의 투쟁이라면 당연히 민란과는 다른 형태를 취할 수밖에 없었다.

이런 점을 염두에 두고 고부민요만이 아니라 이 시기 민요가 일반적으로 가지고 있던 공동체적 조세저항의 성격을 고찰해 보자. 민란은 이렇게 그 목표와 동기만 군현 차원의 조세 문제 해결과 불의에 대한 항의에만, 그것도 일정하게 조절된 수준에 설정되어 있었던 것이 아니라, 그 기반도 역시 공동체적인 성격이 강한 향촌사회의 제관계에 놓여 있었다. 민란이 공동체적 투쟁이라는 근거는 그 범위와 목표 자체도 중요하지만, 그것이 가지고 있던 향촌사회적 기반과 미약한 계급적 성격이다. 예를 들어 각 가호에 한 명씩의 참가자를 강제로 할당하거나, 불참자나 방해자에 대하여 도덕적 비난 · 벌칙 · 물리적 제재를 가하는 등의 방법에 의하여 향촌주민을 동원하고 조직하는 것은 민란을 정서적 유대와 구속에 기초한 공동체적 집단 행위로 보지 않을 수 없게 한다. 민란의 지도부가 이와 같은 여러 가지 강제 동원책을 구사할 수 있었던 것도 마을 주민을 민란에 동원하였던 촌락의 자치기구가 구성원에 대하여 강제력을 관습적으로 행사할 수 있었기 때문이었다. 반면 이런 집단적 참가의 강제는 참가자들의 개별적 의사와 상이한 경제적 이해를 많은 부분 무시할 수밖에 없다. 흔히 농민 저항운동의 동원기반이라고 하는 두레의 구성에서도 경제적 차이는 고려되지 않았다. 경우에 따라서는 한 마을 주민 전체가 공통적인 경제적 이해를 가질 정도로 사회적으로, 계급적으로 동질일 수도 있었을 것이지만, 같은 혈연으로 이루어지는 집성촌 자체도 경제적 분화가 진전되었던 현실에서는 마을 주민들이 민요라는 집단적 행동을 할 정도로 심각성을 가진 일치된 경제적 이해는 조세 관계를 제외하고는 형성되지 않았을 것이다. 그러므로 동원된 민군의 행동은 전혀 아니라고는 단언할 수는 없지만, 계급적 이해의 자각이나 추구와는 일정한 거리가 있다고 말할 수밖에 없다. 결국 민요는 총액제와 공동납과 같은 징세제도와 긴밀한 관계를 맺으면서, 목표와 방법이 공동체적 범위를 넘어서지 못하였다는 한계를 가지고 있었다고 할 수 있다.

계급적 행위의 특성이 전면에 부각되기 위해서는 적어도 민란의 목표는 물론이고, 그 기반도 계급적 이해에 의하여 형성되고, 전개 과정에서 계급적 이해가 명료하게 나타나야 한다. 그러나 전혀 없었다고 말하지는 못하지만, 향촌 주민간의 계급적 적대 관계가 노골화되었다거나, 아니면 그에 입각한 행위가 민란이 진행되는 와중에 발생한 예는 지극히 적으며, 전체적으로 보면 예외적 현상이라고 말할 수 있다. 고부민요의 경우도 동일하지만, 민군에게 습격당하는 자들의 거의 대다수는 지방행정과 관련하여 부정을 저지르거나, 평소 원망을 많이 사고 있던 토호배들이었다. 물론 이런 과격한 행위를 하고, 해산을 거부하는 등 완강한 태도를 보였던 자들은 민군 중에서도 무항산・초군・용부들과 같은 극빈민이었다. 이들의 행위에서 계급적 성격을 배제해서는 안 되지만, 그것이 다른 주민들과 공통된 계급적 이해를 의식적으로, 그리고 지속적으로 추구하려는 노력에서 나왔다고 하기에는 어려운 것 같다. 「동학추고」에 나와 있듯이 호구하기도 힘들었다고 여겨지는 "망건상 무뢰지배"도 고부민요에 참가하였던 것을 보면, 그 민란도 분명히 어느 정도는 계급적 색채를 가졌다. 하지만 주민과 민란이 보여주고 있는 공동체적 성격을 압도하지 못한다.

그리고 민란을 그 시대와 사회에서 나올 수 있는 독특한 계급적 행위라고 이해한다고 하여도 문제는 쉽게 해결될 것 같지 않다. 우선 민군들을 지주·자작농·소작농 혹은 상농·중농·하농 등과 같이 계급적 범주로 구분하는 것은 동원 방식뿐 아니라 자료상으로도 불가능하다. 설사 양안 등과 같은 자료를 이용하여 토지소유에 기준을 둔 농민층의 분류에 성공하였다고 하더라도, 제계급이 민란에 대하여 어떠한 태도를 지녔는지, 상호 연대나 적대 관계를 형성하였는지 잘 모른다. 혹은 군현의 주민 전체가 생산수단의 소유에서 완전히 소외되고, 지배계급에게 철저히 착취당하는 공통된 처지에 있었으므로 민란을 통하여 자신들의 공통된 계급적 이해를 표현하려고 하였다고 말하기에는 그러한 계급적 행위와 투쟁을 전개하기 위한 전제가 되는 '계급의 형성' 문제가 그렇게 간단하지 않다. 분명 이들을 민란에 나서게 한 것은 경제적 곤란이지만, 그 경제적 요인을 계급적인 것으로 해석할 수 있을까 하는 의문이 든다. 즉 민란은 계급적 성격도 가지고 있었지만, 공동체적 성격이 훨씬 강하였다고 할 수 있다. 다른 말로 하면 향촌 주민들은 아직 하나의 '계급'으로서 선명하게 만들어지지 않았고, 여전히 공동체적인 사회적 관계와 의식을 탈피하지 못하였다.

이상에서 살펴본 바와 같이 원인·목표·동원 기반의 면에서 고부민요는 전형적 민란이 지닌 공동체적 성격을 완전히 극복하지 못하였다고 할 수 있다. 1860년대 이후에 일어난 민란을 잘 정리하고 있는 「高宗代의 民亂研究」와[79] 『東學亂 起因에 관한 研究』를

79) 朴廣成, 「高宗代의 民亂研究」 『史學研究』 21, (1981, 『傳統時代의 民衆運動』 下 所收, 풀빛).

통해서 보아도 고부민요는 거의 비슷한 시기에 발생한 다른 민란과 마찬가지로 이른바 삼정문란으로 요약될 수 있는 원인에서 일어난 것이다. 고부민요에는 민란의 전통적인 원인에서 벗어나는 새로운 폐단, 예를 들면 전운사의 수탈도 있었지만,[80] 그 자체 하나만으로는 민란의 결정적인 원인이라고 인정하기 어렵고, 그것도 결국은 조세 징수기구에 관련된 문제라는 점에서 동일한 범주에 속한다. 그리고 공동체적 성격에 압도되어 밖으로 드러나지 않은 사회경제적 조건은 아직 민란이라는 형식을 초월하는 투쟁을 낳지는 못하였다.

2. 지도세력의 역할과 민란의 성격

고부민요를 포함하여 동시대의 거의 모든 민란이 공통적인 원인을 가졌다는 사실은 민란이라는 투쟁의 국지성을 의미하는 것이기도 하지만, 동시에 그 국지성을 극복할 수 있는 기본적인 조건일 수도 있다. 다른 말로 하면, 그것은 비슷한 처지에 놓인 각 군현의 주민들이 군현 차원을 초월하는 '탈국지적', '비공동체적', 혹은 전국적 투쟁을 전개할 수 있는 주요한 기반이 되는 조건이라는 것이다. 특히 조선왕조와 같은 중앙집권체제에서는 중앙정부가 조세 징수를 일괄적으로 통제하기 때문에, 조세로 말미암아 형성되는 각 군현 단위의 사회경제적 모순은 비록 사소한 정도의 차이는 있

80) 엄세영은 전라도 전 지역에 나타난 轉運所의 폐단을 다음과 같이 보고하며 이것을 吏逋와 민란의 원인으로 지적하였다. 1. 量餘米, 2. 新刱名目, 3. 漕復移劃, 4. 運費劃下, 5. 流音船弊, 6. 從人驛卒徵索, 7. 稅穀摠加; 韓沽劤, 『韓國開港期의 商業研究』, 제2부 一. 船運과 轉運使의 문제 참조.

지만 거의 동일하다고 할 수 있다. 이런 면에서 1870년대 중반 이후 재정이 파탄지경에 있던 정부가 취하였던 무차별적이고 과중한 조세 부과 정책은 각 군현에 공통적인 모순의 근원이 되었다고 할 수 있다. 여기에 특히 삼남지방을 중심으로 발생하였던 자연재해가 중대한 원인으로 첨가될 수 있으며, 대외무역도 공통적인 모순의 심화에 적지 않게 기여하였다. 이러한 공통적 조건이 성숙되지 못하였다면, 전국적 차원으로 확산되는 투쟁 = 동학농민전쟁은 일어나지 않았을 것이다.

그러나 민란의 공동체적 성격은 사회경제적 공통조건만으로 극복될 수 없었다. 1862년 삼남지방의 각 군현에서 일어난 민란이 전혀 국지성을 탈피하지 못하였다는 사실은 단지 모순의 정도 차이나 투쟁 의식의 미성숙이라는 설명만으로는 잘 이해되지 않는다. 그렇게 시간적으로, 공간적으로 집중되어 일어난 투쟁이 공통적 원인을 가졌다고 하여도, 결국은 개별적이고 고립적인 투쟁의 수준을 넘지 못하였던 실정은 국지성을 넘는 투쟁이 발생하기 위해서는 또 다른 조건이 필요함을 의미한다. 그렇지 않다고 한다면, 민란이 전국 각지에서 동시다발하여 중앙정부가 일시에 통제력을 상실하는 상태가 유일한 가능성이겠지만, 그것은 실제 일어나지도 않았고 민란의 특성상 불가능하였다.

또한 고부민요에서 제기된 여러 가지 사회경제적 원인과 요구사항을 분석함으로써 민란의 국지성과 고립성의 극복 여부를 살피려는 시도는 그다지 적절한 것 같지는 않은 듯하다. 그 이유는 당시 조선사회가 가지고 있던 구조적 제모순은 비록 삼남지방에 집중되었다는 지역적 편차성을 지니지만, 적어도 한반도의 중남부지방에서는 거의 보편화되었다고 할 수 있기 때문이다. 그런데 유독 고부에만 그 모순이 집중됨으로써 민란이 일어나고, 또한 동학농민전쟁의 진원지가 되었던 것은 아니다. 이런 시각에서 보면, 고부에서 민란과 전쟁이 시작되었다는 것은 지극히 우연적인 것으로 생각될 수도 있다. 결국 구조적 모순이 보편적으로 심화된 상황에서는 어느 특정 지역의 사회경제적 조건은 커다란 의미가 없다고 할 수 있다. 실제로 위에서 알아본 바와 같이 고부민요의 사회경제적 원인은 다른 지역의 것과 크게 다르다거나 특별하였다고 단정할 확실한 근거는 찾아보기 힘들다. 그렇기 때문에 고부민요의 성격도 비슷한 시기에 일어난 다른 공동체적, 국지적 민요와 크게 다른 바가 없다.

따라서 전형적인 민란 수준의 투쟁을 벗어난 전국적 차원의 대대적인 항쟁이 전개되기 위해서는 보편화되고 심화된 제모순 외에도 비사회경제적 조건이 필요하다고 할 수 있다. 그 두 번째 조건은 기본적 투쟁 역량인 향촌주민과 강한 정치적 의식·초지역적 연대 조직을 가지고 있는 지도세력이 상당히 견고하게 결합되어 있어야 한다는 것이다. 특히 향촌주민들의 의사와 이해를 대변하며, 그들을 조직적으로 투쟁에 동원하여 효율적으로 지휘하고, 또한 분산된 개별적 투쟁을 하나로 묶어낼 수 있는 능력을 가진 조직이 필요하였다. 이런 중심적 조직도 없이 약하고 고립된 각개의 공동체적 투쟁이 하나로 뭉친다는 것은 생각하기 어렵다. 사회경제적 모순이 군현 차원을 넘어 일반화되고, 또한 개개인의 저항의식이 고조되었다고 하여도, 그것을 집단화·조직화하지 않는다면 투쟁 역량을 갖출 수가 없었다. 따라서 새로운 의식과 조직을 가지는 지도세력의 존재는 국지적 한계를 벗어나기 어려운 공동체적 투쟁을 극복하는 데는 필수조건이라고 할 수 있다.

그런데 이 시기에는 이런 초지역적인 연대 조직을 농민사회에서는 찾아볼 수 없다. 향회나 민회 등 향촌주민들의 조직과 기구는 군현 단위를 넘지 못하는 국지적이며 공동체적인 것이었다. 또한 주민 동원에 커다란 기여를 하였던 면리제도 각개의 촌락을 연결하는 데 그칠 뿐이었다. 향촌주민들은 지연과 혈연이라는 제일차적이고 공동체적인 사회적 관계의 구속으로부터 크게 벗어나지 못하였기 때문에 새로운 공동의식에 기초한 전국적 연대 조직과 기구를 구성하지 못하였다고 본다. 그렇다고 하면, 당시 동학농민전쟁과 같은 전국적 투쟁을 조직화할 수 있었던 높은 수준의 의식과 연대 조직을 지닌 것은 현실적으로 동학이라는 종교밖에는 없었다.

아마 이 시기에 군현 차원의 향촌사회 기반과 그를 초월하는 강력한 지도조직이 본격적으로 결합된 예는 고부민요가 아닌가 한다. 고부민요의 계획이나 초기 단계에서도 그 점이 분명히 나타나고, 2월 하순에 이르러 민란이 급속히 해체된 원인도 두 요소가 분리된 데에 있었다. 다시 말하여 고부민요는 향촌주민과 동학교도가 결합함으로써 일어났지만, 그 결합이 공고하지 못하였으므로 시간의 경과와 민란의 전개에 따라 향촌사회적 요소가 지도세력인 동학교도의 영향력으로부터 이탈해 갔고, 그에 따라 양자의 결합은 해체되어 민란은 해산되었고, 동학교도들은 새로운 전국적 투쟁을 전개하였던 것이다.

1860, 70년대에 활약한 이필제의 의식과 행위에서 두드러지게 나타나는 특성은 '참위설과 진인출현설'로서 현체제를 강도 높게 부정하고 있으나, 그 대체적 세계관은 모호할 뿐만 아니라, 복고적인 것이고 환상적인 것처럼 보이는 등 '이상사회론'다운 내용을 별로 갖추지 못했다고 할 수 있다.[81] 동학교도를 주축으로 일어난 영해민란을 통해서 보아도 그의 한계는 너무 뚜렷하다. 전봉준은 중

81) 졸고, 1998, 「유령지식인과 사회 변혁운동」『정신문화연구』 69, 한국정신문화연구원.

앙권력에 대하여 일정한 목표를 가지고 있었고, 실제로 그를 달성하기 위한 행동을 하였다는 점에서 이필제와 통하는 바가 있었다. 그러나 공초와 판결서에 나타난 그의 사상은 이필제가 가진 환상과 다름없는 '비현실성', 즉 목적을 달성하기에는 터무니없는 수단과 그렇기 때문에 공허하기 짝이 없는 목적과는 질적인 면에서 엄청나게 다르다. 현재 발견된 기록상으로 전봉준은 표면상 '참위설과 진인출현설'을 거의 보여주지 않는다. 그렇다고 하여 그가 이런 요소에 의존하지 않았다고는 볼 수 없지만, 하여튼 이점만으로도 그와 이필제의 의식이 얼마나 차이가 있었는지 확인된다. 양자의 의식상 차이도 컸지만, 조직의 면에서도 진인출현설에 의존하여 소수의 잔존 동학교도를 동원하였던 이필제는 동학의 지도자인 전봉준과 비교될 상대가 되지 못하므로 거론할 필요도 없을 것이다.

특히 고부민요에 한정하여 전봉준의 의식을 살핀다면, 그의 목적은 다른 민란 지도자와 마찬가지로 자신이 살고 있는 군현의 폐정, 특히 수령의 탐학을 바로잡아 爲民除害하기 위한 것이었고,[82] 따라서 관념적이라든지 환상적이라는 수식어를 붙일 여지가 거의 없을 정도로 현실에 뿌리를 내리고 있었던 것으로 나타난다. 이렇게 의식과 태도가 현실성을 갖는다는 의미는 목표를 달성하기 위한 수단과 방법이 '합리성'에 기초하고 있다는 것이다. 다시 말하여 전봉준이 고부민요 단계에서 제시한 목표는 고부군의 폐막 교정에 국한되었고, 그를 달성하기 위한 방법과 수단이 아주 다른 바가 없지는 않았으나, 전체 전개 과정에서 보았을 때 전형적인 민란의 범주에서 크게 벗어나지 않았으므로 향촌주민의 동원에 성공하였다. 물론 당시 민중이 처하고 있던 상황을 돌파하는 데 민란이 가장 적절한 투쟁 형식이었는지에 대하여는 쉽게 단언할 수는 없

82) 『全琫準供草』, 522～525쪽.

다. 그러나 이렇게 투쟁의 목표와 수단, 즉 투쟁의 형식과 수준이 향촌사회에 기반을 둔 여타의 민란과 거의 동일하였으므로 전봉준 등 지도세력은 향촌주민들과 결합하고 그들을 동원할 수 있는 공감대를 형성할 수 있었다.

그리고 지도세력과 향촌주민의 결합에는 전봉준을 비롯한 동학교도가 고부지방에 토착하고 있는 주민으로서 이미 정소 운동을 통하여 향촌주민들 사이에 덕망과 지지를 얻고 있었다는 점도 작용하였을 것이다. 그렇기 때문에 정소에서 민란으로 이어지는 향촌주민들의 군현 차원의 폐정 개혁 운동에서 동학교도가 일관되게 주도권을 잡고, 그들을 동원하는 것이 용이하였다고 본다. 또한 이와 같은 저항을 선동하고 다니는 세력들이 지면이 있는 같은 고장 사람들이 아니었다면, 폐쇄된 사회적 관계 속에 살던 향촌주민 대부분은 분명히 그들에 대하여 의식적 혹은 무의식적으로 상당한 거부감 내지는 증오심도 보였을 것이다. 따라서 전봉준 등 동학교도는 지역에 뿌리를 내리고 살고 있던 향촌주민으로서 다른 주민들과 돈독한 감정적 유대를 형성하고 있었다는 점은 주민을 동원하고, 자신들이 지도조직으로 자리를 잡는 데 크게 기여하였다고 본다. 동시에 계급적 의식과 연대와는 질적인 차이가 있던 이런 정서적 유대는 고부민요가 한 단계 높은 투쟁으로 발전하는 것을 저지하였던 주요한 요인이기도 하였을 것이다.

이처럼 고부민요에서는 지도세력은 공동체적인 민란을 극복할 수 있는 가능성을 내포한 의식과 조직을 구비하고 있었으나, 향촌사회 기반은 구태연하였으므로, 양자의 결합은 현실적으로 동일한 수준에서 이루어지지 않았다는 데 문제가 있었다. 향촌주민들이 가지고 있던 목적과 태도는 2월 19일 사건 이후 고부군을 넘어 다른 지역으로 투쟁을 확산시키려는 지도조직의 의도에 대하여 강한 거부감을 보였고, 실제 그와는 완전히 배치되는 행위를 하였다는 사실에서 확연히 나타난다. 그들이 전봉준 등의 지휘에 따를 수 있던 한계는 최대한으로 잡아야 전통적이며 공동체적 투쟁인 민요에 불과하였던 것이다. 그렇기 때문에 그들은 처음부터 전봉준 등에게 단지 자신들의 조세 문제나 해결해 주면 족하다는 기대를 가지고 있었다고 판단된다. 민요가 자신들의 목적과 수단을 벗어나지 않는 선에서는 지도조직을 충실하게 추종하였으나, 그 한계를 넘어설 때는 즉시 투쟁에서 이탈하여 버렸던 것이다. 이런 면에서 고부민요에서도 전형적인 민란의 민군들이 가지고 있던 기본적 특성은 별로 변함이 없었음을 확인할 수 있다. 따라서 민란의 지도조직이 강력한 지도력을 구비하고 있더라도, 향촌주민들이 그 지도에 따르지 않는다면, 투쟁의 결과는 크게 기대할 바가 없었다. 향촌주민들이 가지고 있던 강고한 '비정치성', 기존의 억압적인 질서를 과감히 부정하지 못하고 그로 돌아가려는 나약함을 어떻게 극복하고, 그들을 무력적 투쟁에 어떻게 동원할 것인가는 투쟁 지도자들에게 지극히 어려운 과제였다. 결국 고부민요가 기본적으로 전통적 투쟁에 머물고 만 까닭은 향촌주민들이 애초부터 전국적인 무력 투쟁에 나설 의사와 수단을 가지고 있지 않았고, 따라서 지도조직과 향촌주민의 결합이 완벽하지 못하였다는 사실이다.

반면에 전봉준 등은 당초부터 자신들의 투쟁을 철저하게 고부에 국한하려고 하지 않았을 것이다. 그들의 의식세계와 현실적 기반과 경험은 이미 국지적 제약을 벗어나 있었다. 그들이 참가하였던 최제우 신원운동은 단지 종교운동에 그치는 것이 아니라, 체제에 도전한 정치사회적 운동적 성격도 가지고 있었다. 사발통문의 (라)의 제4항도 투쟁의 당면 목표로 확고하게 정립되지는 않았다고 하여도, 전봉준 등의 의식에는 상당히 구체화되어 현실의 폐단이 근본적으로 바로잡히지 않는다면 언젠가는 실행하여야 할 것이라는 강한 예정으로 자리 잡았다고 짐작된다. 그러므로 그들은 사태의 진행에 따라서는 민란을 벗어나는 투쟁을 전개할 수 있는 의사와 능력을 가졌음은 충분히 인정할 수 있고, 또한 민란의 후반 이후에 그것은 실제로 증명되었다. 그러나 그들이 발발 단계에서는 민란의 차원을 벗어나는 면모를 유감없이 발휘했다는 점을 인정할 수 있지만, 그 투쟁 기반을 지속적으로 향촌주민들에게 두고 있었고, 적어도 2월 19일 이전에는 고부군의 경계를 벗어나는 집단적 행동을 찾을 수 없다는 점에서 사발통문의 조항대로 처음부터 중앙권력에 대하여 일정한 목표를 설정하였다거나, 이웃 군현으로 투쟁을 확산시키려는 계획을 세웠다고는 볼 수 없다. 만약 그랬다고 한다면, 그 결과는 차치하고 민란의 양상은 매우 달랐을 것이다. 그러나 전봉준 등은 민란이 한 달 이상 지속되었어도, 실질적인 성과도 없고 해결의 기미마저 보이지 않았기 때문에 초조감과 불안감을 느끼지 않을 수 없었을 것이다. 그러던 차에 2월 19일 사건으로 인근 군현의 관병이 동원되는 등 민란이 중대한 고비를 맞게 되고, 그에 따라 일어나던 향촌주민들의 동요를 감지한 전봉준 등은 새로운 목표, 즉 함열의 조창 공격과 전주영 점령과 서울 직향의 계획을 수립하지 않을 수 없었을 것이다. 그 이전 단계에서는 전봉준은 전형적인 민란 지도자의 면모를 탈피하지 못하였고, 또 그 자신도 그런 정도의 목표와 사명감을 가졌다고 생각된다. 그렇기 때문에 향촌주민과 결합하고 그들을 동원할 수 있었던 것이다. 이렇게 양자의 생각이 가깝게 접근하였을 때에는 결합이 되었지만, 그렇지 않게 되었을 때에는 그 결합의 고리가 쉽게 풀렸다. 결국 향촌주민과 지도조직의 결합이 굳지 못하였으므로, 고부민요는 군현 차원의 국지적이며 공동체적 투쟁에 머물고 말았다고 볼 수 있다.

덧붙여 고부민요의 결말과 동학농민전쟁의 개시의 관계를 보면, 민요 자체와 전쟁은 연결되지 않았음이 확인된다. 민군들과 분리되면서 이루어진 2월 하순 이후의 동학교도의 동원을 고부민요과 직접 연결시켜 민요를 전쟁의 시발로 이해할 수는 없다고 생각한다. 왜냐하면 고부민요 자체가 발전하여 훨씬 차원 높은 동학농민전쟁이 전개된 것이 아니기 때문이다. 고부민요의 기본적인 투쟁역량인 향촌주민들이 동학농민군의 원평과 무장 집결이나 그 이후의 투쟁에서 선봉적 역할을 담당하였던 것도 분명히 아니었고, 오히려 동학교도들의 지도와 노선을 거부하였기 때문에 고부민요과 동학농민전쟁은 단절적인 관계로 파악된다. 또 고부민요는 관군 등 외적 대항세력과 격렬하게 충돌함으로써 이탈한 자들도 나오고, 반대로 더욱 강력한 투쟁에 나섰던 자들도 나오고 했던 것이 아니라, 자체 분열 내지는 붕괴와 다름없는 종말을 맞았다. 한마디로 고부민요의 지도자들은 고부를 벗어나는 투쟁 = 동학농민전쟁에 향촌 주민들을 동원하는 데 실패하고 말았다. 그들도 2월 19일 사건 이후 민란이 해체의 국면에 빠지게 되자, 체제와의 대결의식을 좀 더 뚜렷하고 강하게 가지게 되어 확고한 목표와 전략을 세우는 동시에 다른 지역의 동학교도와도 연대를 모색하게 되었을 것으로 짐작된다.

이와 같이 고부민요의 기본적 성격은 국지적이며 공동체적 투쟁으로서 그 사회경제적 조건 · 투쟁 목표 · 전개 과정 · 기본적 투쟁역량 면에서 보면, 여전히 전형적인 민요의 범주를 벗어나지 못하였다고 볼 수 있다. 그렇지만 고부민요 단계에서는 비록 완전히 발휘되지는 않았더라도, 체제와의 뚜렷한 대결의식, 지속적인 투쟁의 경험, 계획된 목표와 전략, 결속력 강한 비국지적 조직 등을 갖춘 동학교도가 지도부를 구성하였다는 사실은 국지적이고 일과적인 낮은 수준의 전통적 투쟁을 초월하는 대대적이고 전국적인 차원의 새로운 투쟁이 이미 고부민요에 배태되어 있었음을 의미한다. 그리고 고부민요의 결말이 동학농민전쟁의 발단으로 이어져서 동학교도가 起包하게 되고, 그들이 최소한 전쟁의 초기 단계까지는 기본적 투쟁 역량으로 활약하였다는 측면도 중요하다. 이러한 것은 기존의 민란들이 전혀 갖추지 못하였던 요소였으므로, 고부민요는 다른 민란과 동일한 성격과 의의를 가지고 있다고는 말할 수 없다. 이런 내적인 의미, 즉 동학교도가 국지적이고 공동체적 투쟁인 민요를 주체적으로 극복하고 전국적 투쟁으로 나서게 되었다는 점을 주목하고 높게 평가한다면, 고부민요는 동학농민전쟁의 전단계 투쟁이라고 규정할 수 있다. 이때 전단계 투쟁이라고 함은 시간상 앞에 발생한 것이라는 의미라기보다는 동학농민전쟁과 내적인 연관성이 강하다는 말이다.

전봉준 자신도 그렇게 말하고 있지만, 흔히 동학농민전쟁은 안핵사 이용태의 잔혹한 보복 때문에 일어나게 되었다고 한다. 이는 2월 하순 전봉준의 격문에 호응한 동학교도들의 집합이 이미 이용태의 고부 도착 이전에 이루어지고 있다는 점에서 사실적으로도 분명히 틀린 말이지만, 그런 이용태의 만행이 없었다고 하여도 동학농민전쟁은 일어날 수밖에 없었다. 이 말은 고부민요과 이용태의 만행에 대한 분노는 전쟁을 유발한 우연한 사건이 아니라 전쟁과의 내적 인과 관계가 뚜렷하고, 발생의 가능성이 상당히 높던 투쟁의 한 단계였고, 최제우 신원운동 이후 한층 분명히 나타난 동학과 체제 사이의 대치적 상황이 그 발생의 주요한 환경으로 이미 충분히 성숙되어 있었다는 설명이다. 이는 또한 조선사회가 안고 있던 구조적 모순이 더욱 심화된 상태까지 도달하였음을 의미한다.

그럼에도 불구하고 놓치지 않아야 하는 사실은 이미 오래 전부터 투쟁을 계획하고 실천하던 전봉준 등 일단의 교도들의 존재와 역할이다. 이들의 의식과 역량은 다른 민란의 주도자들과는 비교될 수 없었다. 전봉준은 이미 금구취회를 통하여 자신의 정치적 노선을 드러낸 바가 있었다. 그 단계에서는 비록 적극적이고 독자적인 지향을 충분히 보이지 못하였고, 또 그것을 과감히 실행에 옮기지 못하였다고 하더라도, 보은취회 이후에는 나름대로 목적을 세우고, 기반을 확보하기 위하여 노력하였다. 유명한 '全琫準의 敎徒私奪說'도 이런 전봉준의 움직임을 말하는 것이다. 이와 같은 전봉준의 활동은 단독적인 것이 아니라, 적지 않은 동학교도들의 지지와 성원 속에서 이루어지고 있었다. 사발통문은 단지 그들의 일부만을 보여주는 것이다. 그들이 조직적으로 얼마나 견고하고, 또한 대대적 투쟁을 성공적으로 주도할 수 있는 능력이 어느 정도였는지는 정확히 가늠할 수 없으나, 그들의 주도로 고부민요가 일어났고, 그 민란을 지도하면서 동학농민전쟁의 도화선에 불을 붙일 수 있었다는 사실은 부정할 수 없을 것이다. 이렇게 일관되며 능동적인 투쟁을 전개하던 전봉준을 비롯한 동학교도들은 설사 이용태가 제공해준 기회가 없었다고 하여도, 고부민요에 연이어 그를 초월하는 투쟁을 전개하고 말았을 것이다. 즉 고부민요 과정을 통하여 민란의 차원을 넘어서는 목적과 방법, 다시 말하여 중앙권력의 타도를 의미하는 사발통문(라)의 제4항이 투쟁 목표로 확실하게 자리매김할 수 있었다고 생각된다.

요컨대 밖으로 드러나는 고부민요는 군현 차원의 공동체적 투쟁이었을지라도, 동학농민전쟁과의 관계에서 파악되는 성격은 그 한계를 벗어나 전국적 투쟁의 맹아를 배태하고 있던 동학농민전쟁의 전단계 투쟁이었다.

Ⅴ. 맺음말

이상과 같이 고부민요의 계획과 전개 과정, 그리고 원인과 성격에 관하여 고찰하였다. 특히 사실의 정확한 파악을 위해서 실증에 적지 않은 노력을 기울였으나, 만족할 만한 결과는 얻지 못하였다. 어느 부분에서는 필자의 무리한 가정과 자의적인 해석이 강하게 개입되기도 하였다. 이와 같은 한계를 극복하기 위해서는 고부민요는 물론이며 동학농민전쟁에 관한 새로운 사료를 발굴하는 작업이 개인적 차원이 아니라 조직적으로 이루어져야 한다고 믿는다.

그리고 본고의 커다란 약점은 향촌주민들의 경제적 생활의 실상을 별로 밝히지 못하였다는 점이다. 민요가 일어나게 된 직접적인 계기는 조세수탈과 관리의 부정이었으나, 그 저변에 흐르고 있는 역사적이며 장기적인 변화는 제대로 잡아내지 못하였다. 물론 경제의 구조적 변화 자체가 민요와 같은 투쟁을 반드시 낳는다고 보기는 어렵지만, 삶의 중요한 조건을 경시하였다는 것은 큰 문제임이 분명하다.

고부민요에 관한 연구를 통해서 얻은 몇 가지 결과를 다음과 같이 요약한다.

1. 고부민요를 처음과 끝까지 주도적으로 지도한 것은 향촌사회에 거주하던 전봉준 등 동학교도들이었다. 그들은 이미 전년의 정소 운동에도 적극적으로 참여함으로써 향촌주민들과 공고한 연대를 맺었고, 민요의 지도세력으로 활동할 수 있었다. 이와 같은 동학교도들의 역할은 사발통문을 비롯해서 민요의

전개 과정과 해산 단계, 그리고 동학농민전쟁의 발발 과정에 잘 나타나 있다.

2. 서울로 직향하겠다는 그들의 최종적 투쟁 목표는 사발통문의 조항대로 민요의 계획 단계에서 설정된 것이 아니라, 민군과 관군의 충돌이 필연적으로 보였고, 향촌주민이 민요에서 이탈해 버린 2월 하순에 이르러서야 확고하게 세워졌다고 생각된다. 그런 후 그들은 각지의 동학교도들에게 하나의 군현 차원을 넘어서는 투쟁을 호소하는 격문을 보냈던 것이다. 따라서 동학농민전쟁은 2월 하순 고부에서 시작되었다고 해석해 볼 수 있는 소지가 있다고 하겠다.
3. 고부민요의 원인으로서 가장 중요한 것은 과중한 조세부담이었고, 여기에 군수 조병갑의 탐학, 그 중에서도 수세의 남징이 주민의 부담을 가중시켰다. 이러한 모순을 조성하였을 뿐만 아니라, 더욱 심화시키고 폭발시킨 주된 원인은 연속된 자연재해이다. 그밖에 미곡의 이출과 상품화폐경제의 진전에 따른 경제적 변화와 곤란도 적지 않을 터이지만, 조세와 직접 관련되지 않은 사항은 민군이나 정부 관리에 의해서 제기되지 않았다. 이런 면에서 고부민요는 전형적인 조세저항 투쟁이었다고 할 수 있다.
4. 고부민요는 투쟁의 목표와 수단, 향촌주민 의식의 면에서 전형적인 민요의 형태와 성격을 벗어나지 못한 군현 차원의 국지적이며 공동체적인 투쟁이었다. 전봉준 등 지도세력도 고부군을 벗어나는 투쟁을 처음부터 계획하였다고 보기 어렵고, '비정치적' 성격이 농후한 향촌주민들로 이루어진 민군들도 역시 국지적 저항운동에서 벗어나지 않으려고 하였다. 반면에 계급적 성격이 전혀 나타나지 않는다고 볼 수 없지만, 민요를

계급적 이해에 기초한 계급투쟁 행위로 해석하기는 어려운 듯하다.

5. 밖으로 드러나는 민요의 형태나 성격과는 달리, 동학농민전쟁과의 내적 연결 관계에서 파악되는 고부민요의 의의는 전쟁의 전단계 투쟁이다. 즉 고부민요는 우연히 일어난 사건이 아니라, 이미 동학과 체제, 민중과 체제 사이에 조성된 구조적 대립 상황의 산물로서 전쟁으로 가던 징검다리였다. 그리고 이와 같은 의미는 새로운 의식과 강력한 역량, 그리고 저항운동의 경험을 가진 전봉준 등 동학교도가 시종일관 민요를 지도하였다는 사실에서도 찾을 수 있다.

제6장

제1차 동학농민전쟁의 원인과 전개

Ⅰ. 동학농민전쟁의 원인

Ⅱ. 제1차 동학농민전쟁의 전개

Ⅰ. 동학농민전쟁의 원인

1. 양반지배체제의 붕괴와 외세의 침략

조선후기 사회의 사회경제적 발전, 그 가운데에서도 양반지주의 물질적 토대의 축소와 인구증가는 양반 상호 간의 치열한 관직 경쟁, 즉 권력 투쟁을 초래하였다. 그들에게만 배타적으로 허용되던 신분적 특권조차도 그 경쟁에서는 유리한 조건이 되지 못하였고, 그에 따라 특권신분 내에서도 국가권력을 독점하고 세습하려는 소수의 경쟁적 집단들이 발생하였다. 그 집단이 바로 黨派였으며, 당파의 최종적 산물이 勢道 外戚이었다. 19세기 이후 安東 金氏 등 외척의 파행적인 勢道政治가 등장함으로써 조선후기 이래 완만하게 진행되던 양반관료지배체제의 붕괴는 가속화되었다. 외척의 세도정치를 막고 무너지던 왕조체제를 되세우기 위한 興宣大院君의 노력도 아무 소용이 없었다. 그 자신도 역시 또 다른 勢道家로서 국가권력을 독점하고 자의적으로 행사하였다는 점에서 외척과 크게 다른 바가 없었다. 驪興 閔氏의 세도정치는 처음부터 조선의 대내외적 모순의 해결과는 거리가 있었지만, 조선사회가 봉착한 여러 가지 난제 앞에 완전히 무력한 모습을 드러내고 말았다. 더 나아가 오히려 그 모순을 더욱 심화시키고 조선왕조의 멸망에 주요한 원인을 제공하였다.

양반들이 가장 통렬하게 비판하는 그들의 실정 가운데 賣官賣職은 조선왕조체제의 붕괴 원인의 대표적 상징이었다. 불법적 관직 거래는 국가권력의 공동 소유자라고 할 수 있는 양반지배세력의 분열을 촉진함으로써 지배체제가 그 효율성이나 정당성 측면에서 크게 약화되었다. 관리들의 부정부패가 심해졌다는 것은 말할 것도 없고, 정통적인 관리충원제도인 과거도 더 이상 의미가 없게 되었다. 치열한 관직쟁탈전을 벌이던 양반들 가운데 집권세력과 관계가 없는 자들은 자연히 국가권력으로부터 배제될 수밖에 없었다. 여기에 관직과는 거리가 멀었던 민중들도 매관매직의 폐해를 그대로 받고 있었다. 수령 자리를 돈으로 산 자는 그 이상을 주민들에게서 빼앗았고, 민씨 척족들은 수령의 임기를 단축할수록 수입이 훨씬 증대된다는 것을 잘 알고 있었다. 벼슬자리를 돈으로 사고파는 악습은 수령을 일종의 세금청부업자로 만드는 것이라고 할 수 있다.[1] 결국 전 조선인들은 권력의 불법적 독점자들에 대한 비판과 불만을 감추기 어렵게 되었다. 세도정치의 파행성은 조선왕조체제에 치명적 타격을 주었지만, 특히 민씨들이 권력을 잡았을 때, 그 정도가 심하였으며 여기에 다른 시대적 모순까지 가세함으로써 양반지배집단의 분열과 민중들의 항거는 필연적으로 일어나게 되었다. 결국 민씨 척족을 중심으로 한 집권세력의 탐욕은 간신히 지탱되어 온 조선왕조체제를 무너트리고 말았다.

원세개가 파악한 조선의 왕실과 척족의 동태는[2] 전봉준을 비롯한 뜻있는 사람들이 지적한 것과 큰 차이가 없다. 당시 민씨 척족의 행태를 원세개의 보고를 중심으로 살펴보도록 하자. 민비에게 밀려 척족들의 탐묵을 막지도 못하는 고종, 재물과 일족을 그지없이 좋아하는 민비, 그녀의 총애를 사기 위해서는 나라의 정책과 자존을 쉽게 버리던 척족들의 행태는 이미 국가를 경영하고 신민의

1) 『駐韓日本公使館記錄』 5, 기밀 제217호 본 132호, 국사편찬위원회, 73~74쪽.

2) 1893, 『清季中日韓關係史料』 5권, NO.1781, 3133~3035쪽.

충성을 받을 수 있는 治者의 것이 아니었다. 이들은 사익을 위해서는 공적인 것도 아무런 미련 없이 포기하는 집단으로, 조선왕조의 멸망은 이들에서 시작되고 이들에서 끝났다. 민영익을 대신하여 민비의 아낌을 받던 자가 민영준이었다. 그는 주로 매관매직을 통하여 민비의 탐욕을 아주 잘 채워주면서 자신의 배도 불렸다. 민영환은 상중에 있었기 때문에 단지 왕실과 閔門의 동향만 주시하고 있었다. 그러다가 드디어 1893년 12월에 상복을 벗고 다시 出仕함으로써 민영준의 강력한 도전자로 부상하였다.[3] 그는 민영달과 민영주 등과 힘을 합쳐 민영준의 不正과 失政을 공격하여 고종의 관심을 끄는데 성공하여 이조판서에 임명되었다. 그래도 민영준의 아성은 쉽게 무너지지 않았고, 또 다른 경쟁자인 홍콩에 있던 민영익의 귀국을 쉽게 저지시킬 수 있었다. 이런 척족을 비롯한 집권세력 자체의 경쟁과 분열은 자연히 대외적인 비호 세력을 필요성을 높였다. 민영준은 원세개에게 접근을 적극 시도하며, 청국의 편의와 이익을 돌보아 주었다. 이런 와중에 일본에게 차관을 조달하려던 계획이 좌절되는 사태가 일어나자, 청국에서는 이십만 원을 조선정부에 대여하였다. 이를 계기로 조선은 더욱 청국으로부터 벗어나지 못하게 되었지만, 민영준은 이 틈을 타 청국이 부강한 나라라고 선전하였다. 이에 따라 왕실도 청국에서 벗어나려던 의도가 잘못된 것이었다고 생각하며 매사를 원세개와 상의하게 되었다. 이후 민영준은 여러 가지 책략을 통하여 權柄을 굳게 장악하는 동시에 조선의 對淸國 의존을 더욱 심화시켜 나갔다. 청국을 크게 흠모하는 李冕相으로 駐津督理를 교체하고, 친청 관계를 발전시키도록 유학생을 청국으로 보내도록 건의하고, 조선의 독립자주를 돕

3) 『駐韓日本公使館記錄』 3, 발제 12호, 보고제 6호, 발제 33호, 4~5·9·11～12쪽.

겠다는 大石正己의 말에 귀를 기울이는 고종과 일부 관리들의 생각을 바꾸는 등 청국을 위하여 열심히 봉사하였다. 원세개는 이렇게 왕실과 척족의 무능과 횡포와 분열을 잘 이용하고 있으므로 "東方事"가 점차 잘 되어갈 것이라고 보고하였다. 그러나 이런 결과에서 비롯된 조선민중들의 투쟁인 동학의 신원운동은 백련교와 같은 것이니까 엄하게 다스리라고 조선정부에 권하였다.

또한 이 시기에는 전혀 이질적인 문명을 앞세운 서구국가와 전통적인 적대국가도 조선을 위협하였다. 대원군의 천주교 박해와 쇄국정책의 실행은 외세의 무력 침공을 가져왔으나, 조선은 그것을 격퇴하는데 일단 성공하였다. 그러나 무력을 앞세운 일본의 개항 요구에 문호를 개방한 이후, 조선은 외세에게 민족적 자존심은 물론이고 생존조차도 위협받게 되었다. 집권세력은 개항과 개화에 대한 양반유생들과 민중의 저항을 외세까지 동원하여 막아내는 데는 일단 성공하였지만, 외세에 대한 거부감까지 제거하지는 못하였다. 특히 일본의 침투에 대한 저항의식은 조선사회에 광범위하게 깔려 있었기 때문에 어떤 계기만 주어진다면, 임오군란이나 갑신정변 때처럼 곧바로 폭발하였고, 이후에도 여전히 폭발할 가능성을 안고 있었다. 이처럼 외세와의 전쟁과 외교 관계를 통하여 되살아나고 강화된 조선인의 민족적 일체감과 공동의식은 자연히 저항적 성격을 강하게 Elf 수밖에 없었다.

그리고 조선이 도저히 감당할 수 없는 거대한 힘을 가진 외세의 침입은 조선에게 근대국가건설이라는 중차대한 과제를 던져 주었다. 그 침입을 막기 위해서는 그들의 문명을 수입하지 않으면 안 되었다. 붕괴하고 있던 낡은 왕조체제가 빚어낸 대내적인 모순도 걷잡을 수 없던 마당에 전혀 새로운 국가체제로의 발전은 거의 실현 불가능한 과제처럼 보였다. 더욱이 민씨 척족을 중심으로 한 집권세력들은 이런 시대적 과제를 해결할 수 있는 자격과 능력을 거의 가지고 있지 못하였다. 그 이유로 세계사의 흐름과 근대국가건설의 구체적인 방법을 알지 못하였다는 무지와 무능 외에도, 자신들의 사적인 이익을 위해서라면 민족적 대의와 국가적 이익을 쉽게 포기하는 윤리적 타락과 그것을 초래한 양반관료지배구조의 파탄이 중요하였다고 본다. 이러한 집권세력의 무능한 대내외적 정책은 외국의 직접적인 간섭과 영향을 받기 일쑤였고, 근대적인 제도와 기구를 제대로 확립하지도 못하고 시행착오만 거듭하고 있었다. 그 결과 외세에게 민족적 위신과 자율성을 저해 당하게 되었고, 또한 근대국가의 건설은커녕 기존의 모순을 오히려 가중시키게 되었다.

동학의 신원운동 때에도 제기된 문제로서 외국상인의 서울 침투, 미곡의 무제한적인 대외이출, 방곡령을 빌미로 한 무리한 배상요구, 천주교 선교의 허용 등은 민중들에게 실제 생활면에서, 또한 민족적, 문화적 자존심의 면에서 큰 곤란과 상처를 주었다. 이러한 정부의 대외적인 무능과 무력은 민중의 지배체제에 대한 비판의식을 더욱 강화하였다. 민중으로서는 이러한 것도 막지도 못하는 집권세력은 권력을 내놓고 물러나야 될 부정적인 존재였다. 또한 그들은 외세와 결탁하여 민중을 억압하고 수탈하는 자들이었다. 결국 외세의 간섭은 조선사회를 더욱 붕괴의 위기로 몰고 갔고, 그에 대항하는 민족주의가 크게 고조되어 갔다. 이러한 민족주의는 단지 외세를 몰아내려는 저항적 성격만 가지고 있었던 것이 아니라, 대내적으로 부패와 무능의 원흉인 집권세력까지도 타도하고, 나아가서는 사회경제적 모순까지 해결하려는 개혁적 내지 변혁적 성격을 띠고 있었다.

결국 대외적 위기는 조선왕조체제 자체의 모순을 심화시키는 동시에 민중과 외세에게 그런 무능과 약점을 그대로 노출시키도록 하여 아래로부터는 민중의 강력한 저항을 불러일으키고, 밖으로부터는 외세의 도발을 불러 들였다. 바로 동학농민전쟁이 이런 대내외적 모순의 결과였던 것이다.[4)]

2. 국가재정의 파탄

조선정부의 재정적 궁핍의 기원은 멀리 임진왜란까지 올라갈 수 있다. 이어지는 전란과 흉년은 만성적인 재정부족을 초래하였다. 더욱이 조선후기 생산력의 발전과 토지경작면적의 증가에도 불구하고, 왕실과 관리의 탐욕과 부패로 오히려 그 이전보다 과세지가 축소되고, 조세수입이 감소하는 경향을 지속적으로 보였다. 결국 재정위기 상태에서 헤어나지 못한 정부는 화폐 발행을 통하여 그 위기를 타개하려고 하였지만, 그로 말미암아 일어나는 악성 인플레이션 등 후유증에 시달려야 하였다. 그렇다면, 나머지 방법은 백성들에게 조세를 가중시키는 것밖에 없었고, 그 결과는 임술민란과 같은 대대적인 민란의 발생이었다. 그 이후에도 재정위기에 대처하는 주된 방법은 이 두 가지밖에 없었으며, 만성적인 재정적자 상태는 지속되었다.

대원군이 집권한 뒤, 왕실 권위의 회복과 국방강화에 소용되는 경비를 조달하기 위하여 여러 가지 방법을 구사하여 약간의 재정적 여유가 확보되는 듯하였지만, 그것도 잠시였으며, 그 폐단도 결코

4) 동학농민전쟁의 원인에 대한 기술은 拙稿, 「1894년 固城民擾硏究 1」(1990, 『尹炳奭敎授환甲紀念 韓國近代史論叢』, 지식산업사.에 의거하였고, 특별한 경우가 아니면 주를 붙이지 않았다.

무시하지 못할 정도로 컸다. 親政을 시작한 高宗이 대뜸 淸錢의 유통을 금지시킴으로써 국가창고에 있던 淸錢이 한낱 고철 덩어리로 변해 버려 국가재정은 커다란 타격을 입게 되었다. 이후 민씨 정권은 항상적으로 재정파탄 위기에 시달려야 하였다. 재정을 확보하기 위해서는 量田부터 시작하여, 면세지 축소, 탈세지 색출, 관리의 부정부패 일소, 철저한 호구조사 등 이루 헤아릴 수조차 없는 많은 난제를 해결하여야 하였지만, 민씨 척족은 그럴 의사와 능력도 없었다. 오히려 집권세력들은 그런 붕괴된 징세기구를 통하여 자신들의 사익을 불법적으로 추구하는 데 열중하였을 뿐이었다.

개항 이후 조선정부는 나름대로 근대적 문물을 수입하려는 전진적인 정책을 수행해 나갔다. 김옥균 등 개화파는 부국강병한 근대국가의 건설을 통하여만 조선이 처한 위기를 극복할 수 있다고 믿었다. 개화파가 비록 갑신정변의 실패로 실세하고 말았으나, 그들이 추구하였던 근대국가의 건설은 아무도 거스를 수 없었던 대세였기 때문에, 그 이후에도 개화정책은 완전히 사라진 것은 아니었다. 그러나 흔히 東道西器라고 하는 개화노선이 풍미함으로써 근대국가의 건설도 지지부진할 수밖에 없었다. 물론 이런 지경에 이른 이유는 서구적인 문명에 대한 거부감, 조선의 현실에 대한 안이한 파악, 실행할 수 있는 지식의 부족 등을 들 수 있지만, 여기에 또 하나의 중대한 이유는 바로 재정부족이었다. 대외적 사무를 관장할 외교사절의 파견, 당장 시급한 근대적 군대의 양성을 위한 무기 수입과 교관 초빙, 근대적 제도와 기구를 창출하고 운영하기 위한 시설 확보와 고문 초빙, 선진기술을 배우고 익히기 위한 유학생 파견 등 조선정부가 추진하여야 할 정책은 산적하였다. 어느 것 하나도 늦출 수 없고, 포기할 수 없는 중대한 개화정책이었다. 그러나 그에 소용되는 엄청난 비용은 파산 상태와 다름없던 국가재정으로서는 감당할 수 없었다.

미국군사교관 초빙을 예로 들어보자.[5] 1887년 2월부터 조선정부는 미국정부에게 교관과 조교 파견을 요청하였다. 그 때 수석교관에게는 연봉 4천 달러, 조교관에게는 1천 950달러에 여비 500달러를 지급하겠다고 하였다. 그러나 일이 제대로 추진되지 않자, 그 해 10월에는 다시 연봉을 5천 달러와 3천 달러로 인상하여 교관 파견을 재촉하였다. 그리하여 그들의 제안에 따라 1888년에 통위영·장위영·총어영으로 기존 부대를 축소 통합하여 신식군대를 만들었다. 그러나 군비로 지출할 수 있는 재정적 여력이 없었기 때문에, 겨우 군복이나 바꿀 수 있었을 뿐이었고, 세 명의 미국인 군사교관에게 급료도 지불하지 못하여 외교적 문제로까지 비화되었다. 이들 외에도 외교고문으로 4년 간 근무하였던 데니도 계약액의 1/3밖에 지급받지 못하던 형편이었다. 당시 한러밀약설이 터져 나와 원세개가 고종을 폐위시키려는 음모를 꾸몄기 때문에, 고종이 근대적 군대의 창설을 급히 서둘렀지만, 재정이 부족하였으므로 자신과 국가를 지킬 군대도 제대로 유지하지 못하였던 것이다. 이 신식군대는 제구실을 하지 못하는 부실한 군대였지만, 창설된 지 1년 조금 넘는 동안의 유지 비용 가운데 거의 50만 량은 악화를 주조하여 충당하여야 하였고,[6] 동학농민전쟁 즈음에는 그 지출 규모가 선혜청과 호조에 다음갔다.[7]

이 시기 조선정부의 재정 수입과 지출을 정확하게 알려주고, 특히 재정 상태의 시기적 변화를 잘 보여줄 수 있는 자료는 거의 없

5) 李光麟, 1965, 「美國軍士敎官의 招聘과 鍊武公院」『震壇學報』 28, 22~38쪽.
6) 『日省錄』, 9월 25일, 동월 28일조.
7) 서영희, 1991, 「개항기 봉건적 국가재정의 위기와 민중수탈의 강화」『1894년 농민전쟁연구』 1, 134쪽.

다.[8] 당시에도 외국인들이 조선정부의 재정에 대하여 많은 관심을 가지고 있었으나, 재정 운영 자체가 극도로 부실하고 무원칙하기 때문에 정확한 통계를 얻는 것을 포기할 정도였다. 그런데 동학농민전쟁이 끝낸 직후에 이루어진 조사에 따르면, 1년 세입은 총 5백만 달러인데, 그 가운데 토지세가 4백만 달러, 홍삼 판매액이 4십만 달러, 세관 수입이 6십만 달러였다. 그러나 국민들은 실제로 2천만 달러 정도의 세금을 내고 있다고 추산하였다. 5백만 달러만 재정으로 들어오는 이유는 물론 관리들의 호주머니로 들어가기 때문이었다.[9] 이 토지세(land tax)에는 온갖 세금이 다 포함되어 있었을 것인데, 그 액수가 홍삼 판매액의 10배에 지나지 않는다는 것은 수탈의 정도를 확실히 말해주는 것이다. 홍삼 판매 수익이 완전히 국고로 들어온 것도 아니었다. 갑오경장 이후 고종은 은화로 5천 달러를 받게 되어 있지만, 왕실 경비로 5십만 달러를 쓰고 있었다. 그러므로 추가적인 수입이 필요한데, 이전부터 들어오던 각 지방의 공물과 일년에 2십만 달러가 넘는 것으로 추산되는 홍삼 판매 수입으로 충당하였다고 한다. 또한 고종이 홍콩에 있는 은행에 예치한 금액은 은화로 거의 백만 달러에 달하였다는 소문도 돌았다.[10] 그런데도 관리와 군인의 봉급마저도 제대로 주지 못하여 사회적 불안이 고조되었다. 이런 실정이었으므로 일본은 조선의 내정개혁 제1순위로 재정조사를 꼽았다.[11]

---

8) 서영희, 위의 논문 132쪽의 <표2>와 <표3>에 1891~1293년 간의 수입과 실입 평균액수, 호조와 선혜청의 년간 지출이 실려 있지만, 이것만 가지고는 재정상태의 전모, 특히 재정위기를 파악해 내기는 어렵다.

9) 朴日根 編, 1984, Anglo－American and Chinese Diplomatic Materials Relating to Korea(1887~1897)－근대한국관계영미중외교자료집－, British Diplomatic Archives, Inclosure6in No. 159, 三英印刷, 497~499쪽.

10) Spencer J. Palmer, 1983, Korea-American Relations, Vol 2, University of California Press, NO.107. 354쪽.

조선정부의 재정부족은 이미 오래 전부터 나타난 만성적인 것이었지만, 특히 개항 이후에는 거의 파산 상태로 악화되어 버린 이유는 여러 가지가 있다. 민씨 척족을 비롯한 집권세력의 부정, 연속된 자연재해에 따른 경제적 위기, 왕실 경비의 급증 등이 중요한 것들이다. 그러나 결정적 요인은 외세의 침략이라는 국가적 위기를 극복하고, 서구문물을 수용하는 데 소요되었던 어마어마한 비용이었다. 특히 이런 폭발적인 재정수요가 개항 이후 갑자기 나타났지만, 특별히 생산력 증대가 이루어진 것도 아니고, 합리적이며 효율적인 징세기구가 창설된 것도 아닌 상태였으므로, 그것은 곧 민중들에 대한 수탈의 집중도와 가혹함을 의미한다는 점에서 재정부족은 이 시기 사회경제적 모순의 주범인 동시에 조선왕조체제를 마비시켰던 主因이라고 생각된다.[12)]

이러한 파탄 상태의 재정을 구하기 위한 방법은 화폐의 발행과 차관의 도입, 그리고 조세의 증대 등이 있었다. 재정적 위기를 극복하려고 주조하는 화폐는 악화일 수밖에 없었고, 그런 악화의 유통은 엄청난 악성 인플레이션을 불러일으킨다는 것은 조선의 관리들도 잘 알고 있었다. 그러나 재정부족에 시달리다가 1883년 당오전이란 악화를 발행하고야 말았다. 그 결과는 당장 물가의 상승으로 나타나 시장에서 식량을 구하여야 되는 관리와 군인을 비롯한 빈민들의 생활이 큰 타격을 입었다.[13)] 이어서 국가에 물품을 조달한 상인들도 파산할 지경에 처하였으며, 정부 자체도 상승된 가격

---

11) 『駐韓日本公使館記錄』 3, 6월 15일 각의안 및 결정, 57쪽.

12) 『甲午實記』, 『東學亂記錄』上 所收, 5월 20일조, 11~12쪽. "大抵近來生財多方 殆五白年來初有 而國計之艱出 亦五白年來初有"

13) 吳斗煥, 1984, 「當五錢硏究」 『經濟史學』 7, 218~219쪽. 이 연구는 서울의 쌀값이 1883년 11월에서 1893년 10월까지 약 8배정도 오른 것 같으나, 당오전 발행 이전과 비교하면 최소한 10배 이상 오른 것으로 추정하였다.

으로 필요 물품을 구입하여야 하였기 때문에 악화 발행의 이익은 단기간에 끝나고 말았다. 이런 경제적 부작용과 정부에 대한 비판으로 일시적으로 악화 발행이 축소되거나 중단되기도 하였지만, 결코 포기할 수 없던 재정 확보책이었고, 척족의 재원이었으므로 악화의 발행과 중단은 민씨의 집권기 내내 거듭되었다.

이렇게 재정이 파산지경에 이르고, 기강이 완전히 무너진 정부가 취할 수 있는 손쉬운 재정보전 방법은 조세의 양을 증대하는 것이었다. 즉 민중에게 과중한 세금을 부과하고, 가혹하고 효율적으로 걷어내는 방법이었다. 그런데 전세나 대동미 등 기존의 법정세보다는 정부와 관리의 필요에 따라 자의적으로 창설하고 세액을 결정할 수 있는 일종의 특별세, 곧 잡세가 대폭적으로 신설되어 삼남지방 농민들의 대대적인 저항을 초래하게 되었다. 동래부의 경우 1886년부터 1893년까지 신설된 세금은 모두 14가지였고, 해가 갈수록 많아지는 추세를 보였다. 1894년에도 동학의 활동에 불안감을 느낀 정부는 상업 활동을 보호한다는 명분으로 海沿摠制營이란 새로운 군문을 만들고 酒戶稅·客主 營業稅·船標稅를 부과하였다. 또 단순히 세목만이 증가한 것이 아니라 세액 자체도 증대하였다. 서울의 澮川 부역전은 종전보다 3배나 되었다. 이렇게 증가되던 잡세는 轉運營의 경우에도 마찬가지였다. 전운영이 설치된 다음부터 조세의 상송 기간도 그해 12월까지로 단축되었고, 전운에 소용되는 기선 비용도 과중하였으며, 잡비도 모두 납세자의 부담으로 전가되어 전운에 따른 고통도 심해졌다. 그런데 1893년 가을과 겨울부터 다음해 봄까지 전운영에서 미납 조세를 혹독하게 징수하고 몇 년 전 것도 독봉하였으므로 봉기할 수밖에 없었다고 하는데, 실제로 경상도 고성에서도 이때에 전운영의 위원이 찾아오는 등 세금 독촉이 심하였다. 이러한 과중한 세금은 결국 농민들의 저항을 초래하고야 말았다.

재정 부족을 메우기 위한 방법으로 외국에서 차관을 조달하는 것도 있었다. 개항 이후 조선정부가 외국에서 빌린 차관의 총액은 일본 화폐로 2,626,000여 원이었다. 그 가운데 1,537,000여 원은 청국에서, 694,000여 원은 일본에서 빌렸다. 1895년 1월 25일 현재 차관 미상환액은 743,000여 원이었다.[14] 이러한 차관은 당시 조선인들의 눈으로 보면, 나라를 파는 것과 마찬가지였을 것이다. 동학농민군의 布告文에서도, 前司諫 權鳳熙의 상소에서도[15] 차관에 관련된 혹독한 비판을 찾아볼 수 있다. 그래도 조선정부가 2백만 원 정도를 갚을 수 있었다는 사실이 신기하지만, 이것도 정규적인 정부예산에서만 상환된 것이 아니었다. 이미 1880년대 중반부터 각 지방으로 일본차관 상환 부담금을 거두어 올렸다.[16] 1887년에는 경상도로 분배된 액수는 원금과 이자를 합하여 138,334 량으로서 각 군현은 규모에 따라 분배된 천 량에서 2천 량 정도를 상납하여야 하였다.[17] 따라서 이것 역시 새로운 잡세였다. 일본에게서 꿔온 돈으로 왕실에서 흥청망청 낭비한다는 비판이 일어나지 않을 수 없었다.

요컨대 개항 이후 전개된 새로운 대외적 위기는 엄청난 규모의 재정수요를 갑작스럽게 가져왔고, 이는 이미 재정부족 상태에 놓여 있던 정부를 재정적으로 파산시켜 버렸다. 다시 말하여 국가체제의 물적 기반이 와해되어 버린 것이다. 여기에 민씨 척족을 비롯

14) 金正起, 1985, 「清日戰爭前後 日本의 對朝鮮經濟政策」『清日戰爭과 韓日關係』, 한국사연구회편, 일조각, 51쪽.

15) 『聚語』, 103쪽.

16) 『日債報關錄』, 규장각 소장, 1885년도 15월.

17) 1889, 『慶尙道丙戌丁亥春損補錢分配及丁亥戊子己丑冬日債分配實數成冊』, 규장각 소장.

한 집권세력의 기여도 대단하였다. 재정위기를 극복하기 위하여 정부는 악화를 강제적으로 유통시키고, 국민들에게 조세부담을 가중시켰지만, 이러한 정책은 조선의 경제를 큰 혼란에 빠트렸을 뿐 아니라, 사회정치적으로 강력한 반발과 저항을 초래하게 되었다. 결국 동학농민전쟁의 직접적 원인은 국가체제를 붕괴시켜 버릴 정도의 재정위기였다고 할 수 있다.

3. 1890년대 전반의 경제적 위기

이 시기 경제적 사정을 살필 수 있는 통계 자료는 무역 부문을 제외하고는 거의 없다고 하여도 과언이 아니다. 따라서 경기의 흐름을 정확히 살펴본다는 것도 상당히 어렵지만, 몇 개의 통계 자료와 다른 자료를 통하여 1890년대 전반의 경제적 사정을 고찰해 보겠다.

개항으로 외국과의 통상이 확대되었다고 하여 조선의 경제 전체가 당장 큰 타격을 받은 것은 아니었다고 생각한다. 쌀과 콩처럼 조선인들의 식생활에서 긴요하였던 곡물이 해외로 수출되었다는 것은 국내에서 소비되어야 할 곡물의 양이 감소하고 가격이 상승하게 되었음을 의미한다. 특히 흉년이 들었을 때는 더 말할 것도 없다. 따라서 시장에서 식품을 구입하여야 하였던 관리 · 군인 · 노동자 · 농촌의 빈민은 커다란 부담과 고통을 받았다. 그러나 이 시기에 대외무역이 가져온 효과는 전체적으로 보았을 때, 조선경제에 불리한 것만은 아니었다고 생각한다. 특히 전쟁 이전까지만 하여도, 대외적 요소는 생산부분에 깊숙하게 파고들지 못하였다. 그렇기 때문에 유통부분에서는 오히려 조선경제를 활성화시키는 효과도 있었다고 보지만, 이런 측면에서 좀더 연구가 필요함은 물론이다.

수출입 액수를 가지고 이점을 대강이나마 살펴보도록 하겠다. 아래의 통계표는 조선세관이 설립되어 운영된 1884년부터 동학농민전쟁이 일어나기 바로 전해까지의 수출입 액수의 통계이다.[18] 보는 바와 같이 단 한해도 수출초과를 이루지 못하였다. 이것만 주목한다면, 조선은 대외무역에서 순전한 적자를 면치 못하였고, 그 여파는 국민들에게 그대로 전가되었다고 생각할 수 있다.

그렇지만, 수출품목 가운데 金이 상당량 수출되었다는 사실은 무척 중요하다. 몇 해는 오히려 일반상품 수출액을 초과하기도 하였다. 그리고 1886년 세관 보고에 따르면, 일년에 5, 60만(several) 달러어치의 금이 신고되지 않고 밀수출되는 것으로 추정된다고 한다.[19] 그리고 1887년 인천항에서 반출된 금의 액수는 1백만 달러가 될 것이며, 그 방면에 상당한 지식이 있는 인사는 조선에서 나가는 금의 액수는 3백만 달러로 추산하였다.[20] 혹은 신고한 액수의 두 배는 밀수출된다고 하거나, 몇 년 동안 신고한 총액수는 전체 수출

---

18) 『朝鮮海關年報』(한국학문헌연구소 편, 1989, 아세아문화사, 영인본), 500쪽. 쌀과 대두 수출 액수는 각년도 통계에서 인용하였다. 그런데 일본과의 무역에 국한할 때, 일본정부가 작성한 『朝鮮舊貿易八個年對照表』와 『大日本外國貿易年表』는 『朝鮮海關年報』와는 다른 통계 수치를 보여주고 있다(崔柳吉, 1973, 「19世紀末葉 韓日貿易에 관한 推計 및 分析」 『經濟論集』 12~13, 서울대 한국경제연구소, 참조). 이러한 차이가 나는 이유가 무엇인지 알 수 없지만, 일본 측의 자료에 따르면, 조선은 대일본무역에서 항상적으로 수출초과를 이룩하였다. 명목가격으로 1880년을 기준으로 한다면, 1890년까지는 4倍强, 95년에는 3.5倍로 되어 있고, 그 出超의 폭도 크다. 그러나 여기에서는 조선세관에서 공식적으로 집계한 통계를 기준으로 삼겠다.

19) 『朝鮮海關年報』, 50쪽.

20) 위의 책, 125쪽.

된 총액수의 20%에 지나지 않는다고 한 자도 있었다. 더구나 금은 관세 부과 대상이 아니었고, 단지 통계를 작성하기 위하여 신고를 받았기 때문에 중국인이나 일본인으로 금을 조금이라도 가지고 가지 않는 자가 없었다.[21]

〈1885 ~ 1900년의 수출입 현황〉

항목 / 연도	수출			수 입	
	총 액	쌀	금	총 액	면제품
1885	388,023	15,691	141,594	1,671,652	1,122,359
86	504,225	12,193	1,130,488	2,474,185	1,305,731
87	804,996	90,071	1,388,269	2,815,441	1,894,324
88	867,058	21,810	1,373,965	3,046,443	1,961,932
89	1,233,841	77,578	982,091	3,377,815	1,709,142
90	3,550,478	2,037,868	749,699	4,727,839	2,674,807
91	3,366,344	1,820,319	689,078	5,256,468	2,874,837
92	2,443,739	998,516	852,751	4,598,485	2,185,073
93	1,698,116	367,165	918,659	3,880,155	1,733,458
94	2,311,215	979,292	934,075	5,831,563	2,494,544
95	2,481,808	738,830	1,352,929	8,088,213	4,713,755
96	4,728,700	2,509,343	1,390,412	6,531,324	3,478,924
97	8,973,869	5,556,700	2,034,079	10,067,514	5,273,119
98	5,709,489	2,759,046	2,375,725	11,825,249	5,185,406
99	4,997,845	1,417,842	2,933,382	10,307,830	5,384,460
1900	9,439,867	3,625,629	3,633,050	11,013,590	5,764,900

* 단위는 멕시코 달러(일본 엔화와 동일 환율)
* 수출의 총액은 금을 제외한 액수.
* 1893년까지의 통계는 『조선해관년보』(한국학문헌연구소 편, 1989, 아세아문화사, 영인본)에서 작성. 그 이후의 것은 이헌창의 「한국 개항장의 상품유통과 시장권」(1985, 『경제사학』 9, 128쪽)에서 인용.

이러한 관찰과 추정에 의거하여 실제 금 수출 액수를 세관에 신

21) 韓沽劤, 1985, 『韓國開港期의 商業硏究』, 일조각, 293~300쪽.

고된 것의 두 배로 추산한다면, 조선의 무역수지는 일방적으로 적자였다고 보기 힘들다. 적자였다고 하여도, 적어도 심각한 상태는 아니었을 것이다. 좀 더 적극적으로 해석한다면, 몇 해는 흑자였을 가능성도 결코 배제할 수 없다. 1890년대에 對日 쌀 수출이 본격화되기 전에는 조선의 주요 수출품은 대두와 소가죽에 불과하였고, 그 판매금액으로는 수입품 대금을 결제할 수가 없었다. 해외에서 富도 없는 조선이 상품을 수입할 수 있는 까닭은 수출상품의 가치가 높기 때문이며, 또한 밀수출되는 금의 가치 때문이었다.[22] 그렇기 때문에 금 생산은 무역 결제 수단으로 긴요하기 짝이 없었으며, 국가재정에서도 중요한 부분을 차지하고 있었다.[23]

이 시기의 금 채취는 거대한 자본과 고도의 기술이 필요하지 않았다. 그렇기 때문에 농촌에서 축출된 빈농을 비롯한 무산자들이 광부로 전신하여 채금에 나섰다. 전업적인 광부가 아니더라도, 흉년 등으로 농사를 제대로 짓지 못하는 농민들도 사금 채취에 종사하기도 하였다. 이처럼 금 채취는 빈민들을 흡수할 수 있는 작업이었고, 그들에게 어느 정도의 생활 기반을 제공하기도 하였다는 점에서도 중요하였다. 예컨대 정부가 금 채취를 금지한다던가, 세금을 과중하게 부과하면, 광부들은 직접적으로 타격을 받을 수밖에 없으며, 그렇다고 하면, 사회적으로 생계가 불안정한 유휴인력이 다수 발생되는 동시에 경제적으로도 위축된다고 할 수 있다. 1890년 이후 금 수출 액수가 그 이전보다 큰 폭으로 줄었는데, 이것은 어떤 형태로든지 빈민의 생활에 영향을 미쳤을 것이다.

그런데 인천·부산·원산 세 곳의 공식 개항장 가운데 금 수출

22) 『朝鮮海關年報』, 500~501쪽.

23) 위의 책, 554~555쪽. 1893년 원산에서 淸國으로 수출된 액수는 367,000달러, 일본으로 수출된 액수는 26,600달러였으며, 중앙정부로 간 것이 140,000달러 상당이었다고 한다.

이 가장 많은 항구는 원산이었다.[24] 1885년부터 93년까지 원산항의 대외무역 동향은 일반상품만으로는 압도적으로 수입 초과였으나, 금 수출을 가산하면 1986년을 제외한 다른 해에는 수출 초과였다.[25] 다시 말하여 원산을 중심으로 한 지역은 미곡의 생산과 수출이 보잘 것 없었지만, 대단히 많은 금을 생산하였다. 그렇기 때문에 이 지역의 경우에는 흉년과 금 수출은 별다른 상관관계를 찾아볼 수 없다고 한다.

반면 동학농민전쟁의 주무대였던 전라도는 곡창지대로서 주요한 금 생산지는 결코 아니었다. 아래에서 상술하겠지만, 1890년을 제외하고는 전라도는 연속적인 흉년에 시달리고 있었다. 그렇다고 饑民들이 採金과 같은 다른 생계 수단을 얻기도 힘들었다. 따라서 전라도와 같은 곡창지대의 빈민들이 받았던 생존의 위협은 시간이 갈수록 더욱 심각해졌다고 할 수 있다. 물론 금 생산이 적기 때문에 빈민들의 고통이 커졌다는 말은 논리적으로 타당하지 않지만, 그런 대체 생계 수단마저 부족하였다는 점은 중시해야 된다고 본다. 그리고 원산 등 함경도 일대에서는 대대적인 투쟁이 전개되지도 않았고, 일본군에 대한 적개감도 그렇게 강하지는 않았던 듯하다. 이런 점을 고려한다면, 개항 이후의 대외무역은 전라도와 같은 곡창지대 농민들, 특히 빈민들에게는 이익 대신에 경제적 위기를 주었고, 더 나아가 대대적인 투쟁의 원인을 조장하였다고 할 수 있다.

하여튼 금의 채취는 대외무역의 개시와 함께 성행하여 조선경제를 활성화하는 데 크게 이바지하였다고 할 수 있으며, 또한 수출도 國富의 유출임에는 틀림없으나, 수입상품 대금을 결제하는 수단으

---

24) 위의 책, 511쪽. 1892년과 1893년의 각 항구의 금 수출액은 인천이 152,786달러와 201,846달러, 부산이 107,939달러와 83,853달러, 원산이 592,026달러와 632,960달러였다.

25) 위의 책, 554~555쪽.

로 아주 긴요하였다.

위의 통계에서 발견할 수 있는 중요한 무역의 동향은 1880년대 후반 수출입 액수가 꾸준하게 증가하고 있었으며, 특히 1890,91년에는 액수가 급증하였다는 점이다. 이 표에는 나와 있지 않지만, 이러한 무역의 증가, 그 중에서도 수출의 대폭적인 증가는 거의 對日輸出에 의한 것이고, 對淸輸出도 늘긴 하였지만 對日輸出에 비할 바가 아니었다.[26] 이와 같은 대일무역의 증가는 흉년에 시달리던 조선이 십수 년 이래 처음으로 풍년을 맞아 엄청난 수량의 쌀을 수출하였기에 가능하였다. 반면 1889년 일본은 커다란 흉년을 만났으므로 조선쌀에 대한 수요가 폭발하였던 것이다. 1889년 이전의 쌀 수출은 그 후와 비교한다면, 미미하였다고 하여도 과언이 아니다.

이러한 대일미곡수출로 말미암아 일본인들은 조선을 자신의 식량공급기지로 새롭게 인식하기 시작하였다. 그 결과 조선은 일본에 미곡을 수출하고, 일본은 조선에 직물을 수출하는 소위 米綿交換體制라는 식민지적 무역구조가 정립되기 시작하였다. 그리고 조선농민들도 국내외의 시장과 밀접히 연계되어 새롭게 전개되어 가는 사회경제적 상황에 부단히 적응하여야 하였고, 상품화폐경제도 빠른 속도로 농민사회에 자리를 잡아 나갔다고 생각된다. 이는 달리 말하여 농민경제가 대외무역의 영향을 직접적으로 받게 되었음을 의미한다. 농민들이 농업기술 향상을 도모하는 모습이 이 시기에 일본인들에게 관찰되기 시작하였다. 또한 제염업과 광업 등 다른 직업에 종사하던 자들도 농업으로 전업하는 예가 많아졌다. 쌀 수출이 증가하였던 이 두 해의 금 수출이 부진한 이유도 금 채취

26) 위의 책, 377쪽. 1891년 대일수출은 3,219,887달러였지만, 대청수출은 136,464달러에 지나지 않았다.

노동자들이 농업으로 되돌아갔기 때문이다. 농민의 소비생활에도 커다란 변화가 찾아와 한촌벽읍의 牧童樵夫라도 수입 직물로 옷을 해 입을 정도였고, 흉년에는 값싼 寒冷紗가, 풍년에는 그보다 비싼 金巾이 더 잘 팔렸다. 농민들의 구매력도 풍흉작이 결정하던 대외무역 경기변동에 영향받았던 것이다.

1890, 91년 조선의 쌀 생산량의 10% 이상이 수출되었다는 점으로 미루어,[27] 미곡의 이출로 종자도 구하기도 힘들다는 말이[28] 결코 과장이 아니었음을 알 수 있다. 또한 미곡의 수출은 이전부터 진행되어 오던 농민분화를 더욱 촉진하였다. 이 시기에 지주경영은 새로운 전기를 맞고 있는 모습이 아주 뚜렷하게 나타난다.[29] 대일수출로 쌀값이 높게 상승하였기 때문에, 지주들은 무엇보다 지대 수입을 높이기 위해서 소작지 이동과 소작료 인상 등 소작 조건을 악화시켰다. 지주의 자의적인 소작지 이동은 소작인 사이에 소작지 획득 경쟁을 불러일으켰고, 이로 말미암아 조선후기 이래 전개된 인구증가에 따른 차지(借地)경쟁이 더욱 격심해졌다. 소작인은 열악한 소작 조건 아래에서도 소작지를 얻기 위해서 과다한 소작료 수탈을 감수하여야 하였다. 그에 따라 노동력의 다투하 등으로 토지생산력은 높아졌다. 지주는 그 틈을 타서 조세 등 제반 부담은 물론이며 흉년에 따른 손실마저도 소작인에게 전가하였다. 또한 주로 소작인을 상대로 운영되던 고리대가 성행하였는데, 복리로 계산해서 고율의 이자를 받았다. 지주들은 단순히 미곡매출

27) 韓沽劤, 앞의 책, 277쪽. 조선 전체의 쌀 생산량이 대략 7,8백만 석 정도 되었다고 한다.

28) 都漢基, 『管軒集』 권18, 對三政策 癸巳. "近年異方來貿 穀出他境 故所農穀乃有不足之歎矣"

29) 김용섭, 1972, 「한말·일제하의 지주제」『東亞文化』 11 ; 홍성찬, 1981, 「한말·일제하의 지주제 연구」『韓國史硏究』 33.

만 하였던 것이 아니라 농산물과 가공품을 매입하였다가 시세 차익을 얻는 상업 활동도 겸하였고, 이렇게 해서 얻은 수익은 토지를 사는 데 재투입되었다.

많은 사람들이 토지매입에 나섰기 때문에 개항 이후 토지가격은 가파르게 상승하였다. 전라도 나주 지방의 사례 연구에[30] 따르면, 1876년 3천7백 량짜리 토지가 1893년에는 1만8천 량으로 치솟았다. 물론 그 사이에 극심한 인플레이션과 제반 물가상승이 일어난 것을 감안한다고 하여도 대폭적인 가격상승이라고 하지 않을 수 없다. 그만큼 지주제 농업경영의 수익이 높았음을 의미한다. 이 결과 이른바 '토지겸병' 폐단이 발생하였다.[31] 기민한 경제활동 덕분에 새로운 지주로 성공하는 자들도 나왔다. 일제하 조선인 대지주계급은 대체로 1890년대와 1900년대 시기에 100정보 이상의 대지주로 성장하였다.[32] 이들 가운데는 농업경영을 철저하게 한 경우도 있지만, 다수는 개항장 부군에서의 상업 활동을 통해서 얻은 수익을 토지매입에 투입함으로써 대지주가 되었다. 따라서 개항 이후 지주제는 미곡수출과 상품화폐경제의 발달에 힘입어 오히려 강화되고 있었다고 할 수 있다.

현재까지 연구로서는 조선농촌사회의 극단적인 계층분화의 원인과 변화를 정확히 밝히기 어렵지만, 대다수 농민은 약소한 토지를 경작하던 영세 소작인이었다. 특히 경작할 토지가 아예 없거나 있어도 생계유지에는 턱없이 부족한 극빈민과 빈농의 존재는 광범

30) 김용섭, 1976, 「한말・일제하 지주제－사례3나주 이씨가의 지주로서의 성장과 농업경영」『진단학보』 42, 진단학회.
31) 『柏谷誌』(1990, 『慶尙史學』 6, 경상대 사학과), 211쪽. "時(많은 사람들이 동학에 몰려 들어갈 때－인용자) 富人兼幷特甚 稱息盛行 貧民之終歲勞苦 不過富人使令"
32) 장시원, 1984, 「식민지하 조선인대지주 범주에 관한 연구」『經濟史學』 7, 199～220쪽.

위하였다. 1890년대 전반 전라도 구례군 토지면의 사례와[33] 1915년 전라남도 화순군 동복면의 사례를[34] 참조하여 그런 농가 호수의 비율을 추정한다면, 전체 농가의 50%에 육박한다. 1888년 흉년으로 발생한 기민을 맡아 진휼할 수 있을 만큼 넉넉하였던, 경상도 자인현의 가계조사서라고 할 수 있는 戶布冊子에 1, 2등급으로 등재된 호수는 387호로 전체 가호수의 11%에 지나지 않았고, 풍흉에 관계없이 진휼 대상이 되었던 5등급과 적에도 오르지 못하는 籍外戶과 같은 극빈민도 27%에 달하는 것으로 추산되었다.[35] 이와 같이 엄청나게 많은 하층농민의 존재는 기본적으로 조선 사회의 역사적 발전에서 비롯된 결과이지만, 개항 이후 미곡의 대일수출과 상품화폐경제의 발달로 이와 같은 하층농민은 크게 발생하였다.

하층농민은 추수기에도 양식 걱정을 하고, 보리 수확기가 오기 전에 벌써 초근목피로 생계를 유지하여야 하였다. 일년 내내 양식 걱정을 하지 않아도 되던 농민층은 극소수의 상층농민밖에 없었고, 중층농민도 보리고개를 겨우 넘긴 다음에 보리를 수확해서 생계를 이어갈 수 있었다. 특히 거의 항상적으로 생존의 위기에 처하였던 하층농민, 그 중에서도 극빈민들은 처지에 따라서 농민, 머슴, 일고, 상인, 막일꾼, 하인, 걸인, 심지어 도적으로 나타나기도 하였다. 농사철에는 현물이든 돈이든 대가를 받으며 농사일을 하였고, 농한기에는 짚신삼기, 연료채취, 이엉엮기, 심부름 등과 같은 잡다한 노동을 하였다. 아니면 구걸이라도 불사하여야 하였던 것이 이들의 형편이었다. 만약 흉년 등 특별한 사정이라도 생기면, 이런

33) 박석두, 1996, 『한말-일제초 농촌사회구조와 사회조직에 관한 연구』, 농촌경제연구원.

34) 홍성찬, 1992, 『韓國近代 農村社會의 變動과 地主層』, 지식산업사.

35) 졸고, 1985, 「조선말 농업임금노동연구 시론」 『청계사학』 2, 청계사학회.

생활도 어려웠기 때문에 행상이나 막일꾼이 되어 객지를 떠돌아야 하였다. 이처럼 광범위한 하층농민의 존재는 정치사회적 불안요소가 될 수밖에 없었다.

대일미곡수출의 호경기는 1892년의 흉년으로 갑자기 끝나기 시작하였다. 이해 봄부터 나타난 가뭄의 기색에 놀란 농민들이 미곡을 매출하지 않았고, 가격이 더 오를 것으로 기대한 상인과 부유한 농민들도 역시 그러했기 때문에 미곡의 가격은 오를 수밖에 없었다. 그렇게 되자, 식료품을 비롯한 생활 필수품을 거의 시장에서 구입하다시피 하던 도시와 농촌의 빈민들의 생활은 더욱 어려워졌다. 설상가상으로 정부가 악화를 발행함으로써 물가는 폭발적으로 등귀하였고, 조선왕조가 멸망한다는 讖言이 돌아 대외무역까지 영향을 미쳤다. 결국 이런 단기간의 호경기에 따른 불경기는 지주에게는 호기였으나, 빈민에게는 큰 고통을 안겨주었다. 이 시기에 동학이 폭발적으로 교세를 확대하고, 정치적 활동을 공공연히 개시하였던 데에는 이와 같은 경제적 위기가 있었던 것이다.

4. 자연재해의 영향

전근대사회의 농업은 거의 자연조건에 의존하였다고 할 수 있다. 따라서 자연조건에 따라 풍흉이 결정되고, 또한 그 영향은 농업에만 국한되는 것이 아니라, 경제 전반에 걸쳤고, 정치와 사회 등 여타의 부문도 그 영향의 사정권 밖에 있지 못하였다. 그렇기 때문에 사회변동이나 동학농민전쟁 연구에서도 이점을 더욱 중시하여야 된다고 생각한다.

19세기 말 조선사회의 파국적 국면도 부분적으로는 연속적인 자연재해에 따른 흉년에서 비롯되었다고 할 수 있다. 자연재해가 몰고 온 흉년, 곧 경제적 위기는 농민생활뿐 아니라 국가재정에도 큰 타격을 주었다. 앞에서 살펴본 바와 같이 당시 조선정부는 지배체제의 붕괴와 근대국가의 건설과 같은 역사적 과제에 직면하고 있었으므로 재정 수요의 급증에 당면하고 있었다. 결국 악화 남발과 조세 가징밖에 재정난 타개 방법이 없었고, 그것은 경제적 모순과 흉년에 생존의 위협을 당하던 농민의 불만과 반발을 고조시켜 강력한 조세저항을 불러일으켰다.

개항 이후 전쟁이 일어났던 때까지 발생한 자연재해와 풍흉을 경상도 고성지방을 중심으로 살펴본 결과,[36] 거의 매해 자연재해가 찾아오고 연속적으로 흉년으로 들었음을 확인할 수 있었다. 또한 경상도 서북부 지방도 그 피해에서 벗어나지는 못하였다.[37] 1876년 개항 당년에는 병자흉년이라고 하여 봄과 여름 내내 가뭄이 계속되었고, 서리까지 일찍 내려 경기도와 삼남지방이 혹독한 피해를 입었다. 다음해에도 가뭄이 들어 전해의 기근과 전염병에서 헤어나지 못한 각도의 주민을 강타하였다. 이 흉년은 1860년 경신흉년 이후 가장 큰 것이었고, 또한 그 이후 연속된 흉년의 전주였다. 큰 흉년만 들어본다고 하여도, 1882년, 1885년, 1888년, 그리고 1892년 연속이었다. 더욱이 전쟁이 일어나기 직전인 1893년과 일어나던 해인 1894년도 흉년이었다. 진주에서 봉기한 동학농민군의 격문도 "14,5년 간의 흉년을 거친 뒤, 또 77일간의 대가뭄을 만났습니다. 그런 가운데도 온갖 폐단이 발생하고 있으니, 아 우리 백성들이여! 어찌 살아갈 수 있을 것인가"하고 한탄하였다.

36) 졸고, 앞의 논문.

37) 경상도 金山의 경우에도, 76년, 81년, 83년, 84년, 87년, 88년, 92년, 93년, 94년에 흉년이 들었다고 한다(신영우, 1991, 「甲午農民戰爭과 嶺南保守勢力의 對應」, 연세대 박사학위논문, 50~58쪽 참조).

전근대사회에서는 자연재해에 따른 흉년은 일상적인 것이라고 할 수 있었지만, 이렇게 연속된 흉년은 농민의 회복력을 고갈시켜 버렸다. 그렇기 때문에 그 엄청난 타격은 사회 각 부분으로 전파되었다. 농민의 생존을 위협함은 물론 국가의 재정과 무역까지도 큰 영향을 주었다. 흉년에 의하여 초래된 경제적 위기는 그 자체로 끝나는 것이 아니라 사회적, 정치적인 위기를 동반하였다. 민란에 관련된 연대기 사료를 충실하게 수합한 한 연구에[38] 따르면, 풍년이 들었던 1890년과 그 다음해에 발생한 민란은 4건밖에 되지 않던 반면, 1888, 89년에는 11건, 그리고 1892년 한 해 동안에 무려 12건이나 된다. 결국 연속된 흉년은 사회적 모순을 심화시키고 폭발시키는 뇌관이 되었던 것이다.

1893년 여름에는 많은 비가 내려 누구나 흉작을 예상하였다. 따라서 정부는 10월 하순부터 방곡령을 실시하기로 결정하였다.[39] 쌀값도 벌써 두 배나 올라 버렸다.[40] 미국대리공사 알렌은 이런 결과 궁핍이 초래되었고, 이것은 동학에 의하여 고조되고 있다고 지적하였다. 그리고 이러한 고통은 쌀을 수출하는 외국인 때문이라는 비난이 일어난다고 하였다. 알렌은 "의심할 것도 없이" 이해 겨울에 커다란 말썽이 발생할 것이라고 예견하였다. 조선 사정에 아주 정통한 부산주재 일본 총영사도 역시 전반적인 기근 상태라고 보고하였다.[41]

38) 韓沽劤, 1971, 『東學亂 起因에 관한 硏究』, 서울대 출판부, 76~78쪽.
39) 『五道九都關草』(1992, 『各司謄錄』 63, 국사편찬위원회, 139~140쪽), 1893년 9월 10일, 10월 1일조.
40) Spencer, Palmer, 앞의 책, NO.457, 318쪽.
41) 『駐韓日本公使館記錄』 2, 室田領事의 貴國과 卑見上申, 86~87쪽.

Ⅱ. 제1차 동학농민전쟁의 전개

1. 전라도 동학의 기포

고부민요가 3월 13일경 완전히 해산되기 이전인 2월 말부터 이미 금구 원평에 동학교도들이 둔취하고 있다는 소문이 돌았다.42) 이들은 전봉준이 2월 22,3일경 각지의 동학교도들에게 보낸 기포 격문에 호응한 동학교도들이 틀림없으며, 동학과 무관한 취중은 아니었다. 또 3월 상순에 이미 3천 명에 이르렀다는 것은 이들이 일정한 약속에 따라 다른 곳에서 온 사람들임을 의미한다. 즉 그 지역에 거주하는 농민의 집단이 아니라 구심체가 있는 특정한 조직과 긴밀한 연락망 아래 있었던 사람들이 약속 장소에 모인 것이다. 고부라는 다른 군의 일 때문에 금구현의 주민들이 모일 까닭은 애초부터 없었다. 그럴 수 있을 정도로 농민층의 의식적 자각과 조직적 기반이 있었던 것은 아니다. 이들의 집결지인 금구 원평은 널리 알려진 바와 같이 전봉준의 개인적 생애와 동학 지도자로서의 활동에서 아주 중요한 곳이었다. 예를 들어, 전봉준이 역사상 그 모습을 최초로 드러낸 것도 작년에 열린 금구집회였다. 그리고 이 지역은 전라도에서 동학 신앙이 가장 성하였던 곳의 하나이기도 하였다.43) 따라서

---

42) 『駐韓日本公使館記錄』 1, 경제21호, 38쪽. 고부민요의 해산 이후 전봉준 등이 茂長으로 가서 봉기하고 전주까지 진출하는 과정은 愼鏞廈의 「甲午農民戰爭의 제1차 農民戰爭」(1993, 『東學과 甲午農民戰爭硏究』, 일조각, 111~114쪽)와 鄭昌烈의 『甲午農民戰爭』(연세대 박사학위논문, 1989), 127~158면 참조.

43) 『天道敎會史 草稿』에 따르면, 1891년 최시형은 부안·고부·태인·원평 등 이 지역을 순방하였고, 김낙삼·김개남·김덕명과 같은 주요한

이들은 이전부터 전봉준과 함께 신원운동을 전개하였던 적이 있던 동학교도들로서, 이곳에 토착하며 강대한 세력을 유지하고 있던 대접주 김덕명 포나 고부민요에 참가하였던 최경선 포, 혹은 역시 유력한 지도자이며 지리적으로 가까운 태인 김개남 포에 소속된 이 지역 일대의 교도가 다수였을 것이다. 또한 3월 23일경 그 모습을 드러낸 금산의 취회도 폐정개혁을 요구하라는 東徒所의 통문을 받고 집결한 동학교도들의 모임이었다.[44] 그렇기 때문에 금산현의 주민과 보부상의 습격을 받아 많은 교도들이 사상당하였던 것이다. 전라도 지역만이 아니라 조금 늦은 시기에 이루어진 충청도 각지의 취회도 역시 동학교도들에 의한 것이었다.

그런데 당시의 일부 정부관리들은 수령들의 가렴주구에 저항하는 난민들이 먼저 일어났고, 동학교도가 이런 사세를 틈타 봉기에 가담하였다는 견해를 내놓고 있다.[45] 그렇다고 이러한 기록이나 주장이 절대적 진실을 담고 있다고 간단하게 생각할 수는 없다. 이러한 기록들은 어떤 배경에서 나온 것이며, 또한 연구자들은 이것

동학 지도자와 만났다는 사실로 미루어 전라도에서도 이 지역의 비중을 가늠할 수 있다. 신원운동도 바로 삼례와 원평에서 열렸다는 점에서 동학과 이 지역이 깊은 관련이 있음을 알 수 있다.

44) 『日省錄』, 1894년 3월 23일조.

45) 高宗과 좌의정 趙秉世는 "彼類"의 봉기 원인을 수령들의 탐학에서 찾았다는 점에서는 일치하였지만, 鄭範朝는 東黨匪類가 乘時合勢하여 이렇게 심각하게 되었다는 의견을 개진하였다(『日省錄』, 1894년 4월 4일조) ; 기본적 자료들은 다음 논문에 잘 정리되어 있다(鄭昌烈, 앞의 책, 177~181쪽). 그런데 이 문제에 대하여 조정의 파악은 이후 "민란에 동비가 편승함으로써 확대된 민란으로 되었다는 것이 대세였다."고 하나, 이 주장은 확실한 근거를 갖고 있지 못한 듯하다. 아마 동학 지도자와 협종을 분리시켜 봉기를 분쇄하겠다는 정부의 일관된 전술을 기초로 하여 이런 견해가 나온 듯하지만, 이 전술이 민란에 동학이 편승하였다는 판단 자체를 사실적으로 뒷받침하는 것은 아니라고 본다.

을 어떻게 해석하여야 하는 점은 대단히 중요하다. 예를 들어, 세도 외척이었던 민영준 같은 자는 탐관오리의 존재를 철저히 부정하며, 동학교도는 모두 반란민이고 죄 지은 망명자이기 때문에 죽여야 한다는 억지를 부리기도 하였다.[46] 반면 민영준과는 정치적 적수였던 대원군은 전쟁과 동학의 관계를 철저히 부정하며 민씨척족들의 하수인인 수령들의 탐학이 봉기의 원인이 되었다고 민씨척족들에게 은근히 책임을 집중시키는 발언을 하였다.[47] 아니면 박주대처럼 봉기 지역에서 멀리 떨어진 곳에 살던 자들은 진위가 확실하지도 않은 소문을 그대로 옮기기도 하였다.[48] 황현은 동학이 보국안민을 외치며 탐관오리를 용서하지 않는다고 하자, 이에 백성들이 호응하여 열흘도 안 되어 전라북도 연해 10여 읍이 일시에 봉기하였고, 이때부터 동학과 '난민'이 합하였다고 하였다.[49] 이런 황현의 견해는 동학이 주도적인 역할을 하였고, 농민들도 곧바로 동학의 투쟁에 동참하였다는 것이지만, 과연 전쟁의 초기 단계부터 농민들이 적극 참여하였는가는 의문이 많다. 이렇게 당시인들은 제각각의 시각과 입장에서 동학농민전쟁의 주도세력과 원인을 파악하였던 것이다.

민란이 일어나자 동학이 승세하였다는 의견을 가진 자들은 시대적 모순과 그 심각함, 즉 자신들 지배체제의 붕괴를 잘 알았으므로 농민들의 강력한 저항을 이미 예측하고 있었다. 그때 마침 전쟁이

46) 『駐韓日本公使館記錄』 2, 기밀 제66호 본45, 148~149쪽.

47) 『駐韓日本公使館記錄』 1, 발제44호, 2쪽.

48) 朴周大, 『羅岩隨錄』, 369쪽. "三月 湖南民亂 始自歲初 去益猖獗 東學黨肅聚合勢". 그러나 박주대가 쓴 다른 이름의 일기인 『渚上日月』 上, 178쪽의 3월 18일, 4월 8일, 4월 10일기사는 명백히 동학농민군의 활동인 것을 民亂로 적고 있는 것을 보면, 사태를 정확히 알지 못했던 것이 분명하다.

49) 『梧下記聞』, 제1필 25쪽.

발발하자 이러한 평소의 근심과 예상으로 사태를 속단하였던 것이다. 이들의 피상적인 관찰이나 근거가 부족한 억단만 가지고는 전쟁에서 차지하는 동학의 중요성이 제대로 밝혀질 수는 없다. 더구나 양반지배층들은 동학을 단지 사도 정도로만 인식하고, 일반 민중을 유교적 가치와 질서에 순종만 하는 우민으로 간주하는 오만하고 어리석은 태도를 벗지 못하였다. 그러니까 어리석은 양민들이 사도인 동학의 꼬임에 빠져 이와 같은 큰일을 저질렀다고 쉽게 생각하였던 것이다.

동학교도가 한편으로 기포하며 동참을 호소하자, 농민들이 이에 호응하여 가담하였을 것이다. 과연 어느 정도의 농민들이 전쟁에 참가하였는지 정확하게 알 수 없지만, 적어도 제1차 기포 때에만 하여도 그 숫자나 비중에서 본래의 동학교도를 압도하지는 못하였을 것이다. 이런 경우 농민들을 동학과 분리시켜 그들의 의식과 이해를 독자적인 것으로 파악하고, 동학의 의미를 축소시키려고 하는 것은 그다지 타당하지 못하다. 왜냐하면, 그들도 동학의 조직 안으로 포섭되지 않았다면, 관리와 정부군을 상대로 싸울 수는 없었다.

전쟁의 발발이 동학교도에 의하여 주도되었음을 말하는 현지 관리들의 수많은 보고들을 자신들이 저지른 실정의 책임을 회피하기 위한 것으로 단순히 이해하는 것은 타당하지 않다. 이런 해석을 따른다면, 동학이 전쟁의 주체라는 주장은 그 자료적 근거를 상당 부분 상실하는 것이다. 일단 이러한 보고를 올렸던 관리들은 모두 탐학관리로서 자신들의 죄상을 감추기 위하여 전쟁의 주체를 동학에 돌렸다고 가정하자. 그렇다면 이 시기 다른 지방관과는 달리 어느 정도 명망이 있어[50] 조필영 대신에 호남전운사로 차하되었던 순창

---

50) 위의 책, 제2필 42쪽.

군수 이성렬이[51] 파악한 전쟁의 주체와 경과는 잘못된 것인가? 그는 "東匪"들이 "부적과 참언으로 사람을 유인하고, 소리쳐 당을 모으고, 왜양을 물리친다고 거짓으로 이름하고 수령의 탐학을 허물로 잡는 것이 하루아침에 만들어진 연고가 아니기" 때문에 관찰사를 신중하게 고르고, 탐학한 수령을 징치하고, 징세의 폐를 교정한 연후에야 "我衆民"의 마음을 위안할 수 있다고 하였다.[52] 이것은 전쟁의 주체는 동학교도들이며, 또한 전쟁의 원인은 수령의 탐학과 징세의 폐단이라는 것이다. 다시 말하여 모든 백성들이 수령의 탐학과 조세의 폐단에 고통을 받고 있으며, 이에 대하여 동학교도들이 그 시정을 지속적으로 요구하였다는 지적이다. 이러한 이성렬의 파악은 정곡을 찔렀다고 생각된다.

이처럼 당시의 관찰자들의 주장을 근거로 삼는 것 외에도, 동학농민군의 인적인 구성과 숫자를 살펴 봉기를 주도한 세력은 동학교도가 아니라 순수 농민층이었다는 주장이 널리 호응을 받고 있다. 이 견해는 일찍이 김용섭에 의하여 제시되었다. 그 주장의 주된 근거인 『전봉준공초』에서 뽑은 사료를 검토해 보자.[53]

① 問 : 古阜起包時의 東學이 多하냐 寃民이 多하냐
供 : 起包時의 寃民이 東學에 合하얏사온 東學은 小하고 寃民은 多하니라

② 問 : 汝가 起包時所率은 皆是東學이냐
供 : 所謂接主는 皆是東學이요 其餘率下는 忠義之士라 稱함이 居多라

51) 『日省錄』, 1894년 5월 13일조.

52) 『東匪討錄』(1976, 『韓國學報』 3, 일지사, 240~241쪽). 이 글은 이승렬이 민영준에게 보낸 것이라고 한다(『駐韓日本公使館記錄』 1, 발제97호 부산총영사, 16쪽).

53) 『全琫準供草』(1994, 『東學關係判決文集』 所收, 총무처 정부기록보존소), 8쪽.

각 문답에 필자가 번호를 임의로 붙였는데, ①은 고부민요 때의 것이고, ②는 제2차 기포 때의 것이다. 김용섭은 ①의 사료를 근거로 동학농민전쟁 참가자의 구성에서 동학교도가 원민인 농민보다 수적으로 적었다고 한다. 그러나 고부민요는 아직은 전형적인 民亂의 범주를 벗어나지 못한 국지적인 조세저항이었기 때문에, 그 참가자의 대다수는 당연히 향촌주민일 수밖에 없었다. 이 고부민요가 향촌주민들의 이탈로 말미암아 해산되는 과정부터 동학교도들이 전면적인 투쟁, 동학농민전쟁으로 돌입하였던 것이다. 김용섭은 고부민요를 본격적인 농민전쟁의 출발로 인식하고 있었기 때문에 이와 같이 이해하였던 것이 아닌가 한다. 설사 동학교로가 원민보다 수가 적었다고 하더라도, 주도권은 동학에게 있었다. 이어서 ②의 사료를 통해서는 기포민을 지도하고 있는 접주는 동학교도이지만, 그 아래의 충의지사는 다름 아닌 원민, 즉 농민이라고 한다. 그런데 제2차 봉기 때의 상황과 동학농민군의 구성 및 성격에 대하여는 새롭게 이해할 필요가 있으며, 그런 후에 이 사료의 의미를 재해석하여야 한다고 생각한다. 따라서 여기에서는 "忠義之士"란 표현을 비동학교도로 해석하는 것은 잘못이라는 점만 지적하겠다. 만약 이 해석대로라면, 적어도 만 명 이상되었던 전봉준 휘하 동학농민군 가운데 동학교도는 많아야 몇 백명밖에 되지 않았다는 말이다. 또한 충의지사란 표현은 제 2차 기포가 일본을 격퇴하려는 민족주의의 발로라는 점을 강조한 것이다.

또 하나의 의문은 동학교도들이 신원운동에서처럼 최제우의 신원이나 신앙의 자유를 내걸지 않았다는 점일 수 있다. 종교적 요구가 밖으로 표출되지 않았다는 사실은 봉기와 동학이 전혀 무관하다는 주장을 낳을 수도 있을 것이다. 그런데 여기에서 보은취회에서 신원에 대하여는 전혀 언급하지도 않고, 단지 척왜양만 외쳤던 사실이 연상된다. 이런 목표는 자신들의 무력 투쟁이 성공한다면 일거에 해결될 수 있는 것이었다. 이들에게 더욱 절실하고 중요한 문제는 인간이 인간다운 삶을 살 수 있는 기본적인 조건이었다. 그렇기 때문에 이들의 요구와 목표는 다른 농민들의 것과 차이가 전혀 나타나지 않았다. 만약 신원이나 신앙의 자유와 같은 좁은 범위의 종교적 동기에서 투쟁을 결정하였다면, 동학농민전쟁과 같은 광범위하고 대대적인 무력 투쟁은 일어나지 않았을 것이다. 그렇다고 동학이 추구하는 새로운 세계와 삶이란 종교적 이상을 포기한 것은 아니었다. 달리 말하면 그것을 실현시키기 위한 고난이 바로 전쟁이었던 것이다.

동학교도들도 대다수가 농민 내지는 농촌주민의 범주에 들어가는 사람들이었다.[54] 이들이라고 생업이 없었을 리는 없다. 그런데 단지 동학교도라는 이유로 이들을 농민층에서 제외해서는 안 된다. 다른 백성과 마찬가지로 수령에게 침학당하고 무거운 세금에 고통을 받던 농민이었다. 오히려 이들은 동학교도였기 때문에 더욱 관리와 토호에게 핍박당하였다. 물론 시대적 모순에 대한 인식과 이상적인 세계에 대한 신념도 동학을 신앙함으로써 날카롭고 강렬했다고 생각된다. 동학농민군이 내건 "輔國安民"의 기치도 바로 최제우가 동학을 창도한 궁극적인 목적이었다.[55] 이런 까닭에서 동학교도들은 자신의 모든 것을 희생하면서 투쟁에 참여할 수

54) 『駐韓日本公使館記錄』 3, 임서제46호, 213쪽. 해산하지 않고 소란을 피우는 동학농민군을 해산시키기 위한 5월 20일경 興德에 붙은 東學의 布告에서도 "稱以道人 不務農業 煽動人心"이라고 하여 본업이 농업임을 스스로 말하고 있다.

55) 函南逸人, 1894, 『甲午朝鮮內亂始末』, 명치 27년, 15~16쪽. 동학농민군들은 이때 7척 정도되는 金巾과 5척 정도되는 木棉으로 만든 깃발에 "輔國安民" 등의 구호를 크게 썼다. 그리고 愛撫降者 등 12개조의 군율도 깃발에 써 가지고 다녔다.

있었다. 그들은 기포 중에 민간에게 폐를 끼쳐서는 안 된다는 엄정한 군율만 지켰던 것이 아니라 담배를 피우고 주색을 탐닉하면 엄벌에 처하는[56] 일종의 종교적 금욕을 지켰다. 만일 전쟁을 일으키고 확대시킨 이들이 동학과는 무관한 농민이었다면, 그들이 어떻게 전국적 무력 투쟁에 동원될 수 있었는지 그 구체적 계기와 경위에 대한 설명과 실례가 필요하다. 또한 동학교도의 경제적 지위는 무엇이며, 전쟁의 참여와는 어떤 관계를 맺는가를 분명히 밝혀야 할 것이다. 고통받던 농민층이 경제적 모순을 해결하기 위하여 무력 봉기를 일으켰다는 설명은 너무 막연하고 추상적이므로 설득력이 별로 없다고 본다. 중요한 것은 구조적인 차원과 개인적인 차원이 어떻게 연결되느냐, 경작농민이 어떤 이유와 계기로 투쟁에 나서게 되었느냐 하는 점이다. 간단히 말하여, 동학교도도 경제적 이해와 정치적 지향을 가지고 있던 농민으로 파악하여야 하며, 굳이 동학이라는 종교적 요소를 전쟁에서 배제하려고 할 필요는 없는 것이다.

만일 일반 농민이 전쟁의 주체라고 한다면, 동학은 전쟁의 주체나 핵심이 아니고, 계급적 이해 때문에 봉기한 농민들의 추종세력 내지는 자신들에게 유리한 기회에 편승한 동조자들에 불과할 뿐이다. 그러나 위의 간단한 검토를 통하여 알 수 있듯이, 이렇게 쉽게 단정해도 괜찮을 만큼 이런 주장이 사료적 논리적으로 완벽한 것은 아니다. 이 문제를 해결하기 위한 첫걸음은 전쟁의 초기 과정을 자세히 살펴보는 것이다. 이 실증 작업을 통하여 동학교도들이 주체가 되어 전쟁을 준비하고 개시하였다는 사실을 알 수 있을 것이다.

맨 앞에서 언급한 바와 같이 원평에 모인 동학교도의 숫자는 이미 3월 12일경에 이르러서는 3천 명에 달하였다.[57] 고부민요가 해

56) 위의 책, 29쪽.

체되기 시작하던 시점에서 전봉준이 각지에 보낸 격문에 호응하여 20일도 채 되지 않은 기간에 이렇게 많은 동학교도들이 집결하였다는 사실은 새로운 이상세계의 도래가 널리 유포되었던 이전의 신원운동의 열기를 연상케 한다. 뿐만 아니라 위험한 투쟁의 길에 나선 이들은 오래 전부터 국가적 차원에서 폐정개혁이 실시되어야 한다는 뚜렷한 의식과 절박한 심정을 가지고 있었음을 엿볼 수 있다. 혹은 조선왕조를 무너트려야 한다고 다짐하던 자들도 있었을 것이다. 고부민요에서 향촌주민들의 이탈로 곤경에 처한 전봉준이 폐정개혁을 위한 전국적 투쟁을 촉구하는 격문을 보낼 수 있던 배경에는 이와 같이 투쟁에 즉각 동원 가능한 교도들이 있었던 것이다.

이들은 이때 원평에서 전봉준을 '대장'으로 추대하며 조선왕조에 대한 무력적 저항을 선언하였다. 참가자 3천명 가운데 반수 정도는 총기, 그 나머지는 도검과 창 등으로 무장하였다고 한다. 총기를 1천 5백 명이나 소지하였다는 목격담은 비록 그들이 총기를 얻기 위하여 사냥꾼들을 유인하는 등 여러 가지 방책을 구사하고, 종전의 민중투쟁에서는 결코 볼 수 없었던 강한 무력을 갖추었다고 하더라도, 그대로 신뢰하기는 힘들다. 이런 숫자의 총기가 민간에 널려 있었다거나, 쉽게 수집되었을 가능성은 별로 없었다고 보는 편이 타당할 것이다. 그리고 이들은 머리와 허리에는 황색 띠를 두르고, 큰 오색기를 세우고 지휘자의 지휘 아래 대오를 갖춰 진군하였다. 이처럼 결코 적다고 할 수 없는 3천 명의 동학교도들이 전봉준을 대장으로 추대하고, 무장을 단단히 하고, 군대식 편제를 하였다는 사실은 이 시기에 원평에서 동학농민전쟁을 수행해 나갔던 강력한 무력집단, 즉 동학농민군이 창설되었다는 것을 시사한다. 그러나 이것이 오지영의 『동학사』에[58] 상세히 밝혀 놓은 것처럼

57) 『駐韓日本公使館記錄』 1, 경제23호, 42쪽.

대장을 비롯하여 총관령·참모·영솔장·비서·기타 장령 등 엄격한 군령 수행과 역할 분담을 전제로 하는 지휘체계와 편제인지는 불분명하다. 오지영의 기록대로 이러한 체계와 편제가 3월 25일 고부 백산대회에서 이루어졌더라도, 그 모체는 이미 원평에서 형성되었다고 할 수 있다.

3월 11, 12일경 원평의 동학농민군은 태인을 거쳐 부안으로 향하였다. 3월 22일 전라감영에 접수된 무장현감의 보고에 따르면,[59] 3월 16일 이전에 무장현 동음치면 당산에 백여 명 정도의 동학교도들이 모이기 시작하더니 16일과 18일 사이에 사방에서 몰려들어 천여 명에 이르렀고, 이후 수천 명에 달하였다고 한다. 무장에 둔취한 며칠 동안에 이들은 죽창을 만들고, 민가의 조총과 농기구 등을 거두어 무장을 하였다. 또한 동학을 훼상하고 교도들을 핍박한 자들에게 보복하였으며, 미곡이출을 거들고 있던 자의 집을 습격하기도 하였다.

드디어 동학농민군들은 3월 20일 茂長에서 동학농민전쟁의 개시를 세상에 널리 알리는 포고문을 발표하였다.[60] 이렇게 전쟁의

---

58) 『東學史』, 111~114쪽.

59) 『隨錄』, 3월 27일 啓草.

60) 愼鏞廈, 앞의 논문, 111~114쪽 ; 그런데 『東學史』에는 倡義文이라고 되어 있고, 밑에 갑오 정월이라는 선포 일자와 호남창의소 전봉준, 손화중, 김개남의 이름이 적혀 있지만, 다른 자료에서는 布告文이란 제목이 붙었고, 밑부분에도 일자나 이름은 나와 있지 않다. 다만 영국공사관 자료에만 The Place of Righteousness(義所)라고 되어 있다(朴日根, 앞의 책, Inclosure 5 in NO. 65, 33~34쪽). 그런데 柳永益은 이 茂長 布告文을 "조선왕조의 정치질서 나아가 그의 밑바탕이 되는 모든 도덕적 원리와 사회조직을 保守할 것을 당연시 한 慕華主義的 유교지식인의 작품"이라고 한다(1994, 「全琫準 義擧論」『李基白先生古稀紀念 韓國史學論叢』 下, 일조각. 이 논문은 The Journal of Korean Studies 1990, 「University of Southern California」 7, 149~30쪽을 번역, 수정, 보완한 것이다).

포문을 여는 포고문의 선포가 무장에서 이루어졌다는 사실로 미루어 동학농민군의 지휘체제와 부대편제가 백산에서 확립되었다는 『동학사』의 기록은 잘못된 것이다. 전장으로 출진하면서 지휘체계와 부대편성을 하지 않았을 리가 없을 것이며, 동학농민군은 원평에서 무장으로 이동해 올 때, 벌써 어느 정도 군대의 체제와 편제가 잡혀 있었다. 또한 이곳에서 기포를 선언하면서 단지 포고문만을 읽지는 않았을 것이다. 특히 이들이 동학이라는 종교의 신자집단이기 때문에 무력 봉기의 성공을 기원하는 종교적 성격을 띤 거창한 기포식이 반드시 행해졌을 것이다.[61] 그러므로 동학농민군의 지휘체계와 부대편제는 벌써 만들어졌다고 생각하여야 한다.[62] 포접별로 부대를 편성하고, 접주들이 지휘자가 된다는 것은 그다지 어렵지 않은 것이고, 신원운동 때에 이와 유사한 조직을 갖추었던 경험도 있었다. 23일 고부로 진격하던 동학농민군을 목격한 한 일본인의 묘사는 이들이 지휘계통이나 부대편제는 물론이고, 오색

---

61) 1869년 민회행의 광양병란, 1871년 이필제의 영해병란 등 소규모의 병란에서도 이러한 의식이 치러졌다.

62) 『東學史』에 따르면, 전봉준이 대장이 되고 손화중과 김개남이 총관령이 되었다. 그외에 최경선 등이 되었다. 백산대회는 총 8천 명 정도가 참가하였다고 하지만, 그렇게 많지는 않았다. 이 숫자에는 아마 본거지에서 활동하던 세력들이나, 또 후에 참가한 자들도 여기에 포함되었을 것이다. 『隨錄』의 二四日到付興德縣公兄文狀에 의하면, 무장을 떠난 동학농민군들은 경유지인 흥덕으로 미리 사람을 보내 3천 5백 명분의 저녁밥을 준비하도록 한 것으로 보아, 이 숫자가 비교적 정확한 것 같다. 그러나 정읍쪽으로 간 부대의 규모는 알 수 없다. 그런데 원평을 거점으로 강력한 포접을 유지하였고, 그의 연비들이 동학농민군에 많이 참여하였던 대접주 김덕명이 어떤 사정인지 지휘부에서 보이지 않고 있다. 또 남접의 우두머리로 불렸던 서인주도 모습을 찾을 수 없다. 동학교단과 교도 사이에서 전봉준보다는 확실히 우월한 지위에 있었던 이들이 제1차 전쟁은 물론 제2차 전쟁에서도 공식적 지위가 보이지 않는다는 사실은 특이하다.

깃발의 신호에 따라 진퇴를 하는 훈련된 군대임을 보여준다.[63] 따라서 동학농민군의 기본적 편성은 적어도 무장기포시까지는 이루어졌다고 하여야 한다. 다시 말하여 무장에서는 명실상부한 동학농민군 진영이 편성되고, 투쟁의 정당성을 널리 알리는 포고문이 선포되고, 투쟁의 성공을 하늘에 기원하는 의식이 베풀어졌다.

그런데 동학농민군이 원평에서 출발하여 가깝다고 할 수 없는 무장까지 와서 굳이 공식적으로 기포하려고 하였던 이유는 정확히 알 수 없다. 처음에는 기포하기를 꺼렸다고 전해지는 무장의 대접주 손화중[64] 자신의 포덕 근거지로 동학농민군을 이끌고 와 대대적으로 기포함으로써 그의 동참을 불가피하게 만들려고 했던 것이 아닌가 생각되기도 한다. 그리고 집결지 무장이 해안에서 멀리 떨어지지 않았고, 특히 큰 포구였던 영광의 법성포가 가까이 있다는 지리적 이점이 중요하게 고려되었을 것이다. 실제 무장기포에는 순천과 광주처럼 멀리 떨어진 곳에서 온 동학교도들도 참가한 것으로 보아,[65] 무장은 전라도의 아래 지방에서 배편으로 오는 교도들과 쉽게 합류할 수 있는 곳이었다. 또한 최초 집결지인 원평은 전라감영이 소재한 전주와 너무 가까웠고, 전라도의 북쪽에 치우쳐 있다는 점도 원평에 집결한 동학농민군이 단독으로 전주로 직접 진격하지 않을 바에야 유리한 것은 아니었다.

3월 25일 고부 백산대회에서 전주 진격을 공식적으로 결의한[66]

---

63) 『駐韓日本公使館記錄』 1, 경제29호, 57쪽.

64) 동학의 지도자 가운데 가장 보수적인 색채가 강하였던 김연국은 1896년 동학 조직의 재기를 꾀하던 교도들에게 두목 손화중의 시체도 어디에 있는지도 모르면서 두목 노릇을 하려고 한다고 크게 꾸짖었다(『金洛喆手記』). 이런 사실로 미루어 손화중의 성향을 조금이나마 짐작할 수 있다.

65) 『隨錄』, 二四日到付興德縣公兄文狀.

66) 위의 책, 營寄. 전주 진격 정보을 얻고 곧바로 전주방어에 들어갔다 ;

동학농민군은 다음날 태인현 용산면 화호로 진격하였다.[67] 그들이 다시 태인을 떠나 원평으로 진군한 것은 나흘 후인 4월 1일이었다. 그 동안 그들은 김제에 전령을 보내 공전과 공곡을 잘 아는 아전을 소환하려고 하였고, 태인에는 포수와 창수 등을 보내도록 하였다. 또한 29일에는 직접 태인의 읍내로 돌입하여 무기를 빼앗고 현감을 구타하였다. 그런데 어떤 내부적 사정이 있었는지 잘 모르겠지만, 태인에서 70리밖에 떨어지지 않은 전주를 점령하겠다던 동학농민군들이 그곳에서 5일이나 머물렀다는 것은 쉽게 이해할 수 없다. 물론 그곳에서 40리 거리인 원평도 진출하였겠지만, 대규모 병력은 아니었을 것이다. 그 사이 무장기포 직후인 3월 21일 이미 각 읍에 화포군을 전주로 올려 보내라는 전라감영의 명령이 있었고, 백산대회 즈음에는 전주 방어를 위하여 병력까지 동원하는 등 감영의 대응도 만만치 않게 되었다. 그리하여 4월 3, 4일경에는 포군과 부상까지 동원하여 전주 용두치에 수비병을 배치하는 동시에 3월 29일 동학농민군의 태인 읍내 점령과 수령 구타를 중시하여 나중에 황토현 전투를 치르게 된 감영 병력을 급파하였다. 동학농민군도 그냥 시간을 낭비한 것은 아니라 태인을 떠나 금구로 들어갈 당시 6, 7천 명으로 증가하였던 것으로 보아, 후속하여 참가하는 동학교도를 기다린 것 같다.[68] 또한 동학교도들에게 군대 훈련을

『東學史』는 동학농민군의 구체적이며 현실적인 목표라고 할 수 있는 4대 명의가 백산대회에서 발표되었다고 하는데, 그 가운데는 서울에 올라가 권귀를 멸하겠다는 항목이 있지만, 당면의 점령 목표는 전주가 될 수밖에 없다.

67) 이하 『隨錄』의 관련 기사를 참조.

68) 전봉준이 이끄는 주력부대 외에도 인근 지역에서 독자적으로 활동하던 동학농민군도 있었다. 즉 古阜 白山에서 이동해 온 동학농민군들과 함께 부안의 하동면에 둔취한 약 5백 명 정도 되는 이들은 부안 외에도 고부·영광·무장·흥덕·고창 등지에서 온 동학교도로서 輔國安

시키기도 하였을 것이다. 하지만, 비록 전주에는 무남영에 소속된 군인들이 있었다고 하여도, 이들은 대단한 전력을 가졌다고는 볼 수 없고, 그들과 함께 동원된 병력은 각 군현의 포수나 속오군, 그리고 보부상이었으므로 동학농민군이 이들 때문에 전주 진격을 늦추었다고 하면 중대한 판단 착오이다.[69] 이런 면에서 고부에서도 그렇지만, 특히 태인에서 동학농민군은 시간적 낭비를 함으로써 전라감영 측에게 방비를 강화할 수 있는 시간적 여유를 준 것 같다.[70] 그렇기 때문에 동학농민군은 원평에서도 곧바로 전주로 진격하지 못하다가, 결국 3일 태인으로 돌아오고, 다시 고부의 도교산으로 이동하여 감영병력과 황토현에서 격돌하게 되었던 것이다. 여기에서 감영병력을 궤멸시켜 버렸지만, 서울에서 파견된 양호초토사 홍계훈이 지휘하는 통위영 병력이 7일 전주에 들어왔기 때문

民이라고 쓴 紅旗를 날리고 있었다. 또한 2백여 명이 4월 1일 성중으로 들어와 부안에서 전라감영으로 보내는 砲軍과 다른 인원들을 귀가 조처해 버렸다. 또 다음날에는 公兄들에게 私通을 보내어 場市中分錢收稅 등 4개조의 폐막교정을 요구하였고, 개인이 매취해 둔 미곡 120석을 집류하였다. 그런 다음 이들은 부흥역에 둔취하였고, 5일 원평에서 들어온 다른 동학농민군과 함께 다시 관아를 습격하여 현감을 구타하고 구금함으로써 전라감영에 큰 충격을 주었다. 관리들이 이들의 행위가 錦山과 泰仁의 起擾之類와 같다고 보고하였듯이 이들은 군현 차원의 폐막 교정을 직접적으로 요구하였다. 이런 행위는 사정을 정확히 파악하지 못한 외부인들로 하여금 향촌주민들이 먼저 民亂을 일으킨 후, 동학교도가 여기에 가세하였다는 잘못된 판단을 하게 하였다고 생각된다.

69) 무남영 병정들은 巫夫 출신의 날랜 자들로 신식훈련을 받고 신식무기로 무장한 병력이었다(『東學史』, 116쪽). 그러나 황토현 전투의 결과 이들도 오합지졸과 다름없었다.

70) 『隨錄』, 초5일 啓草. 김문현은 포군과 보상 등을 동원하여 전주 용두치 방어토록 하였다가, 다시 병정과 보상 별초군을 태인과 금구 양읍의 길목을 방어하도록 하고, 다른 한대는 동학농민군을 초멸하기 위해 모은 곳으로 보냈다.

에 재차 정읍·고부·부안을 거쳐 고창·무장·장성 등 남쪽으로 내려가지 않을 수 없었다. 이때 동학농민군은 비록 황토현에서 감영에서 파견한 관군을 무찔렀으나, 중앙정부가 파견한 신식 부대에 대하여는 두려움을 느꼈던 듯하다.

그러나 동학농민군은 홍계훈의 부대를 피하기만 하려는 의도는 가지고 있지 않았다. 이들은 중앙부대를 유인 분산시켜 세력을 약화시키려는 전략을 구사하였다. 그리하여 부안과 무장 등지의 관아를 기습한 뒤, 다시 12일에는 영광으로 진출하고, 16일에는 함평으로, 여기서 나주와 장성으로 나갔다. 이때 동학농민군의 숫자는 만여 명 내지 6, 7천여 명이었고, 말을 탄 자도 백여 명이나 될 정도로 병력이 늘어났다.71)

이렇게 동학농민군들이 각지에서 출몰하자, 홍계훈은 전주에서 움직이지도 못하고 동학농민군의 소재를 정탐하기 위하여 소규모 부대만 파견하였다. 이렇게 신속한 진압 작전이 이루어지지 않자 중앙정부의 질책이 홍계훈에게 떨어졌고, 그는 어쩔 수 없이 출동하여야 하였다. 그러면서 분산적인 동학농민군들이 상호 연락하지 못하도록 하면, 분열되어 해체될 것이라는 작전책을 보고하였다. 이러한 유인분산작전이 동학농민군에게 장성 황룡촌의 승리를 안겨 주었다. 동학농민군이 성공적으로 유인분산작전을 수행할 수 있었던 데에는 탁월한 동학의 조직과 연락망이 있었다.

2. 충청도·경상도 동학의 기포

중앙정부는 3월 25일 전라도 외에도 충청도와 경상도의 동학교

71) 『兩湖招討謄錄』, 4월 14일, 18일조, 170·172쪽.

도들을 신속히 금단하고, 우두머리를 효수하라고 각도의 감사들에게 지시하였다.[72] 또한 정부가 3월 29일 전라병사로 임명했던 장위영 정령관 홍계훈을 다시 양호초토사로[73] 직함을 올렸던 이유도 동학농민군의 태인 관아 습격만이 중대하였던 것이 아니라, 충청도의 정황도 위급하다고 판단했기 때문이다. 3월 말에 올려 보냈다고 추정되는 충청감사 조병호의 書目大概[74] 내용은 『주한일본공사관기록』의 같은 면 바로 위에 있는 전라감사의 서목대개의 것과 전하는 사정이 비슷하다. 그것은 동학농민군의 두령은 小吏이며, 그들 때문에 향병 동원이 어렵다는 전쟁의 초기 상황을 말하고 있고, 그래서 지방관의 힘으로는 치안 유지가 불가능하기 때문에 의정부에게 병력 파견을 특별히 파견해 달라는 취지의 것이다. 더구나 충청병사 이용복은 청주성과 가까운 곳에서 진을 친 동학농민군 3천 명이 해산 명령도 무시하였으며, 그 숫자가 날마다 증가하므로 동정을 살펴서 병력을 동원하여 토벌할 계획이라고 4월 4일 이전에 보고하였다.[75] 즉 청주에 3천의 동학농민군이 청주성을 포위하였다는 사실은 그들이 청주와 근접한 회덕 등지까지도 장악하였음을 시사해준다. 이처럼 충청도와 전라도 감사의 긴급 보고를 받은 정부는 상황이 아주 급박한 줄 알게 되었다. 원세개도 전라도의 동학농민군을 빨리 진압하지 않으면, 충청도의 동학농민군이 이들을 응원하게 될 염려가 있다고 말할 정도로 충청도에도 동학농민군이 만연하였다.[76]

이는 전라도 동학농민군이 3월 20일 무장에서 기포하기 전에 이

72) 『日省錄』, 1894년 3월 25일조.
73) 위의 책, 1894년 4월 2일조.
74) 『駐韓日本公使館記錄』 1, 충청감사서목대개, 1쪽.
75) 『駐韓日本公使館記錄』 1, 발제44호, 충청병사 이용복의 장계대개, 3쪽.
76) 주 33 ; 위의 책, 발제44호, 동학당 재기에 관한 제보고, 2~4쪽.

미 충청도의 동학교도들도 움직이고 있었다는 확실한 징표이며, 2월 말까지 전개된 고부민요와 연관을 가진 움직임이 아닌가 추측된다. 2월 8일 이후 2월 중하순 이전, 아무리 늦어도 3월 7일 이전에 작성된 것이 분명한 일본공사관의 통상보고 제4호는, "요즘 동학당이 다시 취회할 우려가 있다는 것을 전보로 보고하였다 한다."는 충청감사의 전보를 싣고 있다.[77] 충청감사의 보고에도 나타나지만, 보은에 거주하던 양반이 쓴 편지에도 황간, 청산, 영동, 옥천, 보은 등 충청도의 동학교도들도 이미 3월 말 이전에 크게 기포하여 원한이 큰 양반토호를 습격한다는 사실이 실려 있다.[78] 충주 같은 곳에서는 관리 6명이 그들에게 살해당하였을 정도이다. 그들은 홀연히 출몰하며 활동하기 때문에 관청의 명령이 민간에 실행되지 않는 통제 불능의 상태에 빠지고 말았다고 한다. 그리고 동학농민군은 관곡을 몰수하고, 동학에 대하여 해로운 짓을 한 名家大姓의 양반들에게 복수를 하기도 하였다. 그래도 지방관은 보복을 당할 것을 두려워하여 수수방관하는 형편이었다.[79]

---

77) 『駐韓日本公使館記錄』 3, 發第20號, 동학당의 건, 7쪽. 서울 주재 일본공사관이 보낸 이 통상보고 제4호에는 5건의 정세가 실려 있는데, 다섯 번째 '동학당의 건' 바로 위에는 2월 8일의 세자 생일 행사가 있다. 그리고 바로 뒤이어 실린 발제27호 통상보고 제5호는 전라감사가 2월 24일에 보고한 고부민란의 상황과 김옥균을 암살한 홍종우가 인천에 도착할 예정이라서 3월 1일 조희연이 인천에 파견되었지만 "오늘"까지는 오지 않았다(홍종우는 3월 7일 도착하였다.)는 사실을 담고 있다. 따라서 통상보고 제4호는 2월 8일에서 3월 1일 사이에 작성된 것이 분명하지만, 이를 뒤이은 제5호가 3월 7일 이전에 만들어졌고, 보고의 통상적인 간격을 고려할 때, 제4호는 2월 중하순에 나온 것이라고 본다.

78) 李容穆, 『白石書牘』, 答務安 三月二十二日 OO 付送, 453쪽(史芸研究所 편, 1996, 『東學農民戰爭史料叢書』 3 소수). 진잠에서 일어난 좌의정 신응조의 손자 사건이 유명하다(黃玹, 『梅天野錄』 권1, 甲午以前 243~244쪽 참조). 『金若濟日記』 3권의 4월 6일과 7일 일기는 사대부가 욕을 당한 사건이 충청남도에서 많이 일어났다고 한다.

그리고 3월 7일 이전에 만들어진 일본공사관의 통상보고 제5호는 전라감사 김문현이 보낸 전보를 그대로 인용하였는데, 그에 따르면 경상도의 "尙州 · 善山 등지의 백성들은 몰래 관고의 병기를 꺼내어 무리를 모아서 고부 난민에 합세하였다."고 한다. 이곳과 그다지 멀지 않은 금산에서도 이미 3월 20일경에는 동학교도들이 활동하고 있었다.[80] 이 외에도 지례와 거창이나 충청도와 접경인 상주와 선산 등지는 동학교도들이 많았고, 이들 가운데는 충청도의 기포에 참가한 자들이 적지 않았다. 또 동학교도의 혐의로 체포되어 경상감영으로 이송된 자들도 있었다.[81] 이때 상주와 거창 등 경상도의 7개 읍과 충청도에 민란이 일어나 수령을 축출하고, 백성의 재물을 빼앗는다는 소식이 있었다. 경상도와 충청도의 이런 사태는 일반적인 민란도 있었겠지만, 동학교도의 활동이 상세하고 정확하게 알려지지 않아서 단순한 민란으로 보고되고 분석된 것이 아닌가 한다.

그런데 이 시기에 청산 소사전에 집결하라는 최시형의 이름으로 된 통문도 돌았는데,[82] 이것이 정말로 최시형 자신의 것인지는 의심이 간다. 왜냐하면, 최시형은 평화적인 신원운동마저도 반대하거나, 그다지 탐탁하게 여기지 않았는데, 이때에 이르러서 전체 동학교도들에게 기포 명령을 내렸을 것으로는 생각되지 않는다. 이 해 9월에 남북접의 동학교도들이 연합하여 기포하기 전에는 최시형이 무력봉기를 결정하고 지시하였다고는 믿어지지 않는다.[83] 실제로

79) 『駐韓日本公使館記錄』 3, 발제45호, 동학난도 봉기의 일, 14쪽.
80) 申榮祐, 1991, 「1894년 嶺南 金山의 農民軍과 兩班地主層」 『東方學志』 73, 주10 참조, 167쪽.
81) 『駐韓日本公使館記錄』 1, 경제37호, 69쪽.
82) 『東匪討錄』, 236쪽. "卽接偵探營校馳報 則東徒崔法憲 輪通內 自湖南渠徒一幷打殺 不可坐待 初六日 來會于靑山小蛇田云" ; 『駐韓日本公使館記錄』 1, 발제52호 본부, 7쪽.

4월 6일이나 그 전후하여 동학교도들이 청산에 집결하였다는 기록은 찾아볼 수 없다. 뒤에서 말하겠지만, 충청도 회덕 근방에 모인 동학교도들은 4월 10일 갑자기 해산하였다. 그 이유는 최시형의 강력한 제지였다고 생각되는데, 그런 그가 6일 청산에 집결하라는 명령을 내렸다고는 보기 힘들다. 그는 이미 작폐를 금지하라는 통문을 내린 바 있다.[84] 따라서 이 통문은 어떤 동학교도가 다른 교도들을 기포시키기 위하여 일부러 만들어낸 것이 아닌가 한다.

충청도와 경상도의 동학교도가 기포한 계기는 관련 자료가 불충분하기 때문에 확실하게는 알 수 없다. 우선 대내외적인 모순이 주요한 원인 내지 배경으로 작용하였을 것은 틀림없다. 고부민요 단계에서도 이미 이 지방의 동학교도들이 심상치 않은 움직임을 보였다는 사실이 이점을 말해 준다. 즉 전라도의 기포와 일맥상통하는 바가 있었던 것이다. 시기는 약간 늦은 4월 초중순이지만, 상주와 금산 등 경상도의 북부지방에서도 동학교도들이 활동하였는데, 역시 민씨 척족의 전횡에 분개하고 지방의 폐정을 탄식하였다고 한다.[85] 또한 이때에 진주의 덕산에도 경상도 남부지방의 동학교도들이 취회하고 있었다.[86] 그러나 4월 중순 영장 박희방이 병정

83) 김구의『白凡逸志』30~32쪽에는 최시형이 고부에서 전봉준이 일어난 뒤, 관리가 교도들의 가족을 잡아 가두고 가산을 강탈하였다는 소식을 듣고 기포를 명령한 것으로 되어 있지만, 이것은 그해 8월 김구를 포함한 황해도 교도들이 보은 장내로 최시형을 찾아갔던 때의 일을 잘못 기억한 것이다(『侍天敎歷史』의 저자인 崔琉鉉은 자신이 다른 황해도 교도와 함께 8월에 최시형을 찾아뵈었다고 기록하였다).『白凡逸志』에 기술된 내용 가운데, 독사탕을 끓이고 있었다던가, 농부들이 논에서 벼를 베고 있었다는 것 등은 최시형을 방문한 시기가 3월이 아니라 늦여름이나 초가을임을 말한다.

84)『續陰晴史』권7, 4월 4일조, 306쪽.

85)『駐韓日本公使館記錄』1, 경제37호, 69쪽.

86) 김준형, 1992,「부경남지역의 동학군 봉기와 지배층의 대응」『慶商史

삼백 명을 이끌고 우두머리 백낙도를 체포하여 처형하자, 기세가 약화되어 거의 해산하였던 것 같다. 이들은 아마 지리적으로 근접한 전라도의 동학과 밀접한 관련이 있었던 것 같다.

그리고 동학교도들이 전곡을 뿌려 불쌍한 사람을 구휼하였다는 이유로, 양반과 관리가 교도의 집과 일반 민중의 집을 습격하고 방화하는 등 탄압하자, 사방의 교도들이 크게 분개하여 세력을 이루어 보은현을 기습하여 군수를 쫓아버리고, 청주병영까지 공격하게 되었다고 한다.[87] 동학교도는 청산으로 모이라는 앞의 통문도 사정이 이렇기 때문에 가만히 앉아서 죽을 수 없다는 말을 하고 있다.

여기에 전라도 교도들이 타살되었다는 소식과 결합되어 대대적인 기포를 이끌어냈던 것 같다. 전라도 교도들이 타살되었다는 것은 고부민요의 막바지에 안핵사 이용태가 민요의 주동자들, 특히 동학교도들을 색출하여 가혹하게 처벌한 사건으로 생각된다. 그런데 이용태가 가한 무자비한 보복과 처벌의 실상은 정확하게 알 수가 없다. 전봉준은 이용태가 고부에 와서 "起包한 人民을 東學이라 通稱하고 列名하여 捕捉하며 其家舍를 燒灰하며 當者가 (?)하면 妻子를 捕하야 殺戮을 行하는 고로 다시 起包하얏나이다."[88]라고 진술하였다. 그리고 보두네 신부는 이용태가 비밀리에 두 번씩이나 반란 주동자들을 체포하여 교수형에 처하였다고 한다.[89] 그리고 다른 자료도 이용태의 편파적인 조사와 처벌을 말한다.[90] 『영상일기』는 이용태가 전봉준의 아버지를 체포하였다고 하였

學』 8・9, 경상대, 80~82쪽.
87) 『甲午朝鮮內亂始末』, 59쪽.
88) 『東學關係判決文集』, 8쪽.
89) 『뮈텔문서』, 1894-259.
90) 『梧下記聞』 제1필 47쪽 ; 崔永年, 『東徒問辨』(1959, 『東學亂記錄』1所收, 국사편찬위원회), 157쪽.

다.[91] 『시천교역사』는 시기나 사유를 정확하게 밝히지 않았고, 그 진위 여부도 검토하여야 하지만, 전창혁이 조병갑에게 해를 입고, 전봉준이 그것을 원통하게 생각하여 고부민요, 곧 동학농민전쟁을 일으켰다고 하며 봉기를 비판하는 통문을 전하고 있다.[92] 이렇게 각 자료가 그 세부 내용은 다르지만 이용태의 만행을 지적하고 있다. 전봉준의 아버지인 전창혁이 이때 체포되었다는 기록은 비록 사실이 아니지만, 소문 자체도 나름대로 기포에 기여했다고 생각한다. 이전의 신원운동도 관리들의 탐학과 억압에서 비롯되었고, 더욱이 신원운동이 최제우의 신원과 신앙의 자유라는 소기의 목표를 달성하지는 못하였지만, 동학교도들에게 정부의 탄압도 힘을 모아 강력하게 대처하면 막을 수 있다는 확신을 주었다. 따라서 전라도 교도의 희생을 묵묵히 감수할 수밖에 없지 않느냐 하는 체념이 아니라, 같은 교도로서 더 이상 참을 수 없다는 연대의식과 마땅히 적극적으로 대응하여야 한다는 강경한 태도가 충청도와 경상도의 동학교도 일부를 기포하게 한 직접적 계기가 아닌가 한다.

전라도의 각 포접이 한 곳에 집결하여 일종의 연합군을 만들어 관군과 대적하였던 반면에 충청도와 경상도 교도의 투쟁 양상은 그렇지 않았다. 위에서 살펴본 바와 같이 충청도와 경상도의 교도들은 군현 단위로 폐정개혁을 요구한다든지, 혹은 관리와 양반을 징치하던 분산적인 투쟁의 예가 많았다. 그러나 회덕에 집결하여 공주로 전진하던 수천 명의 동학농민군은 거주 군현이 불분명하므로 단정적으로는 말할 수 없지만, 회덕만이 아니라 금강 지류로 이어지는 인근의 진잠·문의·회인·보은·옥천 등지에서 모인 동학교도들이었을 것이다.[93] 그렇다면 이 지역의 동학농민군도 연합

---

91) 金在洪, 『嶺上日記』, 1894년 3월 29일조.
92) 『侍天教歷史』 下, 74쪽.

세력을 만들어 일치된 행동을 시도하였다고 볼 수 있다. 이 가능성에 대하여 좀더 살펴보도록 하겠다.

회덕의 동학농민군과 어떤 관련을 맺고 있었을지도 모르는 동학농민군의 동정이 엿보이는 기록으로 전라감사가 7일에 보낸 보고가 있다. 이에 따르면, 5일 오전 진잠의 평민 수천 명이 모여 동학교도의 집 아홉 채를 헐어버렸고, 동학교도 역시 發通都會하려고 하였다.[94] 그리고 같은 날 오후에 받은 보고에도 동학교도들이 진잠·연산·옥천 등지에 5, 6천 명씩 모여 있었다고 한다.[95] 진잠에 모인 동학교도들은 바로 인접한 회덕에 집결하였을 것이 분명하다.

4월 4일 이전에 청주병영을 압박하였던 동학농민군도 충청병사의 후속 보고가 보이지 않는 것으로 보아, 아마 이때 그다지 멀지 않은 회덕으로 이동하였는지도 모른다. 이 동학농민군은 어느 곳에서 왔는가 알 수 없지만, 회덕과 청주 중간에 있는 문의나 그 바로 밑에 있는 회인과 보은 일대의 교도들이 아닌가 한다. 이 지역들은 동학이 치성하였던 곳임은[96] 물론 문의는 동학농민군이 제2차 전쟁 때에도 청주로 침공해 들어갔던 요충지로서 남쪽에서 청주로 들어가는 길목이다. 이 동학농민군은 병영이 설치된 청주를

93) 보은은 수리티라는 고개를 경계로 회인과 인접하고, 회인은 금강 지류를 건너 문의와 인접한다. 그리고 회인은 다시 회덕과 인접한다. 즉 회인을 중심으로 회덕·문의·보은이 하나의 원을 이룬다. 이 원의 바로 뒤로 옥천과 진잠이 각각 남쪽과 서쪽에 위치한다.

94) 『東匪討錄』, 236쪽.

95) 『駐韓日本公使館記錄』 1, 발제51호 본부, 5쪽. 연산의 북쪽에 있는 利仁驛에 4천여 명의 負商들이 모였는데, 자신들의 동료를 죽인 동학교도과 대적하기 위한 것이라고 한다. 진잠과 연산은 인접하였기 때문에 집결의 직접적 계기도 상호 연관을 지녔을지도 모른다.

96) 보은취회에서 任貞準이란 교도가 아홉 명의 대접주 가운데 文淸大接主였던 것(『天道教會史 草稿』, 454쪽)으로 미루어 문의의 동학교세가 다른 곳과 비교하여 그렇게 만만하지 않았음을 알 수 있다.

더 이상 넘보지 못하고, 동학교도와 평민들이 격돌할 형세였던 회덕으로 방향을 바꾸었을 것이다.[97)]

지역적으로 가깝다고 하여 최시형의 권위가 철저하게 존중되었다고는 볼 수 없지만, 보은 일대는 북접의 근거지이며 아성이라고 할 수 있다. 이때 보은에서도 동학교도들이 기포하였다. 7월 초 보은 고승리의 한 교도 생일에 백여 명이 모였다.[98)] 이에 대하여 보은군수는 "境內東學之類 今春背道之後 猶復往往相從"한다고 하며 직접 해산시키려고 하였다. 여기에 참석한 任圭鎬·黃河一·李觀榮 등은 모두 유력한 지도자였다. 특히 任圭鎬는 보은취회에서 忠慶大接主, 李觀榮은 尙功大接主로 활약하였고, 보은 토착세력인 黃河一은 금구취회의 우두머리로 지목받았다. 물론 다른 뜻이 있는 것이지만, 이들은 자신들이 "背道"하였지만, 이제 士儒로 倡義하였다고 하며 군수에게 都約長 맡기를 강요하였다. 이 자료를 통하여 보은에서도 동학교도의 기포가 있었음을 확인할 수 있다. 자세한 활동상은 알지 못하지만, 이곳의 동학농민군은 청주병영에 접근하였다가 다시 회덕으로 이동한 것 같다.

4월 10일 충청감사는 각지에 수천 명씩 둔취해 있는 동학농민군에 대응하기 위하여 각읍에서 주민들을 소집하고 있지만, 얼마 되지도 않고 오합지졸에 불과하며 병영 병정의 숫자도 200명밖에 되지 않아 초토사 홍계훈에게 전보를 보내 경군을 보내달라고 요청하였으나, 아직 오지 않고 있다고 긴급함을 호소하였다.[99)] 회덕의

---

97) 『駐韓日本公使館記錄』 1, 발제52호, 6~7쪽. "동학농민군이 공주와 회덕의 경계인 사도에 주둔하자, 여기에 대항하여 보부상과 일반 주민도 공주와 진잠의 경계인 성전평에 모였다고 한다. 동학농민군은 8일 밤에 회덕 관아를 공격하여 군기를 탈취해 갔고, 장차 진잠으로 가려고 하였다"

98) 이헌영, 『錦藩集略』, 別啓 7월 7일조.

99) 『東匪討錄』, 237쪽 ; 『兩湖招討謄錄』, 4월 8일조, 184쪽. 이 때 兩湖招

관아를 불태우고, 병기를 탈취하여 무장까지 갖춘 동학농민군을 지방병력으로는 막기 어려웠던 실정이었던 것이다.

이렇게 위세가 높아가던 회덕의 동학농민군 진영이 어떤 이유에서인지 10일 밤 갑자기 천여 명이 귀화한다고 흩어져 버리고, 옥천에서 온 관군의 기습을 받아 허물어지고 말았다.[100] 끝까지 남아 있던 수백 명의 동학농민군들도 관군과 치열한 접전 끝에 후퇴해 버린 것이 아니라, 사기가 저하되어 그냥 해산해 버린 듯하다. 관청에서 빼앗았던 무기도 버렸던 것으로 보아[101] 무장 투쟁을 포기한 것 같다.

그렇다고 동학농민군이 완전히 해산해 버리지는 않았다. 4월 13일 충청감사는 3천 명의 동학농민군이 옥천·회덕·진잠·문의·청산·보은·목천 등의 읍에 주둔하고 있으면서 관청만을 지키고 있다고 보고하였다.[102] "魁首"가 누구인지는 알 수 없지만, 그가 오면 동학농민군이 떠날 것이라는 정탐이 있던 것으로 보아, 아마 회덕에서 해산한 각지의 동학농민군이 본거지로 돌아가 지도부의 후속 명령을 기다리고 있었을 듯하다.

그러나 더 이상의 활동이 기록에 보이지 않는 것으로 미루어 기포 지도부는 해산하라는 명령을 내린 것이 틀림없다고 생각된다. 실제 이로부터 며칠 지나지 않은 17일 충청감사는 동학농민군이 해산한 마당에 진잠에 병력을 계속 주둔시키는 것이 민망하므로 회군을 이미 명령했고, 청산과 옥천 등지에도 아무런 동정이 없으

討使 홍계훈도 전라감영병의 황토현 전투 패배 등으로 충청도 동학농민군에 전혀 관심을 기울이지 못할 형편에 놓여 있었으므로, 단지 귀화하는 자는 용서나 그렇지 않은 자는 초멸할 것이라는 내용의 방문을 써 붙이라는 감결이나 충청도에 보낼 수 있었을 따름이다.

100) 『東匪討錄』, 238쪽.

101) 『聚語』, 4월 11일 錦電, 141~142쪽.

102) 『駐韓日本公使館記錄』 1, 발제58호 본성, 12쪽.

며 혹 귀화한 사람도 있다는 정탐도 들어왔다고 보고하였다.[103] 충청도의 동학농민군은 그 사정은 잘 알 수 없지만, 아주 신속히 후퇴하고 해산하였던 것으로 보아 강한 통제력을 가지고 있던 일원적인 지도부가 존재하였던 것 같다. 문제는 어떠한 이유로 이들이 갑자기 해산하게 되었는가 하는 점이다. 그러나 현재로서는 자료가 전혀 발견되지 않았기 때문에 그 구체적인 이유와 전말을 알 수는 없다. 다만 최시형이 인명의 희생과 정부의 탄압을 염려하여 해산 명령을 내렸을 것이라고 추측된다. 최시형을 제외하고는 이와 같은 대대적인 봉기를 해산시킬 수 있는 존재는 없었다.

이렇게 4월 중순경 회덕・문의・보은・옥천 등지의 동학농민군이 해산하였다고 하여도 충청도 전역이 조용하거나, 이들이 완전히 활동을 포기하였던 것은 아니었다. 우선 동학교도에게 봉변을 당한 양반들이 곳곳에서 통문을 띄우는 등 조직적으로 사람들을 동원하여 동학교도를 내쫓고, 죽이고, 집에 불을 지르고 하기 때문에 동학교도가 모이는 사태가 재연되었다.[104] 보은 같은 곳은 거의 함락될 지경에 놓여 있었다. 여기에다가 전라도 지역의 투쟁이 지속되고, 전주까지 함락되자, 많은 동학농민군들이 충청도까지 들어와 곳곳에서 봉기하였다. 상황이 이렇게 되자, 각읍의 관속들은 두려움 때문에 직임을 사퇴해 버리는 일도 있었다. 그리하여 청산에는 수천 명의 동학농민군이 둔취하여 세력을 과시하였다. 충주 근방에서는 5월까지만 하여도 소수의 동학교도들이 잠행하고, 부자들에게 재물의 義損을 청한다는 풍문이 돌았다. 그리고 수원에도 동학교도들이 변장하고 출몰하였다.[105]

---

103) 위의 책, 발제66호 본성, 21쪽.
104) 위의 책, 발제130호 본성, 33~34쪽.
105) 위의 책, 경제33호, 83쪽.

그런데 서울 포도청 기찰포교나[106] 일본인 내지 상인들은 충청도 동학교도 가운데는 무리를 지어 전라도로 내려가 그곳의 동학농민군에 합세하는 형편이라고 진술하였다. 암암리에 전라도의 동학농민군에게 가담하는 교도들이 적지 않았음을 말해주는 것이다. 그 중에서도 다음은 특이한 사례이므로 한번 살펴보기로 하겠다.

> 金永培段 本以忠清道定山車峴居生之漢 去二月念後 自京下來 到陽城素沙坪 與厥處所在之東徒 十餘日留連 仍赴於金溝院坪聚黨中持招黨私通 向往忠清道之路 到全州獨橋街 被捉於鎮營捕校[107]

위의 인용문은 김영배를 동학교도라고 말하지 않지만, 교도라고 보아야 할 것이다. 고부민요가 고비로 치닫고 있던 2월 20일 이후에 서울을 떠나 양성을 거쳐 적어도 무장기포 이전 원평에 도착하였고, 다시 충청도의 동학교도를 동원하려는 임무를 수행하고 있었다는 그의 행적으로 미루어 동학교문에서 그가 차지하는 비중이 그렇게 낮지는 않았을 것이라고 추측된다. 최소한 접주 정도는 되었을 것이다. 하여튼 그는 뚜렷한 의식을 가지고, 투쟁에 적극 참여하였던 교도가 확실하였다. 여기에서 중요한 점은 그의 활동이 서울·양성·원평·충청도를 잇는 것이었다는 사실이다. 이런 활동가의 노력으로 전라도의 봉기는 각지로 퍼져 나갈 수 있었다. 그가 가려고 했던 지역이 충청도의 어느 곳인가를 정확히 알 수 없지만, 그의 거주지인 정산일 가능성이 가장 높다. 정산은 공주 아래 지역 동학교도들의 집결지로 유명한 利仁과는 금강을 사이에 두고 마주한 곳이다. 그 중에서도 乾芝洞은 동학의 "窟穴"로서 제2차 전쟁시 양호우선봉 李斗璜의 기습을 받았던 곳이다.[108] 그리고 두치

106) 위의 책, 발제102호 인천총영사, 19쪽.
107) 『兩湖招討謄錄』 4월 9일조, 164~165쪽.

현은 손병희가 1899년 피신하였던 곳이다.[109] 이처럼 정산은 동학 교세가 강하였다. 아마 그도 자신의 연비나 동료들에게 돌아가 다른 교도들과 함께 기포하려고 했던 것 같다. 이 인물처럼 각지의 교도들을 기포시키기 위하여 노력하였던 교도들도 있고, 또 그들의 권고와 도움으로 직접 전라도로 내려가던 교도들도 많이 있었던 것이다.

이상에서 살펴본 바와 같이, 충청도와 경상도의 동학교도들도 비록 전라도 교도보다는 시기적으로 약간 늦었지만, 그에 호응하여 이미 4월 이전에 기포하였다. 그런데 문제는 충청도와 경상도에 기포한 동학이 과연 어떠한 성격을 가지고 있었으며, 교단 내에서의 위치는 무엇인가 하는 점이다. 특히 기포가 일어난 보은 · 옥천 · 문의 · 청산 · 상주 · 선산 · 김산과 같은 지역은 최시형의 강한 영향력 아래에 있었기 때문에, 이곳에서 기포한 동학교도들이 최시형의 노선과는 다른 길을 걷고 있었다고 생각하기도 어렵다. 또한 황하일 · 임규호 · 이관영과 같은 최시형의 측근들이 기포하였다는 사실은 이해할 수 없다.

그중에서도 황하일의 성향은 단정하기 더욱 힘들다. 그는 1883년에 입도한 최시형의 충직한 제자로서 최시형이 상주에서 피신생활을 할 때, 서인주와 함께 큰 도움을 주었다.[110] 또한 전봉준 · 손화중 · 서인주와 함께 금구취회의 주모자로서 지목을 받았지만,[111] 1894년 9월에는 북접 지도자로서 남접을 비판하였다.[112] 그리고 1895년 3월 보은에서 체포되었으나, 기포하여 도당을 불러모

108) 『兩湖右先鋒日記』, 11월 13, 4일조, 314~317쪽.
109) 『天道敎會史 草稿』, 490쪽.
110) 위의 책, 431쪽.
111) 『續陰晴史』, 264쪽.
112) 『東學史』, 138쪽.

으고 흉폭한 짓을 한 증거는 없지만 "妖書"를 학습한 증거는 분명하다는 재판부의 판결로 동학농민군 지도자로서는 상당히 가벼운 형벌인 笞 3백에 徒 3년에 처해졌다.[113] 과연 황하일의 노선은 무엇이었는지 명확하게 떠오르지 않는다. 최시형 편에 가까웠는지, 전봉준 편에 가까웠는지를 제대로 판단할 수 없다. 그렇다고 기회주의자로 볼 수도 없다. 그러나 금구취회의 정치적 성격을 과대하게 평가하지 않으며 보은취회와의 관련성을 인정하고, 전봉준과 손화중의 노선 차이가 있었듯이, 최시형의 영향력을 많이 받았던 충청도와 경상도 동학교도들 사이에도 노선 차이가 있었다고 가정하면, 이해의 실마리가 풀릴 수도 있는 듯하다. 그리고 이 당시에 동학이 모든 교도들을 교단적 기구를 조직하여 엄정하게 관리하는 제도종교로서 아직 확립되지 못 하였던 실정을 감안한다면, 최시형의 영향력 아래에 있었더라도 어느 정도는 독자적인 노선을 추구할 수 있었지 않았나 생각된다. 그리고 대접주 아래 있는 군소의 접주들도 나름대로 독자적인 활동의 영역을 확보하고 있었다. 이런 점들을 감안한다면, 황하일은 최시형의 측근이기는 하지만, 손천민 · 손병희 · 김연국 등 이른바 三庵에는 미치지 못하는 지위에 있었고, 다른 노선을 걸었던 것 같다. 실제로 이때 기포하여 연합세력적인 면모를 보인 동학교도들의 출신 지역은 손천민과 손병희의 근거지라고 할 수 있는 청주의 동북방과는 반대편인 청주의 남동방에 위치하였고, 생활권이나 언어권도 서로 약간은 다르다. 김연국은 최시형의 핵심 측근이라고 할 수 있었으나, 강원도 인제 출신으로 타향인 청산에 이주하였기 때문에 지역적 기반을 확보할 수 없었다.

결국 황하일 · 임규호 · 이관영은 보은과 상주 근방의 동학 지도

113) 『東學關聯判決文集』, 107쪽.

자로서 최시형의 영향력을 받고는 있었지만, 주류적인 위치에 있지 않았고, 나름대로 독자적인 노선을 추구하였다고 할 수 있다. 이 노선은 최시형의 순수종교적 지향이나 현실과 충돌을 피하려는 노선과는 어느 정도 거리가 있었고, 정치성이 농후하였을 것으로 추측된다. 이런 결과, 최시형의 명령이 없었어도 독자적으로 기포하였지만, 해산하라는 최시형의 지시를 거역하지 못하였던 것이 아닌가 한다. 이와 같은 동학 지도부 내의 비주류적인 위치를 전제하지 않고는 황하일 등의 노선, 더 나아가서 충청도와 경상도의 기포를 제대로 이해할 수 없다고 보지만, 좀 더 깊은 연구가 필요하다.

제7장

동학농민군의 '전주화약'에 관한 재검토

Ⅰ. 문제 제기

1894년 4월 27일 전주를 점령한 동학농민군은 몇 차례에 걸친 관군과의 전투 끝에 참패당하여 5월 8일 전주성에서 퇴각하지 않을 수 없었다. 그러나 당시의 일부 기록[1]과 1920, 30년대 이후에 이루어진 대다수의 연구, 특히 천도교 측의 교사와 동학농민군의 봉기를 높게 평가하는 연구는 이때 동학농민군과 관군 사이에 '全州和約'이 맺어졌다고 주장한다. 즉 동학농민군을 이길 수 없던 관군이 '강화'를 요청하였다거나,[2] 신임 전라감사 김학진이 兩湖招討使 홍계훈과 동학농민군에게 사람을 보내 '화해'하도록 주선하여 화약이 이루어졌다고 한다.[3] 혹은 폐정개혁안의 上啓와 實施를 '조건'으로 하는 전봉준의 '휴전제의'를 정부와 고종이 수락함으로써 화약이 성립되었다는 연구도 있다.[4] 그리고 많은 연구들이 청·일 양국의 출병[5]으로 초래된 대외적 위기가 화약 성립의 주요한 조건이 되었다고 한다.[6] 하여튼 전주화약을 인정하는 여러 학설은 "화약이 맺어지기에는 숱한 속사정이 얽혀 있었다."[7]는 표현

---

1) 金在洪, 『嶺上日記』, 5월 18일 이후. "官軍與匪類調停 匪類分部 稍稍出城而去"

2) 『天道教會史 草稿』, (1979, 『東學思想資料集』 壹 所收, 아세아문화사), 485쪽 ; 『天道教書』, (1963, 『亞細亞研究』 11, 고려대 아세아문제연구소), 12쪽 ; 吳知泳, 『東學史』, (1979, 『東學思想資料集』 貳 所收, 아세아문화사), 124~125쪽.

3) 愼鏞廈, 「甲午農民戰爭 時期의 農民執綱所의 設置」 『韓國學報』 41, 63~67쪽.

4) 鄭昌烈, 1991, 『甲午農民戰爭研究』, 연세대 박사학위 논문, 158~163쪽.

5) 조선정부의 상륙 중지와 철병 요구가 철저히 무시되었다는 점에서 양국 군대의 출동은 침략 행위로 규정된다.

6) 金義煥, 1979, 『全琫準傳記』, 정음사, 중판, 169~170쪽.

그대로 여러 가지 다양한 근거를 제시하며 화약의 성립을 공식화하고 있다.

위의 학설대로 동학농민군과 관군 사이에 화약이 맺어졌다고 하면, 이것은 동학농민군의 빛나는 승리를 의미한다. 왜냐하면 비록 동학농민군이 당초의 목표대로 서울로 直向하여 중앙권력을 변경하지 못하였다고 하여도, 전라감영병과 보부상 등 지방부대를 격파하고 중앙정부가 파견한 부대까지 곤경에 몰아넣어 폐정개혁과 탐관처벌의 '약속'까지 받아냈다는 것은 엄청난 성과인 것이다. 오로지 통치의 대상으로 온갖 고통과 수탈을 감내하여야 하였던 조선의 민중으로서는 감히 생각하기도 어려운 눈부신 전과였다. 더 나아가 집정기구인 집강소를 설치하는 등 전라도 일대를 몇 달 동안 석권할 수 있던 토대이기도 하다. 따라서 동학농민전쟁의 제1차 봉기는 매우 성공적인 쾌거로 평가되었고, 그 승리의 상징이 바로 전주화약이었던 것이다.

물론 동학농민군의 봉기와 투쟁은 우리 역사상 보기 어려운 민중운동으로서 중요한 의의를 가지고 있는 것은 사실이지만, 적어도 전주화약이라는 구체적인 사실에 관하여는 검토해 볼 여지는 많다. 무엇보다 위의 주장들이 화약 체결의 사실적 근거로서 제시하고 있는 사료들은 대단히 미흡하다. 그렇기 때문에 제학설들이 화약의 성립을 입증하려고 동원하는 논거들도 상호 간에 별로 일치하지 않고 있다. 덧붙여 논리적 오류도 심심치 않게 발견된다. 그렇다고 하여 전주화약의 성립을 주장할 수 있는 근거가 전혀 없는 것은 아니다. 예컨대 홍계훈이 약속을 지키지 않았다고 비난하는 전봉준의 供草가 그것이다.[8] 또는 청일 양국의 출병도 주요한

---

7) 우윤, 1993, 『전봉준과 갑오농민전쟁』, 창작과 비평사, 196쪽.

8) 『全琫準供草』(1959, 東學亂記錄』 下 所收, 국사편찬위원회), 初招, 528쪽.

화약의 조건으로 생각될 수도 있다. 홍계훈과 전봉준 사이에 약속이 있었을 것이라는 추측이 가능하기도 한 정황도 엿보인다. 하지만 모든 관련 사료들을 면밀하게 읽는다면, 전주화약이라고 할 만한 것은 동학농민군과 관군 사이에 존재하지 않았다고 보는 것이 타당한 견해임을 확인할 수 있다. 그리고 동학농민군의 후퇴와 해산을 인정하는 연구도 새롭지 않다. 한우근은 비록 강화라고 규정하기는 하였으나, 동학농민군이 전주성 전투에서 패배한 뒤, 정부의 효유에 따라 해산하였음을 밝힌 바 있다.9)

그런데 새삼 이 문제를 다시 제기하려는 의도는 현재 학계에서 동학농민군의 패배와 해산은 별로 고려되지도 않고, 대신 그 반대의 의미를 지니는 전주화약을 지극히 당연한 사실로 받아들이거나 그 실재를 입증하려는 노력이 계속되기 때문이다. 또한 동학농민전쟁의 연구와 평가에서 차지하는 전주화약의 중요성은 상당히 크기 때문에 적어도 한번은 재검토하여야 할 필요성은 있다고 생각한다. 그리고 동학농민군이 전주성 공방전에서 관군에게 참패당하여 해산하였다는 기존의 주장도 부족함이 없는 연구라고 보기는 어렵다.

따라서 본고는 전주화약의 성립 여부를 가리는 데 중요한 전주성 공방전의 실상과 청·일 양국 군대의 출동이 미친 영향을 살펴보고, 그리고 동학농민군과 관군의 접촉 과정을 중점적으로 고찰하여 전주화약이라고 하기보다는 '전주후퇴'라고 보아야 한다는 주장을 제기하려고 한다. 그러나 무엇보다 객관적인 자료가 충분하게 확보되지 않은 상태이기 때문에 사실을 완벽하게 밝히지 못하였다. 따라서 전주화약의 실체를 전주후퇴라고 다시 규정하려고 하는 시도도 한계를 지닌 것이다.

---

9) 한우근, 1989, 『東學과 農民蜂起』, 일조각, 중판, 117~121쪽.

Ⅱ. 전주 공방전의 승패

전주화약설을 제일 먼저 내놓은 천도교 측의 주요 자료인 『천도교회사 초고』·『천도교서』·『동학사』를 일괄적으로 검토하기로 하자. 이들 자료는 홍계훈이 이끄는 관군이 전주성 싸움에서 동학농민군을 이길 수 없으니까 먼저 강화를 요청하였다고 짤막하게 기술하고 있다. 그렇다고 한다면, 당시 전주성 전투의 실상이 이 문제를 해결할 수 있는 열쇠이다.

전주성 공방전에 관한 기록으로 가장 대표적인 자료는 『양호전기』[10]와 『양호초토등록』[11]이다. 이 자료는 홍계훈 부대가 전주로 출동할 때부터 회군할 때까지 중앙정부의 관련 부서와 고위관리와 충청감영이 서로 주고받은 전보, 그리고 전라도 각 군현에 보낸 지시를 포함하여 홍계훈과 동학농민군 사이에 오고 간 문서까지 집성해 놓은 것으로서 이보다 당시 전황을 상세하고 풍부하게 말해주는 자료는 없다. 전투의 당사자인 홍계훈 부대의 기록이기 때문에 신중하게 이용하여야 하지만, 다른 곳에서 온 전보와 문서까지도 함께 시간에 따라 차례로 실려 있으므로 객관성이 부족하다는 한계는 어느 정도 보완된다고 생각한다. 또 그 신뢰성을 높이기 위하여 다른 관련 자료들도 이용하겠다. 만일 이것이 관찬 문서라고 하여 그 기록의 가치를 무조건 인정하지 않는다면, 엄정한 객관성은 어느 곳에서도 발견할 수 없을 것이다. 문제는 이런 종류의 자료가 가지고 있는 오류를 얼마만큼 정확하게 발견해 내느냐 하는

10) 『兩湖電記』, 국립중앙도서관 소장.
11) 『兩湖招討謄錄』(1959, 『東學亂記錄』 上 所收, 국사편찬위원회).

것이다.

전주성 공방전에 관련하여 특히『동학사』는 동학농민군의 원병이 순창에서 임실 등지를 거쳐 전주의 동남방을 에워싸며, 다른 일대는 금구 원평에서 서남방향으로 들어오고, 또한 糧道가 끊어지게 되자, 관군이 먼저 휴전을 청하는 동시에 정부에 보고하여 강화하게 되었다고 구체적으로 그 경위를 적고 있다.[12] 동학농민군 자체의 전력에 관한 다른 기록이 없으므로 그 원병이 실제로 관군을 압박하고 있었는지 정확히 알 길 없다. 하지만 대병력이 아니더라도 원병들이 전주성에서 고군분투하고 있는 동학농민군을 응원하기 위하여 정말로 진격하였을 가능성은 있다고 생각된다. 홍계훈도 5월 2일 "賊徒似有後援"[13]이라고 보고한 것을 보면, 동학농민군의 원병이 있었던 듯하다. 그러나 그 병력이 관군을 심각하게 위협할 정도였다면, 홍계훈도 결코 그 위험을 간과하지 않았을 것이나, 이날 보고 이후 동학농민군의 후원에 대하여는 더 이상 언급하고 있지 않다. 설사 원병이 진격하여 전주성의 동학농민군과 합세하였다고 하여도 糧道를 끊는 등 관군에게 심대한 타격을 주었다고는 전혀 생각할 수 없다. 전주성을 포위하고 동학농민군과 전투를 벌이던 관군은 숫자 미상의 전라감영병 외에도 홍계훈이 이끌고 온 壯衛營兵 700명과 沁營兵 500명이 포함되어 있었다.[14] 또한 순변사 이원회의 平壤兵 500명·淸州兵營兵·恩津防守兵 등 대규모 후원 병력이 전주로 달려오고 있었고, 탄약·대포·신식총기 등 상당한 분량의 군기도 보급 도중에 있었다. 군량도 자체의 운량관 외에도 전운영과 충청감영이 공급하도록 되어 있어 차질이 없

12) 吳知泳, 앞의 책, 124~125쪽.

13)『兩湖電記』, 4월 29일조.

14)『兩湖招討謄錄』, 甘結各邑, 5월 12일조.

었다. 그밖에도 홍계훈은 전라도 각 군현에 鄕兵을 올려 보내도록 독촉하고 있었다. 여기에 청국군도 아산에 상륙할 예정이었으나, 5월 3일 동학농민군과의 전투에서 자신감을 가지게 된 홍계훈은 군량 확보의 어려움을 들어 그들이 진격하지 말도록 건의하였다.[15] 따라서 홍계훈 휘하의 관군은 오지영이 말한 것처럼 병력이나 보급 면에서 전혀 불리하지 않았고, 오히려 시간이 갈수록 관군의 전력은 증강되었던 것이다.

『동학사』의 기록과는 반대로 동학농민군이 해산을 늦추었다면 이원회의 부대에게 동북쪽을 제압당하여 퇴로를 차단 당할 뻔하였다. 전주에 입성하기 전에는 동학농민군이 유인분산작전을 적절하게 구사하여 경군의 전력을 약화시킬 수 있었다. 홍계훈도 그 어려움을 실토하며 책임을 모면하려고 하였다.[16] 황룡촌 전투의 승리와 전주 입성도 그 결과라고 생각된다. 그러나 전주 입성은 비록 정치적 측면에서는 의의가 중대하지만, 관군의 예봉을 한 곳으로 집중시키는 결과를 초래하여 동학농민군이 관군에게 포위 공격을 당하게 되었을 뿐 아니라 외부로부터의 응원을 스스로 차단한 형세가 되고 말았던 것이다. 이것은 동학농민군의 전략적 대실수였다고 하지 않을 수 없다.

구체적으로 전주성 공방전의 실상을 살펴보자. 4월 27일 동학농민군이 전주성을 함락한 다음날 오전 전주성내가 내려다보이는 完山 七峰에 결진한 홍계훈 부대는 즉각 전주성을 공격하였다. 날이 저물도록 전투한 결과에 대하여 홍계훈은 "갑옷을 입고 칼을 휘두르고 千步銃을 쏠 수 있는 자 30여 인"을 포함하여 수백 명의 동학농민군을 참획하였다고 보고하였다.[17] 또 이날 한밤중에 동학농민

15) 『兩湖電記』, 5월 4일조.

16) 위의 책, 4월 12일조.

군이 성내의 건물에 불을 질러 관청 건물과 민가가 소실되었다고 하였으나, 동학농민군은 도리어 홍계훈의 포격 때문이라고 비난하였다.[18] 이때 일어난 慶基殿 훼손 문제는 홍계훈이 동학농민군과 화약을 맺을 수밖에 없던 조건으로 작용하였다고 해석되기도 하기 때문에 좀 더 확실하게 밝혀야 하지만, 현재로서는 동학농민군과 관군 어느 쪽의 소행인가를 단언할 수는 없다. 왜냐하면 古老의 증언도 참고하는 외에도, 경기전은 龍頭峴에 포진해 있던 관군의 포사격 거리에서 멀리 벗어나 있기 때문에 관군의 포격으로 훼손된 것은 아니라고 주장하는 객관적인 견해도 있기 때문이다.[19]

3일에 치른 전투는 관군의 승리로 완벽하게 결판이 났다. 홍계훈은 다음날 보고에서 동학농민군들이 믿던 전봉준의 왼쪽 허벅지에 총상을 입혔고, 14세 童壯士 李福用을 생포하여 참수하는 등 500여 명을 참획하였다고 하였다.[20] 그 외에 대장기와 총과 창 300여 자루를 빼앗았으며, 동학농민군의 반은 도망하였고, 나머지는 중상을 입은 자들로서 성에서 나오지도 못한다고 "대첩"을 자랑하였다. 이 전과 보고는 과장되었다는 순변사 이원회의 비판이[21] 있기는

17) 위의 책, 1986, 4월 29일조 ; 『兩湖招討謄錄』, 4월 30일 장계 ; 『뮈텔주교일기』 1, 한국교회사연구소, 237쪽.

18) 『兩湖招討謄錄』, 賊黨訴志, 5월 4일조 ; 鄭碩謨, 『甲午略歷』(『東學亂記錄』 上 所收), 64쪽 ; 朴榮喆, 1929, 『五十年の回顧』, 재판, 59쪽.

19) 『全州府史』(1989, 『韓國地理風俗誌叢書』 所收, 경인문화사, 영인본), 116쪽.

20) 『兩湖電記』, 5월 4일조 ; 『兩湖招討謄錄』, 5월 4일 장계.

21) 1986, 『駐韓日本公使館記錄』 1, 第八一號 本省, 巡邊使李元會電報, 국사편찬위원회, 400쪽. 순변사 이원회는 홍계훈이 섬멸했다고 하는 동학농민군은 모두 피난한 백성들이다고 중앙정부에 전보하였다. 그런데 이와 같은 보고와 관련되었다고 보이는 기록이 있다. 동학농민군이 민간인을 동원하여 함께 출성하였다가 관군의 공격을 받자, 자신들만 성내로 피신하고 민간인은 관군의 사격 속에 그대로 방치하여 희생자가 많이 나왔다고 한다(1894, 「東邦協會特派朝鮮視察員報告」 『東邦協

하지만, 반대로 전라감사 김학진은 자신이 정탐한 것과 큰 차이가 없다며 그 전과를 그대로 인정하는 보고를 중앙정부에 올렸다.[22)] 그리고 전주에서 사목활동을 하다가 동학농민군의 전주점령으로 인근으로 피난했던 프랑스 신부 보두네도 300명이 죽고 상당수가 부상당한 이 전투의 패배가 동학농민군에게 가장 치명적이었다고 적고 있다.[23)] 이외에도 가까운 곳에서 당시 자세한 전투 소식을 들을 수 있던 인물들이 남긴 기록에서도 패전 사실을 거듭 확인할 수 있다.[24)]

농성하던 동학농민군이 성밖 높은 곳에서 공격하던 관군에게 커다란 타격을 입힐 수 있던 무기는 정확도가 높은 장거리 대포뿐이었을 것이다. 동학농민군이 전라감영병과 보부상을 격파하고 전주성을 점령하면서 이와 같은 대포를 손에 넣었을 수도 있지만, 그런 무기의 성능이 과연 그만큼 되었는지, 그리고 동학농민군이 사용할 수 있었는지는 의문이다. 동학농민군이 가파른 용두현에 진지를 구축하고 있던 홍계훈 부대를 향하여 돌격하였던 것은 대포가 없거나 사용할 수 없었기 때문이라고 생각하며, 이런 돌격전에서는 공격하는 측에서 수많은 사상자들이 나올 수밖에 없었을 것이다.

이 패전으로 말미암아 초래된 동학농민군의 동요는 심각한 지경

會報告』 38, 100쪽). 아마 후퇴하던 동학농민군의 후미에 있던 자들이 성 앞에서 다수 희생된 것 같다.

22) 『隨錄』, 全羅監司 金鶴鎭 啓草, 30쪽.

23) 뮈텔문서, 1894－258, 1894년 6월 26일 전주(이 자료는 한국교회사연구소에 소장되어 있는 것으로 동연구소 차기진 연구원의 호의로 이용할 수 있었다. 연구소와 차 연구원께 심심한 감사를 드린다.).

24) 黃玹, 『梧下記聞』, 第一筆, 39쪽. ; 李炳壽, 『謙山遺稿』, 卷之十九, 「錦城正義錄 甲編」; 金邦善, 『林下遺稿』 「甲午九月濟行日記」 "東學輩 三次出城 中丸身故者 爲千餘名 知世不長 投書乞憐於招討使 請斂兵歸化 招討使 信納其說 東學開門而走."

에 이르렀던 듯하다. 홍계훈의 보고에 따르면, 퇴각한 동학농민군은 자중지란을 일으켰고,[25] 성을 굳게 지키며 총도 쏘지 않고 전봉준이 죽었다고 연일 선전하며 살기를 애걸하였다.[26] 6일에도 동학농민군 가운데 북문으로 탈출하는 자들이 많았다.[27] 이 기록은 관군이 전세상 동학농민군에게 절대적 우위를 차지하였다는 것으로 천도교 측의 자료와는 전혀 다르다. 몇 차의 전투 끝에 주요한 지휘자와 다수의 동학농민군들이 사상당하고, 자중지란이 일어나고, 도망자가 나오고, 귀화를 호소하는 사절을 보내는 등 관군에게 대패한 동학농민군은 궤멸되기 일보 직전에 놓여 있었다. 반대로 홍계훈을 비롯한 정부 관리들은 자신만만해져 동학농민군의 귀화 호소를 제대로 믿을 수 없다고 하며, 이원회의 군사가 오면 합동 작전으로 동학농민군을 섬멸시키려고 한다거나 전주성을 완전히 포위하려고 계획하는 등 더욱 강경한 대응책을 모색하였다.[28]

동학농민군이 이러한 지경에 처하게 된 가장 중요한 사정은 전투 참패와 그에 따른 심리적 충격이다. 앞에서 살펴본 바와 같이, 3일 동학농민군은 관군에게 엄청난 피해를 입었고, 그로 말미암아 초래된 내부적 동요는 밖으로 노출되어 버렸다. 관군이 가진 신식무기의 엄청난 화력 앞에 승승장구하던 자신들이 무참하게 허물어졌다는 엄연한 사실은 동학농민군의 사기를 저하시켜 관군과의 전투를 엄두도 내지 못하게 만들었다. 동학농민군은 종교적 열광과 주술적 환상, 그리고 고양된 집단의식에 상당히 의존하였던 것 같으며,[29] 실제 여러 차례에 걸친 전투에서 관군을 패배시킴으로써

25) 『兩湖電記』, 5월 4일조.
26) 위의 책, 5월 6일.
27) 위의 책, 5월 7일조.
28) 5월 1일부터 동학농민군 해산일까지의 『兩湖電記』 기사에서 여러 차례에 걸쳐 나온다.

그 효력을 더욱 믿게 되었을 것이다. 자신들이 마치 鄭眞人처럼 신격화하였던 14세의 童壯士 李福用이 부상을 입고 관군에게 잡혀 참수되는 등 주요한 인물들이 사상당하고,[30] 고부전투 때부터 총알을 막아준다고 믿던 白布帳이[31] 전혀 효력을 발휘하지 못하자, 동학농민군이 의지하던 주술적 환상은 여지없이 깨져 버렸다. 몇백 명 정도의 희생자만 낸 3일의 패배는 3, 4천명에[32] 달하던 동학농민군 전력 자체에 심대한 손실을 입혔던 것은 아니었지만, 그보다 중요한 패배의 결과는 관군의 무력에 대한 두려움과 비상한 힘을 주던 주술적 환상의 파괴로 말미암아 초래된 전의 상실 내지는 사기 저하였다.[33] 따라서 동학농민군들이 의존하고 있던 심리적

---

29) 『駐韓日本公使館記錄』 1, 發第九四號, 343쪽. "曰汝之魁首 何人 答云東徒大將軍 李也 年纔十四歲 上通天文 下達地理 中辨人間禍福 且有兩元帥 一 曰鄭 一曰徐 皆英雄 (中略) 東徒大將 李氏 自南朝鮮出來 以精兵十萬 踪後出來矣 爲之剿滅 亂臣之秋也" ; 위의 책, 發第一百二號, 346쪽. "屯聚之徒 每日操練陣法 每夜誦讀經文(中略)若對陣相敵之時 先揮白布帳 則官軍多發大小砲 銃彈鐵丸紛紛落之於白布之外 以此官軍 每每見敗 甚怪甚怪" ; 위의 책, 發第九四號 343쪽. "問曰汝之抗戰官軍之時 一揮白布帳 則矢石砲彈不得穿入 何故 渠曰見今泰西 各以火學得其理也 我等 以水學得其理 水克火也 火砲焉能犯水乎" ; 黃玹, 앞의 책, 第一筆, 33·65~66쪽. ; 『全州府史』, 115쪽. "적도는 손에 손에 창과 화승총 등을 쥐고, 가운데는 무기를 가지지 않고 소나무 가지를 꺾어 흔드는 자도 있었다. 그 등에는 모두 탄환을 막기 위하여 황색종이에 붉은 자로 주문을 써 붙여 놓았다. 또 십여 명이 한 집단이 되어 앞면에 白布를 높이 펴서 세워 수십백의 대오를 만들었다. 입으로는 탄환을 막는 주문(侍天主, 造化定)을 높은 소리로 외우고 함성을 지르며 彈雨의 속으로 돌진하였다."

30) 『兩湖電記』, 5월 7일조. "電報 公事廳曰 屢次接戰之際 所擊殺賊徒之勇猛有力者太半 今盤據城中者 皆是餘衆云"

31) 『東匪討錄』, 240쪽.

32) 주23)

33) 동학농민군이 해산한 다음, 전주・고부・부안・금구 등지를 조사하러 다녔던 일본의 정탐자는 동학농민군이 다시 일어나지 않을 것이라는

정신적 고양 상태는 도리어 심각한 위축과 동요를 지나 거의 공포감으로 돌변하였을 것으로 추측된다. 이와 같은 급격한 심리 상태의 반전을 상정하지 않는다면, 별것도 아니라고 할 수 있는 약간의 전력상 손실 때문에 전주에서 후퇴하였다고 보기는 어렵다. 여기에 청국군까지 동원되었다는 소문도 돌아 심리적 충격은 더욱 커졌을 것이다. 그렇기 때문에 자중지란이 일어나고, 전봉준이 죽었다고 거짓 선전하는 등 위축되고 동요된 모습이 나타났으며, 홍계훈이 1일과 2일에 발표한 효유문에는 반응을 보이지 않다가 참패한 다음날 오후 당장 訴志를 제출하며 귀화를 말하였다. 시간이 흐를수록 약화되던 동학농민군의 모습은 어느 정도 과장이 되었겠지만, 관군의 기록에 잘 나타난다. 3일 패배 이후 도망자가 속출하여 8일 전주성을 탈출하던 자들은 남은 부상자들이었고, 황룡촌 전투에서 노획한 크루프총과 回旋砲를 비롯하여 佛糧機砲 등 무기와 탄환을 그대로 방기할 정도였다.[34] 관군다운 관군인 京軍의 本隊와 정면 대결한 결과인 최초의 패전 자체는 전력상 그다지 큰 손실은 아니었더라도, 동학농민군에게 주었던 심리적 충격은 엄청나게 컸다.

이렇게 동학농민군을 무력과 사기 면에서 압도해 버린 홍계훈이

판단의 근거로서, 관군이 소지한 우수한 무기와 전주 일전을 통하여 경험한, 동학농민군은 총탄에 맞아도 죽지 않는다는 미신의 파탄을 들고 있다(『駐韓日本公使館記錄』 1, 南部民亂地方 視察復命, 414쪽). 현대의 전투에서도 군인의 사기가 승패를 좌우하는 요소이겠지만, 전근대사회의 전투에서는 사기가 승패를 결정하였던 것 같다. 농민전쟁에서도 수백 명의 관군과 일본군에게 수천 명의 동학농민군이 삽시간에 궤멸되었던 사례가 많았는데, 군대의 화력에 의한 사상자의 발생 자체보다는 그 위세에 놀라서 전투대열이 스스로 무너져 버린 것이 주된 원인이었던 것 같다.

34) 『兩湖電記』, 5월 9일조.

동학농민군에게 먼저, 또한 적극적으로 講和, 和解, 和約을 요청할 이유는 발견하기 어렵다. 자신의 부대와 함께 전주성을 포위 공격하도록 중앙정부로부터 명령받은 순변사 이원회가 도착하기 전에 먼저 공을 독차지하기 위하여 "匪類"들과 화해한다는 것도 이해하기 힘들다. 홍계훈은 해산 전날까지도 동학농민군의 귀화 의지를 진정이 아닌 듯하다며 깊게 믿지 못하고, 이원회가 언제 도착하느냐고 충청감영에 문의하는 등[35] 성을 포위하려는 계획을 중지하지 않았으며, 성벽을 오르기 위하여 사다리까지 제작하였다.[36] 동학농민군을 빠른 시일에 진압하지 못한 홍계훈이 위로부터 신임을 얻지 못할까 봐 염려하기는 했겠지만, 그 책임을 모면하기 위하여 동학농민군과 서둘러 강화를 체결하였다는 설명은 설득력이 약하다. 왜냐하면 28일과 3일의 승리로 홍계훈은 민영준 등 여러 명의 고위관리로부터 축하와 격려를 받았으며, 승리의 대가로 병정들에게 큰 회식을 베풀었던 것으로『兩湖電記』에 나타난다. 6일에는 수기응변하는 경우 매사를 반드시 보고하는 것은 불편하다고 호소하여 자신의 권한을 확대하기도 하였다.[37] 이외에 홍계훈이 동학농민군에게 먼저 강화를 요청하였을 다른 특별한 이유는 현재로서 찾기 어렵다.

여기에서 동학농민군이 전주성을 함락한 지 열흘 가까이 지나도록 관군이 전주성을 회복하지 못한 이유도 살펴봐야 할 것인데, 이것은 홍계훈이 동학농민군과 강화하지 않을 수 없던 군사적 열세를 극명히 보여주는 증거로서 널리 인정되고 있다. 그러나 실상은 관군의 열세가 아니라 피난하지 못한 주민들이 성내에 많았으므로

35)『兩湖電記』, 5월 7일조.

36) 위의 책, 5월 7일조 ; 이미 2일에 목수 7인을 데리고 오라고 사령에게 전령하였다(『兩湖招討謄錄』, 5월 2일조).

37)『兩湖電記』, 5월 3, 6일조.

관군이 공격다운 공격을 할 수 없었기 때문이었다. 동학농민군의 전주성 함락으로 난처한 지경에 빠진 그는 4월 28일의 전투 보고에서 동학농민군을 군왕의 적자로 대할 수 없고 남김없이 초멸하겠다는 각오를 보이며 下燭해 줄 것을 바란다고 하였다.[38] 또한 이때 대포도 요청한 것 같은데, 고종이 이 대포로 전주성을 공격할 뜻으로 해석하며 피난하지 못한 주민들을 걱정하자, 영의정 심순택은 홍계훈이 아직 대포로 공격하지 않은 이유는 옥석이 함께 타버릴 것을 염려한 때문이고, 이원회의 군사와 합세하면 당장 토평할 수 있을 것이라고 고종을 안심시켰다.[39] 그리고 홍계훈 자신도 성을 수복하는 일이 시급하다고 하여도, 성내의 주민들을 염려하여 화포를 사용하지 않고 동학농민군이 스스로 무너지기를 기다렸다고 보고하였다.[40] 물론 이것은 전주성을 신속히 회복하지 못한 홍계훈의 변명으로도 볼 수 있지만, 진실로 해석하는 것이 타당하지 않나 한다. 그가 이렇게 주민 보호를 최우선으로 하는 전술을 전개할 수 있었던 결정적 요인은 3일 전투에서의 승리였다. 그는 이때 동학농민군이 며칠 되지 않아 스스로 무너질 것이라고 전세를 정확히 판단하였다. 실제 그 이후 큰 전투가 없었음에도 동학농민군은 8일 스스로 전주성에서 퇴각하였다. 그가 전주성 탈환을 늦춘 이유나 대포 사용을 자제한 까닭은 이에만 있던 것은 아닐 것이다. 실제 태조의 어진이 안치된 경기전을 비롯한 성내의 건물이 크게 피해를 입었다는 점도 의식하였다고 본다. 또한 견고한 성벽에

38) 위의 책, 4월 29일조.

39) 『日省錄』, 5월 3일조. 그러나 고종은 순변사가 출발할 때 이미 통위영 대포 2좌를 가지고 가도록 한 바가 있었다(『承政院日記』, 4월 28일조).

40) 『兩湖電記』, 5월 9일조. "期欲剿滅無遺 若以火砲放丸 城內幾萬生靈 難分玉石 且復城時急 不如緩緩保民之爲逾 故外張越城之勢 使賊自潰 以全城內民人"

의지하고 있던 동학농민군과 싸울 때 발생할 관군의 피해도 고려하여야 하였다. 그러나 이 두 가지 사정은 대대적인 무장반란을 진압해야 하는 막중한 책임을 지닌 홍계훈이 전주성 공격을 늦춘 중요한 이유가 될 수 없었을 것이다. 뿐만 아니라 만일 어떤 심각한 사태가 발생하여 관군이 하루 빨리 전주성을 회복하여야 하였다면, 高宗이나 홍계훈은 최선책인 귀화 효유를 포기하고 관군과 주민의 희생이 필연적인 무력 공격도 불사하였을 것이다. 그러나 전세상 우위를 점하고 있고 동학농민군의 궤산을 눈앞에 두고 있던 홍계훈이 동학농민군과 강화를 시급히 체결하여야 할 중대한 사유가 이때에는 아직 없었다.

궤멸적 상황에 놓여 있던 동학농민군이 승기를 잡고 여유만만한 관군에게 읍폐민막의 상계와 실시를 휴전의 '조건'으로 제시하고 수락을 기다렸다고는 전혀 생각되지 않는다. 동학농민군들이 4일 제출한 訴志는 전임 전라감사 김문현을 비롯하여 초토사 홍계훈의 행위에 대하여 강하게 비판하고, 자신들이 내놓은 "奉國太公監國"이 이치에 마땅함을 주장하고 있는 등 강경한 어조를 띠고 있다. 이것은 7일과 8일에 보낸 글과 큰 차이가 있는 태도이다. 이 소지의 제출은 동학농민군들이 급속히 무너지는 사태에 제대로 대처할 수 없던 지휘부가 많은 희생을 치르면서 지금까지 전개한 투쟁의 최소한의 결과, 즉 그들이 내걸었던 "逐滅倭夷 澄清聖道"와 "驅兵入京 盡滅權貴"의 목표에 훨씬 미달하는 성과라도 얻기 위한 고육지계로 해석된다. 그러나 이런 노력마저도 폐정개혁안의 상계와 실시를 물러설 수 없는 조건으로 제시한 것으로 볼 수 없다. 확연히 드러난 관군에 대한 전력상 열세와 통제할 수 없는 동학농민군의 이탈로 말미암아 조건을 관철시키겠다는 의지를 제대로 갖지도 못한 채 소지를 제출하였다고 본다. 설사 항전 의지를 이때에는 잃지 않았더라도, 다음날 소규모의 접전에서도 적지 않은 희생자가 나왔으므로 동학농민군의 사기는 땅에 떨어졌을 것이다.[41] 또한 이 소지에 대한 답변인 홍계훈의 題辭도 소지의 각조는 이치에 닿지도 않고 백성을 혹하게 하며 禍亂을 즐기려는 꾀로 성문을 열고 빨리 투항하라는 냉랭하기 짝이 없는 내용으로,[42] 이 소지를 '조건'이라고 인정해 주는 면을 조금도 발견할 수 없다. 단지 초토사인 그가 했던 일은 동학농민군을 위무할 선후책은 오직 감사와 수령에게 있다고 5월 21일 중앙에 보고한 것뿐이었다.[43] 그리고 이 제사의 발행 전후에 각각 나온 효유문에서도 역시 빨리 무기를 바치고 문을 열고 흩어지면 뒤쫓아 잡지 않겠다는 정부의 일관된 방침, 즉 귀화가 거듭 종용되고 있었을 뿐이다. 동학농민군이 해산을 앞두고 7일과 8일에 보낸 문서에서는 이제 더욱 약해진 모습을 보이며 단지 상계만을 호소하고 있었을 따름이다.[44] 따라서 읍폐민막의 시정은 물론 그 상계도 전혀 휴전의 조건으로 성립하지 못하였음을 확인할 수 있다.

그리고 정부와 고종, 그리고 홍계훈이 동학농민군이 제의한 "휴전"에 관하여 논의하거나, 그 결론을 지시하고 실천하였다는 구체적이고 명확한 증거는 현재로서 연대기 자료를 비롯한 다른 기록에서 한 구절도 발견할 수 없다. 『갑오농민전쟁연구』에서 그 근거로 제시되고 있는 『오하기문』의 기사,[45] 즉 동학농민군을 풀어주

41) 『東匪討錄』, 252쪽.

42) 『兩湖招討謄錄』, 5월 5일조.

43) 『兩湖電記』, 5월 21일조.

44) 위와 같음. "五月初七日 彼類納供文曰 伏以生等歸化之日 卽伸寃之日也 敢不遵令乎 日前所訴民願條條 升聞于天陛 下諭於列邑 俾至安民之地是白齊 其翌初八日 供文曰 今此歸化之日 嚴令申申 敢不感服 訴寃從民願登啓 以永世頌德 惟在閤下處分矣 生等卽當出門 退待下回之昭示兵器依敎輸上是白齊"

었다는 이원회의 질책과 고종의 뜻에 따른 것이라는 홍계훈의 대답도 휴전을 증명하는 데 충분하고 직접적인 사료는 아니다. 만약 고종이 그와 같은 지시를 내렸다면, 충청감영과 전보를 통하여 긴밀한 연락 관계를 유지하였고, 또 5일부터 시작하여 6일과 7일 하급자인 홍계훈에게 지속적으로 상황 보고를 받던 이원회도 중앙에서 변경된 방침을 전달받았을 것이다. 최고 군사지휘자로서 파견한 이원회에게 다른 사안은 충청감영의 중계를 통하여 전달하기도 하면서, 이처럼 중대한 일을 알리지 않았다는 것은 이해가 되지 않는다. 그 질책과 답변을 휴전과 결부시키지 않고, 공동작전으로 동학농민군을 초멸하려고 하던 이원회가 홍계훈에게 그만 공을 빼앗겨 버려 화를 냈기 때문에, 홍계훈이 고종의 뜻을 내세운 것으로 이해하는 편이 당시의 사세에 부합한다.

정부와 고종의 방침이나 홍계훈의 전략은 시종일관 首魁는 죽이고 脅從은 살린다는 것으로, 결국 그것은 그들의 말로 '비도의 귀화'를 뜻하는 것이다. 5월 10일 고종이 소탕하지 않을 수 없다고 말한 여당은 해산한 동학농민군으로서 귀화를 거부하고 다시 소요를 일으키던 자들이었다.[46] 3일의 "대첩" 뒤에 정부와 홍계훈이 동학농민군의 귀화설을 믿을 수 없다는 의견을 여러 번 표명하기는 하였으나, 그것은 동학농민군의 음모일 수 있다는 불신에서 나온 것으로 동학농민군의 귀화를 단연코 수용할 수 없다거나, 진정한 귀화 의지라면 동학농민군과 강화할 수 있다는 의미는 아니다. 따라서 중앙정부의 기본 방침이 귀화에서 철저한 討平이나 '비도와의 타협'으로 갑자기 바뀌지는 않았고, 홍계훈도 전주성을 완벽하게 회복할 방책을 마련하기도 하였으나 동학농민군을 큰 소동 없이

45) 黃玹, 앞의 책, 第一筆, 40쪽.
46) 『日省錄』, 5월 10일조.

해산시키려고 했던 당초의 의도에서 강경한 탄압으로 선회해 버린 적은 없었다. 물론 주모자들의 체포와 처벌은 결코 포기할 수 없던 임무였다. 만일 5일 이후 특별한 上旨가 있었다면, 그것은 다른 것이 아니라, 수괴는 용서하지 않고 협종은 귀화시킨다는 원래의 방침이 분명하다. 『오하기문』의 그 기사는 홍계훈이 전주성의 동학농민군을 충분히 섬멸시킬 수 있었음에도 불구하고 그대로 해산하게 하여 동학농민군이 목숨을 구할 수 있었다는 데에 대한 양반지배세력의 비판을 반영한다고 생각한다.

Ⅲ. 청 · 일 출병의 영향

弊政改革案의 上啓와 實施를 '조건'으로 하는 전봉준의 '휴전제의'를 정부와 고종이 수락함으로써 전주화약이 성립되었다고 주장하는 학설도 있다.[47] 그리고 이와 같은 휴전의 성립과 동학농민군의 철수를 결과한 가장 중요한 요인으로 청 · 일 양국군대의 조선상륙에 따라 야기된 '국제분쟁'이었다고 보는 것 같다.[48] 이러한 사정으로 말미암아 정부나 동학농민군이나 모두 전투 상태를 빨리 종식시켜야 될 입장이었다는 것이다.

여기에서 살펴봐야 될 문제는 '국제분쟁'이 치열하게 전투를 벌

47) 鄭昌烈, 앞의 책, 158~163쪽.

48) 그러나 위의 책 162쪽에서는 동학농민군의 전세상 불리함 때문이라고 말하므로 어느 것이 진정한 이유인가 파악하는 데 혼란이 온다. 그러나 전체 기술 내용으로 보면, 청일군의 상륙이 가장 중요한 요인으로 작용하였다는 것으로 이해된다.

이던 동학농민군과 관군 양자에게 어떻게 어느 정도 영향을 주었는가 하는 점이다. 『갑오농민전쟁연구』를 포함한 일부의 연구는 『양호초토등록』 등 관찬 문서를 어느 정도라도 신빙할 수밖에 없기 때문에, 패전한 동학농민군이 어떻게 관군과 대등하게 강화와 화약을 체결할 수 있었는가 하는 논리적 모순을 해결하기 위하여 대외적 위기를 휴전과 강화의 결정적 조건으로 제시한다.[49] 필자도 당시에 조성된 대외적 위기가 조정은 물론이며 홍계훈과 동학농민군에게 영향을 전혀 미치지 않았다고는 보지 않는다. 그러나 이것이 실질적으로 얼마만큼 주요한 조건이 되었는가는 충분히 검토할 필요가 있으며, 대외적 위기의 발생과 그 영향의 파급 과정을 구체적으로 살펴 외국군의 출병이 양자의 '휴전'에 별로 큰 영향을 미치지 못하였음을 밝히겠다.

동학농민군이 봉기하여 고부에서 대승리를 거두는 등 사태가 심상치 않게 돌아가자 민영준은 청국에게 군사력 도움을 당장 요청하려고 하였다. 그런데 이 문제는 그렇게 단순하지 않았고, 잘 못

---

49) 청·일군의 상륙 때문에 동학농민군이 해산하게 되었다는 견해는 『梧下記聞』·『林下遺稿』·『甲午略歷』·『五十年の回顧』 등 그 근방에 살던 일반인들이 남긴 기록에서는 이상하게도 찾아볼 수 없다. 또한 1920, 30년대에 나온 천도교 측의 자료에도 별로 언급되고 있지 않다. 그러나 일제 강점기에 청일전쟁에 관련된 연구가 진행됨에 따라 당시 서울의 정치외교계에서나 알 수 있던 청일 양국의 출병에 대한 사실이 동학농민전쟁연구에도 고려되었지만, 청일전쟁 때문에 동학농민군의 봉기가 허사로 돌아갔다는 일반의 '상식'을 회의하지 않았으므로 관련 자료들을 세밀히 검토할 필요성을 느끼지 못한 듯하다. 이런 연구의 선구적인 예가 1930년에 나온 田保橋潔의 『近代日支鮮關係の硏究』이다. 다음해에 동아일보에 연재된 金庠基의 『東學과 東學亂』도 이 견해를 충실히 수용하였다. 특히 이점은 일본인 학자들이 강조하였는데, 청·일의 출병은 동학농민군의 봉기가 자초한 것이라고 하는 잘못된 해석과 일정하게 연관이 있다고 생각한다.

하면 큰 재앙을 불러올 수 있는 것이었다. 이때 고종 등이 걱정한 것은 청국군의 출병 자체보다는 그것이 가져올 일본과 러시아의 출병에 따른 국제전의 발생이었다.[50] 그럼에도 불구하고 전주성 함락으로 위기감을 느낀 고종은 청국에 구원을 요청하자는 민영준의 제의를 받아들여 4월 30일 밤 원세개에게 정식으로 파병을 요청하였다.[51] 그러나 청국군의 동원이 필요 없다는 홍계훈의 건의가 있을 정도로 5월 3일의 전투는 대승리였고, 또 청국군의 출동에 대항하여 출병을 강행하려는 일본을 막기 위하여 정부는 4일 밤 다시 원세개에게 청국군의 상륙을 중지시킬 것을 요구하였다.[52] 그런데 조선주재 일본 대리공사인 스기무라(杉村濬)는 이미 4월 18일 조선정부가 청국에게 원병을 요청할 것으로 관측되므로 일본정부도 출병 준비를 할 필요가 있다고 외무대신에게 보고하는 기민함을 보였다.[53] 그는 4월 30일 원세개를 직접 방문하여 청국군 출병에 관한 의견을 묻고,[54] 그 날 당장 天津과 芝罘에 주재한 자국의 영사에게 청국의 동태를 관찰해 달라고 요청할 정도로 청국의 출병을 예의주시하고 있었다.[55] 또한 5일에는 제물포조약에 의거하여 공사관을 보호하기 위하여 일본군을 출동시키었다고 외무독판 조병직에게 정식 통고하였다. 이와 같은 일본의 출병은 예상하지 못했던 바는 아니었으나, 막상 당하자 당황한 정부는 3일 거둔

50) 『駐韓日本公使館記錄』 1, 機密第八二號 本五四, 535쪽.

51) 『清光緖朝中日交涉史料』 卷13, (楊家駱主編, 『清光緖朝文獻彙編』 제17책 所收, 鼎文書局), (953) 北洋大臣來電 5월 1일 倒, H247쪽.

52) 위의 책, (964) 北洋大臣來電 5월 5일 倒, H248쪽 ; 이 요구는 실제로 4일밤에 한 것이다(『駐韓日本公使館記錄』 1, 機密第八三號 本五五, 540쪽 참조). 이렇게 이 전보당의 문서 날짜는 전보가 도착한 날짜이기 때문에 하루씩 늦은 것이 많다.

53) 田保橋潔, 1972, 『近代日鮮關係の研究』 下, 宗高書房, 復刻, 289~292쪽.

54) 위의 책, (954) 北洋大臣來電 5월 1일 倒, H247쪽.

55) 『駐韓日本公使館記錄』 1, 第發一九號 天津, 發第二十號 芝罘, 380쪽.

전주성 전투 승리와 청국군의 상륙 보류 요구를 근거로 일본군의 상륙 중지를 요구하였다.[56] 반면 이미 전날 일본으로부터 출병 통고를 받은 청국은 일본군의 병력은 많아서도 안 되고 내지로 진입시켜도 안 된다고 응답하였다.[57] 그러나 6일 오후 제물포에 도착한[58] 특명전권공사 오오도리(大鳥圭介)는 이런 항의를 무시하고 420명의 해군과 순사 20명을 이끌고 7일 오후 늦게 서울로 진입하였다.[59] 또한 같은 시각에 청국군도 아산의 白石浦에 상륙을 개시하고 있었다.[60]

이처럼 동학농민군의 전주성 함락 직후부터 본격적으로 조성되기 시작한 외국군대 진주라는 대외적 위기는 국내 문제를 외세에게 의존하여 쉽게 해결하려고 하였던 정부를 곤경에 빠트렸다. 그런데 이 위기의 고조 과정에도 중요한 시점이 있다. 즉 5월 1일은 청국군이 출동을 명령받은 날이었고,[61] 또 일본 외무대신 陸奥宗光은 다음날 조선으로 귀임하는 大鳥圭介에게 동학농민군이나 청국군과의 교전도 염두에 둔 훈령을 내린 날이었다.[62] 그리고 4일과 5일에는 양국 군대의 상륙을 막으려는 정부의 조처가 나왔다. 그러나 그런 노력은 허사로 돌아가고, 7일 오후에 양국 군대가 각각 입경하고 상륙하였다.

이렇게 점증된 위기는 정부 당국자에게 적지 않은 여파를 미쳤다. 특히 6, 7일에 강행된 일본군의 상륙과 입경이 가한 충격은 큰

56) 위의 책, 機密第八三號 本五五, 539~541쪽.
57) 1988, 『駐韓日本公使館記錄』 3, 電受第二一七號, 국사편찬위원회, 434~435쪽.
58) 위의 책, 電受第二一五號, 434쪽.
59) 『駐韓日本公使館記錄』 1, 機密第八六號 本五七, 543쪽.
60) 『淸光緖朝中日交涉史料』 卷13, (978) 北洋大臣來電 5월 8일 倒, H250쪽.
61) 1986, 『李鴻章全集』 (二), 電稿 二, 上海, 人民出版社, 5월 1일, 684쪽.
62) 『駐韓日本公使館記錄』 3, 機密送第十九號, 423~424쪽.

것이었다고 생각된다. 그러나 조선외교정책에 막강한 영향력을 가지고 있던 이홍장과 원세개는 이때까지만 하여도 일본군의 출동이 별 것 아닌 것으로 인식하였고,[63] 또한 본국의 의도를 정확하게 파악하지 못하는 오오도리 때문에 일본의 출병 의도를 안이하게 판단하고 있었다.[64] 따라서 정부는 닥쳐올 사태에 대한 두려움을 느꼈을지라도, 약간이나마 여유를 가지고 있었을 것이다. 또한 일본을 견제한 듯한 영국공사도 고종을 알현하기도 하였다.[65] 마침 고종이 이미 요청하였던 미국의 군함도 제물포에 입항하였다.[66] 그럼에도 불구하고 7일 일본군이 조선 관리들의 제지를 뿌리치며 서울로 들어오자 크게 놀랐다.

그러나 이때 상황은 청·일 양국군의 교전이 눈앞에 닥쳤다던가, 청·일 양국이 조선의 내정에 간섭하며 무리한 요구를 제시하고 압박을 심하게 가하는, 그야말로 위기일발의 사태로는 아직 발전하지 않았고, 단지 그 서막에 불과하였다. 청국군은 동학농민군의 존망에만 관계한다고 원세개가 공언하고 있었고,[67] 일본군은

---

63)『清光緒朝中日交涉史料』卷13, (960) 北洋大臣來電 5월 4일 到, (961) 北洋大臣來電 5월 5일 到, H 248쪽. 이 시기에 청국은, 大鳥圭介는 일이 일어나는 것을 좋아하지 않으므로 다만 순사 20명만 데리고 올 것이라고 오판하였고, 일본은 動兵의 뜻이 없다고 보았다. 사태가 그런 수준을 넘어서도, 일본군은 어디까지나 관리와 상인만 보호하여야 하고 조선의 내지에 들어가서는 안 된다는 정도의 경고를 하는 안이한 태도를 보였다. 그리고 이런 접촉 내용을 조선 정부에 통고해 주는 등 조선 관리들이 약간이나마 안도할 수 있는 견해를 전달해 주었고, 심지어 元世凱는 청국군이 일본군을 막겠다는 호언장담까지 서슴지 않았다.

64) 林明德, 1984,『元世凱與朝鮮』, 中央研究院 近代史研究所, 354~359쪽.

65)『清光緒朝中日交涉史料』卷13, (965) 北洋大臣來電 5월 5일 到, H248쪽.

66) Spencer J. Palmer, 1983, Korea-American Relations, Vol 2, University of California Press, 332쪽.

67)『清光緒朝中日交涉史料』卷13, (964) 北洋大臣來電 5월 5일 到, H248쪽.

공사관과 상민 보호를 보호하기 위하여 입경하였을 뿐이라고 스기무라는 우겼다.[68] 또한 8일만 하여도 오오도리는 서울도 평안하고 동학농민군도 어느 정도 진정되었으므로 군대를 더 이상 입경시킬 필요는 없다고 본국에 건의하였다.[69] 사실 심각한 위기 상황은 양국 군대의 상륙이 이루어지던 이 시기, 즉 동학농민군이 전주성에서 농성하다가 해산하려고 하던 시점에서 발생한 것이 아니라, 동학농민군이 해산한 이후부터 본격적으로 조성되었다.

조선정부의 가장 긴급한 문제는 일본의 철병이었으나, 일본은 제물포조약을 거론하고, 청국군의 주둔을 핑계로 철병 요구에 응하지 않았다. 오히려 9일에는 4천 명에 가까운 증원군 가운데 선발대 격으로 육군 8백 명을 인천에 상륙시켰다가 다음날 서울로 끌고 들어오는 등 도발 야욕을 노골화하였다.[70] 이런 침략 행위에 맞서 정부는 9일부터 연일 철병을 요구하였다. 하지만 일본은 13일에 3천3백 명의 병력을 다시 상륙시키고, 더 나아가서는 이 병력을 서울과 인천 사이의 요충지에 주둔시키었다. 15일 외무독판 조병직은 이원회와 홍계훈의 전보를 근거로 동학농민군은 완전히 진압되었다고 하며 거듭 일본군의 철수를 강력하게 요구하였다. 이에 대하여 일본은 동학농민군 해산은 사실과 다르다니, 아산의 청국군이 증강된다느니 하면서 철병을 거부하였다. 12일 陸奥宗光이 총리대신 伊藤博文에게 청국군과 공동으로 동학농민군을 진압하고, 내정을 개량하려는 방책을 심의, 결정해 줄 것을 요청한 것으로 보아 이 시기에 사태는 청·일 양국의 충돌로 치닫고 있었다고 할 수 있다.[71] 원세개도 3일의 승리는 홍계훈이 청국군을 막기 위하여

68) 『駐韓日本公使館記錄』 1, 機密第八三號 本五五, 539~541쪽.
69) 위의 책, 機密第八七號, 544쪽.
70) 『駐韓日本公使館記錄』 3, 機密第二五號信, 459~464쪽.
71) 위의 책, 六月十五日閣議案並決定, 445~446쪽.

과장하였으며, 동학농민군은 청국군이 상륙하자 도망한 것이라고 자찬하였고,[72] 청국군을 먼저 철수시켜 일본군을 물러나도록 하자는 조선정부의 요구에 대하여 일본군 증강을 앞세우며 사실상 거부하였다.[73] 일본군이 계속적으로 증강되는 등 사태가 심상치 않게 되어 가자, 청국도 10일을 넘어서는 동학농민군보다는 일본군에 대한 대처를 더 중시하게 되었다.[74] 한편 정부는 철병 요구를 이런저런 핑계를 대며 전혀 듣지 않는 청·일 양국의 군대를 철수시키기 위하여 조선주재 서양 각국의 공사들에게 청·일 양군의 공동 철병을 조정해 달라고 부탁하기에 이르렀으나 전혀 효과가 없었다.[75] 이후 일본은 정부에게 내정개혁을 강요하고, 청국에게 도발하여 전쟁을 촉발시켰다.

이상에서 동학농민군의 전주후퇴를 즈음하여 전개된 대외적 위기상황에 대하여 알아보았다. 그 까닭은 많은 연구자들이 이 문제가 전주화약의 가장 중요한 조건이라고 설명하고 있기 때문이고, 과연 이 위기는 어떤 단계를 경과하며 발전되었는가를 구체적으로 살필 필요성이 있기 때문이다. 전체적으로 보았을 때, 증파된 일본군이 인천에 상륙한 9일을 전환점으로 하여 그 이후 사태는 상당히 심각하게, 일촉즉발의 위기로 발전하였다고 할 수 있다. 이와 같은 위기의 발전 과정은『양호전기』에 여실히 나타나 있다.

홍계훈이 정부로부터 3천 명의 청국군이 출동할 것이라는 통보를 받았던 때는 5월 1일이었다.[76] 그런데 홍계훈은 대승리를 거둔

---

72)『淸光緖朝中日交涉史料』卷13, (984) 北洋大臣來電 5월 9일 倒, H250쪽.
73) 위의 책, (985) 北洋大臣來電 5월 9일 倒, H250쪽.
74) 위의 책, (989) 北洋大臣來電 5월 10일 倒, H251쪽.
75) 朴日根 編, 1984, Anglo-American and Chinese Diplomatic Materials Relating to Korea(1887~1897) －근대한국관계영미중외교자료집, British Diplomatic Archives, Inclosure 2,3in No. 332, 三英印刷, 178~179쪽.
76)『兩湖電記』, 5월 1일조.

다음날인 4일 전과를 보고하면서 청국군이 상륙하면 호서와 호남에 폐단이 적지 않게 생길 것을 우려하여 동정을 봐가며 상륙토록 하는 것이 좋을 듯하다고 충청감사에게 건의하였다. 이미 1일 정부에서도 이들의 군량 부족을 염두에 두고 충청감영에서 돈과 양식을 마련하여 보내도록 조처한 바가 있었다. 여기에 청국군의 군량까지도 확보해야 한다면 분명히 커다란 폐가 되었을 것이다. 잘못하였다가는 동학농민군의 봉기가 민간에 더욱 확산될 가능성도 없지는 않을 것이라고 판단하였던 것 같다. 홍계훈의 판단으로는 관군이 일단 승기를 잡았으므로 전주성을 회복하는 데는 청국군의 조력이 필요 없었고, 또 무엇보다 군량 확보가 염려되었던 것이다. 즉 그는 정치외교적인 고려에서 청국군의 상륙을 저지하려고 하였던 것이 아니라 어디까지나 전투 지휘자로서 전황을 정확히 판단한 다음 그와 같은 건의를 올렸던 것이다.

그리고 4일 홍계훈의 전날 승전을 보고 받은 이후부터 정부는 비록 동학농민군이 귀화하겠다는 뜻을 표명하였더라도 그대로 믿지 말고, 이원회의 군대와 합력하여 토멸하도록 누차 지시하였다. 그런데 그 의미는 청국군의 도움을 기다리지 말고, 조선 병력만으로 동학농민군을 토멸하라는 의미로 해석된다. 정부로서는 청·일 양국의 출병 때문에 곤란하였으므로 일본에게 출병 빌미를 줄 수 있는 청국군의 전투 개입을 막아야 되었던 것이다. 청·일군의 출병 사태를 맞아 정부가 이런 점도 염두에 두지 않았다고는 생각하지 않는다. 그렇다고 하여 이러한 대외적 상황이 정부가 홍계훈에게 동학농민군과 강화나 화해를 하도록 권고하였을 것이라고 하는 가정을 뒷받침해 줄 수 있는 근거는 아니라고 생각한다. 왜냐하면 정부는 3일의 전투 승리와 그 이후의 전세를 통하여 동학농민군의 토멸을 자신하고 있었고, 그때까지만 하여도 정부 내에서 청·일군의 충돌을 필연적인 것으로 판단하는 징후를 찾아볼 수 없기 때문이다. 그러므로 급박한 대외적 위기에 직면하였더라도 정부는 강화보다는 토멸과 귀화라는 종전의 강경한 방침을 고수하였던 것이고, 동학농민군과 강화나 휴전을 맺음으로써 그 위기에서 벗어나려고 하였던 것이 아니라, 좀 더 강력한 무력행사로써 위기의 원인을 제거하려고 하였다. 이를 통해서 보면 대외적 위기라는 조건은 동학농민군과 관군 사이에 평화를 가져온 것이 아니고, 오히려 정부의 태도를 경화시키는 요인이 되었다고 볼 수 있다. 그러나 이 강경책도 어디까지나 무력의 위협을 통하여 동학농민군을 해산, 귀화시키려고 하던 기본적 대책에서 벗어난 것은 아니었다고 본다.

정부가 홍계훈에게 일본군의 입경을 처음으로 알려준 때는 5월 10일이었다. 즉 "청국군은 전진할 뜻이 없고 일간 환국한다고 하고, 일본은 상민을 보호하겠다고 하며 일전에 병력을 이끌고 입경하였을 뿐이다."는 전보가 도착한 것은 동학농민군의 전주후퇴와 일본군의 입경이 며칠 지난 이날이었다.[77] 이에 대하여 홍계훈은 "청국군의 귀환은 호서와 호남의 폐단을 덜은 것이 되어 다행이다. 일본군의 입경에는 복병을 숨겨 만일의 사태를 예비하는 것이 좋을 듯하다."는 사태 해결과는 동떨어진 현실성 없는 조언을 아끼지 않았다. 여기에서 나타나듯이 홍계훈이 일본군의 입경 사실을 처음 알았던 때는 10일이었고, 청국군의 전진을 막으려고 했던 근본적인 이유는 군량 확보 문제였다.

또한 청·일군의 문제 때문에 고심하던 정부가 그 사정을 홍계훈에게 본격적으로 상세히 알려주었던 때는 일본군이 京仁間의 요충지를 확보한 직후인 14일이었다.[78] 일본군은 청국군이 철수하지

77) 위의 책, 5월 10일조.
78) 위의 책, 5월 14일조.

않는다고 핑계 대며 병력을 증강시키고 있었고, 청국군은 동학농민군이 완전히 귀화하지 않았다고 칭탁하며 철수하지 않았으므로, 정부는 홍계훈에게 동학농민군은 거의 진정되었으므로 염려할 바가 없다는 뜻으로 內署에 전보를 보내 양국이 빨리 물러갈 수 있도록 하라고 지시하였다. 그러나 정부는 그에 따른 홍계훈의 보고가 미흡했든지, 아니면 사태의 진행이 너무 급박하였든지, 청국군이 상경한다고 하므로 동학농민군 토멸과 귀화의 연유를 빨리 전보하라고 다시 명령하였다. 홍계훈은 다음날 재차 상세한 보고를 보내며 소수 병력만 전주에 남기고 초토군을 포함하여 순변사와 심영병을 즉각 회군시키면 청일군이 아무 일 없이 돌아갈 것이라고 건의하였다.[79] 정부와 홍계훈이 청일 양국의 군대를 함께 의식하며 그 철병을 위하여 전개한 '공동작전'은 이때의 지시와 보고뿐이다. 이와 같이 청·일의 출병으로 유발된 대외적 위기가 전주에 있던 홍계훈에게 전달된 것은 10일 이후였고, 그에 따른 구체적인 조처는 14일 이후에 이루어졌던 것이다. 이 사실은 앞에서 살펴본 대외적 위기의 고조 과정과 부합하는 것이다. 따라서 홍계훈이 무력을 동원하여 동학농민군을 토멸하지 않고, 해산과 귀화를 허용한 이유와 청·일의 출병 이후 야기된 국제분쟁은 거의 상관이 없다고 할 수 있다.

이런 대외적 위기상황은 동학농민군과도 깊은 관계를 가질 수밖에 없었다. 청국군의 출동 가능성에 대한 소문이 최초로 일어났던 때는 4월 초순으로 이들이 군산에 상륙하여 동학농민군의 뒤를 치려고 한다는 것이었다.[80] 원세개는 홍계훈의 부대를 군산으로 수송할 平遠艦을 빌려주면서 동학농민군 봉기의 사정을 살피기 위하

79) 위의 책, 5월 15일조.
80) 『駐韓日本公使館記錄』 1, 京第二八號, 376~377쪽.

여 청국군 徐邦傑 등 10여 명을 파견한 바가 있었다. 이들이 전주에 들어가서 정탐 등의 활동을 하자, 곧 청국군의 동원으로 확대되어 와전되었을 것이다. 이때는 전주에도 러시아까지 조선을 침공한다는 소문이[81] 나돌 정도로 외세의 침략에 대한 불안감이 고조되어 있었다. 그리고 동학농민군이 청국군에 대하여 언급한 사실은 홍계훈이 보낸 비밀전문에 있었는데, 이 전문은 서울에 5월 6,7일경에 도착하였다고 한다.[82] 그에 따르면 동학농민군은 민영준을 축출하지 않으면 절대로 해산하지 않겠으며, 청국군이 와서 자신들을 죽여도 다시 일어나겠다는 내용의 투서를 보냈다고 한다. 이것을 통하여 알 수 있는 점은 동학농민군이 해산 전에 청국군 출동의 사실을 알고 있었으며, 용기로 가장되어 있지만 상당한 두려움을 느끼고 있었다는 사실이다. 정부가 홍계훈에게 청국군 출동을 알린 것이 1일이었으므로, 그가 청국군이 온다는 말을 작전상 의도적으로 흘렸을 가능성은 높다.

해산한 이후 동학농민군이 띄웠다고 하는 통문에 따르면, 청국군의 숫자는 3천 명뿐인데 수만 명이라고 과장되게 전파되어 해산하였지만, 자신들은 청국군이 물러가면 義旗를 다시 들 것이라고 공언하였다.[83] 이 통문의 내용은 동학농민군의 해산 이유가 청국군의 출동이라는 주장의 확실한 근거로 제시될 수 있을 것이다. 그

81) 홍계훈이 동학농민군과 내통하였다고 金始豊을 죽이자, 그에 반발하여 전주성내에 내건 격문에서 보인다(위와 같음) ; 그 러시아 침공설은 청과 러시아 사이에 긴장이 일어나자, 1894년 봄 러시아 변경을 정탐하던 청의 聶士成이 조선의 국경 안으로 들어와 웅기에 있던 큰 돌에 刻字해 놓은 것이 러시아의 침공으로 와전된 것이라고 한다(金禹鉉, 『竹圃集』「上李按撫奎遠」「與勤齋宗伏」).

82) 『駐韓日本公使館記錄』 1, 外務大臣 陸奥宗光 殿, 394쪽. 그러나 『兩湖電記』와 『兩湖招討謄錄』에는 이런 내용의 전보는 없다.

83) 위의 책, 第八一號 本省, 12일 招討使電報, 400쪽.

러나 이 통문의 실재 여부에 의심을 품을 만한 단서가 있다.『주한일본공사관기록』은 조선정부가 통문을 싣고 있는 홍계훈의 전보를 12일에 받았다고 하는데,『양호전기』에는 이날 전신이 우뢰로 고장이 나서 한 통도 보내지 못한 것으로 되어 있다. 그리고 12일을 전후한 전보에서도 이런 내용의 것은 전혀 발견할 수 없으므로 그 진위가 의심된다. 일본이 동학농민군과 청국 양쪽을 걸어 철군을 거부하기 위한 핑계를 자작했는지도 모른다. 이런 개연성은 天佑俠이나 일본정부 밀정들의 활동을 통해서도 충분히 인정될 수 있을 것이다.[84] 역시 조선측 기록에서는 찾을 수 없는, 다시 봉기하겠다는 앞의 비밀 전보도 이런 맥락을 가지고 있었을 수 있다. 이외에도 이때 동학농민군은 관군의 추격을 피하여 각지로 해산하고 있었으며, 여러 세력들이 제각기 이원회 등에게 폐정개혁안을 제출하며 시정을 요구하고 있었기 때문에 재기하겠다는 통문을 돌릴 형편은 못되었다는 점도 중요한 고려 사항이다. 그런데 총지휘를 맡은 전봉준과는 달리 전주성에서 퇴각하지 않고 계속 관군이나 청국군과 결사항전하겠다는 의지를 굽히지 않은 일부 동학농민군이 있었을 가능성은 높기 때문에, 혹시 이 통문이 그들에 의하여 발행되었을지도 모른다. 하지만 전세가 기운 마당에 이들은 소수파에 불과하였을 것이다. 이들의 의견이 통문의 요지대로라면 강화나 화해 같은 것은 존재하지도 않았고, 설사 있었다고 하여도 무시한 것과 마찬가지이다.

다음에는 청국군의 출동이 동학농민군의 해산에 커다란 영향을

---

84) 姜昌一, 1988,「天佑俠と朝鮮問題」『史學雜誌』97~98, 참조 ; 박일근, 앞의 책, Inclosure2 in No.407, 241쪽. “상해에서 활동하던 한 영국인이 조선정세와 관련된 청일 양국의 정보를 수집하여 보낸 보고서에 따르면, 서울에는 일본정부의 비밀 요원이 15명이나 있었고, 그중에는 상해에서 거주하던 자도 있었다고 한다”

미쳤다고 구체적으로 기록하고 있는 외국인들이 남긴 자료를 살펴보겠다.

조선주재 영국 대리총영사인 가드너가 5월 4일 북경의 오코너에게 올린 보고에 따르면, 전주성을 함락한 동학농민군은 28일 관군과의 전투를 성공적으로 마친 뒤, 공주를 향하여 진격하다가 청국군이 도착하였다는 소식을 듣고 다시 전주성으로 돌아갔다고 한다.[85] 또 그가 8일에 접수했다고 하는 소식은 이 사실을 더 구체적으로 전하고 있다.[86] 동학농민군이 공주로 진격할 때 관군은 전혀 막지 않았지만, 그들은 청국군이 올 듯하자 전주로 돌아갔고, 그 후 홍계훈의 군대와 싸워 대패하였기 때문에 크게 사기가 저하되었다고 한다. 가드너는 만약 청국군이 출동하지 않았더라면, 동학농민군이 공주를 점령하였을 것이고, 이는 곧 일본과 러시아가 출병하는 구실이 되었을 것이라고 판단하였다. 하여튼 다른 기록에는 나오지 않는 이 두 건의 보고에 대하여 제기할 수 있는 의문은 동학농민군이 공주를 향하여 출발한 일자가 서로 틀리는 등 내용이 부정확하다는 점이다. 5월 4일자 보고는 홍계훈 부대와 전투를 치른 뒤인 28일 이후라고 한다. 그러나 이때에는 전혀 관군에게 저지를 받지 않고 공주를 향하여 진격할 수 없었던 상황이었다. 따라서 청국군 때문에 전주로 돌아와 농성하였다는 사실 자체도 믿기 어렵다. 설사 동학농민군이 공주로 진격하였다고 하여도 전주성으로 돌아갈 수밖에 없던 이유는 청국군 때문이 아니라 홍계훈이 지휘하는 관군의 저지 때문일 것이다. 또 다른 보고에 나타난 상황은 동학농민군들이 출성한 때는 27일 오후나 28일 이른 아침임을 말해준다. 23일의 황룡촌 이후 전주를 향하여 빠른 속도로 계속 진군

85) 朴日根, 위의 책, Inclosure in No.315, 147쪽.
86) 위의 책, Inclosure1 in No.316, 149쪽.

을 강행하여 27일 정오 이후에 겨우 전주성에 들어온 동학농민군이 쉬지도 않고, 또한 北接의 자취도 사라져 버린 지 오래되어 응원을 받을 수 없게 된 마당에 다시 북상을 시도하였다는 것은 잘 이해되지 않는다. 당시 청국은 자신들의 출병이 사태 진정에 크게 기여하였다고 선전하였으므로 그들의 정보에 의존하였을 가능성이 높은 가드너가 부정확한 보고를 올렸던 것 같다. 설혹 동학농민군이 공주로 진군하다가 청국군의 출동 소문 때문에 회군하였다고 하여도, 이 자체가 8일의 해산에 결정적 영향을 미쳤다고 보기 힘들다. 이 기록은 혹시 회덕 등지에 집결하여 공주로 들어가려던 충청도 동학농민군의 해산과 혼동한 것이 아닌가 생각된다.

동학농민군의 해산과 청국군의 출동에 관련된 다른 자료인 『동방협회보고』에 따르면, 청국군이 관군을 돕기 위하여 아산에 온다는 것을 들은 각지의 동학농민군은 무리를 해산하여 산속 등지로 숨었으며, 전주의 동학농민군도 4일 밤에 떠나 성에는 소수만이 남았고, 그렇게 되자 관군은 겨우 진격할 채비를 하였다고 한다.[87] 마치 동학농민군의 해산은 청국군의 출동 때문인 것으로 기술하고 있지만, 상황을 세밀히 검토하면 정확하게 맞는 기록은 아니다. 전주성에 들어오지 않은 동학농민군은 청국군의 출동 소문을 들은 뒤 종적을 감추었을 수도 있다. 그러나 3일 동학농민군은 홍계훈이 이끄는 장위영 부대에게 타격을 줄 수도 있었을 만큼 사기가 충천하여 대대적이고 격렬한 전투를 치렀으나 대패하고 말았다. 물론 28일의 전투 패배로 동학농민군은 크게 동요하여 전주민인들에게 보복하였지만,[88] 3일 이후부터 동학농민군의 전열은 더욱 심하게 흐트러졌던 것으로 나타난다. 이렇게 전투에서 패하여 사기가 크

87) 『東邦協會報告』 38, 100쪽.
88) 『뮈텔주교일기』 1, 237쪽.

게 저하되어 있던 동학농민군에게 부풀려진 청국군의 전진 소문은 큰 부담이 되었을 것이다. 이들이 3일 패하지 않았다면, 또 그로 말미암아 종교적 열광과 주술적 환상이 허물어지지 않았다면, 동학농민군은 그런 소문만으로는 그렇게 쉽사리 무너지지는 않았을 것으로 생각한다. 따라서 동학농민군이 동요하게 된 결정적인 계기는 3일의 패전이었다고 판단된다. 이런 패전 상황에 처한 동학농민군은 전주성에서 퇴각하지 않을 수 없었다.

요컨대 동학농민군은 청국군의 출동을 8일 해산 이전에 분명히 알고 있었고, 그 사실은 해산에 적지 않은 영향을 미친 것은 분명하다. 그러나 거듭 말하지만 동학농민군이 전주성에서 퇴각하지 않을 수 없던 가장 큰 이유는 청국군의 출동보다는 3일 전투에서 홍계훈 부대에게 패하였기 때문이었다. 그리고 청국군이 출동한다고 해서 두려워 해산하였다는 것과 외국군대의 출병으로 위기에 처한 나라를 구하기 위해서 동학농민군이 관군과 화약을 맺었다는 것은 엄연히 다르다. 따라서 경군에게 패배를 당한 마당에 설상가상으로 청국군이 출동한다는 소식까지 전해들은 동학농민군이 홍계훈과 대등하게 화약을 맺었다는 주장은 인정하기 어렵다.

Ⅳ. 전주화약설의 형성

위에서 검토한 바와 같이 '전주화약'은 동학농민군과 관군이나 정부관리 사이에 이루어진 강화나 화해의 결실이라고 보기 힘들다. 커다란 희생을 치르고 이제 막 승리를 거두려고 하던 정부가 그것을 포기하고 불명예스럽고 위험하기 짝이 없는, 동학농민군과의 강화, 화해, 휴전을 선택하여야 하는 최악의 상황도 발생하지 않았다. 반면 동학농민군은 전주성 공방전에서 홍계훈이 지휘하는 관군에게 압도당하여 무너질 위기에 처하고 있었다. 이런 상황에서 전봉준이 택할 수 있는 선택의 여지는 거의 없었다. 강화나 화해는 생각할 수도 없었고, 결사항전을 하든지 아니면 귀화를 하는 것뿐이었다. 여기에서 동학농민군은 귀화를 선택하였던 것이다.

그런데 많은 연구자들이 강화, 화해, 화약을 주장하는 이유는 전투의 승패와 청국군 출병의 영향을 제대로 파악하지 않았다는 것 외에 귀화의 과정이 잘못 알려지기도 하였기 때문이다. 전봉준이 심문과 재판을 받을 때, 홍계훈이 효유문을 지어 자신들의 소원대로 해준다고 하였으므로 감격하여 해산하였고,[89] 27개조의 폐정개혁을 제시하자 홍계훈이 곧바로 승낙하여 해산하였다고[90] 진술하였다. 이것만 보면 홍계훈은 동학농민군에게 폐정개혁과 탐관처벌과 무사한 귀가를 분명히 약속했다고 할 수 있다. 그리고 동학농민군은 관군의 일방적인 요구에 따라 무조건 해산하였던 것이 아니라, 자신들도 주체적으로 요구 조건을 제시하였고, 관군으로부터 그것을 수용하겠다는 약속을 받아낸 다음 해산하였던 것으로 보이기 십상이다. 이런 관점에서 전주화약이 맺어졌음을 주장하는 연구의 하나인 『전봉준과 갑오농민전쟁』은 전주화약의 체결 과정을 서술하면서 3일 전투로 큰 타격을 입은 동학농민군이 협상의 주도권을 잡았던 반면 승전한 홍계훈은 도리어 이끌려 가는 모습으로 잘못 묘사하고 있다. 전투에서 참패한 측이 협상의 주도권을 잡는다거나, 해산의 조건을 제시한다는 것은 생각하기 어렵다.

89) 『全琫準供草』, 初招, 528쪽, 再招 537~538쪽.
90) 『全琫準判決宣告書』(『韓國學報』 39 所收), 188~189쪽.

홍계훈이 약속을 어겼다는 전봉준의 비난이 과연 어느 정도 타당한지 한우근의 연구를 보충하면서 전봉준과 동학농민군의 진의를 알아보도록 하겠다. 한우근은 탐관오리에 대한 처벌과 폐정의 쇄신을 약속하는 정부와 관군의 효유, 선무공작이 주효하여 동학농민군과 정부 사이에 강화가 성립되었다고 주장한다.[91] 이것도 피상적으로 보면 강화설에 속한다고 할 수 있지만, 다른 연구와는 달리 전투에서의 참패가 동학농민군으로 하여금 효유를 받아들이지 않을 수 없게 한 결정적 요인으로 작용하였다 한다. 그런데 이 학설은 사실상 잘못 기술된 부분은 별로 없다고 생각한다. 다만 "강화"가 성립되었다고 보는 관점 때문에 동학농민군의 해산이 자발성에 의한 것이라고 해석될 수 있는 여지를 남겨두지 않았나 생각되고, 동학농민군과 관군의 구체적 접촉 과정을 별로 다루지 않았다고 하는 아쉬움이 있다.

우선 전주성 공방전이 벌어지던 동안 관군과 동학농민군 사이에 오고 간 '효유와 응대'의 과정을 사실적 측면에서 검토하자.

28일 전투가 홍계훈이 보고한 대로 관군이 대승한 것은 아니었더라도, 훈련이 제대로 되지 않은 동학농민군과 미처 피난하지 못한 전주 민인 가운데는 크게 놀라고 위축된 자들이 있었다. 이런 자들은 4, 5명 혹은 6, 7명씩 짝을 지어 성을 나와 도망하였고,[92] 홍계훈은 30일 이들을 체포하도록 각읍에 전령을 내렸다.[93] 이렇게 도주자가 속출하는 사태를 맞아 그는 다시 1일에는 동학농민군

91) 한우근, 앞의 책, 117~121쪽.

92) 주23. 보두네신부는 동학농민군이 전주에 입성하였을 때는 그 숫자가 어린이들을 포함하여 3, 4천명이었으나, 8일에는 겨우 1천 명만이 전주성을 빠져나갔다고 쓴 것으로 미루어, 전주성에서 이탈한 숫자가 대단히 많았던 것 같다.

93) 『兩湖招討謄錄』, 傳令各邑, 4월 30일조.

에게 전봉준을 잡아와 속죄할 것이고, 그렇지 않고 계속 버티면 모두 죽이겠다는 효유문을 발표하였고,[94] 다음날에는 평민들과 이서들이 관군의 진영으로 나와야 하며, 그때 갖춰야 될 것들을 지시하는 전령을 내렸다.[95]

3일의 대격전에서 큰 타격을 입은 동학농민군은 지금까지 홍계훈의 효유에 대하여 반응하지 않았던 것과는 달리 전임 전라감사 김문현이 먼저 많은 양민을 죽였고, 대원군을 받들어 監國토록 하겠다는 것은 이치에 맞으며, 탐관을 죽이는 것은 죄가 되지 않으며, 홍계훈이 대포로 경기전을 훼손하였다고 조목조목 시비를 가리고 강력하게 비판하는 訴志를 4일 홍계훈에게 보냈다.[96] 이 소지는 비록 자신들 거사의 정당성을 역설하는 것이었지만, 요는 자신들이 소지와 함께 제출하는 열읍폐막, 즉 폐정개혁안을 왕에게 보고해 달라는 내용이었다.

동학농민군의 변화된 태도에 응하여 홍계훈도 다음날인 5일 아래와 같은 내용의 題辭, 枋, 曉諭文을 연거푸 내렸다.[97]

(1) 제사

그러나 괴수 전명숙이 이미 죽었다고 하므로 협종은 처벌하지 않는다는 뜻으로써 특별히 생명을 구해 주겠다. 열읍의 폐막이라는 것은 그대로 둘 것은 두고, 고칠 것은 고칠 것이어늘 지금 적어낸 모든 조항은 뒤섞이지 않은 것이 없고 거의 이치에 닿지 않는다. 이것은 어리석은 백성을 속여 혹하게 하고 끝없이 화를 즐기려는 꾀니, 어찌 개과천선의 뜻이 있겠는가? 너희들이 가지고 있는 군기를 지금 가지고 오고, 문을 열어 군대를 맞이하여 조정의 好生之德을 입도록 당연히 할 일.

94) 위의 책, 曉諭文, 5월 1일조.
95) 위의 책, 傳令大小民人等處, 5월 2일조.
96) 위의 책, 賊黨訴志, 5월 4일조.
97) 위의 책, 彼訴題辭, 枋,曉諭文, 5월 5일조.

(2) 방

너희들이 차라리 도망하여 목숨을 구하려고 하면 빨리 성문을 열고 흩어져라, 그러면 결코 뒤쫓아 체포하지 않을 것이고, 역시 마땅히 각읍에 지시하여 막지 말도록 하겠다. (중략) 만약 그렇지 않으면 성을 파괴하여 곧바로 들어가 남김없이 죽이겠으니 모두 반드시 알도록 하라.

(3) 효유문

어제 너희들이 고한 바는 꾸미고 거짓 아닌 바가 없으니 더 말할 필요가 없다. 너희들이 만약 무기를 가지고 오고 문을 열어 군대를 맞이하면 당연히 앞의 榜대로 행하여 각자 안업토록 할 것이니, 수백 명의 생명을 반드시 죽일 리 있겠는가.

이처럼 홍계훈이 발표한 문서들을 길게 인용한 까닭은 그의 입장에서는 이러한 양쪽의 접촉 과정을 강화, 화해, 화약의 과정으로 여기지 않았을 것이라는 점을 보여 주기 위해서이다. 먼저 전봉준이 말하는 것처럼 홍계훈이 폐정개혁과 탐관처벌을 약속하였다는 내용은 전혀 찾아볼 수 없다는 점에 주목하여야 한다. 반면 동학농민군이 홍계훈에게서 유일하게 보장받을 수 있었던 것은 무기를 반납하고 성문을 열고 그대로 해산하는 것이었다. 그것은 곧 귀화를 의미하는 것이다.

동학농민군은 6일 오후 다시 두 명의 사자를 홍계훈에게 파견하여 귀화 의사를 확실하게 밝히고 退散할 때의 안전을 요구하였다. 그럼에도 불구하고, 홍계훈과 정부는 귀화하겠다는 말이 진정이 아닌 것 같다며 믿기 어렵다는 불신감을 보였다.[98] 실제로 홍계훈은 병력이 부족하여 전주성을 완전히 포위하지 못하였기 때문에 동학농민군이 밤에 많이 도망가 버렸으므로 사다리를 만들어 성을

98) 『兩湖電記』, 5월 5, 6, 7일조.

넘어 초멸할 것이라고 보고까지 하였다. 그러면서도 홍계훈은 해산하는 동학농민군을 해치지 말라는 명령을 각읍에 내리겠다고 약속하였고,[99] 7일에는 勿侵標까지 발행해 주겠다고 공언하였다.[100] 동학농민군이 완전히 전주성에서 퇴각하고, 관군이 입성한 날짜는 8일이지만, 이미 이렇게 5, 6, 7일 사이에 동학농민군의 귀화, 해산은 완전히 결정되었던 것이다. 드디어 8일 오전 관군은 성내의 백성을 보호하기 위하여 "外張越城之勢"하며 전주성을 회복하였다.

위에서 살펴본 바와 같이, 홍계훈은 동학농민군에게 폐정개혁이나 탐관처벌을 약속하지 않았다. 관찬 자료에 한해서는 전주성 전투를 벌이던 중에는 그런 약속을 하였다는 기록은 발견되지 않는다. 그러나 이 두 가지 사항은 4월 18일 고종의 칙유에는 그대로 들어있다. 전봉준은 비록 홍계훈의 말은 믿지 않았지만, 고종의 말은 믿은 것처럼 보인다. 대원군으로 하여금 감국케 하자는 투쟁 목표를 가졌던 전봉준 등 동학농민군이 고종이나 정부가 보여주던 읍폐민막의 교정 의지를 어떻게 생각하고, 어느 정도 믿을 수 있었는가 알아보자.

조선왕조의 왕이나 양반관료들은 1862년 임술란의 경우에서 잘 나타나듯이, 체제가 위기를 맞았을 때마다 상투적이고 미봉적인 대책을 내놓고 그 위기를 일시적으로 모면하려고 하였다. 또한 동학농민전쟁의 원인이 하루 이틀에 형성된 것도 아니고, 적어도 1870년대 중반 이후 민씨정권이 파행적인 척족정치를 자행하여 대내적 모순이 심화되고, 또 새로운 대외적 모순이 가중됨으로써 이미 그 폭발이 직전에 예견되기도 하였고,[101] 실제 신원운동을 통하

99) 『兩湖招討謄錄』, 令彼徒處, 5월 6일조.
100) 위의 책, 令彼徒處, 5월 7일조.
101) Spencer, 앞의 책, 297~300쪽. 조선주재 미국공사로서 오fot동안 근무하며 조선 사정에 정통하였던 Augustine Heard는 농민과 병정 등 사회 각

여 동학이라는 강력한 도전세력의 존재가 확인된 바가 있었다. 그럼에도 불구하고 이런 위기적 상태를 방치하다시피 했다는 사실은 집권세력의 빈약하기 짝이 없던 개혁 의지와 위기 대처 능력을 대변한다. 가까이는 고부민요가 어떻게 발생하고, 또 그것이 동학농민전쟁과 어떤 연관을 가졌는지를 고려한다면, 동학농민군은 정부가 그들을 효유하기 위하여 내놓은 개선책은 실질적인 효과를 별로 기대할 수 없다고 판단하였을 것이다. 그들은 이미 정부에 대하여 실망할 만큼 실망하였기 때문에 대대적인 무력 봉기를 일으켰던 것이다. 따라서 그들의 봉기 목적은 서울에 곧바로 올라가 학정의 주범들인 권귀들을 모두 멸하겠다는 수준까지 발전하였던 것이다. "국가의 위태를 생각하지 않고 한낱 肥己潤家할 계책에만 간절"[102]한 공경 이하 수령방백들을 어떻게 하지 않고는 사람이 사람다울 수 없다고 선언하였던 이들이 정부가 효유책으로 내놓은 상투적이고 미봉적인 민막 제거의 약속을 철석같이 믿었을 리가 없다. 이런 동학농민군의 억울함과 각오와 결의를 정부가 알아주고, 그에 따라 폐정을 쇄신하겠다는 약속을 신뢰할 만한 근거를 지나간 날에서 찾는다는 것은 분명 어려웠을 것이다.

더욱이 그들의 무력 투쟁이 관군의 압도적인 무력 앞에 바야흐로 무산되려고 하는 마당에 칼자루를 쥐고 칼끝을 자신들에게 들이대며 제시하는 교구 약속이 과연 어느 정도 효력이 있겠는가 하는 의구심을 가지지 않을 수 없었을 것이다. 그러나 전세상 거의 궤멸 직전에 놓여 있던 그들 처지에서는 믿기지 않는 이 약속을 믿는 것밖에는 다른 도리가 없었다. 다른 말로 하면 동학농민군이 자

부분이 극단적인 불만에 차 있는 조선은 당시 떠도는 멸망의 讖言처럼 모든 불만의 요소를 결합시키는 지도자만 있다면 심각한 혁명이 발생할 것이라고 이미 1891년 12월에 본국에 보고하였다.

102) 『東匪討錄』, 東學軍本邑布告文, 235쪽.

신의 주체적인 의사와 판단으로 폐정개혁의 약속을 믿었던 것이 아니라, 그것은 불리한 전세가 강요하였던 믿음으로서 동학농민군의 본래 의사와는 동떨어진 것이었다. 그리고 효유에 따라 귀화하게 되면 정부의 약속을 확실히 담보하는 데 절대적으로 필요한 무력도 더 이상 유지하기 어렵게 됨이 자명한 이상, 정부가 그 약속을 실행하지 않을 경우에는 그에 대처하기란 지극히 어려울 것이라는 예상도 하였겠지만, 동학농민군으로서는 다른 방도를 선택할 여지가 거의 없었다. 그들은 대외적 위기가 더욱 긴박해졌을 경우에는 효유에만 매달릴 수 없으므로 전주성 공격도 불사해야 하였던 관군과는 전혀 상이한 처지에 놓여 있었던 것이다.

그러나 패전의 충격을 이기지 못한 적지 않은 동학농민군들은 자신들이 그 정도 투쟁하였다면, 원하는바 모두는 아니더라도 정부가 어느 정도의 개혁을 실시할 것이라고 기대하였다고 짐작된다. 서울로 진격하여 중앙권력을 변경하겠다던 자신들의 본래 목표 대신 읍폐민막만이 홍계훈에게 제출되고 있다는 사실은 그런 사정을 시사한다. 정부가 비록 대폭적인 폐정개혁은 아니더라도, 읍폐민막을 약간이나마 제거하지 않을 수 없을 것이라는 전망과 믿음은 절대로 무리한 것은 아니었다. 따라서 귀화를 거부할 수도, 관군의 功城을 막아낼 수도 없던 동학농민군의 지휘부로서도 이것이 가장 현실적이고 유일한 대책이었을 것이다. 또한 그들에게는 일단 전주성에서 해산한 뒤, 후일을 도모하며 사세를 지켜보는 편이 그 비극적 결과가 쉽게 예상되는 장기 농성이나 최후의 일전이라는 가망 없는 모험보다는 유리한 선택으로 보였음이 틀림없다. 그러나 이러한 선택이 전봉준 지휘부 사이에 쉽게 결정되지 못하였을 것이다.[103] 관군에게 당한 참패는 동학농민군 사이에 "자중지

103) 黃玹, 앞의 책, 第一筆, 38~40쪽. 黃玹은 동학농민군이 패배로 말미암

란"을 유발시키기에 충분할 정도로 충격적이었다.

어쨌든 동학농민군이 후퇴하지 않을 수 없었다면, 차라리 정부의 효유를 인정하는 것이 그들에게 유리하였다. 협종은 살려주겠다는 고종의 칙유와 홍계훈의 효유는 신뢰하기 어려웠지만, 그들로서는 일단 믿어보는 수밖에 다른 도리가 없었다. 복수를 꾀하고 있는 관리들이나 다른 세력들에게 자신들이 후퇴하였던 이유를 당당히 밝히고, 그 권위에 의지하여 안전을 보호받을 수도 있었기 때문이다. 또한 왕과 정부가 읍폐민막의 교정을 약속하였으므로 해산하였다고 선전하는 편이 여러 모로 유리했을 것임은 말할 필요도 없다. 이러한 선전의 대상은 일반인 외에 동학농민군도 포함되었을 것이라고 생각되는데, 지휘부로서는 그들에게 조그만 성과라도 안겨주는 것이 당장만이 아니라 후일을 위해서라도 필요하였다. 이러한 배경 아래 동학농민군과 정부 사이에 강화나 화약이 성립하였다고 일방적으로 간주하거나, 혹은 그 사실을 진실로 믿는 사람들, 특히 동학농민군 가운데 그런 사람들이 많이 나왔다고 생각한다.

양자 사이에 맺어졌다고 하는 약속은 전주성 해산 이후의 상황에 의해서도 신빙성이 높은 것으로 여겨질 수 있었다. 정부는 해산된 동학농민군 가운데 수괴와 계속 소동을 벌이는 자들을 제외한 나머지 귀화한 자들을 추격하지 않겠다는 의사를 줄곧 표명해 왔고, 실제 그러하였다. 그 이유는 엄청난 인원이 참가한 투쟁의 후유증을 최소화하려고 했고, 동학농민군의 미해산을 빌미로 한

아 성밖에도 나가지 못하자, 전봉준을 잡아 홍계훈에게 넘겨주고 목숨을 구하려고 하였는데, 전봉준의 술수가 우연히 맞아떨어짐으로써 무사히 해산할 수 있었다고 한다. 물론 이것은 사실을 정확히 전하는 기사는 아니라고 생각되나, 적어도 전주성안에서 일어날 수 있던 상황을 전해준다는 점에서 의미가 있다.

청・일군의 개입 위험성이 높았기 때문이었을 것이다. 그리고 홍계훈・이원회・김학진 등 사태 수습의 책임을 맡은 관리들이 전주후퇴 이후에도 효유문을 발표하며 읍폐민막을 접수하였다. 전주후퇴 직후인 11일부터 20일 사이에 제출된 것이 확실한 읍폐민막은 『갑오농민전쟁연구』에 따르면 모두 3건이다.[104] 그런데 각 건마다 상호 중복되는 조항과 다른 조항이 뒤섞인 점으로 미루어 제출의 주체들이 달랐다는 것을 알 수 있다. 이런 모습은 각지로 해산하던 동학농민군이 정부의 수습 노력을 일단 신뢰하거나, 적어도 자신들이 소원하는 바를 정부 관리들을 통하여 해결하려는 태도를 보여주는 것이라고 하겠다. 김학진도 실행 가능성은 차치하더라도 약간은 파격적인 폐정개혁책을 발표하였다.[105] 결국 이러한 읍폐민막의 제출과 혁파의 공언은 동학농민군과 정부 사이에 강화가 성립하였다는 소문을 사후적으로 더욱 보강해 주었던 것으로 생각한다.

위에서 살펴본 바와 같이 동학농민군은 전주해산을 자신들의 자유롭고 주체적인 의사에 따라 결정한 것도 아니고, 상대방과의 대등한 관계와 조건에서 수용한 것도 아니었다. 한마디로 전주해산은 관군에게 대패함으로써 궤멸 직전에 놓여 있던 동학농민군이 취할 수밖에 없던 선택이었고, 그것은 결국 정부가 동학농민군을 진압하기 위한 기본 방책으로 내놓은 위무와 탄압이 일단은 주효한 결과로서 해석된다.

104) 鄭昌烈, 164~171쪽 참조.
105) 『巡營門曉諭文』, 뮈텔문서, 1894－314번.

V. 맺음말

이상에서 '전주화약'의 근거라고 할 수 있는 동학농민군의 전주 공방전 승리 내지는 불패, 청일 양국의 출병이 미친 영향, 그리고 해산 과정에 대하여 구체적으로 살펴보았다. 그 결과 강화, 화해, 화약이라고 규정하기에는 어려운 점이 많기 때문에 차라리 동학농민군의 '전주후퇴', 또는 '전주해산'이라고 규정하는 것이 타당하지 않는가 생각된다.

첫째, 동학농민군은 전주성 전투에서 참패하였다. 동학농민군이 관군과 그와 같은 강화, 화해, 휴전을 하기 위해서는 최소한 관군과 전세상 비등하여야 하였다. 동학농민군은 홍계훈이 이끄는 경군을 초기에는 유인분산책으로 무력화시키는 데 상당히 성공하였으나, 전주에 입성함으로써 외부 응원이 두절되어 증원되고 있던 관군에게 포위당할 수밖에 없었다. 특히 5월 3일 전투에서 대패함으로써 동학농민군들은 사기를 크게 잃었다. 이들은 종교적 열광과 주술적 환상에서 힘을 얻고 있었는데, 관군의 신식 무기의 위력 앞에서는 그런 정신적 심리적 고양 상태는 여지없이 깨어지고 말았다. 그러므로 동학농민군은 관군과 대항할 의지를 상실하고 공포감에 사로잡혀 전주성 전투에서 이탈하고 있었다. 이런 궤멸에 가까운 상태에서는 동학농민군의 지휘부가 정부나 관군과 대등한 위치에 서서 강화를 하거나 화약을 맺을 수는 없었다.

둘째, 淸·日 양국의 출병으로 야기된 대외적 위기 상황은 동학농민군과 관군 사이에 '평화'를 가져오지 않았다. 대외적 위기는 당시 정부를 커다란 곤경에 빠트린 것은 사실이었으나, 동학농민군 해산 이전에는 사태가 청·일의 군사적 충돌이 직면하였다거나 조선 내정 개혁 요구가 강요되는 위기일발의 수준까지 발전하지 않았고, 이러한 위험은 해산 이후인 9일부터 본격적으로 조성되기 시작하였다. 이런 위기의 발전 경과는『양호전기』의 기록과 그대로 일치하고 있다. 즉 정부가 홍계훈에게 일본군의 입경을 최초로 알려주었던 때는 10일이었고, 다시 청일군의 철병을 요구하기 위한 근거로 동학농민군의 진정 사실을 보고하도록 지시한 때는 14일이었다. 따라서 동학농민군의 전주해산에는 청군에 대한 소문 외에는 대외적 위기가 별로 작용하지 못하였고, 특히 승기를 잡고 있던 정부는 오히려 강경한 조처를 통하여 그 위기의 원인을 제거하려고 하였다.

셋째, 전봉준은 전주에서 해산할 때, 홍계훈에게 폐정개혁과 탐관처벌을 약속 받았다고 하였으나, 홍계훈이 발행한 문서에서는 그런 사실을 전혀 발견할 수 없다. 그가 보장했던 것은 단지 동학농민군의 안전한 귀화였다. 그런데도 연구자들이 동학농민군은 이 두 가지 조건의 실행을 보장받은 다음 강화하였다고 주장하는 이유는 전봉준의 해산 과정에 대한 진술을 그대로 신뢰하였고, 또한 이를 뒷받침하는 자료와 상황을 심층적으로 검토하지 않았기 때문이다. 수없이 속아온 동학농민군으로서는 홍계훈은 물론 왕의 약속도 믿을 수 없었지만, 절대 위기에서 탈출하고 재기를 도모하기 위해서는 전주에서 후퇴하여야 하였다. 그것은 정부가 처음부터 강요하였던 귀화, 곧 동학농민군의 자진 해산이었지만, 전력상 관군을 당해낼 수 없던 동학농민군에게는 유일하고도 최선의 선택이었다.

제8장

대원군의 동학농민군·보수양반 동원 기도

Ⅰ. 머리말

Ⅱ. 동학농민군의 동원 기도

Ⅲ. 동학농민군과 보수유림의 창의

Ⅳ. 맺음말

Ⅰ. 머리말

1894년 6월 21일 새벽 일본군이 경복궁을 점령하고 高宗을 포로로[1] 삼은 만행은 조선왕조의 영토와 주권을 짓밟은 침략행위였다. 일제는 내정개혁이라는 미명하에 친일정권을 수립해 놓고 직간접적으로 조종하였으며, 또한 무력으로 든든하게 뒷받침해 주었다. 아울러 조선인들의 반발을 피하기 위해서 오랫동안 실세한 상태에 있었던 大院君을 정계로 복귀시켰다.[2]

조선인들은 대원군의 과감한 내치와 굳센 쇄국책을 여전히 기억할 뿐만 아니라, 극도로 부정부패하였던 閔氏戚黨을 대신해서 선정을 베풀 수 있는 인물이라고 간주하고 있었다. 특히 후자에서 형성된 대원군의 反閔反外勢의 이미지는 아주 강력하였으므로, 대원군은 안경수 등 친일관료와 일제에게는 큰 이용가치가 있었다.[3]

그러나 대내외적 상황은 대원군이 운신할 수 있는 여지를 별로 주지 않았다. 노련한 대원군도 일제에 의해 설정된 자신의 한계를 처음부터 잘 알고 있었다. 따라서 그는 정권을 장악하기 위한 계획을 세우고 실천해 나갔다. 그것은 크게 나눠 다음과 같은 네 가지 정략이었다. 첫째, 추종세력을 정계에 부식하여 친일관료들을 제압한다. 둘째, 외세끼리 상호 견제하도록 만들어서 조선의 평화를 가

1) 朴日根 編, 1984, Anglo-American and Chinese Diplomatic Materials Relating to Korea(1887~1897) －근대한국관계영미중외교자료집－, British Diplomatic Archives, No.428, 부산대학교, 276~278쪽.

2) 杉村濬, 『在韓苦心錄』, 46~55쪽. 스기무라가 의도적으로 대원군에게 접근하였으며, 특히 사건이 일어나기 직전에는 岡本有之助를 대원군 담당으로 붙였다.

3) 『駐韓日本公使館記錄』 3, 발제85호, 안경수씨와의 내화, 24~26쪽.

져온다. 셋째, 대의명분을 내세워 보수유림층을 동원한다. 넷째, 봉기한 동학농민군을 이용한다. 하지만 대원군의 기도는 일제와 친일정권의 방해와 저지로 모두 실패하였고, 그 결과 자신도 심대한 정치적 타격을 입었다.

이렇게 일제와 친일정권의 그늘에서 벗어나서 독자적으로 정권을 장악하려던 대원군의 노력은 개인적 권력투쟁의 차원에서만 평가되어서는 안 된다. 위의 네 가지 정략은 분명히 그가 정권을 차지하기 위한 책략의 측면도 있지만, 동시에 독립과 주권을 회복하고 자주적 개혁정치를 실행하려는 의지를 담고 있었다. 다시 말하여 기존 연구가 민비에게 품은 숙원, 손자 이준용에 대한 굴절된 애정, 음흉한 정치책략의 측면에서만 대원군의 정치활동을 조명한 것은[4] 사태의 일면만을 너무 중시하고 과장하였다는 비판을 면하기 어렵다. 그렇다고 대원군의 정치적 능력을 과대평가하고 정권욕을 긍정할 필요는 없지만, 민족적 위기를 극복하기 위해서 집권세력 그 누구도 하기 어려운 일을 도모하였다는 사실은 정당하게 재인식하여야 한다.

본고는 동학농민군의 제2차 봉기를 앞두고 실행된 대원군의 정략 가운데 東學農民軍과 保守儒林을 동원하여 일제를 구축하려고 하였던 계획을 중점적으로 고찰하려고 한다. 이에 대해서는 이미 李相伯 등의 연구가 있지만,[5] 사건의 전모를 좀 더 구체적으로 파

---

4) 菊池謙讓, 1910,『韓國最近外交史 大院君傳』, 171·176쪽. 이것은 스기무라 등 당시 조선에서 활동하던 일본인들의 기본적인 인식이었으며, 그 가운데 菊池謙讓은 "이조오백년사를 통하여 고질이라고 불리는 朋黨의 私鬪에 지나지 않고", "立國의 기초로 삼지 않고 國運新興의 기회로 생각하지 않고 다만 하나의 政權集統의 기회로 이용"하였다는 악의에 찬 기술을 하였다. 또한 지금까지도 이와 같은 부정적 인식의 연장선에서 크게 벗어나지 못한 연구들도 보인다.

5) 李相伯, 1962,「東學亂과 大院君」『歷史學報』, 17·8 ; 柳永益, 1994,「全

악할 필요가 있다. 왜냐하면, 관련 자료가 몇 가지 남아 있지만, 친일관료·민씨척족·일제 등 대원군의 정적들이 사건을 주도적으로 조사하고 남긴 문서이기 때문에 사료적 신빙성이 의심되기도 하고,[6] 그 전개 과정도 제대로 밝혀지지 않았기 때문이다. 이렇게 실체도 정확하게 파악하지 못한 상태에서 사건을 해석하고 의미를 부여한다는 것은 큰 무리이다.

또한 동학농민군의 제2차 봉기는 대원군과 "내통"해서 일어났고, "보수적이며 복고적인 민중운동"임에도[7] 불구하고, 기존의 대다수 연구는 동학농민전쟁을 근대적이며 혁명적 투쟁으로 잘못 이해하였다는 주장도 제기되어 대중적 차원에서 적지 않은 파장을 일으켰다. 결국 동학농민전쟁의 의의, 특히 제2차 봉기의 반침략적 투쟁을 과대평가하였다는 뜻이다. 이와 함께 "그의 정치적 후원자이며 자신이 숭배하는 대원군"과 봉기를 공모한 전봉준도, 심하게 말하면, 중앙 정치권력자의 하수인격에 불과하였다는 해석도 가능하다. 문제는 이러한 주장은 실증과 해석의 측면에서 재고할 여지가 많다는 점이다. 예컨대, 대원군이 전봉준에게 밀사를 보냈다는 사실이, 동학농민군은 대원군의 지시에 따라 재기포하였다는 것으로 확대 해석되는 것은 논리적 비약이라고 하지 않을 수 없다. 따라서 먼저 사실을 실증적으로 고찰한 다음에, 선입견을 배제하고 합당한 해석을 하여야 한다.

琫準義擧論」『李基白先生古稀紀念 韓國史學論叢』下, 일조각 ; 같은 저자, 1994, 「甲午農民蜂起의 保守的 性格」『갑오동학농민혁명의 爭點』, 한국정치외교사학회 편, 집문당.

6) 韓沽劤, 1989 중판, 『東學과 農民蜂起』, 일조각, 140~141쪽 참조.

7) 柳永益, 위의 논문, 「全琫準義擧論」, 1636~1643쪽.

Ⅱ. 동학농민군의 동원 기도

1. 대원군과 동학농민군의 관계

대원군과 동학, 특히 대원군과 전봉준이 동학농민전쟁이 일어나기 전부터 내응하였다는 설은 일찍이 제기되었다.[8)] 이런 주장을 내놓은 菊池謙讓은 신문기자로서 조선에 왔다가 민비시해 사건에 관련되는 등 정치적 활동을 하였기 때문에 양쪽 관계의 내막을 알 수도 있었을 것이다. 그러나 그가 쓴 책에서는 그와 같은 주장의 근거를 전혀 밝히지 않고 있다. 또한 전체적인 논지도 너무 황당해서 수용하기 어렵고, 답사까지 하면서 저술한 『近代朝鮮史』는 사실 측면에서 틀린 곳이 너무 많아 내용의 신빙성이 별로 높지 않다.

다만 金庠基가 宋熹玉의 조카인 宋龍浩의 목격담을 전하면서 언급한 대원군의 밀사 "羅星山"의 존재는 『李秉輝供草』에서도 등장하는 실재 인물이라는[9)] 점에서 주목할 만하다. 그렇다고 양자 사이에 밀약이 동학농민전쟁 '이전에 맺어졌다'는 송용호의 말을 그대로 신뢰하기에 문제가 없는 것은 아니다. 왜냐하면, 그 목격담

8) 菊池謙讓, 앞의 책, 158~159쪽, 162~164쪽, 같은 저자의 1939, 『近代朝鮮史』, (1991, 『동학농민전쟁연구자료집』1 所收, 여강출판사, 161쪽) ; 黃義敦, 1922, 「民衆的 따號의 第一聲인 甲午의 革新運動」 『開闢』 2~23, 76~77쪽 ; 張道斌, 1926, 『甲午東學亂과 全琫準』, 덕흥서림 ; 金庠基, 1975, 『東學과 東學亂』, 한국일보사, 111쪽.

9) 問, 羅主事 汝或知之乎 供, 但聞其號之爲星山 而其人則初不知之耳. 問, 羅去向何處 供, 聞往全羅道耳(『李秉輝供草』,『東學亂記錄』 下 소수, 596쪽). 정인덕이 박동진에게 보내는 편지(『駐韓日本公使館記錄』 5, 기밀제189호 본112, 충청도 동학당에 관한 휘보, 별지을호, 49쪽)에 언급된 星山도 동일인으로 추정된다.

은 사건이 일어난 지 40년 가까이 흘러 기억에 착오가 날 수 있었고,[10] 이미 대원군과 전봉준 사이에 관계가 맺어졌다는 '전설'이 정설로 힘을 입고 있던 상황에서[11] 기록되었기 때문이다.

그리고 『李埈鎔供草』[12] 안에 들어 있는 前主事 林珎洙의[13] 供草를 통해서 보면, 전봉준과 대원군이 여러 사람을 매개로 해서 연결되었다고 유추할 수도 있다. 임진수는 1893년 여름부터 鄭寅德과 친숙하였는데, 그가 바로 동학교도 朴東鎭과 이준용을 연결시키면서 동학농민군을 동원하려고 하였던 인물이었다. 따라서 전봉

---

10) 전봉준이 전주 봉상면 구미리에 거주하였던 때는 나이가 적었을 시기였고, 1876년 이후부터 태인군 산외면 동곡리, 고부군 궁동면 양간다리, 그리고 동학농민전쟁이 일어나기 몇 년전에는 고부의 조소리로 이주하였다(신복룡, 1996, 『전봉준평전』, 지식산업사, 69쪽). 전봉준 자신도 태인에서 거주하다가 고부로 이사온 지 "數年"이 되었고, 제1차 봉기 이후에는 조소리의 집이 불에 타 태인 동곡으로 옮겼다고 진술하였다(1994, 『전봉준공초』, 『東學關聯判決文集』 所收, 총무처 정부기록보존소, 7쪽). 이것은 송용호의 증언에 적어도 두 가지 문제가 있다는 것이다. 하나는 나성산이 왔을 때 전봉준이 구미리에 살았다고 한 점이며, 다른 하나는 관변 기록에서는 나성산이 제1차 봉기 이후의 일에만 관련되어 언급되었는데, 그 해 7, 8월경 전봉준은 태인에, 김개남은 임실, 순창, 남원 근방에, 송희옥은 전라도집강으로서 전주에 머물고 있었으며, 이들이 교통이 편리한 다른 곳이 아니라 구미리에 특별히 모일 필요는 없었을 것이다. 이 외에도 나성산이란 인물에 대해서 구체적으로 알려진 바가 거의 없으며, 그가 대원군의 사자로서 기포 등 특별한 명령을 전하러 왔었다는 증거도 없다.

11) 이 시기에는 전봉준이 동학농민전쟁을 일으키기 3년 전에 서울에 올라가 대원군을 만났다는 것은 동학교도 사이에 널리 퍼져 있었던 것 같다(李敦化, 1933, 『天道教創建史』, 57~58쪽). 이와 같은 일화는 일부에서는 그가 대원군의 사주를 받았다는 증거로 보았던 것 같다(吳知泳, 1939, 『東學史』, 163쪽 참조).

12) 한국정신문화연구원 장서각 소장.

13) '密旨僞造事件'에 관련된 인물로서 『李秉輝供草』와 李容鎬의 진술서에 나오는 林璡洙이다.

준—박동진—정인덕—임진수—이준용—대원군이 상호 직간접적으로 연결되었을 가능성이 충분히 있지만, 그 체결 시기가 쟁점이 될 수 있다. 그리고 임진수가 정인덕의 편지 외에 박동진에게 자신의 글을 전달하기도 하였는데, 그 뜻은 각국 공관과 공사, 특히 일본공사관에 照會해서[14] 함께 급선무를 논의하고 서양의 통례에 따라 上下議院을 설치하자는 것이었다고 진술하였다. 임진수의 견해는, 전봉준이 피체된 직후에 일본군 소좌 南小四郎에게 "몇 사람의 柱石의 선비를 내세워서 정치를 하게 하고 (중략) 국사를 한 사람의 세력가에게 맡기는 것은 크게 폐해가 있는 것을 알기 때문에 몇 사람의 명사에게 協合해서 合議法에 의해서 정치를 담당하게 할 생각이었다"고[15] 대답한 것과 기본 골자가 비슷하다고 할 수 있다. 이미 1893년 보은취회에서도 스스로를 '民會'라고 하고, "각국에도 民會가 있어, 조정의 政令이 백성과 나라에 불편한 것이 있으면, 會議講定한다."고 한 바가 있었다.[16] 이와 같은 정치체제에 대한 구상이 임진수 등 대원군 측과 직접 관련이 있는 것인지, 아니면 그 시대의 '문명개화' 조류에서[17] 얻은 지식인지 분명하지 않

14) 각국 공사관에 照會한다는 것은 전봉준의 진술에서도 거듭 발견된다.

15) 강창일, 1988년 9월호, 「갑오농민전쟁 자료발굴 : 全琫準 會見記 및 取調記錄」『사회와 사상』 창간호, 263쪽.

16) 『聚語』(1959, 『東學亂記錄』 上 소수, 국사편찬위원회), 선무사재차장계, 123쪽.

17) "The Koreans had lately become impressed with a regard for Japan and seemed inclined to turn to her aid and instruction. (중략) they were persuaded that Japan more nearly resembled Korea, and had herself just past through the stage of development in Western methods, she(일본—인용자) could aid Korea. Mr. Kim Ka Chin, Korean Charge D'Affaires in Tokio in 1888-90, was largely responsible for this change of sentiment.", Spencer J. Palmer, ed., Korean - American Relations: Documents Pertaining th the Far Eastern Diplomacy of the United States, Vol.II, The Period of Growing

지만, 동학 지도자들이 불만지식인으로서 사회에 대해서 비판적인 태도를 가지고 새로운 체제를 모색하였다는 점에서 후자일 가능성이 더 높다.

이와 연결된 또 하나의 중요한 문제가 남아 있다. 정인덕은 서울 "裁培學堂"(培材學堂? - 인용자)의 교사로 있었고, "乙未義塾"의 교사가 된 일본인 永瀨得樹와 친밀하였고, 대원군과 동학의 관련이 노출되면서 일본 大阪으로 피신하여 그곳에서 漢文敎師가 되었다고 한다. 8월 26일 이병휘의 고발로 정인덕의 관련 사실을 즉시 알았을 경무청 관리들에게 체포되는 것을 면하고, 다시 일본까지 피신해서 교사직을 얻었다는 것은 그가 일본인의 협조를 얻었다는 것을 시사한다. 다시 말해서 정인덕은 개화 지식인으로서 일본인과 밀접한 관계에 있었다고 할 수 있다. 그런데 대원군은 권좌에 복귀하기 전에 일본인과[18] 일본에 망명해 있던 김옥균과 교류를 맺고 있었다.[19] 물론 이 문제는 본격적으로 연구되지 않았으므로 속단할 수는 없지만, 대원군이 일부 일본인을 가까이 하였던 것은 사실이라고 생각된다. 그렇다고 한다면, 동학 - 개화인사 - 일본인 - 대원군이 다시한번 연결될 수 있다.

또 『李埈鎔供草』에 들어 있는 徐丙善, 高宗柱, 宋利用, 李泰容 등의 공초를 보면, 대원군과 이준용이 운현궁에서 만난 사람들은 출신이 다양하였고, 術客들도 많았다. 이런 사실로 미루어 만약 전봉준이 이들과 만나려고 시도하였다면, 만나는 데 큰 어려움이 없

Influence(Berkeley and Los Angeles: University of California Press, 1963), NO. 483. 1893.11.20. 289~290쪽).

18) 衫村濬, 앞의 책, 55쪽. 대원군은 세계 형세를 깨닫고 日淸韓의 三國同盟을 말하는 등 일본인들을 우대하였기 때문에 일본공사와 관리들이 대원군과 교제하였다고 한다.

19) 주21) 참조. 박영효의 귀국도 대원군이 나서서 주선하였다.

었을 듯하다. 대원군 밀지와 관련해서 전봉준이 宋憙玉은 "初無留京之事"라고 한 진술은,[20] 자신은 서울에 머문 적이 있다는 느낌을 준다.

그러므로 동학농민전쟁 이전에 전봉준과 대원군이 직접 접촉하였거나, 다른 동학교도가 대원군측과 연결되었을 가능성은 전혀 없다고 단정하기는 어렵지 않은가 생각된다. 그러나 그것을 사실로 인정하기에는 좀 더 명확한 근거가 필요하다. 양자의 관계에 대한 풍문은 1892,3년 동학의 신원운동이 전개될 당시에도 널리 돌았다. 대원군만이 아니라 김옥균, 일본, 민씨척당, 청국 모두가 동학을 사주하였다는 혐의를 상호 간에 주고받았다.[21] 흔히 정권에 도전하는 큰 사건이 일어날 경우, 집권세력은 근거도 없이 가장 강력한 정적을 지목해서 그가 배후에 숨어 있다고 일방적으로 비난한다. 여기에서도 동학과 대원군이 결탁하였다는 주장을 뒷받침할 수 있는 확실한 증거는 하나도 발견할 수 없다. 따라서 정확하지 않은 일화나 전설, 근거가 부족한 자료나 특정한 선입견을 바탕으

20) 『全琫準供草』, 17쪽.

21) "(전략) behind the screen of the Tong Hak there may be preparing a return blow of the Tai Win Kun for the attempt on his life last year. If this be the case, the situation is very grave indeed." Spencer J. Palmer, ed., 1893.4.20., 위의 책, NO. 391, 314~315쪽 ; 『東京日日新聞』 4월 22일자는 민씨가 3, 4년 전부터 동학을 이용하였다고 하고, 또 대원군이 몰래 후원한다는 일설도 소개하였다(『新聞集成明治編年史』 8 所收, 40쪽) ; 또한 원세개는 김옥균과 대원군이 함께 동학과 모의하였고, 일본도 이 틈을 타 침범할 것이라는 소문이 있다고 하였다(『淸季中日韓關係史料』 5, 3167쪽); 淸國에 대한 혐의는 아래 주22) 참조. 상해에 있던 영국 첩보원이 보고한 바에 따르면, 일본이 1894년 8월에 대규모 반란을 일으키려고 하였고, 동학농민군 가운데 30명의 일본인들이 들어 있다고 한다(박일근 편, 위의 책, Inclouser 2,3 in NO.407, 240~242쪽). 이처럼 동학의 활동과 관련되어 난무하는 정보 가운데 어느 것이 신빙성이 있다고 말하기는 현재 상태로서는 지극히 어렵다.

로 해서 內應說을 사실화하는 것은 문제가 있다.[22]

그렇지만, 1894년 동학농민군의 제1차봉기가 일어났을 때, 포도대장 신정희가 확인하였듯이 동학교도 5, 6명이 포도청에 투옥되어 있었으므로,[23] 이들을 통해서 동학의 주요 지도자들과 연결되었을지도 모른다. 대원군도 민씨척족을 비난하기 위해서 마치 자신이 동학에 대해서 잘 알고 있고 관계가 있는 것처럼 허세를 부렸다.[24] 또한 동학농민군이 대원군의 "鑑國攝政"을[25] 정식으로 요구하기까지 하였으므로, 혹시 이들과 대원군이 결탁하였을 가능성을 완전히 배제할 수 없다. 그러나 그 관련도 대원군이 투옥된 자들을 통해서 동학의 사정을 알아 본 정도에 불과하였을 것이라고 생각되며, 제1차 봉기와 대원군이 긴밀하게 연결되어 움직인 사실을 명확하게 드러내 주는 사료도 찾을 수 없다.[26] 당시 대원군이 정계에

22) 菊池謙讓, 앞의 책, 『韓國最近外交史 大院君傳』, 162~166쪽. 국지겸양은, 원세개가 민비를 제압하려는 대원군을 교사하여 동학을 봉기토록 하고, 진압군을 청국에 요청토록 하여 군대를 조선으로 들여온 뒤, 민비와 러시아 세력의 증대를 막는 것은 물론 대원군도 임오군란 때처럼 잡아가려고 하였다고 한다. 즉 원세개의 외교책이 동학농민전쟁을 불러일으켰고, 대원군은 그 하수인이었다. 이와 같은 상상은, 명확한 근거도 없이 동학농민전쟁은 소수인의 음모에서 발발하였다고 보는 시각 중 최고 걸작이며, 일제의 침략적 식민사관이 아주 짙게 깔려 있다고 할 수 있다.

23) 『駐韓日本公使館記錄』 2, 기밀 제55호 본38, 동학당에 관한 두 대장의 직화, 141쪽 ; 『東京日日新聞』 4월 18일, 『新聞集成明治編年史』 8 所收, 401~402쪽. 1893년 동학교도의 복합상소시에 전라도에서 올라왔다는 대표 20여 명이 포도청에 구금되었는데, 바로 이들일 것이다.

24) 『駐韓日本公使館記錄』 2, 기밀호외 경비를 위한 수병 상륙방법에 대한 의견상신, 44쪽.

25) 李復榮, 『南遊隨錄』, 『東學農民戰爭史料大系』 3 所收, 5월 28일, 216쪽. 전라도 龍安에서 올라온 동학 원정서 가운데 "奉國太公監國攝政事"가 들어 있는데, 다른 자료에는 "監國"만 있지만, 여기에는 "攝政"까지 언급되어 있다.

서 차지하는 비중은 무거웠을지라도, 오랫동안 권좌에서 밀려나 실세한 상태에 놓였고, 정적들에게 암살 위협을 당하고 철저한 감시를 받았기 때문에, 신원운동을 통해서 이미 역량 부족이 드러난 동학을 몰래 선동하여 무력 봉기와 정치 변혁을 꾀하는 등 위험스러운 모험을 선불리 감행할 처지가 아니었다.

그러나 대원군과 동학은 일본군이 경복궁을 점령하고 대원군이 정계에 복귀한 6월 21일 이후 급속히 연계되기 시작하였다. 이날 좌우포도청에 갇힌 賊徒를 제외한 輕囚는 석방하라는 명령이 내렸는데,[27] 2년이 넘도록 포도청에 구금되어 있던 동학교도들도 풀려 나왔다.[28] 그러나 徐仁周만은 좌포도청에 옮겨 구금되었다가 28일 석방되었다.[29] 이때 석방된 동학교도 張斗在가 金德明·金開南·孫化中 등에게 보냈다고 하는 7월 9일자 발송 서신을 통해서 보면, 양자의 긴밀한 관계는 6월 말이나 7월 초부터 형성되기 시작하였다.

26) 유영익이 제시한 동경 주재 러시아공사 히트로포가 1894년 2월 21일자로 서울 주재 러시아공사 웨베르에게 보냈다고 하는 문서(유영익, 앞의 논문, 「甲午農民蜂起의 保守的 性格」, 372쪽)도 대원군과 동학농민군의 밀약을 증명해 주지 못한다. 우선 이러한 첩보가 조선이 아니라 일본에서 입수되었다는 점은 일본이 동학의 움직임과 관련해서 대원군에게 혐의를 지속적으로 두고 있었기 때문에 그 연장선상에서 나온 것으로 이해되며, 더구나 "폭동"을 위해 소총 4천 정을 일본과 중국에서 구입하였다는 터무니없는 내용은 이 문서의 가치가 별로 없다는 것을 말해 준다.

27) 『日省錄』, 6월 21일.

28) 『駐韓日本公使館記錄』 8, (6) 기밀호외, 동학당사건에 대한 회심전말구보, 별지 제2호(1-3), 동학당 접주 장두재가 발표한 회장, 54~55쪽.

29) 장두재가 "一海兄"이라고 한 인물은 서인주이다. 3월 말에서 4월 초까지 열린 珍山 防築里의 동학농민군 취회가 서인주의 지휘로 열렸다고 하는데(박맹수, 1996, 『崔時亨 硏究』, 한국학대학원 박사학위논문, 236쪽 주268쪽 참조), 그가 이때 서울의 포도청에 구금되었던 경위는 알 수 없다. 26일에는 徒流案에 있는 雜犯은 死罪가 아니라면 석방하라는 傳敎가 다시 내려 왔다(『日省錄』, 6월 26일).

대원군의 동학농민군 동원 계획이 중간에 누설되면서 경무청에 압수된 서신과 관련자의 증언에 의하면,[30] 대원군측을 대표해서 동학교도와 접촉하였던 인물은 李埈鎔이었다. 대원군은 그에게 동학교도의 동원 계획을 보고받고 그 일을 승인하였다고 생각된다.[31] 그리고 대원군의 최측근인 李泰容·朴準陽도 아주 깊게 관련된 것으로 나타나는데,[32] 鄭寅德이 "內機則與兩令參做耳"라고[33] 한 점으로 미루어 이들이 나서서 동학과의 일을 담당하였던 것으로 보인다. 이들 외에도 이준용과 동학교도를 연결시켜 주었던 또 다른 대원군의 측근 인물은 鄭雲鵬[34]이라고도 하지만, 정확히 알 수는 없다. 그리고 이준용의 편지를 박동진에게 전달하였던 林璡洙와 밀지를 받아 삼남지방으로 직접 내려갔던 李建永·宋廷燮도

---

30) 이준용이 동학교도 박동진에게 보내는 편지를 이병휘가 8월 26일 경무청에 제출함으로써 공식적으로 사건이 정부에 접수되었다. 이어 허엽이 체포되었다. 양자의 供草는『東學亂記錄』下의『重犯供草』에, 그리고『駐韓日本公使館記錄』8, (6)기밀호외, 동학당사건에 대한 회심전말구보의 별지 제2호(Ⅱ)에는 이병휘가 제출한 始末書가, 그리고 별지 제2호 (Ⅲ-①)에는 그의 조사필기 발췌가, (Ⅲ-②)에는 허엽의 조사필기 발췌가 실려 있다. 조사필기 발췌는 공초와 내용이 거의 동일하다. 이하 이병휘와 허엽의 진술은 특별한 경우가 아니면, 주를 붙이지 않으며, 필요한 경우에는『이병휘공초』,『이병휘시말서』,『이병휘조사발췌서』,『허엽조사발췌서』로 표기하겠다.

31)『이병휘시말서』, 60쪽.

32)『이병휘조사발췌서』, 62쪽.

33)『駐韓日本公使館記錄』5, (8) 기밀 제189호 본112, 충청도 동학당에 관한 휘보, 49쪽.

34) 김상기, 앞의 책, 144쪽. 그러나 정인덕을 정운붕으로 오인한 듯하다. 정운붕은 대원군이 청에 있을 때에 보좌하던 인물로서 귀국하자마자 투옥되었다. 일본인들이 그를 옥에서 꺼내어 대원군을 설득하는 데 이용하였다(衫村濬, 앞의 책, 48~52쪽) ; 前直長鄭雲鵬別軍職差下(『日省錄』, 6월 22일) ; 前別軍職鄭雲鵬陞三品差下(같은 책, 7월 25일) ; 改差摠禦營軍司馬鄭雲鵬(같은 책, 7월 27일).

그곳에서 동학교도와 접촉하였다.

한편 서울 靑石洞에 머물면서 동학 지도자와 대원군측을 연결시키는 역할을 하였던 자가 鄭寅德이다. 그렇지만 그가 동학교도라는 증거는 어느 곳에서도 보이지 않는다. 앞에서 알아본 바와 같이, 그는 재배학당의 교사였다. 7월 말에는 직역이 幼學에 불과하던 그가 李埈鎔이 協辦으로 있던 內務衙門의 判任主事가 되었고,[35] 서울에 계속 머물며 편지 등을 통하여 대원군측과 박동진 등 동학교도를 연결하였다. 또한 7월 12일에는 감옥에 갇혀 있다가 풀려난 동학교도 朴世綱과 朴東鎭이 主事가 되었다.[36] 이날 역시 徐丙學도 南部都事에 임명하였다.[37] 그밖에 張斗在처럼 드러나지 않게 활동하던 동학교도가 많았을 것이다. 이런 사실은 대원군이 동학교도를 이용할 뜻을 이미 7월 초순 이전부터 가지고 있었다는 것을 말해준다. 특히 이들에게 관직을 공식적으로 수여하였다는 점에서 동학교도를 적극적으로 활용하겠다는 대원군의 의지를 엿볼

35) 『日省錄』, 7월 27일.

36) 『日省錄』, 7월 12일. "內務府 以幼學朴世綱 啓請本府主事差下 允之, 交涉衙門 以幼學朴東鎭 啓請本衙門主事差下 允之" ; 『駐韓日本公使館記錄』 5, 기밀 제189호 본112, 충청도 동학당에 관한 휘보, 47~51쪽.

37) 『日省錄』, 7월 12일. 그러나 徐丙學은 14일 자신의 의사와는 관계없이 改差되어 버렸다(같은 책, 7월 14일). 서병학이 포도청에 체포되어 강제로 都事에 임명되었다고 하지만("八月 東徒魁 徐丙學屯於報恩時 見捉於京兵 拿致京師 自朝家差出都事", 李丹石, 『時聞記』), 『政事册』에는 "故判中 渚後孫 進士 徐丙學 年四十"으로 신상이 소개되어 있고 (1990, 『政事册』 25, 고종 31년 7월 21일 정사, 보경문화사), 이때 같이 하급 벼슬을 얻는 자들 가운데는 서병학처럼 고위 관리의 후손들도 있었고, 이들 중 몇 명은 역시 그가 개차된 날 함께 벼슬이 떨어졌던 것으로 보아, 그가 도사직을 얻는 데는 상당 부분 자기 의사가 작용하였다고 생각된다. 이런 점에서 그가 포도대장 신정희에게 依附해서 남부도사를 "圖得"하였다는 『天道教會史 草稿』(1979, 『東學思想資料集』 1 소수, 아세아문화사, 462쪽)의 기록이 사실에 가깝다.

수 있다.

이렇게 대원군과 동학교도가 연계하게 된 이유는 우선 서로가 내세우는 명분이 부합하였기 때문이었다. 대원군은 비록 일제의 힘으로 정계에 복귀하였을지라도, 일본에 대한 반감을 결코 버리지는 못하였고, 또한 자신의 지위와 권력이 일제에게 제한당하고 있다는 사실을 잘 알고 있었다. 따라서 민족적 대의도 중요하였지만, 정권 장악을 위해서라도 일제를 배격하여야 하였다. 이런 점에서 대원군이 동학농민군의 기포를 원했던 데에는 이해타산도 크게 작용하였다고 본다. 동학농민군은 이미 제 1차 봉기에서도 반외세의 기치를 내세우고 투쟁을 전개하였고, 경복궁 점령 소식이 전해지자마자 湖中의 동학교도들도 7월 3일 利仁聚會를 시작으로 각지에 집결하고 있었다.[38] 또한 전라도 장성에서도 6월 29일 수백명의 동학농민군들이 일본군이 쳐내려 올 것이라고 하며, 성중에 들어가 군기를 빼앗았다.[39] 이처럼 동학농민군은 일본군의 경복궁 점령을 좌시하지 않겠다는 반침략 투쟁 의지를 굳게 다지며 여러 곳에서 기포하였다.

그렇다고 양쪽의 연합이 단시간 내에 쉽사리 실현될 수는 없었다. 대원군의 권력은 아직 견고하지도 못하였을 뿐만 아니라 군국기무처의 친일관료들과 일제에게 견제 당하던 실정이었으므로, 대원군은 무엇보다 먼저 정권 내부에서 입지를 강화하여야 하였다. 한편 전주성에서 철수한 뒤, 남원·순창·장성 등지에 물러나 있던 동학농민군의 지도자들도 일치된 향후 전략을 내놓지 못하고 갈등하는 모습을 보이고 있었다.[40] 이런 마당에 경복궁 침궐 사태가 발

38) 이헌영, 『錦藩集略』, 日錄, 7월 3일.
39) 鄭昌烈, 1991, 「甲午農民戰爭研究」, 한양대 박사학위논문, 241쪽.
40) 졸고, 1995, 「東學農民運動研究」, 한국학대학원 박사학위논문, 304~305쪽.

생하였던 것이다. 또한 양쪽의 자체 사정 외에도 조선 영토에서 진행되던 외세끼리의 전쟁이란 중대한 사태가 벌어지고 있었으므로, 그 전세와 승패를 주시하는 것은 물론 영국과 러시아 등 열강의 동태도 살피면서 신중하게 움직일 수밖에 없었다.[41)]

2. 동원 계획의 수립과 내용

6월말 장두재를 비롯한 석방된 동학교도들이 귀가할 때, 운현궁(대원군 - 인용자)을 만나서 청국군과 합세해서 일본군을 물리치겠다고 말하였더니 흔쾌히 받아들였다고 한다. 이것의 사실 여부는 정확하게 판단할 자료도 없고, 누가 먼저 제안한 것인지, 직접적인 면담인지는 구체적으로 알 수가 없지만, 적어도 양쪽의 접촉만은 사실이었다고 생각한다. 그러나 이들은 대원군을 직접 대면하지 못하고, 이준용이나 그의 심복과 만나 속마음을 내보인 것이 아닌가 한다. 하여튼 대원군이 제2차 봉기와 연결된 증거로서는 이 서신이 가장 이르다.

이처럼 대원군과 동학교도는 청국군과 합세하여 일본군을 물리치기 위해서는 동학농민군을 공주에 주둔시킨 뒤, 상황을 지켜보고 북상하도록 하자는 기본 전략을 일찍부터 세웠다. 사실 이런 계획을 세우는 것은 그다지 어렵지 않은 일이었다. 당시 대원군이나 장두재 등 동학교도는 물론이며, 대부분의 조선인들은 일본군을

41) 전라 좌우도의 도집강이 무주 집강소로 보낸 문서의 대강은(『隨錄』, 60~61쪽), 일본군이 경복궁을 점령하여 임금을 욕보였으므로 나아가 싸워야 되지만, 청국과 일본이 전쟁을 하기 때문에 잘 못하면 화가 크게 미칠지도 모르는데, 소동을 부리는 자가 있다면 접주가 금지하고 집강이 감영으로 보고하라는 것이다.

물리치기 위해서는 청국군의 도움이 반드시 필요하다고 생각할 수 밖에 없었다. 그렇기 때문에 동학농민군도 청국군이 남하할 때를 기다려 그들과 함께 일본군을 협공하는 것이 가장 적절한 전략이었다.[42)]

그러나 대원군의 구상은 여기에 국한되지 않았다. 7월 2일 대원군은 왕궁으로 찾아온 러시아 공사 웨베르를 만나서 각국이 청국과 일본을 조정 화해시켜 달라고 요청하였다.[43)] 또한 7월 24일 이준용은 영국총영사 가드너를 만나 일본에게 강요당하는 개혁의 부당성과 청일전쟁의 종식에 대한 희망을 호소력 있게 피력하였다.[44)] 그가 절실히 바라던 바는, 열강이 당장 청국과 일본에게 평화를 강제하는 것이 가장 좋고, 차선책은 일본을 물리친 청국이 서울로 돌아올 때까지 기다렸다가 역시 열강의 개입으로 평화를 되찾는 것이었다.[45)] 요컨대 외세를 이용해서 세력균형을 이루어 평화와 독립을 얻은 뒤에 조선민족의 뜻에 맞게 개화정책을 펴겠다는 생각이었다. 그가 언급하지는 않았지만, 자파의 집권을 제외한 모든 것을 원상태로 돌려놓는 것이 그가 추구하였던 최고의 목표

---

42) 『駐韓日本公使館記錄』 5, 별지갑호, 48쪽의 揭榜文은 동학교도가 서울 성내에 붙인 것이라고 하는데, 그 진위는 알 수 없다. 그렇지만 이것은 동학농민군이 청국군과 함께 일본군을 쳐야 된다는 전략은 누구나 쉽게 생각할 수 있었다는 증거이다.

43) 『駐韓日本公使館記錄』 4, 기밀 제144호 본 84, 92~93쪽 ; 일본 외무대신 육오종광은, 대원군의 이와 같은 의견은 일본과 공수동맹을 맺은 조선이 중립국처럼 보이고 러시아 등 열강에게 어부지리를 줄 수도 있으므로 엄금해 달라고 주한공사 대조규개에게 요청하였다(『駐韓日本公使館記錄』 2, 기밀송 제39호, 일 · 청전쟁에 조선의 참전권고 훈령, 215~216쪽).

44) 박일근 편, 앞의 책, Inclouser 3 in NO.135, 407~408쪽.

45) 외세가 일본군을 철수시켜 주었으면 좋겠다는 견해는 대원군 측만 아니라 민씨세력들도 가지고 있었다(주43 참조).

였다.

이와 같은 외세의 이용은 동학농민군의 북상 계획과도 긴밀하게 연결되었다. 이준용이 영국 총영사를 방문한 지 한 달이 지난 뒤인 8월 25일자 정인덕의 서신 내용에 따르면, 8월 말일에 동학농민군의 擧義를 정부와 각국 공관에 알리고, 뒤이어 동학농민군을 공주[46]에 집결시킨 다음에, "그 날"이 오면 서울 근교의 요충지에 주둔시킨다는 계획을 세웠다.[47] 즉 동학농민군은 서울에 직접 들어오지 않고 정부와 외세를 위협하여 일제와 친일관료들을 축출하거나, 또는 그와 다름없는 성과를 얻겠다는 것이 제일차적 목표로 설정되었다. 만일 이것이 여의치 않을 경우, 동학농민군은 서울을 무력으로 점령할 예정이었다.

이 북상 계획은 李秉輝의 供草에서도 나타난다.[48] 8월 16일 이

46) 장두재의 편지에서도 충청감영이 소재한 공주에 동학농민군을 집결시켜야 된다고 하였고, 전봉준도 공주를 점령하기 위해 전투를 하였다. 『駐韓日本公使館記錄』의 "偕處"는 該處의 오기일 것이다.

47) 정인덕의 편지 내용 가운데 "到日便屯紮近圻各要害處"의 "그 날"이 언제인지 정확히 알 수 없지만, 봉기 예정일이라고 하는 8월 말일에서 그다지 멀지 않은 시일이라고 추측된다.

48) 이병휘는 1851년 충청도 목천군 동면 병천리에서 출생하였고, 1883년 9품의 선공감역으로 출사하였다. 1894년 7월 17일 안경수의 추천으로 管城將이 되었다(『甲午實記』, 『東學亂記錄』 上 所收, 8월 27일, 31~32쪽). 그런데 경무사 이윤용과 안경수는 대원군이 동학교도와 통하고 있는 사실을 탐지하고 구체적 사정을 탐정하려고 애썼다. 8월 26일 대원군 측과 동학농민군의 관계를 소상하게 파악한 이병휘는 결정적 물증인 정인덕의 편지를 이윤용에게 제출하였고, 안경수는 즉각 스기무라를 찾아가서 관련 사실을 알렸다(衫村濬, 앞의 책, 72쪽). 이병휘는 그들의 하수인이라고 생각되는데, 그의 고향인 목천 병천은 1880년대 초반부터 동학이 침투하여 막강한 교세를 자랑하였고, 충청도 동학의 都接主 安敎善의 고향이기도 하였다(『李圭泰往復書並墓誌銘』, 『東學亂記錄』 下 所收, 468쪽). 즉 이병휘는 동학이나 근방의 사정과 지리를 몰랐다고는 할 수 없다. 또한 이윤용에게 중대한 문서를 넘기고도 9월

병휘가 박동진을 만났을 때, 박동진이 보여준 이준용이 보낸 편지의 내용은 "수십만 명을 며칠 안으로 올려 보내라"는 것이었고, 이에 대한 박동진의 답장은 "30만을 오는 25,6일간 동원하여 다음달 초 입성"하겠다는 것이었다. 또한 '북한산성과 남한산성에 들어가 위세를 과시한다'는 말도 들어 있었다. 이를 사실로 인정한다면, 북상 계획의 골격은 서울에서 만들고, 세부 사항은 박동진이 현지 상황을 고려해 가면서 마련하였고, 이것을 다시 서울에서 검토하여 정하였던 것이 아닌가 한다. 실제 8월 22일 이병휘가 정인덕을 만나 박동진의 계획에 대한 이준용의 반응을 들었는데, 이준용은 정부와 각국 공관에 보낼 비밀문서를 작성하여야 하며, 외세를 자극할 문구를 넣어서는 안 된다는 주의도 덧붙였다고 한다. 이런 점으로 미루어 볼 때, 동학농민군의 북상 계획은, 빠르면 8월 상순, 늦어도 중순경에는 일단 완성되었다고 할 수 있다.

그리고 8월 24일 이병휘가 정인덕에게 들은 계획은 너무 상세해서 오히려 진술의 신빙성이 의심될 정도이다. 그에 따르면, 동학농민군의 동원 계획은 이준용이 대원군에게 보고하여 승인까지 받았다고 한다. 북상한 동학농민군은 일부 근교에 주둔시키고, 일부는 종로에서 모여 萬人疏廳을 설치하고 준비한 비밀문서를 정부와 각국 공관에 보낼 예정이며, "人衆勝天"이므로 외국도 어찌하지 못할 것이며, 그 틈을 타 군대를 동원해서 고종을 상왕으로 모신 뒤

2일 대원군의 위협 때문에 스스로 법무아문으로 들어갈 때까지 자유스러운 상태에 놓여 있었다. 뿐만 아니라, 이 사건에서 무죄 방면이 된 직후인 1895년 3월에는 경상남도 시찰관이 되었고, 1896년 4월에는 제주부관찰사까지 역임하는 등 이후에는 관로가 지극히 순탄하였다(1972, 『大韓帝國官員履歷書』, 국사편찬위원회). 따라서 이병휘가 정치운동과는 무관하기 때문에 "시종 자기의 견문과 의견을 솔직히 토로하"였다고 본 李相伯의 견해는 타당하지 못하며, 이병휘의 공초와 시말서를 전적으로 신뢰하는 것도 문제가 크다.

이준용을 대신 왕으로 옹립하며, 개화당을 모두 죽이며, 청국에 특사를 비밀리 파견한다는 계획이었다.[49]

김학우 암살에 관련된 韓祈錫도 이 사건에 관련된 두 가지 계획을 진술하였다.[50] 하나는 동학농민군을 華城(자료의 주에는 江華島라고 되어 있으나, 이는 水原이다)까지 진격시켜 놓고, 이준용이 征討를 핑계삼아 군대를 동원하여 이들과 합세한 다음에 후퇴하는 체하며 서울로 들어오면, 동학농민군도 따라 입성해서 일본군과 싸운다는 것이었다. 다른 한 가지는 北岳에 숨어 있던 동학농민군이 범궐하면, 급히 궁내로 들어가 고종·민비·세자를 폐하고 이준용을 왕으로 옹립한다는 계획이었다. 이것은 다른 관련자인 高宗柱의 진술과 거의 같았고, 그는 이준용에게 직접 계획을 들었다고 한다.[51] 이 진술을 전적으로 신뢰하기에는 문제가 없는 것은 아니지만, 그렇다고 다른 진술과 구조적으로 일치되는 부분까지 전혀 사실무근이라고 단정할 수는 없는 것 같다. 암살 관련자들이 체포된 후, 사실을 실토하지 않으려고 한 명은 혀를 깨물었으며, 다른 한 명은 자살하려고 칼로 숨통을 깊게 잘랐을 정도였는데,[52] 자신들이 깊게 가담하지도 않은 일을 거짓으로 진술하였다고는 생각되지 않는다.

---

49) 『駐韓日本公使館記錄』 5, 기밀 제188호 본111, 한국조정 내부의 분리와 알력, 44쪽. 일본공사 대조규개는 이병휘의 고발 있기 전인 9월 21일자(음력 8월 22일) 기밀보고문에서, 안경수·김가진·조희연 세 사람이 이준용이 민비를 폐비시키려고 하고, 야심을 가지고 있다고 고종과 민비에게 비밀리에 상주하였기 때문에 이준용과 이들 사이에 불화가 생겼다고 보고하였다.

50) 『東京朝日新聞』, 1895년 4월 6일(『新聞集成明治編年史』 8, 232쪽).

51) 『李埈鎔供草』에 들어 있는 그의 供草도 이 정도로 상세하지는 않지만, 계획의 윤곽은 동일하다고 할 수 있다.

52) Spencer J. Palmer, ed., 앞의 책, NO. 94, 353쪽. 단 이런 자해 행위를 한 자가 한기석과 고종주였는지는 불명하다.

동학농민군을 북상시키겠다는 8월 하순이라는 시점은 청국군과 일본군 사이에 벌어진 평양전투와 깊게 관련되어 있었다. 아산과 성환 전투에서 일본군에게 패한 청국군과 본국에서 온 응원군은 평양으로 집결하였고, 일본군도 역시 평양을 향하여 진격하였으므로 청일전쟁의 승패를 좌우할 대대적인 전투가 평양에서 벌어지게 될 참이었다. 이때 친일관료들을 제외한 대부분의 조선인들은 청국군이 일본군에게 패한다는 것을 상상조차 하지 못하였다.[53] 고종은 일본군이 평양에서 청국군에게 패배한 뒤 서울로 후퇴함으로써, 혹시 서울이 전쟁터가 되지 않을까 근심하였다.[54] 대원군도 청국군의 승리를 낙관하였다. 그는 다른 사람과 마찬가지로 긴박하게 진행되던 양국의 전투 준비 상황을 예의 주시하며,[55] 전투 개시 시점을 알려고 노력하였을 것이다. 평양전투는 8월 17일에 시작되었으므로, 8월 상순에는 전투가 8월 중순이나 하순에 벌어질 것을 대강이라도 짐작할 수 있었다고 본다. 즉 대원군은 평양에서 승리한 청국군이 일본군을 추격하여 남하할 것이라고 예상하였고, 이 시간에 맞춰 동학농민군을 북상시킨다면 상황이 자기에게 절대적으로 유리해질 것이라고 판단하였을 것이다.

그러나 청국군은 평양에서 대패하고 말았다. 청국군의 패배를 거의 예상하지 못하였던 대원군 측에게 이 패전은 큰 충격이었으므

53) 박일근 편, 앞의 책, Inclouser 5 in NO.12, 468쪽. 평양전투가 끝난 9월에도 조선인들은 청국군이 돌아와서 일본군을 몰아내 줄 것이라는 기대를 버리지 않았다 ;『뮈텔주교일기』I, 한국교회사연구소, 1895년 2월 2일, 302쪽. 다음해 2월에는 청국인들이 영국, 미국, 몽고인의 지원을 받아 조선에 쳐들어 올 것이라는 소문이 나돌았다.

54) 박일근 편, 위의 책, Inclouser 1 in NO.231, 411쪽.

55) 西村時彦, 1895,『甲午朝鮮陣』, 음력 8월 7일발, 21쪽. "韓庭은 진실로 정신적 개혁을 하려는 뜻은 없고 가만히 평양에서의 청일전쟁의 승패를 관망한다."

로 자신들의 계획을 철저하게 검토하였을 것이다. 그러나 대원군 측은 당초의 계획을 크게 수정하지 않았다.[56] 믿었던 청국군이 오지 못할 뿐만 아니라 영국이나 러시아 등 외세는, 대원군의 희망과는 달리 조선을 위해서 움직이지 않을 것이라는 판단을 한 달 전보다는 확실하게 할 수 있었음에도 불구하고, 다시 말해서 오직 조선인의 힘만으로 일본군을 격퇴하여야 하는 난감하기 짝이 없는 상황 아래에서 이처럼 본래 계획을 무리하게 실행에 옮길 수밖에 없었던 데에는 특별한 이유가 있었을 듯하다.

그것은 정부내의 친일관료들이 동학농민군을 토벌하자고 강력히 주장하고 있으며, 일본군의 개입도 박두하였으므로 하루라도 빨리 동학농민군을 이용해야 된다는 상황 인식에 따른 것으로 추측된다. 실제 정부에서는 이미 정경원을 선무사로 파견할 당시인 7월 초순부터 해산을 하지 않는 동학교도를 무력으로 치자는 의견이 나왔지만, 대원군의 반대로 실행되지 않았다.[57] 또한 친일관료들은 동학농민군을 진압하기 위해서 일제에게 원병을 요청하였다.[58] 여기에 군국기무처의 친일관료들과 민비가 가까워지면서 반대원군 공동전선을 펴기 시작하였다. 이처럼 자신의 정치적 입지가 위협받는 상황 아래에서, 대원군은 하루 바삐 계획을 추진하여

---

56) 장두재의 편지에도 "湖南處處 都會時 借得兵器與軍馬 具備行裝 轉到錦營留陣 不輕上京 以待謀兄之指揮 成功伏企伏企"(『駐韓日本公使館記錄』 8, 55쪽)라고 되어 있는 것으로 보아, 적어도 7월 초순에 세운 기본계획은 8월 하순에도 크게 변경되지 않았음을 알 수 있다.

57) 『駐韓日本公使館記錄』 5, 기밀 제189호 본112, 충청도 동학당에 관한 휘보, 48쪽.

58) 위의 책, 기밀 제205호 본123, 64쪽. 언제부터 파병 요청을 하였는지 정확하게 알 수 없지만, "여러 차례"하였다는 것으로 보아 적어도 8월에도 하였을 것으로 생각된다. 안경수 등도 처음부터 일본군이 오랫동안 주둔해 줄 것을 요청하였다(『駐韓日本公使館記錄』 4, (37)발제85호 조선국의 정정에 관한 정보보고, 135~137쪽).

야 하겠다는 조급한 마음을 가졌을 것이다. 이리하여 대원군은 동학농민군에게 해산을 효유하는 글을[59] 내려보내 친일관료들의 무력 진압 압력[60]을 완화하고, 일본공사를 만나 동학과의 관련을 부인하며 동학농민군의 해산에 힘을 다하겠다고 다짐하여 일본군의 출동을 저지하려고 하였다.[61] 이 노력은 일본군의 파병을 9월 중순까지는 늦추는 일시적 효과를 거두기도 하였지만,[62] 일제의 침략을 막기에는 역부족인 대원군 측이나 동학교도는 위기감과 초조함을 감추지 못하였다.[63]

그리고 청국군이 비록 평양전투에서 대패하였지만, 반드시 조선으로 돌아와서 일본군을 격퇴할 것이라고 굳게 믿었던 반면 일본군의 무력을 과소평가하였다. 『이병휘공초』에 나타나는 이준용의 일본군 개입의 가능성과 파급 효과에 대한 인식은 대단히 안이한 것이라고 말할 수밖에 없다. 동학농민군이 북상한 이후, 이준용이 왕위에 오르는 등 당초 계획이 수행되는 동안, 즉 동학농민군이 서울을 장악하고 있는 사이에, 일본군이 출동하면 동학농민군은 사방으로 흩어졌다가, 10월에 청국군이 오는 것을 기다렸다가 일본군을 협공해서 물리친다는 것으로 객관적인 상황 인식 및 사태 전

59) 뮈텔교문서 304호의 대원군 효유문에는 8월 10일이 발행 일자로 되어 있다.

60) 8월 4일 군국기무처에서는 봉기 상태인 삼남지방에 병력을 파견해서 鎭撫토록 하자는 議案을 결의해서 고종의 허락을 얻었다(『日省錄』, 8월 4일). 그러나 이것은 실행되지 않았는데, 대원군이 제동을 걸었을 것이다. 그 가시적 노력이 동학농민군의 해산 효유문이라고 생각된다.

61) 『駐韓日本公使館記錄』 5, 기밀 제191호 본114, 조선정부내의 소분쟁과 대원군일가의 개심 및 경무사 이윤용의 관직 삭탈, 52~53쪽.

62) 위의 책, (8) 기밀제205호 본124, 동학당 진압을 위한 원병파견 결정, 64쪽.

63) 일본군이 움직이면 일이 어렵다는 위기의식이 박동진의 편지(『이병휘조사발췌서』, 62쪽)와 정인덕의 편지에 잘 드러나 있다.

개에 대한 예측이 너무 터무니없다. 그리고 자신들의 외교적 노력으로 일본군의 개입을 막을 수 있다고 과신하였는지도 모른다. 8월 말에 대원군과 이준용이 일본공사 대조규개와 삼촌준을 몸소 방문해서 자신들의 결백을 주장하며 동학농민군의 해산에 최선의 노력을 기울이겠다고 다짐한 배경에는 일본의 출병을 저지하거나 늦추려는 의도가 숨어 있었다.[64]

3. 동원 계획의 실행

7월 9일 정부는, 일제의 경복궁 점령 사건에 크게 충격을 받은 동학농민군 등 지역 세력들의 대규모 취회가 열리던 湖中 사태의 심각성을 깨닫고, 내무협판 정경원을 호서선무사로 임명해서 당일 下送토록 하였다.[65] 이때 박동진이 군관으로 정경원을 수행해서 호서로 내려갔다.[66] 8월 중순까지만 하여도 정경원은 공주 근방에서 선무 활동을 하였지만, 박동진은 8월 16일에는 천안 자신의 집에서 이병휘를 만났던[67] 것으로 보아, 아마 정경원을 잠시 수행하다가 이탈하여 동학교도를 포섭하기 위한 활동을 하였던 것 같다. 그는 호중에서 현지 사정을 살피면서 세부적인 북상 계획을 수립하고, 주요 동학 지도자를 설득해서 기포하도록 하는 임무를 수행하였다. 이병휘에게 자신은 대원군의 명령에 따라 동학을 불러모으기 위해 공주에 머물면서 임기준과 서인주를 만났다고 말하며,

64) 『駐韓日本公使館記錄』 4, (166) 대원군의 방문 내용 보고, 300쪽.
65) 『日省錄』, 7월 9일.
66) 이때 직함은 당초에 받았던 교섭아문의 주사가 아니라 선무사의 帶率軍官이었다.
67) 『이병휘조사발췌서』, 61쪽.

이준용의 필적으로 된 편지까지 보여주었다. 또한 전봉준은 자신이 만났던 밀사 가운데 한 사람은 박동진이 틀림없다고 진술하였다.[68] 이처럼 박동진은 현지에서 대원군과 동학농민군을 연결시키는 가장 중요한 역할을 담당하다가, 결국 9월 19일 "誣惑民心"하였다는 죄목으로 공주의 금강변에서 효수당하고 말았다.[69]

박동진이 활동한 기간은, 선무사 파견 일자와 사형당한 일자를 계산하면, 7월 중순부터 9월 중순까지 두 달 가량이다. 이 기간에는 충청에서 동학농민군이 활발하게 활동하고 있었다. 그 중에서도 공주를 중심으로 한 호중에서는 경복궁 점령 사태가 일어나자마자 대규모 취회가 연이어 열렸다. 특히 大接主 任基準은 공주 일대를 거의 장악하다시피 하였는데,[70] 박동진은 그와 서장옥을 만나 일을 도모하여 몇십만 명을 모았다고 한다.[71]

그러나 前司果였던 임기준의 태도는 일관되지 않았다. 그는 8월 이전에 이미 "倡義之擧"를 하였다고 하고, 8월 1일에는 공주 정안면 궁원에서 1만여 명을 집결시켜서 다음날 공주부내로 들어와 충청감사 이헌영의 이임을 반대하며 무력 시위까지 하였다.[72] 8월 초순까지만 정경원의 선무 공작은 별로 결실을 거두지 못하였지만,

68) 『全琫準供草』 18 ~19쪽. 전봉준에 관련된 사항으로 『全琫準供草』에 나오는 것은 특별한 경우가 아니면 각주를 달지 않는다. 그러나 일본 외교문서는 전봉준과 송희옥을 만난 자는 박세강이라고 한다(『주한일본공사관기록』 8, 기밀발제48호, 대원군과 이준용의 음모에 관한 건, 171쪽).

69) 『日省錄』, 9월 23일.

70) 『駐韓日本公使館記錄』 5, 기밀제210호 동학당 진압을 위한 제19대대 파견에 따른 훈령, 67쪽. 10월 초에도 군무대신 서리는, 임기준은 공주에 있으며 충청감사 박제순을 강박하여 공주가 거의 그의 수중에 들어가 있는 것 같다고 하였다.

71) 『이병휘시말서』, 58쪽.

72) 『錦藩集略』, 別啓, 8월 5일.

그 이후에는 효력을 발휘하기 시작하였다.[73] 또한 동학 지도자였던 서병학이 정부에 협조해서 이 지역의 동학농민군을 해산시키는 활동을 하였는데, 그것도 어느 정도 효과가 있었던 것 같고,[74] 이 때문에 임기준과 대립해서 騷擾가 일어났다.[75] 8월 19일에는 23일까지 공주부내는 동학농민군이 다시 들어온다는 소식에 병정과 주민이 소집되어 防守에 나섰는데,[76] 소요란 바로 이 일이라고 생각된다. 그런데 이때 동학교도 중에서도 公州接은 이들과 합세해서 동학농민군을 방어하였고, 공주와 청주의 兵隊가 이인의 동학을 도륙할 것이라는 소문도 일어났다.[77] 이 사건의 경과는 자세히 알 수 없지만, 이것은 이 지역 동학농민군 활동의 분기점이 된 듯하다. 왜냐하면, 이후로 대규모 취회를 찾아볼 수도 없게 되었을 뿐만 아니라, 대원군의 효유문이 동학농민군을 진정시키는 위력을 발휘하였기 때문이다.[78] 9월 초순 공주·연기·노성·전의 지역의 주요 동학 지도자들이 대원군의 효유에 따라 귀화하겠다는 의사를 충청감사

---

73) 『啓草存案』(1992, 『各司謄錄』 63 所收, 국사편찬위원회, 8월 19일, 221쪽. "該匪類有不可一向恩撫 固當示威 使之畏戢 而稍有解散之漸云 則亦不須專用威服 另飭該宣撫使及該道臣處 更爲別般曉諭" ; 『駐韓日本公使館記錄』 2, 기밀제25호, 동학당진무건에 관한 구신, 62쪽).

74) 李容珪, 『若史』, (1994, 『東學農民戰爭史料大系』 2 소서, 여강출판사), 8월 7일, 220쪽.

75) 李丹石, 『時聞記』. "八月 東徒魁 徐丙學 (중략) 自朝家差出都事 下送錦營 使禁東徒 以蠻夷攻蠻夷之意也 與利仁接主任基準 有所詰 反致騷擾"

76) 『錦藩集略』, 別啓, 8월 19일～23일.

77) 崔德基, 『甲午記事』(1990, 『鄉土硏究』 7, 충남향토연구회), 8월 21일.

78) 金允植, 「沔陽行遣日記」『續陰晴史』, 9월 8일. "錦伯書來 雲峴丈曉諭文下去後 各包東學 上書陳情 有歸化之意云" ; 『巡撫先鋒陣登錄』, 『東學亂記錄』 上 所收, 11월 5일, 462쪽. "稷山將校 任厚準 (중략) 國之禁飭與大院位敎示曉飭 覺其誤道 卽爲血盟背道" ; 같은 책, 11월 15일, 510쪽. "槐山郡守報 (중략) 自大院位敎示曉諭文布告以後 已盡歸化是乎所."

에게 집단적으로 밝혔다.79) 도접주 안교선 이하 대접주 임기준과 홍재길80) 등 각지의 접주 21명이 여기에 참여하였다. 물론 이들이 모두가 정말로 귀화하였던 것은 아니다. 안교선·홍재길·이유상처럼 유명한 접주들은 모두 제2차 봉기에 참여한 사실이 확인된다. 그러나 임기준은 "歸化"해서81) 충청감사 박제순의 추천에 의해서 승3품 되면서 충청감영의 中軍으로 차하되었다.82) 임기준이 각지의 동학농민군이 대대적으로 기포한 결정적인 순간에 정부 쪽으로 전향한 이유는 정확히 알 수 없지만, 이 지역 동학농민군 활동에 커다란 차질을 가져온 것은 분명하다.

서인주는 포도청에 투옥되어 있었다가 6월 28일에 석방되어 돌아왔다고 하는데, 돌아온 곳이 충청도 어느 곳임은 분명하지만 정확하게 알 수가 없다. 추측컨대 청주 근방이 아닌가 한다. 그의 판결선언서에는 거주지가 청주였고, 妻家가 역시 청주 율봉이었고,83) 1900년 그가 청주에서 손천민과 함께 체포되었다는 사실도 주목하여야 할 것이다.84) 그렇다고 한다면, 천안이 집이었던 박동진과 서

79) 뮈텔문서 304호.

80) 『宣諭榜文並東徒上書所志等書』, 『東學亂記錄』 下 所收, 11월 18일, 388~389쪽. 일제는 충청감영 막영에 있는 비장 중 동학당과 내통하고 있다는 소문을 적고 있는데, 그 자들은 구완선·홍재길·임기준·현영운이었다(『駐韓日本公使館記錄』 1, (45) 동학당정탐에 따른 편의제공과 동학당관계 탐문조사, 161쪽). 그러나 洪在吉은 천안 儒會軍에게 쫓기다가 營門關飭을 빙자해서 자신들을 고발했다고 생각한 洞首를 잡으려고 하다가 피체되었다.

81) 『雜記』, 『東學亂記錄』 下 所收, 292쪽. "錦中軍任基準 卽自來東魁也 近日歸化."

82) 『日省錄』, 10월 12일. 그러나 그가 동학 지도자였다는 이유로 개차되었고(『啓草存案』, 11월 6일, 38쪽), 결국 일본군에게 체포되었다.

83) 『大先生事蹟 附 大先生事蹟 附 海月先生文集』, 癸未年, 乙酉年, 丁亥年 ; 『東學關聯判決文集』, 131쪽. 崔時亨의 아들 崒奉과는 同壻之間으로 淸州 栗峯 陰善長의 사위였다.

인주는 지역적으로 가까운 곳에 살았으므로 분명히 깊은 교류가 있었을 것이다. 더구나 장두재를 포함한 이들 세 사람은 포도청에 함께 투옥되었다가 석방된 동학교도였다. 또한 그는 적극적으로 재기포에 나섰던 것으로 생각된다. 왜냐하면, 기포에 대한 태도에 따라 동학교문을 북접과 남접으로 나누기 시작한 것은 제1차 봉기 이후라고 추측되는데, 이때 남접의 우두머리로 서인주가 손꼽혔고, 북접의 지도자들도 그를 남북접 쟁단의 주역으로 지목하였다. 9월 24일에는 그가 지휘하는 동학농민군이 청주성을 포위하였고,[85] 다시 11월에는 김개남・손화중과 함께 청주성 공략에 나섰다가 대패하였다.[86]

따라서 이와 같은 정황으로 본다면, 박동진이 접촉하였던 임기준과 서인주는 대원군의 동학농민군 동원 계획과 직간접적으로 관련이 있었다고 말할 수 있다. 특히 서인주는 청주 근방에서 동학농민군을 규합해서 봉기하는 데 진력하였을 것으로 추측된다. 그러나 이병휘가 옮긴 박동진의 말대로 "현재 몇 십만 명이 모였"다는 증거는 전혀 발견할 수 없다. 또 기포에 적극적이던 서인주의 경우에는 자료가 지극히 희소하므로, 과연 그가 대원군의 계획에 어느 정도 보조를 맞추었는지 알기 어려운 실정이지만, 대원군과의 관계가 심상치 않았다는 생각을 가지게 하는 기록도 있다.[87]

---

84) 李顯奎, 1924, 『新世紀』, 侍天敎宗務本部, 47쪽. 또한 두 사람이 함께 같은 법정에서 재판을 받고 사형을 선고받았다.

85) 『駐韓日本公使館記錄』 1, 보은동학당에 관한 보고, 172~173쪽.

86) 『時聞記』, 11월 17일. 이 때 청주성을 공격한 동학농민군에는 김개남 부대 외에도 서인주와 손화중 부대도 있었다는 기록은 다른 곳에서 찾을 수 없으므로, 혹시 『時聞記』 기록이 틀린 것이 아닌가 의심된다.

87) "或稱徐長玉匿處雲峴宮"(『梧下記聞』 제3필, 247쪽) ; 『駐韓日本公使館記錄』 2, 기밀제31호, 동학당 수령에 관한 보고, 87~88쪽. 10월 2일자로 일본의 부산총영사가 보고한 바에 따르면, 동학의 수령은 김개남・

전라도에 밀파되어 전봉준 · 송희옥과 만났다는 박세강에 관한 자료는 전혀 찾을 수 없다. 대신 전봉준 · 김개남 등과 접촉한 대원군 밀사, 즉 박동진과 다른 한 사람의 존재는 9월 6일자 송희옥의 편지[88] 등에서 확인할 수 있다. 이 밀사들이 송희옥을 찾아온 일자는 9월 5일이며, 전봉준을 만났을 가능성을 가능성을 전혀 배제할 수 없지만, 전봉준 자신은 이들과 대면하지 않았다고 진술하였다. 김개남도 이들을 만났을 테지만, 정확한 기록은 없다.[89] 물론 이전에도 또 다른 밀사나 봉기를 권유하는 인사가 전봉준을 찾아 왔지만,[90] 그들에 관한 기록은 찾을 수 없다. 역시 김개남의 경우도 마찬가지다.

4. 동학농민군의 재기포

송희옥의 편지는 재기포하여 북상한다는 계획이 대원군의 밀사가 내려오기 전에 이미 세워져 있었다는 것을 명확하게 보여준다.

전봉준 · 최경선 · 서이내 4명이라고 한다. 그 가운데 徐邇迺는 흔히 서인주로 추정되는데, 그가 서울과 연결되어 언급되는 이유는 대원군측과 밀접한 관련을 맺었다는 점을 시사하는 것이 아닌가 한다.

88) 『日本公使館記錄』 8, 전봉준의 부하 송희옥이 당원들 앞으로 빨리 거병하자고 보낸 서신, 361쪽. 전봉준공초를 통해서 이 편지의 실재가 확인된다.

89) 대원군이 김개남에게도 효유문을 보내면서, 동시에 따로 밀사를 파견해서 자기의 본의를 알렸다는 것을 鄭碩謨의 『甲午略歷』을 통해서 알 수 있다. 하지만 이 밀사가 정석모의 기록대로 李建永인지 아니면 朴東鎭인지 명확하지 않다.

90) 『全琫準供草』, 16쪽. "這間雖或有此等輩之來往이라도 素不知其面則重大事件을 何以議及乎아 是故로 跡涉殊常者 一不接面이외다"

어제 대원군의 효유문을 지니고 두 사람이 내려왔는데, 疑惑이 없는 것은 아니었지만, 중요한 일(所重)과 관련된 것이기 때문에 잠시 논의를 거쳐 都所를 철파하고 龜村으로 옮겼습니다. 과연 어제 저녁에 또 두 사람이 비밀리에 내려왔으므로 전말을 상세히 알아보니, 과연 (대원군이 - 인용자) 開化邊에 압도되어 먼저 효유문을 발하고 후에 秘奇를 보낸 것입니다. (중략) 湖中에서도 역시 이 일(是事業)이 이미 드러나 체포령이 떨어졌습니다. 그러나 이런 일은 빨리 하면 萬全之策이 되고, 늦게 하면 機密을 드러나게 되는 것이므로 이를 잘 헤아려 곧바로 날듯 빨리 오시어 大事을 일으킬 수 있도록 천번 만번 빕니다. 湖西는 10일에 大會를 열어 한편으로 올라가도록(上來) 하였다고 하므로 연달아 뒤쫓아 간 다음에야 일이 완전하게 합치될 수 있습니다.

여기에서 所重 · 事業 · 大事 · 事로 표현된 '어떤 큰 일'은 동학농민군의 기포와 북상이라고 생각할 수밖에 없다. 또한 편지의 몇몇 구절은 이러한 판단을 사실과 문맥으로 뒷받침하고 있다. 양자 사이에 모종의 특별한 일이 없었다면, 집권자가 반란세력에게 해산을 명하는 효유문을 내려보낸 것에 "疑惑"을 가질 이유가 없었을 것이고, 이 효유문을 "所重"한 일과 연관시켜 회의를 하고 都所를 철폐한 까닭도 이해하기 어렵다. 실제 9월 5일 대원군의 효유문을 가지고 전주에 내려온 관리 2명을[91] 만난 전주 도집강 송희옥과 그 부하들은 모두 전주성에서 나와 해산하였다.[92] 그리고 '開化邊에 압도되어 먼저 효유문을 보냈다'는 설명은, 위에서 알아 본 바와 같이 친일관료들이 동학농민군의 무력 진압을 요구하였기 때문에 대원군으로서도 가만히 있을 수 없어 자신이 효유하기로 하였던 사실에 부합하는 것이다. 동학농민군를 기포시키려던 자신이 도리어 해산을 명령하였으니, 따로 '秘密通寄'를 보내지 않을 수

91) 『甲午略歷』, 66쪽. "대원군의 股肱인 金泰貞, 그리고 高永根이며, 또한 親近人인 孟德敏도 함께 내려 왔다"

92) 『隨錄』, 9월 6일 ; 『甲午略歷』에는 都執綱 宋德仁(德仁은 宋喜玉의 字 같다－인용자)을 만나 "명이니 따르겠다."는 답을 들었다고 한다.

없었던 사정이 그대로 드러나 있다. 더구나 호중과 호서의 형편을 말하면서, '湖西에서는 10일에 대회를 열어 上來하기로 하였으니까, 자신들도 이에 호응하여 뒤쫓아가야 한다'고 재촉하고 있다. 결국 이것은 '이미 계획하고 있는 큰일'에 적극적으로 찬동하고 빨리 실천에 옮길 것을 동학 지도자들에게 강력히 촉구하고 종용하는 편지라고 할 수 있다. 이처럼 밀사가 오기 전에 송희옥 주변에서 어떤 일이 진행되고 있지 않았다면, 호서 일을 말하면서 자기들도 이에 호응해서 무엇을 하자는 편지를 쓸 수 없었을 것이다.

이렇게 송희옥은 밀사가 오기 전에 벌써 기포를 작정하고 있었다. 그런데 어려운 점은 전봉준을 포함해서 많은 지도자들이 재기포와 북상 계획에 대해서 긍정적인 태도를 보이지 않는다는 것이었다. 이미 송희옥이 그들에게 이 계획을 설명했을 테지만, 전봉준이나 손화중이 김개남의 남원대회를 못마땅하게 여겼듯이[93] 그의 기포 제의도 탐탁하게 여기지 않았을 것이다. 그래서 송희옥이 기포를 거듭 촉구하는 9월 6일자 편지를 썼다고 생각한다.

송희옥이 대원군의 '起包上來' 요구와 밀접한 관계를 맺고 있었던 것은 분명하지만, 전봉준이 이에 대해서 어떠한 의견과 태도를 가지고 있었는지는 단정적으로 말할 수 없다. 전봉준은 대원군의 요구에 따라 재기포하였다는 것을 강력히 부인하였고, 기포는 오로지 자신의 본심에서 나왔다고 진술하였다.[94] 그가 인정한 것은 대원군의 밀사가 송희옥을 찾아와 '上來'하라는 대원군의 말을 전했다는 사실뿐이었다. 그의 판결문에도 이 부분의 혐의는 전혀 언급되고 있지 않다. 다시 말하여 재기포는 어디까지나 그의 독자적

---

93) 黃玹, 『梧下記聞』 제2필(1994, 『東學農民戰爭史料大系』 1, 여강출판사), 210~211쪽.

94) 『全琫準供草』, 20쪽. "至於再起事 出於矣等本心"

인 의사에 따른 것이지 대원군의 사주에 의한 것은 아니라는 사실을 조사관과 재판관이 인정하였다고 할 수 있다. 그렇다고 해서 전봉준의 진술이 모두 진실하다고 믿는 것도 문제가 없지는 않다. 앞으로 더욱 확실한 자료가 발견되지 않는다면, 이 의문은 명쾌하게 풀리지 않을 것이다.

결국 지금으로서는 이 문제는 『全琫準供草』에 실린, 대원군과의 관계에 대한 그의 진술이 진실한 것이냐, 아니면 허위이냐에 대한 보는 사람의 판단에 달린 것이다. 허위라고 보는 견해의 근거는 크게 세 가지라고 할 수 있다. 첫째는 송희옥이 대원군과 관련되어 있었으니까 송희옥과 관계있는 전봉준은 대원군과 당연히 관련되어 있었다는 것이다. 이것은 분명히 논리적인 오류를 담고 있다. 다음에는 그가 완강히 은폐하려고 한 점이 오히려 양자의 관계를 증명한다고 한다. 이것도 논리적으로 완벽하지 않다. 관계의 '부정'이 심증만으로 관계의 '긍정'으로 될 수는 없는 것이다. 셋째, 그가 대원군을 보호하려고 관련 사실을 끝까지 감추었다는 것이다. 처음에는 그가 송희옥과의 관계를 신통하지 않은 遁辭로 부정하였지만, 마지막에는 송희옥과 처7촌이 되며, 대원군의 밀사가 찾아와 빨리 올라오라는 했다고 송희옥이 자신에게 전했다고 이전 진술을 번복하였다. 이와 같은 전봉준의 진술은 대원군이 동학농민군을 동원하려고 하였다는 사실을 인정한 말이다. 그리고 이미 1월 25일 일본영사관에서 심문을 받을 때에도 소모사 이건영이 대원군의 뜻에 응하라고 설득하였지만, 이를 물리쳤다고 진술한 바가 있었다.[95] 그렇기 때문에 대원군을 보호하기 위해 뒤늦게 다시 거짓말을 하였다는 것은 별로 설득력이 없다. 은폐하려고 하였던 동기가 사라졌는데도 의심이 풀리지 않으면, 다른 중요한 동기를 찾아내

95) 강창일, 앞의 글, 262쪽.

야 할 것이다.

비록 그의 공초가 오직 진실만을 담고 있다고 생각되지는 않을지라도, 그래도 기본적으로 믿을 만하다는 것을 전제한 다음에, 다른 자료도 참고하면서 그가 재기포를 결심하게 된 동기를 조심스럽게 찾는다면, 근본적인 것은 '斥倭(倡義)'를 해야 한다는 그의 신념이라고 생각한다.

> 귀국이 開化라 칭하고 처음부터 한 마디도 민간에 알림이 없고, 또 檄書도 없이 병정을 이끌고 우리 都城에 들어와 한밤중에 왕궁을 격파하여 임금을 놀라게 하였다 하기로, 초야의 士民들이 忠君愛國之心으로 慷慨함을 이기지 못하여 義兵을 규합하여 日人과 접전하여 이 사실을 일차 캐묻고자 함이다. (옛말투는 인용자가 고침)

이것이 그의 본심이었다. 그가 격문을 비롯해서 여러 곳에서 거듭 말한 기포 동기도 바로 이와 같았다. 그 자신이 밝힌 동기를 믿지 않고, 공초에 실린 일부 내용과 연구자의 막연한 '느낌'만을 중시해서 대원군과의 밀약을 강조하고, 더구나 전봉준을 종적인 위치로 파악하는 것은 적절하지 않다고 생각한다.

전봉준과 함께 동학농민전쟁에 참가하였던 吳知泳은, 전봉준이 대원군과 밀약하고 일어났다는 "推測은 정말 그의 實地眞狀을 徹底히 알지 못하고 하는 말"이며, "다 色眼鏡을 쓰고 側面觀으로 보는 것에 지나지 않는 것"이라고 일축하며, "그 本意는 國家와 百姓을 위함에서" 나왔다고 일찍이 밝힌 바가 있다.[96]

---

96) 『東學史』, 162~163쪽. 일부에서는 『東學史』의 草稿本에 「역사소설」이란 語句가 붙어 있다고 해서, 『東學史』가 마치 지금의 소설처럼 상상과 허구에 바탕한 믿기 어려운 자료라고 잘못 이해하지만, 저자 오지영을 비롯한 여러 사람들이 가지고 있던 小說의 개념은 그런 것이 아니었다. 1965년에 발간된 李秉岐의 『國文學槩論』(일지사, 1978, 5쇄판, 193~205쪽)은, 소설이란 말은 街談 巷說, 즉 말 그대로 쇄세한 일을 말

그리고 동학농민군이 제2차 봉기를 하게 된 원인을 찾으려는 노력은 전봉준 등 소수 지도자의 판단과 계획을 주목하는 것도 중요하지만, 이처럼 거대한 역사적 운동에 접근할 경우에는 좀더 심층적이며 구조적인 시각이 필요하다. 당시 조선사회는 그야말로 격변을 겪고 있었다. 일제가 침략해서 주권을 짓밟고, 집권세력이 교체가 되고, 신식제도가 창출되던 과도기로서 기존의 질서는 크게 무너졌지만, 새로운 질서가 확립되지 않은 공백 상태였다. 뿐만 아니라 동학농민군이라는 반란세력이 국토의 상당 부분을 실질적으로 지배하고 있었지만, 중앙정부의 권력은 너무 허약해서 통제력을 발휘할 수가 없었다. 특히 몇 개 군현을 빼놓고는 거의 동학농민군에게 장악된 전라도에서는 그동안 양반과 지주와 관리에게 억눌리고 수탈당하였던 민중들의 투쟁이 과감히 전개되었다. 시간이 갈수록 중앙정부의 지배력은 약화되었고, 그에 따라 동학농민군의 활동은 더욱 활발해지고, 그에 동참하는 민중들도 큰 폭으로 증가하였다. 전봉준이 기포를 피할 수 있던 길은 민중을 예전 상태로 되돌려 놓는 수밖에 없었다고 생각한다. 여기에 불을 지른 것이 바로 일제의 침략이었다. 그들의 침략 그 자체 하나만으로도 민족적

한 것에서 나왔고, 그 한 갈래인 "寫實소설은 여러 사실을 그대로 살펴보고 거기서 한 결론을 세우는 것"이라 하며, 그 예로서 『恨中錄』을 들고 혜경궁 홍씨가 직접 쓴 자서전, 즉 고백의 소설이라고 하였다. 요컨대 歷史小說 『東學史』도 역시 사실에 바탕한 자서전이며 동학의 역사였다. 오지영은 자신이 실제로 행하고 보고들은 것 외에 다른 자료도 참고하면서 이 책을 쓴 뒤, 시중의 이야기책처럼 '별로 대단하지 않은 쇄세한 것'이라는 겸손한 마음으로, 또는 당시에 개인의 傳記를 소설이라고 하였으므로 역사소설이라고 附記하였다고 생각된다. 1894년 고부민요에 관련된 다른 자료인 『石南歷事』(박명규, 1993, 「동학농민전쟁 관련자료 『石南歷事』에 대하여」 『韓國學報』 71)도 원래 표제는 『石南歷史小說－朴氏定基歷事』로 되어 있다.

분노와 저항을 불러일으킬 수 있었지만, 투쟁 과정에서 축적된 막대한 민중의 에너지는 대대적인 반침략 항쟁을 불가피하게 만들었다. 이와 같은 힘의 공백 내지 역전은 집권세력에게는 위기를, 반란세력에게는 기회를 의미하였다. 전봉준이 時事를 제대로 알지 못하고 거사해서 실패하였다고 한 까닭도 근본적으로는 민중의 주체적 역량을 과대평가하고 객관적 조건을 냉철하게 보지 못했기 때문이었다고 본다.

전봉준은 9월 초순 삼례에서 처음으로 재기포를 논의하였다고 진술하였다. 그는 8월에 태인 집에 있다가, 25일경에 열린 김개남의 남원대회에 갔었고, 그믐쯤 장성에서 손화중을 만났고, 나주에 가서 전라감사 김학진의 말을 전하며 民堡를 해체시키려고 하였다. 그리고 정확한 날짜는 기억하지 못하였지만, 그는 9월 12일에 再起하였다고 한다. 그러나 금구와 삼례의 동학농민군들이 고산과 여산의 관아를 습격해서 무기를 탈취하고, 전봉준의 이름으로 태인에 私通을 보내 '이번 거사는 몹시 커서 비용이 많이 드니까 公穀과 公錢을 원평 도회소로 보내라'고 한 때가 9일과 10일이었다는 점을 감안하면, 실제 그의 기포는 10일 이전이었다. 불과 열흘 정도의 짧은 기간에 재기포를 결심하고 다른 지도자들을 삼례로 소집하였던 것이다.

8월 하순과 9월 초순 사이에 그가 재기포를 결심하는 데 직접적 영향을 미쳤을 일은 남원대회, 손화중과의 만남, 밀사와 소모사의 방문이라고 할 수 있다. 愼鏞廈는, 설명을 덧붙이지는 않았지만, 남원대회가 전봉준의 재봉기에 결정적 압력을 가하였다는 중요한 견해를 제시하였다.[97] 김개남을 설득하지 못한 전봉준은[98] 이런

97) 愼鏞廈, 1994, 『東學과 甲午農民戰爭硏究』, 일조각, 300쪽.
98) 8월 말까지만 하여도 전봉준이 가졌던 기포에 대한 부정적 견해는 나

사태의 흐름에 대처할 방도를 찾는데 고심하였다. 그가 판단하기에는 청국군을 물리친 일본군이 곧바로 내려올 것이고,[99] 8월 하순부터 대대적으로 기포한 하동과 성주 등 각지의 동학농민군들에게 해산 명령을 내린다고 하여도, 김개남 부대처럼 효과를 장담할 수도 없던 상황이었기 때문에 커다란 위험을 무릅쓰고 재기포를 할 것이냐, 아니면 조용히 있다가 일본군과 관군을 맞을 것인가를 결정하기가 어려웠을 것이다. 그는 결국 재기포를 결심하게 되는데, 동학농민군의 기포를 막을 수도 없고, 그렇다고 하면 일본군과 관군의 공격으로 엄청난 희생자가 날 것은 분명하므로, 그럴 바에야 기포하여 당당히 싸우고, 또 외세를 쫓아내는 성과도 기대하는 편이 낫다고 생각하였을 듯하다. 해산을 주장하던 손화중도 이와 같은 고민과 결심의 과정이 있었을 것이었다. 장성에서 만난 두 사람은 기포의 불가피성을 서로 공감하지 않았을까 추측된다.

대원군의 밀사와 고종의 밀지가 답지하였을 때가, 전봉준이 이미 기포를 완전히 결정하고 난 뒤인가, 아니면 결심하는 도중인가는 명확하게 알 수 없다. 그렇지만 한 가지 분명한 사실은 채 결심하기 이전에 그런 일이 일어났다고 하여도 그가 대원군의 말을 그대로 추종하였을 리는 없다는 것이다. 김개남의 기포에 대한 부정적 인식이 바뀌지 않은 상태에서는 대원군의 밀사와 고종의 밀지가 내려왔다고 해서 즉각 기포령을 내렸을 것 같지는 않다. 그 이전에도 북상 권유는 여러 차례에 걸쳐 받았을 테지만 전혀 움직이지 않았던 그였다. 또한 대세의 불리함을 인식하고 있던 손화중도 대원군의 밀사가 내려 왔다고 해서 기포하였을 리는 없다. 그러므로 대원군

주에 가서 김학진의 말을 전하며 민보를 해체하려고 하였다는 점에서도 확인할 수 있다. 기포는 전봉준이 전라감사 및 나주목사와 함께 할 수 있었던 일이 아니었다.

99) 『梧下記聞』 제3필, 249쪽 ; 『東學史』, 134쪽.

의 사주로 전봉준이 재기포하였다는 주장은 타당하지 못한 것이다.

그렇다고 해서 빨리 북상하라는 대원군과 '고종'의 뜻이나, 10일에는 호서에서도 북상할 것이라는 소식이 전봉준의 재기포에 영향을 전혀 주지 못하였다고는 볼 수 없다. 스스로 기포를 결심하였다고 하더라도, 밀사가 전하는 유리한 상황은 고무적인 것이었다. 따라서 대원군의 밀사와 고종의 밀지는 전봉준 휘하의 동학농민군이 재기포한 원인이라고 하기에는 적절하지 않지만, 하나의 고무적인 배경이 되었다고 할 수 있다.

김개남 휘하의 동학농민군은 남원부를 점령하는 등 8월 중순경부터 새로운 움직임을 보이기 시작하였다.[100] 전라도는 물론이고 충청도에서도 남원으로 향하였다.[101] 김개남이 주도하여 7만여 명의 동학농민군이 모인 남원대회는 8월 25일, 혹은 27일에 열렸다.[102] 이 남원대회의 목적은 "大公論"을 하겠다는 것이었다. 이 대공론의 주제는 알 수 없지만, 김개남의 기포 이유와 향후의 투쟁과 밀접한 관계가 있었을 것이다. 그가 기포하게 된 이유는 여러 가지일 수 있었다. 예컨대 자체 무력이 커질 대로 커져 정체된 국면을 깨트리려고 하는 힘을 억제할 수 없었다던가, 아니면 김개남을 왕으로 하는 新王朝가 개창될 시기가 도래하였다던가 등을 생각해 볼 수 있겠다.[103]

---

100) 김개남의 재기포에 대해서는 박찬승의 「1894년 농민전쟁기 호남지방 농민군의 동향」(1995, 『동학농민혁명의 지역적 전개와 사회변동』, 새길)을 참조.

101) 『南遊隨錄』, 8월 28일, 230쪽.

102) 『駐韓日本公使館記錄』 2, 기밀제23호, 동래부사 및 감리의 동학당후대의 건, 60쪽. 『梧下記聞』 제2필, 210쪽에서는 25일이라고 하였고, 『駐韓日本公使館記錄』은 20일부터 동학농민군이 몰려들어 27일에 대회를 열 예정이라고 하였다 ; 『日省錄』, 9월 22일조. 이때 숫자는 9월에 올라온 김학진의 보고에 따르면 5, 6만 명이라고 한다.

그런데 대원군의 계획과 관련해서 김개남의 기포를 좀 더 주목할 필요가 있다. 양쪽의 연계 가능성을 완전히 부정하기에는 8월 하순이라는 시점이 가진 의미가 크다. 또한 대원군의 계획을 전하는 밀사가 전봉준에게만 가고 김개남은 찾아보지 않았다고는 생각할 수 없다.[104] 그는 소모사 이건영을 만나 북상해서 일제를 토멸하라는 대원군의 전갈을 받았다고 한다.[105] 그리고 일본군 소좌 南小四郞은 전봉준에게 사주한 자를 대라고 하면서 김개남이 전주에서 죽을 때, "나는 살해당할 이유 없다. 나를 시킨 자의 죄"라는 말을 하였다고 하자, 전봉준은 바로 장두재를 지목하였다.[106] 그가 진술한 바에 따르면, 은진에 주둔해 있을 때, 장두재가 자기와 김개남에게 청주로 갈 것을 "꾀어" 김개남이 그곳으로 갔는데,[107] 청주싸움에서 장

103) 拙稿, 앞의 논문, 326쪽 참조. 이것은 과장된 소문이 확실하다는 견해도 있다(박찬승, 앞의 논문, 84쪽). 그런데 남원에 둔취하고 있던 김개남 부대의 동태를 낱낱이 파악할 수 있었던 운봉의 수성군 박봉양이 8월에 쓴 격문에는 "誑惑其黨 常言北闕 自稱鷄京儒生 改姓徐酉 鬩云其實鄭氏 甚至於特書旗面以八酉大阝(鄭의 破字－인용자) 號徐異狀曰鷄冠龍鱗 煽動愚民 無所忌畏"(『朴鳳陽經歷書』·『東學亂記錄』下所收, 全羅道慶尙道各邑 檄文草 甲午 八月日, 519쪽)이라는 내용이 있는 것으로 보아, 김개남의 진중은 鄭鑑錄의 분위기에 휩싸여 있었다고 생각된다. "The Tong-haks, who had respectfully thrown off allegiance to the King on the ground that he was in the hands of foreigners, and had appointed another sovereign(김개남－인용자), had been vanquished early in January, and their King's head had been sent to Seoul by a loyal governor."(Bishop, Isabella Bird, Korea and Her Neighbors, 264쪽).

104) 정석모는 김개남이 밀사 이건영을 만난 때가 9월 6일이라고 하였지만, 박세강 등을 통해서 이미 훨씬 전에 북상하라는 대원군의 뜻을 전달받았을 것이다.

105) 『梧下記聞』 제3필, 247쪽.

106) 강창일, 앞의 글, 260쪽. 장희용은 장두재이다. 『駐韓日本公使館記錄』에 실린 장두재의 편지 끝에 발신인 성명이 "誼弟 張斗在(張喜用)"라고 되어 있다.

두재가 죽었다고 하였다. 대원군의 계획을 실행하는 데 앞장 섰던 장두재는 분명히 김개남과 접촉하였고,[108] 전봉준보다는 김개남이 그의 의견을 많이 수용하였다고 볼 수 있다. 김개남이 전라감사 이도재에게 심문을 받을 때, 기포는 대원군의 밀지에 따른 것이었다고 진술하였다고 한다.[109] 그가 이와 같이 기포의 책임을 전적으로 대원군과 장두재에게 떠넘겼다는 것은 잘 납득할 수 없지만, 적어도 양자 사이에는 밀접한 관계가 있었을 것이라고 생각된다.

그러나 이후 김개남의 동향을 살펴보면, 그의 기포와 대원군의 동원 계획은 무관하였던 것이 아닌가 한다. 이건영 등 대원군의 밀사를 만나기 전에 이미 일찌감치 기포하여 9월 8일에는 旗祭를 올린 것으로 보아 전투 준비를 거의 마친 상태였다. 그러나 그는 9월 하순에 이르러서도 "起兵赴京할 뜻이 없고", 讖書가 예언한 "時期"만을 기다리다가,[110] 남원을 떠나 전주로 들어간 때가 10월 15일 경이었다. 이때는 전봉준과 손화중은 물론이며, 9월 18일 崔時亨의 기포 승인을 받은 北接도 이미 청산에 집결해서 논산으로 향하고 있었다.[111] 중앙정부도 호서와 호남의 동학농민군이 상호 연결된 사실을 보고받았다는[112] 것을 감안할 때, 그의 지체는 쉽사리 이해될 수 있는 것은 아니다. 전봉준이 그가 "合力王事"하자는 자신의 제의를 거부하였다고 비난하기도 한 것을 보면, 김개남 나름

107) 전주를 출발한 김개남 부대의 진로에 대해서는 여러 가지 설이 있지만(박찬승, 앞의 논문, 64~66쪽 참조), 『梧下記聞』의 기록대로 부대가 두 대로 나뉘어 한 대는 금산에서 청주로, 다른 한 대는 여산과 은진(필자 추정), 그리고 연산과 진잠을 거쳐 청주로 갔다고 생각한다. 전봉준의 말대로 김개남은 은진에서 청주로 향하였을 것이다.

108) 장두재 편지의 수신인에는 김개남이 들어 있다.

109) 『梧下記聞』 제3필, 302~303쪽.

110) 『甲午略歷』, 74쪽.

111) 졸고, 앞의 논문, 314~324쪽.

112) 『日省錄』, 9월 29일.

대로 일정한 목적을 가지고 있었다고 생각된다. 그러나 그도 계속된 전봉준의 북상 요구에 따르지 않을 수 없었다.[113] 김개남과 관련해서 한 가지 분명한 사실은 대원군의 북상 계획, 그 중에서도 "너희들이 오지 않으면 가까이 온 禍患을 이 어찌할까"라는, 빨리 올라오라는 '고종의 절박한 호소'에는 동조하지 않았다는 점이다.

그렇다고 동학농민군이 대원군 측과 연결되지 않았다거나, 또는 그들 계획에 전혀 동조하지 않았다는 것은 아니다. 특히 송희옥의 편지에 구체적으로 나타나는 것처럼, 적어도 일부 동학 지도자들은 재기포하여 북상해야 된다는 견해를 가지고 있었다. 그러나 8월 하순에 대대적으로 기포한 동학농민군은 남원의 김개남 부대밖에 없었지만, 아무래도 대원군의 계획을 그대로 추종하였다고는 볼 수 없는 듯하다. 한편 8월 초까지만 하여도 대규모 취회가 열리던 호중에서도 그후에는 지역 단위의 소규모 활동만 보일 따름이지 대규모 취회는 찾을 수 없게 되었다. 이와 같은 사정은 전봉준의 영향력 아래 놓였던 전주 근방도 비슷하여 9월 상순에 이르러 재기포를 본격적으로 준비하기 시작하였다. 결국 대원군의 기포 계획은 8월 하순까지만 하여도 소수 지도자들에게만 지지를 받고 있었으며, 이에 관해서는 아직 다수인의 합의와 결정이 이루어지지 않은 상태였다고 할 수 있다.

---

113) 『梧下記聞』 제3필, 253쪽. 전봉준은 김개남에게 북상하라는 연락을 거듭 보냈다 ; 『雜記』, 11월 8일조, 309쪽. 南有恩津論山之賊 全琫準之黨 散而複合 稱掠黃山之不應從者 嘯聚湖南金開南後援云 ; 전봉준 휘하로서 운량관과 우마감관이란 중요 직책을 맡고 있던 세 명의 동학교도를 체포할 때 압수한 문서는 동학농민군이 孝浦·淸州·錦山 전투에서 "設計"하였다는 사실을 보여준다고 한다(『巡撫先鋒陣謄錄』, 614쪽). 즉 비슷한 시기에 이루어진 전봉준의 효포 공격과 김개남의 청주 공격은, 비록 양자 간에 순조로운 타협을 거치지 않았을지라도, 연합작전일 가능성이 높다고 할 수 있다

이상 고찰한 바와 같이, 6월 말에서 7월 초에 세워진 대원군의 동학농민군 동원 계획은 충청도와 전라도의 일부 지역에서 진행되고 있었다. 비록 청국군의 패배라는 중대한 사건이 중간에 발생하였지만, 계획은 그대로 실행되었다. 그러나 박동진 등을 이용해서 8월 말에는 동학농민군을 북상시키겠다던 당초의 계획은 차질을 빚고 말았는데, 그것은 박동진 등의 활동이 소기의 성과를 거두지 못하였기 때문이며, 중간에 심부름을 하던 허엽과 이병휘가 경무청에 체포된 것과는 상관이 없었다. 각지의 동학농민군이 재기포를 시작하던 시기는 8월 하순과 9월 초순, 특히 9월 초순에 집중되었는데, 만약 대원군 측의 의도대로 계획이 순탄하게 진행되었다면, 늦어도 8월 하순에는 동학농민군이 대규모 취회를 열고 북상할 움직임을 보였어야 할 것이다. 따라서 동학농민군은 그 계획에 따라 기포하지 않았다고 할 수 있다.

동학농민군이 재기포하기 오래 전부터, 조선인들의 시국에 대한 일반적 인식과 정서는 대원군 측의 것과 크게 다르지 않았다. 이것을 간단히 정리하면, 다음과 같을 것이다. '일본은 조선을 돕기 위해 출병한 것이 아니라 치러 왔으며, 조정의 관리는 모두 "倭黨"이며 법령과 지방관도 그들 손에서 나온다, 동학농민군이 상경해서 각국 공사에게 군대 철수를 요구하고 일본의 잘못을 따질 것이다, 그리고 청국군이 다시 올 것인데, 이들과 손을 잡고 일본을 칠 것이다.'

실제 동학농민군이 이런 목적을 가지고 상경한다는 소문과 그를 뒷받침할 만한 움직임은 6월 하순부터 나타났다.[114] 공주 근방과

114) 『駐韓日本公使館記錄』 3, 임서제48호, 215~217쪽. 6월 10, 11일 경 공주와 전주 근방의 주민들은 동학농민군이 서울로 올라갈 것이며, 상경 목적은 청·일의 출병과 각국 군함의 집결에 관해서 각국 공사에게 군대를 철수시킬 것을 요구하는 것이다. 또한 일본의 출병은 조

그 이남 지역에서는 이미 제1차 봉기 때부터 동학농민군의 활동이 전개되었다. 물론 이것이 전주철수 이후에도 그대로 지속되었던 것은 아닌 듯하지만, 그 여파는 적지 않아 경복궁 점령 사태가 발생하자 곧바로 취회가 개최될 수 있었다. 또한 전라도에서도 동학농민군들이 공주를 향해서 북상하며 일본을 치겠다는 명분을 내세우며 부민과 양반에게 식량과 무기 등을 빼앗았다. 7월 3일부터 열린 이인취회는 이 지역 외에도 전라도에서 올라온 동학농민군들이 대거 참석하였다고 보인다.

선을 치러 온 것이라고 해서 일본에 대한 감정이 나빠졌고, 청국이 대병을 보내 물리칠 것이라는 소문이 퍼졌다 ; 위의 책, 임서제44호, 충청도 황산의 동학당재발등에 관한 별지보고, 236~238쪽. "강경에 동학농민군들이 들어왔다. 부자들의 곡물과 금전을 빼앗는다. 청국병과 일치협력하여 일본병을 적대한다고 하며, 일본인들을 보이는 대로 해친다는 소문이 있다. 이들은 강경에서 석성과 공주를 거쳐 서울로 올라간다고 한다" ; 위의 책, 임서제74호, 강경·황산에서의 동학당에 관한 문취서 별지보고, 239~240쪽. "7월 4일에도 함열의 동학농민군 300여 명이 강경에서 富民의 金穀을 악탈하여 약간은 빈민에게 주었고, 무기도 빼앗아 북쪽으로 갔다. 6일에는 노성현에서도 부자를 위협하였다. 역시 이들도 공주감영으로 몰려 갔다" ; 위의 책, 임서제78호, 충청도 황산지방 동학당재발상황 문취서 별지보고, 240~241쪽. (강경부근에서 목격) "동학이 재기한 것은 6월 22, 3일경으로 일본인의 물건을 빼앗는 등 난폭하다. 동당의 근거지는 공주이며, 이곳에서 만사를 지휘한다고 한다. 또한 이들의 목적은 청국인과 단결해서 경성을 공격해 들어가 일본인에게 당하지 않겠다는 것이다." ; 西村時彦, 앞의 책, 34~35쪽·42쪽. 이러한 사회 분위기는 서울에서도 마찬가지였다. 8월 하순 일본군은 동학교도가 서울 내외를 배외한다는 첩보를 입수하고 송파까지 척후를 내보기도 하고, 3천여 명이 8월 그믐에 성내로 들어올 것이라고 하는 격문이 붙었다는 소문에 수비병을 보내 정찰을 하는 등 경계를 엄중히 하기도 하였다 ; 『錦藩集略』, 別啓, 7월 7일. 7월 9일에는 서천에 부안의 동학농민군 57명이 들어와, 전라도 연해에 정박한 일본선박 수백 척을 계엄해야 한다고 식량과 무기 등을 빼앗았다.

그러므로 동학농민군의 재기포를 꼭 대원군의 사주, 또는 대원군과 전봉준의 '밀약'에 연계시킬 필요는 없다. 대원군의 동학농민군 동원 기도가 없었다고 하여도, 동학농민군을 비롯한 조선인의 반침략 정신은 반드시 대대적인 투쟁을 전개하였을 것은 자명하다. 아울러 당시 국면의 구조적 상황 아래에서는 동학농민군의 재기포가 불가피하였다는 점을 강조하고 싶다.

Ⅲ. 동학농민군과 보수유림의 창의

1. '高宗 密旨 위조사건'

대원군은 동학농민군에만 의존해서 난국을 타개하려고 하였던 것은 아니었다. 밀사를 동학 지도자들에게 파견하는 것과는 전혀 별도로 校理와 承旨 등 近臣 출신의 宋廷燮·李容鎬·李建永에게 '高宗의 密旨'를 발급하고 三南에 밀파해서 동학농민군은 물론이며, 保守儒林과 심지어는 地方官까지 봉기시키려고 하였다.[115] 청국군이 일본군을 격파하며 남하하고, 수십만 명의 동학농민군이 북상하는 절호의 기회가 찾아 왔을 때, 보수유림과 일반 백성도 '義兵'을 일으켜 준다면, 대원군으로서도 더 바랄 것이 없었다.

그러나 이 '密旨僞造事件'은 대원군에게만 혐의가 가는 것은 아니다. 밀지에는 高宗의 玉璽가 날인되어 있었으므로[116] 고종도 이

115) 李相伯, 앞의 논문, 23쪽.

116) 1988, 『古文書集成』 4, 한국정신문화연구원, 498쪽. 魯城의 坡平 尹氏 家門(尹景植氏 宅)에 송정섭이 전달한 密旨가 그대로 보관되어 있는

사건에 깊숙히 관계된 것이 아닌가 하는 의심이 자연스럽게 든다. 대원군측에서 옥새를 몰래 빼내어 사용하지 않았다면, 고종밖에 찍을 사람이 없었다. 아무리 어수선한 분위기였다고 하여도, 옥새 관리가 그렇게 허술하였을 것 같지는 않다. 그리고 밀지를 받아 경상도로 내려간 이용호는 이미 7월에 고종의 명령을 받아 평양으로 잠행해서 평안감사 민병석을 통해 청국에 구원을 요청하고, 청국군의 대장을 면회하였을[117] 뿐만 아니라 청국 光緖帝의 지원 약속까지[118] 받아서 돌아온, 그야말로 고종의 심복 근신이었다. 또한 그와 송정섭은 이 사건으로 실질적인 처벌을 받지도 않았을 뿐 아니라[119] 이후에도 벼슬길에 나섰고, '충군애국' 정신을 발휘하며

데, 여기에 찍힌 도장은 "施命之寶"로서 의심할 수 없는 국왕의 옥새이다 ; 『이용호 조사필기 발췌서』, 76쪽. 그리고 이용호의 것에 날인된 것은 교리를 지낸 그가 분명히 확인하였다.

117) 『駐韓日本公使館記錄』 5, (6)청장에게 보낸 대원군의 친서건, 80~81쪽, 같은 책, 조선정황 보고에 관한 건, 87~88쪽 ; 『송정섭조사발췌서』, 69~70쪽.

118) 田保橋潔, 『近代日支鮮關係の硏究』, 188~189쪽. 고종과 민비가 대원군과 일본의 엄중한 감시를 피하여 閔商鎬를 천진에 밀파해서 일본군이 침궐한 이후 사태를 알리고 대군을 파견해서 구원해 줄 것을 요청하였다고 한다 ; 袁世凱發平壤閔箕伯電, 光緖二十年七月四日,1894. 8. 4, XVI 권3 항120. (李毓澍 編輯, 『淸季中日韓關係資料三十種綜合分類目錄』(一), 국학자료원 영인본, 355쪽). "韓密使閔商鎬 稱日兵入宮後 大小政令 皆日人强迫 請卽發大軍救急" ; 北洋大臣來電 一 光緖二十年七月二十日, 1894. 8. 20, III 권 17 항 19. (앞의 책) 고종이 민병석을 통해서 청국에 보낸 밀서 내용의 일부는 "有臣叛謀與倭 醞釀脅制 存革現在危急 請轉奏天陛 克拜宗社 以救生靈"이다 ; 1986, 『李鴻章全集』 二, 電稿 二, 「寄平壤監司閔」, 光緖二十年七月二十二日辰刻, 상해, 인민출판사, 910쪽. 이홍장은, 대군을 파견하여 구원하겠다는 광서제의 뜻을 고종에게 전달하도록 민병석에게 전보를 보냈다.

119) 두 사람은 각각 未決中 大赦令에 의하여 석방되었다(『駐韓日本公使館記錄』 8, 기밀호외, 동학당사건에 대한 회심전말 구보, 별지제1호, 동학당피고사건관계인처분표, 53쪽, 참조).

정치적 사건에 연루되었다.[120] 따라서 이런 점만을 고려한다면, 고종이 자기의 측근에게 밀유를 내렸을 가능성도 완전히 부정할 수는 없다.

또 鄭喬의 『大韓季年史』는[121]

> 궁중으로부터 前校理 宋廷燮과 武科出身 黃載賢을 파견해서 충청감사 박제순과 호서의 수령에게 密勅을 전해서 西湖(금강 유역으로 쓰였다고 생각됨－인용자)의 동학농민군과 힘을 합해서 올라오도록 하였고, 평양의 청국병(이때 민영준이 이미 淸將에게 밀칙을 전함)과 더불어 힘을 합해서 일본병을 쳐부수고 신정부를 전복하려고 하였다. (중략) 얼마 되지 않아 정부가 궁중과 대원군의 계획(박세강과 박동진 밀파 - 인용자)을 알고 가만히 박제순에게 지시하여 박세강과 박동진을 체포해서 금강변에서 효수하도록 하였다.

라고 적고 있어, 고종이 밀지를 발행하여 의병을 일으키게 하였을 가능성도 전적으로 배제할 수는 없다. 그러나 구체적인 관련 자료가 이것 외에는 없기 때문에, 현재로서는 사실을 명확히 가리기가 어렵다. 그렇지만 고종이 대원군과 협의해서 밀지를 발행하였다고 한다면, 위의 기록은 어느 정도 신빙성이 있다고 생각된다.

대원군은 입궐 이후 7월 말까지만 하여도 고종과 친밀한 관계를 유지했다. 고종은 父子之間의 禮로 대하여 대원군을 항상 "尊爺"라는 호칭으로 불렀고, 또한 무슨 일이든지 모두 대원군과 의논하

---

120) 이용호는 아관파천한 고종의 환어를 무력으로 기도한 혐의로 1896년 12월에 체포되어 형을 받았고(1995, 『國權恢復運動判決文集』, 총무처 정부기록보관소, 49~54쪽), 중추원의관 송정섭은 1898년 김홍륙 암살사건에 연루되어 체포되었으나, "知情이 無함"으로 무죄 판결을 받았고(같은 책, 62~64쪽), 다시 1902년에는 이기동에게 민비시해의 "逆黨"인 구연수와 우범선을 제거하라고 교사하였다(같은 책, 84쪽).

121) 鄭喬, 『大韓季年史』(1994, 『東學農民戰爭史料大系』 4, 여강출판사), 382쪽.

였다.[122] 반면 대원군과 군국기무처 사이는 7월 하순부터 점점 더 벌어지고 있었다. 이준용이 내무협판이 되어 인사권을 장악하게 되자, 김학우와 안경수 등이 여기에 제동을 걸어, 결국 이준용이 28일 내무협판직을 사임하게 되었다.[123] 그리고 8월 8일에는 군국기무처 의원들이 과반이나 회의에 출석하지 않아 重推를 당하는 사태까지 일어났다.[124] 이렇게 대원군을 견제하려는 군국기무처의 친일관료 뒤에는 고종과 민비가 있었지만, 고종이 대원군과 심한 대립 상태로 돌입하였던 것은 아직 아니었다. 또한 민감한 문제였던 박영효의 귀국에는 대원군의 힘이 크게 작용하였는데, 민비와 이준용은 분명히 반대하는 입장이었지만, 고종은 8월 4일 밤에 그에게 이재순과 내관을 파견해서 의향을 듣는 등 우호적인 태도를 보였고,[125] 5일에는 그의 죄를 탕척해 주었다.[126] 박영효 귀국의 여파로 발생하였던 이준필의 고종 강박 사건도 대원군이 깨끗하게 처리해 주었다.[127] 이처럼 8월 초순까지만 하여도 고종과 대원군 사이는 기본적으로 원만해서 밀사 파견을 협의하였을 수도 있었다. 참고로 일본군이 평양에서 압수한 청국군의 문서에는 고종·대원군·이재면의 편지가 함께 들어 있었다.

주목할 만한 것은 이 사건과 동학농민군 동원 계획에 모두 관련된 林璡洙의 존재이다. 8월 17일 그는 고종의 밀지를 이용호와 송

122) 『駐韓日本公使館記錄』 5, 기밀제176호 본100, 조선정부 내정개혁의 전반적 진행상황, 28~29쪽.
123) 『日省錄』, 7월 28일.
124) 위의 책, 8월 8일.
125) 『駐韓日本公使館記錄』 5, 기밀제180 본103, 대궐내 풍문에 대한 미·로양공사의 담화 및 박영효 임관건, 34~36쪽 ; 杉村濬, 앞의 책, 88~90쪽.
126) 『日省錄』 8월 5일.
127) 위의 책, 8월 10일 ; 『駐韓日本公使館記錄』 5, 기밀제188호 본111, 한국조정 내부의 분리와 알력, 43~45쪽.

정섭에게 전달하였고, 또한 8월 24일에는 동학농민군을 8월 그믐날 이전에 상경시키라는 이준용의 편지를 얻어내어 박동진에게 가지고 갔다고 한다. 主事라는 그의 직위로 보아 고위관리는 아니었지만, 이용호와 친밀하였던 점으로 미루어 관계에서는 중요한 인물이었던 것 같다. 그래서 '어떤 사람'에게 밀지를 얻어 이용호 등에게 전달하는 심부름을 맡았던 것이다. 그에게 밀지를 준 '어떤 사람'이 누구인지 전혀 짐작도 할 수 없다. 하지만 임진수가 오로지 대원군 측의 인물이었다고 한다면, 이야기는 달라진다. 고종과 대원군이 협의해서 밀지를 보냈을 가능성이 없어지는 것이며, 밀지위조는 대원군 측이 행한 것이 틀림없게 된다.

그런데 한 가지 의아한 것은 三南召募使로서 義兵을 모집하였던 李建永의[128] 정체이다. 그가 소지하였던 밀지와 그 부속 서류들은 현재 『日本公使館記錄』과[129] 뮈뗄주교문서에 그대로 남아 전하며, 9월 초순에 전라감영에서 一泊하였고, 삼례에서 전봉준을 만난 다음 錦山으로 떠났다는 것은 분명하다. 이렇게 이건영이 소모활동을 하였다는 것은 확실하지만, 이용호이나 송정섭과는 달리 그를 체포하고 심문한 자료를 전혀 발견할 수 없다. 일제도 전봉준에게 그에 대해서 한 차례 물어 보았을 따름이다. 그래서 그가 어떤 경위를 거쳐 밀지를 받게 되었는지를 밝힐 수가 없다. 이용호와 송정섭은 일이 차질을 빚자 스스로 밀유 등을 없애 버렸지만, 이건영의 것은 뮈뗄주교문서에 포함되어 남게 된 경과도 모른다.[130] 그

128) 자료에 따라 그의 이름이 李健榮, 李建榮, 李健永으로 나오지만, 李建永이 정확하다.

129) 이상백이 소장한 필사본도 일본공사관문서에서 나온 것이라고 추측된다.

130) 이 가능성은 관련 문서가 모두 압수되었던지, 아니면 널리 퍼져 異本이 다수 나왔던지 두 가지 경우 가운데 하나이다. 압수되었다는 것은 이건영이 체포되었다는 것을 뜻하는데, 이건영에 관한 조사 자료나

가 체포를 피하여 종적을 아주 감추었는지, 아니면 밀파 자체를 감추려는 다른 자에게 목숨을 빼앗겼는지 알 수 없다. 여기에 서두른 조사 종결로 그에 관계된 것이 장막에 가려 버렸을 것이다.

7월 19일에는 단 하루 동안 承旨를 네 차례나 바꾸는 政事가 있었다.[131] 이것은 대원군의 뜻이 마침내 관철된 인사 발령이었는데, 이준용을 吏曹參判에, 그리고 지지자인 金經夏를 承旨에 임명하였던[132] 한편 李建永을 承旨로 임명하였다가 곧바로 다른 사람으로 교체해 버렸다. 그런데 이건영은 1884년 10월 4일에 副校理가 되었고, 甲申政變을 겪은 다음에도 부교리로서 관련자들을 엄벌할 것을 요청하는 聯名上訴에 참여하였고, 다음해 12월에 司諫이 되어 갑신정변의 관련자를 극형에 처할 것을 주장하였다는 것이 『高宗實錄』 索引을 이용해서 찾을 수 있는 그의 經歷이다.

일본군의 경복궁 침궐로 가장 심대한 타격을 입었던 민비와 민씨척족들도 동학농민군을 이용하려는 속셈을 가졌다. 일제는 민비가 내관의 손을 빌리고, 密旨를 고쳐서 동학농민군을 선동한 흔적이 있다고 하였는데,[133] 전봉준도 10월과 11월 사이에 閔族으로부터 李樞使가 召募使의 직을 띠고 왔는데, 처음에는 그런 줄 몰랐지만, 정부에서 소모사를 체포하라는 명령이 내린 것을 보고 閔族에서 나온 자임을 깨달았다고 한다.[134] 이 자가 이건영이라는 느낌

그 처분 결과를 전혀 볼 수 없다는 점에서 피체는 고려할 여지가 없다. 그렇다고 이본의 존재도 인정하기 어려운 것이 뮈텔주교문서를 제외하고서는 다른 곳에서 이 문서를 전혀 발견할 수 없다는 것이다.

131) 『日省錄』, 7월 19일.

132) 『뮈텔주교일기』 1, 1895년 4월 22일, 317쪽.

133) 『駐韓日本公使館記錄』 5, (10)내정개혁에 관한 대부금에 대한 상신, 160~165쪽, 같은 책, 기밀 제227호 조선정황 보고, 75~79쪽 ; 『駐韓日本公使館記錄』 6, (1)동학당 소요원인 조사결과보고서 송부의 건, 24쪽.

134) 강창일, 앞의 글, 260쪽.

도 들지만, 전봉준도 그가 민씨척당의 밀사라는 것을 추측하였을 따름이다. 그리고 후에 전봉준 자신이 이건영과 송정섭은 대원군의 밀사였다고 진술하였다.[135] 그러나 민씨척족들 가운데 임실현감 민충식처럼 동학농민군과 긴밀한 관계를 가지면서 활동하였던 자들도 있었던 것으로 보아,[136] 중앙과 지방의 민씨척족들이 동학농민군을 이용하려고 하였던 것은 사실이라고 생각된다. 특히 '忠淸道의 倡義 聚會'의 절에서 상술하겠지만, 민씨들도 창의에 동참하기도 하였다. 이런 것을 보면, 고종과 민비가 밀지 발행에 관련된 듯한 느낌도 든다.

그러나 이 '밀지위조사건'의 조사는 제대로 이루어지지 않고 슬그머니 종결되었다. 그렇기 때문에 밀서를 발행한 장본인은 전혀 밝혀지지 않았다. 만일 그것이 고종에게서 직접 나왔을 경우, 그 파장은 실로 엄청났을 것이다. 김홍집의 말대로,[137] 관리들은 명분상 신하로서 죽을 수밖에 없었고, 더구나 밀지에는 조정 관료들은 모두 일제에게 붙어 상의할 사람이 하나도 없다는 말도 들어있다. 일제에게도 밀지 사건은 하나도 유리한 것이 없었다. 일제가 조선을 침략하였고, 국왕이 백성들에게 거의를 명하였다는 것을 밝혀내면, 자신들이 침략자라는 것을 조선인과 열강에 스스로 널리 알리는 꼴이었다. 고종이 아니라 대원군이 옥새를 불법 사용하였다는 것도 커다란 왕실 내부 문제와 정치적 난국를 야기하기 때문에, 철저한 조사는 오히려 화를 불러 들이는 결과를 가져온다고 생각

135) 위의 글, 262쪽. 그러나 미나미 소좌가 전봉준에게서 받은 위의 口供書보다 이 신문 기사는 미덥지 않다. 엄정한 사료 비판이 필요하다고 생각한다.

136) 『駐韓日本公使館記錄』 6, 제4호 동학당과 결탁한 임실현감 민충식의 호송중 도주, 1~2쪽 ; 『梧下記聞』 제3필, 256~257쪽. 민충식은 민영준의 족질로서 재기포한 동학농민군에 적극적으로 참여하였다.

137) 『駐韓日本公使館記錄』 5, (6) 조선정황 보고에 관한 건, 87~88쪽.

하였을 것이다. 이준용이 관련된 사건이라면, 철두철미하게 파헤친 일제도 이 밀지 사건은 대충 넘어가고 말았다. 이것은 대원군 세력의 약화 내지는 축출을 목표로 삼았던 그들이 사용하기에는 위력이 불필요하게 너무 강한 무기였던 것이다.

그러므로 고종과 대원군이 양자가 합의해서 밀사를 파견했는지는 자료가 부족한 현재로서는 정확히 알 수가 없다. 그렇다고 대원군 단독으로 이 일을 계획하고 실행하였다고 단언하기에도 미심쩍은 부분이 많다. 그러나 이준용에게 동학농민군을 동원하라는 편지를 받았던 임진수는 의심할 바 없이 대원군 측과 밀접하였던 인물이었다. 이것을 엄연한 사실로 인정할 수밖에 없기 때문에, 일단 이상백의 주장에 따라 '고종 밀지'는 대원군측이 동학농민군과 보수유림을 동원하기 위해서 옥새의 불법 사용 등의 방법을 통해서 '위조'하였다고 보는 것이 타당하다.

세 사람에게 발급된 '고종 밀지'의 내용과 체제는 조금씩 다르다. 뮈텔문서에 실린 문서 번호 303호 '綸音'과 그 문서를 그대로 전재한 『駐韓日本公使館記錄』에는 이건영이 '三南召募使'로, 문서 번호 305호에는 '湖南倡義召募使'로 적혀 있다. 동일인에게 준 직함이 다르다는 것이 이상하다. "卽遣三南召募使李建永密示爾等"으로 시작되는 303호 문서는 동학 지도자들에게 가는 것으로 생각되고, 305호의 세 문서는 각각 ①"密諭三南縉紳章甫 壬辰殉節錄勳臣子孫 與東道人行負商班首等處", ②"密諭前承旨李建永 以爾爲湖南倡義召募使 持此密諭綸音卽登程倡率義旅", ③"密諭湖南列邑守臣"이 그 첫머리이다. 또한 송정섭이 받은 '密諭' 3통 가운데 그의 것 겉봉에는 "前校理宋廷燮"이라고 쓰여 있고, 안에는 "密諭前校理宋廷燮 持此三度密諭 當日發程 卽爲致傳上來事"로, 魯城縣의 尹滋臣에게 가는 밀지는 "予以否德 不明用人 以致

倭奴犯闕 宗社危亡 迫在朝夕"으로 되어 있다. 이용호가 받은 것은 "密諭嶺南大小民人"과 "負商 褓商"이라고 쓰여 있었다고 한다. 송정섭과 이용호에게 건네진 밀유의 문구는 이용호의 기억이기 때문에 정확하지는 않을 것이다. 그런데 305호 문서와 303호 및 윤자신에게 가는 밀지의 내용이 주는 느낌이 각기 다르다. 303호는 간략하면서도 강렬한 어조이며, 윤자신 문서는 부드러우면서도 무겁지만, 305호 문서는 고종의 所懷가 길게 풀어져 있는 등 대체로 말이 길다. 그러나 세 문서는 모두 8월 14일에 발행된 것이며,[138] 동일하거나 비슷한 문구가[139] 들어 있는 것으로 보아, 한 곳에서 나온 것이 틀림없다.

보수유림을 동원하려는 대원군의 계획도 동학농민군 동원 계획과 함께, 늦어도 8월 상순에는 수립되었다. 경상도로 파견되었던 이용호가, 林璡洙를 만나 국왕의 密諭를 받아 三南에 내려가서 의병을 일으키자는 제의를 받고, 8월 17일 達利乃(정확한 현재 지명은 알 수 없지만, 양재와 판교사이의 달래내 고개 店이라고 추정된다. - 필자)에서 만나자고 약속한 때가 8월 8일, 또는 9일이었다. 이때는 해산 효유문도 곧 발행되는 등 대원군의 기본 계획이 본격적으로 실행되려던 참이었다.

고종의 밀지를 받겠다고 하던 임진수가 실제 15일에는 밀지를 받아 자신의 집에 가져온 것을 보면, 그는 이 계획에 벌써 깊숙하게 간여하고 있었다. 이때 이용호가 임진수에게 들었다고 하는 말을 간단히 정리하면, 일본이 조선을 개혁하려고 하지만 잘 되지 않

138) 303호 문서와 305호 문서 ①에는 발행일자가 적혀 있지 않지만, 윤자신의 것과 ②와 ③에는 8월 14일로 기재되어 있다.

139) 윤자신 문서의 "或有拿命 寔出倭脅 抗不爲罪 先事漏泄 禍及寡躬 愼之勉之"는 305호의 ②에, 그리고 "宗社危亡 迫在朝夕"과 "密遣召募官員"은 ③에 그대로 나온다.

고 박영효를 이용하려고 한다, 그래서 삼남에서 의병을 일으켜 일본의 실책을 각국에 통지하여 힐책하겠다는 것이다.

임진수와 이용호에게 밀유를 갑자기 건네 받은 송정섭은 처음에는 뜯어보기를 거부하였지만, 이용호가 "위조하는 일은 있을 수 없다"고 말하며 안심시키자 개봉하였다. 고종이 내린 밀유는 3통으로 옥천 송대신의 아들 송진서, 연산 김대신의 손자 교관 김영길, 노성의 진사 윤자신에게 전하라는 것이었다. 이 외에도 동학교도에게 창의를 권하는 綸音도 魯城에 가지고 왔다고 하지만,[140] 조사기록에는 나타나 있지 않다. 그리고 이용호도 밀유 2통을 전달받았다. 청주가 집인 송정섭과 보은이 집인 이용호 두 사람은 천안에서 헤어져 각기 집으로 향하였다.

2. 忠清道의 倡義 聚會

노성을 포함한 이인, 논산 등 공주 근방 지역에서는 동학교도들이 일본군의 경복궁 침입 직후부터 대규모의 취회를 지속적으로 열고 있었다.[141] 특히 노성과 공주 사이에 있던 이인역에서는 취회

---

140) 특별히 동학교도에게 반포된 윤음인지는 불분명하지만, 창의하라는 밀지가 별도로 있었던 것이 확실하다(『駐韓日本公使館記錄』 8, 기밀호외, 동학당사건에 대한 회심전말 구보, 별지제2호 (1-⑤), 동학당 진무를 위해 정부에서 파견한 具完喜의 日誌, 56~58쪽). 이하 魯城에 관련된 기술은 『구완희 일지』에 의거하며, 특별한 사항이 아니면 출처를 밝히지 않는다.

141) 이 시기 충청도 지역 동학농민군의 동태에 대해서는 배항섭, 1994, 「충청지역 동학농민군의 동향과동학교단」 『백제문화』 23, 공주대학교 백제문화연구소 ; 신영우, 1995, 「충청도지역 동학농민전쟁의 전개 과정」 『동학농민혁명의 지역적 전개와 사회변동』, 새길 ; 양진석, 1995, 「1894

가 가장 먼저 열렸고, 그 이후에도 이 곳은 근접한 반송과 함께 동학농민군의 주요 활동 무대가 되었다. 이들이 표방하는 취회의 목적은 일본군의 침략을 격퇴하기 위한 倡義였다. 따라서 일본과 친일관료를 물리치려는 大院君이 충청도에서는 거의 유일하게 기포상태에 있었던 이 지역의 동학농민군을 선동하려고 하였던 것은 당연하다.

그런데 이 지역에서 창의를 외치며 취회하였던 세력에는 동학농민군 외에도 보수유림과 일반 백성들도 포함되어 있었다. 또한 동학농민군도 동학의 색채를 내세우지 않고, 조선의 백성임을 강조하였다. 그렇기 때문에 여러 가지 이질적인 배경을 가진 세력들이 '斥倭倡義'의 깃발 아래 하나로 뭉치기도 하였다. 이것은 다른 지역에서는 보기 힘든 현상이었다.

충청감사 이헌영은 '利仁民會所'로 된 傳令을 동학농민군의 利仁聚會에 세 차례나 보냈다.[142] 이들은 자신들의 취회를 '民會'라고 불렀다고 생각되며,[143] 그 취회의 목적은 "爲國忠孝之義"였고, 스스로를 "爲國義人"이라고 불렀다.[144] 임기준 등이 지휘한 동학

년 충청도지역의 농민전쟁」, 『1894년 농민전쟁연구』 4, 역사비평사 참조.

142) 『錦藩集略』, 別甘.

143) 『錦藩集略』, 別甘, 鎭川民會所. 8월 초에 진천에서도 동학농민군들이 民會所라고 칭하며 신임 현감의 부임을 막았다 ; 『巡撫先鋒陣謄錄』, 『東學亂記錄』 上 所收, 10월 20일, 409~410쪽. 정부군이 동학농민군을 본격적으로 진압에 나서면서 천안에서 붙인 榜示文에 역시 "自民會所及倡義所 這這摘發 捉納陣門"이라고 한 것을 보면, 여러 곳에서 열린 충청도 동학농민군의 취회가 민회소나 창의소라는 이름을 가지고 있었던 것을 알 수 있다.

144) 『時聞記』. "七月 初五日 自利仁盤松東學接 白米二百石馬二匹銃三柄卜定於余家 而使其徒六七人持私通來促 曰吾等皆爲國義人 外國之來擾我國者 將討平 而此是用於軍糧者也 (중략) 問曰願聞卽擧之義 彼

농민군의 정안면 弓院都會도 역시 "倡義之擧"를 표방하였다. 7월 12일 公州 銅川店에 둔취한 "道人"들도 "輔國安民"과 "斥化擧義"를 주장하였다.145) 심지어 황하일 · 임규호 · 이관영이 주도한 보은 취회에서는 자신들은 이미 "背學"하였고, 君父의 욕을 갚으려고 "士儒倡義"하였다고 하였다.146) 이처럼 동학농민군들이 "民", "爲國", "忠孝", "義"를 강조하였다는 것은 민족적인 차원에서 외세의 침략을 격퇴하기 위해서 義兵을 일으킨다는 의미였다.

한편 공주·홍산·은진·부여에서도 취회가 열렸다. 이헌영은 이 곳의 취회를 "儒會所"라고 지칭하였고, 보낸 전령의 문구도 이인민회의 것과는 다르다. 공주 등지의 유회소에 보낸 전령은 "爲布諭事 諸章甫之今此齊會 倡義乎 勤王乎 忠貫所擊 欲赴國難云云"으로 시작한다. 반면 이인민회소에 보내는 전령에서는 "汝等", "矣等", "愚昧", "汝等衆民"을 거리낌없이 사용하고 있다. "夫餘 儒生 千基一"에게 보낸 諭示한 문서는 "爲布諭事 以若勳臣之雲 仍今此倡義 極爲嘉尙"이라고 적고 있고, 은진유회소에 다시 보낸 전령도 이와 비슷하게 "宗社旣安矣 君父無恙 (중략) 各修在家 益勉學業"의 문구를 담고 있다.

그렇기 때문에 이런 유회소의 주도세력은 보수유림이라고 볼 수도 있지만, 반드시 그렇다고 단정지을 수는 없다. 왜냐하면, 은진유회소는 분명히 동학농민군이 중심이 된 도회였다. 恩津 義兵所에서 전라도에 보낸 통문을 보면, 앞 부분은 지극히 유교적인 정신이 담겼지만, 「義兵所條約」의 2항에는 "本道擧事 義在討賊 (중략) 道包入錄者 別入於義所者勿禁 且道人中 父兄子侄 勿拘得入", 6항

曰今外國來侵 宗社甚危 欲興兵一討 以定患亂故"

145) 『洪陽紀事』, 7월 12일.

146) 『錦藩集略』, 別啓, 7월 7일.

에는 "自起義日爲始 與道包定約 凡一切公務 自官家主之 而兩所(義兵所와 都所를 의미－인용자)中依勢不遵令者 兩所捉入于官庭依法懲治事"가[147] 들어 있는 것으로 보아, 동학농민군이 주체가 되었다는 것을 알 수 있다. 관리들이 조사한 은진의 執綱으로 廉相元이[148] 있었으며, 또한 은진 六谷에 사는 申鉉基는 자칭 大將이라 하고 5,6백 명을 모아 금산 등지에서 作擾하였다고 한다.[149] 또 墨洞에는 製藥所가 설치되었는데, 관군이 기습해서 7명을 죽이고 나머지는 효유 방송하였다는 것으로 보아 은진은 동학농민군의 주요한 기지였다.[150] 『東學史』에 '礪山府使兼後營營將'으로서[151] '東學討伐大將'이었지만, 동학농민군에 투신하였다가 이유상에게 죽임을 당하였다고 하는 金允植은[152] 은진에 거주하던 金元植이라고 생각되는데,[153] 혹시 그도 '은진유회소'에 참여하였던 자가 아닌가 한다.[154]

그렇지만 보수유림들도 군부가 욕을 당하고 나라가 위기에 처하였는데 수수방관할 수는 없었다. 그들도 나름대로 창의를 외치며

147) 『隨錄』 64~67장.

148) 『駐韓日本公使館記錄』 2, 기밀제25호, 동학당진무건에 관한 구신, 63쪽. 선무사 정경원이 보여준 것으로 조선정부가 보낸 탐정이 조사한 것으로 정확하다.

149) 『巡撫先鋒陣登錄』, 11월 23일, 545쪽.

150) 『兩湖右先鋒日記』, 11월 17, 319쪽.

151) 당시 여산부사는 유제관이었고, 김원식은 현임이 아니었다. 정확한 시기는 알 수 없지만, 그도 역시 여산부사였던 것 같다(『梧下記聞』 제3필, 259~260쪽). 황현은 강경에 살면서 큰돈을 번 그가 돈으로써 벼슬을 샀다고 한다.

152) 『東學史』, 142~144쪽, 169~170쪽.

153) 『全琫準供草』, 16쪽.

154) 황현은 그가 여산부사로서 탐학을 많이 하였는데, 동학농민군이 일어나자 보복이 두려워 入道하였고, 힘이 세고 鄕紳으로 威望이 있었기 때문에 四邑大接主가 되었다고 한다.

의병을 규합하였다. 그 대표적인 예가 乾坪儒會였다.[155)]

(8월 1일) 乾坪儒會를 가서 보다. 무리가 수천 명인데, 공주사람 李寧海가 와서 진법을 가르친다. 李는 대장 李鳳儀의 從姪로서 몸이 약하여 옷을 이기지 못할 듯하지만, 뛰어난 용기가 있고 눈빛이 번개와 같다. 전주사람 李都事(裕尙)는 지모가 있는데, 成劫坪의 閔士能(俊鎬)이 倡義하여 무리를 모은다는 말을 듣고, 그에게 討倭報國하도록 권하였으나, 閔이 비록 이름은 창의이나 실은 그 뜻이 아니었다. 李는 이에 그를 떠나 건평으로 들어가니, 따르기를 원하는 자가 백 명이었다. 다시 민준호에게 권하는 자가 있어 이영해에게 가니 이영해와 뜻이 합하였으나, 많은 사람들이 兩李를 따르지 않아, 또 다른 곳으로 간다고 한다.

회덕 성겁평에서 창의한 민준호라는 자가 누구이며, 어떤 목적을 가지고 있었는지 잘 알 수 없지만, 그도 일단 倡義를 내걸었다는 점에서 이 지역의 분위기를 엿볼 수 있다. 그리고 이영해의 종숙부가 된다는 이봉의는 摠禦使로 있다가 9월 1일 이윤용의 후임으로 잠시 警務使를 겸임하기도 한 인물이었다.[156)] 이유상은 본래 동학교도였지만, 『東學史』에서는 공주로 진격하던 동학농민군을 치려던 "儒道首領"이라고 하였는데,[157)] 이와 같은 오지영의 오해는 보수유림이 당초 주도한 '건평유회'를 세력 기반으로 삼았다는 데에서 비롯된 것 같다. 혹은 유교적 대의명분을 크게 강조하며 동학보다는 의병임을 내세우지 않았나 한다. 또한 이렇게 함으로써 자기의 지위를 높일 수 있는 방편으로 생각하였을 수도 있다.[158)] 그러나 『구완희 일지』와[159)] 9월 동학 접주들이 충청감사에게 보낸

---

155) 『南遊隨錄』, 226쪽.

156) 『日省錄』, 9월 1일.

157) 『東學史』, 141~142쪽.

158) 충청감사 박제순에게 보낸 그의 所志도 "公州倡義所義將"의 이름으로 되어 있으며, 전봉준과 관련된 내용의 말투도 『東學史』에 기술된 정도는 아니지만, 전봉준과 대등한 지위에 섰던 것처럼 표현되어 있다.

문서 등에 건평접주로 기재된 것으로 보아 동학교도였음은 의심할 바가 없다. 그리고 그의 運糧都執은 林川에 下鄕해 있던 閔泳參의 兄弟였다.[160] 이 자는 민비와 그다지 가까운 혈족은 아니지만, 넓은 의미에서 민씨척족의 일원으로 생각되며, 이유상의 운량도집이라는 중요한 직책을 맡은 동기는 중앙정계의 집권세력을 몰아 내기 위한 것이었다고 추측된다. 아마 지역적으로 가까운 곳에서 활동하던 민준호와도 관련을 가졌을 것이다. 민준호가 창의하였다고 하여도 다른 마음을 가졌다는 것도 의미심장하다.

이 건평유회는 성격이 이렇게 다양하였지만, 결국에는 동학농민군만 남은 것 같다. 왜냐하면, 다른 자료에서 건평유회는 동학농민군이 주축이 된 건평도회로 바뀌었고, 이유상이 지휘자로 나타나기 때문이다. 동학교도였던 그가 건평유회에 참여하였던 이유는 그 유회를 동학농민군으로 만들기 위한 것이었다는 기록도 있다.[161] 이런 소문이 돌 정도라면, 보수유림은 대부분 이탈하였을 것이다.

유교적인 분위기가 강하던 충청도에서는 동학농민군이 유교적 충군애국의 명분을 전면에 강하게 내세웠기 때문에 보수유림들과 연합할 수 있는 길이 열렸다던 것이 아닌가 한다. 그 좋은 예가 바로 건평유회라고 생각된다. 그렇지만 선무사 정경원 등 정부 관리들과 대원군의 효유가 지속적으로 행해지고, 뜨거웠던 열기가 식

159) 정확한 정보인지는 알 수 없지만, 구완희는 건평접주 이유상은 沃溝 軍校의 아들로서 일찍이 褓負商이 되었다가, 智勇과 劍術이 있어서 明火黨을 만들고 전봉준의 심복이 되었다고 보고하였다.

160) 졸고, 앞의 논문, 319쪽 참조.

161) 『南遊隨錄』, 238쪽. "十月二十二日 湖南東徒全明叔 十二日來屯論山 乾坪接主李都事裕尙爲先鋒 左右之 李本全之徒 而來托儒會 以據其衆 化爲東徒 還附於全 爲其前隊 將向利仁 而歷入扶餘 人心洶湧 已而聞其直行乃定"

자, 보수유림들은 투쟁 대열에서 점차 물러났던 것으로 추측된다. 정부와 일제의 진압 작전이 본격화하자, 보수유림들은 유회와 의병소를 만들고 동학농민군을 탄압하였다.162)

3. 魯城의 東學農民軍·保守儒林의 擧義 준비

노성현에서는 1893년 12월에 民擾가 일어나 관아가 습격당하고 현감 황후연이 쫓겨나는 등 심각한 사건이 일어난 바가 있었다. 민요의 원인은 전운소 양여미 400석 가운데, 前前 현감이 200석을 착복하였기 때문에 그 200석을 正稅에서 보충하여야 했고, 그 부담은 주민들에게 돌아갔기 때문이었다. 그런데 民擾査官인 부여현감 심의훈은 원인을 오래된 대동미 폐습이라고 잘못 보고하였기 때문에 推考를 당하였다.163) 이와 같이 조사가 제대로 이루어지지 않고, 장두를 포함한 여러 명의 主論者들이 도망하였으므로 오랫동안 조사가 완결되지 않았다. 9월 2일 정부에 올라온 충청감사 이헌영의 更査狀은 200석이 正稅에서 나갔다는 것은 확증이 없다고 하며, 오히려 민요 장두 등 피신자 체포를 강조하였다.164)

이 민요가 官長을 쫓아내는 등 과격하게 된 것은 장두가 小民들에게 강박당하였기 때문이라고 한다. 즉 노성민요도 다른 민요에

---

162) 1986, 『任城同苦錄』(『鄕土硏究』 2 所收, 충남향토연구회, 33쪽). "自八月初七日 各差面正 議定其節木 此乃本郡儒會之先於列邑而創設者也 九月十二日 大設宴會 咸萃其大小人民 使自樂歓". 이렇게 大興의 유회가 다른 곳보다 일찍 결성되었으나, 동학농민군 때문에 활동을 할 수 없었다. 그러다가 9월 하순부터 각지에서도 유회가 만들어졌다.

163) 『日省錄』, 4월 23일.

164) 위의 책, 9월 2일.

서 종종 나타나는 바와 같이, 양반들로 구성된 주론자들은 전임 수령의 부정과 징세 폐단의 일부를 교정하려는 수준에서 통문을 보내고 취회도 열었지만, 대다수 가난한 주민들은 이보다 훨씬 광범위하고 근본적인 요구를 제시하였던 것 같다. 노성현의 大姓인 尹氏 가운데 여러 명이 주론자로 지목되어 체포되거나 피신하였다.165)

또한 1894년 8월에는 주민들이 노성현 관아를 습격해서 군기를 빼앗은 사건도166) 일어나 현감 金靖奎가 '派員押上' 처분을 받았다가 취소되기도 하였다.167) 아마도 민요 조사에 불만을 가진 주민들이나, 한창 기포하던 동학농민군이 중심이 되었을 것으로 생각되는데, 군기 탈취를 주도한 자가 바로 利仁의 東學 都執綱 金昌順였다. 그가 무기창고를 열어 무기를 탈취하였고, 전후 행패도 한두 번이 아니었다고 하는 것으로 보아, 이미 동학이 이 지역을 장악하였다는 것을 확인할 수 있다. 그러나 지방행정 전반을 완전히 좌우하던 상태는 아닌 듯하다.

이렇게 민요의 여진이 남아 있고, 동학농민군이 활발하게 활동하던 노성에, 송정섭은 윤자신에게 전달할 밀지를 가지고 왔다.168) 그러나 윤자신은 『구완희 일지』에는 전혀 나타나지 않는다. 그렇지만 그와 더불어 거의를 계획하였던 인물 가운데 노성의 대가세족인 파평 윤씨들이 여러 명이었다. 아마도 송정섭은 이곳의 윤씨들과 이미 특별한 관계를 맺고 있었던 것 같다.

---

165) 『南遊隨錄』, 계사 12월 26일.

166) 충청감사 이헌영은 8월 24일 동학에게 군기를 빼앗긴 노성현감을 파출한다는 장계를 올렸다.

167) 『日省錄』, 9월 1일.

168) 송정섭이 이곳에 온 때는 빠르면 8월 하순이나 9월 초라고 추측되는데, 생각보다는 늦게 도착한 듯하다. 이것은 이용호와 이건영의 경우에도 마찬가지인데, 그 이유는 정확히 알 수 없다.

송정섭은 윤씨의 齋宮인 靜修庵을 거점으로 삼아 활동을 전개하였다. 9월 초순에는 태인에 살고 있던 前 工曺判書 崔益鉉이[169] 찾아왔다. 당시 보수유림의 태두라고 할 수 있는 그에게 국왕이 창의하라는 밀지를 내렸다는 사실을 알리고 참여해 달라는 말을 하였던 것은 자연스러웠다. 그리고 노성현의 거의 계획이 틀을 잡았던 것이 이때가 아닌가 한다. 그 의병의 지휘부를 살펴 보면, 소모장에 최익현, 참모에 송정섭, 종사관에 윤자삼·윤상옥·杓亭의 김진사·고산 경산의 윤진사가 되었다. 종사관들은 모두 만석지기의 큰 부자였다.

최익현이 돌아간 뒤, 송정섭은 각 읍촌을 왕래하면서 창의를 권하는 윤음을 가지고 동학 12包를 순시하였고, 근읍의 각포도 이러한 사실을 서로 연락하였다. 또한 윤씨들과 근방의 사대부들도 정수암으로 빈번히 출입하였고, 부호들은 양식을 도왔다. 뿐만 아니라 밀지의 진위 여부를 확인한 현감 김정규도 쌀 한섬을 보내기도 하였다. 관리일수록 창의하라는 국왕의 밀명을 따라야 하였다. 이렇게 노성 근방의 보수유림·수령·동학농민군이 연합해서 창의를 준비하였다.

이러한 연합이 가능하였던 까닭은 보수양반과 동학농민군이 상호 간에 동의하고 공유할 수 있던 명분, 다시 말하여 의병을 일으켜야 된다는 공통된 신념이 있었기 때문이었다. 이것을 유교식으로 표현한다면 "忠君愛國"이고, 동학식으로는 "輔國安民"이라고 나타낼 수 있다. "倭賊"이 나라를 짓밟고, "奸黨"이 조정을 뒤흔들고, "君父"가 위협받고 있던 위기를 극복할 수 있는 정신은, 비록 표현은 다를지라도 보수유림과 동학농민군에게는 똑같았을 것이다. 그렇기 때문에 양반들 가운데는 동학농민군의 반침략 전쟁에

169) 『日省錄』, 7월 1일.

호응하여 직접 가담하는 자도 나왔지만, 자신은 직접 나서지 않으면서 동학농민군이 일본을 몰아내 주기를 기대하였다.[170] 영국 총영사 힐리어는, 동학농민군을 반란자라고 보던 일반인도 이제는 그들을 침략자로부터 나라를 구하려고 하는 애국자라고 새롭게 인식하였고, 그들이 서울에 올라오는 것도 불가능한 일이 아니라고 8월 말에 본국에 보고하였다.[171]

충청감사 이헌영도 결코 동학농민군에게 강경 조처를 취할 수 없었지만, 후임 감사 박제순도 역시 임천과 노성 등지의 동학교도들을 찾아다니면서 효유하여야 하였다.[172] 그에게도 고종의 밀명이 내려 갔다는 鄭喬의 기록이 맞는다면, 그는 외세의 침략에 분노하여 궐기한 동학농민군의 충군애국에 동조하는 기색이라도 보여야 하였다. 뿐만 아니라, 이 지역의 상황도 전라도와 크게 다르지 않았으므로, 그도 역시 "道人監司"라고 일컬어지던 전라감사 김학진의 처지와 다른 바가 별로 없었다.

그런데 9월 20일을 전후해서 상황이 급변해 버렸다. 8월 말에 이르러 대원군과 친일관료의 갈등이 갑자기 심해지기 시작하였다. 이 계기는 대원군의 동학농민군 동원 계획의 누설이었다. 8월 26일 이병휘가 경무청에 고발를 하였고, 허엽은 체포되었다. 대원군은 자기 사위인 경무사 이윤용을 즉각 교체해 버리고, 일본공사를 찾아가 자신이 동학농민군을 선동한다는 소문에 대해서 해명하여야 하였다. 이후 사태는 급박하게 돌아가 대원군과 친일관료 사이에는 치열한 권력투쟁이 전개되었다. 아마도 대원군측의 사주를 받

---

170) 鄭樂圭, 『景山遺稿』 卷之二, 「匪類論」. "又以斥倭破洋爲名 以保國安民爲事 果能因此而深斥倭洋 使無今日之開化 則功可贖罪 萬一而幸免一時之誅戮 然其賣國賣天之說 終爲萬古之罪人 甚矣"
171) 박일근 편, 앞의 책, Inclouser 2 in NO.410, 439쪽.
172) 『宣諭榜文並東徒上書所志等書』, 381~382쪽.

은 수문장 김기홍이 친일관료를 과격하게 비판하는 상소를 올렸고, 그에 대해서 총리대신 김홍집 이하 군국기무처 의원들이 대거 사직소를 올렸다. 결국 김기홍이 옥에 갇힌 8일을 전환점으로 대원군의 위세는 크게 손상받았다. 9일에는 대원군이 막으려고 하였던 동학농민군 진압부대 파견이 군국기무처에서 결정되었고, 11일에는 군국기무처의 장정을 고쳐 기무처가 정부와 동일한 지위를 차지하며, 칙임관은 반드시 천망을 거쳐야 한다 등 주요 정책을 의원들이 결의하였다. 이것은 대원군에 대한 직접적인 공격이었지만, 대원군은 동학농민군 동원 사건 때문에 제대로 대처할 수도 없었다. 또한 민비도 반격을 개시하여 민응식 등 민씨척당을 사면하고, 심복 홍계훈을 호위청 별장으로 임명하였다. 드디어 9월 26일에는 의병을 일으키라는 위조된 밀지나 분부를 사칭해서 "匪類"와 통하는 자는 先斬後聞하라는 고종의 공식적인 명령까지 나오게 되었다. 바로 직전인 18일에는 전라도의 동학농민군이 올라온다는 노성현감의 첩보에 의거해서 올린 충청감사 박제순의 장계에 따라 동학농민군을 당장 "剿滅"하라는 초긴급 명령을 내렸다.

이와 같은 정세 변화와 전라도 동학농민군의 재기포는 거의를 준비하고 있던 노성에도 큰 여파를 미쳤다. 동학농민군의 북상을 알렸던 노성현감 김정규와 충청감사 박제순은 초토할 방법은 생각하지 않고 무책임하게 보고를 올렸다는 이유로 罷拿될 것을 겨우 면하고 待罪擧行하라는 처분을 받았다. 이것은 상례를 벗어나는 과도한 처벌로서 정부의 강경한 태도를 반영하는 조처인 동시에 대원군과 연계된 박동진·송정섭 등의 활동을 적극 저지하라는 경고이기도 하였다.

따라서 박제순의 동학농민군에 대한 태도도 돌변하였다. 이병휘와 허엽, 그리고 다른 계통의 첩보를 통해서 이 지역에서 진행되고 있던 동학농민군과 보수유림의 거의 계획을 알게 된 중앙정부가 박제순에게 특별 지령을 내렸다는『大韓季年史』의 기록은 정확하다고 생각된다. 그 결과 9월 19일 박동진이 무혹민심하였다는 죄목으로 사형당하였고, 21일에는 충청감영의 병력이 구완희의 지휘 아래 노성현에 진주하였다. 이에 따라 노성의 거의도 물거품이 되고 말았다. 참여하였던 양반들은 눈물을 흘렸고, 이유상을 비롯한 동학농민군은 잠적하지 않을 수 없었다. 박제순도 분명히 노성에서 진행되고 있던 거의 준비를 알고 있었지만, 상황이 변하자 동학농민군과 보수유림을 탄압하였던 것이다. 이유상은 "溫言順辭와 涎脣減紅으로 세월을 기약하며 근심과 즐거움을 함께 나누자고 맹세"하였던 박제순에게 속았다고 그를 맹렬히 비난하였다.[173]

그런데 이와 같은 정부측의 탄압 정보는 사전에 유출되었던 것 같다. 20일 최익현이 노성현감에게 보내는 편지를 가지고 온 사람이 송정섭을 찾았고, 그 날 오후부터는 정수암에 모여 있던 사람들이 흩어지기 시작하였다. 최익현의 편지 내용이 무엇인지 알 수는 없지만, 이들의 해산에 적지 않은 영향을 미친 듯하며,[174] 또한 감영의 움직임도 이들에게 파악된 듯하다. 그 구체적인 경로가 불분명하기는 하지만, 확실한 것은 국왕의 밀지는 가짜이므로 정부가 탄압을 가하려고 한다는 정보가 이들에게 전달되었다는 것이다.

결국 동학농민군과 보수유림이 고종의 밀지에 따라 거의하려던

173)『宣諭榜文並東徒上書所志等書』, 381~382쪽.

174) 소모사 이건영이 삼례에서 전봉준을 만난 다음에 금산으로 갔다고 하였는데, 금산은 동학농민군을 막기 위한 "의병"이 조직되어 있었다. 정확한 것인지는 잘 알 수 없지만, 여기에 최익현이 관련되어 있었다고 한다(『구완희 일지』). 그런데 이때 이건영과 같은 소모사가 가짜라는 말이 퍼졌다. 최익현이 이 소문을 20일 전에 들었다면, 거의 준비를 중단하라고 노성에 즉각 알렸을 것이다. 아니면 정부의 지시를 받은 박제순이 그에게 통보하였을지 모른다.

계획은 이렇게 준비 과정에서 좌절되고 말았다. 그러나 서로 용납하기 어려운 세력들이 민족적 위기를 극복하고자 '연합 의병'을 결성하려고 하였다는 점에서 의의가 크다. 이와 같은 사례가 더 있을 것으로 생각되지만,[175] 상세한 것은 알 수가 없고, 이후 송정섭과 이용호는 활동을 계속 하였지만,[176] 성과를 거두지 못하였던 같다. 따라서 대원군이 보수유림을 동원하려던 기도는 실패한 것이다.

이 노성 사건은 왕을 정점으로 하는 사회적 관계, 유교적 명분이 모든 조선인을 하나로 묶을 수 있는 구심력을 여전히 가지고 있었다는 것을 말해 준다. 일본군의 경복궁 점령과 그로 말미암은 사태를 방관하였던 보수유림에게 의병을 일으키라는 왕의 명령은 절대적이었다. 그렇기 때문에 '賊'이라고 생각하였던 동학농민군과도 연합을 도모하였던 것이다. 사실 창의를 외치는 동학농민군의 뜻을 그대로 인정한다면, 그들과의 연합은 어려울 것이 없었다. 그러나 보수유림은 지배층으로서 가지고 있던 이해관계와 의식에서 벗어나지 못하고, 정부의 탄압에 그대로 주저앉고 말았다. 그들이 왕의 권위와 유교적 명분에 종속되지 않았다면, 민족의 독립과 주권과 자존심을 택하였을 것이다.

반면 동학농민군들은 왕의 밀명이 없었다고 하여도 이미 거의를

---

175) 『日省錄』, 9월 29일. "忠淸道宣撫使鄭敬源狀啓 以爲丹陽郡守宋秉弼招集儒生 煽動村氓 爲先罷黜." 동학농민군의 활동이 활발하던 단양에서도 군수가 유생과 주민을 선동하였다는 이유로 파출되었는데, 이는 동학농민군의 기포와 밀접한 관련을 가진 것으로 파악된다

176) 『啓草存案』, 9월 30일, 240쪽. 소모 활동을 하는 양자를 체포하라는 명령이 9월 26일 내렸지만, 그 외에도 黃司果(『大韓季年史』의 무과 출신 황재현 - 필자) · 李都事(이유상? - 필자)까지 활동한다는 보고가 들어 왔다 ; 송정섭은 11월 초에 체포되었고, 이용호는 이보다 약간 일찍 체포된 듯하다(『日省錄』, 11월 2일, 10일 참조). 윤자신에게 가는 밀지에도 "或有拿命 寔出倭脅 抗不爲罪"라고 쓰여 있기 때문에 송정섭은 밀지를 굳게 믿으며 계속 활동하였던 것 같다.

한 상태였다. 즉 기존의 유교적 관계나 가치에 고착되지 않았으므로 탄압에도 불구하고 반외세 투쟁에 나섰던 것이다. 동학농민군이 보수적인 양반과 연합하려고 하였다는 사실은 동학농민군의 한계로 지적될 수는 없다. 건평유회를 동학농민군으로 변질시킨 이유상은 자체 역량을 강화하려던 의도도 가지고 여기에 적극 참여하였던 것이 분명하다. 왜냐하면, 일본군의 축출이라는 봉기의 제1차적 목적을 달성하기 위해서는 강력한 무력을 확보하여야 했기 때문이었다. 손화중이 재기포를 반대한 이유는 양반들이 참여하지 않는다는 것이었음을 상기한다면, 양반과의 연합은 동학농민군의 투쟁력 강화에 큰 도움이 될 수 있었다.

동일한 시대와 사회에 살았던 동학농민군과 보수유림은 분명히 의식상 동질성을 가졌다. 동학교단과 동학농민군 진중에서 발표된 문서에서도 유교적 윤리와 충군애국의 논리를 충분히 발견할 수 있다. 그러나 이 점만을 주목하고 강조해서 동학농민군의 봉기를 '조선왕조체제를 강화하려는 유교적이며 보수적인 의거'라고 규정하는 것은 양자 사이에 현실적으로 존재하였던 이질성과 적대적 관계를 무시하고 오로지 동질성만을 강조하는 일면적 주장이라고 하지 않을 수 없다.[177] 자신의 생명과 재산을 희생할 가능성이 높은 전쟁에 참여할 것인가, 아니면 회피할 것인가 둘 가운데 하나를 선택해야 되는 절박한 상황은 한 개인이나 집단의 가치와 신념을 적나라하게 폭로시킨다. 완전히 서로 다른 선택을 해 버린 개인이나 집단을 동질적인 의식과 목표를 가졌다고 말할 수는 없을 것이다. 따라서 의병에 참가한 동학농민군의 의식과 지향은, 비록 유교적이며 전통적인 어휘로 꾸며지고, 또 일부 내용이 같다고 할지라도, 새로운 그릇인 '동학'에 담긴 새로운 내용이라고 이해하여야 한다.

177) 유영익, 앞의 논문, 「全琫準義擧論」, 1645쪽.

Ⅳ. 맺음말

대원군과 동학이 제1차 봉기 이전부터 연계되었을 가능성은 높지만, 충분한 근거가 제시되고 구체적인 내용이 밝혀지지 않은 지금으로서는 그런 주장을 받아들이기 어렵지 않은가 생각된다. 양자는 일본군의 경복궁 점령 사태 이후 급속도로 가까워졌다. 대원군은 정권을 장악하고 일제로부터 벗어나기 위해 동학을 이용하려고 했고, 그에 호응한 일부 동학 지도자는 일제와 친일관료를 물리치려고 대원군과 손을 잡았다. 또한 이때 이들은 이미 동학농민군의 북상 전략의 골격을 세웠다.

청주 근방에서는 서인주가, 공주를 중심으로 한 호중에서는 임기준 등이 적극적으로 활동하며 일전의 태세를 가다듬었다. 그런데 임기준은 늦어도 9월 하순에는 전선에서 이탈해서 정부 편에 섰다. 또 노성 등 지역에서는 보수유림도 일시적으로나마 봉기하기도 하였지만, 결정적 순간에 斥倭倡義의 대열에서 물어나 버렸고, 종국에는 건평접주 이유상을 중심으로 한 동학농민군만 남았다. 서인주에 관해서는, 그가 '南接'으로 '北接'의 기포를 강하게 독려하였으며, 9월 24일 대병력으로 청주병영을 공격하였다는 것 밖에 자세한 사실을 알 수 없지만, 대원군 측과 밀접하지 않았나 추측된다.

8월 중순에 남원부를 점령하였던 김개남도 대원군의 북상 전략에 적극적으로 호응하였을 가능성이 높지만, 이후 김개남 부대의 동향을 살펴보면, 잘 이해되지 않는 부분도 많다. 또한 전라도집강으로서 전봉준과 가까웠던 송희옥을 비롯해서 소수의 동학 지도자들도 재기포와 북상에 적극적인 의사를 표시하였다. 특히 송희옥의 편지에는 대원군 측과의 관계가 확실하게 나타나 있다. 그러나 이 편지를 보냈던 9월 6일경만 하여도, 그의 주장은 전봉준을 포함해서 다수의 지도자들에게 적극적인 지지를 받지 못하였던 것 같다.

현재 대원군과 동학농민군의 '밀약'이라는 문제의 초점은 전봉준에게 집중되어 있다. 그런데 양자가 정세 판단이나 자체 사정, 혹은 북상 일자 등을 상호 긴밀하게 연락하고 논의하면서 거사를 준비한 것이 아니라, 대원군이 위에서 지시하니까 전봉준이 수동적으로 그에 따랐다는 것은 전혀 받아들일 수 없는 주장이다. 전자의 가능성은 완전히 배제할 수는 없더라도, 밝혀진 사실에 입각하고 그의 진술을 믿는다면, 재기포는 대원군의 계획과는 거의 무관하였다. 단 밀사를 파견하고 밀지를 위조하는 등 대원군의 노력은 재기포의 원인이라고 할 수는 없지만, 하나의 배경 내지는 고무적인 요건 정도의 의의를 가졌다.

요컨대 대원군의 동학농민군 동원 기도는 부분적으로만 성공하였으며, 동학농민군의 제2차 봉기를 주도한 전봉준에게는 호응을 별로 받지 못하였다. 그럼에도 대원군의 밀지가 밀사를 통해서 전봉준에게 전달되었다는 사실을 곧바로 전봉준이 대원군의 명령에 따라서 봉기하였다고 확대 해석하는 것은 사실에 대한 고의적 무시이며 논리적 비약이다.

설사 전봉준 등 동학 지도자들이 대원군과 재기포를 사전에 '밀약'하였다고 하여도, 그것은 그들의 한계가 아니라 그들의 탁월한 정치적 능력으로 이해하여야 한다. 전개되는 국면을 넓은 시야에서 관망하고, 이질적인 요소까지도 포용함으로써 투쟁 역량을 강화하려는 방략은 대단히 바람직하였으며, 특히 중앙정치계와 연계를 모색하였다는 것은 지방 민중세력의 한계를 뛰어 넘기 위한 전략으로 생각할 수 있다. 그들은 대원군을 비롯해서 정치세력 상호간의 권력투쟁에 하나의 종속 변수로 존재하지 않았고, 그 정치세력의 공동지배체제를 위협하고 붕괴시킨 힘을 가지고 있었다. 전봉준이 "대원군이 시켜서 당연히 해야 될 일이라면, 내가 스스로 당연히 한다."라고 한 진술은 동학농민군이 대원군에게 종속된 것이 아니라 오히려 그 반대라는 뜻이며, 봉기다운 봉기도 하지 못하고 무너져 버린 노성의 보루유림과도 다른 점이다. 즉 동학농민군과 민중의 반침략 항일투쟁 의지는 대원군이나 양반지배층보다 훨씬 확고한 실천력을 담보하고 있었다. 그리고 이 시기 대세는 대원군이 아니라 동학농민군이 더욱 강하게 장악하고 있었음은 길게 말할 필요가 없다. 그러므로 대원군은 투쟁 과정상 하나의 연합세력으로 동학농민군에게 선택되었던 것이다. 이런 대원군이 동학농민군에게 재기포를 사주하였고, 동학농민군은 그 사주에 따랐다는 해석은 받아들이기 어렵다.

더 나아가, 설령 전봉준이 대원군의 "사주"를 받고 제2차 봉기를 하였다고 하여도, 그것이 봉기의 의의를 감쇄하거나, 전봉준과 동학농민군을 폄하하는 재료가 될 수는 없다. 머리말에서도 말했듯이, 대원군을 과도하게 부정적으로 인식하는 것은 그 시각 자체에 문제가 있는 것이다. 대원군은 일제의 마수를 벗어나야 한다는 의지를 가졌던 것이 분명한데, 그 점을 도외시하고 그를 오로지 정권욕의 화신으로만 보아서는 안 된다. 또한 동학농민군이 대원군과의 밀약에 따라 봉기했다고 해서 그들의 나라와 민족을 사랑하는 마음이 미약하였다고 말할 수는 없다. 전쟁 발발의 계기가 무엇이든, 자기의 목숨을 바쳐 외세와 싸웠다는 사실 하나만으로도 동학농민군은 어떤 조선인보다 민족정신이 강하였던 최초의 "義兵"이자 "爲國義人"였다. 외세를 물리쳐야 한다는 民族의 大義 앞에서 대원군의 '보수성'과 동학농민군의 '혁명성'이 융합되지 못할 까닭은 없었다.

이처럼 동학농민군은 민족적 위기와 수치를 불러일으킨 일본을 몰아내어야 한다는 전 조선인들의 울분와 희망을 한 몸에 받으면서 분연히 일어나 반침략 항일 전쟁을 전개하였던 것이다. 전봉준이 그 항전에 참가한 휘하의 동학농민군을 "忠義之士"라고 일컬은 것은 지극히 적절하고 당연하다.

제9장

최시형과 서장옥

- 남북접 문제와 관련하여

Ⅰ. 머리말

Ⅱ. 서장옥의 출신 및 최시형과의 관계

Ⅲ. 동학 교문의 분열과 그 원인

Ⅳ. 동학농민전쟁에서의 남북접 대립

Ⅴ. 맺음말

Ⅰ. 머리말

동학농민전쟁에 소극적이었던 崔時亨은 종교적 타협적 지도자이며, 심지어는 기회주의자라는 평도 받는다. 반면 적극적이었던 南接의 서장옥(徐章玉, 서인주의 異名) 정치적 투쟁적인 지도자로 보며, 동학에서는 이단이었다는 주장도 나온다.[1] 이런 견해는 지금까지 동학이 전쟁에서 차지하던 자리를 남접에게 넘겨야 된다는 의미를 담고 있다. 이미 吳知泳이나 金庠基 등의 선구적 업적을 비롯해서 많은 연구에서도 남접이 거론되기는 하였지만, 전쟁의 핵심적 지도부로서 남접을 깊게 다룬다거나 강하게 부각시키지는 않았다.

물론 조경달과 정창렬의 연구가 많은 것을 밝힌 것은 큰 업적이지만, 부분적으로 문제점이 발견되기도 한다. 예를 들어 남접의 발생 배경으로 계급적인 요소를 강조하였으나 실증적 근거가 취약하다든지, 북접과의 대립을 과도하게 강조함으로써 오히려 전쟁의 주도세력을 온인하거나 전쟁의 진면목을 제대로 파악하지 못한 면도 있다. 그럼에도 불구하고 이 연구를 통해서 동학농민전쟁을 더욱 심층적으로 이해하고, 남접의 역할과 지도자에 대해서도 새롭

---

1) 趙景達, 1982, 「東學農民運動と甲午農民戰爭の歷史的性格」『朝鮮史研究會論文集』 19 ; 같은 저자, 1983, 「甲午農民戰爭指導者 = 全琫準 研究」『朝鮮史叢』 7 ; 같은 저자, 1993, 「1894년 농민전쟁에 있어서 동학지도자의 역할－徐丙鶴·徐仁周를 중심으로－」『역사연구』 2, 거름 ; 정창렬, 1982, 「東學教門과 全琫準의 關係 －教祖伸冤運動과 古阜民亂을 중심으로－」『19世紀 韓國傳統社會의 變貌와 民衆意識』, 고려대 민족문화연구소 ; 같은 저자, 1985, 「古阜民亂 研究」 上·下『韓國史研究』 48·9 ; 같은 저자, 1991, 「甲午農民戰爭研究」, 연세대 박사학위논문.

게 인식하게 되었다는 점은 큰 성과이다.

최근에는 여기에서 한 걸음 더 나아가 남접과 서장옥의 활동을 구체적으로 다룬 이영호의 연구가 나왔다.[2] 자료가 별로 많지 않은 실정에서도 여러 가지 관련 사실을 이용해서 그 중요한 인물의 활동을 잘 밝혀 놓았다. 그런데 연구자도 지적하였듯이, 구체적인 자료가 부족하다는 점이 커다란 문제이다. 그렇기 때문에 추측에 근거한 논지 전개와 사료의 불충분한 검토, 그리고 최시형과의 지나친 대립 구도 설정이라는 한계가 보인다.

본고는 이미 널리 알려진 북접과 최시형보다 남접과 서장옥에 관한 사실을 중점적으로 밝히려고 한다. 지금까지 필자가 알고 있는 서장옥에 관한 단독 논문은 이영호의 것이 유일할 정도로 연구가 부진하기 때문에 조금이라도 추가적인 언급이 필요하다. 또한 그 연구는 남접과 서장옥을 매우 긍정적으로 보는 시각에서 수행된 것이기 때문에 그에 관한 비판적 고찰도 필요하다고 생각한다. 실증적 측면을 중시하려고 하였지만, 새로운 자료를 찾지 못하였기 때문에 실증과 해석에서 숱한 문제점을 안고 있다. 또한 사료 부족을 이유로 서장옥을 과소평가한 것이 아닌가 하는 생각도 들지만, 지금으로서는 서장옥을 "남접의 우두머리"라고 인정하기는 어렵다고 본다. 따라서 앞으로 과제는 관련 사료를 많이 발굴하고, 차분하게 실증하는 작업이 절실히 필요하다고 하지 않을 수 없다.

---

2) 이영호, 1995, 「1894년 농민전쟁의 지도부와 서장옥」『仁荷史學』3, 인하역사학회.

Ⅱ. 서장옥의 출신 및 최시형과의 관계

서장옥이 동학에 입도해서 정선으로 최시형을 찾아온 해는 1883년로 그의 나이 33세 때였다.[3] 이 시기는 동학이 충청도와 멀리 전라도까지 전파되기 시작하던 때로서 황하일, 손천민, 손병희 등 이후 중요한 지도자가 될 인물들이 앞서거니 뒤서거니 하며 대거 입도하였다.

서장옥의 출신은『東學史』에 약간 기술되어 있다. 그에 따르면, 그는 佛道에 있던 禪客으로 이름이 있었다고 하지만, 1884년 이미 결혼한 상태에 있었던 것으로 보아 입도하기 전에는 환속하였거나, 또는 승려였다는 기록이 부정확한 것인지도 모른다. 출신지는 정확하게 알 수는 없지만, 청주 근방이 분명하며, 大丘 徐氏들이 그곳에 많이 거주하는 것으로 보아 본관은 대구인 듯하다. 그리고 청주 북쪽 7리에 위치한 栗峰驛에 그의 처가가 있었는데, 竹山 陰氏의 족보에 드러난 그들의 사회적 지위를 감안할 때, 서장옥의 신분은 양인이나 몰락양반, 또는 서얼 등으로 추정되며, 당당한 양반으로 보기는 어렵다.

서장옥의 경제적 사정도 불명확하지만, 1885년 봄에 그가 황하일의 주선을 받아 최시형을 보은 장내로 피신시키면서 최소한 답 4두락을 매득하였고,[4] 최시형이 상주 화령으로 거처를 옮긴 다음에도 양식을 계속 대었던 것으로 미루어 빈궁한 처지는 아니었던 것 같다. 그러나 11월이 되어도 면포가 없어 최시형이 겨울옷을 해

---

3)『大先生事蹟(海月先生文集)』(한국정신문화연구원, 1996,『韓國學資料叢書 9－東學農民運動篇』), 398쪽.

4)『大先生事蹟(海月先生文集)』, 404쪽.

입지 못할 정도였다는[5] 것으로 보아 재력가는 아니었다.

吳知泳은, 최시형의 隱道시대에는 서장옥, 서병학, 윤성화 등이 동학의 庶事를 많이 논의함으로써 동학의 의식과 제도가 불교와 유학의 영향을 크게 받았다고 하였다.[6] 위에서 살펴본 바와 같이, 서장옥은 입도한 이후 최시형의 최측근 제자로서 활동하였을 뿐 아니라, 1887년 1월 최시형의 아들인 德基가 서장옥의 장인인 陰善長의 둘째 딸과 결혼함으로써 두 사람은 인척 관계로 묶이게 되었고,[7] 또 그 해 3월에는 최시형의 신앙 생활에서 중요한 의미를 가진 정선 갈래산 적조암에서 수련까지 함께 하였다.[8] 따라서 동학의 교세가 비약적으로 커지고 조직과 제도가 정비되던 1880년대에 그가 동학의 발전과 제도적 정비에 크게 기여하였다는 『東學史』의 기록은 신빙할 만하다. 그가 최시형보다 여러 모로 우월하였다는 세평도 여기에서 비롯되었을 것이다.

이러한 서장옥에 대한 최시형의 생각도 각별하였다. 1889년 10월 28일 서장옥이 체포되었다가[9] 이듬해에 유배에서 保放되자, 그를 완전히 살리려면 돈이 필요하다는 말에 따라 500金을 마련해서 보냈고, 또 그를 위해서 식후마다 하늘에 기도를 드렸으며 다른 제자들에게도 똑같이 기도하도록 하였다. 그 뿐 아니라 비에 의복이 젖었어도 그를 생각하며 갈아입지 않고 밤을 지냈으며 잘 때도 이불을 덮고 자지 않았을 정도였다.[10]

그런데 유배되었던 그가 최제우 신원운동의 필요성을 제기하며

---

5) 위의 책, 402쪽.
6) 『東學史』, 194쪽.
7) 졸고, 1995, 「동학농민운동연구」, 한국학대학원 박사학위논문, 149쪽.
8) 『劉澤夏 手記』.
9) 『大先生事蹟(海月先生文集)』, 405쪽.
10) 박맹수, 1996, 「최시형연구」, 한국학대학원 박사학위논문, 127쪽.

다시 기록에 나타났던 1892년 7월 이후로 그의 태도는 종전과 무척 달랐다. 그만이 아니라, 역시 최시형의 충실한 제자들이었던 김덕명, 김개남, 손화중 등 주요한 제자들도 변하였다. 결국 이들은 신원운동을 거쳐 동학농민전쟁 과정에서 北接 道主인 최시형의 지도에서 이탈해서 南接이라고 불린 동학의 일파를 형성하였다.

Ⅲ. 동학 교문의 분열과 그 원인

1. 현실인식과 대응의 차이

1890년대 초반에 동학이 폭발적으로 교세를 확대하고, 이어서 정치적 활동을 공공연히 개시하였던 배경에는 심화되어 가던 대내외적 모순이 있었다. 이러한 시대적 위기 상황은 지각이 있는 사람에게는 末世와 다름이 없었다. 백성은 차마 죽지 못해 살아가는데, 가진 자들의 횡포는 더욱 혹심해지고, 외세가 민족의 자존심과 생존을 위협하는 형세를 더 이상 두고볼 수 없었을 것이다. 새로운 세계와 인간다운 삶을 추구하던 동학교도들도 이런 시대적 모순에 대해서 누구보다도 강한 위기감과 비판 의식을 가졌다. 그들 자신이 바로 억압받고 수탈당하던 민중이기 때문에 암담한 현실을 더욱 강력히 부정할 수밖에 없었다.

서장옥과 전봉준 등 남접 지도자들이 선택하였던 투쟁 노선은 이러한 시대적 모순과 민중의 고양된 저항의식에서 형성되었다. 전봉준이 말한 바와 같이, 그들은 虐政에 시달리며 寃歎하는 민중을 위해서 除害하고자 일어섰던 것이다.[11] 그가 보기에, 참고 또 참는 민중의 인내는 막다른 한계에 도달하였으므로 시대적 모순은 더 이상 좌시할 수 없고 지금 당장 해결하여야 하였다. 이 시기 동학교도 사이에 널리 퍼졌던 鄭眞人 出世說 등 鄭鑑錄的인 분위기, 또 '先生'이 곧 강림해서 새로운 세계를 이룰 것이라는 종교적 믿음도 현실세계의 즉각적인 종말을 고대하는 열망, 말세의식에서 나왔다.

최시형이라고 이러한 현실을 알지 못하였을 리는 없다. 그 자신 역시 사람이 하늘이며, 하늘이 사람이라는 신념을 가졌고, 제자들에게도 사람을 그렇게 대하라고 가르쳤다. 또한 有無相資하라는 통유문까지 내릴 정도로[12] 볼 수 있듯이 경제 문제에 대해서도 깊게 인식하고 있었다. 그러나 "後天開闢之運"이 無爲而化로 오기만을 기다리는 자세는 현실 고통의 인내를 강조할 수밖에 없다. 그가 봉기한 전봉준에게 보냈다고 하는 "玄機不露 勿爲心急 功成他日好作仙緣"하라는 말은 인간 하나하나의 근원적 해방을 지향한다고 하여도,[13] 순간순간을 고통 속에 사는 민중에게는 실현이 요원한 소망에 지나지 않았다.

2. 동학 탄압에 대한 대응

邪道로 규정된 동학이 1880년대에 들어 또 다시 탄압을 본격적으로 받기 시작하였던 때는 교세가 충청도와 전라도로 힘차게 확

11) 『全琫準供草』(1994, 『東學關係判決文集』, 총무처 정부기록보존소), 초초문목, 7쪽.
12) 박맹수, 앞의 논문, 118~122쪽.
13) 김지하, 1994, 『동학이야기』, 솔, 101~109쪽.

대되어 나가던 1884년이었다. 이후 최시형을 비롯해서 많은 주요 제자와 교도들은 탄압을 피하고 체포를 면하기 위해서 정처 없이 떠돌거나 불안한 생활을 하여야 하였고, 최시형은 주문을 임시로 변경하거나 교단 조직을 해체하였고 아예 포덕을 금지하기도 하였다. 1885년에는 충청감사와 단양군수가 내린 체포령으로 次道主 姜時元 등이 투옥되는 등 큰 손실을 입었다.[14)]

1890년 겨울에는 왕명에 의해서 여러 사람들이 체포를 당해 서울로 압송되어[15)] 죽음을 당하였고, 서장옥은 간신히 살아남아 유배당하였다. 최시형도 인제, 양구 등 강원도 산악지대와 충청도, 전라도, 경상도 각지로 피신을 거듭하였다. 이렇게 관리들의 지목이 심해진 까닭은, 그 전말은 자세히 알 수 없지만, '聞慶事變'이 일어났기 때문이라고 생각된다.[16)] 짐작컨대 이 사건은 동학교도들이 중심되어서 일으킨 것으로 관리들에게 혹심하게 탄압을 받을 만큼 중대하였던 듯하다. 이에 관한 유일한 기록인 『天道敎會史 草稿』의 문맥으로 보아, 서장옥도 이 사건에 관련된 듯하다.

지도자들만 관리와 토호들의 가혹한 탄압을 받은 것은 아니었다. 특히 1892년 1월 충청감사 조병식이 동학 금지령을 내리자 공주, 영동, 옥천, 청산 등 충청도의 교도들은 신체를 상하고 금전을 빼앗기는 일이 다반사였다.[17)] 그와 영장 윤영기는 금령을 빌미로 교도들을 가혹하게 수탈하였다. 전라도도 역시 김제, 만경, 무장,

---

14) 『大先生事蹟(海月先生文集)』, 401쪽.
15) 일본 天理大學에 소장된 『朝報』 1890년 12월 29일조에 서장옥과 다른 두 사람을 옥에 가두었다고 의금부가 啓를 올렸다는 기록이 있다(국사편찬위원회 인터넷 홈페이지의 한국사데이타베이스 일본소재 한국고문서).
16) 『天道敎會史 草稿』(1979, 『東學思想資料集』 2, 아세아문화사) 433쪽.
17) 『聚語』(1959, 『東學亂記錄』 上, 국사편찬위원회), 宣撫使採探趙秉式貪虐狀文, 129~132쪽.

정읍, 여산 등지의 교도가 침학을 면하지 못하였다.[18] 이런 위급한 상황에서 교도들은 무엇보다 신체적 안전과 신앙의 자유를 간절히 원하지 않을 수 없었다.

서장옥이 인제접에서 보낸 돈으로 유배에서 풀려나 완전히 자유로운 몸이 되었는지는 알 수 없다. 그가 다시 최시형 앞에 나타났던 때는 1892년 7월로, 그는 서병학 및 장희용과 함께 '大先生伸冤'을 강력하게 요청하였다.[19] 최제우의 신원은, 곧 동학이 邪道의 혐의를 벗음으로써 교도들이 자유롭게 신앙할 수 있다는 것을 의미한다. 이런 신원 요구 뒤에는 정치, 사회, 경제 등 현실 문제의 해결 의지와 요구가 들어있음은 두말할 것도 없다.[20]

신원운동을 제청하였던 이들은 세 달이나 지난 다음에 최시형에게 어렵게 허락을 얻어 10월 26일 공주취회를 열 수 있었다. 그러나 이어서 11월에 열린 삼례취회가 해산될 때부터 동학 내부에는 갈등이 노골적으로 일어났다. 즉 최시형과 서장옥 사이가 서서히 벌어지기 시작하였던 것이다. 다시 말하여 후에 남접이라고 불린 일단의 지도자들이 최시형 및 그를 옹위하던 손천민, 김연국 등과는 다른 길을 택하였다. 그것은 동학이 직면한 중대한 문제의 해결 방법, 간략히 말해서 여전히 邪道의 혐의를 쓰고 관리들의 탄압을 그대로 감수할 것인가, 아니면 그 탄압을 과감하게 거부할 것인가 하는 문제를 둘러싼 대립의 결과였다.

삼례취회 이후 최시형의 해산 명령에도 불구하고, 서장옥과 전봉준 등 새로운 노선의 지도자들은 삼례와 원평을 중심으로 한 지역에서 취회를 계속 열었다. 결국 최시형은 이들의 완강한 태도에

18) 박맹수, 앞의 논문, 156쪽.
19) 『侍天敎宗繹史』(한국정신문화연구원 편, 앞의 책 소수), 620~621쪽.
20) 배항섭, 1996, 「1890년대 초반 민중의 동향과 고부민란」 『1894년 농민전쟁연구』 4, 40~42쪽.

밀려 복합상소를 허락하였고, 그 여파로 탄압이 격심해지자 다시 보은취회를 열게 되었다. 보은취회에는 서장옥와 전봉준 등을 포함해서 동학교문 전체가 참여하였지만, 이 취회를 끝으로 최시형과 서장옥, 곧 중앙지도부와 새로운 노선의 지도자들은 거의 완전히 결별하고 말았던 것 같다. 이미 복합상소 때에도 무력을 사용하자는 자들이 나타났지만, 보은취회에서도 교도들이 무장 봉기해서 한강을 따라 충주를 거쳐 서울로 진격하자는 소수의 의견이 제기되었는데, 필시 이것은 서장옥 등이 내놓았을 것이다. 그러나 이것은 최시형으로서는 절대 승인할 수 없었던 위험천만한 제안이었다. 이미 1871년 이필제가 주도한 영해병란에 가담한 적이 있던 그는, 이와 같은 모험적 무장 봉기는 필연코 동학을 무너뜨리고 수많은 인명을 앗아갈 것이라고 확신하였을 것이다. 따라서 서장옥 등은 최시형의 확고한 반대에 직면하고, 홍계훈이 이끄는 관군이 대기하고 있고, 또 聚衆이 곧 해산해 버리자, 각자 귀가할 수밖에 없었다. 이후 동학농민전쟁 때까지 서장옥에 관한 기록도 발견할 수 없다.

이렇게 종교집단인 동학이 현실 권력과 대립하면서 전체적으로 정치세력화하고, 또 그 가운데 일부 교도는 정치적 목표를 달성하기 위해서 급진적인 운동을 전개하게 된 직접적인 요인은 관리와 양반의 탄압이었다. 최시형은 이와 같은 정치운동을 "無爲而化"나 '최제우에게는 인간의 伸과 冤은 의미없다'는 이유로 반대하였지만, 이미 그 탄압을 몸소 경험하고 시대적 모순을 심각하게 받아들인 세력은 투쟁의 길로 나설 수밖에 없었다.

3. 동학 교문의 내적인 갈등

이러한 동학 교문의 분열은 외부적 원인이 아니라 내부에서도 진행되고 있었지만, 이것이 남접의 대두와 어떤 관련이 있는지 지금으로서는 정확히 알 수 없다. 다만 교문이 위기적 상황에 처하였을 때에는 그 안에서 생긴 작은 균열도 적지 않은 파괴력을 발휘하였을지도 모른다는 점을 지적하고자 한다.

1891년 5월과 6월 두 달에 걸쳐 최시형은 부안과 전주를 비롯해서 전라도 일대를 순회하였다. 이때 전라도에서는 일찍 입도하였고, 또 유력하였던 교도가 尹相五와 南啓天이었다. 윤상오는 공주 신평에 거주하였지만, 부안에도 소실을 두고 있는 등 공주 외에 이 지역에서도 일정한 연고와 지위를 가지고 있었다. 남계천은 익산 남이면에 거주하였는데, 백정 출신이라는 설도 있다. 이들은 각각 호남 좌도두령과 우도두령을 맡고 있었는데, 최시형이 남계천을 전라도의 총책임자인 便義長으로 삼자, 여기에 대해서 일부 교도들이 반발하였다. 그래서 김낙철 등 16개 접 백여 명의 교도들이 최시형을 찾아가 남계천의 낮은 신분을 거론하였다가 오히려 꾸지람만 들었다고 한다. 김낙철은 모든 사람이 최시형의 말에 그대로 따랐다고 썼지만, 실제는 그 여파가 남았을 것이다.[21)]

1881년 8월에 최시형을 찾아와 동학에 입도한 윤상오는[22)] 1883년 5월 이른바 경주판이라고 이름붙인 『東經大全』을 공주접에서 인출할 때 有司로서 크게 기여한 바가 있었다. 또한 서장옥이 보방되었지만, 돈이 있어야 완전히 살아날 수 있다고 인제까지 와서 최

---

21) 이영호, 앞의 논문, 153쪽.
22) 『大先生事蹟(海月先生文集)』, 397~398쪽.

시형에게 고한 교도가 그였다. 이렇게 서장옥의 문제로 긴밀한 접촉을 맺게 된 것을 계기로 윤상오는 최시형을 자기 집에 피신시키는 등 측근으로 활동한 기록이 남아 있다.[23] 그러나 남계천이 편의장이 된 뒤부터는 종적을 전혀 찾을 수 없다. 반면 남계천은 최시형이 전라도 일대를 순회할 때 종착지인 전주까지 수행하였다.

윤상오는 서장옥뿐 아니라 장희용이란 교도와도 밀접한 관계를 맺고 있었다는 점에서 다시 주목된다. 장희용은 1870년대 후반 이전에 입도하였으며, 1879년 3월경 인제접에서 大致祭를 거행할 때 執事의 직을 맡았고,[24] 1881년 단양에서 『龍潭遺詞』를 발간할 때도 간여하였다.[25] 이런 것으로 보아, 그는 신앙 활동을 열성으로 하였던 교도라고 할 수 있다. 출신지는 알 수 없지만, 이 시기에는 동학의 교세가 정선과 인제 등 강원도 지역에서 크게 벗어나지 못하였다는 점을 고려하면, 강원도일 가능성이 높으며, 혹시 강원도에서 그다지 멀지 않은 충청도 지역 출신일지도 모른다. 나이는 서장옥보다 아래이기 때문에 입도는 20대에 하였을 것이다. 1890년 7월 그믐쯤 그도 윤상오와 함께 서장옥을 살리기 위해서 최시형을 만났다. 그리고 최시형이 공주로 피신하고 전라도를 순회할 때 수행하기도 하였다. 1892년 7월에 그는 서장옥과 함께 최시형을 찾아와 신원운동을 권하였다. 이렇게 그 역시 최시형과는 가까웠던 교도였지만, 이후 최시형과의 관계는 소원해진 듯하다.

신원운동과 농민전쟁 과정에서 장희용은 아주 중요한 기록을 남겼다. 즉 『駐韓日本公使館記錄』에 실린 '東學黨 接主 張斗在가 발표한 回章(大院君의 지시로 淸兵과 합세하여 日兵을 토멸하자

---

23) 위의 책, 407~408쪽.
24) 위의 책, 396쪽.
25) 『侍天敎歷史』(1979, 『東學思想資料集』 3, 아세아문화사), 566~569쪽.

는 내용)'은 바로 장희용이 김덕명, 김개남, 손화중 앞으로 보낸 편지이다.[26] 이 편지의 내용에 관해서는 뒤에서 다루겠으며, 여기에서는 서장옥이 김개남 등과 긴밀한 관계를 맺고 있었지만, 최시형 등 북접 지도부에 대해서 매우 비판적인 태도를 보였고, 이것은 남접의 지도자들이 이미 오래 전부터 공동의 목표와 노선을 추구하던 집단이었음을 강력하게 시사한다는 점만을 말하겠다.

그리고 동학의 발전 과정에서 특이한 현상 가운데 하나는, 최시형의 최측근, 곧 교단의 실권자는 최시형의 혼인 관계에 따라 부침하였다는 점이다. 1874년 그가 단양에서 안동 김씨를 취처하였을 당시에는 강시원이 오른팔로서 교권을 장악하고 교단의 일을 지휘하였다. 1880년대에 들어서 강시원은 명목상 제2인자에 불과하였고, 서장옥이 주요한 지도자로 부상하였다. 1887년에는 최시형의 아들 덕기가 그의 처제와 혼인함으로써, 두 사람은 인척이 되었다. 그리고 1888년 손병희 누이가 제3취로 들어온 지 얼마 되지 않아 공교롭게도 서장옥이 체포당하였고, 이후 손천민과 손병희 숙질이 최시형의 최측근으로 활약하게 되었다.

4. 분열의 본질

이러한 분열, 다시 말해서 종교집단의 성격을 유지하던 동학 교문에서 정치성이 농후한 남접이 발생하였다는 것은, 동학이 새로운 제도종교로 성장해 가던 신종교라는 점을 고려한다면, 지극히 자연스러운 현상이라고 이해할 수 있다.

---

26) 『駐韓日本公使館記錄』 8, (6) 기밀호외, 동학당사건에 대한 회심전말구보, 54~55쪽. 이하 「장희용 편지」로 약함.

인간 존재를 부정하고 생명을 부인하는 극단적 모순이 횡행하는 사회에서는 언제나 민중들의 신앙운동이 발생하였다. 극도의 고통과 의미의 상실을 현실적인 수단과 방법으로 해결할 수 없을 때, 인간은 관념의 세계로 빠져 들고, 초월적이며 절대적인 존재를 갈구하는 종교적 본성을 지녔다. 특히 초자연적인 세계관에서 벗어나지 못한 전근대사회의 민중은 현실 문제를 해결하고, 삶의 의의를 찾기 위해서 종교에 쉽게 몰입하였다. 그렇기 때문에 현실을 강력하게 부정하며 새로운 세계가 당장 도래한다고 외치는 민중신앙운동에는 고통스러운 현실에서 당장 벗어나려고 하는 민중들이 삽시간에 몰렸다. 따라서 새로운 신앙운동의 추종자 가운데는 삶의 궁극적 의미를 추구하며 종교적 세계 속에 몰입하는 자도 많지만, 이와 다르게 현세에서의 풍요하고 안락한 삶을 원하는 자들도 나오게 된다.

동학도 조선사회에서 면면히 전개되어온 민중신앙운동의 열매였고, 교도들이 추구하던 목표도 종교적인 것과 현세적인 것이 뒤섞여 있었다. 영해병란도 '초기동학'의 이원적 성격 가운데 현세적인 경향이 종교적인 것보다 훨씬 우세해진 결과 일어났던 사건이었다. 물론 영해병란의 독특한 성격과 발생 구조가 있지만, 이런 설명은 신원운동과 동학농민전쟁에서 나타난 남접과 북접의 분열에도 어느 정도 적용될 수 있다.

시대적 모순의 심화와 그에 대한 인식의 차이, 권력의 가혹한 탄압과 그에 대한 대응 양식의 차이, 교단 내의 사소한 갈등, 지도자의 사상적 차이 등은 동일한 신앙운동을 분열시키거나 해체시켜 버린다. 아직 교단도 견고하게 확립되지도 않고, 교리와 의례도 유동 상태인 민중신앙운동 내지 신종교는 이러한 내부적 차이에 의해서 소멸의 위기를 맞기도 한다. 특히 막강한 현실 권력의 가혹한 탄압에 강력하게 대처하느냐, 아니면 참고 견뎌야 하느냐 하는 절박한 문제는 신자들을 분열시키는 가장 중요한 원인이라고 할 수 있다.

결국 남북접의 분열도 관리와 양반의 탄압이 지도자만이 아니라 일반 교도들에게까지 가해지던 긴박하고 위급한 상황에서는 불가피하였다고 생각된다. 아무리 최시형이 막으려고 하였더라도, 교도의 생명과 재산을 구하려고 하는 교도는 나올 수밖에 없었다. 교도의 고통을 해결해 주어야 하는 종교의 사명 때문에 이런 시도를 저지할 수 있는 명분도 그다지 적당하지 않았다. 최시형이 신원운동을 주장하는 서장옥 등에게 "핍박"당한 이유도 이 점에 있었을 것이다. 이들을 설득하기 위한 논리, 즉 無爲而化도 '지금 당장 새로운 세계의 도래'를 열망하는 교도에게는 '새로운 세계가 머지않아 올 것이지만, 지금은 아니다'라는 추상적이며 막연한 약속에 불과하였다. 최시형이 그 사회적 실현과는 무관하게 제시한, 그래서 초월적인 차원으로 흐른 극도의 인간 존중주의도 주목할 필요가 있다. 또 유교적인 윤리 규범을 강조한 것도 후천개벽을 기다리는 동안에는 현실 사회에 참고 적응할 것을 강조한 것이다.

그렇다고 남북접의 지도자들이 가졌던 동학사상의 본질이 전혀 이질적이었다고는 말하기 어렵고, 오히려 동질적인 면이 더 많았을 것이다. 전봉준이 자세하게 진술한 동학 교리에서 이질성을 찾아내려는 노력은 별로 성공하지 못했다고 생각한다. 또 전쟁 과정에서 남접 동학농민군이 보여 준 종교적 성격과 북접의 그것도 크게 다르다고 할 수 없다. 주문이 약간 다르기도 하였다고 하지만, 그것은 교리와 의례가 통일되지 못한 상태에서 일어난 지역적인 차이에 불과하다고 이해한다.

이와 같은 남북접 분열에 대한 설명은 종교적 편향이라는 비판을 받을 수도 있다. 그렇다고 이를 '계급'으로 충분하게 설명하기도 어렵다고 생각한다. 우선 남북접 지도자와 추종자들의 경제적 기반이 달랐다고 주장할 수 있는 확실한 근거도 없다. 흉년 등으로 일시적으로 발생한 경제적 곤궁 정도의 차이는 생각할 수 있지만, 현재 연구로서는 구조적이며 계급적인 차이가 있었다고 보기는 어렵다. 즉 경제적 사정은 남접과 북접이 크게 다르지 않았다. 전쟁에 적극 나선 남접이 경제적 문제를 중요하게 생각하였다는 것은 틀림없지만, 그들의 의식과 목표에서 이것이 모든 것은 아니었으며, 반대로 북접 역시 경제적 이해와 무관하지는 않았다.

요컨대 남북접 분열의 원인은 신종교에서 흔히 나타나는 현실인식과 위기 의식, 그리고 탄압에 대한 대응 자세의 동학 내부적 차이이며, 그 결과도 최시형이 가졌던 지도적 권위가 손상 받았을 따름이지 동학 자체가 무너진 것은 아니다.

Ⅳ. 동학농민전쟁에서의 남북접 대립

1. 서장옥의 행적과 활동

남접의 우두머리로 서장옥이 손꼽히는 배경에는 전봉준·김개남·손화중이 그의 스승이라는 기록도[27] 있기 때문이기도 하다. 이것은 동학농민전쟁 당시 일본군 소좌 南小四郎이 수집한 소문인데, 상세한 검토가 필요하다고 생각된다. 그러나 전봉준 등의 연원

27) 『駐韓日本公使館記錄』 6, 동학당 소란원인 조사결과보고서 송부의 건, 24쪽.

을 분명히 말해 주는 자료가 없으므로 결국 이 사료에 대한 비판과 유추에 의존할 수밖에 없을 것이다.

손화중과 김개남 두 사람의 동학 입도 시기는 정확하게 알 수 없더라도, 모두 유력한 지도자였다는 점을 고려하면, 1891년 훨씬 전으로 추정된다.[28] 전봉준은 삼례 신원운동이 전개되던 1892년 11월 이전에 입도하였다고 추측된다. 그런데 전라도 출신으로 東學史에 최초로 나타나는 교도는 박치경으로 1883년에 입도해서 이듬해에는 이미 高山 접주로 활동하였고, 최시형도 그의 주선을 받아 익산 사자암에 4개월 동안 머물며 기도하였다고 한다.[29] 또한 익산, 또는 고산에 거주하였다는 박치경이 동학에 입도하게 된 경로도 지리적 조건으로 보아 청주-옥천-금산-고산이라기보다는 공주-논산-여산(-삼례-전주-원평)이라고 생각된다. 특히 동학 교세도 최시형의 피난지로 물색된 보은 장내와 상주 화령 쪽보다 목천과 공주 쪽에 먼저 닿았다는 점을 중시해야 한다. 박치경보다는 조금 뒤늦게 입도한 것으로 보이는 전라좌도두령 남계천도

---

28) 박맹수, 앞의 논문, 160~161쪽. 이들이 최초로 東學史 자료에 보이는 때는 1891년 3월과 6월이다.

29) 박맹수, 앞의 논문, 115~117쪽. 공주에 살면서 후에 전라우도두령이 된 尹相五는 박치경보다 이른 1881년에 최시형을 찾아왔지만, 이 때 함께 기록된 교도들이 충청도 공주와 목천 등지의 인물이기 때문에 그를 최초의 전라도 교도라고 보기는 어렵다. 그리고 김덕명의 異名인 金弼商이 1879년 기록에 나타난다는 근거로 김덕명이 1879년에 입도하였다는 주장도 있지만(같은 논문, 161쪽 주12), 이 시기는 동학이 아직 전라도까지 전파되지 않았을 때이며, 또 '김필상'이 참석한 '引燈祭'는 경상도 경주에서 행해졌고, 최시형과 함께 이곳에 간 교도는 김용진 한 사람뿐인 것으로 기록되었다. 그렇기 때문에 최시형의 재종제가 주관한 이 인등제에 참석한 다른 인물들은 황재민처럼 경상도 출신의 교도라고 생각한다. 따라서 김필상은 김덕명과는 동명이인이라고 보는 것이 타당하다.

익산 남이면 남삼의리에 거주하였다.[30] 이런 점으로 보아, 전라도 북부 지방에서는 이미 1880년대 중반부터 동학이 널리 퍼지기 시작하였다고 볼 수 있다. 한편 당시 서장옥의 발길이 여기까지 미쳤을 것이라고 추측해 볼 수 있는 기록은 전혀 없으며, 그의 발자취는 청주·보은·상주·문경·정선에서만 발견된다. 이러한 동학의 전라도 포교 방향과 시기에 관한 사실이 서장옥과 전봉준 등의 사제 관계 여부와 직접적인 관련을 가지고 있다고는 할 수 없더라도, 참고 자료는 될 수 있을 것 같다.

그리고 1894년경에 기록된 다른 자료들은 서장옥과 전봉준 등이 스승과 제자의 관계였음을 전혀 말해 주지 않는다. 만약 이들이 정말로 사제관계였다면, 서장옥과 전봉준을 비난하던 시천교도와 천도교도가 쓴 수많은 역사기록과 회고록이 그 사실을 절대로 그냥 지나칠 리가 없었다. 그러므로 미나미 소령의 보고는 떠도는 풍문에 근거한 것이라고 판단된다.

1890년 체포된 이후 서장옥의 행적은 의문투성이다. 우선 그는 유배에서 완전히 풀려나지 못하였던 것이 아닌가 하는 생각이 든다. 즉『侍天敎歷史』에 "翌年仁周得保見釋 與徐丙學等 密議進稟於師 呈冤狀于錦完兩營後 仁周仍還匪所 丙學脫身在逃 由是令列郡 大行捕縛"이라는 기사가[31] 1892년 11월 이전에 나오는 것으로 보아, 서장옥은 비록 보석이 되었을지라도 완전한 자유를 얻지는 못하였고, 신원운동이 끝난 후, 체포되거나 다시 유배지로 돌아갔던 듯하다. 그리고『大先生事蹟(海月先生文集)』甲午年條의 기사에도 "徐仁周 以島配重囚 欲圖脫身 嘯聚包中 竟至濁亂"하였다고

30) 위의 논문, 117쪽.
31) 이 인용문에서 "還匪所"를 이이화 선생은 서장옥의 본거지로 해석한다. 그러나 유배지로 돌아갔다고 해석하는 것이 더 타당하다.

한다.[32] 즉 1894년에도 그는 아직 유배에서 완전하게 풀려나지 않았지만, 자신의 包를 모아 봉기하였다는 기록이다.

1894년 3월말부터 4월초까지 珍山 防築店에서 전봉준과 상응하기 위해서 동학농민군이 취회하였는데, 이곳은 서장옥의 "管下"라고 한다.[33] 이 管下라는 용어는 당시 자료에서는 찾아볼 수 없고, 이 기록이 실린 『金洛鳳履歷』처럼 일제시대에 나온 『天道敎會月報』나 『北接日記』 등의 기사에서 보이는데, 接이나 包와 같은 동학의 교단조직을 의미하는 것으로 해석된다. 따라서 진산이 어떻게 그의 관하가 되었는지 궁금하지만, 김낙봉의 회고가 정확하다고 전제하면, 이곳 동학교도들은 서장옥의 지휘 내지는 영향력 아래 있었다고 할 수 있다. 그러므로 그와 "전봉준 사이의 연계 속에서1차 봉기가 준비되고 있었"[34]을지도 모른다.

그런데 일본군이 경복궁을 점령하고 대원군이 정계에 복귀한 6월 21일 좌우포도청에 갇힌 賊徒를 제외한 輕囚는 석방하라는 명령에[35] 따라 신원운동 당시 체포되어 2년이 넘도록 포도청에 구금되어 있던 동학교도들도 풀려 나왔다.[36] 또 투옥되어 있던 동학교도 가운데는 서장옥도 있었는데, 그는 21일 좌포도청으로 옮겨 갇혀 있다가 '徒流案에 있는 雜犯은 死罪가 아니라면 석방하라'는 傳敎가 다시 내린 28일에야 간신히 석방되었다.[37] 이런 사실을 통해서, 서장옥은 다른 교도보다 형벌이 훨씬 무거워 사형을 겨우 면

32) "島配重囚"라는 말에서도 알 수 있는 것처럼 서장옥은 珍島郡 義信面 金甲島에 유배되어 있었다(『東學史』, 68쪽).
33) 김인걸, 1995, 「1894년 농민전쟁의 1차 봉기」『1894년 농민전쟁연구』 4, 역사비평사, 91쪽 ; 박맹수, 앞의 논문, 227쪽.
34) 김인걸, 위와 같음.
35) 『日省錄』, 6월 21일.
36) 「장희용 편지」.
37) 『日省錄』, 6월 28일.

한 처지였고, 또 유배형을 당하였던 그가 이런 중죄인이 되어 서울 포도청에 투옥된 데에는 1889년 사건 외에도 다른 이유가 있었다는 것을 알 수 있다. 추측컨대 배소 이탈과 신원운동이 그 죄목이었을 것이다. 그렇지만 그가 언제 포도청에 갇히게 되었는지는 알 수가 없다.

그러나 위에서 살펴보았듯이, 그가 유배에서 완전히 풀려나지도 못하였고, 또 서울 포도청에 구금되어 있었다는 사실을 감안한다면, 제1차 봉기에서 그와 전봉준의 연계 사실이나, "전주화약에 의하여 종결된 후 서울로 올라가 정세를 파악하려 한 것으로 보인다", 황하일의 활동을 통제, 임기준 등 호중 지방 동학농민군의 배후 등의 주장에는[38] 좀더 상세한 근거가 필요하다.

「장희용 편지」를 통해서 알 수 있는 서장옥의 동정은 이 정도에 불과하며, 또한 석방된 이후에 어느 곳에서 누구와 더불어 어떤 활동을 하였는지도 구체적으로는 모른다. 다만 남접의 지도자로서 제2차 봉기를 준비하였을 것이라고 추측할 수 있는 몇 가지 자료가 있다.

일본군의 경복궁 점령과 재기포 사이에 장희용은 박동진, 박세강, 정인덕, 그리고 대원군과 연결되어 있었다.[39] 서장옥도 장희용, 박동진, 박세강과 함께 투옥되었다가 석방되었고, 실제 박동진이 그와 임기준을 접촉하였다고 하였으므로 이 관계에 넣어도 좋을 것이다. 그러나 그가 무슨 일을 하였는지 전혀 알 수가 없지만, 대원군의 동학농민군 봉기 기도와 무관하지는 않았던 듯하다. 『梧下記聞』은 그가 운현궁에 숨어 있다가 대원군의 비밀 서찰을 전하였

---

38) 이영호, 앞의 논문.

39) 졸고, 1996, 「대원군의 동학농민군·보수양반 동원기도에 관한 일고찰」 『중산 정덕기박사화갑기념한국사학논총』, 경인문화사, 참조.

다는 소문을 전하고 있다.[40] 또한 당시 동학의 주요한 지도자로 전봉준, 김개남, 김덕명, 그리고 "徐邇迺"가 있는데, 그 가운데 서울 교동에 머물며 다른 3명에게 연락을 하여 동학농민군의 운동과 진퇴를 대부분 계획한다는 서이내는 흔히 서장옥으로 추정하고 있다. 그가 모든 것을 좌우한다는 이 말도 역시 근거가 없는 소문인지, 아니면 신뢰할 만한 정보인지 판별하기가 어렵다. 그러나 서장옥이 일찌감치 대원군과 연계되어 재기포 활동을 하였다는 것이 확실하다면, 그의 지휘를 받는다고 한 전봉준이 기포에 완강히 반대하다가 9월 10일경에 이르러서야 봉기하였다는 것은 이해할 수 없다. 그러므로 서장옥이 전봉준에게 그 때 봉기하라는 지시를 내리지 않았다면, 전봉준은 서장옥의 지휘를 받지 않은 것이 되며, 양자의 관계도 대등하였다고 할 수 있다. 또는 서장옥이 정말로 서울에 머물며 여러 가지 정보나 의견을 전봉준 등에게 제공하였는데, 이것이 과장되어 그런 소문이 났을지도 모른다.

그런데 장희용은 김개남 등에게 보내는 편지에서, 대원군에게 청국병과 합세해서 일본을 물리치겠다는 말을 하였더니 좋다는 말을 들었고, 동학농민군이 북상해서 공주를 점령한 뒤, "某兄"의 지휘를 기다리자고 하였는데, 이 某兄은 대원군측과 동학교도를 중간에서 연결시켰던 鄭仁德이 틀림없다고 생각된다. 그는 서울 "裁培學堂"(培材學堂?－인용자)의 교사로 있었고, "乙未義塾"의 교사가 된 일본인 永瀨得樹와 친밀하였고, 대원군과 동학의 관련이 노출되면서 일본 大阪으로 피신하여 그곳에서 漢文教師가 되었다고 한다.[41]

---

40)『梧下記聞』 제3필 (1994,『東學農民戰爭史料大系』 1, 여강출판사), 247쪽.
41) 동학교도와 개화인사의 관계는, 졸고「대원군의 동학농민군·보수양반 동원기도에 관한 일고찰」, 622~623쪽을 참조.

대원군은 권좌에 복귀하기 전에 일본인과, 일본에 망명해 있던 김옥균과 교류를 맺고 있었다. 진위 여부는 정확히 판단하기 어렵지만, 1893년 이후 김옥균과 동학이 서로 기맥을 통하여 일거에 奸黨을 芟除하고 淸國의 세력을 구축해서 완전한 독립국을 창설하자는 밀약을 맺었는데, 양자 사이에서 연락을 담당하던 일본인의 사정으로 실패로 돌아간 일이 있다고 한다.[42] 그리고 일본인 服部徹이 『小說 東學黨』을[43] 발간하였는데, 김옥균이 題字를 썼다고 한다.[44] 이 책은 소설이기는 하지만, 조선인 친지로부터 들은 사실에 입각해서 썼다고 필자는 말한다.

그리고 대원군의 동학농민군 동원 기도에 깊숙하게 관련된 前主事 林珎洙는 1893년 여름부터 鄭寅德과 친숙하였고, 박동진에게 일본공사관에 照會해서 함께 급선무를 논의하고 서양의 통례에 따라 上下議院을 설치하도록 하자는 편지를 전달하였다고 진술하였다. 이것은, 전봉준이 피체된 직후에 일본군 소좌 南小四郎에게 "몇 사람의 주석(柱石)의 선비를 내세워서 정치를 하게 하고 (중략) 국사를 한 사람의 세력가에게 맡기는 것은 크게 폐해가 있는 것을 알기 때문에 몇 사람의 명사에게 협합(協合)해서 합의법(合議法)에 의해서 정치를 담당하게 할 생각이었다"고 대답한 것과 기본 골자가 비슷하다고 할 수 있다. 이미 1893년 보은취회에서도 스스로를 '民會'라고 하고, "각국에도 民會가 있어, 조정의 政令이 백성과 나라에 불편한 것이 있으면, 會議講定한다."고 한 바가 있었다.

만일 대원군, 일본인, 개화인사, 남접 지도자가 이렇게 서로 연결될 수 있다면, 남접의 유력한 인물인 서장옥도 이 관계에서 배제될

---

42) 『新人間』 1-5, 1926년 9월호, 16쪽.
43) 일본국회도서관 소장.
44) 계훈모 편, 『天道敎(東學)關係文獻目錄』, 142쪽.

수는 없다. 또한 사실을 구체적으로 알기도 어렵고, 모든 남접 지도자의 견해가 아닐 수도 있지만, 서장옥 등 남접 지도자들의 정치체제에 대한 구상은 議會가 설치된 체제, 즉 '代議民主主義體制'였을 것이라고 추측해 보는 것도 전혀 의미가 없지는 않을 듯하다.[45] 문제는 사료의 뒷받침이 매우 부족하며, 특히 서장옥과 관련된 사료는 더욱 희귀하다는 것이다.

서장옥이 실제 재기포하였다는 사실을 전하는 기록도 찾을 수 있다. 9월 24일부터 그가 지휘하는 동학농민군이 청주성을 포위하기 시작하자 청주병사가 구원을 요청하였다는데,[46] 더 이상의 것은 알지 못한다. 또 11월 13일에는 김개남·손화중과 함께 청주성 공략에 나섰다가 대패해서 진잠으로 후퇴하였다고 한다. 서장옥이 다시 청주전투에 나섰다는 이 『時聞記』의 기록은 다른 자료에서는 나오지 않기 때문에 진위가 의심되기도 하지만, 전봉준이 진술한 바에 따르면,[47] 장희용이 은진에 주둔해 있던 자기와 김개남에게 청주로 가자고 "꾀어" 김개남이 그곳으로 갔다고 하는데, 혹시 서장옥이 기다리고 있었을 가능성도 배제할 수는 없다.

이렇게 서장옥과 관련된 사료는 대부분 빈약하며 추측을 불가피하게 한다. 그렇다고 해서 그가 중요하지 않았던 인물이며, 남접의 지도자가 아니었다는 뜻은 아니다. 그의 성씨를 따서 남접을 徐布라고 불렀다는 『梧下記聞』의 유명한 기록, 異人이나 眞人이라고 불렸다는 『東學史』의 기록, 전봉준과 함께 가장 혁명적인 인물이

45) 개화기 입헌공화국에 대한 연구는 愼鏞廈의 「19세기 韓國의 近代國家形成 문제와 入憲共和國 수립운동」(1987, 『韓國近代社會史硏究』, 일지사)을 참조.

46) 『駐韓日本公使館記錄』 1, 보은동학당에 관한 보고, 172~173쪽.

47) 강창일, 1988년 9월호, 「갑오농민전쟁 자료발굴 : 전봉준 회견기 및 취조록」 『사회와 사상』 1, 260쪽.

었다는 金庠基의 평가, 전봉준과 김개남과 손화중 등을 제자로 두고 있으며 학력과 언변이 모두 최시형보다 뛰어나다는 일본군 미나미 소좌의 보고, 그리고 그가 갑오년에 衆民을 선동해서 그 세력이 전봉준과 김개남과 최시형과 莫上莫下하였다는『判決宣告書』등은 그가 전봉준이나 최시형만큼 중요하였던 인물이라고 한결같이 말하고 있다. 이처럼 당시인들이 행적도 분명하게 드러나지도 않고, 전투에서 승리하지도 못한 서장옥을 이렇게 중요한 인물로 평가하였던 것은 나름대로 근거와 이유가 있었을지도 모른다. 특히 전적으로 신뢰하기는 어렵더라도, 그를 직접적으로 심문한 검사의 공소장에 의거해서 판결을 내린 平理院 재판관도 그를 그렇게 인식하였다는 것은 가볍게 볼 수는 없다.

하지만 역사 연구에서 관련 사료가 빈약하거나 없다는 것은 중대한 문제이다. 서장옥과 최시형의 관계는 대략 알 수 있는 자료가 있지만, 그나마도 전쟁 당시의 것은 없다. 전쟁을 직접 수행한 전봉준 등 남접 실세와의 구체적인 관계도 장희용의 편지를 통해서 일부 알 수 있을 뿐이다. 그런데도 몇몇 연구에 나타난 서장옥의 모습은 전쟁 막후의 연출자와 같다. 즉 그가 뒤에서 동학농민군을 봉기시켰고, 전봉준 등은 그의 조종에 따른 듯하다. 이와 같은 역할을 인정할 수 있을 정도로 구체적이며 풍부한 자료는 아직 발견하지 못하였으므로 서장옥을 마치 최고 지휘자처럼 인식하는 것은 커다란 문제라고 생각한다. 따라서 서장옥은 동학농민군의 투쟁을 이끌어 나간 주요한 지도자 가운데 한 사람이었다는 평가에 그치고, 전봉준 등의 스승이며 남접의 우두머리였다는 주장은 관련 자료가 더 발견되고 연구가 더 진척될 때를 기다려야 할 것 같다.

2. 남북접 대립의 실상

남접의 실체는 신원운동 과정에서부터 형성되었지만, 동학 교문이 남접과 북접으로 확연하게 분열된 시기는 제1차 전쟁이 발발한 이후이라는 데 학계의 의견이 일치하는 듯하다.[48] 그렇지만 남북접 대립의 구체적 양상은 여전히 연구 과제로 남아 있다. 이것도, 이름은 높지만 관련 사료가 빈약한 서장옥의 문제와 비슷한 실정이라고 생각된다. 그 분열과 대립에 관한 자료는 실상을 자세하게 기술해 놓은 것이 아니라 대체적인 대립의 양상만을 말하고 있을 뿐이거나 과장되게 서술되어 있다. 그렇기 때문에 연구가 제대로 진척될 수 없었고, 이런 까닭에 남북접 대립은 외국 간섭보다 동학 농민군의 더 큰 패인이었다는[49] 평가도 일찍부터 나왔다.

『東學史』는, 남북접이 언쟁으로 시작해서 차차 육박전을 하다가 나중에는 殺傷하기에 이르렀고, 특히 재기포하면서 북접 교도들은 남접 교도들에게 죽을 지경이었다고 한다.[50] 金庠基도 재기포를 앞두고 전봉준은 북접에 강경한 태도를 보여 군량과 마초를 강징하는 등 노골적으로 압박하기 시작하였다고 기술하였다.[51] 이와 같은 남북접의 충돌은 9월 25일 五邑東學執綱인 辛在蓮이 죽산부사 이두황에게 "所謂湖南湖西之道儒者 名以南接 稱以倡義 引衆聚黨 收馬收兵 侵掠平民 殺害道員 罔有其極 餘風吹入畿內"라고 한 문서에[52] 잘 나타나 있다.

---

48) 박맹수, 앞의 논문, 218~229쪽.
49) 金庠基, 1975, 『東學과 東學亂』, 한국일보사, 159~160쪽.
50) 『東學史』, 136쪽.
51) 金庠基, 앞의 책, 142쪽.
52)『兩湖右先鋒日記』(1959, 『東學亂記錄』上, 국사편찬위원회), 9월 25일조,

그런데 남북접의 대립과 충돌에 관해서 한 가지 고려할 점이 있다. 즉 연구자들이 이것을 너무 크게 받아들이지 않았나 하는 의문이 든다. 이러한 인식 형성에 크게 공헌한 것이 시천교와 천도교의 교회사이다. 그 대표적인 것은 1920년에 시천교총부가 펴낸『侍天敎歷史』와 1928년 이후에 천도교청년교리강연부에서 만든 프리트본『天道敎會史 草稿』인데, 두 책의 상당 부분은 모두 1915년에 출간된『侍天敎宗繹史』에 의존하고 있다. 사실 천도교의『天道敎書』와『天道敎創建史』도『侍天敎宗繹史』를 저본으로 삼지 않았나 생각될 정도로 중복된 내용이 많다.

이『侍天敎宗繹史』는 신원운동과 동학농민전쟁에 관련된 사실을 제대로 기술하지도 않았을 뿐 아니라, 과장과 은폐와 조작 등 여러 가지 방법으로 사실을 왜곡하였다. 이것은 시천교의 친일 성향에서 비롯된 것임은 길게 말할 필요가 없다. 그렇기 때문에 남북접의 대립과 충돌에 대한 서술의 목적도, 북접은 봉기하지 않았으며, 오히려 남접을 억제하려고 하였다는 변명에 집중되었다. 북접이 내놓았다는 몇 가지 문서도 전적으로 믿기 어려운 것이, 사용된 어휘에는 당시 쓰지도 않았던 "宗敎", "敎人", "敎領", "信仰", "思想", "革命" 등이 들어 있고, 시간의 선후가 뒤바뀐 기사가 많다. 이는 편찬자인 朴晶東이[53] 사실을 잘 알지 못하였고 일정한 목적을 가지고 원래 문서에 손을 대었다는 증거이다. 또한 사료를 완전히 새로 만들었을지도 모른다. 그렇기 때문에 최시형이 충주에 주둔한 일본군에게 보냈다는 서신도 그다지 신뢰가 가지 않는다.[54]

261쪽.

53) 박정동은 경상도 달성 출신으로 1893년 동학에 입도하고 다음해에 星山山城에 들어갔다가 몸을 빼어 서울로 올라와 신학문을 배웠다고 한다(李顯奎, 1924,『新世紀』, 시천교종무본부, 50쪽). 따라서 당시 남접이나 북접의 관계 등에 대해서 제대로 알 수 없었음이 틀림없다.

그래도 『侍天敎宗繹史』는 『侍天敎歷史』와 『天道敎會史 草稿』보다는 왜곡이 덜 심하다. 여기에는 서장옥과 전봉준을 남접의 우두머리로 명기되어 있지 않다. 그러나 『侍天敎歷史』는 각 접은 서로 싸우지 말고 敎頭의 지시와 敎規(이 당시 동학은 종교의 의미인 '敎'를 사용하지도 않았다.)를 잘 지키라는 최시형의 "通諭文"을 "告絶文"으로 변조해서 남북접 상쟁의 결정적 사료로 만들었다. 도를 지키고 스승을 존경하는 것은 "오직 북접뿐이다. 지금 들으니 호남의 전봉준 호서의 서장옥이 문호를 따로 만들어서 남접이라고 이름을 붙이고", 또 "우리 북접을 신앙하는 자는 (중략) 사문의 난적을 함께 치는 것이 가하다."는 내용을 새로 집어 넣어 본래의 뜻이 완전히 왜곡된 문서로 변조해 냈다. 『天道敎會史 草稿』도 이것을 거의 그대로 옮겨 적고 있다.

동학 교문이 동학농민전쟁이라는 중대한 상황에 직면해서 남접과 북접으로 분열되어 서로 대립하고 충돌하였던 것은 엄연한 사실이다. 또한 이런 분열이 투쟁에 적지 않은 영향을 미치기도 하였다. 그러나 이 점을 감안한다고 하여도, 동학농민전쟁이라는 커다란 사건에서 남북접의 분열은 그다지 중요하지 않다. 왜냐하면, 북접이 9월 18일 공식적으로 재기포하였으므로 그 갈등의 시간도 길어야 2, 3개월에 지나지 않았고, 동학농민군이 각 지역을 장악하고 폭력적 상황을 만들던 것이 자연스러웠던 와중에서도 상호 간의 희생은 크지 않았고, 그 대립으로 말미암아 남접과 북접이 봉기하지 못한 것도 아니기 때문이다. 또한 재기포를 하기 위해서 삼례대

54) 시천교측의 기록에, "京畿大接主 朴容九는 日兵隊長을 長湖院駐屯兵站에서 會見하여 日本軍隊와 東學道儒는 相互間侵害가 無하기를 約하얏더라"이라는 내용이 있는데(李顯奎, 위의 책, 45쪽), 朴容九는 李容九가 틀림없다고 판단된다. 이용구는 일진회 회장과 시천교 대례사를 역임한 친일파였다. 따라서 이 서신의 존재 여부도 당연히 의심된다.

회를 연 전봉준이 거사를 함께 계획한 동학농민군 지도자들 가운데는 김낙철과 김석윤과 같은 교도들,[55] 곧 吳知泳이 북접이라고 한 지도자들로서 남북접조화를 추진한 교도도 있었다.[56] 더욱이 후세의 굴절된 역사가 말하듯이, 최시형이 자기 제자들인 남접을 치라는 명령을 내렸다고는 전혀 생각할 수도 없다. 북접에게 더욱 중대하였던 것은 일제와 정부와 양반의 위협과 반격이었다. 그렇기 때문에 최시형은 허문숙과 맹영재과 같은 양반 민보에게 교도들이 참혹하게 죽고, 관군도 공격을 가하자 "앉아 있으면 죽고 움직이면 산다."며 봉기를 명령하였다.

이처럼 남북접 갈등의 실상이 과장되었고, 특히 일제하 동학의 후신인 천도교와 시천교의 기록을 통해서 왜곡이 일어났다는 사실은 좀 더 주목할 필요가 있다. 그것은 동학농민전쟁이 무참하게도 실패로 돌아간 다음에 일제는 물론이며 조선사회의 전체적인 분위기가 그 거대한 역사적 사건을 부정하고 폄하하였기 때문이라고 생각된다. 여기에는 천도교와 시천교 등 동학의 후신인 제종교를 신앙하던 교도들마저 제외될 수는 없는 것 같다. 특히 친일적 성향이 농후하였던 시천교 측에서는 아주 적극적으로 사실을 부인하거나 축소하였고, 그런 반일적인 투쟁에 가담한 바가 없거나 어쩔 수 없이 끌려들어갔다는 자기변명 내지 책임 전가에 나섰다. 그렇기 때문에 남접과 북접의 갈등은 실상과는 다르게 크게 부풀려졌던 것이다.

55) 『全琫準供草』「판결선고서원본」, 30쪽.
56) 『東學史』, 136쪽.

V. 맺음말

시대적 모순 인식의 차이와 탄압에 대한 대응 태도가 스승과 제자 관계인 최시형과 서장옥을 결별하게 하였고, 신종교인 동학을 남접과 북접으로 분열시켰다. 그렇다고 남접이 북접에서 완전히 분리해 나갔던 것은 아니지만, 양자의 차이점은 분명히 존재하였다. 남접은 무력적인 수단을 이용해서 현실의 모순을 해결하려고 하였다. 이에 비해서 북접은 투쟁을 엄금하던 최시형의 영향력 아래에 머물러 있었다. 그렇다고 동학농민전쟁 과정에서 양자가 극단적으로 대립한 것은 아니었으며, 그와 같은 과장된 인식은 일제하 나온 시천교와 천도교 역사서의 자료 변조에서 기인된 것이다.

최시형은, 비록 남접이 그의 지도 노선에서 벗어나 버렸을지라도, 종교적 권위는 유지되었으므로 북접 지도자일 뿐만 아니라 동학 전체의 지도자였다. 그도 현실의 모순과 민중의 고통을 모르지도 않았고, 외면하지도 않았다. 그러나 우주적인 대변화를 고대하는 초월적이며 종교적인 자세는 자연히 고통의 인내와 새로운 세계의 기다림을 강조할 수밖에 없었다. 이러한 태도도 결국 동학농민전쟁이라는 거대한 역사의 흐름 앞에서는 바뀌지 않을 수 없었다. 그는 이것을 "天運"이라고 해석하였다.

남접의 최고 지도자로 손꼽히지만, 자세한 행적과 활동을 알 수 없는 서장옥에 관해서 더욱 실증적인 연구가 이루어져야 하겠다. 다만 지금 언급할 수 있는 것은, 그가 너무 '신비화'되었다는 사실이다. 사료가 부족하기 때문에 구체적인 활동상도 제대로 실증할 수 없는 상태에서 그를 "남접 우두머리"로 전봉준과 같은 지도자보다 더 중요하게 여긴다는 것은 문제가 있다. 현재로서는 남접 지도자 가운데 한 사람이라고 인정하는 것이 타당하다.

제10장

제2차 동학농민전쟁의 원인과 동학농민군의 재기포

Ⅰ. 들어가며

Ⅱ. 일본군의 침략과 동학농민군의 대응

Ⅲ. 동학농민군의 지역 장악과 통치

Ⅳ. 동학농민군의 재기포

Ⅴ. 제 2차 기포를 향하여

Ⅰ. 들어가며

동학농민군의 전주해산으로 청국과 일본의 군사적 개입 명분은 사라졌지만, 커다란 야심을 숨긴 외세는 조선정부의 철수 요구에 응하지 않고 오히려 군사력을 증강하였다. 이렇게 긴장이 고조되던 6월 21일, 일제는 경복궁을 무력을 점령하고 고종을 실질적인 포로로 삼는 만행을 저질렀다. 곧이어 일제는 청국군을 기습하여 청일전쟁을 개시하는 한편 조선정부에게 내정개혁을 강요하며 일거에 정치세력을 교체해 친일 개화당 정권을 세웠다. 이와 같은 침략 행위는 왕조는 물론이며 민족의 수치이자 존망의 위기를 뜻하였다. 더 나아가 조선의 운명은 이때 결정되었다고 할 수 있다. 그러나 보수 양반유생을 비롯한 많은 조선인들이 일본군의 침궐에 분노하였지만, 실제로는 대부분 반침략 투쟁에는 쉽게 나서지 못하였다.

이런 중대 사태는 전라도와 충청도 각지로 퍼져 나가던 동학농민군에게도 큰 충격을 주었다. 일부의 동학농민군은 즉각 저항과 투쟁 태세로 돌입하였고, 지도부는 대오를 정비하고 향후 전략 수립에 부심하였다. 제1차 봉기의 직접적 원인이 외세의 침략은 아니었지만, 이미 동학의 사상에는 반외세 반침략 민족주의가 깊이 자리 잡고 있었고, 또한 전년의 신원운동에서도 척왜양은 주요한 목표였기 때문에 동학농민군의 대일 반침략 투쟁은 거의 정해진 것과 다름없었다. 만약 일본이 조선에서 물러나지 않고 도리어 주권과 자존심을 더욱 침해한다면, 제2차 봉기는 불가피하였다. 따라서 누구보다도 먼저 과감하게 일본의 침략에 맞선 동학농민군의 재기포는 최초의 반일 반침략 의병전쟁이라는 역사적 의의를 갖는다.

동시에 중앙정부의 통제력 상실은 전주해산 이후 갈림길에 놓여 있던 동학농민군에게 지방사회를 장악하고 통치할 수 있는 기회를 제공하였다. 동학농민군의 조직인 "집강소는 한국역사상 처음으로 농민이 권력을 장악하고 조선왕조 봉건사회의 '舊體制'를 부수면서 그들이 원하는 '新體制'의 수립을 향한 농민통치를 실시한 '농민의 統治機關'이었으며 '농민혁명의 地方政權의 일 형태'"라고[1] 매우 적극적으로 의미를 부여하는 연구도 나와 있지만, 이 '執綱所期'에 전개된 동학농민군의 폐정개혁과 사회경제적 투쟁은 낡은 조선왕조의 중세체제를 정면으로 부정하였다. 그들이 염원하고 추구하던 세계와 체제는 기본적으로 '중세의 쇄신과 연장', 또는 '재판 봉건사회'는 아니었다. 그 시대를 살았던 박은식이 '평민의 혁명'이라고[2] 지칭하였던 것은 타당하다. 그렇기 때문에 많은 민중이 동학농민군의 투쟁에 커다란 지지를 보냈고 적극적으로 동참하였던 것이다.

그렇지만 이와 같은 동학농민군의 활동은 8월 평양 대회전에서 청국군에게 승리한 일본군의 남하로 더 이상 가능하지 않게 되었다. 전봉준이 예상하기에도, 청일전쟁에서 일본군이 청국군에게 승리를 거둔 다음에 예봉을 자신들에게 돌릴 것은 명약관화하였다. 침략군에게 적대적이며 중앙정부의 통치를 거부하며 무력화시키는 무장세력을 일제가 수수방관할 리가 만무하였다. 결국 반일 반침략 전쟁에 나설 수밖에 없던 상황적 조건과 대의명분, 그리고 크게 고양되고 축적된 투쟁 역량에 의하여 동학농민군은 제2차 봉기를 하게 되었다.

---

1) 愼鏞廈, 1993, 「甲午農民戰爭 시기의 農民執綱所의 활동」 『東學과 甲午農民戰爭研究』, 일조각, 251쪽.
2) 朴殷植, 『韓國獨立運動之血史』(1975, 『朴殷植全書』 상권 소수, 단국대), 455쪽.

Ⅱ. 일본군의 침략과 동학농민군의 대응

1. 일본군의 경복궁 침입

동학농민군을 진압한다는 명분으로 조선에 출병한 청국과 거류민을 보호하며 천진조약에 의거하여 군대를 서울로 몰고 들어온 일본은 결국 조선 땅에서 무력적 충돌을 하고야 말았다. 조선을 자신의 영역 아래에 두려는 양국은 결코 물러설 수가 없었다. 서로 상대방을 무찌를 수 있다는 자신감과 동아시아의 패권을 놓고 한 번은 격돌할 수밖에 없다는 예측이 팽배하였던 양국이 전쟁을 피하기는 어려웠다. 특히 조선에서 청국의 세력에 밀리고 있었던 일본은 이 기회를 놓치지 않으려고 하였다. 동학농민군의 봉기가 진정된 것이 확실해진 이상 철군 요구를 회피할 수 없게 되자, 다시 조선정부에 대하여 철저한 내정개혁의 실시와 청국의 종주권을 공식적으로 부인할 것을 강력하게 요구하였다. 그러나 조선정부는 장차 전개될 사태를 안이하게 판단하여 미온적이며 고식적으로 대처할 뿐이었다.

일본은 다른 서양제국들, 특히 조선에 대하여 첨예한 관심을 지닌 러시아가 청국과의 문제를 온화한 방법으로 해결할 수 없다는 일본의 태도에 대하여 평화적으로 국면을 수습해 달라는 반응을 보이자,[3] 드디어 6월 21일 경복궁을 군사적으로 점령하는 침략적

3)『駐韓日本公使館記錄』1, 기밀 제135호 본 78, 305~309쪽 ; 기밀 제144호 본84호, 320쪽. 이와 같은 러시아의 반응은 일본이 청국과 전쟁을 한다고 하여도, 러시아가 간섭하지 않을 가능성이 높다는 것으로 해석되었다.

도발을 감행하였다. 일본이 궁성을 지키고 있던 조선군과 일본군의 "우발적인 충돌"의 결과라고 주장하였던 이 사건의 실체는 사전에 철저히 계획된 군사적 점령이었다.

> 조선의 국왕 고종을 사실상의 포로로 삼고, 왕비 일족과 대립하고 있던 대원군을 떠받들어 정권을 잡게 함으로써 조선정부를 일본에 종식시켜 청나라 군대를 조선 밖으로 쫓아내기 위해 계획되었다. 즉 '개전 명분'을 손에 넣고, 나아가 서울에 있는 조선군대를 무장 해제시킴으로써 일본군이 남쪽에서 청나라 군대와 싸우는 동안 서울의 안전을 확보하고, 동시에 군수품 수송과 징발 등을 모두 정부의 명령으로 시행하는 편의를 얻는다는 목적 아래 계획된 것이었다.[4)]

이어 23일 아산만에서 청국 군함을 선제공격함으로써 엄청난 숫자의 청국군을 수장시켜 버렸고, 며칠 뒤에는 성환과 아산에서 청국군을 참패시켰다. 청국군은 서울과 경기를 빙돌아 강원도 쪽으로 북상해 버렸고, 일본군은 청국군과 싸우기 위하여 서울의 외곽과 궁궐 경비에 필요한 소수의 수비 병력만 남겨 놓고 다른 부대는 평양을 향하여 진격하였다.

일본은 경복궁 점령 당시 서울에 주둔해 있던 조선군대를 완벽하게 무장해제시켜[5)] 놓았기 때문에 조선에 의한 군사적 위협을 전혀 고려하지 않아도 되었다. 또한 전주 이남에서 동학농민군들이 완전히 해산하지 않고 활동하고 있는 상황과 충청도에서 동학농민군이 재집결하고 있다는 것도 잘 알고 있었지만, 크게 우려하지 않아도 된다고 판단하였는지 자신의 군대를 동원한다거나 조선군으로 하

4) 나카츠카 아키라, 『1894년 경복궁을 점령하라』(박맹수 역, 2002, 푸른역사), 65쪽.

5) 李光麟, 1972, 『韓國開化史研究』, 일조각, 168~172쪽. 일본군은 경복궁을 침입한 뒤, 즉각 조선군의 무장을 해제시켰는데, 그때 무기는 대포가 30문, 기관포가 8문, 각종 소총이 2천 정 정도였다.

여금 남하하도록 하는 조처는 취하지 않았다. 일본이 크게 주의한 것은 각국의 눈 때문이었을 것이다.[6] 조선인들의 발전과 동양 평화를 위하여 조선 내정을 개혁하지 않을 수 없다는 일본의 구실은 그래도 어느 정도 열강의 동의를 얻었던 것 같다. 그러나 만약 일본군이 조선을 군사적으로 완전히 점령하거나, 그에 준할 정도로 조선의 주권을 제약한다면,[7] 그것은 각국의 이해와 상충할 수도 있었으므로 청국과 전쟁을 벌이는 마당에 불리한 외교적 비난과 고립을 자초할 필요가 없었다. 이와 함께 자신들은 조선을 독립국으로 공인하고, 또 강토를 침략하지 않겠다고 명언하였으므로 조선인들의 적의를 사지 않으려고도 하였다.[8] 이와 같이 일본은 조선 내에서 자신의 지위와 전쟁 수행을 크게 위협할 힘도 거의 가지고 있지 못한 조선을 자신들이 군사적으로 점령한 상태라는 것을 조선인이나 열강들에게 보이지 않으려고 조심하였다. 그 단계에서는 중앙정부만 확실하게 제어할 수 있으면 족하였던 것이다.[9] 이런 일본의 태도는 청일전쟁이 진행 중이기도 하였지만, 동학농민군의 봉기를 일부로 방기하려는 저의에서도 나온 것 같다. 그들에게는 조선의 내부적인 혼란을 빌미로 조선을 더욱 압박하는 편이 오히려 자신들의 전쟁 수행과 세력을 확대하는데 유리하였을 것이다.[10]

---

6) 『駐韓日本公使館記錄』 2, 기밀송제37호, 212~213쪽.

7) Clarence Norwood Weems edited, Hulbert's history of Korea, VOL2, 1962, 275쪽. 일본이 일본인 고문관들을 대거 조선정부로 데려오려고 하자, 열강은 조선정부의 자율성을 크게 제약한다고 항의하였다.

8) 『駐韓日本公使館記錄』 2, 기밀송제45호, 220~222쪽.

9) 위와 같음 ; 朴日根 편, 1984, Anglo-American and Chinese Diplomatic Materials Relating to Korea (1887~1897) －근대한국관계영미중외교자료집－, British Diplomatic Archives, 三英印刷), Inclosure 1 NO.231. 411쪽. 고종은 일본인들의 모든 요구를 들어주었으므로, 일본인들은 더 이상의 폭력으로 얻을 것이 없다는 가드너의 말은 당시 일본과 조선의 관계를 명료하게 보여준다.

이제 조선은 일본에게 사실상 무력으로 점령된 것과 마찬가지였다. 개항장인 부산을 비롯하여 원산과 인천에는 일본군의 보급부대가 주둔하고 있었고, 교체 병력도 끊임없이 출입하였다. 특히 부산에서 경상도 내륙 각지와 충주를 거쳐 서울로 올라오는 병참 보급로는 일본군의 주둔지이며 교두보와 다름없었다.[11] 9월 중순 일본군이 본격적으로 동학농민군 진압에 나설 수밖에 없다는 외면적 이유도 병참기지가 있는 경상도 문경 지방에서 일어난 동학농민군에 의한 일본군 살해 사건이었다.[12] 처음에는 일본군은 조선인과 충돌하지 않으려고 엄격한 규율을 집행하고 있었지만, 시간이 흐를수록 침략군의 본색이 드러났고, 조선인들의 일본군에 대한 저항은 거세어 갔다. 그리하여 저항은 전선 차단이나 노동력 제공 거부와 같은 소극적 수준에서 직접적인 충돌로 발전하게 되었다.

2. 정국의 변화

일본은 정치외교적으로, 그리고 군사적으로 조선을 장악한 상태에서 조선의 내정개혁을 요구하였고, 이 결과로 친일 내각이 성립하여 이른바 갑오경장을 단행하였다. 특히 이 내정개혁은 일본이 진정으로 조선을 위하여 촉구한 것이 아니라 청국과 얽혀 있는 난국을 돌파하려는 철저한 자기 이익을 위한 정치외교적 술수였기[13]

---

10) Spencer J. Palmer, 1983, Korea-American Relations, V.2, University of California Press, NO.68. 257~259쪽.
11) 具良根, 1993, 『甲午農民戰爭原因論』, 아세아문화사, 418~419쪽.
12) 『駐韓日本公使館記錄』 1, 東學黨의 再起와 日軍의 匪徒鎮壓에 따른 朝鮮政府의 협조 요청, 132~133쪽.
13) 陸奧宗光, 『蹇蹇錄』(김태욱 역, 1988, 명륜당), 46쪽 ; 조선 출병 이후 일

때문에 전쟁 수행과 외교적 목적의 필요에 따라 조선정부를 압박하고 조종하는 수단으로 구사되었다.

일본군은 조선군의 저항이 조용해지고 무력 충돌의 위험이 없었는데도, 서울 외곽 경비와 궁궐 수비에서 철수하지 않았다. 신변의 위협을 강하게 느낀 고종과 대원군은 궁궐과 서울을 점령하고 있는 일본인들에게 철수를 요구하고, 조선 수비병을 배치하게 해 달라고 하였으나, 일본공사는 조선병력은 무기가 없으므로 왕을 호위할 수 없다는 이유로 거절하였다. 그러자 고종은 영국군들이라도 와서 보호해 줄 것을 원하기도 하였다.[14] 그러던 일본은 7월 하순에 이르러 세 가지 조건을 내걸고 일본군대를 궁궐에서 철수시키는 데 동의하였다.[15] 그 조건은 부산과 서울 사이의 철도부설, 전라도에서의 개항, 6월 21일의 경복궁 침입 사건은 잊어버리자는 것이었다. 그러나 25일 정오에 궁궐에서 철수한 일본군은 어떤 일이 일어나면 금방 출동할 수 있는 가까운 곳에 주둔하였고, 그들 대신 무장한 일본경찰들이 그 자리를 대신하였다.[16] 그러나 다시 9월초에 동학이 위협하고 있다는 핑계로 대궐문을 경비하던 일본경찰을 대신하여 증강된 일본군대로 배치하였다. 또한 4천 명의 부

본의 對朝鮮政策에 관한 연구는 아래의 글을 참조. 柳永益, 1984, 「淸日戰爭中 日本의 對韓侵略政策」『淸日戰爭을 前後한 韓國과 列强』, 한국정신문화연구원 ; 朴宗根, 1989, 『淸日戰爭과 朝鮮』(朴英宰 역, 일조각, 제3장 開戰後 日本의 對朝鮮政策).

14) 박일근, 앞의 책, Inclosure 1,2, NO.130. 394쪽.

15) 위의 책, Inclosure 1, NO.135. 405~406쪽

16) 西村時輔, 1895, 『甲午朝鮮陣』, 大阪, 33쪽. 이 책은 청일전쟁이 일어나자, 일본 朝日新聞社의 시찰원으로 파견되었다가 열병으로 죽은 저자의 기록을 그의 형인 時彦이 간행한 것이다. 8월부터 10월 사이의 조선 정세와 사정을 알려주는 자료이다. 이에 따르면, 일본은 서울 성내에 세 곳, 그리고 사대문에 각 한 곳씩의 경찰서를 설치하고 200여 명의 순사를 두었다고 한다.

대가 제물포에 상륙하였고, 서울의 四大門의 경비병도 배로 늘렸다. 이 때문에 고종은 매우 불안해하였다.[17)]

이와 같은 상태에 놓인 고종은 왕의 권한을 행사하지 못하였을 뿐 아니라 신변의 위협마저도 심하게 받고 있었다. 군국기무처에서 올라오는 각종 개혁정책안을 그대로 인허하여야 하는 것은 말할 것도 없고, 갑신정변의 주동자로 철천지 원수였던 박영효를 사면해주고, 벼슬까지 내려야 하였다. 민비 역시 정사에 개입하는 것이 철저히 금지된 처지에 놓였다. 대원군 역시 일본군의 도움으로 정계에 복귀하기는 하였지만, 실세가 아닌 허수아비와 크게 다르지 않았다. 뿐만 아니라 조선정부가 비록 명목상으로는 존속하였으나, 실질적으로는 붕괴되어 버린 것과 마찬가지였다.

그리고 일본군의 침략은 민비와 민씨 척족이 중심이 된 집권세력의 몰락을 의미하였다. 이들의 정치행태가 조선인은 물론이고 조선에 거주하는 외국인에게 지극히 부정적인 것으로 인식되고 있었으므로 이들을 퇴진시키지 않는다면, 내정개혁은 의미가 없는 것이었다. 더욱이 이들은 청국 세력을 끌어들여 자신들의 권력 기반으로 삼았으므로 당연히 정계에서 물리쳐야 되었다. 그 동안 엄청난 비리와 이에 대한 비판에도 불구하고, 민비를 등에 업고 무사할 수 있었던 이들도 경복궁의 위엄과 함께 무너지고 말았다. 민영준은 밤에 자신의 아버지가 유수로 있는 춘천으로 피신하였다가 청국으로 도망해 버렸고, 민형식은 재빨리 종적을 감추었다. 그러나 이들은 다수가 이렇게 피신해 버렸기 때문에 정부가 문서상만으로 처벌을 내릴 수밖에 없었다.[18)]

---

17) 박일근, 앞의 책, Inclosure, NO.380. 426쪽.
18) 6월 25일 민영준·민형식·민응식 등 민씨 척족의 주요 인물들을 遠惡島에 당일로 안치하라는 명령을 내렸다(『日省錄』, 6월 25일조).

민비의 정치적 맞수로 가장 저명한 인물이었던 대원군의 섭정으로의 복귀는[19] 이러한 핵심 권력집단 교체의 상징이었다. 그렇다고 일본인들은 대원군에게 실질적인 정권을 넘겨줄 생각은 애초부터 갖지 않았다. 다만 그가 대중적으로 가지고 있는 反閔氏 反外勢의 상징성을[20] 이용하려고 하였을 따름이었다. 대원군도 이미 열강들이 어떠한 힘을 가지고 있다는 것을 잘 알았으므로 예전의 "斥和"의 권력자가 아니었다. 마침 자신들의 대리자가 될 수 있는 안경수와 같은 日本黨도 대안적인 인물로서 대원군을 꼽고 있었다.[21] 따라서 이런 권력 구조 안으로 들어간 대원군은 시간이 갈수록 자신의 지위가 별 것 아니고, 오히려 일본과 일본당에게 제압당하고 있다는 사실을 깨닫게 되었다.[22] 자신의 처지에 눈을 뜨게 된 대원군은 점차적으로 자신의 권력을 확대하며,[23] 청국과 동학농민군에게도 손을 내밀어 도움을 청하였다.

민씨척족을 대신하여 권력을 실질적으로 장악해 버리고, 갑오경장 초기 과정에서 아주 능동적인 역할을 수행하였던 세력은 일본당, 혹은 개화파라고 불린 소수의 관료들이었다. 김가진을 필두로 하여 안경수 · 유길준 · 조희연 등 10여 명이었다.[24] 이들은 일본과 직간접적인 관계를 맺어 왔으며,[25] 조선의 개화도 일본의 경우에서 그 방책과 교훈을 얻을 수 있다고 생각하였다. 또한 일본군의 경복궁 점령 상태도 개혁이 정리되는 동안 당분간 유지시켜달라는 의사도 표명하였다.[26] 이처럼 일본의 침략을 쉽게 간과한 이들의

---

19) 朴宗根의『淸日戰爭과 朝鮮』제2장에 그 추대 과정이 잘 밝혀져 있다.
20)『駐韓日本公使館記錄』1, 기밀제136호 본79, 309~314쪽.
21)『駐韓日本公使館記錄』3, 발제85호, 24~26쪽.
22) 박일근, 앞의 책, Inclosure 2, NO.410. 437쪽
23)『駐韓日本公使館記錄』5, 기밀 제176호 본100, 28~29쪽.
24)『駐韓日本公使館記錄』1, 기밀 제110호 본 65, 290~291쪽.
25) 柳永益, 1990,『甲午更張硏究』, 일조각, 185~187쪽 참조.

대외의식과 국제정세관에는 분명히 문제가 있다고 할 수 있다. 그렇다고 하여 이와 같은 일본관 자체가 고의성이 있는 반민족적인 것으로 속단할 수는 없을 것이다. 이들은 일본의 느슨한 통제를 틈타 대원군이 세력을 확대하기 전까지만 하여도,[27] 정부의 요직을 차지하고 정권을 장악하였다. 그러나 일본당에 속하던 관료들 다수가 서자 출신이었기 때문에 최고위 직함은 김홍집 등에게 돌아갔다.[28] 일본당의 이런 출신 배경도 그들의 개혁 의지에 작용하였을 것이고, 반면 전통적인 신분관념에 사로잡혀 있던 많은 사람들의 혐오감도 불러일으켰음은 자명하다.

일본당과 권력을 분점하고 있던 형세를 보이던 정치세력들은 김홍집・김윤식・어윤중이었다. 1895년 초 미국공사 씰은 이들과 유길준을 대원군파로 분류하였다.[29] 유길준은 이미 1894년 8월경에도 대원군의 손자인 李埈鎔의 심복으로 분류되었지만, 그를 제외한 다른 자들은 대원군과 밀접한 관계를 가진 것으로는 파악되지 않았다.[30] 그는 민씨 척족을 비판적으로 보았기 때문에 김가진 등 일본당과 가까웠던 것 같다. 1880년대부터 개화를 외치던 이들도 당시 보수적인 관료들에 비교하면 개화파에 속할 것이다. 그리고 나름대로 자주개혁에 대한 신념은 가지고 있었다.[31] 그러나 추구

26) 『駐韓日本公使館記錄』 1, 기밀제138호 본 80, 315쪽.
27) 『駐韓日本公使館記錄』 3, 기밀제219호, 29쪽.
28) 柳永益, 앞의 책, 189~193쪽.
29) Spencer J. Palmer, 앞의 책, NO.94. 352~4쪽. 그러나 9월 초순 유길준이 제시한 일본 고문관의 자격 조건에는 대원군의 전횡을 억제할 수 있어야 된다는 점도 들어 있는 것으로 보아, 대원군과의 관계는 그다지 긴밀하지는 않았던 듯하다(『駐韓日本公使館記錄』 5, 기밀제197호 본118호, 59쪽).
30) 『駐韓日本公使館記錄』 5, 기밀제188호 본111, 43~47쪽.
31) 『錦營來札』, (『東學亂記錄』, 上券, 所收) 雲養, 95쪽. "改革政治 新建自主之業 賴隣使力勸 將次悌擧而行之 未知果有始終也"

하는 개혁의 폭과 정도는 일본당에는 비하지 못하였을 것이다.

이들은 자신들의 본의와는 관계없이 친일파로 낙인이 찍혔다. 이른바 개화간당이라는 비판이 쏟아지고, 증오가 집중되었다. 그래서 김홍집 자신도 "民間訛言 朝廷皆倭黨"이라는[32] 말을 하며 걱정하였다. 개화파, 그 중에서도 일본당의 근본적인 한계는 그들이 권력을 민족의 전통적인 적인 일본의 도움으로 얻었다는 사실이다. 많은 조선인들은 여러 가지 신식제도는 모두 일본의 이익을 위하여 일본인들의 사주를 받아 내놓은 것이라고 인식하였다. 따라서 이 개화파들도 민씨 척족과 마찬가지로 용납할 수 없는 부정적인 존재들이 되고 말았다. 9월 이후 동학농민군이 대대적으로 봉기하여 서울로 진격할 형세가 뚜렷하게 나타나자 정부의 고위관리들, 특히 개혁추진세력들은 공포에 사로잡혀 일본에게 파병을 자주 요청하였다.[33]

그렇다고 중앙정부의 개혁적 조치가 조선인들에게 희망을 전혀 주지 않았던 것은 아니다. 군국기무처는 만들어지자마자, 민중들에게 피부적으로 와 닿는 개혁안들, 예를 들어 10년 이내에 새로 만든 잡세를 폐지하고,[34] "門閥과 班常의 등급을 없애고 貴賤에 얽매이지 않고 인재를 뽑아 쓴다", "과부의 재가는 貴賤을 논하지 않고 그의 自由에 맡긴다", "公私奴婢의 제도를 일체 혁파하며 사람을 팔고 사는 일을 금한다" 등 그야말로 '혁명적인 개혁안'을 발표하였다.[35] 민중들은 이러한 중앙정부의 신식제도가 비록 친일파들에게 나왔다고 하더라도, 자신들에게 실질적인 이익을 보장한다는 점에서 상당한 호감을 가졌을 것으로 생각된다.[36] 그 신식제도에

---

32) 黃玹, 『梧下記聞』, 제2필 45쪽.
33) 『駐韓日本公使館記錄』 5, 기밀제205호 본124호, 64쪽.
34) 『日省錄』, 6월 14일조.
35) 위의 책, 6월 28일조.

는 자신들이 오랫동안 쟁취하려고 피와 눈물을 흘린 것들이 많았으므로 중앙정부의 정치에 기대를 걸기도 하였다.[37] 동학교도들 가운데도 갑오경장의 개혁에 대한 찬성을 표시하는 자들이 있었다.[38] 전봉준도 역시 서울에서 새롭게 전개되는 정치를 지켜보았다고 진술하였다.

그러나 시간이 흘러도 그 새로운 제도가 효력을 발휘하지 못하자 실망과 분노를 느꼈다. 군국기무처에서 결정한 상당수의 신식제도는 8월경에는 적어도 일본인들이 그 시행을 살펴볼 수 있는 서울에서만은 효력을 발휘하고 있지만, 그 밖의 곳은 시행되지 않고 있었다.[39] 1894년 여름에만 실행이 되지 않은 것이 아니고, 상당한 시간이 흐른 뒤에도 이 개혁적 제도가 제대로 작동하기 위해서는 더 많은 시간이 필요하였다.[40] 따라서 민중들은 이러한 신식제도를 발표만 하고, 제대로 시행하지 못하는 정부의 의지와 능력과 진의를 회의하지 않을 수 없었을 것이다. 이러한 사정을 잘 아는 군국기무처도 8월 4일 곳곳에서 소요를 일으키는 삼남지방민들을 진무하기 위한 방법의 하나로 빨리 각지의 結價를 정하여 "民

---

36) 동학농민군의 봉기 이후 충청도와 전라도 지역에 나타난 개혁은 不納米上納의 無期延期와 동학농민군의 폐정개혁 요구에 들어가 있는 分稅 撤廢이었다. 이것은 6월 초순에 조선정부가 독자적으로 실시한 개혁으로서, 전부 시행되지는 않을지라도, 분세만은 크게 가볍게 되었다고 한다(『駐韓日本公使館記錄』 3, 임서제39호, 203쪽 참조).

37) THE KOREAN REPOSITIORY, VOL.2, SEVEN MONTHS AMONG THE TONG HAKS, 201쪽.

38) 『駐韓日本公使館記錄』 6, 東學黨 騷亂原因 調査結果報告書 送付의 件, 26쪽 ; 西村時輔, 앞의 책, 17쪽.

39) Spencer J. Palmer, 앞의 책, NO.55, 347쪽 ; 『駐韓日本公使館記錄』 2, 室田領事의 貴國과 卑見上申, 86쪽.

40) THE KOREAN REPOSITORY, VOL.2, KOREAN REFORM, 9쪽 ; 西村時輔, 앞의 책, 21쪽.

疑"를 풀어야 한다고 啓請하였다.[41]

이렇게 갑작스럽게 집권세력이 교체되고, 신식제도가 창출되는 변동기는 어떤 의미에서는 기존의 질서가 무너졌지만, 새로운 질서가 확립되지 않은 공백기이다. 다시 말하여 국가체제의 작동이 일시적으로 정지해 버린 상태이므로 이 동안에는 중앙의 통제력이 지방에 제대로 미치기가 힘들었다. 특히 이러한 상황을 만들어낸 것은 집권세력인 개화파가 아니라 일본이라는 외부 세력이기 때문에 그들의 의지에 따라 국내적 상황이 유동적으로 전개되었으며, 집권 개화파는 격동하는 이 상황을 장악하기에는 역량이 부족하였다. 심하게 말하면, 동학농민군들이 실질적으로 장악한 일부 지역에서는 중앙정부의 권력이 미치지 못하는 일종의 무정부 상태가 발생하였던 것이다.[42] 특히 이때처럼 무장봉기세력들이 일정한 지역을 차지하고 중앙정부를 위협하는 형세에서는 그 공백은 집권세력에게는 위기를, 봉기세력에게는 기회를 의미하였다. 시간이 갈수록 중앙정부의 지방에 대한 통제력은 약화되었고, 그에 따라 제약받지 않는 동학농민군의 활동은 더욱 활발해지고, 그 투쟁에 동참하는 민중들도 큰 폭으로 증가하였다. 이렇게 중앙정부의 통제력이 붕괴되다시피 한 단계에서는 동학농민군들이 절호의 기회가 오고 있다는 판단을 가질 만하였다.

3. 동학농민군의 대응

일본군의 경복궁 점령이 감행되자, 곧바로 충청도의 동학교도들

---

41) 『日省錄』, 8월 4일조.
42) 박일근, 앞의 책, Inclosure NO.380. 426쪽.

이 거세게 일어났다. 25일과 27일 각각 벌어진 아산과 성환 전투에서 패한 청국군들이 이 일대에서 준동하고 있었다. 일본인들은 동학이 다시 활동하는 이유를 청국군의 선동에 의한 것으로 파악하였다.[43] 실제로 그들이 이 지역에서 일본인에 대하여 위협적인 행동을 하고, 그런 분위기를 조선인 사회에 조성한 것은 사실이나,[44] 이때 조직적으로 저항의 깃발을 든 지역은 공주 부근과 그 이남이었다. 동학농민군들은 이미 7월 3일 이인을 시작으로, 7일에는 서천과 청양, 17일에는 연기와 한산 등지에서 취회하였다. 그밖에도 소규모의 취회도 공주 근방이나 정산 등지에서 개최되었다.[45]

동학농민군의 취회 가운데에서도 대접주 林基準의 주도하에[46] 7월 3일과 8월 1일 각각 이인과 공주에서 열린 취회는 상당한 규모였다. 충청감사 이헌영은 여러 차례에 걸쳐 利仁民會所에 전령을 내려 이와 같은 취회는 오히려 임금의 걱정을 더하는 것이라고 하며 해산을 종용하였다.[47] 또한 중앙정부도 이인취회에 놀라 내무협판인 鄭敬源을 湖西宣撫使로 차하하였다.[48] 8월 1일에는 공주와 가까운 정안면 궁원에 다시 만여 명이나 집결하였다. 이 취회의 명분도 역시 일본군의 침략에 저항하는 창의였다. 그들은 다음날에

---

43) 『駐韓日本公使館記錄』 5, 기밀 제189호 본122호, 47쪽.
44) 『駐韓日本公使館記錄』 3, 임서 제50호, 220~222쪽.
45) 『錦藩集略』, 別啓.
46) 李丹石, 『時聞記』. 충청감사 박제순은 10월 前司果 임기준을 충청감영의 中軍으로 직권 임명하며 三品으로 올려 차하하는 것을 허락해 달라고 요청하였고, 高宗은 그것을 윤허하였다(『日省錄』, 10월 12일조). 그는 이때에 이미 귀순하였던 것이다(『東學關聯判決文集』, 101쪽). 일본군이 파악한 정보로는 그는 稗將으로 동학교도에게 붙었기 때문에(『駐韓日本公使館記錄』 1, 동학당정탐에 따른 편의제공과 동학당관계 탐문조사, 163쪽), 일본군에게 체포당하였다(『雜記』, 292~293쪽).
47) 『錦藩集略』, 別甘.
48) 『日省錄』, 7월 9일조.

는 깃발과 총칼을 들고 공주부로 들어와 7월 22일자로 병 때문에 사직하게 된 충청감사 이헌영의 유임을 요구하면서 하루를 머물고 공주 외곽으로 물러났다. 또한 7월 2일 보은군수의 보고에 따르면, 그곳에서도 동학교도들이 모여 창의를 외치며 군수에게 우두머리를 맡으라고 강요하였다.[49] 그러나 지방관리들로서는 동학농민군은 물론이고 다른 주민들도 통제하지 못하였다. 해산하라는 명령은 한낱 종이와 먹에 불과하였다. 시간이 흐를수록 동학농민군들의 기포는 더욱 왕성해져 갔고, 그에 반비례하여 관리들의 명령은 위력을 상실해 갔다.

이때 활동한 동학농민군들은 이 지역에 거주하는 자들만이 아니고, 근접한 전라도에서도 올라왔던 것 같다.[50] 전주후퇴 이후부터 동학농민군들 가운데는 전봉준이나 김개남의 동학농민군과 합세하지 않고, 전라도 북부와 충청도 남부에서 활동하던 자들도 있었다. 이들은 경복궁 점령 이전에는 무기와 식량을 탈취하는 등 아주 적극적인 활동은 하지 않는 것 같지만, 직후부터는 거의 기포한 것과 마찬가지였고, 청국군과 힘을 합쳐 일본군과 대적한다는 말도 들려왔다. 이들은 부자 외에도 특히 미곡이출에 종사하는 내지상인인 일본인들을 집중적으로 습격하였다.[51] 이러한 전라도 북부와 충청도 서남부 동학농민군들의[52] 활동은 이미 6월 상순에도 공주

49) 『錦藩集略』, 別啓, 7월 7일조.

50) 위와 같음 ; 『駐韓日本公使館記錄』 3, 임서제74호, 239쪽.

51) 『駐韓日本公使館記錄』 3, 임서제44호, 74호, 78호, 236~242쪽.

52) 노성 등 충청도 서남부의 동학은 전의와 공주의 동학과는 별개파라고 한다(위의 책, 임서제74호, 240쪽). 아마 남접과 북접을 의미하는 듯하다. 즉 노성의 동학은 남접에 속하였던 것이 아닌가 한다. 동학농민군의 제2차 봉기를 진압하였던 일본군 後備步兵 獨立第19大隊의 대대장인 南小四郎의 보고서(『駐韓日本公使館記錄』 6, 동학당 소란원인 조사결과보고서 송부의 건, 24쪽)에도 남접은 충청도의 서부와 전라도의

근방에서는 전봉준과 김개남이 동학농민군을 이끌고 서울로 진격할 것이고, 그래서 사람들이 떼를 지어 서울로 가고 있다는 소문을 낳았다.[53]

이처럼 일본군에게 대궐이 침략당하고 국왕이 사실상의 포로가 된 엄청난 사태는 많은 조선인들에게 커다란 충격을 주었다. 이 민족적 수치와 모욕은 곧 민족적 분노를 폭발시키고, 일본에 대한 강력한 항일전쟁까지 촉발시켰던 것이다. 전봉준은 "일본 도적이 틈을 타서 병력을 움직여 우리의 임금을 핍박하고, 우리 백성을 흔들었기" 때문에 "초야의 백성들이 忠君愛國하는 마음으로 강개함을 이기지 못하여 義兵을 규합하여 일본인과 싸우려고" 거의하였다고 하였다.[54] 전라감사 김학진도 "임금이 욕을 보는 변을 당해도 죽음으로써 신하의 의리를 다하지 못하는 것은 신의 죄"라고 자책하였다.[55] 심지어 지방관리조차도 나라의 주인이며 상징인 왕이 일본인들에게 포로로 잡혀 있는 상태라고 생각하였기 때문에 왕의 명령이라고 하여도 실제는 일본인들로부터 나오는 것이며, 그 명령에 복종하지 않는 것이 왕을 가장 잘 섬기는 것이라고 하였다. 또한 민중들은 새로운 관리가 임명되어 임소로 부임해 오면, 왕의 명령이 아니라 일본인의 명령에 의한 것이라는 거부감을 보이기도 하였다.[56] 이와 같은 외세의 침략이 조성하는 민족적 위기감과 저

전부를, 북접은 충청도의 동북부와 그 以東과 以北을 총괄하는 것 같았다고 한다. 그러나 吳知泳이 "儒道首領"이라고 한 李裕尙과 전봉준은 양자가 논산 부근에서 만나기 전까지는 밀접하고 직접적인 관계에 있었던 것으로는 보이지 않기 때문에 충청도의 서남부 일부 동학교도는 전봉준과 최시형의 남북접에 포함되지 않는 독자성을 가지고 있었다고 생각된다.

53) 『駐韓日本公使館記錄』 3, 임서 제48호, 215~216쪽.

54) 『宣諭榜文並東徒上書所志等書』(『東學亂記錄』 下 所收), 383~384쪽.

55) 『日省錄』, 9월 18일조.

항의식은 동학농민군으로 하여금 일본을 몰아내야 한다는 하나의 목표 아래 모이게 하였던 아주 결정적인 요인이었다.

Ⅲ. 동학농민군의 지역 장악과 통치

1. 동학농민군의 지역 장악과 조직

전주성에서 나와 임실·순창·남원·장성 등지로 내려가 있던 동학농민군들은 관군이 자신들을 추격할 수 없다는 사정을 간파하였다. 이제 해산 여부는 자신들의 독자적인 의사에 달린 것이었다. 그들은 당연히 해산을 거부하였다. 애써 모으고 여기까지 이른 동학농민군들을 한 번 해산하면 다시 모으기가 힘들 것이고, 또한 해산 이후의 안위를 장담할 수도 없었다. 자신들의 무력봉기를 크게 위협할 수 있는 물리력도 찾아보기 힘든 힘의 공백기였다. 따라서 동학농민군은 계속 봉기 상태를 유지하면서 중앙정계의 동향과 대내외적 사태의 전개를 주시하는 방책을 선택하였다. 만약 좋은 기회가 온다면, 지역적 盤據에 머물지 않고 적극적인 투쟁을 전개하여 자신들의 목적을 이룰 수도 있던 상황이었다. 물론 손화중처럼 비관적인 전망을 하는 지도자들도 있었을 테지만, 상당수의 동학농민군들은 계속 투쟁에 참가하였다.

그런데 이 찰나에 일본군의 경복궁 침입 사태가 돌발하였으므

56) 『梧下記聞』, 제2필 45쪽 ; Spencer J.Palmer, 앞의 책, NO.55. 347쪽 ; 『駐韓日本公使館記錄』 1, 120쪽.

로, 그 난제를 어떻게 해결하여야 하는 과제가 주어졌다. 이 민족적 수치와 위기는 다른 사람들보다 동학농민군이 해결하여야 하였다. 양반들도 일본의 만행에 분노를 금할 수 없었겠지만, 자신의 이기적 속셈이나 창의의 현실적 어려움 등으로 움직이지 못하였다. 오직 동학농민군만이 대항할 수 있는 의지와 능력을 가지고 있었다. 동학농민군의 봉기 자체의 명분도 보국안민과 척왜양이므로 동학으로서는 도저히 이 과제를 회피할 수는 없었다.

6월 보름쯤에 남원에서 열렸다고 하는 회의에서 전봉준 등은 앞으로 전개될 상황, 특히 조선에 진주해 있는 청국과 일본의 충돌 가능성, 그리고 그 승패와 이후의 사태 등에 관하여도 깊숙하게 논의하였을 것이다. 만약 양국이 충돌하게 된다면, 조선은 결코 평안하지 않을 것이며, 그 여파는 자연히 동학농민군에게 미칠 것이라고 예상하였을 것이다. 이 마당에 경복궁 침입이 일어나고, 이어서 함께 국난을 극복하고 전주를 지키자는 전라감사 김학진의 제의가 들어왔다.[57] 김개남이 이 제의를 거부한 이유는 정확히 알 수 없다. 그렇다고 하여 그가 대외적 위기를 경시한 것은 아니고, 전봉준과의 경쟁 관계라든지, 자신 나름대로 확고한 세력 기반을 만들고 싶다는 의욕에서 나온 것이 아닌가 한다. 혹은 이때 전봉준은 황현의 말대로 "外示悔禍 聲言歸化"하는 정도가 아니라 진실로 귀화, 즉 무력투쟁을 포기할 의사를 가지고 있다고 김개남이 생각하였으므로 동참을 거부하였는지도 모른다.

하여튼 전봉준은 전주로 들어가서 김학진과 손을 굳게 잡았고, 그때 나온 "官民相和之策"의 결실이 바로 執綱所였다.[58] 이러한

---

57) 『梧下記聞』, 제2필 62쪽.

58) 집강소의 기원, 설치, 발전단계, 조직, 주체세력 등에 관하여는 愼鏞廈, 『東學과 甲午農民戰爭硏究』의 「甲午農民戰爭 시기의 農民執綱所의 設置」 참조, 또한 집강소의 구체적인 폐정개혁 활동과 역사적 성격에

양자의 협력은 6월 21일 일본군의 경복궁 침입이라는 대외적 위기가 결정적 원인으로 작용하고 있었다.[59] 이 대외적 위기는 상당한 큰 것이었지만, 정부와 동학농민군이 이에 대한 대응책을 함께 마련할 수 있는 공동의 기반, 예를 들어 상호 간의 이해와 신뢰는 엄청난 전쟁 탓에 형성되기는 어려웠다. 그러나 이 민족적 위기는 양자의 이러한 적대 관계나 감정을 무색하게 하였다. 그리고 당시에는 동학농민군 외에도 도적들까지 활동하고 있었으므로,[60] 반드시 동학농민군이라고 할 수는 없지만, 전봉준 등이 순창에서 보낸 等狀을 보면,[61] 무장·흥덕·고창·고부·정읍·장성 등지에서는 "不恒無賴之輩"들이 부민을 침학하고 있으니까 관리들에게 명령을 내려 잡아줄 것을 요청하기도 하였다. 이런 점에서도 양자의 이해는 합치될 수 있었다. 특히 전봉준의 입장에서도 전라감사와 대등한 위치에서 전라도 일원에 합법적으로 세력을 펼 수 있는 기회는 소중하였을 것이다.

현재 학계에서는 이 집강소의 설치를 둘러싸고 약간의 논란이 있다. 김학진이 전봉준에게 집강소 설치를 공인해 주었던 당초의

대하여는 「甲午農民戰爭 시기의 農民執綱所의 활동」 참조.

59) 전라 좌우도의 도집강이 무주 집강소로 보낸 문서의 대강은(『隨錄』, 60~61쪽) 일본군이 경복궁을 점령하여 임금을 욕보였으므로 나아가 싸워야 되지만, 청국과 일본이 전쟁을 하기 때문에 잘못하면 화가 크게 미칠지도 모르는데, 소동을 부리는 자가 있다면 접주가 금지하고 집강이 감영으로 보고하라는 것이다. 전봉준의 정세 파악과 집강소 설치의 의도를 잘 보여준다.

60) 박찬승의 「活貧黨의 활동과 그 성격」(『韓國學報』 35, 1984)와 김양식의 「開港 이후 火賊의 活動과 志向」(『韓國史研究』 84, 1994) 참조. 유명한 馬中軍도 이미 1892년부터 그 존재가 확인된다. 『司法稟報』에는 전쟁 중에 동학농민군이 아닌 것으로 보이는 자들이 저지른 도적 행위의 예가 무수하게 많이 실려 있다.

61) 『隨錄』, 43~44쪽.

의도는 치안 유지를 위한 것이고, 그를 통하여 도정의 원활한 수행을 꾀하려고 한 것이기 때문에, 전봉준의 권한이 김학진의 그것을 벗어나 행사되거나, 집강소가 김학진의 통제에서 완전히 벗어나 있던 조직이 아니라 김학진의 도정 수행에 협조하는 기관이었다고 한다.62)

그런데 김학진과 전봉준이 집강소를 설치하여 치안을 유지하려고 하였다는 점에는 『수록』과 『오하기문』에 실린 동일한 전봉준의 통문을 통해서도 분명히 확인된다. 문제는 이 치안 유지 기능은 집강소의 여러 가지 기능 중에 한 가지에 불과하였다는 사실이다. 황현의 말대로 집강은 수령의 임무를 수행하였다고 하는데, 치안 유지만 그의 임무가 될 수 없다. 그 치안 유지라는 목적도 전봉준과 김학진에게는 상이한 것이었다. 김학진은 동학농민군 전체의 활동을 금압하는 것이 가장 소망스러웠을 것이고, 전봉준은 규율을 어기는 동학농민군이나 도적을 제압함으로써 투쟁 역량을 강화하고 사회적 지지를 확대하려는 목적을 가졌을 것이다. 집강소는 지역 동학농민군의 전반적인 활동을 지휘하던 조직이었다. 설사 전봉준과 김학진이 치안 유지 기능에 국한시키려고 하였더라도, 동학의 하부조직에서는 자신들의 필요에 따라 독자적으로 집강소를 운영하였을 것이다.

또한 집강소는 동학의 조직으로서 처음부터 김학진의 통제에 들어 있지도 않았다. 전라감사로서 김학진이야 지방행정을 복구하기 위하여 집강소를 이용하려고 하였을지라도, 그의 의도는 실현될 수 없었다. 동학농민군이 석권하고 있던 전라도의 형편상 그 이후

---

62) 홍성찬, 1983, 「1894年 執綱所期 設包下의 鄉村事情」『東方學志』 39, 68~69쪽 ; 노용필, 1992, 「東學農民軍의 執綱所에 대한 一考察」『歷史學報』 133.

에도 김학진의 도정은 거의 실시되지 못하였다.[63] 제2차 기포시에 전봉준 부대에게 전주를 점령당한 전라감사 김학진은 "譴罷之典"을 당하였다.[64] 정부에서는 동학농민군이 봉기한 상태인데도 아무런 보고도 하지 않다고 그를 힐책하였지만,[65] 그로서는 꼼짝도 하지 못할 처지에 있었던 것이다. 그가 전주성에서 겪은 경험은 형언할 수 없었다고 한다.[66] 그를 그렇게 만든 것은 다름 아니라 동학농민군이 지방행정은 물론이고 전라도의 모든 것을 완전히 장악하고 있었기 때문이다. 아마 박제순에게 감사직을 넘겨주지 못한 연유도 전봉준 등의 만류 때문이 아닌가 추측된다. 한마디로 김학진은 "道人監司"로서 감사다운 감사의 역할을 거의 하지 못하였다. 여타의 수령들도 마찬가지로 무력한 상태에 빠져 있었다. 따라서 집강소의 설치에 김학진이 간여하였다고 하여도, 그의 의사와는 무관하게 동학농민군의 뜻에 따라 운영될 수밖에 없었다. 이것은 오히려 김학진이 전봉준에게 제압당하였음을 의미한다.[67] 감사가 이 지경에 이르렀으니, 그 아래의 수령들은 더욱 곤란한 처지에 놓여 있었다. 특히 동학농민군들의 재기포가 활발히 이루어지게 되던 상황에서는 자신의 의사와는 반대로 동학농민군들에게 적극적

63) 『駐韓日本公使館記錄』 4, 호남지방의 전신선 가설 연기 요청, 297쪽. 청국과 전쟁을 하던 일본은 전주에서 강진과 군산으로 통하는 전신선을 가설하려고 하였다. 그에 따라 조선의 중앙정부와도 교섭을 마쳤지만, 동학농민군의 봉기로 그 지역에 정부명령이 전달되기가 매우 힘들어 공사를 착수하지도 못하던 실정이었다.

64) 『甲午實記』, 9월 22일조, 35쪽. 『日省錄』에는 일부 내용이 누락되어 있다.

65) 『錦營來札』(雲養), 90쪽.

66) 『雜記』(『東學亂記錄』 下卷 所收), 1895년 3월 26일조, 295쪽 ; 『梧下記聞』, 제2필 57쪽. "學鎭逼於奉準 不敢將賊情形 據實啓聞 故湖南殘破之狀 朝廷不能盡知 多憑風聞而已"

67) 『梧下記聞』, 제2필 32쪽. "於是 挾鶴鎭作奇貨 專制一道."

으로 협조하지 않을 수 없었다. 예를 들면, 여산부사인 유제관은 전봉준의 권유를 받아 주민들에게 쌀 600여 석과 소를 징발하기도 하였다.[68]

집강소라는 용어 자체는 매우 드물게 발견된다. 『동학사』를 제외한 다른 자료들에서는 기껏 하여야 한 두 개 정도만 찾을 수 있지 않나 한다. 그렇다고 하여도 집강소 존재 자체가 의심되지는 않는다. 다만 집강소가 너무 드물게 나오기 때문에 그 기구의 명칭에 대하여는 좀 더 살펴볼 필요가 있다. 『오하기문』에 각읍에 設接하여 大都所라고 하고, 접주 한 사람을 집강으로 차출하여 태수의 일을 하도록 하였고, 都所는 大義所라고도 하였는데, 도로에 있는 것은 行軍義所라고도 하였다는 기록이 있다.[69] 이것은 분명히 집강소에 관한 기록인데, 집강소라는 명칭을 쓰고 있지 않다. 그 까닭은 집강소와 도소라는 용어가 함께 쓰였는데, 도소가 집강소보다 흔하게 사용되었기 때문이 아닐까 한다. 집강이 되기 위해서는 먼저 강대한 힘을 가진 접주여야 하였으며, 그런 접주들은 나름대로의 독자적인 도소를 가지고 있었다. 다시 말하여 집강이 주재한 도소가 집강소이기 때문에 집강소를 그냥 도소라고 불렀다고 추측되지만, 좀 더 확실한 근거가 필요하다.

『수록』에 실린 김학진의 감결과 각읍의 집강에게 보낸 전봉준의 통문은 『오하기문』의 것과 동일하다. 따라서 무주 외에도 황현이 거주하던 구례에도 집강소가 설치되었음을 확인할 수 있다. 또한 금산에도 다른 읍과 마찬가지로 집강을 임명하고, 전봉준이 사통을 종종 보냈다.[70] 금산의 집강으로 처음에 임명한 사람은 용담의

68) 『駐韓日本公使館記錄』 6, 東學黨征討略記, 56~57쪽.
69) 『梧下記聞』, 제1필 53쪽.
70) 『各鎭將卒成冊』(『東學亂記錄』 下 所收), 錦山被禍爻像別具成冊, 702~705쪽.

김기조였으나, 다시 금산의 조동현으로 바꿔 차임하였다. 전봉준은 집강으로 하여금 주민들을 위로하고 안도케 하려고 하였다. 그러나 금산에서는 3월에 이미 일반 주민들과 보부상들이 합세하여 읍폐민막의 교정을 요구하며 취회하던 동학교도들을 기습하여 수많은 사람들을 사상케 하였던 적이 있었기 때문에 집강의 이러한 역할에 부정적인 반응을 보였다. 여기에서 동학의 집강은 동학농민군만이 아니라 일반 주민들과도 관계된 임무를 수행하였음을 알 수 있다.

보성의 安奎馥은 敦寧・湖左都接主・接主執綱・執綱이라고 불리며, 많은 동학농민군들을 이끌고 여러 지역에서 크게 활동하였던 교도였다.[71] 이들 호칭 가운데 돈령은 단순한 별명인가, 아니면 돈령부사라는 최고의 양반관료직함에서 나온 것인가 잘 알 수 없다. 그러나 호좌도접주・접주집강・집강이라는 명칭이 지닌 의미는 크다고 할 수 있다. 이 집강은 접주 아래의 하위 교도가 맡는 집강이 아니라 접주 가운데에서도 상당한 지위와 세력을 가지고 있는 교도가 가진 직함이라는 점에서, 특히 집강소의 집강과 관련된 것이라고 생각된다. 집강소의 집강이라면 안규복처럼 "거괴"로 "大作挐於近邑者"라고 불릴 정도는 되어야 하였을 것이다.[72]

다음의 사례는 집강소에 관한 것이라고 볼 수 있는 자료적인 근거는 없지만, 한 지역에서 제일 강하던 도소의 예라는 점에서 혹 집강소의 일부 모습을 보여주는 것이 아닌가 생각한다. 하여튼 전쟁기 지역 도소의 좋은 사례임은 분명하다.

만경의 박봉관은 湖南都義將을 자칭하였고, 그의 휘하인 홍인영

71) 『巡撫先鋒陣謄錄』, 12월 29일조, 644~645쪽.

72) 『동학관련판결문집』, 판결선고서 제6호, 46쪽. 이렇게 보성에서는 강력한 동학농민군이 있었기 때문에 보성군수 유원규는 동학농민군과 통모하여 지방안녕을 해쳤다는 혐의를 받아 재판에 회부되었다.

을 湖南義使라고 하였다.[73] 이것은 다른 예가 보이지 않는 것으로 미루어 동학농민군의 공식적 내지는 일반적 직함은 아닌 것 같다. 강대한 세력을 유지하고 있는 접주는 독자적인 도소를 설치하였다. 전쟁 이전에야 도소가 동학교문의 공식적인 기구였기 때문에 사적으로 도소를 만든다는 것은 불가능하였을 터이지만, 전쟁기에는 공식적인 인정과 절차가 거의 필요하지 않았을 것이다. 그러므로 누구누구의 도소로 불렸던 것이 아닌가 한다. 이 사료에서는 박봉관도소 외에도 "湖南大魁金碩允都所"도 보인다.[74] 박봉관 다음의 위치에 있던 인물은 호남의사인 홍인영일 것이며, 또 박봉관의 도소에는 포사를 지휘하는 진원필이라고 하는 砲士大將이 있었다. 그런데 이 포사대장은 首接主라는 직책도 지니고 있다. 아마 수접주이기 때문에 막강한 힘을 갖는 포사대장에 임명된 것이라고 생각된다. 이 포사대장을 움직일 수 있던 또 다른 인물은 위에서 말한 김석윤도소의 서기인 퇴리 곽자원이었다. 이 인물이 다른 사람들의 물건을 빼앗거나 장리를 상해하는데 처음부터 끝까지 지시하였다고 하지만, 박봉관도소의 사람이 아니기 때문에 사적인 관계로 포사대장을 움직이었을 것이다. 군현의 도소가 그렇게 일원적인 지휘체계에 의하여 조직화되거나 제도화되지 않았다는 점은 확인할 수 있다. 이것은 큰 세력이 있는 접주를 중심으로 도소가 만들어지지만, 그 구성과 운영은 일종의 집단지도체제나 공동합의제라고 하는 형태로 이루어졌음을 시사한다.[75] 그리고 이 도소는

73) 『巡撫先鋒陣謄錄』, 1월 7일조, 665쪽.

74) 김석윤은 부안의 대접주였다. 『김낙철수기』에 의하면, 전쟁기에 부안에서는 4월 1일 송정리에 도소가 설치되었고, 다시 줄포에 김낙봉 등이 도소를 두었다. 7월 신임군수로 내려온 윤시영과는 "一鄕萬事를 每每相議"하였다고 한다.

75) 愼鏞廈, 「甲午農民戰爭 시기의 農民執綱所의 設置」 『東學과 甲午農民戰爭研究』, 196쪽.

일종의 무력기구로서 상천민으로 이루어진 同死生契를 거느리고 있었던 것 같다. 이에 대하여는 후술할 것이다.

집강소가 언제까지 제 기능을 다하였으며, 동학농민군의 기구로서 존재하였는가는 불분명하다. 다만 9월 7일 정범모가 김학진과 함께 전주 도집강 송덕인을 불러 대원군이 효유하는 뜻을 전하고, 그에 따르겠다는 대답을 얻었다는 기록이[76] 있을 따름이다. 그러나 이 답변은 별로 실이 없는 것으로 이미 삼례 등 전주와 가까운 곳에서는 제2차 봉기가 준비되고 있었다. 그렇지만 관찰사인 김학진이 섭정의 지위에 있는 대원군의 뜻에 따라 효유하기 위하여 부른 교도가 도집강이었다는 것은 이때까지만 하여도 도집강이 전주라는 지역에서 동학의 대표로 인정받았다는 사실을 말해준다. 이 도집강이 『수록』에 나오는 집강소를 통괄하는 직책이었다면, 적어도 제2차 봉기 전까지만 하여도 집강소는 군현에서 동학의 최상위 기구로서 기능하였다고 할 수 있다.

그리고 전라도 집강소의 집강과 같은 성격의 것인지는 확실히 단언할 수 없지만, 충청도에서도 집강이 있었다. 바로 五邑東學執綱,[77] 혹은 五邑別執綱이란[78] 직함으로 관군에게 문서를 보낸 신재련이 그 인물이다. 충청감사 이헌영이 전라감사 김학진과 동일한 발상에서 집강 설치를[79] 권유하였으나, 실제 충청도 동학이 그에 따라 집강을 설치하였다고는 생각되지 않는다. 그렇다고 한다면, 북접도 나름대로 교도들을 통제할 수는 집강을 설치하였다는 말이 된다. 최시형이 이른바 남북접 조화에 큰 공을 세운 오지영에게 兩湖都察의 직임을 맡기었는데, 오지영은 이 도찰의 직무에는

---

76) 『甲午略歷』, 66쪽.
77) 『兩湖右先鋒日記』, 9월 25일조, 261쪽.
78) 위의 책, 9월 30일조, 264쪽.
79) 『錦藩集略』, 別甘, 各官.

각 집강소에 관한 것도 들어있다고 하였다.[80] 이런 것으로 보면, 남북접 모두 교도들을 규찰하기 위한 책임자로서 집강을 두고, 그 집무기구를 都所 혹은 執綱所라고 부르지 않았나 생각된다. 뿐만 아니라, 경상도 북부지방에서도 집강소가 설치되었던 것으로 추측되기도 한다.[81] 따라서 북접의 경우에도 남접의 집강과 비슷한 권한과 지위를 가진 집강이 있었다고 본다.

2. 동학농민군의 지역사회 통치

지역을 장악한 동학농민군들은 폐정개혁 활동을 강력하게 전개하였다. 특히 7월 이후 일본 침략자를 몰아내기 위하여 대담하게 관청을 습격하여 무기와 전곡을 징발하고, 부호에게 창의에 사용할 義捐을 요구하며 지배세력들을 완전히 압도하며 자신들에게 가장 절실한 문제를 과감하게 해결하려는 의지를 보였다. 예를 들어, 婢를 처로 삼고 있는 동학농민군이 그녀의 주인에게 가서 속량을 요구한다거나, 자신의 신분이 奴인 자가 역시 주인에게 노비문서를 받아내는 일이 비일비재하였다. 이런 형태의 신분 해방은 당해자가 단독으로 하는 것이 아니라 많은 동료들의 도움을 받기 마련이므로 노비주인들도 어찌 수 없었다. 이러한 천민들의 신분해방 열기에 압도된 노비주인들은 자진하여 노비문서를 불태우는 일까지 있었다. 이 시기 민중들이 가장 열망하였던 것은 바로 이와 같은 신분적 질곡을 깨트려 버리는 것이었다. 경제적인 이해도 강하

80) 『東學史』, 495쪽.
81) 申榮祐, 『甲午農民戰爭과 嶺南 保守勢力의 對應』 연세대 박사학위논문, 1991, 128~130쪽.

게 표출되었으나, 기존의 질서에 가장 커다란 타격을 가한 것은 바로 신분제의 철폐운동이었다. 또한 이런 행위는 양반지배체제의 부정과 타도를 가장 효과적으로 상징하는 투쟁이었다. 양반들은 자신들을 지탱하고 있던 지배자로서의 자존심과 사회경제적 이익이 한꺼번에 무너져 내리는 것을 속수무책으로 지켜보아야 하였기 때문에 엄청난 충격을 받았다. 그들은 조선왕조체제가, 그들의 세계가 멸망하고 있다는 사실을 실감하고 인정하여야 하였다. 따라서 양반지배세력들은 무엇보다 신분적 하극상을 격렬히 비판하였던 것이다. 그러나 민중들의 신분해방운동, 신분철폐운동은 결코 그들이 막을 수 없던 역사적 대세였다. 민중의 거센 투쟁과 동학의 평등주의와 갑오경장의 법적 철폐가 한데 어우러져 이룩한 역사의 발전이었다. 이와 같은 동학농민군의 신분철폐운동은 선각의 심도 깊은 연구가 있으므로,[82] 여기에서는 『동학사』의 폐정개혁안에 나타난 조항을 통하여 동학농민군의 경제적 운동 내지 지향에 관하여 알아보도록 하겠다.

오지영은 전주에서 동학농민군과 관군이 강화를 이룬 뒤, 동학농민군은 전라도 53주에 집강소와 집강 1인을 두고 관리들의 도움을 받아 폐정개혁에 착수하였다고 하며, 유명한 폐정개혁안 12개조를 기록해 두었다.[83] 동학농민전쟁의 최고봉으로 평가되는 이 폐정개혁의 중요성에 비하여, 그 기록이 너무 불분명하고 소략하기 때문에 그 실재를 의심받기도 한다. 예를 들어, "官吏採用은 地閥을 打破하고 人才를 登用할 事"는 전봉준과 김학진 사이에 합의할 수 있는 사안이 아니다. 그리고 신속히 해결하여야 할 현안이

82) 愼鏞廈, 1987, 「1894년의 社會身分制의 폐지」 『韓國近代社會史硏究』, 일지사.
83) 『東學史』, 126~127쪽.

산적하고, 넘어야 할 긴박한 상황이 많은데, 어느 겨를에 "靑春寡婦는 改嫁를 許할 事"라는 사회적 풍습의 교정책까지 합의에 도달할 수 있었는지 모르겠다. 하여튼 여러 가지 의문이 생기지만, 동학농민군들이 추진하였던 폐정개혁들과 오지영의 이상이 혼재되어 『동학사』에 실린 것이 아닐까 추측한다.

그러나 여기에서는 명확한 자료적 근거가 불충분한 현재의 상태를 감안하여 폐정개혁안 전반에 관련된 문제는 논의하지 않을 것이다. 다만 이 조항들 그 가운데에서도 이견이 가장 분분한 "土地는 平均으로 分作케 할 事" 조항에 관하여 약간의 검토를 하려고 한다.

이 평균분작 조항의 실재 여부에 대하여 의심을 가지고 아예 언급을 회피하는 분위기가 한쪽에서는 있었던 것 같기도 하지만, 많은 연구자들 사이에는 이것이 토지소유권을 의미하는가, 아니면 경작권에 불과한가에 관하여 논란이 지속되었다. 토지소유권으로 해석된다면, 동학농민군의 경제적 지향 내지는 계급의식은 상당한 수준에 도달하였던 것으로 이해될 수도 있다. 그러나 이점에 관하여 결코 동의를 표하지 않는 견해도 만만치 않다.

그리고 동학농민군들이 김학진에게 이 조항을 요구하여 합의를 이끌어 낼 수 있었는가 하는 점도 검토해 보아야 할 것이다. 왜냐하면, 그것이 토지소유권의 재분배라든지, 아니면 토지의 평균경작를 의미한다고 하여도, 만약 그것이 합의되고 실행이 시도된다고 할 때, 그에 대한 엄청난 반발이 쉽게 예상되는 중대한 문제이기 때문이다. 김학진이 아무리 위기에 몰렸다고 하여도, 기존의 경제체제를 근본적으로 부정하는 이 조항을 들어주었을 리가 없다. 전봉준과 김학진, 혹은 전봉준과 홍계훈 사이에 폐정개혁안의 합의가 이루어졌다고 가정하더라도, 그때 상황은 김학진이나 홍계훈이 동학농민군에게 일방적으로 몰려서 이처럼 중차대한 사안일지라도 합의해줘야 될 절체절명의 위기 순간은 아니었다. 설사 관리들인 이들이 폐정을 개혁하여야 한다는 판단과 소신을 가지고 있었다고 하여도, 전라도의 재지지주는 말할 것도 없고, 그 많은 부재지주들의 반발과 항의를 어떻게 감당할 것인가, 양반지배체제의 기반을 송두리 째 뒤엎을 이 중대한 문제를 자신의 재량권으로 결정할 수 있는가에 대하여 심각하게 고려해 보았을 터인데, 과연 그러고도 합의해줄 수 있었는지 의아스럽다. 이때 문제된 세금이나 관리의 부정과는 전혀 다른 차원인 토지제도에 관한 것은 중앙정부에서 논의되고 법제화되어야 한다.

이 조항의 내용을 비롯하여 폐정개혁 자체는 김학진이나 다른 정부관리와는 관계없이 동학농민군들이 독자적으로 실시한 것이라는 주장이 있을 수도 있다. 토지의 소유권이나 경작을 변경시키는 데는 커다란 반발과 저항이 예상되며, 실행하기 위해서는 상당한 행정적인 절차와 사전 준비, 시간과 노력이 필요함은 두말할 것도 없다. 그렇다고 한다면, 이런 토지에 관한 중대한 정책은 동학농민군의 정권이 공고히 성립되었을 때나 마련되고 시행될 수 있는 성질의 것이다. 기술적인 것은 해결되었다고 전제하더라도, 재지지주의 집단적인 저항을 억누를 수 있을 정도로 동학농민군의 지역정권이 강력하였다고는 생각되지 않는다. 만약 토지의 경작권 혹은 소유권의 확보가 절실하였다고 한다면, 적어도 전라도 일대 각 지역을 장악하고 있던 동학농민군들이 이런 문제를 해결하려는 구체적인 활동이 전개되었어야 할 것이다. 그리고 그에 대항하는 지주와 환영하는 농민 상호간의 대립과 투쟁도 나타났어야 정상이다. 그러나 이를 분명하게 입증해 주는 사료들은 찾을 수 없다.

동학농민군들에게 당장 급한 것은 기포한 동학농민군의 식량을 확보하는 것이었다. 그들로서는 관청의 세곡과 부호의 미곡을 취하는 것이 가장 손쉬운 방법이었고, 또한 이런 물리력을 동원한 징발이 아니고서는 수많은 인원을 먹일 수 있는 식량을 마련할 길이 없었다. 동학농민군 가운데는 부유한 자들도 있었으나, 그들의 獻財만으로 감당하는 것은 불가능하였다. 따라서 이런 종류의 식량 확보책은 동학농민군의 지도부에서도 택하지 않을 없었다. 이렇게 공적인 징발의 경우에는 미곡을 수령하였다는 봉표도 발행하였다.[84] 또 모인 재물의 관리는 철저하게 하여, 그 이출입을 엄정하게 문서로 관리하였다.[85]

징발의 주요한 대상은 첫째가 지방관청이었다. 무기를 빼앗으려고 관청을 습격하면서 동시에 돈과 미곡까지 가지고 나오던 것은 항례였다. 제2차 봉기 때에는 원평과 남원 대소소에서 아예 각 군현의 관리들에게 사통을 보내, 거사하는 데 필요한 공전과 공곡을 보내라고 지시까지 하였다.[86] 개인보다는 관청의 전곡이 공공성이 있었으므로 대의를 위하여 봉기한 자신들이 군량미로 사용하여도 된다고 생각하였을 것이다. 그리고 부유한 자들이 집중적으로 침탈의 대상이 되었다.[87] 그 중에서도 평소에 농민들에게 모질게 굴어 인심을 상실한 양반지주들은 아마 거의 빠지지 않고 재물을 빼앗겼을 것이다. 반대로 농민과의 관계가 원만하던 양반지주들은 오히려 다

84) 『兩湖右先鋒日記』, 10월 11일조, 269쪽.

85) 『巡撫先鋒陣謄錄』, 12월 22일조, 615쪽. 주민이 모두 동학교도라고 하는 군산에서는 선박들을 잡고 곡물을 징발하였다. 창고에 보관하고, 지출한 것이 마치 관청 문서처럼 되어 있다. 압수품에는 곡물 외에도 탄환과 깃발, 米穀上下冊・錢財출납책・軍物派給册・公兄考音이 있었고, 그리고 각 업무별 담당자도 있었다.

86) 『駐韓日本公使館記錄』 1, 전주근지동학당의 관고물품탈취에 관한 보고, 129~131쪽.

87) 『巡撫先鋒陣謄錄』, 12월 8일조, 577쪽. 被侵之民 偏是饒戶

른 지역 동학농민군의 징발로부터 보호받기도 하였을 것이다. 징발의 대상으로 더욱 적절하였던 것은 부재지주의 몫인 도조였다.[88] 탈취에 따른 저항을 덜 받을 수도 있었고, 농민과 함께 살면서 상부상조한다든가 긴밀한 관계를 맺지 않고 단지 도조만 받아 가는 그들은 동학농민군들에게 아주 부정적인 존재들이었다. 다음에는 일본 내지상인들과 그들과 직접 연결되어 있던 미곡수집상들이 주요한 탈취 대상이었다. 농민들은 미곡의 대외수출이 자신들에게 무엇을 남기는가를 정확하게 알고 있었다. 이미 오래 전부터 이에 대하여 반감을 가지고 있었지만, 미곡이출을 직접적으로 제지할 수 있는 물리력을 동원할 형편도 못되었기 때문에 단지 그에 대한 불만만 키우고 있었다. 그러나 전쟁기에는 동학농민군의 주요한 폐정개혁 대상이 되었고, 실제 제1차 봉기 때에도 당장 무장기포부터 미곡수십상을 습격하였고, 각 항구에서 일본 내지상인들의 미곡이출을 방지하는 한편 수집된 미곡을 되찾는 일이 많았다.

이렇게 징발한 미곡과 돈은 동학농민군의 군량으로만 쓰였던 것은 아니다. 동학농민군들은 재물을 빈민을 진휼한다거나, 5,6할 정도로 아주 싼 값에 방매하여 역시 빈민 구호에 일조하였다.[89] 이와 같은 행위가 단순히 민중의 지지를 얻기 위한 방책으로만 행해진 것은 아니었다. 자신들과 비슷한 경제적 처지에 놓여 있던 빈민들에 대한 동질감의 표시이며, 경제적 정의를 실현하는 상징적 행위였다. 또한 이것은 상부상조, 혹은 有無相資라는 전통적인 농민공동체의 생활 규범인 동시에 동학을 험난한 역경 속에서도 단단하게 유지하고 보호해 왔던 중요한 신앙공동체 정신의 발로였으

88) 위의 책, 12월 22일조, 628쪽.

89) 『駐韓日本公使館記錄』 3, 임서 제46호, 48호, 209~271쪽 ; 『嶺上日記』, 10월 14일조. "賊酋開南率其黨向完府 民間所收米 盡爲斥賣 米一石価 至二三緡"

며,[90] 경제적 궁핍이 없는 새로운 이상세계를 염원하는 의식의 표상이었다. 그러나 이러한 징발과 탈취는 단순히 종교적 행위나 전통적 관념만으로 설명될 수 있는 것은 아니다. 동학농민군 자체는 계급적으로 빈농의 집단이었다.[91] 따라서 동학농민군은 공동의 계급적 이해를 가지고 있었다고 할 수 있다.

이러한 징발 행위의 부작용도 결코 묵과할 수 있을 정도로 만만하였던 것은 아니었다. 가장 큰 손실은 전쟁의 열기와 동학농민군의 진의와 동떨어져 있던 사람들에게서 받는 비난이었다. 양반지배세력의 일원이거나 강고한 지배질서에서 벗어나지 못한 '양민'들은 기존의 도덕관념에 의거하여 이런 약탈 행위를 비난하였다. 특히 집중적인 약탈 대상이 되었던 양반부자들은 아예 멀리 떠나버렸다.[92] 또한 동학농민군들이 개인적인 차원에서 억울함을 해소하거나 복수를 꾀하는 행위도[93] 결코 고운 눈길이 가지 않았다. 하지만 다른 것보다 개인적 차원에서 사익을 얻기 위하여 무자비하게 행하던 탈취 행위는 인심을 이반시키는 중요한 원인이 되었다. 여기에 도적들까지 가세하여 약탈 행위를 일삼았지만,[94] 이들과 동학농민군을 구별한다는 것은 사실상 불가능하였다. 그렇기 때문

---

90) 『聚語』, 前司諫權鳳熙疏, 107쪽. "投入於其黨 則輒與錢穀 物我無間云"

91) 愼鏞廈, 「甲午農民戰爭의 主體勢力과 社會身分」 『東學과 甲午農民戰爭研究』, 76~84쪽.

92) 『林下遺稿』의 저자인 金邦善은 아예 땅을 팔고 가족들을 데리고 멀리 제주도의 우도까지 피난하여 정착하였다.

93) 『東學關聯判決文集』, 판결서 11호, 275쪽. 죽산에서는 동학교도가 논을 사간 주인이 결세를 이송하지 않아 여러 해 생징을 당했다고 하며, 800량을 빼앗아 갔고, 다른 자는 논 8두락을 대봉하여 새 문권으로 가졌다 ; 『司法稟報』 1, 完營來帖, 아세아문화사, 41쪽. 동학에 칭탁하여 무덤을 파는 자도 많았다.

94) 『駐韓日本公使館記錄』 1, 공신 제36호, 118쪽.

에 동학농민군의 탈취 행위는 더욱 과장되고 부정적인 것으로 널리 인식되었을 것이다. 지도자들의 입장에서는 이와 같은 부정적인 약탈 행위는 동학농민군의 말단조직이 투쟁의 대열에서 떨어져 나가는 일차적인 요인으로 파악되었을 것이다. 동학농민군 개인이나 소수 집단이 이런 약탈 행위에 이끌리다가 보면, 끝내는 '流寇' 혹은 '匪賊'으로 변할 가능성이 높았다. 이런 결과는 인심을 잃는 것은 물론이고 동학농민군의 투쟁 역량을 크게 훼손시키는 것이었으므로 집강소도 만들어야 하였다. 또한 아무리 군량 확보를 위한 것이라고도 하여도, 이러한 탈취 행위를 둘러싸고, 포접들끼리 세력 경쟁이 일어나고 영역 다툼이 붙기도 하였다.[95] 따라서 전봉준과 김개남 등이 이러한 사적인 약탈 행위를 엄격히 막으려고 하였던 것은 당연하다.[96] 따라서 이런 탈취 행위도 어느 면에서는 민중의 전쟁 참여를 부추기는 작용을 하기도 하였을 테지만, 이로 말미암아 야기되는 부작용은 결코 작은 것이 아니었으므로 최대한 억제하여야 하였다.

일본군의 경복궁 점령은 당장 동학농민군의 강력한 저항을 불러일으켰고, 그에 따라 동학농민군의 기포와 활동도 증가되었고, 물적 기반의 확보 필요성도 높아갔다.[97] 특히 8월말 9월초에 이르러

---

95) 『巡撫先鋒陣謄錄』, 12월 22일조, 627~628쪽 ; 『司法稟報』 1, 강원감영 래첩, 38쪽.

96) 전봉준이 집강소를 설치한 까닭에는 동학농민군의 침탈 행위를 억제하려는 의도도 있었고, 김개남도 가장 심하게 약탈하였다고 비난받았던 휘하를 통제하는 데 고심하였다(『甲午略歷』, 72쪽). 그런데 『甲午略歷』의 저자인 정석모가 그 방지책으로 五營을 자신이 제안하였다고 쓴 것은 잘못되지 않았나 한다. 왜냐하면, 전봉준도 五營과 都巡察을 두고 있었던 것으로 보아(『巡撫先鋒陣謄錄』, 566쪽), 五營은 동학의 기존 기구였다.

97) 7월 5일 利仁의 盤松 東學接에서는 『時聞記』의 저자인 李丹石에게 당당하게 私通을 보내, 자신들은 나라를 침범한 외국을 물리치려고

서는 각지의 동학농민군이 거의 기포한 상태에 있었고, 또한 그들 나름대로 거대한 투쟁을 다짐하고 있었으므로 무기와 군량을 확보하여 비축하여야 하였다. 이제 동학농민군은 지역 차원에서는 이런 군량 확보 과정에서 지방수령과 재지양반지주가 이끄는 민보군과 격돌하게 되었다.[98]

만경에서는 읍내 관노들이 중심이 되어 수백 명의 상천인들이 10월에 동학조직과는 별개로 同死生契를 만들고, 만일 한 사람에게 원한이 있으면, 모두 함께 죽이자고 하였다.[99] 이들은 먼저 이교들을 죽인 다음 읍규를 다시 정하여야 한다고 하며, 실제로 약속한 날에 읍속 수십 명을 죽이려고 하여 읍민들이 이들을 체포하였다. 이들에게서 압수한 문서에도 이른바 謀殺計冊이 있는 것으로 보아, 이들의 계획은 실행될 수 있었다고 본다. 이 계의 주도자는 동학농민군의 접주이기도 하였다. 또한 나머지 구성원들도 동학에 입도하지 않았을 리는 없다고 짐작된다. 이들의 이서에 대한 집중적인 공격은 향리 출신의 다른 동학교도의 사주에서도 비롯되었다고 한다. 그러므로 이 조직은 동학과 완전히 관계가 없다고 하기도 어렵다. 이것은 동학농민군을 포함한 민중이 이전에는 신분적 경제적으로 억눌린 데에 대한 강한 증오심이 이러한 시기에 직접적으로 분출할 수 있었음을 의미한다.[100]

하는 爲國義人인데, 군량으로 쓸 백미 2백 석, 말 두 필, 총 세 자루를 내라고 하였으나, 이단석 자신이 직접 접소에 찾아와 가난하다고 사정하였으므로 면제해 주었다.

98) 『東學關聯判決文集』, 판결서 34호, 277쪽. 전주군 갑오 추수조를 태인 접주 최경선이 빼앗으려고 하여 민보에서 다시 뺏어서 민보 식량으로 삼았다고 한다.

99) 『巡撫先鋒陣謄錄』, 1월 7일조, 665쪽.

100) 신영우, 1991, 앞의 논문, 84쪽 주71, 참조. 이 시기 상주에도 공성면에 거주하던 손모를 중심으로 한 殺班契가 있었다고 한다.

이와 같이 동학농민군이 지방사회를 장악하고 폐정개혁을 실행하고 양반, 지주, 관리를 대상으로 투쟁을 전개하던 이 시기에는 제1차 봉기 때 유행하던 "조선은 전봉준 손에 달렸고 세상은 동학군의 천지가 된다."는[101] 말이 그대로 실현되고 있었던 것이다. 그런 엄청난 일을 할 수 있는 동학농민군의 지도자는 결코 범상한 인물이 아니며, 그야말로 천지신명이 도와주고 있는 것으로 생각되었다. 전봉준과 김개남에 관한 숱한 설화가 그 점을 말해준다. 또한 동학농민군이 그와 같은 반역 행위를 공공연하게 하여도 전혀 제재를 받지 않는 상황을 직접 눈으로 보는 민중들은 공순함만 강조하는 유교적 지배윤리질서와 가혹하기 짝이 없는 법질서에서 빠르게 벗어나기 시작하였다.

이제 자신들도 동학에 들어가면 새사람이 되고, 새로운 삶을 살 수 있다는 기대와 확신이 퍼져 나갔다. 그 가운데에서도 입도를 하게 되면, 그 이전의 신분을 무시하고 상호간에 똑같이 接長이라고 부르며 존귀하게 대하는 평등주의는 신분적 질서에 억압되어 있던 민중들에게 아주 큰 감동을 주었을 것이다. 관군은 동학 접주의 대체적인 신분을 아주 낮은 것으로 파악하여, 평소의 신분 감정을 불러일으켜 동학농민군의 내부 분열을 꾀하기도 하였다.[102] 이렇게 관리와 양반에게 지배만 당하던 민중만이 동학으로 몰려든 것은 아니었다. 충청도 동학 근거지의 하나인 옥천의 안내에서는 근래 동학에 입도한 자들은 일반 주민만이 아니라 "耕讀之人"이 아닌 자가 없었다고 한다.[103] 이 "耕讀"은 晝耕夜讀의 준말일 것이다.

101) 『東學史』, 120쪽.
102) 『先鋒陣呈報牒』·『東學亂記錄』 下 所收, 127~128쪽. "所謂巨魁幾漢皆是爾等平日賤使之輩 挾稱巨魁 劫略民財 輕衣火爰食 騎馬乘轎 靡所不爲 汝等則懸享鳥百結 反爲僕從 烏有安插人情 設或傳生 是可忍乎"
103) 『巡撫先鋒陣謄錄』, 11월 16일조, 532~533쪽.

결국 주변부 양반들까지 동학에 적극 참여하였다는 말이다. 이와 같이 새로운 시대가 열릴 때는 양반이라고 마다할 수는 없었다.[104)]

그리하여 제2차 봉기 전에 수많은 입도자들이 나왔다. 특히 각지의 동학교도는 7월부터 움직이기 시작하다가, 8월에는 아주 활발하게 활동하며 세력을 확장시키던 모습이 뚜렷하게 보인다. 예를 들어, 경상도 예천[105)]·충청도 괴산[106)]·경기도 진위[107)]·전라도 순천[108)] 등 중부이남 지방에서는 8월에 이르러는 동학농민군이 적극적으로 민중을 가담시켜 재기포를 준비하였다는 것을 알 수 있다. 이런 상황에서는 심지어 열 명이나 백 명 이상이 한꺼번에 입도하였다.[109)] 밤에 엄숙하게 치러지던 본래 입도식과는 다른 모습이지만, 당시 동학에 들어오려던 민중들의 열망은 충분히 보여준다. 이러한 대규모의 입도는 동리 주민 전체의 결의에 따른 것도 있었을 것이다. 입도는 개인의 의사에 따르는 것이지만, 동리 전체가 일괄적으로 입도하는 경우는 동학농민군 때문에 입도하지 않을 수도 없는 형편이지만, 후에 입을지도 모르는 화를 방지하려는 주민들의 고육지계일 경우가 많았다고 생각된다. 아예 자신들의 대표를 뽑아 접주를 시키는 곳도 있었다.[110)] 혹은 임실이나 금산처럼 수령의 향배와 영향에 따라 주민들이 집단적으로 동학에 입도하거나 그렇지 않거나 하는 경우도 있었다.[111)]

제2차 기포 몇 달 전에는 수많은 민중들이 이렇게 기존의 억압

---

104) 『嶺上日記』, 10월 14일조.
105) 『駐韓日本公使館記錄』 2, 기밀 제20호, 56쪽.
106) 『巡撫先鋒陣謄錄』, 11월 15일조, 509~510쪽.
107) 위의 책, 11월 15일조, 513쪽.
108) 『駐韓日本公使館記錄』 1, 경제108호, 231쪽.
109) 『東學史』, 152~154쪽.
110) 『先鋒陣各邑了發關及甘結』, 385쪽.
111) 『駐韓日本公使館記錄』 6, 東學黨征討略記, 31·46쪽.

적인 질서와 강제력에서 벗어나 새로운 세계와 삶을 지향하거나, 최소한 분노를 풀 수 있는 상황이 전개되고, 기회가 주어졌기 때문에 동학에 들어올 수 있었다. 특히 현실적인 이해의 추구라는 동기에서 입도한 구성원들이 증가한다는 것은 동학 자체가 그 이전의 종교적 색채가 옅어지고, 대신 정치적이며 경제적인 색채가 짙어진다는 것을 의미한다. 설사 훨씬 이전에 동학에 입도한 교도라고 하여도, 이와 같은 상황에서는 자신의 정치 · 경제 · 사회적 이해를 좀 더 강하게 표현하고, 또 행동으로 옮겼다.[112] 하물며 신입한 교도에게서는 이것보다 더욱 노골적으로 이해를 좇고, 상황에 따라 쉽게 태도를 변경하였다. 심지어 입도하지 얼마 안 되던 신입 교도들은 형세가 역전되어 동학이 밀리게 되자, 양반들의 儒會軍, 民堡軍으로 자리를 옮겨 버리기도 하였다.[113] 이것을 종교적 외피에서 벗어난 결과로서 해석할 수도 있지만, 여전히 충실한 교도로 남아 종교적 이상을 추구하고, 신앙을 지속하던 교도들이 많았다는 점에서 종교적 외피론은 완벽한 설득력을 가진 것은 아니다. 그러나 분명한 것은 제1차 봉기와는 달리 제2차 봉기에서는 동학의 이념적, 조직적 기여가[114] 현저하게 발휘되지 못하였다는 사실이다. 그것은 새로 입도한 교도들의 신앙에 대한 이해와 수련 정도, 그리고 입도 동기와 행위적인 특성이 잘 말해준다. 또 최시형도 결국은 북접에 기포령을 내릴 수밖에 없었던 까닭은 역사의 커다란 흐름, 구

112) 『東學史』, 153쪽.

113) 青錫憲, 『北接日記』(1975, 『韓國思想叢書』 5 所收, 태광문화사), 405쪽.

114) 동학농민군 상호간에 오고간 문서를 집중적으로 찾아내려고 하였던 일본군은 압수한 문서가 6월 이전의 것이라고 하였다(『駐韓日本公使館記錄』 6, 東學黨 騷亂原因報告書 送付의 件, 26쪽). 이것은 동학농민군의 연락 관계와 조직의 연대성이 執綱所期에 들어서는 느슨해지고, 분파성이 농후해진 것을 의미한다. 반대로 그만큼 봉기가 손쉬워진 상황의 반영으로도 해석된다.

조적인 상황을 동학이란 종교에 묶어두는 것이 불가능하였기 때문이라고 생각한다.

Ⅳ. 동학농민군의 재기포

1. 동학농민군 지도부의 동향과 남접의 기포

전주성에서 물러난 이후 동학농민군들은 전라도를 완전히 장악할 수 있었다. 그러나 중앙정부는 그들을 해산시킬 여유나 군사력도 가지고 있지 못하였던 형편이었으므로 동학농민군은 특별히 대규모의 단일 부대를 만들 필요도 없었다. 오히려 그런 대부대를 오랫동안 유지한다는 것은 군량이나 숙소 등 기본적인 보급 측면에서 어려움이 많았을 것이다. 전주후퇴 직후에는 관군과 거리를 두기 위하여 남원과 순창 부근에 주로 집결하여 국내 상황의 변화를 예의 주시하였다. 그러나 시간이 흐르고 상황이 바뀌면서, 대접주 각자의 판단에 따라서 자기 휘하의 병력을 유지하고 강화하는 데 최적 조건을 갖춘 곳에서 웅거하게 되었다.

전봉준은 순창과[115] 원평에[116] 일정한 세력 근거지를 두고 각지를 최경선과 함께 순행하였던 것 같다. 김개남은 남원이 넓고 물산이 풍부하므로 처음부터 남원과 그 근방인 순창·용담·장수 등지에서 머물렀지만,[117] 남원부중으로 자리를 옮긴 것은 8월 25일이

115) 강창일, 앞의 글, 255~256쪽.
116) 『甲午略歷』, 65쪽.

었다.[118] 그리고 손화중은 7월경에는 자신의 본거지인 무장과 흥덕 근방에서 활동하였던 것이 확인되며,[119] 또 8월말에는 장성에 있었다.[120] 전쟁에서 패배한 뒤, 그의 족속이라고 하는 정읍 "비류거괴" 孫德秀, 손화중의 곤장수 鄭丁七이 장성에서 체포되었고,[121] 또한 장성의 접주 두 사람이 손씨인 것을 보면, 손화중의 혈족일 가능성이 있다.[122] 그 외의 지도자들도 제각기 흩어져 자신의 근거지로 돌아가 활동하거나, 대접주의 휘하에 들어갔다.

이와 같은 동학농민군의 지역적 할거 내지 분산은 상호간의 연락이 소원하게 되는 결과를 낳았음은 물론 독자적인 노선을 추구하는 경향을 낳았다.[123] 이런 경향은 투쟁 노선의 혼선과 그에 따른 동학농민군의 역량 약화를 낳았고, 제2차 기포가 늦어졌던 중요한 원인이 되었다고 생각한다.[124] 전봉준은 사태가 위중하기 때문

---

117) 『東學關係判決文集』, 19쪽.
118) 『梧下記聞』, 제2필 46~47쪽.
119) 『宣諭榜文並東徒上書所志謄書』, 弘農東徒林致德 招, 386쪽.
120) 『東學關係判決文集』, 22쪽.
121) 『巡撫先鋒陣謄錄』, 12월 5일조, 568쪽.
122) 위의 책, 1895년 1월 2일조, 651쪽.
123) 『甲午略歷』, 65쪽. "全捧準擁數千之衆 據金溝院坪 行號令于右道 金開南擁數萬之衆 據南原城 統轄左道 其與金德明 孫和中 崔景善輩 各據一方 而其貪虐不法 開南居最 與全捧準者 藉賴東徒 以圖革命 而所謂巨魁輩 各自以謂大將"
124) 동학농민군의 분산성은 심지어 외무독판이었던 김윤식마저도 동학농민군이 명나라 말의 游寇처럼 각처에 산재하고 이합집산이 심하다는 의견을 가질 정도였다(『錦營來札』(雲養), 89쪽). 이러한 결과는 동학농민군이 10월 하순 이후 패퇴를 거듭하게 되던 시기에 심각한 문제로 나타났다. 특히 군현 단위나 그 하부 단위에서는 관군이나 일본군도 아닌 민보군에게 어이없이 참패당하는 일이 거의 대부분의 지방에서 일어나게 되었는데, 이 고립분산성에 과녁을 맞춘 정부의 군현 단위별 민보군 조직 작전이 아주 효과적이었던 것이다. 특히 충청도 동학의 특징은 전봉준과 같은 커다란 세력을 가진 대접주가 없었으므로

에 대규모적인 병력의 동원이나 군사 활동을 자제하자는 의견이었고, 손화중은 국내 상황을 동학농민군이 장악하기에는 역량이 모자라기 때문에 해산하자는 입장이었던 것 같다.[125] 김개남은 이 두 사람의 노선을 거부하였다. 그리고 김개남은 제2차 기포시에 "合力王事"하자는 전봉준의 제의를 거부하다가 전라도에서 뒤늦게 북상하였다.

갈등의 계기가 된 시점은 남원대회가 열린 6월 15일부터 일본군의 경복궁 점령 소식이 전해진 6월 말 내지 7월 초가 아닌가 한다. 이 남원대회의 주된 관심사는 향후의 거취 문제, 특히 동학농민군의 해산 여부였을 것이다. 이미 청국군과 일본군이 조선에 출병하여 자신들의 동태를 지켜보고 있으므로 다시 북상하기도 어렵고, 그렇다고 대규모의 동학농민군 병력을 계속 기포 상태에 두기도 여의치 않았을 것이다. 그러나 대접주들의 의견은 동학농민군을 해산하지 않고, 사태의 추이를 지켜보자는 쪽으로 모아졌던 것 같고, 더욱이 6월 21일 일본군의 경복궁 침입과 청일전쟁이 몰고 온 충격은 동학농민군들에게도 대단히 컸다.[126] 그렇기 때문에 동학농민군의 해산은 이제 고려의 대상이 되지 않았다. 전봉준이 각읍의 집강소로 보낸 통문도 단지 평민을 침학하는 부랑배를 막으라는 내용일 뿐이다. 그는 청일전쟁이 끝난 다음에는 어떤 편이 이기든지 자신들을 칠 것으로 정확하게 예상하였다. 아마 다른 대접주들도 동일한 판단을 하였을 것이다. 이렇게 중대한 시점이었으므

고립분산성이 더욱 농후하였다. 지역에 남아 있던 동학농민군이 이렇게 무너졌던 이유에는 이것만 있었던 것은 아니지만, 상당히 중요하였던 것임은 틀림없다.

125) 『梧下記聞』 제2필 47쪽.

126) 鄭昌烈, 앞의 논문, 241쪽. 장성에서도 이미 6월 29일 수백명의 동학농민군들이 일본군이 쳐내려 올 것이라고 하며, 성중에 들어가 군기를 빼앗았다.

로 전봉준은 김학진의 제의에 따라 전주로 올라왔던 것이다.

김개남은 8월 25일, 혹은 27일에 그의 영향력 아래 있던 동학농민군들, 특히 전라남도의 동학농민군들 7만여 명을 남원에 모았다.[127] 이 남원대회는 일과적인 행사가 아니라 김개남이 아예 남원을 확고한 근거지로 삼기 위하여 자신의 세력을 집결시킨 것이다. 그리하여 동헌에 대도소를 차렸다.[128] 남원대회가 개최되기 며칠 전에 유복만은 흥양·보성·태인·남원의 병력 천여 명을 이끌고 남원의 군기고와 교룡산성의 무기고에서 무기를 탈취하여, 남원부로 가져와 적치하였다. 그리고 25일 김개남이 남원부중으로 들어올 때, 환영 대열이 80리에 달하였다는 과장된 표현이 있을 정도로 대단한 세력과 투쟁 의지를 과시하였다. 남원대회의 성격이 김개남의 남원 盤居와 깊게 관련되어 있기 때문에 김개남이 전봉준과 손화중을 초대하지는 않았다.

그러나 중앙에서는 고종이 일본인과 개화파에게 억눌려 있는 상태가 지속되고, 청일 양국은 평양에서 대격전을 앞두고 있고, 각지에서 민보군이 결성되어 기포한 동학농민군과의 마찰이 늘어가는 중요한 시점에서 대접주 상호간에 상황 인식을 공유하고, 투쟁 방략을 공동으로 확정하는 것은 매우 시급하였다. 이런 마당에 김개남이 남원부중을 차지하여 병력을 대대적으로 증강시킨다는 것은 그의 진의가 엿보이는 것이었다. 그런데 마침 8월 17일 평양대회전에서 일본군이 청국군에게 대승을 거두었다. 이 소식은 전신을 통하여 서울과 전주에 즉시 도달하였을 것이고, 남원에서도 열흘이면 충분히 들을 수 있었다. 동학농민군에게는 그야말로 커다란 위

---

127) 『梧下記聞』, 제2필 46~47쪽. 9월에 올라온 김학진의 보고에 따르면 5, 6만 명이라고 한다(『日省錄』, 9월 22일조).

128) 『駐韓日本公使館記錄』 2, 기밀 제27호, 71쪽.

기가 닥친 셈이었다. 청국과 일본 사이에 전쟁이 일단락이 되면, 자신들을 공격할 것이라고 예상하고 있던 대접주들은 중대한 결단을 내리어야 하였다. 이러한 위기의 순간에 김개남이 남원부중을 무력으로 점령하고 대대적인 무력 증강을 하였던 것이다. 전봉준과 손화중은 이에 대하여 결코 찬동할 수 없었기 때문에 각기 남원으로 달려가서 김개남의 거사를 저지하려고 하였다. 이 두 사람은 이전부터 가졌던 상황 인식과 동학농민군의 대처 방안에 의거하여 김개남을 설득하였지만, 김개남은 한번 모은 병력을 해산하면 다시 모으기가 어렵다는 의견으로 두 사람의 의견을 듣지 않았다.[129)]

8월 말에 이르러서는 김개남의 기포 의사와는 무관하게 전라도 각지에서는 동학농민군들이 실질적으로 봉기하고 있었다. 정부는 8월 21일자로 전라감사 김학진의 보고에 따라, 동학농민군에게 무기를 빼앗긴 고부를 비롯한 고창·금구·무장·흥덕·태인·함평·부안·정읍의 수령들을 押上토록 하였다. 이러한 조처는 이미 전라도 일대가 봉기 상태임을 의미한다. 지도부가 동학농민군의 하부조직까지 철저하게 통제하지는 못하였던 상황에서는 대접주의 의사가 비록 해산이라고 하여도 봉기하여야 한다는 일반 동학농민군의 의지는 확고부동하였다. 전봉준이나 김개남과 같은 남접의 대접주가 귀화하라는 최시형의 지시를 여지없이 무시하고[130)] 있는 형편에서 그들이 휘하의 동학농민군을 제대로 제어하지 못함은 당연하였다. 경복궁 침권 이후 전개된 국내외적 상황은 그들의

---

129) 『梧下記聞』, 제2필 47쪽.

130) 위의 책, 제2필 49쪽 ; 『駐韓日本公使館記錄』 6, 東學黨 騷亂原因 調査結果 送付의 件, 24~25쪽. 충청도 서부와 전라도 전부의 동학교도는 남접으로서 이 시기에는 최시형의 지휘를 받는 자가 없었다고 한다. 그리고 아예 주문도 남접은 북접과는 달리 "奉事上帝 造化定 無窮無窮 萬事知"라고 바꾸었다.

분노와 희망을 키울 수 있을 만큼 키웠다. 또한 각지에서 일어나는 동료들을 보고, 동학농민군들은 반드시 승리할 수 있다는 자신감을 가졌다. 자신들을 수탈하는 못된 관리와 양반들은 말할 것도 없고, 일본 세력을 등에 업고 국가에 치욕을 안겨주는 개화파들, 그리고 원수 일본을 깨끗이 없애는 것이 자신들의 사명이라고 생각하였다. 여기에 그들에게 억눌려 꼼짝도 하지 못하는 왕의 신성한 권위도 별로 대수로울 것이 못되었다. 이러한 부정적인 존재들을 일소하고 새로운 세계를 다시 세우는 것이 그들의 소망이었다. 그렇다고 희망만이 이들을 휩싼 것은 아니었다. 연속된 흉년은 민중들을 절망으로 몰고 갔다.[131] 특히 전라도의 沿海지방은 1893년에 이어 다시 이해에도 가뭄이 휩쓸었다.[132] 이제 남은 것은 전봉준과 같은 지도자들이 동학농민군의 굳센 의지를 어떻게 조직화하여 강력한 투쟁 역량으로 전환시킬 수 있는가 하는 점이었다.

김개남을 설득하지 못한 전봉준은 이런 사태의 흐름에 대처할 방도를 찾는데 고심하였다. 그가 판단하기에는 청국군을 물리친 일본군이 곧바로 내려올 것은 자명하였지만, 동학농민군들에게 기포 중지 명령을 내린다고 하여도, 효과를 결코 장담할 수도 없는 상황이었기 때문에 커다란 위험을 무릅쓰고 재기포를 할 것이냐, 아니면 조용히 있다가 일본군을 맞을 것인가를 결정하기가 어려웠다. 그는 결국 재기포를 결심하게 되는데, 아마 동학농민군의 기포를 막을 수도 없고, 그렇다고 하면 일본군과 관군의 공격으로 엄청난 희생자가 날 것은 분명하므로, 그럴 바에야 기포하여 승패를 떠나 당당히 싸우고, 또 좋은 성과도 기대하는 편이 낫다고 생각하였을 듯하다. 해산을 주장하던 손화중도 이와 같은 고민과 결심의 과

---

131) 『駐韓日本公使館記錄』 3, 室田領事의 귀국과 비견상신, 86쪽.
132) 『梧下記聞』, 제2필 48쪽.

정이 있었을 것이었다. 그리고 전봉준이 8월 말에 장성에 있는 손화중을 찾아갔다고 하는데, 그때 두 사람도 기포의 불가피성을 상호간에 공감하지 않았을까 추측된다.

그런데 이들이 예상하였던 일본군의 출동은 이미 8월 말부터 시작되었다.[133] 이것은 조선정부가 일본에게 정식으로 파병 요청을 한 9월 16일이나, 일본이 그를 수락한 9월 18일보다 훨씬 이른 것이다. 이것은 명백한 침략 행위였지만, 당시 친일 개화당이 장악한 조선정부가 이런 절차의 문제를 가지고 일본에게 항의할 처지에 있지 못하였다. 아마 조선정부의 파병 요청도 일본의 은밀한 촉구 때문에 하였지 않았는가 추측된다. 그리하여 일본의 후비보병 19대대가 새로 증파되어 본격적으로 동학농민군과 싸우게 되었다.[134] 이 외에도 제 18대대와 병참부 수비대가 투입되었다.[135]

전봉준 세력은 이 시기에 호남 5大包의 하나로서 전주와 삼례에 근거하고 있다고 파악되었다.[136] 9월 10일과 13일 삼례에 모여 있던 동학농민군들이 여산을 습격하여 무기를 모두 가지고 가버렸다. 9월 13일 밤 삼례로부터 동학농민군 8백여 명이 전주부내로 들어와 군기고에 있던 무기를 가지고 삼례로 돌아갔다.[137] 그리고 태인과 김제 등 각지의 이서들에게 私通을 보내, 이번 거사가 몹시 커서 비용이 많이 들므로 公穀과 公錢을 이용하여야 하겠으니 원평 도회소로 군수미와 돈을 수송해 오라고 하였다. 원평 외에도 여산과 전주 등지에 일종의 보급기지를 설치해 놓은 듯, 그곳으로 물자를 가

133) 鄭昌烈, 앞의 논문, 245~246쪽.
134) 具良根, 앞의 책, 422~425쪽.
135) 愼鏞廈, 「甲午農民戰爭의 제2차농민전쟁」『東學과 甲午農民戰爭研究』, 323쪽.
136) 『駐韓日本公使館記錄』 1, 동학당정탐에 따른 편의제공과 동학당관계 탐문조사, 163쪽.
137) 위의 책, 전주근지동학당의 관고물품탈취에 관한 보고, 129~131쪽.

져오도록 하였다. 이렇게 관리들에게 문서를 통하여 군량미 등을 징발하였을 뿐 아니라, 무장 병력들이 직접 가서 거둬둔 세곡을 가지고 가거나, 각 면리에 나가 독촉하기도 하였다. 그런데 이들이 관청에서 징발하는 곡식과 돈은 세금임을 말할 것도 없다. 이렇게 삼례와 전주 근방의 동학농민군이 사통을 보내 군량미를 확보하고, 무기를 수집하는 활동을 벌인 것은 전봉준의 확고한 결심을 전제로 하지 않으면 이해하기가 힘들다. 함부로 약탈하는 행위를 철저하게 금지하였던 전봉준이 자기의 영역 내에서 이런 일이 벌어지는 것을 용인하였을 리가 없다. 그러므로 전봉준도 9월 초에는 재기포하기로 결심하고, 본격적으로 준비에 들어갔다고 할 수 있다.

이와 같은 봉기 준비 외에도 다시 동지들을 규합하기 위하여 진안접주 문계팔·금구접주 조준구·전주접주 최대봉·정읍전주 손여옥·부안접주의 김석윤·최경선·김낙철 등 가까운 접주들과 합의하여 제1차 기포 때 함께 활동하였던 손화중 이하 전주·진안·홍덕·무장·고창 등지의 사람들에게 격문도 돌리고, 사람을 보내 설득도 하였다.[138] 그리하여 전라도의 요충지인 삼례에 起兵을 위한 大都所를 차려 놓고, 대회를 개최하기에 이르렀다. 모든 참가세력들이 일시에 오지는 않았겠지만, 모두 4천여 명에 이르렀다. 이 삼례대회에서 천명된 봉기의 목적은 다른 것보다 일본을 몰아내기 위한 倡義였다. 이 명분보다 동학농민군을 강하게 결속하고, 다른 사람들에게도 호응받을 수 있는 것은 없었다. 일본의 침략으로 야기된 민족적 위기에 직면하기 위하여 자신들의 모든 것을 바치겠다는 결의에는 그들의 온갖 분노와 좌절과 희망이 투사

138) 『東學關係判決文集』, 전봉준판결선고서 원본, 30쪽. 이 판결서의 내용은 전봉준 직속의 동학 세력과 연합 세력이 누구인가를 명확하게 보여준다.

되어 있었다. 오직 민족을 구하겠다는 일념만으로도 거대한 봉기가 일어날 수 있었지만, 거기에 현실의 불만까지 가세하였으므로 매우 강력한 에너지가 이 봉기에 축적되어 있었던 것이다.

전봉준은 이와 같은 대사에 모든 동학농민군이 함께 힘을 모아야 한다고 생각하였다. 자신과는 약간의 간극도 있기는 하지만, 남원에 웅거하며 세력을 확장하고 있던 김개남의 동참도 절실하였다. 그리하여 전봉준은 김개남에게 북상을 제의하였으나, 그의 반응은 그렇게 호의적인 것은 아니었던 것 같다. 그는 나름대로의 계획을 가지고 있었던 것이다.

전라도의 동학농민군 대접주들이 제2차 봉기를 하게 된 이유로서 근래 새롭게 제시되고 있는 갑오경장의 주역들인 개화파와의 관련이 주목받고 있다.[139] 주장의 요지는 동학농민군이 개화파와 인적인 관계를 맺고 있었다거나, 개화파의 개혁정치에 상당한 기대감을 가지고 있었다는 것이다. 그렇기 때문에 동학농민군이 재차 궐기한 이유 가운데 중요한 것을 정창렬은 개화파에 대한 기대의 무산이라든지, 신용하는 그들의 개혁정치 자체가 아니라 그것을 저지시키는 일본의 내정간섭과 그에 굴복한 정부의 태도였다는 점에서 찾는다.

추측컨대, 개화파와 그들의 개혁정치에 대한 동학농민군의 인식과 감정은 긍정적인 것과 부정적인 것이 복합된 상호모순적인 것

139) 鄭昌烈, 앞의 논문, 223~228쪽 ; 愼鏞廈, 「甲午農民戰爭 시기의 農民執綱所의 활동」『東學과 甲午農民戰爭研究』, 241~243쪽. 여기에 대한 반론이 李離和에 의하여 제기되었다(1993, 「폐정개혁과 갑오개혁의 연관성 규명」『동학농민혁명과 사회변동』, 한울). 그리고 정진상도 양자의 구조적 상호 보완은 인정하였으나, 동맹의 가능성은 부정하였다(정진상, 1992, 「甲午農民戰爭에 관한 社會史的 연구」, 서울대 박사학위논문).

이 아니었는가 한다. 폐정의 주범들인 민씨 척족을 몰아내고 여러 가지 개혁을 단행하는 개화파들에 대하여 동학농민군들은 기대감을 갖지 않을 수 없었을 것이다. 동학농민군들이 관리들에게 제출한 폐정개혁안의 상당 부분이 그 신식제도에 수렴되어 있었다.[140] 민중으로서는 개화파의 폐정개혁을 반대할 이유는 하나도 없었다고 할 수 있다. 전봉준이 재기포 이전에 꾸준히 사태의 관망을 주장한 데에는 이런 배경이 있었다고 본다. 개화파 역시 동학농민군을 진정시키기 위해서는 신속하고 과감한 개혁정책이 필요하다고 생각하였지만, 중앙정부에 대항하는 동학농민군은 좌시할 수 없다는 태도를 지녔을 것이다. 양반들도 일본이나 개화파를 용납할 수는 없었지만, 현실적으로 그에 대해 항의하고 저항할 여건이 되지 못하였기 때문에 개화파, 그 중에서도 김홍집을 비롯한 좀더 보수성이 엿보이는 관료들에게 일말의 희망을 걸고 정세를 주시하였을 것이다. 많은 민중들은 개화파가 실행하는 신분제의 폐지를 비롯한 사회제도와 조세제도의 개혁 조처에 대하여는 환영하였다. 반면 이들이 일본군의 힘으로 권력을 잡았다는 점에 때문에 이들의 존재를 추호도 인정해 주고 싶지 않은 마음이었을 것이다.

결국 이와 같은 민중들의 친일 개화파에 대한 인식과 감정이 어떤 방향으로 진행되는가는 개화파 자신들에게 달렸다고 생각된다. 그들이 과감하게 개혁정치를 추진한다면 민심도 점차 돌아설 것이고, 상황이 어떻든지 간에 그렇지 못하다면 결국 개화파들은 민족과 나라를 욕보이는 '奸黨'으로 몰릴 것이었다.

문제는 개화파들의 의지와는 상관없이 움직이던 당시의 국내외적 상황이다. 그 중에서도 일본의 대조선정책이 어떻게 실행되는가는 당시 정국에 중요한 요인이 되었다. 일본이 진정으로 조선의

140) 신용하, 위의 책, 385~391쪽.

내정개혁을 도모하고, 또한 아낌없는 지원을 보냈다면, 갑오경장은 더욱 실효 있게 추진되었을 것이다. 그러나 일본은 당초부터 내정개혁을 자신들의 이익을 확보하기 위하여, 청국과의 경쟁에서 이기기 위한 수단으로 구사하였음은 잘 알려져 있다. 개화파가 아무리 개혁에 열성이라고 하여도, 그와 같은 제약된 공간 속에서 제대로 운신한다는 것은 힘들었다. 8월 초까지 일사불란하게 진행되던 신식제도의 창설은 개화파 내부의 분란으로 주춤거렸고, 그 틈을 타서 보수파들은 개화파를 공격하여 9월 초에 김홍집을 일시적으로 사퇴하게 만들었다. 일본은 조선 내부의 정치적 갈등을 좌시하면서 자신들이 정국을 사로잡을 계산만 하고 있었다. 이와 같은 집권세력의 분열과 모욕적인 일본의 내정간섭이 진행되는 와중에서 새로운 개혁정책이 중앙정부는 물론이고 지방행정에서 제대로 실행되기는 어려웠다. 개화파가 내놓는 신식제도는 민중들의 호응을 받을 수 있었지만, 그것이 제대로 집행되지 않고 단지 아름다운 미래의 청사진으로만 제시되는 수준에서는 정부에서 한껏 이반된 민심을 사로잡을 수는 없었다. 결국 개화파의 의지와는 관계없이 그들의 실제 정치는 동학농민군의 재기포를 막지 못하였다.

이 시기에 결코 무시할 수 없는 정치적 중요성을 가지고 있던 인물이 대원군이다. 민씨 척족에게 밀려나 권토중래만 꿈꿔 오던 대원군은 일본군이 경복궁을 점령하자, 드디어 입궐하여 고종에게서 실권을 받아낼 수 있었다. 이와 같은 대원군의 복귀는 그가 가지고 있는 대외적 보수성과 반민씨세력이란 이미지가 가능하게 하였음은 중요하다. 적어도 일본당이나 일본인들도 조선인들에게 호소력 있는 그의 이미지가 가지고 있는 힘을 인정한 것이다.[141]

그러나 실권을 잡을 수 있으리라 생각하였던 대원군은 자신이

---

141) 『駐韓日本公使館記錄』 1, 기밀 제136호 본79, 312~314쪽.

섭정으로 권한을 행사할 수 없으며, 궁궐에서도 권력자가 아니며, 단지 일본인 손안에 놓인 허수아비라는 사실을 깨닫는 데는 오랜 시간이 걸리지 않았다.[142] 이미 일본인들은 자신의 권력을 점차 행사하려는 대원군이 '수구파로서의 본색'을 드러낼 것을 예방하려고 하였다.[143] 대원군은 자신이 직접 움직이기 어렵기 때문에 당시에 평판이 좋던 손자 이준용을 내세워 간접적으로 권력을 장악해 나가고,[144] 일본인을 배척하는 태도를 보였다.[145]

8월에 들어서 대원군과 이준용은 평양에 포진해 있던 청국군에게 밀서를 보내 오직 "天師"만을 기다린다는 애타는 뜻을 전하였다.[146] 이준용과 가드너의 대담을[147] 통하여 대원군의 구상을 살펴보면, 대원군은 청국군이 서울을 다시 점령하게 되면, 열강들이 개입하게 되고, 그렇게 되면 일종의 세력 균형이 이루어져 평화가 찾아올 것이라고 생각하였던 것 같다. 그런 때가 오면, 일본당과 민씨 척족이 사라지게 되어 자신이 권력을 확고하게 잡을 수 있다는 계산으로 생각된다. 또한 동학농민군에게도 밖으로는 효유를 하였지만, 속으로는 북상하여 서울로 들어올 것을 권유하였다.[148] 여기

142) 박일근, 앞의 책, Inclosure 2 NO.410. 437쪽.

143) 『駐韓日本公使館記錄』 5, 기밀 제176호 본100, 28~29쪽.

144) 위의 책, 기밀 제188호 본111, 45~46쪽.

145) 박일근, 앞의 책, Inclosure 3 NO.135. 408쪽. 영국 총영사 가드너를 만난 이준용은 일본의 칼에 의하여 개화된다는 것은 곧 현실적으로 조선의 독립을 상실하는 것이라는 말을 하였다. 그는 개화는 하여야 하지만, 조선의 민족적 감정에 부합하여야 한다고 주장하였다.

146) 『駐韓日本公使館記錄』 5, 청장에게 보낸 대원군의 친서건, 80~81쪽.

147) 박일근, 앞의 책, Inclosure 3 NO.135. 408쪽.

148) 李相伯, 「東學黨과 大院君」 『歷史學報』, 17·18 ; 『駐韓日本公使館記錄』 5, 기밀 제189호 본112호, 47~51쪽, 기밀 제191호 본114호, 52~4쪽, 기밀 제211호, 70~71쪽, 대원군의 동학당 선동에 관한 건, 82~85쪽 ; 『駐韓日本公使館記錄』 7, 기밀 제48호, 15~19쪽 ; 『駐韓日本公使館記錄』 8, 機密號外 동학당사건에 대한 會審顚末 具報, 47~76쪽

서 중요한 문제는 전봉준과 김개남이 여기에 대하여 어떻게 생각하였고, 동학농민군의 재기포와 어떤 관계가 있는가 하는 점이다.

전봉준은 대원군의 효유문은 본 적이 있지만, 밀사를 만나거나 밀지를 본 일이 없다고 완강한 태도로 진술하였다. 그러나 그의 비서였던 송희옥을 통하여 빨리 올라오라는 대원군의 의사를 간접적으로 전달받았다는 점은 인정하였다.[149] 그러면서 그는 "대원군의 가르침을 받아 일할 필요도 없고, 마땅히 하여야 할 일은 내가 마땅히 한다."며 송희옥을 질책하였다고 한다. 아마도 이 말이 그의 심중과 기포 동기를 정확하게 말해준다고 본다.

설사 중앙정치세력인 대원군과 사전에 봉기를 '밀약'하였다고 하더라도, 그것은 전봉준 등의 한계가 아니라, 그들의 탁월한 정치적 능력으로 해석되어야 한다. 그들은 중앙정치세력 상호간의 권력투쟁에 하나의 종속 변수로 존재하지 않았고, 그 정치세력의 공동지배체제를 위협하고 붕괴시킨 힘을 가지고 있었다. 오히려 개화파와의 권력투쟁에서 밀린 대원군이 도움을 받기 위하여 먼저 제휴를 요청하였으므로, 동학농민군 지도자들이 그를 투쟁 과정상 하나의 대안적 정치세력으로 검토 내지 선택하였다고 볼 수도 있다. 제1차 봉기 때 동학농민군이 대원군의 監國을 요구한 것은 그가 가지고 있던 反外勢反閔氏의 정치적 이미지 때문이라고 생각한다. 그 이미지는 쇄국정책과 천주교 박해의 주인공이며, 실각 이후에는 민씨 척족의 최대 정적이었던 대원군에게 민중의 비판의식

; 1986, 『뮈텔주교일기』 1, 한국교회사연구소, 315~316쪽. 뮈텔주교는 홍계훈으로부터 대원군과 이준용이 이 사건의 핵심 인물이며, 청국인이나 일본인들의 개입이 있기 전부터 동학교도와 손을 잡고 있었다는 말을 직접 들었다. 특히 후자의 사실은 신원운동 단계에서도 나왔지만, 분명한 증거는 찾을 수 없다.

149) 『東學關係判決文集』, 18쪽.

과 소망이 투사되어 형성되고 강화되었다. 이 시기 대안적 정치인으로서 대원군이 갖는 중요성은 앞에서 말한 바와 같이 안경수 등 일본파와 일본인들은 물론 미국공사도 인정할 정도였다.[150)]

김개남은 전봉준이 북상하였어도, 여전히 남원에 웅거하며 "時期"를 기다리고 있던 것으로 보아,[151)] 동학농민군을 몰고 빨리 상경하라는 대원군의 말을 애초부터 따를 의사가 없었던 것이 확실하다. 그는 대원군이 당시 "개화당"에게 제압당하여 자신의 의사와는 달리 이러한 효유문을 보낸 것으로 판단하고 있었다.[152)] 또 대원군이 자신들에게 상경을 종용한 근본적 이유도 바로 이러한 자신의 처지 때문인 것으로 이해하였을 것이다. 김개남이 기포와 출병을 결정하면서 고려한 사정은 여러 가지였지만, 대원군의 의사라는 변수는 크게 작용하지 못하였다. 그가 북상하여 청주를 공격한 까닭은 논산에 집결한 전봉준 부대가 그에게 후원과 연합 작전을 계속 요청하였기[153)] 때문이라고 본다. 혹은 그가 기다리던 "時期"가 왔는지 모른다. 김개남이 10월 보름쯤 전주에 들어갔다가 청주로 향하였는데,[154)] 그가 북상하는 목적 가운데 분명한 하나는 공주를 공격하려는 전봉준 부대와 공동 작전을 전개하는 것이었다.

---

150) Spencer J. Palmer, 앞의 책, NO.327, 303쪽.

151) 『甲午略歷』, 72~74쪽.

152) 위의 책, 68쪽. 그런데 송희옥의 편지에 "두 사람이 비밀히 내려왔는데 전말을 살펴보니 (대원군이) 개화당에게 과연 압도되어 먼저 효유한 후 비밀히 알린다고 하더라"고 쓴 것과 동일한 상황 이해이다.

153) 『雜記』, 11월 8일조, 309쪽 ; 『巡撫先鋒陣謄錄』, 614쪽. 전봉준 휘하로서 운량관과 우마감관이란 중요 직책을 맡고 있던 세 명의 동학교도를 체포할 때 압수한 문서는 동학농민군이 孝浦·淸州·錦山 전투에서 "設計"하였다는 사실을 보여준다고 한다. 즉 비슷한 시기에 이루어진 전봉준의 효포 공격과 김개남의 청주 공격은 연합작전일 가능성이 높다고 할 수 있다.

154) 『甲午略歷』, 74쪽.

이처럼 남접 지도자들의 기포 동기는 기본적으로 당시 조선사회의 구조적인 상황에서 찾을 수 있다. 즉 중앙정부 통제력의 붕괴와 동학농민군의 지역 장악, 정치경제사회적 변혁에 대한 민중의 열망, 청국과 일본의 전쟁, 특히 일본의 침략이 야기한 민족적 위기와 그에 대한 저항은 동학농민군의 재기포를 낳은 강력한 구조라고 할 수 있다. 그렇기 때문에 제2차 봉기의 원인을 중앙정치세력과 동학농민군의 관계에서만 찾으려는 시도는 좁은 시각이라고 할 수 있다. 물론 이러한 관계도 봉기에 적지 않은 영향을 주었겠지만, 그보다는 구조적인 차원에서 봉기의 원인을 찾아야 한다고 생각한다.

2. 북접의 기포

8월에 이르러는 동학농민군이 완전히 장악하고 있던 전라도와 경상도 서남부 지방은[155] 말할 것도 없고, 충청도와 경상도 각지에서 동학농민군이 봉기하고 있었다.[156] 특히 일본군이 평양에서 청국군을 격파하고, 그들을 추격하며 압록강을 넘어 진격하자, 황해도 각지에서도 동학농민군의 기포가 터져 나왔다.[157] 이러한 지역은 북접의 강한 영향력 아래에 있었다는 점을 고려한다면, 아주 커다란 변화라고 할 수 있으며, 결국 희생을 염려하던 북접 지도부에서도 더 이상 기포를 막을 수 있는 억제력과 명분을 갖지 못하게 되었음을 의미한다.

155) 김준형, 1992, 「서부경남지역의 동학군 봉기와 지배층의 대응」『경상사학』 8, 9합집, 89~90쪽.

156) 『日省錄』, 8월 15일조.

157) THE KOREAN REPOSITORY, VOL.2, SEVEN MONTHS AMONG THE TONG HAKS, 202쪽.

1871년 영해병란에 참가하였다가 간신히 피신한 최시형이 강원도 정선을 중심으로 다시 동학을 재건할 때, 거의 절대적인 도움을 주던 정선접주 劉時憲도 전쟁에 휘말리게 되었다. 그는 강원도의 동학농민군들이 기포한 상태에 놓이게 되자,[158] 그 대책을 지시 받으려고 9월 최시형을 찾아갔다.[159] 그런 상황에 대하여 최시형은 "運을 어찌하오"라고 대답하였다고 한다. 북접의 거의 모든 지역에서 교도들이 불안한 상태에 놓이거나, 남접을 따라 기포하고 있었지만, 남접은 물론이고 북접의 상당 부분도 자신이 제대로 통괄할 수 없는 형편이기 때문에 기포 불가의 입장을 거의 포기할 수밖에 없는 심정을 토로한 말이라고 믿어진다. 최시형은 여전히 시끄러운 민심을 근심한다고 하며, 유시헌을 편의장에 임명하고 효유문과 금찰을 주었다. 정선으로 돌아간 유시헌은 강원도 각처에 효유문을 보냈으나, 별로 효과가 없었다. 그러나 10월에 대원군의 효유문이 나와 귀화하는 듯하였으나, 동학에 대한 탄압이 가해지자, 다시 시끄러워졌다. 북접도 거대한 힘을 가진 역사의 수레바퀴 속으로 끌려 들어가 이렇게 점차 전쟁의 한복판으로 나올 수밖에 없

158) 강원도 지역에서도 이미 9월 4일 영월·평창·정선 3읍의 동학농민군들이 강릉부를 기습하여 점령해 버렸다. 그래서 三政의 세금을 임의로 삭감하고, 요호에게 재물을 빼앗고, 전답문서를 빼앗으려고 하고, 吏民을 구타하여 감옥에 가두고, 민간 소송을 마음대로 처결하였다. 그러나 7일 뒤 강릉부민의 반격으로 다시 영서지방으로 물러났다(『東匪討錄』, 265쪽). 그런데 이곳의 동학농민군은 강원도 출신만 있었던 것이 아니라, "堤淸等地匪徒"도 합세한 것으로 보아 (1986, 『臨瀛討匪小錄』·『韓國民衆運動史資料大系』 1894년 농민전쟁편 1 所收, 여강출판사, 371쪽), 제천과 청풍 등 충청북도 동북부 지방의 교도들도 대거 참여한 것 같다.

159) 『劉澤夏手記』. 유택하는 劉時憲의 장남으로 1867년생이다. 이 자료는 현재 영월에 거주하는 그의 증손자가 보관하고 있으며, 필자는 원불교대학의 박맹수교수를 통하여 입수하였다.

게 되었다.

9월 10일 중앙정부는 동학농민군이 경기도 죽산과 안성까지 침범하므로 서울이 위험하다고 판단하여 죽산부사 이두황과 안성군수 성하영을 각각 장위영 영관과 경리청 영관으로 차하함으로써 경기도와 충청도 동학농민군을 진압하기 위한 작전을 본격적으로 전개하였다.[160] 이두황은 1개 중대를 이끌고 연도의 동학교도들을 체포하면서 죽산에 당도하였다. 정부가 크게 위협을 느낀 동학농민군 부대는 다름 아니라 진천 광혜원에 근거하고 있던 忠州의 五邑大接主 신재련의[161] 휘하였다. 신재련이 죽산에 붙인 방문에 따르면, 자신들의 취회는 허문숙을 제지하기 위한 것이라고 하였다. 그런데 진천현감의 보고로는 허문숙이 民堡라고 칭하며 300여 명을 모아 평민을 침학한다고 하였다.

이두황이 "探問"한 바에 의하면, 유학당 허문숙과 서인주가 충주 용수포에서 5, 6만을 데리고 있었다. 그런데 허문숙이 근거한 충주의 龍水浦는 진천 龍水洞이 틀림없다.[162] 또한 취회한 인원의 숫자도 진천현감의 보고나 그에 근사한 수치를 보여주는 『천도교회사 초고』와는 다르다. 이때 민보군이 이 지역에서 5, 6만 명이나 모일 수 있는 상황은 아니었다. 이런 점으로 미루어 이두황의 탐문은 허문숙이 근거하는 지명과 인원 숫자가 모두 틀리는 등 부정확

---

160) 『兩湖右先鋒日記』, 9월 10일－10월 7일조, 259~267쪽 참조 ; 이때 안성의 소사에는 이미 만 명이나 집결해 있었고(『駐韓日本公使館記錄』 1, 수원유수서한에 대한 조회 의뢰, 134쪽), 죽산과 진천 근방도 역시 신재련이 이끄는 동학농민군이 기포한 상태였다.

161) 신재련은 손병희의 包中이었다(『大先生事蹟 附 海月先生文集』, 辛巳年.

162) 『天道教會史 草稿』, 462쪽. "鎭川郡 龍水洞 許文淑과 趙百熙等이 亦土兵五百餘名을 募集하여 東學黨을 撲滅한다고 聲明하여 遠近에 飛檄하니 京畿忠淸江原 三道에 道人의 慘殺이 餘地가 無한 故로 道人은 擧皆避亂하여 黃山都所로 亦歸依하니 不期會者數萬에 달하였더라"

한 것이다. 그런데 이 기록에 근거하여 남접 서인주가 허문숙과 봉기하여 북접의 신재련부대와 싸웠다는 연구가 있다.[163] 그러나 이것은 "탐문"에 관한 기록을 그대로 믿은 결과라고 생각한다.

서인주와 허문숙이 같은 편일 수 없는 근거는 우선 위에서 검토한 바와 같이 "탐문"의 사료적 신뢰성이 낮다는 점이다. 허문숙은 분명 진천에서 취당하였고, 인원도 몇백 명에 불과하였다. 그런데 탐문대로 만약 서인주도 허문숙과 함께 동학교도를 살상하고, 재물을 빼앗았다고 한다면, 趙百熙란 무명의 인물도 거명할 정도인 『천도교회사 초고』나 몇 차례 이두황에게 글을 보냈던 신재련이 그 유명한 서인주의 이름을 빠트릴 리가 없다. 그리고 남접의 우두머리인 서인주가 상금을 걸어 놓고 동학교도를 잡아 목을 베는[164] 민보의 우두머리였을 리는 없다. 결정적인 것은 서인주가 9월 23일부터 청주성을 포위하고 있었다는 사실이다.[165]

27일 진천현감은 허문숙의 민보가 패하여 사람들이 귀가하였다고 한다. 29일 안성과 이천의 동학농민군 수만 명에게 진천관아가 기습당하였다는 것으로 보아, 허문숙의 민보를 깨트린 부대는 이 동학농민군이라고 생각된다. 그러나 경기도인 안성과 이천의 동학농민군으로서 이때 기포한 자들이 수만 명에 이를 것으로는 보이지 않는다. 이들은 신재련 부대이거나, 그에 소속된 이용구와 이종훈이 이끄는 경기도 지역의 동학농민군일 것이다.[166]

---

163) 우윤, 1993, 『전봉준과 갑오농민전쟁』, 창작과 비평사, 242쪽 ; 李離和, 1994, 『발굴 동학농민전쟁 인물열전』, 한겨레신문사, 46~48쪽.

164) 『兩湖右先鋒日記』, 9월 30일조, 264쪽.

165) 『駐韓日本公使館記錄』 1, 보은동학당에 관한 보고, 172~173쪽.

166) 『天道敎會史 草稿』, 462~463쪽. 이 두 사람은 황산 앞 1리까지 왔었다는 선유사 정경원과 담판하였다는 것으로 보아, 신재련의 황산포에 합류해 있었던 것 같다. 이들은 오읍대접주며 집강인 신재련보다 지위가 낮았다.

그런데 이 지역에서 동학농민군이 활동을 개시하였던 시점은 정부에서 이두황 등을 9월 10일에 임명하였으므로, 적어도 9월 초까지는 올라갈 수 있다. 신재련이 25일에 보낸 서한에 따르면, 신재련이 취회하게 된 당초의 동기는 남접이 동학교도를 살해하는 등 소란을 피웠기 때문이라고 한다. 그래서 여러 가지로 설득하여 네 개군의 교도들을 해산시켰는데, 허문숙의 민보가 교도들을 살육하여 더 많은 교도들이 황산에 모였고, 또 그들과 좋게 지내기로 약속하였지만, 다시 더욱 심하게 살육하였다고 한다. 그래서 자연히 각처에서 교도들이 몰려와 취회하게 되었다고 사정을 설명하였다.

결국 북접으로서 중앙정부까지 위협하였던 신재련 부대는 처음에는 남북접 갈등 때문에, 그 다음에는 민보군의 살육 때문에 규모가 더욱 커졌고, 최시형의 기포령이 내리자 그 부대는 그대로 보은 장내로 이동하였던 것이다. 신재련이 몇 차에 걸쳐 이두황에게 보낸 문서를 보면, 신재련은 철저하게 최시형의 지시에 따른 북접의 지도자였다. 하지만 자신들에게 가해지는 위험한 상황을 벗어나기 위하여는 기포할 수밖에 없었다.[167] 그 과정에서 관청을 기습하고, 관군과 충돌하게 됨은 불가피한 것이다. 신재련이 제시한 기포의 직접적 이유가 이렇게 남접의 횡포라던가, 양반 민보군의 만행에 대한 저항이라는 점은 외세의 침범에 대항하는 창의의 명분을 강력하게 집중적으로 부각시켰던 남접과는 다른 특징이라고 할 수 있다. 특히 최시형에게 중요하였던 것은 동학의 제도종교로서의

---

167) 『北接日記』, 407~408쪽. 해미와 서산과 태안에서도 이처럼 자위의 차원에서 기포한 예가 있다. 9월 서산군수가 동학의 두목 30여 명을 체포하자, 다른 두목들이 생명을 보전하기 위하여는 기포하지 않을 수 없다는 결정을 내리고 준비까지 하였는데, 9월 그믐에 최시형의 명이 떨어져 기포하였다고 한다. 역시 서산관아를 습격하여 교도를 구하고 군수를 살해하였다.

착근이었고, 교도들의 안전이었다. 그의 이러한 마음은 측근의 교도에게, 북접 교도에게 큰 영향을 끼쳤을 것이다.

경기도 남부와 충청북도 북부 지방에서 기포한 신재련 부대 외에도, 북접의 공고한 기반 중에 하나라고 할 수 있는 예천・상주・금산 등 경상도 북부지방의 동학도 이미 기포 상태에 있었던 것과 마찬가지였다.[168] 8월 21일에는 예천을 공격하려고 관동대접・상북・용궁・충경・예천・안동・풍기・영천・상주・함창・문경・단양・청풍의 접주가 회동하였다. 9월 초 경상감사도 예천・용궁・상주・선산・금산・성주가 동학의 활동이 더욱 성하다고 지적하였다.[169] 이런 분위기에서는 최시형이 기포를 막는다고 하여도 실효를 거두지 못하였을 것은 자명하다. 또 경상도 동학교도의 독자적인 활동 외에도 최시형이 은신하던 청산과 가까운 황간・영동・옥천의 교도들이 경상도로 넘어와 활동하며 토착 교도들을 선동하였다.[170] 이런 사실로 보면, 최시형의 명령에 따라 기포하지 않았던 곳은 그다지 많지는 않았을 것이다.

『東學史』는 공주의 李裕尙은 본래 儒道首領으로 동학농민군을 토벌한다고 하였다가 전봉준을 보고 마음을 허락하여 형제의 의를 맺고 공주전투에 참여하였다고 한다.[171] 그러나 그는 9월 9일 이

168) 신영우, 앞의 논문, 제3장 참조.
169) 『慶尙道固城府叢瑣錄』, 9월 2일조.
170) 『甲午・丙申日記』(1987, 『民族文化論叢』 8 所收, 영남대), 18·21쪽.
171) 『東學史』, 141~142, 172쪽. 그리고 이유상과 함께 전봉준에게 투합하였다고 하는 金允植은 여산부사 겸 후영영장으로서 호남동학토벌대장의 임무를 맡았다고 하지만(위의 책, 142~144쪽), 호남동학토벌대장이라는 직책은 찾아볼 수 없으며, 당시 여산부사는 柳濟寬으로 1893년 12월 28일에 부임하였고, 전쟁 중에 동학농민군을 도왔다는 혐의로 의금부에 투옥되었다가 풀려나기도 하였다(한국농촌경제연구원, 1991, 『求禮柳氏家의 생활일기』 상, 21·25쪽). 따라서 오지영이 착오를 일으켰다고 이해된다.

지역의 동학농민군이 충청감사 박제순에게 보낸 문서에는[172] 都接主 安敎善 휘하의 乾坪接主로 나온다. 그가 언제 동학에 입도하고, 어떻게 "2만3천 명"이나 되는 접솔을 거느릴 수 있었는지 모르지만, 이때에는 분명히 동학의 접주였다.

그런데 그의 運粮都執으로 활약하였던 자는 林川에 下鄕해 있던 閔泳參의 "兄弟"였다. 姓과 泳字로 보아 민씨 척족과는 가깝지 않더라도 혈연 관계에 있었을 것이라고 짐작된다. 또 그는 민씨 척족의 하수인 노릇을 하였던 보부상 수백 명을 동원하여 다른 姓氏의 入葬處에 강제로 그의 모친을 매장하였고, 재판에 출두하라는 수차에 걸친 군수의 명령도 무시하였다. 토호무단의 전형적인 예이다. 그런데 묘지터의 주인인 이명우는 전쟁을 틈 타 민영삼 형제의 위협을 받아가며 그 묘를 이장해 버렸다. 그럼에도 불구하고, 그들은 3년 동안 가만히 있다가 민씨 척족의 위기가 어느 정도 지나간 1896년 4월에 소송을 제기하였다.[173] 민씨 척족과 긴밀하던 법부대신 한규설이 내린 판결은 역시 이명우를 태 1백 징역 10년 형에 처한다는 것이었다.[174] 이를 통하여 추측할 수 있는 것은 민영삼의 형제는 민씨 척족과 부침을 같이 하였다는 것이다. 그렇다고 한다면, 민영삼의 형제가 이유상의 운량도감이 된 동기는 다른 것보다 개화파 정권을 몰아내기 위한 것이었고, 동학도 그 목적을 달성하는데 이용할 수 있는 대상이었다.

이런 성향의 인물을 휘하에 중요한 직책인 운량도감으로 두었던 이유상도 비록 동학교도라고 하여도 보수적인 성향이 농후하였던 것 같다. 그렇기 때문에 오지영이 그를 儒道首領이라고 하고, 원래

172) 뮈텔문서, 1894－304호.
173) 『司法稟報』 1, 보고서 제40호, 366~368쪽.
174) 위의 책, 386쪽.

는 동학농민군을 치려고 하였다고 기술하였던 것 같다. 같은 동학교도이면서도, 양반들이 몰려 살던 "湖中"인 이 지역의 지도자들은 다른 지역의 접주보다 좀 더 보수유생적인 성향을 가졌던 것이 아닌가 한다. 한 마디 덧붙인다면, 도접주 안교선 이하 공주 부근과 전의·연기의 동학교도들은 대원군의 효유에 "忠憤"이 조금 해소되어 "各歸其田 共修學業"하겠다는 뜻을 밝혔다. 그러나 이유상의 擧兵에서도 보듯이, 이 말을 전적으로 믿을 수는 없는 것이다.

북접이 전봉준과 서인주 등이 동학 내에 일문을 세워 남접이라고 하며 기포하여 평민과 북접 교도들을 괴롭히는 것을 비난하였다는 사실은 널리 알려져 있다.[175] 비록 시천교의 기록이 남북접의 대립을 과장하고 왜곡하였다고 할지라도, 양자 사이에는 심각한 충돌이 벌어지기도 하였던 것은 사실이다. 그리고 기포를 하지 말라는 북접, 특히 최시형의 이러한 방침은 적어도 9월 초중순까지만 하여도 엄정하였던 것 같다. 그러나 북접의 휘하에 있었던 강원도와 충청도와 경상도 북부지역의 동학의 포접 상당수는 이미 훨씬 이전부터 기포 상태에 있었다. 어떻게 보면, 최시형이 머무르던 지역과 근접한 곳에서만 조용하였던 것이 아닌가 하는 느낌도 든다. 설사 기포에는 이르지 않았다고 하더라도, 일반 사회와 교도들의 분위기는 한껏 고조되어 있었으며, 각지에서 동학농민군들이 활약

175) 제2차 기포를 둘러싸고, 남북접 대립의 원인을 경제적 요인, 즉 북접은 '부농'을 주요 기반으로 하였는데, 남접은 바로 이 '부농' = 부호를 투쟁 대상으로 하였다는 점에서 찾고 있는 주장이 근거로 제시한 것은 대도소의 운영 비용을 부민들이 자진해서 냈다는 『北接日記』의 기록이다(趙景達, 앞의 논문, 138~139쪽). 남북접 대립의 원인을 경제적인 차이에서 찾을 수 있는 확실한 자료적 근거를 현재로서는 거의 발견할 수 없다는 점에서 이 주장은 인정받기 어려울 것이라고 생각된다. 그보다는 교도 자신이 가진 신앙 태도와 최시형과의 인격적 관계, 그리고 교도간의 淵源에서 이런 갈등이 나타났다고 본다.

하자 관리들과 양반들의 탄압도 가해지기 시작하였으므로 기포를 위해서 만전을 기하고 있었던 것 같다.[176] 결국 최시형도 각처의 교도들이 신앙의 자유를 얻고, "官吏에 侵虐과 敎徒에 壓迫"에서 벗어나기 위하여 義를 들 수밖에 없다는 교도들의 여러 차례에 걸친 호소를 듣고, "衆意一致면 此亦天意니 動함이 가하다."하고 기포를 허락하였다.[177] 그로서는 이것도 천운이며 천의였을 것이다. 그러나 그것은 이미 거대한 민중운동의 흐름을 하나의 종교집단이 좌우할 수 있는 단계를 넘어섰다는 의미이다. 이제 최시형은 자신이 문을 열어 놓은 새로운 세계로 들어가려고 하는 민중의 용솟음치는 힘을 억누를 수는 없었다.

그런데 이와 같은 최시형의 기포령이 나오게 된 과정과 배경은 아직 명확하게 밝혀지지 않은 것 같다. 9월 18일에 북접이 기포하였다는 『천도교창건사』의 기록은 제대로 검토를 받지 않고 그대로 인정되는 듯하다. 또한 북접의 기포와 관련하여 전라도 동학교도들의 南北接調和運動이 있었다. 여기에서는 불분명한 북접의 기포 결정 과정을 남북접조화운동을 중심으로 살펴보기로 한다.

이 남북접 화해 노력에 대하여 가장 구체적으로 말해주는 자료가 여기에 참여하였다고 하는 오지영의 기록이다.[178] 남접과 북접

---

176) 천안 남소거리의 동학교도 前 都事 金化成은 1883년 최시형에게 도를 직접 받았으며, 목천 구복정 대접주 김용희와 김성지와 同心結宜하여 三老라고 자칭하며 東西包를 만들었고, 동학을 널리 펴기 위하여 먼저 김용희와 함께 包中錢 6천 량을 거두어 동경대전 백 권을 간행한 적이 있었던 교도였다. 아마 최시형의 전형적인 추종자였을 것이다. 그런데 김화성도 교도를 기포시켜 9월 말에 천안·목천·전의의 무기를 빼앗아 세성산성으로 들어가기 전에 工匠을 불러 長槍火砲를 미리 만드는 등 무장 봉기를 준비하고 있었다(『巡撫先鋒陣謄錄』, 10월 27일조, 437~438쪽).

177) 『權秉悳自敍傳』(1977, 『韓國思想』 15 所收), 337쪽.

178) 『東學史』, 136~139쪽.

이 서로 융화하지 못하고 극단으로 대립하게 되자, 일부의 교도들이 문제 해결에 적극적으로 나서게 되었다. 이 교도들은 금구의 김방서 · 전주의 서영도와 허내원 · 옥구의 장경화 · 부안의 김석윤과 김낙철 등이었다. 필자는 장경화만 제외한 나머지 교도들이 제1차 봉기나 집강소기에 활약하였음을 정부관리의 기록상으로 확인할 수 있었다. 특히 전봉준이 제2차 봉기를 결정할 때, 함께 협의를 하였던 인물 가운데 부안의 김석윤과 김낙철도 포함되었다. 기포 여부에 따라서 남접과 북접을 굳이 나눈다면, 이들은 남접에 속할 것이다. 그런데 김낙철은 자기의 저서전에서는 이런 사실은 두 말할 것도 없고, 적극 참가하였던 경력도 쓰지 않고 감추었다. 그 이유가 무엇인지는 알아볼 여유는 없지만, 그의 수기를 통하여 그가 최시형을 아주 열성으로 모셨다는 점은 확인할 수 있다. 심지어 전쟁이 끝난 뒤, 최시형이 여주에서 체포될 위험에 놓였는데, 김낙철이 대신 체포되어 위기를 넘긴 적도 있었다. 그러므로 남북접조화책을 처음에 발의하였던 교도들은 남접과 함께 봉기는 하였지만, 최시형과의 관계가 깊었고, 또 그의 영향을 크게 받았던 접주라고 할 수 있다. 이들로서는 동학이 남북접으로 분열하는 비극은 참으로 가슴 아팠을 것이다. 이들의 남북접조화 제의를 받은 전봉준도 흔쾌히 찬성하였으므로, 김방서와 유한필와 오지영이 최시형을 설득하러 떠났다.[179] 보은 장내에서 최시형에게 남북접에 대한 말을 하니까, 최시형은 대도소에 말하라고 하였다. 대도소에는 김연국을 長으로 하여, 손병희와 손천민, 그리고 황하일까지 열좌하여 있었다고 한다. 그때 양쪽이 격렬한 언쟁을 하다가, 손병희가 교도끼리

179) 노용필, 1989, 「오지영의 생애와 저작물」『東亞硏究』19, 60~62쪽. 오지영이 이때 주도적인 역할을 하였다는 점을 인정하지 않는 연구가 있는데, 정확한 지적이라고 생각한다. 그러나 관련 기록의 신빙성은 높다고 생각된다.

생사를 같이 하자는 말에 설득되어 결국 남북조화를 찬성함으로써 일이 성사되었다고 한다. 그리하여 그들은 전라도의 북접을 익산에 집결시키고, 전봉준에게 통지함으로써 남접과 북접의 갈등은 종식되었고, 그때가 9월 그믐께였다고 한다.

그런데 서산 지방의 교도들이 애타게 기다리던 최시형의 기포령이 내려온 날이 9월 그믐날 오후였다.[180] 그리고 경상도 금산의 집강에게 최시형이 起軍의 뜻으로 통문을 보냈다고 한다.[181] 그 지역 양반이 이 사실을 기록한 때가 9월 25일이므로, 연락에 소요되는 시간을 감안한다면 9월 18일에 최시형이 청산에서 북접에게 기포령을 내렸다는『侍天敎歷史』의 기술을 확인할 수 있는 것이다.

이런 화해의 결과 손병희 등이 보은 장내에서 동학농민군을 모아 청산에 있던 최시형을 찾아갔을 때,[182] 최시형은 전봉준이 공주로 간다고 하니 그에게로 가서 만나라는 말을 하였던 것이다.[183] 덧붙여 출병하는 동학농민군들을 위하여 天意가 돌아올 수 있으면, 최제우의 원통함도 펴고, 생명도 보전할 수 있을 것이라는 격

---

180)『北接日記』, 408쪽. "그때가 9月 그믐날(晦日)이라 下午 3,4時頃 法所에서 訓示文이 傳達되어 왔는데 內容을 要約하면『八路의 吾敎徒가 有無罪間 이 세상에서는 生을 保全키 어려운 형편이라. 若此不已면 各處頭領은 낱낱이 殺害당할 지경이니 이글을 받는 즉시로 속속 起包하여 各自 所屬된 接包에 會立自生하라』하였더라."

181)『歲藏年錄』九月二十五日 崔法憲以起軍之意于金泉片執綱 片也私通各處該接主(신영우, 앞의 책, 271쪽 주1에서 재인용).

182)『駐韓日本公使館記錄』1, 경제109호, 219쪽. 일본군 1개 중대와 이두황이 지휘하는 조선군이 10월 15일에 보은 장내에 들어갔는데, 최시형도 장내에 있다가 11일(일본군에게 잡힌 동학농민군이 음력으로 진술한 것 같음. 이두황이 얻은 정보도 음력 11일이다) 청산으로 떠났다고 한다. 그리고 12일과 13일에 2만 명을 모아가지고 전봉준군과 합세하려고 하였다.

183)『侍天敎歷史』下, 628쪽.

려의 말도 하였다. 이 자리에서 손병희는 최시형에게 직접 大統領에 임명되어 동학농민군을 지휘할 막중한 책임을 안게 되었다.

10월 상순에는 최시형의 기포령에 따라 북접의 동학농민군들이 청산을 비롯한 인근 지방에서 연합세력을 이루어 거대한 투쟁을 준비하고 있었다. 이전의 法所와 都所는 義所로 바뀌었고, 軍號 文字마다 모두 義字를 사용하였다.[184] 접주들의 마음가짐이나 표현도 다르게 나타났다. 즉 "倭酋"가 서울을 침략하여 임금과 종사가 위기에 처하였으므로, 힘을 합쳐 일본을 치자는 내용의 격문이 나오게 되었다. 그들도 이러한 민족적 위기에서 마땅히 궐기하여야 한다고 생각하고 있었지만, 최시형의 반대가 그동안 너무 완강하였기 때문에 이런 마음을 보이지 못하였는데, 이제 기포령이 내렸으므로 억제하였던 반침략의 의지를 강력하게 표출한 것이다.

신재련 부대가 확실한 동학농민군들이 장내를 떠나 都會 장소인 青山으로 출발하였던 날짜는 10월 11일이었다.[185] 그런데 이 날 출발한 동학농민군이 이들만인지, 혹은 다른 동학농민군 부대도 있었는지는 정확히 알 수 없다. 그러나 장내, 혹은 그 근방에는 이들 외에도 보은·회인·회덕·충주·청산·문의·옥천·영동·황간 등 그야말로 북접의 중심 지역, 즉 지금까지 최시형의 말을 충실하게 복종하던 지역의 교도들도 집결하였다고 생각된다. 그리고 북접군이 공주 밑에서 기다리고 있는 전봉준 군과 합류할 것이라는 소문이 벌써 파다하였다. 손병희가 이끄는 북접군은 논산으로 향하여 전봉준의 남접군과 함께 민중과 민족을 위기에서 구하기 위해서 힘차게 발걸음을 내딛었다.

184)『駐韓日本公使館記錄』1, 보은동학당에 관한 보고, 171~172쪽.
185)『兩湖右先鋒日記』, 10월 15일조, 276~277쪽.

Ⅴ. 제2차 기포를 향하여

위에서 살펴본 바와 같이, 전주해산 이후 조성된 국내외적인 상황과 동학농민군의 지역 차원의 격렬한 활동은 동학농민군이 세력을 확대시킬 수 있는, 다시 말하여 민중이 동학농민군의 반왕조 투쟁과 반일 반침략 투쟁에 동참할 수 있는 아주 좋은 기회를 만들어 주었다.[186)]

일본군의 경복궁 침입은 조선인들로서는 너무나 큰 충격이었다. 국왕이 섬나라 오랑캐에게 잡혀 있다는 것은 왕조와 민족의 씻을 수 없는 수치이자 절체절명의 위기였다. 중화적 세계관에서 벗어나지 못한 사람들에게도 청국의 패배는 충격이었다. 그렇기 때문에 일본군의 침궐이 자행되자 충청도 지역의 동학농민군들을 중심으로 즉각 봉기를 일으켰던 것이다. 또한 일본이 세운 개화당 정권은 조선인들에게 어떠한 정당성도 인정받지 못하였고, 이른바 갑오경장이라고 하는 근대적 개혁도 지방에서 시행되기는커녕 오히려 거부의 대상이 되고 말았다. 이렇게 조선왕조와 조선인의 위엄과 자존심을 가차 없이 부정해 버린 일본과 '개화간당'에 대한 민족적 분노와 저항의식은 동학농민군의 제2차 기포의 중대한 요인이 되었으며, 또한 수많은 조선인들이 그들의 반일 반침략 투쟁의 대열에 가담하는 주요한 동기가 되었다.

---

186) 『林下遺稿』, 甲午九月. "新監司金鶴鎭 安輯東學 雖欲向化 然東學去益猖獗 公穀私貨 任意出納 列邑守宰 拱手而已 於時 怨懟之徒 浮浪之類 爭入東學 自稱義兵 所謂接主出入之際 建旗鳴囉 鎗砲之士 前後擁衛 閭巷之間 砲聲不絶 雖是烏合之徒 轉成蟻附之勢"

일본군의 경복궁 침입과 그에 따른 중앙정계의 격변, 그리고 청일전쟁은 조선왕조체제의 실질적 붕괴를 초래하였고, 이에 따라서 동학농민군이 중남부지방, 특히 전라도 지역은 거의 완전히 장악할 수 있었다. 전주해산 이후 쫓기던 동학농민군은 의외의 상황 변전을 맞게 되었고, 이런 중대 사태를 맞아 지도부 자체도 분열의 조짐을 보였다. 전봉준처럼 조심스럽게 대응하여 전라감사와 협력하여 도정에 참여한 자들이 있었는가 하면, 이와는 대조적으로 동학농민군을 해산하지 않고 일정 지역에서 독자적 세력을 강화하였던 김개남도 있었고, 투쟁에서 한발 물러났던 손화중 같은 자들도 나왔다. 그러나 대세는 동학농민군이 민중의 숙원인 폐정개혁을 비롯해서 각종 사회경제적 투쟁을 전개하는 것이었다. 이로써 민중도 동학농민군이 지향하던 세계와 질서 건설에 적극 동참하게 되었다. 이렇게 민중이 기존의 체제와 질서를 부인하며 새로운 세계를 만들어나가던 상황, 5백 년 동안 강고하였던 낡은 조선왕조 중세체제가 붕괴되던 상황을 농민반란이나 폭동이라고 부를 수는 없을 것이며, 오히려 '평민의 혁명'이라는 의의가 더 타당하다고 생각한다.

그러나 동학농민군의 지역적 투쟁 활동과 제2차 기포를 가능하게 하였던 구조적이며 기본적 조건은 일본군의 경복궁 침입 이후 조성된 여러 가지 극적인 사태와 중앙정부의 통제력 상실이었다. 그렇기 때문에 이와 같은 과도적 상태와 한시적 공백이 끝나게 되었을 때, 다시 말해서 청국군에게 압승을 거두고 있던 일본이 이제 총칼을 동학농민군에게 돌리게 되었을 때, 그 동안 역량을 축적한 동학농민군의 재기포는 불가피하였다. 하지만 역사적인 반외세 반침략의 의병 투쟁에는 동학농민군만이 있었던 것은 아니고, 그들과 함께 대의에 투신하겠다는 일반 민중도 참가하였다.

제11장

동학농민전쟁의 성격

Ⅰ. '동학농민전쟁' 명칭의 검토

Ⅱ. 반왕조 반침략 투쟁

Ⅲ. 종교적 성격과 '민중적 이데올로기'

Ⅰ. '동학농민전쟁' 명칭의 검토

1894년 동학농민전쟁은 조선왕조체제를 타도하고, 외세침략을 저지하기 위한 동학의 정치사회운동이었다. 조선시대 최대의 민중운동인 이 대사건을 지칭하는 용어는 '동학란', '농민반란', '농민봉기', '농민전쟁', '갑오농민전쟁', '동학농민전쟁', '동학혁명', '동학농민혁명', '동학농민운동' 등 아주 다양하며, 그 속에 내포된 의의와 평가도 그만큼이나 큰 차이가 있다.

'동학란'이라고 하면, 곧 민란과 상대되는 의미로서 民이 아니라 東學이 亂을 일으켰다는 말이다. 그러나 동학농민전쟁은 규모 · 목표 · 의식 · 조직 · 성과 · 의의 · 영향 등의 면에서 민란과는 비교의 대상이 될 수 없다. 이미 민란 수준은 극복해 버린 체제와의 전면적 항쟁이었다. 농민반란이란 용어도 민란과 크게 다름없고, 동학란과 마찬가지로 동학농민군을 부정적으로 평가하는 입장이 엿보이며, 존립할 정당성을 상실한 조선왕조를 도리어 긍정적으로 인정하고 우위에 놓는다는 점에서 사용하기 어렵다고 본다.[1] 그리고 농민봉기는 농민들이 무기를 들고 일어났다는 투쟁의 초기 양상만을 강조하는 듯한 어감을 준다.

이 사건에 근대적 의미의 "혁명"을 붙이기 시작한 것은 1911년 중국의 신해혁명과 1917년 러시아 혁명 이후인 것 같다. 그 이전에

---

1) 전쟁을 긍정적으로 평가하는 연구자나 전쟁에 참여하였거나 천도교를 신앙하였던 사람들도 동학란이란 용어를 사용하기도 하였다. 일제강점기에 나온 장도빈의 『甲午東學亂과 全琫準』, 김상기의 『東學과 東學亂』, 오지영의 『東學亂』 등이 그 예다. 이들은 비록 亂이 붙은 말을 쓰기는 하였으나, 그 의미는 혁명이나 그에 가까운 것이라고 여겨진다.

는 설사 혁명이라고 하였을지라도, 어디까지나 전통적 의미의 역성혁명을 넘지는 못하였을 것이다. 혁명을 처음으로 사용한 용례는 밝힐 수 없지만, 1920년 상해에서 나온 박은식의 『韓國獨立運動之血史』는 동학농민전쟁을 "평민의 혁명"이라고 규정하였다.[2)] 그리고 문일평이 1924년 『開闢』에 실은 「甲子以後 六十年間의 朝鮮」이라는 글에서 "東學黨亂은 朝鮮史上에 잇서 계급쟁투의 색채가 가장 선명한 혁명운동"이라는 의의를 부여하였으며, 또한 "동학혁명"이라는 표현도 썼다. 그리고 혁명이란 말이 공공연히 많이 쓰였던 이 시기에는 이돈화 등 천도교 인사들도 동학혁명과 동학란을 혼용하였는데, 종교적 의미의 혁명 외에 정치투쟁과 계급투쟁이라는 의미에서도 혁명을 사용하였다. 천도교에서는 이후 동학혁명을 공식적인 용어로 사용하였다. 하지만 해방과 한국전쟁을 겪은 남한사회에서는 동학혁명보다는 동학란이 일반적인 명칭이었지만,[3)] 1961년 쿠데타 세력들이 군사혁명이라는 말을 사용하고, 동학농민전쟁의 기념비 등을 세우는 등 의의를 주목하자, 다시 동학혁명이 널리 쓰이게 되었다. 하지만 군부독재 시절 이후에는 동학운동이나 동학농민운동이 공식적인 명칭이 되었다.

그런데 학계에서는 이 투쟁을 혁명이라고 보기는 어렵다는 지적이 제기되었다. 김상기의 뒤를 이어 뛰어난 업적을 내놓은 한우근이 동학란이란 용어를 고수하였던 이유에는 분명히 이와 같은 회의와 부정적 견해가 있었던 것 같다. 그리고 정창렬 역시 단순한 반란은 아니었지만, 자기 자신을 정치세력의 담당 주체로서 인식하지 못하였고, 동시에 새로운 국가 구상의 프로그램과 생산력 구

2) 朴殷植, 『韓國獨立運動之血史』(1975, 『朴殷植全書』 상권 소수, 단국대), 455쪽.

3) 국사편찬위원회가 1959년 펴낸 두 권의 자료집 책명이 『東學亂記錄』이었다.

상을 결여하였다는 점에서 혁명은 아니라고 한다.[4] 이런 견해에 전적으로 동조하기는 어렵지만, 동학농민전쟁은 통상적으로 용인되는 혁명의 개념과는 거리가 있는 측면을 지녔다. 종교적 성격이 강하였던 것이 사실인데, 그렇다고 해서 종교혁명이라고 규정할 수는 없으며, 성공해서 전반적인 사회구조를 급격하게 전복한 것도 아니었다. 근대체제의 수립을 기도하였던 것 같다고 볼 수 있는 여지가 전혀 없는 것은 아니지만, 새로운 생산력적인 토대 위에서 형성되었다고 볼 수 있는 계급적 성격도 그다지 강하지 않다는 점 등을 고려한다면, 혁명이라고 부르기도 어렵다. 다만 민중들이 조선왕조 중세체제와 정면으로 대결하여 그것을 타도하려고 하였다는 사실에 입각하여 혁명의 의의를 부여할 수는 있다고 본다.

이렇게 조선사회의 전통적인 범주에 포함되지 않는 새로운 차원의 민중운동의 성격과 양상을 잘 보여줄 수 있는 용어를 찾는다는 것은 결코 쉬운 일이 아니다. 여러 가지 명칭 중에서 현재 많이 사용되고 있는 '農民戰爭'이 그 가운데에서도 좀 더 적절하지 않은가 생각한다.[5] 그 이유는 첫째, 동학농민군들이 조선왕조체제를 멸망시키기 위하여, 혹은 적어도 국가권력을 장악하기 위하여 정부군과 대대적인 무력 투쟁을 전개하였다는 점이다. 김개남은 남원에 웅거하면서 安南國을 세웠다고 한다. 이것이 정말 사실이며, 김개남 자신도 開南王, 혹은 開南國王이라고 칭하였는지는 불분명하지

4) 정창렬, 1989, 「동학운동 : 반란인가, 혁명인가」(제32회 전국역사학대회 발표요지, 『歷史에서의 革命』), 40~55쪽.

5) 1990년 6월 30일 역사문제연구소 주최로 동학농민전쟁 용어 및 성격에 관한 토론회가 열렸지만, 필자는 참석하지도, 발표문도 보지를 못했다. 다만 『역사비평』 10호에 실린 왕현종의 경과 보고문을 보았을 따름인데, 연구자들의 견해를 대강이나마 살펴볼 수 있어 용어 사용에 도움이 되는 바가 컸다.

만, 이렇게 조선왕조타도를 목적으로 하던 동학농민군들이 많이 있었다는 사실을 확실히 말해준다.[6] 이 정도로 체제부정적인 의식을 가졌던 동학농민군의 전면적인 전투 행위는 조선왕조를 무너트리려는 행위이며, 그렇다면 조선왕조와 동학농민군은 동등한 지위를 가진 권력체이며, 양자간의 대규모 무력 충돌은 內戰의 성격을 뚜렷하게 갖는다. 둘째로 제2차 봉기는 일본군을 조선에서 격퇴하기 위한 목적을 가졌다. 일본군이 조선정부의 요청도 받지 않고 출병하고, 또 상륙 불가라는 방침과 제지에도 불구하고 서울로 들어온 것은 분명히 침략 행위였다. 그리고 6월 21일 경복궁을 점령하며 궁궐 수비병과 전투를 치른 것은 전쟁 당사국 간의 교전 행위라고 생각한다. 이후 일본군은 사실상 조선을 점령한 상태와 다름없었다. 그러므로 외국의 침략군을 물리치기 위한 조선민족의 무력봉기는 당연히 반일 반침략 전쟁이 될 수밖에 없다. 셋째 무력봉기의 규모 면에서 이미 전국적 투쟁이었다는 사실을 들 수 있다. 제1차 봉기는 주로 전라도 일원에 국한되었더라도, 제2차 봉기에는 동학의 교세가 강하지 못하였던 평안도와 함경도, 그리고 서울 근방을 제외한 모든 지역에서 동학농민군이 기포하였다. 조선 정부군은 일본군의 개입이 없었다면, 동학농민군에게 참패를 면하기 어려웠다. 이와 같은 전투 양상과 전세는 전쟁이란 용어로 표현되는 것이 합당하다고 생각한다. 마지막으로 투쟁의 주체는 동학교도들로서 동학은 전쟁의 이념·조직·계기 등을 제공하였다. 이와 관련한 상세한 논의는 뒤에서 할 것이다. 그리고 그들의 계급은 기본

---

6) Bishop, Isabella Bird, 1896, Korea and Her Neighbors, 264쪽. The Tong-haks, who had respectfully thrown off allegiance to the King on the ground that he was in the hands of foreigners, and had appointed another sovereign, had been vanquished early in January, and their King's head had been sent to Seoul by a loyal governor.

적으로 농민이었으며, 그들도 전쟁에 참가한 다른 비교도 농민들처럼 경제적 동기와 욕구, 계급의식을 가졌다는 것 역시 매우 중요하기 때문에 동학농민전쟁이라고 지칭하는 것이 타당하다. 즉 이 용어가 동학농민전쟁의 원인, 주체, 성격 등을 좀 더 명확하게 보여준다고 생각한다.

그런데 여기에서 한 가지 언급하고 싶은 것은 농민전쟁이란 용어가 특정한 역사관의 전유물이 아니라는 점이며, 이런 사관에 입각하여 농민전쟁이란 개념을 말할 때는 전제 조건이 있다는 것이다. 즉 이런 시각을 견지한 연구자가 흔히 사용하는 농민전쟁이란 용어가 내포하고 있는 의미는 '중세 봉건사회가 붕괴하고 근대적 자본주의사회가 탄생하는 과정에서 일어난 대규모 농민항쟁'으로, 이것은 엥겔스의 독일농민전쟁론에서 비롯된 것 같다. 참고로 엥겔스는 독일농민전쟁을 "최초의 부르주아 혁명"으로 규정하였다.[7] 그러나 농민전쟁이란 용어는 엥겔스의 저서가 나오기 이전부터도 사용되었고, 그의 견해에 비판적인 舊西獨의 학자들도 사용한다.[8] 따라서 농민전쟁의 개념은 반드시 위와 같아야 한다고는 주장할 수 없다. 또 그런 농민전쟁의 개념으로 동학농민전쟁을 파악할 때, 주의하여야 되는 점은 조선후기 경제사 연구를 통하여 1894년의 시점에 이른바 '봉건제적 사회'가 붕괴하고 있었음이 증명되어야 한다. 다른 말로 하면, 조선사회의 생산양식에서 자본제적 요소의 존재와 그것이 전면적인 농민투쟁을 전개할 정도로 성숙하였다는

---

7) 金獻洙, 1993, 「1525년 독일농민봉기에 대한 연구사 검토」『急進宗教改革史論』, 느티나무, 241~245쪽 참조.

8) 독일농민전쟁의 주체, 양상, 성격, 용어 등에 관해서는 Bob Scribner 등이 편집한 The German Peasant War 1525 - New Points(George Allen & Unwin, London, 1979)를 참고하였으며, 서독과 독일과 영국의 대표적 학자들의 학설을 잘 요약해 놓았다.

점을 제시하여야 한다. 만일 동학농민전쟁을 먼저 그 개념으로 파악한 뒤, 경제적 발전단계를 설정하려는 시도가 있다면, 그것은 적절하지 않다.

Ⅱ. 反王朝 反侵略 鬪爭

1. '反封建'과 '反王朝'의 검토

흔히 동학농민전쟁의 성격을 반봉건 투쟁이라고 한다. 이 용어를 쓰지 않는 연구자가 거의 없을 정도로 일반화된 성격 규정이다. 조선사회가 과연 봉건적 생산양식의 사회였는가 하는 중대하고 기본적인 문제는 차치하더라도, '반봉건'의 실질적 내용이 무엇인가, 투쟁의 주체와 대상은 누구인가, 투쟁의 정치적 수준은 어느 정도인가, 투쟁은 무엇을 지향하였던가 등 중요한 문제들이 해결을 기다리고 있다. 또한 이러한 점에 관하여 답변한다고 하여도, 어떤 일치된 견해를 이끌어내는 것도 쉽지는 않을 것이다.

익히 알려졌듯이, 경제사 부문에서는 조선사회의 성격을 둘러싸고 봉건제적 생산양식론자와 아시아적 생산양식론자 사이에 논쟁이 전개되었다.[9] 조선사회의 성격을 명확하게 밝혀줄 정도로 양측

---

9) 이영훈의 박사학위 논문인 『조선후기 토지소유의 기본구조와 농민경영』의 이론적 기반은 아시아적생산양식론에 입각하거나 영향을 크게 받은 것이라고 생각되며, 그 주된 비판 대상은 봉건제사회론이었다. 이어 『역사비평』 1988년 봄호와 여름호를 통하여 봉건제사회론을 주장하는 이호철과 이영훈이 논전을 전개하였다. 그리고 1990년 10월 20일

의 연구가 심화되었다고는 생각되지 않지만, 그래도 결코 적다고 할 수 없는 축적된 연구 실적과 논쟁 성과를 거두고 있다. 그러나 논쟁을 지켜보면서, 먼저 떠오르는 것은 인류 역사의 보편성을 감안한다고 하더라도 전근대시대에는 역사의 발전과 사회의 구성 면에서 관계가 거의 없었던 서유럽 중심의 역사발전단계이론을 조선사회에 대입하는 것이 타당한가라는 상식적 수준의 의구심이다.[10] 더욱이 논쟁을 전개하고 있는 두 견해는 크게 보아서 유뮬사관 역사이론의 커다란 테두리에서 벗어나지 않는 것들이다. 국외자의 입장에서는 일직선적인 발전사관에 입각한 동일한 이론체계에 속하는 주장들이 동일한 사회를 대상으로 각기 다른 성격을 주장한다는 것은 잘 이해되지 않는다. 봉건적 생산양식론자들은 강력한 중앙집권적 국가체제의 존재를 제대로 설명하지 못하고 있다. 이

단국대학교에서 열린 조선후기 경제구조의 변동에 관한 좌담회에서도 이와 관련된 토론이 이루어졌다(1991,『東洋學』 21, 단국대 동양학연구소). 그렇지만 현재 이영훈은 유물사관에서 벗어난 것으로 보인다.

10) 1980년대 이전의 주요한 봉건사회론을 검토한 차남희는 봉건제를 주장하는 학설들이 가진 공통적인 문제점으로 개념정립의 불명확성과 인과적 설명의 결여를 들고 있으며, 이것을 구명하는 것이 당면과제라고 주장하였다(차남희, 1981년 여름호,「한국사회 봉건제도에 관한 연구의 성격」『현상과 인식』 5-2);우리 역사에 봉건제의 개념을 적용하는데는 그 타당성을 되새겨 봐야 할 것이라는 완곡한 반대 의견이 개진되었다(나종일, 1988,「봉건제의 의미」『봉건제』, 까치);아시아적 생산양식론이나 봉건제사회론은 우리의 전통사회를 일컫는 개념이 될 수 없으므로, "전통사회에 대한 '전체 사회사적' 인식에 도달하기 위하여 우리는 아마도 생산양식 - 사회구성체라고 하는 맑스주의적 분석 도식의 제한된 범위를 과감하게 넘어서야 하지 않을까 한다."는 최재현의 제의는 상당히 건설적이며 의미심장하다(최재현, 1990 가을호,「맑스의 '아시아적 생산양식'에 대한 비판적 검토」『역사비평』 10호);한 사회를 '봉건'사회로 특징짓게 하는 정치체제상 조선은 봉건사회가 아니라는 서양사학자의 구체적 비판이 나왔다(양병우, 1994,「封建制의 槪念」『歷史學報』 141).

른바 집권적 봉건국가의 개념도 이에 대한 명쾌한 설명이 아니다. 혹은 전근대적인 계급사회에서는 보편적으로 행해지던 경제외적 강제를 조선사회도 서양 중세사회처럼 봉건사회라는 주장의 주된 근거로 보기는 어렵다. 또 생산력 발전의 결과라고 하는 조선후기의 '양극적인 농민분해' 현상의 전제가 되는 조선전기 소농민경영의 실체를 제대로 규명하지 못하고 있다. 반면 아시아적 전제국가관을 밑에 깔고 있다고 이해되는 아시아적 생산양식론자도 양반지주의 사적 소유권을 제대로 인정하지 않고 있다거나, 국가의 토지에 대한 강력한 지배력의 실례를 궁방전이라고 하는 지극히 한정된 범위에서만 실증적으로 발견할 뿐이라는 한계를 안고 있다.

양측의 상반된 주장은 동학농민전쟁에 대한 평가에서도 나타난다. 봉건사회론자들이나 그와 같은 맥락에서 전쟁을 파악하는 연구자들의 주장은 전쟁을 봉건모순의 본질인 지주전호제를 철폐하고 소상품생산자로서의 성장을 '지향'하는 반봉건투쟁이었다고 한다.[11] 아시아적사회론자는 전쟁을 국가의 지배력을 부정하고 소농민경영을 확립하려는 농민의 對國家鬪爭이라고 한다. 다시 말하여 투쟁 대상을 한 쪽은 지주와 전호, 다른 쪽은 국가와 소농으로 판이하게 설정하고 있고, 그 최종적 목표도 상이하다. 앞으로 두 학설의 연구가 좀더 진전되어 이러한 심한 견해차가 극복되길 기대한다.

본고에서는 '반봉건' 대신 '반왕조'라는 용어를 사용하는 이유는 세 가지이다. 첫째는 무엇보다 필자 자신이 봉건제생산양식이나 아시아적생산양식과 같은 개념을 잘 알지 못하기 때문이며, 생산양식이나 사회구성체에 관한 다른 이론 지식도 빈약하다. 제대로

11) 한국역사연구회, 1991, 「총론:1894년 농민전쟁의 사회경제적 배경과 변혁주체의 성장」『1894년 농민전쟁연구』 1, 역사비평사, 13-28면.

알지도 못하면서 사용하는 것보다는 확실한 역사적 근거를 지닌 '왕조'라는 용어를 택하는 편이 나은 듯하다. 둘째, 위에서 간략히 언급한 바와 같이, 조선사회를 유럽의 중세처럼 봉건제사회라고 규정하기에는 두 사회 간의 중대한 차이점이 너무 많다고 보기 때문이다. 특히 봉건제사회론는 조선사회의 상부구조, 즉 왕조체제에 대해서 제대로 설명하지 못한다는 결정적인 약점을 지녔지만, 동학농민군의 직접적인 투쟁 대상은 조선왕조였다는 것은 누구도 부정하지 못할 사실이다. 앞으로 조선사회의 성격에 관한 연구가 진척되어 합당한 개념이 정립되기 전에는 부정확한 용어이긴 마찬가지나 '반봉건' 대신에 '반왕조'를 사용하고자 한다. 그리고 '반봉건 투쟁론'이 가지고 있는 도식성 때문이다. 역사는 끊임없이 발전하기 때문에 동학농민전쟁도 분명히 조선후기 사회의 장기적 경제변화와 관계가 깊다고 생각한다. 그러나 동학농민전쟁의 원인을 철저하게 경제적 측면에서, 봉건제 생산양식의 붕괴에서 찾고 있다는 점에 대하여는 그다지 동의를 표하고 싶지 않다. 왜냐하면, 생산력간의 모순에 의하여 낡은 생산양식이 무너지고 새로운 생산양식이 등장한다는 유물사관의 도식을 받아들이기에는 인간의 삶과 역사는 매우 다양하고 복잡하기 때문이다. 도식적 유물사관이 1917년 러시아혁명과 1949년 중국혁명을 제대로 설명해주지 못한다는 점을 고려한다면, 동학농민전쟁의 원인에 대한 완벽한 설명을 그 체계에서 찾을 수 있다고는 생각하지 않는다. 조선후기의 '자본주의맹아'가 봉건제 생산양식을 타도하기 위한 전국적 투쟁인 농민전쟁을 전개할 정도로 성장했는가는 의심스럽다. 이렇게 생산력으로 설명이 완벽하게 되지 않는다면, 다른 곳에서도 원인을 찾아야 한다. 예를 들면, 국가체제라든가 정치적 모순, 혹은 외세의 침략에 따른 위기 등에도 눈을 돌려야 한다.

2. 반왕조 투쟁

동학농민군의 경제적 이해는 제1차 전쟁 과정에서 관리들에게 제출된 '폐정개혁안'에[12] 구체적으로 잘 드러나고 있다. 이 폐정개혁안은 한마디로 말하여 잘못된 조세행정을 시정해달라는 요구이다. 그것은 전운영 · 균전관 · 상업세 · 환정 · 군정 · 진결 · 궁방전 등 중앙정부와 지방관청의 징세와 관련된 문제들을 온통 망라하고 있다.[13] 그만큼 조세 문제가 농민들에게는 주요하고 절박하였고, 전쟁의 중요한 경제적 원인이었음을 알 수 있다. 더 나아가서는 동학농민군의 경제적 투쟁 대상으로 가장 중요하였던 것은 국가라고 할 수 있다.[14] 국가의 과도한 조세수탈이 농민전쟁이라고 하는 광범위한 저항을 불러일으켰던 것이다. 또한 국가의 징세과정에 핵심적인 기구인 군현제하의 지방관들도 결코 국가의 조세 수탈량에 뒤지지 않을 정도 많은 부정을 저지른 것도 사실이다. 반면에 지주에 대한 요구 사항은 거의 찾아볼 수 없는데, 국가가 전쟁의 직접적 계기를 제공한 투쟁 대상이며, 또 이 폐정개혁안은 국가를 상대로 제출된 것이기 때문이라고 이해된다. 그러나 지주에 대한 경제적 요구도 없을 수는 없었고, 이와는 다른 형태와 경로를 통하여 지주를 압박하였다.[15] 농민들의 이해를 반영하는 조항 외에도, 포

---

12) 鄭昌烈, 1989,『갑오농민전쟁연구』연세대 박사학위논문, 167~170쪽.

13) 韓沽劤의『東學亂 起因에 관한 硏究』는 三政의 紊亂과 탐관오리의 침학에서 전쟁의 원인을 찾고 있는 대표적 연구이다.

14) 이러한 이해는 소농민경영의 확립을 저해하는 국가에 대한 투쟁이 농민전쟁이라는 시각과는 다른 것으로, 국가라는 지배체제가 자체의 재정위기를 벗어나기 위하여 과도한 조세수탈을 감행하기 때문에 담세자인 농민의 저항을 받는다는 의미이다.

15) 지주에게 도조를 내지 않으려고 한다거나, 고리대를 깎으려고 하였던

구 선주 늑탈 금지, 타국 상인 활동 제한, 市稅와 分稅 폐지, 都賈 혁파, 沿陸 신설 稅錢 폐지, 보부상 폐지, 관청 조달품의 시가 구입 등 商人들의 권익을 보장하라는 것도 있다. 폐정개혁안에는 이외에도 국가가 해결할 수 있는 것들, 예컨대 다른 나라 잠상들이 높은 가격으로 미곡을 사들이는 것, 관리들의 토색, 전보제도나 보부상 단체의 폐지, 세력가들의 토지 탈취와 고리대 징수 금지 등이 요구되고 있다. 비경제적인 사항인 大院君 監國, 奸臣 배척, 동학교도의 신원 등도 정부가 해결하여야 할 과제였다.

우선 이 폐정개혁의 대부분은 동학농민군의 진격이 전주에서 좌절된 다음에 관리들에게 제출되었다는 사실은 크게 중요한 것은 아니지만, 염두에 두어야 한다. 그런 시점에서 이런 수준 이상의 요구를 한다는 것은 의미가 없었다. 그러나 제1차 봉기에서 나타난 동학농민군의 가장 높은 수준의 요구와 목표는 서울에 올라가 權貴들을 죽이고, 倭洋을 逐滅한다는 것이었다. 여기에 大院君의 監國도 간간이 제기되었다. 이렇게 공언된 목표가 단지 구호에 불과하였다고는 생각되지 않는다. 왜냐하면, 왕이 파견한 京軍과 치열

예가 종종 보인다. 그래도 지주에 대한 투쟁은 생각보다는 훨씬 적게 나타난다. 흔히 抗租라고 불리는 대지주 투쟁이 조세저항인 抗稅에 비하여 적었던 것은 이때뿐 아니라 조선후기의 일반적인 현상으로 지주와 작인 간의 경제적 대립 관계를 강조하는 연구가(金容燮, 1984, 『韓國近代農業史研究』 上, 일조각, 29~52쪽) 제시한 항조의 사례도 생각보다는 그다지 많지 않다. 그것도 거의 개별적 차원에서 전개되었다. 그러나 고리대의 문제는 전쟁기에 좀더 적극적으로 해결하려는 모습이 보인다. 부여의 한 사례를 살펴보면, 1888년에 租 10斗를 동네 양반에게 차용한 농민이 1893년에 4石, 즉 80斗를 갚아야 하였다(홍성찬, 1983, 「1894年 執綱所期 設包下의 鄉村事情」 『東方學志』 39, 87~90쪽). 이는 "逐年計邊"이라는 복리식 계산에 따른 것으로 상당한 이자율이라고 할 수 있다. 이런 계산법이 고리대의 관행이었으므로 농민들에게 커다란 부담이 되었다.

하게 격돌하였다는 것은 이미 동학농민군의 목표와 그를 달성하려고 하는 강한 의지를 말해준다. 단순히 지방행정의 잘못된 점을 바로잡기 위하여 대대적인 무력 봉기를 한 것은 아니었다. 서울에 올라가 권력을 장악한다는 것은 곧 국가체제의 중대하고 대폭적인 개혁, 혹은 그 이상의 변화를 뜻한다. 물론 동학농민군의 본래 목표와 그것을 실현할 수 있는 물리력의 격차는 엄청나게 큰 것이었지만, 그들의 투쟁 목표 자체를 지방행정의 개혁 차원에 국한시키거나, 폐정개혁 요구조항에 근거하여 전쟁의 성격을 비근대적 복고적인 것으로 규정하는 것은 문제가 없는 것은 아니다.

이 폐정개혁의 각 요구 조항들 가운데는 그 이전에는 볼 수 없던 성격의 것들이 들어있다. 民亂 단계에서 제출되는 '民瘼'은 단지 그 군현의 조세징수와 관련된 사항뿐으로, 그런 범주를 넘어서는 조항은 거의 찾기 어렵다. 그러나 轉運營이란 국가의 징세기구를 철폐하라는 요구부터 시작하여, 신설된 세금 폐지, 균전사 폐지, 수령의 봉급은 원래의 액수만 지급, 陳結은 과세 대상에서 제외, 宮房의 輪回結 혁파, 分稅 폐지, 賑庫 혁파, 각 포구 魚鹽稅 폐지, 田稅 증대 중지, 잡세 감면에 이르기까지 많은 조항들은 전에는 볼 수 없던 것들이다. 이것들은 군현 단위를 벗어나고, 국가의 징세제도를 밑에서부터 흔드는 요구이다. 만약 정부가 이러한 조항을 받아들이는 획기적인 개혁 정책을 추진하였다면, 조선왕조체제는 붕괴하였을 것이다. 이와 같이 징세와 관련된 일부 조항 외에도 체제에 타격을 줄 수 있는 탐관오리 파출, 매관매직하는 세도가 축출, 미곡의 이출 금지 등을 요구하고 있었다. 따라서 이렇게 드높아진 요구 수준을 감안한다면, 폐정개혁안이 기존 지배체제의 나쁜 점만 고치고 그 안에 그대로 안주하겠다는 동학농민군의 보수적이며 복고적인 의사의 반영이라고 해석하기는 어려울 것이다. 비록 혁명적이라고 규정할 수 있는 요구 조항은 아니라고 평가하더라도, 국가의 물질적 기초인 조세의 징수에 대한 교정 요구의 수준과 강도가 民亂과는 현격하게 차이가 난다는 점에서 그 진보성과 개혁성을 인정하여야 한다. 또한 폭력을 수반하는 근대적 사회혁명일지라도 처음에는 국가가 빚어내는 모순과 폐단에 대한 시정 요구부터 시작되는 것이 일반적인 경우가 아닌가 한다. 다시 말하여 폐정개혁을 동학농민군의 최종적 목표라고 단정하는 것은 성급하다고 본다.

그리고 동학농민군의 경제적 지향에 관하여 중대한 논란거리는 『東學史』에 실린 '폐정개혁' 12개 조항 가운데 하나인 "土地는 平均으로 分作할 事"이다. 이에 대해서는 앞장에서 실현되었을 가능성이 없었을 것이라고 하였다. 그렇다고 한다면, 폐정개혁안의 평균분작에 관한 이 조항을 어떻게 해석하여야 하는가 하는 문제가 남는다. 아예 존재를 부정하는 견해도 있지만, 적어도 동학농민군의 경제적 이해에 대한 관심은 대단하였다는 점을 인정한다면, 이 조항에 내재된 의의는 살려야 할 것이다.

널리 알려졌다시피, 조선후기 실학자들을 비롯하여 여러 사람들이 토지 문제에 대하여 논하였다. 그 과정에서 정전제·균전제·한전제·여전제·대전제 등 다양한 의견들이 쏟아져 나왔지만, 결국 그런 이상적인 토지제도는 현실적으로 실행될 수 없다는 점만 확인되고 말았을 뿐이다. 그렇다고 새로운 토지제도에 대한 열망이 사그라질 수는 없었다. 토지의 경작권과 소유권에 대한 농민들의 애착과 욕구는 비록 사회적으로 조직화되거나 기존의 제도에 대한 철저한 부정에 이르지 못한 개별적이며 잠재적인 낮은 수준이지만, 그것이 노출되고 발휘된 사례는 풍부하게 찾을 수 있다. 다시 말하여, 비록 해결되어야 할 문제나 추구하여야 할 목표로 제시되지 않았다고 할지라도, 동학농민전쟁에 참여한 농민들의 토지에 대한 요구 자체는 인정하여야 한다. 일반 농민들의 경우에는 토지 문제가 명료하게 인식되었다거나, 반드시 실현하여야 하는 과제로 떠오르지 않았다고 하더라도, 적어도 전쟁의 지도자급에서는 이에 대하여 일정한 인식을 가지고 있었다.[16] 구체적으로 문서화된 자료가 발견되지 않는다고 하여 19세기 말엽의 농촌지식인인 이들의 지식과 의식 수준을 결코 낮게 평가할 수는 없다. 고종시대에 나온 토지개혁론도 매우 많았다.[17] 중국 역대의 토지제도인 주나라의 정전제와 당나라의 균전제는 이들에게는 상식이었다. '땅이 세 마지기밖에 되지 않고, 아침에는 밥 먹고 저녁에는 죽 먹는데 빼앗길 물건이 어디 있는가'라는 전봉준의 유명한 답변은 그와 농민의 고난에 찬 삶의 현실을 잘 말해준다. 이 속에서 살던 이들에게는 폐정개혁안은 시급히 해결하여야 할 제일차적 과제였지 궁극적인 경제적 프로그램은 아니었을 것이다. 이러한 이들의 의식과 동학농민군의 열망이 오지영의 『東學史』에 나타났다고 이해할 수 있다.

혹은 平均分作에 대한 요구를 驛土나 宮房田의 경작에 관한 것으로 한정적으로 파악할 수도 있겠다. 1900년 甲山지방에서는 驛土를 둘러싸고 "平均分排"와 "平均耕食"이란 용어가 사용되었는데,[18] 이것은 소유권이 아니라 경작권에 관련된 것이었다. 平均分

16) 전봉준에 대한 일본군의 취조 내용에 관한 당시 일본 신문의 기사를 참조하면, 그는 종국의 목적으로 田制와 山林制를 개정하려고 하였다고 한다. 그 구체적 내용을 알 수 없지만, 적어도 그가 나름대로 토지문제에 대한 인식을 가지고 있었다는 점은 분명하게 확인할 수 있다(강창일, 1988년 9월호, 「갑오농민전쟁 자료발굴 : 전봉준 회견기 및 취조록」『사회와 사상』 1, 261쪽 참조).

17) 金容燮, 1993, 『韓國近代農業史硏究』 下, 일조각, 4~6쪽 참조.

18) 『訟案』 4, 5권, 국립중앙도서관 소장.

作이란 말도 이에 준하는 것으로 이해할 수도 있지만, 전라도의 경우에 이런 종류의 토지 경작을 둘러싸고 갈등이 존재하였는지를 먼저 확인하여야 할 것이다.

이러한 가설에 하나의 시사점을 던져 주고 있는 연구가 「19세기 말 호남지역 지주제의 확대와 토지문제」이다.[19] 이 연구는 동학농민전쟁의 발발 지역인 흥덕·고부·고창·무장·부안에 1888년 설정된 명례궁 장토의 설치 과정부터 지주경영과 소작농민층의 동향에 관한 것이다. 그 설치 과정부터 많은 문제점을 안고 있었으며, 일반 농민들이 많은 피해를 입었던 장토였다. 이영훈이 주장하는 국가의 강한 토지지배권이 발휘된 좋은 사례가 될 수 있다.[20] 하여튼 이 장토는 소작농민들에 의하여 경작되었다. 그런데 평균분작 조항과 관련하여 관심 있게 보아야 하는 점은 소작농민들의 경작면적과 소작권의 이동이다. 각 군현에 설치된 장토에 따라 약간의 차이는 있지만, 경작면적이 8두락에도 미치지 못하는 농민의 수가 그 이상 경작하는 농민의 수보다 훨씬 많다. 그리고 소작권 역시 빈번하게 이동한 경향을 쉽게 파악할 수 있다. 무장의 경우, 8두락

19) 왕현종, 1991, 「19세기 말 호남지역 지주제의 확대와 토지문제」 『1894년 농민전쟁연구』1, 역사비평사.

20) 이영훈, 1985, 『朝鮮後期 土地所有의 基本構造와 農民經營』, 서울대 박사학위논문, 424~427쪽. 조선후기의 궁방전과 아문둔전을 집중적으로 연구하여 토지소유의 중층성과 농민경영의 비자립성을 강조하는 이영훈에게는 이 명례궁 장토의 설치부터 운영까지 왕현종과는 전혀 상이한 견해를 내놓을 수 있는 사례이다. 이영훈도 비슷한 시기의 부안 용동궁 장토에 관한 사례연구를 하였고, 또한 왕현종과 비슷한 결과를 얻었지만, 그 의미를 해석하는 시각은 전혀 다르다. 그러나, 경영분화의 기본적인 추세의 하나는 하층농의 증가라는 점에서는 일치한다. 이영훈은 이것을 소농민경영의 구조적 불안정에 따른 유동성으로 해석하고 있다. 따라서 그에게는 민란과 동학농민전쟁은 소농민의 국가적 토지지배를 종식시키기 위한 투쟁이다.

미만 경작자가 1888년에는 67명에서 1893년에는 73명으로 증가되고 있으며, 1897년에는 83명에 이르렀다. 소규모 소작농 사이에 소작지 경쟁이 있었음을 알 수 있다. 반대로 20두락 이상을 소작하는 대규모 소작농은 오히려 증가하는 경향을 보인다. 이것은 결국 상층농이 하층농을 소작지에서 축출시키고 있었음을 의미한다. 적어도 이 명례궁 장토의 경작을 둘러싸고 소작인 사이에 치열한 경작권 다툼이 전개되고 있었다고 할 수 있다.

이러한 경작농민들 상호간의 소작권 경쟁은 장토의 평균분작이라는 요구를 제기할 가능성을 말해주는 것이다. 그러나 이 연구에서는 소작농민들이 소작권을 요구한 예를 보여주지 않는다. 소유권 분쟁이 해결되지 않고 지속되었기 때문에 농민들에게는 소작권 자체가 중요하지 않았을지 모른다. 하지만 이 연구가 밝힌 것처럼 소규모의 소작지를 경작하는 농민들이 소작지로부터 방출되고 있는 현실은 소농민경영의 확립을 목표로 하는 그들에게는 커다란 고통이며 위기였을 것이다. 또한 소유권이 완전히 궁방에 있던 장토에서도 거의 유사한 경향이 일어났을 것으로 짐작된다. 그렇다고 한다면, 평균분작에 대한 요구가 동학농민군의 폐정개혁안으로 충분히 나타날 수 있었을 것이라고 생각된다.

요컨대 동학농민군의 경제적 투쟁은 폐정개혁안에서 보이듯이 조세문제에 집중되었지만, 그것은 종전에는 찾아볼 수 없는 구조적이며 개혁적인 요구 조항들을 담고 있다. 그러나 토지문제에 대하여도 나름대로 일정한 관심을 가지고 있었지만, 자신들이 장악하고 통치한 지역에서도 구체적인 프로그램으로 계획하고 실행하였다는 증거는 발견하기 어렵다. 결국 동학농민군의 경제적 투쟁의 진보성은 인정되지만, 토지제도와 지주제를 전면적으로 타파하지 못한 불철저성도 갖는다.

조선사회의 신분제는 강고하기 짝이 없는 것이었다. 국가권력이 혈통에 따라 인간의 사회적, 정치적, 경제적 지위는 물론 일상생활까지 철저하게 차별화하는 신분제도는 조선사회 구성과 운영의 기본 원리였다. 특히 천민신분의 경우에는 '말하는 동물'로 취급받았고, 매매·상속·증여·전당이 가능한 動產으로 존재하였다. 이와 같은 법적인 인간불평등제도는 후진적인 전근대사회의 대표적 징표이다. 그러나 양반의 신분적 지배도 사회경제적 변화와 피지배신분의 줄기찬 투쟁으로 붕괴되지 않을 수가 없었다. 그리하여 19세기 후반에 오면, 양반의 재산·권력·문화의 원천인 신분제도도 큰 의미가 없게 되었다. 양반신분 내에서도 그 특권을 실질적으로 향유할 수 있는 부류들은 중앙권력을 독점하거나, 토호로 행세할 수 있는 자 등 소수에 지나지 않았다. 그러나 이런 범주에 들어가지 못하는 양반일지라도 신분제도가 존속하여야 유형무형의 이익을 얻을 수 있으므로 신분제도를 지탱하려고 안간힘을 쓰고 있었다.

이 시기에 민중의 신분해방운동의 양상과 열기는 보수적 유생 黃玹이 『梧下記文』에서 가장 명료하게 잘 보여주고 있다.

> 동학농민군은 모두 천인노예이기 때문에 양반사족을 가장 미워하여 관을 쓴 자를 만나면 곧 꾸짖어 "너도 역시 양반이냐" 하면서 관을 빼앗아 찢어버리거나 혹은 자기가 쓰고 여기저기 다니면서 욕되게 하였다. 무릇 양반집의 노비로서 동학농민군인 자는 물론 비록 동학농민군이 아닌 자로 천한 자는 모두 주인을 겁줘 노비문서를 불태워 강제로 양인으로 만들게 하고, 혹은 주인을 묶고 주뢰를 틀고 몽둥이로 때렸다. 이에 노비를 가진 자는 분위기를 보고 노비문서를 불태워 그 화를 피하였다. 노비 가운데 온순한 자는 혹 문서를 태우지 않기를 원하기도 하였으나, 기세가 더욱 커져 주인이 그를 더욱 두려워하였다. 혹은 사족으로 奴와 주인이 모두 동학농민군일 경우에는 서로 接長이라고 불러 그들의 법에 따랐다. 백정과 才人의 무리도 역시 평민과 사족에게 동등하게 禮를 행하였으므로 사람들이 더욱 치를 떨었다.

이번에는 충청도 부여의 사정을 살펴보자.[21)]

> 洪州 갈산의 김씨 집이 그들의 노비에게 참화를 입었다. 원근의 사대부가에 종종 이러한 환란이 있다. 마침 정부에서 官制와 衣制를 바꾸었고, 역시 公私賤人과 倡優白丁을 아울러 양인으로 해방한다는 명령이 있어 이웃 동네의 閔氏들은 이미 노비들을 풀어주고 양인으로 만들었다고 한다. 이에 김권이를 불러 그 처인 용금의 문서를 주었고, 김성만의 처 순동과 김업성의 처 옥섬의 문서도 돌려주었다. 모두는 신만손의 처 婢 순금의 소생들인데, 세월이 오래되어 문서를 잃어 버렸기 때문에 書標를 만들어 성만에게 주었다. 예전 문권을 원하여 찾았으나 결국 없어 주지 못하였다. 그랬더니 자못 불쾌하게 물러났다. 여기에 한층 더 하면 어찌 變이 되지 않겠는가

양반주인들은 노비들의 저항을 아주 두렵게 생각하고 있었고, 여기에 개화파 정부가 신분제도 폐지령까지 내렸기 때문에 노비들을 자진하여 해방시켜 주고 말았던 것이다. 우리 역사에서 신분제도를 종식시킨 것은 민중의 거센 투쟁과 동학의 평등주의와 갑오경장의 법적 제도가 한데 어우러져 이룩한 역사의 발전이었다.

이렇게 동학농민군의 사회적 투쟁은 무엇보다 신분철폐운동에 집중되었다. 대부분의 동학농민군은 비양반신분, 즉 상민과 천민이었으므로 자신들을 차별하는 신분제도를 폐지하려는 과감한 의지와 행동을 보였다. 이 신분제도는 사회적 불이익만 강요하는 것이 아니라, 혈통의 尊卑에 기초하고 있다는 점에서 인간 존재의 근원, 개인의 자아의식까지도 깊은 상처를 입혔다. 이 시대 사람에게는 가난한 삶보다 사람 대우를 받지 못하는 삶이 더욱 괴로웠던 것 같다. 따라서 민중들이 가장 열망하였던 것은 인간 자체를 무시하고 억압하는 이와 같은 신분적 질곡을 깨트려 버리는 것이었다. 전쟁

---

21) 홍성찬, 1981, 「한말 일제하의 지주제 연구」『한국사연구』 33, 83쪽 『日記』 甲午 7月 25日字 기사를 번역.

과정에서 경제적인 이해도 강하게 표출되었으나, 기존의 질서에 가장 커다란 타격을 가한 것은 바로 신분제도 철폐 운동이었다. 인간은 존엄하고 자유로운 존재라는 인간관과 그것의 사회적 제도화가 이루어지지 않는다면, 결코 근대사회라고 할 수 없다. 동학농민군의 신분제도 철폐 운동은 우리 나라 근대사의 전개에 막대하게 기여하였던 것이다.

동학농민군의 정치적 투쟁은 문자로 기록된 것보다는 그들의 행위에서 잘 나타난다고 할 수 있다. 앞에서 살펴본 바와 같이 제1차 봉기 때 나온 四大 名義 가운데 "驅兵入京 盡滅權貴"와 "逐滅倭夷 澄清聖道"는 동학농민군이 서울로 진격하여 국가권력을 장악하겠다는 강한 의지를 보여준다. 민씨 척족을 비롯한 집권세력들을 교체하고, 倭洋을 물리쳐서 나라를 바로 세우고 백성을 구제하겠다는 목적을 가지고 투쟁하겠다는 것이다. 이보다는 구체성이 떨어지지만, 茂長 布告文이나 다른 檄文에서 천명된 "輔國安民"의 실체도 역시 이와 같은 것이다. 여기에서도 조선왕조를 멸망시키고 새로운 국가를 건설하겠다는 의도는 보이지 않는다. 따라서 이런 목적을 가진 동학농민군들에게는 大院君 監國은 권력 장악 이후 중요한 정치적 대안이었다. 결국 제1차 동학농민전쟁의 정치적 목표는 조선왕조체제의 대폭적인 개혁이었다고 할 수 있다. 다만 동학농민군이 전주에서 북상이 막히지 않았다면, 이 이상의 목표도 제시하였을 가능성이 대단히 높았으리라고 생각된다.

전주철수 이후 조성된 국내외적인 상황은 전라도 전역을 비롯한 경상도와 충청도 일부 지역에서 동학농민군이 봉기 상태에 있으면서 조선왕조의 군현제를 거의 무력화시키며 지역 권력을 장악하고 행사하는 것을 가능하게 하였다. 재편된 정치세력이 갑오경장이라고 하는 체제개혁을 단행하고 있던 상황에서는 중앙정부가 동학농민군의 지역 차원의 투쟁을 저지한다는 것은 불가능하였다. 전라감사 김학진은 이때의 상황을 '撫局'이라고 표현하였으나, 그 국면의 주도권을 잡았던 측은 동학농민군이었다.[22] 그리고 사실상 조선을 군사적으로 점령한 것과 마찬가지인 일본도 청국군과 평양대회전을 앞두고 있었고, 다른 열강들의 이목을 꺼려하여 동학농민군의 지역적 점령을 좌시하고 있었다. 따라서 이 시기는 동학농민군들이 세력을 확대하고, 투쟁 의지와 정치의식을 강화하고, 획득하고자 하는 목표의 수준을 높이고, 자신들이 원하는 정치체제를 구체화할 수 있는 기회의 공간을 확장시켰다는 점에서 아주 중요하며 획기적인 것이었다. 여기에서 응축된 투쟁력이 발산된 결과가 제2차 봉기였고, 정치적 투쟁의 목표도 '조선왕조체제의 대폭적인 개혁' 이상의 것으로 높아졌다.

3. 반침략 투쟁

6월 21일 일본군의 경복궁 침입은 명백한 침략행위였다. 이에 맞서 충청도 지역을 중심으로 동학농민군들이 즉각 倡義를 선언하였다. 이후 각지에서 일어난 "倡義之擧"가 내세운 목적은 "輔國安民"과 "斥和擧義"였다. 전봉준도 "일본 도적이 틈을 타서 병력을 움직여 우리의 임금을 핍박하고, 우리 백성을 흔들었"기 때문에 "초야의 백성들이 충군애국하는 마음으로 강개함을 이기지 못하여

22) 『日省錄』, 9월 18일조. "臣(김학진－인용자)本無欺人之心 而歸於欺人欺人而至於欺天 臣又死罪也 盖此匪類一自脫城之後 繁者益繁 蔓者益蔓 名曰釋兵 實未嘗釋兵也 名曰歸化 實未嘗歸化也 孰謂渠黨一隊 朋分角立 東閃西忽 朝聚暮散 (중략) 而終不歸順者 職由臣素乏威望 且短智謀 宣布之際 不足以憚壓 懷綏而致此耳"

의병을 규합하여 일본인과 싸"우려고 하였다고 거의의 목적을 밝혔고, 그것이 곧 보국안민의 길이었다고 보았다. 무력 투쟁에 소극적이던 최시형도 봉기의 명분을 더 이상 거부할 수 없었으므로 대대적인 기포를 명하였다. 이처럼 외세의 침략이 조성하는 민족적 위기감과 저항의식은 동학농민군은 물론이고, 민중들로 하여금 일본을 몰아내야 한다는 하나의 목표 아래 모이게 하였던 아주 결정적인 요인이었다.

마침내 논산에 집결한 남북접 대연합군은 백성들에게 알리는 고시문을 발표하였다. 여기에는 제2차 동학농민전쟁의 목적이 일본을 축출하는 것이었음이 명확히 나타나 있다.

> 통상 이후 갑신(甲申) 시월의 사흉(四凶)이 적을 끼니 군부의 위태함이 조석에 있더니 종사(宗社)의 커다란 복으로 간당을 소멸하고, 금년 유월의 개화간당이 왜국을 체결하여 밤을 타서 입경하여 군부를 핍박하고 국권을 마음대로 휘두르고 (중략) 이제 우리 동도(東徒)가 의병을 들어 왜적을 소멸하고 개화를 제어하며 조정을 청평하고 사직을 안보할 새 (중략) 조선사람끼리야 도는 다르나 척왜와 척화는 그 뜻이 일반이라. 두어자 글로 의혹을 풀어 알게 하노니 각기 돌려보고 충군우국지심이 있거든 곧 의리로 돌아오면 상의하여 같이 척왜척화하여 조선으로 왜국이 되지 아니케 하고 동심합력하여 대사를 이루게 하올새라.[23]

倭洋과 開化奸黨을 몰아내겠다는 제2차 봉기는 일본의 침략에 대한 단호한 저항의지에서 설정된 민족주의적 반일 반침략투쟁이었다.[24] 제1차 봉기에서도 "逐滅倭夷"란 反外勢의 기치가 휘날렸

23) 『東學亂記錄』 하, 고시(告示) 경군여영병(京軍與營兵)이교시민(而敎示民), 381-2쪽.

24) 淸을 몰아내겠다는 동학농민군의 의지를 찾을 수 없다는 이유로 동학농민전쟁의 민족주의가 불완전하였다는 견해도 있지만, 반대로 동학농민군이 淸에 대하여 우호적인 태도를 보였다는 기록도 전혀 찾을 수

으나, 대내적 모순의 척결에 가려 그 정도의 투쟁 목표로까지는 발전하지는 않았다. 그러나 천주교의 확산과[25] 미곡의 대외이출은 외세 배격의 현실적 이유가 되고 있었다. 또한 동학교도들이 이전의 신원운동 단계에서도 강력하게 표출하였듯이 외세에 대한 적개심은 동학농민전쟁의 중요한 원인으로 처음부터 끝까지 작용하였다. 그런데 6월 21일 일본군이 경복궁을 점령하고 고종과 민비를 감금해 버린 야만적 침략 행위는 전 조선인들을 격분시켰다. 이것은 일본인은 '禽獸'라는 조선인들의 전통적인 생각을 사실로 확인시켜 준 사건이었다.

이런 일본의 만행에 저항하여 제일 먼저 반침략운동을 전개하여야 할, 斥邪衛正을 부르짖던 양반유생들은 오히려 입과 손발을 스스로 묶어 두고 있었다. "湖西忠義 徐相轍"이 鄒魯之鄕이라고 하

없다. 전통적으로 조선인들, 특히 민중들은 淸을 배척하였고, 兵亂과 같은 민중운동에서는 北伐意識이 강하게 표출되었다. 또한 『龍潭遺詞』의 「安心歌」에도 "汗夷"의 원수를 갚겠다는 의지가 담겨 있다. 1893년의 보은취회가 해산될 때에도 淸國軍이 올 것이라는 소문도 돌았던 듯하며(『淸季中日韓關係史料』 5, NO.1807, 3167쪽), 전주성 철수 결정에도 淸國軍의 출동이 적지 않는 영향을 주었고, 淸日戰爭에서 승리한 측이 동학농민군을 공격할 것이라고 전봉준은 예측하고 있었다. 즉 이미 동학농민군과 청국은 타협하기 어려운 관계에 있었던 것이다. 적어도 동학농민군들은 조선에 대한 淸國의 간섭이나 자주권 침해는 절대로 용납지 않았을 것은 분명하다. 굳이 '斥華'에 대한 기록을 찾는다면, 9월 10일 진주지방의 忠慶大都所가 발표한 격문은 "북쪽 三道는 모두 오랑캐의 땅이 되었고, 남쪽 五道는 倭賊들이 가득하여 그들 마음대로 宮中에서 兵器를 휘두르며 鎗劍은 시골과 京城에 있는 것보다 더 많이 가지고 있읍니다. 아! 우리 東土의 義士들이여! 어찌 피를 뿌리며 憤慨하는 마음이 일어나지 않겠읍니까?"라고 하였다(『駐韓日本公使館記錄』 1, 南站發甲 제152호, 140쪽).

25) 전라도의 동학농민군이 천주교도들을 강탈하고 위협한다는 프랑스 신부들의 서신이 여러 편이다(뮈텔문서, 1894-255, 1894-263, 1894-265 등).

던 安東까지 가서 義兵을 소모하였으나, 그곳 양반의 반응은 냉담하였다.[26] 그리고 義兵의 대명사인 崔益鉉도 大院君이 파견한 密使가 가지고 온 고종의 윤음을 보고 처음에는 의병을 일으킬 의사를 가졌던 것 같지만, 결국 실행하지 못하였다.[27] 다른 특별한 사정이 없었다면, 의병이 되어 목숨을 걸고 일본군과 전투할 수 있는 인적 자원을 구할 수 없었기 때문에 포기하였을 가능성이 가장 높다. 이때에는 어떤 세력도 동학과는 별도로 항일의병을 조직하고 대대적인 항쟁을 전개할 수가 없었다. 즉 일본의 침략에 대항하여 투쟁할 의병이 되기 위해서는 동학농민군에 투신하지 않으면 안 되었던 것이다. 따라서 양반들 가운데는 동학농민군의 반침략 전쟁에 호응하여 개별적으로 가담하는 자들도 있었고, 아니면 자신은 직접 나서지 않으면서 동학농민군이 일본을 몰아내주기를 기대하였다.[28] 이처럼 동학농민군은 민족적 위기와 수치를 불러일으킨 일본을 몰아내어야 한다는 전 조선인들의 울분와 희망을 한 몸에 받으면서 분연히 일어나 항일 반침략 전쟁을 전개하였던 것이다. 전봉준이 그 항전에 참가한 휘하의 동학농민군을 "忠義之士"라고 일컬은 것은 지극히 정당하다.

---

26) 이만도는 7월 20일 예안 향교까지 와서 의병을 모으는 서상철의 노력에 대하여 "但上無召募之命 士自起義 恐得罪於朝論耳"라는 교묘한 논리로 외면하였다(李萬燾, 1985, 『響山日記』, 국사편찬위원회, 648쪽). 이것이 당시 양반유생 사회의 일반적인 분위기였다고 본다. 또 서상철의 격문에는 조선왕조의 수명이 803년이라는 소위 順字 讖言도 들어 있는데, 양반에게 호소하는 격문에 이런 圖讖이 공공연하게 거론된다는 것은 정통 양반의 체질에는 어울리지 않는다.

27) 『駐韓日本公使館記錄』 8, 機密號外 동학당사건에 대한 會審顚末 具報 내 東學黨 鎭撫를 위해 정부에서 파견한 具完喜의 日誌, 56~58쪽.

28) 鄭樂圭, 『景山遺稿』 卷之二, 「匪類論」. "又以斥倭破洋爲名 以保國安民爲事 果能因此而深斥倭洋 使無今日之開化 則功可贖罪 萬一而幸免一時之誅戮 然其賣國賣天之說 終爲萬古之罪人 甚矣"

그런데 이와 같은 동학농민군의 반침략 운동에는 단순히 외세만 몰아내는 것이 아니라 국가권력까지 장악하겠다는 의지가 내포되어 있다. 빨리 군대를 이끌고 올라오라는 대원군의 애타는 호소도 큰 설득력이 없었고, 그를 하나의 정치적 대안으로 삼겠다는 의사도 보이지 않는다. 그리고 소소한 폐정개혁에 대한 요구는 이런 단계에서는 더 이상 불필요한 것이었다. 이미 동학농민군의 기대와 의식 수준은 지방적 차원에서 벗어나 국가적 차원으로 발전되어 있었다. 서울에 올라가 倭洋을 몰아내고 開化奸黨을 제거하겠다는 계획은 국가권력을 동학농민군이 접수하겠다는 의지와 다른 것이 아니었다. 지금까지 권력을 행사하던 민씨 척족이나 대원군의 일파, 그리고 일본에게 억제되어 있는 개화파 관료들은 탐학하여 민중에게 고통을 주거나 외세에 의존하여 민족의 생존을 위태롭게 하였기 때문에 이미 그 자격을 상실해 버렸다. 따라서 제2차 동학농민전쟁의 성격을 반침략적인 것으로만 규정할 수는 없다. 전봉준의 격문에서 국가권력을 차지하고 국가체제를 어떻게 변경하겠다는 내용을 찾을 수 없다고 하여도, 제2차 봉기의 중요한 목적에는 명백히 이점이 포함되어 있다고 보아야 한다. 동학농민군은 이를 말로 표현하지 않고, 행동과 힘으로 실천에 옮겼을 뿐이다. 비록 동학농민군이 투쟁이 중간에서 좌절되었으나, 그들의 희생은 조선왕조체제의 붕괴를 가져왔고, 갑오경장에서 법제화된 신식제도가 더 나아가 동학농민군이 서울을 점령하고 권력을 장악하였더라면, 대의민주주의체제와 같은 근대적 정치체제를 수립하였을 가능성도 배제할 수 없다. 더욱이 연구해야 하겠지만, 본서 8, 9장에서 간략히 언급한 대로 동학 지도자들은 서구적 정치체제의 오체를 알고 있었다는 사실은 매우 중요하다. 시행되도록 역사를 발전시킨 것은 동학농민군의 말이 아니라 실력과 실천이었다.[29)]

Ⅲ. 宗教的 性格과 '민중적 이데올로기'

동학농민전쟁에 참여한 세력들의 성격은 매우 다양하여 하나의 범주로 묶기가 어렵다. 동학농민군은 계급적 측면에서도 단일하지 않다. 가장 많이 참가한 빈농들도 그 계급적 실상을 정확히 파악하고 등급을 나눠 세분한다면, 빈농 가운데에서도 더 조건이 열악한 그야말로 최하층농민이라고 할 수 있는 부분이 더 그렇지 않은 부분보다 훨씬 많을 것으로 추측된다. 반면 지휘자적인 역할을 하였던 접주층의 상당한 부분은 안정된 경제적 지위에 있었거나, 지주로서 많은 재산을 소유하고 있던 경우도 결코 무시할 수 없었다.

동학농민군의 의식, 특히 동학 신앙의 여부와 그 태도, 그리고 현실인식에 관하여서도 일괄적으로 파악하기에는 어려운 점이 많다. 어떤 경우에는 진심으로 동학을 신앙하였다고는 생각되지 않기도 한다. 유교적 색채가 농후하여 동학을 어떻게 신앙하였는지 이해하기 힘들기도 한다. 혹은 주술적인 경향이 너무 강하여 당시 동학교도에게 신앙된 동학의 본질을 재검토할 필요성을 느끼기도 한다. 같은 동학교도이지만, 현실대응의 측면에서 상호간에 커다란 차이점이 개재되어 있는 것을 발견하기도 한다. 이렇게 동학과의 관련에서도 다양하고 이질적인 부분들이 혼재되어 있기 때문에 동학농민전쟁을 이끌어 갔던 정신적인 구심체와 정서적 원동력을 명료하게 집어내는 것은 결코 쉬운 일이 아니다.

특히 행위의 전제가 되는 개인의 마음에서 일어나던 움직임, 의

---

29) 愼鏞廈, 「甲午農民戰爭의 第2次 農民戰爭」『東學과 甲午農民戰爭研究』, 364~366쪽.

식의 흐름, 감정의 변화, 인지 작용 등을 제대로 파악하기란 거의 불가능하다. 예컨대 동학교도 여부나 그의 사상에 관하여 논란이 많은 전봉준의 경우, 동학이 그의 의식과 삶에 어느 정도 영향을 주었는가를 정확하게 말한다는 것은 참으로 어렵다. 그렇다고 동학이란 종교가 동학농민전쟁에 참여한 민중들과 그 지도자들의 의식과 사상을 형성하고 투쟁을 주도해 갔으므로, 동학 교리 자체가 전쟁의 지도이념이라고 단정하는 것도 쉽게 받아들일 수 있는 주장은 아닌 것이다. 반면 분명히 동학을 신앙하였다고 진술한 사람에게서 동학을 강제로 분리시키려고 하는 시도도 적절하지 않다. 그렇다고 하면, 동학농민전쟁의 종교적 성격은 개인의 의식 차원보다는 집단적인 행위 차원에서 찾아야 한다고 본다. 특히 당시인들이 남긴 동학농민군의 행위에 관한 기록은 동학 신앙의 여부나 그 신앙 태도에 관하여 분석해 놓은 오늘날 학자들의 연구보다도 중시되어야 할 것이다. 왜냐하면, 그들은 동학농민군의 행위를 가까이서 지켜본 사람들이기 때문이다.

이처럼 종교적 성격을 동학농민전쟁에서 찾아낼 수 있다면, 그것은 당연히 동학과 연결되지 않을 수 없다. 사실 동학이 전쟁의 종교적 요소를 모두 포괄하지는 못한다. 동학의 교리와 의례라든지, 혹은 신앙 행위의 양상과는 전혀 이질적인 모습들이 너무도 많이 발견된다. 어떻게 보면, 신비주의적이며 주술적이며 낮은 수준의 종교적 행위가 동학을 압도하는 것처럼 보이기도 한다. 그러나 그러한 종교적 현상은 동학이라는 종교가 중심에 존재하였기 때문에 그 주변부에서 발생할 수 있었으며, 동학과는 견줄 수 없는 의미를 지니는 것이 아닌가 생각된다. 따라서 비동학적인 현상들도 일단은 동학에 포괄시켜 이해하는 것이 동학농민전쟁의 연구에 도움을 줄 것이라고 본다.

전쟁에서 종교로서 동학이 기여한 점으로 꼽을 수 있는 것은 낡은 질서를 부정하거나 대체할 수 있는 새로운 인간관과 세계관을 제시하였다는 점과 이와 관련하여 이상세계가 다시개벽의 運에 따라 반드시 도래한다고 예언한 점, 개인적으로 커다란 불이익을 주고 안전을 위협하는 투쟁에 나설 수 있도록 정서적인 격려와 용기를 주었다는 점, 동학교도가 먼저 투쟁에 나섬으로써 일반 민중들의 참여를 이끌어냈다는 점, 투쟁 역량을 동원하고 전국적 규모로 연대시킬 수 있는 조직적 기반과 지휘자를 제공하였다는 점 등을 들 수 있다. 전쟁으로의 발전 과정의 측면에서 본다면, 동학이란 종교에 대한 탄압이 동학교도와 일반 민중의 불만을 고조시켜 결국 체제와의 격돌을 불가피하게 만들었다고 할 수 있다. 이와 같은 사실은 동학농민전쟁은 종교적 성격을 강하게 가지고 있었던 주요한 근거이다. 아래에서 이를 좀 더 자세하게 살펴보자.

동학농민전쟁에서 두드러지게 나타난 종교적 성격을 가진 행위로 제시할 수 있는 것은 동학농민군의 집단적 종교의례이다. 제1차 봉기 때에 동학농민군들은 軍陣을 이루어 낮에는 군사훈련을 하고, 밤에는 經文을 외우고 읽었다고 한다.[30] 이와 같은 집단적 종교의례만큼 확실하게 전쟁과 동학의 관계를 말해주는 것도 없을 것이다. 이들이 집단적으로 경문을 외운다는 것은 하나의 종교집단이라는 단적인 표시이다. 깜깜한 밤에 수백 수천 명의 동학농민군이 집단적으로 경문과 주문을 외우는 장면을 연상한다면, 장엄하고 엄숙하고 신성한 분위기를 느낄 수 있을 것 같다. 이와 같은 집단적 의례는 동학농민군 각 개인의 의식을 종교의 세계로 이끌어 갔을 것이며, 그를 통하여 상호 간에도 깊은 연대감과 일체감을

30) 『駐韓日本公使館記錄』 1, 발제102호 인천총영사, 19쪽, 본문 356쪽, "屯聚之徒 每夜誦讀經文 每日操練陣法."

증대시켜 자신들이야말로 한울님의 명령을 충실히 수행하는 특별한 집단으로 인식토록 하였을 것이다. 즉 집단적 의례는 동학농민군을 하나의 종교집단인 동시에 군사집단으로서의 정체감을 부여하여 강력한 무력 투쟁을 가능하게 하였다고 생각한다.[31] 이들이 황토현 전투와 전주성 공방전에서 白布帳을 앞세우고 생사를 돌아보지 않고 과감하게 싸울 수 있던 힘은[32] 이러한 종교적 의례를 통하여 강화되었다고 본다. 물론 이런 모든 주술적 환상과 집단적 심리가 동학에서 비롯된 것이라고 볼 수는 없지만, 동학이란 종교를 중심축으로 형성되었다는 점은 주목하여야 한다.

동학이 전쟁에 조직을 제공하였다는 점에 관하여는 정도의 차이는 있지만, 거의 이견이 없는 듯하다. 이 외에도 동학은 기존의 억압적인 가치와 질서를 깨트리는 데 매우 유용하게 작용하였다. 後天開闢思想은 결코 무너질 수 없다고 생각하던 조선왕조도, 이 낡은 세계도 결국은 天運과 運數, 한울님의 의지에 의하여 일거에 사라지고, 대신 이상적인 신세계가 도래할 것이라는 믿음을 주었다. 또 삶이 고통스러울수록 이 세계의 종말은 멀지 않았다는 희망을 주었다. 이 낡은 세계가 종말을 고할 때는 초월적인 존재인 '先生'이 강림하고,[33] 최제우가 죽지 않고 조화를 부려 자신들을 곧 구원

31) 『兩湖右先鋒日記』, 10월 11일조, 270쪽. 집단적 신앙행위는 전쟁 중에만 강조된 것이 아니라, 집강소기에도 "合進致誠"하라는 私通이 돌 정도였다.

32) 『全州府史』, 115쪽. "적도는 손에 손에 창과 화승총 등을 쥐고, 가운데는 무기를 가지지 않고 소나무 가지를 꺾어 흔드는 자도 있었다. 그 등에는 모두 탄환을 막기 위하여 황색종이에 붉은 자로 주문을 써 붙여 놓았다. 또 수십여 명이 한 집단이 되어 앞면에 白布를 높이 펴서 세워 수십백의 대오를 만들었다. 입으로는 탄환을 막는 주문(侍天主, 造化定)을 높은 소리로 외우고 함성을 지르며 彈雨의 속으로 돌진하였다"

33) 1892년 10월 17일 삼례취회에서 나온 立義通文(『韓國民衆運動史資料大系』, 57~60쪽).

하러 올 것이라고 믿었다.34) 그리고 21자 주문을 외우면, 소원하는 바가 모두 이루어질 것으로 믿었다.35) 혹은 주문을 한없이 외워 신이 내리는 종교적 신비체험을 하였고, 侍天主함으로써 후천개벽의 지상선경 속에서 사람이 한울이 되는 진리를 실제로 경험할 수 있었다.36) 그리하여 용인 아래의 지방에서는 주문을 외우는 소리가 진동하였다. 이제는 천운이 동학에게 돌아왔기 때문에 모든 사람들은 동학으로 몰려 왔다. 이미 신원운동 때에도 논과 소를 팔아 삼례와 보은을 찾아간 교도들이 많았다. 이 낡은 세계가 멸망할 때에는 재앙과 전란이 반드시 찾아오기 때문에 동학을 믿어야 免禍한다고 하였다. 또 동학에 들어오면, 모두가 구원받아 새 나라의 새 백성이 되므로, 낡은 신분적 질서는 폐기되어 버렸다. 또 내 물건도 특별히 따로 있지 않기 때문에 교도 간에는 有無相資하였다. 불쌍한 민중도 구휼을 하여야 하였다. 이런 구원을 소망하여 동학에 입도하는 민중이 많을수록 더 많은 민중들이 동학에 들어왔다. 이렇게 동학교도들은 신종교의 일반적인 특성이라고 할 수 있는 초월적 존재에 의한 현세적, 즉각적, 궁극적인 구원을 열광적으로 고대하였다.37) 그리고 일부의 동학농민군은 전통적 이상세계상과

---

34) 『鄕約章程』(1991, 『求禮郡 사회조직 문서』 所收, 한국농촌경제연구원), 35쪽 : 『駐韓日本公使館記錄』 6, 東學黨 騷亂原因 調査結果報告書 送付의 件, 25쪽.

35) Hulbert, The History of Korea, vol.2, 203쪽, 李瑄根, 『韓國史』 最近世篇, 123쪽에서 재인용. 동학의 주문인 侍天主 造化定 永世不忘 萬事知에 대한 英譯을 통하여 일반 교도들이 주문을 뜻을 어떻게 이해하였는가 할 수 있다. “May the Lord of Heaven aid our minds that we ever remember, and may He make all things turn out according to our desire” ; 위의 『駐韓日本公使館記錄』. 造化定을 ‘助我鄭’으로 해석하여 鄭氏가 자신들을 도와준다고 믿기도 하였다.

36) 朴承龍, 1924년 12월호, 「大神師에 對한 나의 體驗」 『天道教會月報』 171호.

유행하던 도참설의 예언에 따라 그 새로운 세계를 새로운 왕조로 생각하기도 하였다.

이와 같은 종교적 열기는 동학농민전쟁을 지도한 전봉준 등에게서는 쉽게 찾아보기 어려운 양상이다. 그렇다고 하여, 그들이 추구한 "敬天守心正氣率性"에는 신앙심이 깃들이지 않았다고 말할 수는 없다. 그들도 세상이 바뀌길 간절히 고대하였지만, 일반 교도들처럼 열광적이고 주술적이지 않았을 뿐이다. 그들에게서 동학 신앙의 뜨거운 열기가 제대로 느껴지지 않는다고 하여, 그들에게는 동학이 무의미하였다고 말할 수 없다. 정서적 고양을 특징으로 하는 신종교의 신앙 양상과는 별도로 새로운 종교적 세계관으로 말미암아 일어나는 回心은 개인으로 하여금 새로운 삶을 지향하게 한다.[38] 지금까지의 세계와 삶이란 잘못된 것, 바꾸어야 하는 것으로 신념된다. 따라서 대사회적 측면에서 현실비판적이며 현실부정적인 의식이 팽배하게 되는 수가 많다. 더구나 동학을 신앙하는 민중들의 사회경제적 위치란 수탈당하고 억눌린 자리였기 때문에 더욱 현실을 부정적으로 인식하게 되었다. 신앙은 현실부정의식만 키워주는 것이 아니라, 높은 장벽도 단숨에 넘도록 커다란 용기를

37) 동학농민전쟁은 서양 중세말의 천년왕국운동과 유사한 양상을 보인다. '천년왕국'은 기독교의 중요한 교리로서 궁극적인 구원으로 이해할 수 있다. 그런데 현실세계에서 억압, 수탈, 절망, 박탈 등을 감수해야 하는 민중들이 극도의 절망감에 빠질 때, 내세가 아니라 '지금 이 자리에서' 구원을 받아 풍요하고 행복한 현실의 삶을 누리기를 간절히 소망하며, 구원자를 대망하게 된다. 이런 심리 상태가 급격한 사회적 변화와 같은 조건 아래에서 거대한 정치운동으로 전개되기도 한다. 독일농민전쟁의 부분인 토마스 뮌쩌의 종말론적인 종교운동이 대표적인 예이다. 그런데 이와 같은 천년왕국운동은 전 세계에서 볼 수 있는 보편적인 종교 현상으로 중국에서도 불교나 도교에서도, 후삼국 시대의 미륵신앙에서도 그런 면모를 찾아볼 수 있다.

38) 黃善明, 1986, 『宗敎學槪論』, 종로서적, 140~150쪽.

부여해 준다. 자기희생을 통하여 자기실현을 추구해 나가도록 격려해준다. 동학에서 새로운 삶의 지평을 얻은 교도들은 그 삶을 현실에서 실천해 나갔다. 그 실천의 집약적 표현이 바로 輔國安民·廣濟蒼生·除暴救民이었다. 高宗도 輔國安民을 말할 수 있었지만, 그것이 함축하고 있는 의미는 전봉준의 것과는 다른 것이었다. 그의 보국안민에는 자신의 정치적 목표만이 들어 있는 것이 아니고, 종교적 신념이 밑에 깔려 있었다. 그의 현실부정적 의식이 바로 동학의 언어로 표현된다는 것은 그의 세계관에는 동학신앙이 자리를 잡고 있다는 것을 의미한다. 그가 단지 정치적 야심을 감추기 위하여 동학의 언어를 사용하였다면, 그는 동학교도가 아니었지만, 그 증거를 찾아내기는 불가능하다. 그렇다고 하여, 그의 현실인식과 정치의식이 철저하게 동학에 근거하였다는 것은 아니다. 전봉준과 동학의 관계는 논란이 있으나, 현재까지는 그가 동학교도가 아니었다는 결정적인 증거나 설득력 있는 연구가 없으므로 그의 세계관은 동학과 무관하였다고 단정하기는 어렵다.

아래의 인용문에는 입도자가 급증하던 당시의 분위기와 동학농민군 상호간의 관계와 연대의식, 그리고 진지한 종교적 태도와 비교도에 대한 배타적인 행위의 양상이 구체적으로 잘 나타나 있다.[39)]

> 오월 이후 많은 수령과 사족이 동학농민군을 따르니, 어리석은 백성이 본받아 많은 사람들이 들어가는 것을 엿보고 있다가 귀부하였다. 『東經大全』을 大聖人이 쓴 것으로 보아 마을마다 강당을 세우고 밤이 새도록 배우고 익혀 어린 아이도 모두 擊劍歌와 弓乙歌를 입에 올리니 논둑길에서도 들을 수 있었다. 侍天主를 외우는 소리가 좁은 길을 시끄럽게 하였으니, 호남부터 경기까지 천 리에 그치지 않았고, 평민이 감히 지목하여 물리치지 못하였다. 동학농민군에 따르는 것을 入道라고 하고, 동학농민군을 道人이라고 하였다. 道人 두 자는 입에

---

39) 黃玹, 『梧下記文』 제2필, 49~50쪽.

익어 당연한 것 같았으나, 모두 숨기고 그만두려고 하였다. 동학농민군의 相見禮는 자주 매우 공손하여 귀천과 노소가 없이 한결 같이 베풀었다. 接主라고 칭하는 자가 비록 매우 보잘 것이 없더라도 그 무리들은 모두 복종하여 섬겼다. 그들이 포덕할 때 어리석은 백성에게 입도할 것이냐고 물어봐 그렇다고 대답하면 잘 대해 주었고, 그렇지 않은 자는 더욱 괴롭혔기 때문에 많은 사람들이 거짓으로 입도하였다고 하니, 동학농민군들이 후에 그 말을 의심하여 도를 준 사람을 힐문하니 그것을 연원이라고 하는데, 만약 자세하지 않으면 또 괴롭혔다. 그러므로 사람들은 그 연원을 외워 확실하지 않음이 없었다. 동학농민군은 스승에 대한 예를 매우 중시하여 대개 濟愚와 時亨 등의 이름을 꺼리어 제우를 가리켜 濟字愚字라고 하였고, 시형을 時字亨字라고 하였다. 그의 접주도 역시 마찬가지로 혹 別號로 칭하거나 혹 字로 불러 某 어른 某氏라고 하였다.

지금까지 동학농민전쟁에 나타난 종교적 성격을 보여주는 몇 가지 예를 들어보았다. 다시 말하여 전쟁을 주도한 동학교도의 행위와 의식이 어떠하였는가를 구체적으로 살펴본 것이다. 이 외에도 여러 자료에서 많은 예가 보이고 있다.[40] 그런데 이와 같은 사료적

---

40) 『新世紀』, 43쪽. 현대 맞춤법으로 바꿈—인용자. "東學의 道法은 天人惟一의 宗旨로 絶對平等絶對解放을 主倡함이라. 故로 其訓에 曰人으로 人을 乘치 못하나니라. 人으로 人을 賣買치 못하나니라. 人으로 人을 抑壓치 못하나니라. 天外에 他神은 無하나리라. 人의 財產은 天의 財產이니라. 天의 造化는 人의 造化이니라 此는 卽人是天이란 主義下에 人을 敎化함이라. 古語에 曰人衆이면 勝天이오 天定이면 亦能勝人이라 하니 東學徒衆이 數十萬에 達함에 自然衝動에 衝動을 加하여 개혁의 風潮는 從此急激하였더라. 人이 人을 乘치 못한다는 理由로 列郡守宰의 所乘人轎를 破碎하며 人을 賣買치 못한다는 理由로 富豪家奴婢를 勒贖하며 雜神이 無하다는 理由로 叢祠神牌를 燒却하며 人을 抑壓치 못한다는 理由로 土豪武斷輩를 鳴鼓聲討하며 天의 財產이란 理由로 閭里所過에 餽진衣服을 無碍討索하며 天의 造化가 人에 在하다는 理由로 心告만 하면 銃口에 水가 生한다, 弓乙符를 身에 付하면 矢石이 不入한다 하며 執錢執穀이니 收馬收炮이나 四方이 風動하여 全鮮各地는 無政府狀態를 致하였더라"

근거가 충분함에도 불구하고, 전쟁과 동학의 관계를 철저히 부인하거나 제한적으로만 인정하려는 연구의 시각은 문제가 없다고 할 수는 없다. 양자의 관계를 부인하는 연구의 가장 커다란 문제점은 사료에 분명히 나타나는 동학의 자취를 깨끗하게 지우려고 한다는 점이다. 黃玹이 남긴 위의 기록을 실증적으로 부정할 수만 있다면, 동학의 존재는 무시하여도 좋을 것이다.

그런데 동학을 무시하거나 과소평가하는 시각에서 발견되는 좀 더 근본적인 문제는 동학은 종교이기 때문에 농민전쟁과 같은 계급투쟁의 지도적 사상 내지 이념이 될 수 없다는 논리이다. 동학의 역할을 이보다는 좀 더 긍정적으로 평가하는 주장도 동학은 단지 조직만 제공하였을 뿐이라고 한다. 그러니까 동학이 전쟁에 기여한 바는 단지 농민들에게 취약했던 초지역적 조직망만을 제공하였다는 것이다. 따라서 동학의 교리나 신념체계는 전쟁에서 중요하지 않았고, 전쟁의 원인도 계급적 모순에서 찾아야 한다는 학설이다. 이런 견해는 밖으로 드러나는 '현상'보다는 그 안에 흐르고 있는 '본질'이 중요하다는 역사관에 입각하고 있는 종교적 외피론이다.[41] 이는 자신들의 진정한 계급의식을 갖지 못하는 전근대의 피

41) 엥겔스의 종교적 외피론은 나름대로는 유용성을 가지고 있다. 자신의 경제적 이해를 주장하지 못하던 전근대사회 농민들의 경제적 이해와 요구가 종교적 색채로 표현될 수도 있었을 것이다. 동학농민전쟁에서도 제1차 봉기 이후에는 종교적 성격이 많이 약화되었던 반면 현실적인 경제사회적 욕구가 분출하였다고 생각한다. 이 단계에서는 부분적으로 종교적 외피설이 설득력이 있다고 본다. 그러나 "계급 이해가 종교에 반영된 유일한 이해가 아니며, 경제적 투쟁이 신학에 의해 가장된 유일한 갈등이 아니라는 사실이다. 계급 이해와 경제적 투쟁이 현재 신학에 의해 반영되고 위장된 가장 기본적인 이해와 투쟁이라는 사실은 아직도 증명되어야 할 부분으로 남아 있다."라는 지적이(D.B. 맥코운, 1991, 『마르크스주의 종교이론』, 강돈구, 박정해 옮김, 서광사, 137쪽) 있는 것처럼, 종교적 외피론은 종교와 사회운동, 동학농민전쟁

지배계급, 특히 "農奴" 상태에서 벗어나지 못한 농민계급은 환상적인 종교적 세계관 속에서 모순을 해결하려고 하고 투쟁을 전개한다는 주장이다. 결국 종교는 그들에게 환상을 제공하였지만, 어느 정도의 투쟁력을 제공하였던 외피적 기능과 의의를 가졌다는 것으로 이해된다. 동학농민전쟁에서도 동학이 가지고 있던 의미와 기능이 이와 통하는 바가 있기도 하지만, 전적인 것은 아니다. 이를 둘러싼 논란은 종교 자체의 의미를 어떻게 파악할 것인가, 종교는 개인의 가치체계와 신념체계에 어떠한 힘을 미치는가, 또한 사회적 차원에서 집단의 형성과 활동에 종교가 기여할 수 있는 부분에 대한 기본적 이해가 상충되기 때문에 일어난다고 할 수 있다.

따라서 이 난제를 해결하는 것이 결코 쉽지는 않으므로, 여기에서는 동학농민전쟁에서 동학이 단순히 조직이나 환상만을 제공하지는 않았다는 점을 확실하게 말하겠다. 이에 대하여는 앞에서 역사적 실례를 들어 경험적 차원에서 이의를 표시한 바 있으므로, 여기에서는 동학을 대신하여 농민전쟁을 지도하였다고 하는 '민중적 이데올로기'에 대하여 검토를 하도록 하겠다.

동학의 기여를 부정하고 민중적 이데올로기에 그 역사적 의의를 부여하는 역사학적 연구들도 동학의 비정치성을 비판하기는 하였지만, 그 민중적 이데올로기가 구체적으로 무엇이며 전쟁에서 어떠한 역할을 하였는가에 대하여는 풍부하고 설득력 있는 연구 성과를 별로 내놓고 있지 못하였다. 예를 들어 "思亂", 즉 '난을 생각함'이라고 표현되는 민중의식이 변혁을 요구하였다고 하는데,[42)]

전반을 제대로 설명하지 못한다. 실례로 일본에 대한 적개심과 그 침략을 격퇴하기 위한 투쟁을 계급 이해에서 나온 것이라고는 할 수 없을 것이다. 따라서 그 이론을 가지고 동학이 동학농민전쟁에서 차지하는 의미와 중요성을 무시하거나 과소평가하는 것은 그다지 타당하지 못하다.

그 주장이 너무나 소략하고 간단하게 제시되었기 때문에, 과연 그 의식의 내용이 무엇이며, 어떠한 세계관 위에 정립된 것인지, 논리적 결구가 어떻게 이루어졌는지, 실제로 변혁운동에서 어떠한 역할을 하였는지, 어떠한 체제를 지향하였는지 알 수가 없다. 일찍이 東學은 崔濟愚의 "思亂" 내용으로 규정된 바 있다.[43] 그러나 鄭昌烈의 '민본이데올로기' 연구는[44] 이런 수준을 벗어나 民衆的 이데올로기를 본격적으로 천착하였다는 점에서 주목받았고, 여전히 그 방면에서는 대표적인 위치를 점하고 있다고 생각된다. 그런데 문제는 사상의 내용이 빈약한데다가 그 실체가 뚜렷하지도 못하고, 특히 유교적이며 전통적인 성격을 띠고 있다는 점이다. 오히려 동학보다 정치성이 더욱 박약하며 보수적인 것으로 보인다. 따라서 동학농민전쟁처럼 체제와의 전면적이며 거대한 투쟁을 전개하고 지도할 수 있는 이데올로기로 작용할 수 있었는지 의심스럽다. 다시 말하여 동학을 대신할 수 있는 민중적 이데올로기를 찾지 못하였으므로 체제유지적이며 보수적인 농민의 문화로 되돌아온 것이 아닌가 한다.

'문화적 헤게모니'를 잡고 있던 유교적 제가치와 질서를 혁명적으로 깨트리는 데 상대적으로 더 효과적일 수 있는 사상은 '民惟邦本의 민중이데올로기'보다는 새로운 세계와 삶을 약속한 동학이다. 왜냐하면, 民惟邦本이라는 관념은 민중을 지배와 통치의 대상

42) 안병욱, 1993, 「19세기 민중의식의 성장」『1894년 농민전쟁연구』 3, 역사비평사.

43) 『日省錄』, 고종 1년, 3월 2일조. "劒舞唱播凶歌 平世思亂 暗地聚黨"

44) 鄭昌烈敎授는 「조선후기 농민봉기의 정치의식」(1993, 『韓國人의 生活意識과 民衆藝術』, 성균관대학교)에서 홍경래란과 임술민란을 통하여 민중적 이데올로기를 民惟邦本 이데올로기로 규정하고, 그 발전과 한계를 논하였다. 다시 『甲午農民戰爭研究』에서 동학을 대체할 수 있는 민중이데올로기로 民惟邦本 이념과 輔國安民 이념을 제시하였다.

으로만 인식하고 있던 양반지배세력의 전통적 정치이념인 王道政治에 뿌리를 두고 있다. 민유방본과 왕도정치 이 양자는 본질적으로 이념적 대립 관계에 있는 것이 아니다. 양반지배세력들이 민유방본을 외치는 중요한 까닭은 지배체제의 유지와 안정을 위한 것임은 길게 말할 필요도 없다. 민유방본이라는 민중의 외침도 동일한 맥락에서 파악하여야 할 것이다. 설사 민중들이 민유방본을 저항과 투쟁의 이념으로 내세운다고 하여도, 임술민란에서 보이듯이 그들이 가지고 있던 정치의식상의 한계는 분명하였다.

반면 동학은 세계관 자체가 유교적 범주에서 많이 벗어나 있다. 한울님이란 초월적이며 절대적인 신을 상정한다는 자체가 벌써 비유교적이며, 시천주와 後天開闢은 유교 경전에서 찾아볼 수 없는 새로운 인간관이며 역사관이다. 설사 동학이 유교적인 성격을 불식하지 못하였다고 하여도, 동학이 민중에게 고통을 주는 현실의 질서, 기존의 유교적 질서를 인정하였다고 한다면, 민중신앙이나 신종교로서 처음부터 성립할 수가 없었다. 현실 자체를 인정해 버리면, 그 속에서 신음하는 민중들이 동학으로 대거 몰려들 까닭은 없었다. 기복적이며 주술적인 면모는 동학의 본질은 아니다.[45] 동학이 이런 수준에 머물렀다면, 결코 우리 역사에서 이처럼 중시되지 않았을 것이다. 그리고 동학교도의 대부분은 사회에서 억눌리고 수탈당하던 민중이었다. 이들에게 구원이란 내세에서의 평온이 아니라 악과 불의로 가득한 현실세계가 멸망하고 새로운 이상세계가 '지금 이 자리에' 도래하는 것이었고, 이들이 邪道로 낙인 찍혀 가혹한 박해를 당하고 있는 동학을 신앙한다는 것은 이미 정치적

45) 金龍德, 1964, 「東學思想硏究」『중앙대 논문집』 9, 41~42쪽 참조. 金龍德은 동학농민군이 총알을 막아준다는 白布帳을 사용할 정도로 미신적인 造化力을 믿었다고 하여, 그 속에 보국안민의 목표, 민족주의적 및 민주주의적 새로운 旗幟를 함몰시켜서는 안 될 것이라고 한다.

이며 저항적인 행위이다. 이런 몇 가지의 사실 자체만으로도 동학은 정치성이 농후한 종교집단이라고 할 수 있다.[46] 그렇기 때문에 현실과 체제에 대한 부정의 의식을 강화시켜 주는 데는 동학이 기존의 지배문화와 강한 친화력을 가지고 있는 민유방본보다 훨씬 탁월하였다.

그리고 현실적 민중운동의 시각에서는 "民惟邦本 이념"은 추상적이며 공허한 관념, 다른 말로 비정치적인 성격이 강하다고 할 수 있다. 특히 "동학은 사회개혁의 현실적 프로그램을 가지고 있지 않았다는 의미에서 극단적으로 '환상'에 가깝다."라고 보는 시각에서는[47] 더욱 그렇게 평가할 것이다. 기존의 질서에 유착된 민유방본은 도덕적 비난과 소극적 저항을 불러일으킬 수는 있지만, 그 이상의 정치적 의미를 가지기 힘들다. 즉 민유방본이 지향하였던 대안적 정치체제를 명확히 말할 수 없다는 것이다. 민유방본을 상황에 따라 내용을 달리하는 조작적인 개념이나 이데올로기로 정의한다면, 그 실체는 어디에서 찾을 수 있을까 의문이다. 또한 민유방본은 비록 많은 조선인의 의식 한 모퉁이에 자리 잡고 있었다고 하여도, 거의 정치적으로 조직화되어 있지 않았다고 할 수 있다. 다시 말하여 새로운 체제를 지향하는 집단적 정치사상으로 성립되지 못하고, 기존의 질서에 입각하여 소극적인 방어용으로만 가끔 사용되었을 뿐이었다. 만약 19세기 후반에 "민유방본 이념"을 일정한

46) 『駐韓日本公使館記錄』 2, 親展 東學徒鎭壓의 善後策에 관한 具申, 92~93쪽. "진짜 동학도도 결코 정사에 관계없는 것은 아닙니다. 도리어 가짜 동학도보다 무서운 혁명의 싹을 품고 있습니다. 왜냐하면 그들이 부르짖는 바는 항상 輔國安民의 4字로서, 그들은 일반 조선인중에서 가장 완강한 인민이기 때문입니다"

47) 김영작, 1982, 「동학사상과 농민봉기」 『동학혁명의 연구』, 백산서당, 86쪽.

체계를 가진 정치사상 수준으로 끌어올린 사상가가 나오고, 그 추종세력들이 조직적으로 형성되었다고 한다면, 분명히 민유방본도 정치적 이념으로 역사적 사명을 다하였을 것이다. 이처럼 정치성이 희박하였다는 말은 체계적인 정치사상으로 발전하지 못하였음을 의미하는 것 외에도 그 이념을 실천하는 정치세력들이 집단으로 조직화되지 못하였다는 한계도 내포한다. 특히 민유방본은 현실에 대한 저항 논리로는 사용될 수도 있었지만, 그에 기초하여 전국적 투쟁을 이끌어낼 수 있는 연대적 조직이 부재하였다는 점에서 역시 고립적이며 분산적인 투쟁 수준에 알맞았다고 할 수 있다.

민중을 정치적으로 각성시킬 수 있는 가치나 사상은 민유방본과 대동사상 등 여러 가지이다. 그러나 중요한 문제는 그것들이 민중을 정치적으로 행동하게 하는 메커니즘을 가지고 있는가 하는 점이다. 즉 운동의 정당성만을 부여하는 것이 아니라, 공고한 인적 결합을 만들고, 그들을 실제 운동에 동원하고, 강력한 투쟁을 전개할 수 있도록 하는 의식・이념・정서 등을 제공하여야 한다. 이러한 민유방본의 한계는 동학에도 상당 부분 해당하는 것이지만, 그래도 동학은 독자적인 세계관을 가졌고, 그 안에 들어온 수많은 교도들이 존재하였고, 이들이 교단적 기구로 조직화되어 있었다는 점에서 민유방본에 견줄 수는 없다고 생각한다. 요컨대 동학은 당시 어떤 사상이나 철학보다 더욱 진보적이었고, 강한 조직을 형성하였고, 불굴의 투쟁의지를 북돋울 수 있었다.

동학은 종교이기 때문에 그 자체가 혁명사상이 아님은 두말 할 나위도 없다. 또한 정치적 프로그램, 代替的 정치체제의 구상도 전혀 찾아볼 수 없는 것도 사실이다. 그렇다고 하여 동학이 이 현실세계가 부정된 다음에 전개될 새로운 이상세계와 삶을 말하지 않는 것은 아니다. 또한 최제우도 자신이 살고 있는 현실이 직면한 대내외적인 모순과 위기를 무시한 것도 아니었다. 그의 고뇌와 방황은 자신과 민중의 구체적인 삶에서 시작되었고, 그 구도의 끝도 현실에서 고통을 받고 있는 인간의 구원이었다. 따라서 동학을 종교라고 하여 현실적인 제조건과 분리하여 파악하려는 시각은 수긍하기 어렵다. 새로운 종교의 탄생이란 기존의 세계관과 인간관을 부정하고 다른 것으로 대체한다는 것을 의미한다. 신종교가 할 일은 지배자가 강요한 억압적 세계관을 근원적으로 부정하고 민중의 이상적 세계관으로 대체하는 것이다. 그 민중적 종교의 창시자에게 정치적 프로그램까지 기대한다는 것은 전혀 무리이다. 새로운 세계관을 가지고 낡은 세계를 어떻게 인식하고 변화시킬 것인가 하는 점은 결국 믿는 자의 임무인 것이다. 현실적으로 믿는 자들 사이에는 현실적 대응이라는 측면에서 불일치와 갈등이 발생하기도 하지만, 그것은 본래의 교리 내용 자체보다는 그것을 어떻게 해석하여 현실에 적용시킬까 하는 관점의 차이에서 비롯된다. 창시자가 새로운 이상세계를 실현하기 위한 방법으로 아무리 평화적인 것을 강조하더라도, 결국은 현실 인식과 대응을 둘러싸고는 그 제자들 사이에 분열이 생기게 되는 것은 동학 초기에도 나타났던 경험적인 사실이다. 또한 남접과 북접의 분열과 갈등도 이점에서 기인하였다. 따라서 신종교 창시자의 종교적 메시지 자체만 가지고 정치성을 운위한다는 것은 처음부터 잘못 접근한 것이 아닌가 한다. 그보다 더 중요한 것은 동학교도들이 현실을 어떻게 인식하였고, 그에 따라 어떠한 행위를 하였는가 하는 점이다.

동학은 '과학적 세계관'이나 투쟁론과는 분명히 아주 먼 거리에 있었다. 그러나 동학도 인간의 삶에는 물질이 필요하고 중요하다는 인식은 가지고 있다. 보수적이라고 지목받는 최시형의 이른바 '밥 한 그릇', '以天食天', '養天主' 사상이 그 예이다.[48] 또한 동학만이 먹는다는 것을 중시한 것은 아니다. 이른바 민유방본에도 먹는 문제는 중요하다. 민유방본도 임금의 養民에서 시작되는 것이다. 과학적 세계관이나 동학, 그리고 민유방본도 모두 물질생활을 중시하고 있다는 점에는 기본적으로 동일하다. 그런데 '먹을 것'이 부족하여 인간의 삶이 위협받는 절박한 문제가 현실적으로 발생하였을 때, 그런 사태의 원인에 대한 인식과 해결 방법의 모색을 둘러싸고는 모두 동질적이라고는 할 수 없을 것이다. 오랜 인류 역사에서 근대사회에 비로소 나타난 과학적 세계관은 현실세계와 새로운 세계에 대한 이성적 인식을 기초로 하고 있기 때문에 모두 전통적 세계관에 입각한 동학과 같은 초월적 종교나 민유방본이란 전근대적 윤리와는 질적으로 다르다. 그러므로 과학적 세계관은 동학이나 민유방본과 비교의 대상은 아니다. 이런 시각에서 양자를 본다면, 모두 투쟁과 혁명 사상으로서는 부적절할 것이다. 하나의 근대적 이론에 입각하여 동학이란 종교의 한계를 거론하며 비종교적인 부분에서 투쟁의식을 발견하려는 노력보다는 그 한계도 지적하면서 종교도 그와 같은 투쟁을 이끌어낼 수 있다는 사실을 인정하는 것이 필요하다고 생각한다.

---

48) 金庠基, 앞의 책, 81~82쪽.

結論

Ⅰ. '동학의 역할과 위상'에 대한 인식의 변화

1894년의 대사건은 갑오년난리를 비롯해서 동비(東匪)의 난, 동학난리, 동학란 등 올바른 역사의식이 결여된 명칭으로 오랫동안 불려졌다. 자신의 논저에 동학란이란 표제를 달았을지라도 그 사건의 진보성을 인정한 장도빈이나 김상기 같은 연구자들도 있었지만, 대개의 경우는 동학이 잘못했다는 부정적 평가가 그 밑바닥에 깔려 있었다. 그러나 그와 같은 평가나 편견과는 별도로 동학이 그 사건의 주역이다, 그들이 그 난리를 일으켰다는 사실은 의심할 여지가 없는 것이었다.

그런데 20년대와 30년대에 들어서 유물사관론자들은 그 사건이 가지고 있던 역사적 맥락과 의의를 좀 더 날카롭게 파악하고, 농민전쟁이라는 용어를 처음으로 사용하였으나, 동학의 역할과 중요성을 약화시키거나 부정하는 경향을 뚜렷하게 보였다. 이때부터 해석이 사실을 압도하기 시작하였고, 유물사관론자에게 동학은 경제적 관계의 모순을 반영하는 상부구조의 한 부분, 역사의 본질에 부수하는 현상에 불과하게 되었다. 그리고 이러한 해석은 해방 직후 좌익 진영과 북한에서 더욱 발전하여 그들의 공식적 견해로 자리를 잡았다. 비록 동학을 주목하고 인정하는 견해도 나왔을지라도,

그것은 종교적 외피론을 넘지 않는다.

한국전쟁을 겪은 뒤, 유물사관이 힘을 상실한 남한의 역사학계에서 동학의 지배적 역할은 거의 도전을 받지 않았고, 5 · 16쿠데타가 일어난 뒤에는 1894년 '혁명'의 주체로 당당히 확립되었다. 또한 동학은 60년대와 70년대 민족주의의 주요한 상징으로 기능하였고, 자생적 근대사상으로 부각되어 평등주의에 기초한 민주주의 사상으로까지 발전하였다. 동학사상의 '혁명성' 논쟁은 학계 울타리를 넘어서 일반인의 관심 대상이 되는 등 동학의 학문적 사회적 위상이 드높았다. 즉 근대화론이 풍미하고 산업화가 시작되던 당시 동학과 동학농민전쟁은 자주적인 근대화운동의 효시로 부각되었던 것이다.

그러나 80년대에 군사독재와 남한자본주의에 맞서 '민중사관', 또는 '진보적 역사관'이 새롭게 등장하자, 동학의 위상은 도전을 받기 시작하였고 크게 동요되었다. 종전까지만 해도 그들에게조차 동학란이나 동학농민전쟁, 또는 기껏해야 농민봉기 수준에 머물렀던 1894년의 사건은 이제 농민전쟁으로 발전되었다. 재일 한국인 학자들의 선도적인 연구를 기반으로 한 일부 학자들은 농민전쟁과 동학을 분리시키는 작업을 수행하였다. 그 기본적 시각은 40,50년 전 역사관과 흡사하다고 하여도 크게 틀리지는 않을 듯하다. 그런 결과 일부에서는 '동학과 농민전쟁은 전혀 무관하다', '동학이 없었더라도 그 사회의 모순 자체 의해서 농민전쟁은 일어났을 것이다' 등의 주장을 역설하는 연구자들도 적지 않게 나왔다. 또한 이와 같은 도식적 유물사관에서는 어느 정도 벗어난 것이기는 하지만, 16세기 전반의 독일농민전쟁에 관한 프리드리히 엥겔스의 해석을 충실하게 원용한 종교적 외피론도 큰 호응을 받았다. 종교적 외피론은, 전근대사회의 농민들은 종교를 전면에 내세우며 무력항쟁을 일으키지만, 그 본질은 계급투쟁이며, 종교는 단지 농민의 계급의식을 감추는 외피나 외투에 지나지 않는다는 이론이다. 이런 분위기가 학계를 주도함에 따라 '동학혁명'을 말하는 연구자는 점차 소수에 지나지 않게 되었고, 그들은 왠지 시대에 뒤떨어진 역사의식을 가졌거나 보수적 정치 성향의 소유자로 보이는 경향도 없지는 않았다.

90년대에 들어서 농민전쟁 연구는 더욱 활기를 띠었고 괄목할 만한 성과도 속출하였다. 역사의 주인으로서 민중(=농민)의 위상은 높아져 갔고, 1894년의 사건은 농민의 계급적 이해에 의거한 계급투쟁, 농민항쟁이라는 인식이 일반화되어 갔다. 상대적으로 동학의 위상은 급속히 추락하였으나, 종교적 외피론과 소수의 옹호자 덕분에 근근이 명맥을 유지할 수 있었다. 그러나 시간이 흐르고 연구가 심화될수록 동학의 중요성은 다시 주목받기 시작하였다. 농민전쟁의 발발과 전개에서 나타나는 동학의 역할이 사실적으로 너무 뚜렷하기 때문에 그것을 무시하고는 올바른 역사상이 만들어질 수 없다는 반성적 시각이 공감을 얻었던 같다.

한편 이 시기에는 동학을 무시하는 또 다른 흐름이 '보수진영'에서 나타났다. 한 교수는 "1894년의 농민봉기는 조선왕조의 국교였던 유교의 대전통 안에서 유교적 이상국가를 재현, 보존할 것을 목표로, 유교적 의분심에서 발동된, '의거'"였다고 보고 있다. 이는 동학농민전쟁의 역사적 진보성 내지 혁명성을 인정하지 않고 복고성을 강조하는 견해로서 동학은 처음부터 그 역할과 위상을 논할 대상이 아니다. 실제 그의 연구에서는 동학을 심도 깊게 다루고 있지 않다.

동학은 종교사상이지만 종래의 민란과 농민전쟁에 사상과 조직을 주어 갑오농민전쟁이 일어날 수 있었다는 결합설도 등장하였다. 이 학설이 종교적 외피설과 다른 점은, 후자가 동학을 비본질적인 원인으로 본 것과는 달리, 동학이 종래의 민란과 농민전쟁에 의식과 조직을 주어 갑오농민전쟁이 일어날 수 있도록 하였으므로 농민전쟁과 분리할 수 없다는 주장이다. 이것은 동학과 역사적 조건을 통합적으로 보아야 한다는 시각으로 양자를 구분하지 않고 동학을 긍정적으로 인식하던 연구 성향에 대단히 가깝지만, 유물사관과는 분명한 거리를 두는 견해이다.

이처럼 동학의 역할과 위상에 둘러싸고 상이한 주장이 제기되는 배경에는 연구자들의 세계관과 학문적 신념 외에도 정치적 성향 등 현실 조건과 인식의 차이에서 발생한다. 따라서 역사학은 사실의 학문이며, 그렇게 되어야 한다는 점에 동의를 한다면, 동학 연구도 무엇보다 객관성을 중시해야 한다. 그리고 그것은 자신의 가설을 입증할 수 있는 사료만 임의로 선택해서 자기주장을 정당화하는 연구 방식을 버리는 것에서 출발한다.

Ⅱ. 동학의 역할

1. 동원과 조직의 중요성

동학농민전쟁에서 동학이 차지하는 비중은 아주 막대하였다. 그렇다고 동학이 없었다면, 1894년의 대사건은 일어나지 않았을 것이라고 단언할 수는 없지만, 그런 가정이 나올 만큼 동학의 역할은 지대하였다. 특히 대중의 동원과 조직이라는 측면에서는 그 어떤 사상이나 집단도 동학에 비견될 수가 없다. 예를 들어 유교사상이나 민유방본(民惟邦本)과 사란(思亂)의 민중사상, 또는 농민의 계급의식이 동학농민전쟁을 이끈 지도적 사상이라고 주장할 수는 있겠지만, 그것을 실증하기란 결코 쉽지 않을 것이다. 더구나 그런 사상이 독자적인 조직을 형성해서 민중을 동원하고 항쟁을 지도하는 데 중추적 역할을 하였다는 사실적 근거를 찾기란 거의 불가능에 가까울 것이다. 물론 이와 같은 사상이나 조직이 역사적인 무력항쟁에 기여한 바가 없다는 주장도 억지이나, 그 역도 동일한 오류임은 틀림없다.

동학농민전쟁처럼 사회 전반에 걸쳐 새로운 질서와 원리를 만들어 내려고 하는 거대한 사회운동이 성공하기 위해서는 무엇보다 대중을 광범위하게 동원해야 하며, 또한 동원된 대중은 공고하게 조직되어야 한다. 아무리 훌륭한 사상이나 극단적인 모순이 존재한다고 하더라도, 대중의 동원과 조직이 이루어지지 않는다면, 그 사회운동의 의의는 별로 크지 않다고 할 수 있다. 대중이 없는 1789년 프랑스 대혁명이나 1917년 러시아 혁명을 생각할 수 있겠는가. 그런데 이와 같은 대중의 동원과 조직의 과제는 결코 쉽사리 해결되지는 않는다. 왜냐 하면 인간은 지극히 자율적이며 복잡한 존재로서 특정한 이념적 선호나 물질적 이해관계에 따라 자동적으로 움직이는 인형이 아니기 때문이다. 그렇다고 모든 것을 동원론에 의존해서 설명하려고 하는 것이 아니며, 사회운동이 성공하기 위해서는 많은 사람들이 참여해야 된다는 지극히 단순하고 상식적인 발상에서 논의를 개시하고자 한다.

2. 모순 인식과 현실 부정

어떤 개인이나 집단이 다른 사람과는 다르게 생각하고 행동한다는 것은 그의 의식세계가 남과 다르다는 것을 전제로 한다. 현실세계와 대결하고자 하는 사람은 그 세계의 질서를 그대로 인정하거나 도피하지 않고 그것을 부분적으로 비판하거나 아예 철저히 거부한다. 먹고사는 일이 고달픈 한 농민이 "이것이 내 사주팔자인가 보다"라고 체념한다면, 그는 현실에 순응하기 마련이고, 반면 "나라와 지주 때문에 그렇다"고 생각한다면, 적어도 그들에게 불만을 갖거나 저항을 하려고 할 것이다. 후자의 경우, "세상에 불만을 품다"라고 할 수 있으며, 그것이 깊은 수준의 사고에 이르렀을 때, "모순을 인식한다"고 현학적으로 표현할 수 있다. 이처럼 생각이 변하지 않는다면, 현실의 부정은 상상하기 어렵다.

19세기 후반 조선사회에서 동학의 창도자 최제우만큼 현실의 모순을 인식하고 새로운 이상세계를 제시하였다는 명백한 증거를 남긴 인물도 드물다. 과연 어느 진보적 실학자가 현실세계(=조선왕조)의 운명이 다하였고, 새로운 이상세계가 도래할 것이라는 다시개벽(開闢)사상을 내놓았던가. 그리고 그 엄격한 신분제 사회에서 모든 인간은 지고한 한울님을 모신 소중하고 평등한 존재라는 선언한 시천주(侍天主)사상은 어떤 양반유생의 문집에서도 찾아볼 수가 없다. 이 동학사상은 '과학적 세계관'이나 '혁명이론'이라는 이름을 붙일 수는 없으나, 억눌린 민중에게는 구원의 메시지였고, 실제 많은 사람들이 동학을 신앙하고 무력항쟁에 참여하였던 중요한 동기를 제공하였다. 예를 들어 '아기접주'로 동학농민전쟁에 나섰던 백범 김구가 동학에 입도한 까닭도 바로 여기에 있었다.

종교학에서 중시하는 회심(回心)이란, 새로운 신앙을 받아들임으로써 새로운 삶을 살게 되는 현상을 말한다. 또한 이는 현실세계를 그대로 인정하는 것이 아니라 부정하는 새로운 세계관이 그의 생각과 행동을 지배하게 되었음을 뜻한다. 즉 최제우의 가르침에 따라 살게 된 동학교도는 자신이 살고 있는 현실세계를 비판하고

부정하는 삶을 살게 된 것이다. 비록 동학교도가 모두 동학의 근본 가르침이 좋아서 동학을 신앙하고 철저한 회심을 경험하였다고는 말하기 어렵다고 하더라도, 조정이 엄하게 금지하는 동학을 신앙한다는 것 자체는 현실세계에 저항하는 삶을 살겠다는 뜻이었다.

3. 주도집단의 형성

관련 학계에서는 동학농민전쟁의 주체에 대해서 상당한 공력을 쏟았다. '주체'라는 용어가 구체적으로 어떻게 참여하고 활동한 사람을 말하는지도 정확하지 않아 각 주장이 엇갈리는 경우도 많다. 예컨대 경제를 중시하는 연구자들 사이에도 주체세력은 잔반층, 부농층, 빈농층이라는 상이한 의견이 제기되어 있다. 참가층 전반에 대한 실증적 연구가 성공하지 못한다면, 아마 주체세력의 파악은 이렇게 혼란스러울 수밖에 없을 것이다.

이와 달리 동학농민전쟁을 처음부터 계획하고 실행한 주도집단 내지는 지도집단의 존재는 분명히 확인된다. 즉 제1차 봉기 후에 최초로 쓰이기 시작한 '남접'이 바로 그에 해당한다. 여기에는 전봉준, 서인주, 김개남, 최경선, 손화중 등 저명한 인물들이 포함되어 있다. 이들은 1894년 무력투쟁뿐 아니라 1892년 신원운동도 주도하였던 동학교도였다. 서인주는 1880년대 전반부터 최시형의 오른팔 노릇을 하던 동학의 지도자였고, 김개남과 최경선과 손화중도 일찍부터 동학을 신앙하며 지역의 교도집단을 이끌었던 접주였다. 전봉준은 동학교도가 아니라는 주장이 오래 전부터 나왔으나, 신빙할 만한 근거는 내놓지 못하고 있다. 동학교도가 아닌 전봉준이 동학교도 집단에서 최고 지도자 자리를 차지한다는 것이 과연 가능할까? 이렇게 동학농민전쟁의 지도자들이 모두 동학교도라는 사실은 부인할 수가 없다.

이러한 주도집단이 부재하였다면, 동학농민전쟁처럼 거대한 사회운동은 일어날 수도 없었다는 것은 깊게 생각할 여지도 없다. 대내외적 위기가 팽배하였던 당시, 민중사회에서는 동학을 제외하고는 역사적으로 의미가 있는 정치사회집단이 왜 나타나지 않았던가. 1880년대부터 전국을 횡행하던 화적은 왜 동학농민전쟁과 같은 사회운동을 전개하지 못하였던가. 그 까닭은 그 집단이 공유하고 있는 의식세계가 기존 사회의 세계관과 사회적 관계를 거부하고 부정하기 어려운 수준에 머물고, 새로운 세계에 대한 염원과 실현 의지가 빈약하였기 때문이라고 본다. 자신의 사고와 행동의 정당성을 확보하고 그것을 실천하기 위해서는 도덕적으로 강력한 힘을 가진 세계관과 가치관이 필요하다.

또한 신앙을 함께 하기 위한 교단과 같은 강력한 종교조직은 전근대사회에서 거의 유일하다고 할 만큼 초지역적이며 탈공동체적 조직이라고 할 수 있다. 혈연에 기초한 소수 집단의 한계는 명확하며, 실제 조선후기 각종 병란의 사례도 그 점을 증명한다. 동학의 포와 접은 신앙공동체를 형성하고 강화하였던 조직으로서 동학농민전쟁의 조직 기반이었다. 이렇게 동일한 인식과 태도를 연결해주는 고리가 있고, 구성원 상호간에 굳건한 연대관계가 형성되어야 자기희생을 감수할 수 있다. 다시 말해서 서로의 마음과 몸을 지켜 주고 묶어 주는 질긴 끈, 동학과 같은 이념과 조직을 제공하는 집단 형성의 중심이 있어야 한다.

4. 투쟁을 위한 정서적 격려

모순을 직시하고 현실을 부정하는 의식을 갖게 되었다고 하여도, 그 생각이 곧바로 행동으로 바뀌기란 쉽지 않다. 여기에는 회심도 중요하지만, 정서적 격려가 수반되어야 실천에 나서게 된다. 더구나 왕조시대에 세상을 바꾸고자 하는 사회운동과 무력투쟁에 참여한다는 것, 다시 말해서 스스로 '역적'이 될 위험을 감수하겠다는 것은 곧 재산과 생명 등 자신의 모든 것을 희생하겠다는 의지가 뒷받침되지 않고는 가능하지 않다. 현실적으로 자신에게 이익이 돌아올 수 있다는 타산도 사람을 움직이는 커다란 힘이지만, 동학과 동학농민전쟁의 지도자들은 물론 그를 따르는 참여자들이 처해 있던 위태한 상황은 그런 희망을 불허하였으므로 격려와 용기는 더욱 소중하였다.

동학은 현실부정의 예언인 정감록과 같은 도참비기, 이상세계를 가져올 구원자인 진인 출현에 대한 기다림 등과 같은 근원종교전통과 맥락이 연결된 민중신앙운동에서 발전된 신종교이다. 이렇게 민중사회에서 탄생한 신종교의 일반적 특징은, 여러 각도에서 설명할 수 있지만, 현실세계의 종말과 이상세계의 도래가 지금 당장 이 자리에서 이루어질 것이며, 선한 자들(=믿는 자들)은 초월적인 존재에게 구원을 받을 것이라는 강력한 예언을 들 수 있다. 만약 중대하고 커다란 정치적 사건이 발생한다면, 민중은 이런 예언이 현실에서 당장 실현될 것이라는 강한 신념을 지니고 그에 동참한다. 신원운동과 동학농민전쟁 과정에서도 널리 퍼졌던 새로운 왕조의 개창과 구원자로서 최제우의 강림, 그리고 동학농민군은 총에 맞아도 죽지 않는다는 믿음 등이 민중사회에 널리 유포되었다.

이러한 분위기가 투쟁과 참여자 전체를 지배하였다거나, 동학의 역할이 이런 수준에 머물렀던 것은 아니지만, 이런 종교적 현상과 특성을 광범위한 무력항쟁에서 배제해서는 안 될 것이다.

이렇게 새로운 세계의 도래와 구원을 외치는 동학을 믿고 따르는 자와 그렇지 않은 자의 동학농민전쟁에 대한 인식과 참여는 같을 수가 없었다. 조선사회에서 고통을 당하고 있던 2천만 명에 가까웠던 농민들 가운데 이 무력투쟁에 참가한 숫자는 극소수에 지나지 않았다. 적어도 전체 농민의 절반에 가까웠던 영세빈농들마저 왜 그러한 태도를 보였던가. 그들의 계급의식은 약하였던 반면 동학농민전쟁에 가담한 농민들만 유독 계급의식이 강하였기 때문인가. 여기에서 객관적인 경제적 지위 내지 계급적 위치가 곧바로 계급의식, 더 나아가 투쟁참여를 의미하지 않는다는 사실은 분명히 확인할 수가 있다. 다시 말해서 무력투쟁에 나서게 되는 동기에는 계급의식 아닌 다른 것이 있을 수 있다. 그리고 동학농민전쟁에 참가한 동학교도도 농민이 대다수이며, 그들도 국가와 지주의 수탈에서 벗어나 안정된 농민으로 살고자 하는 욕구 내지 계급의식을 가졌지만, 그들의 참여와 투쟁에는 계급의식이 있을 뿐이라고는 절대로 단정할 수 없다.

5. 투쟁 조직

의식과 정서만 가지고 투쟁에 참여할 수 있는 것은 아니며, 사람만 많다고 투쟁을 전개할 수 있는 것도 아니다. 참가자를 동원하고 투쟁에서 승리하기 위해서는 동원조직 역시 막중하다. 혈연에 기초한 소수 집단의 한계는 명확하며, 조선후기 각종 병란의 사례도 그 점을 입증한다. 농민들의 민란이 가지고 있던 한계는 고립적이며 분산적인 투쟁이었다는 점이다. 군현 단위를 넘어서 광범위한 무력항쟁을 전개할 수 있는 투쟁조직을 농민사회의 사회적 관계나 조직에서는 찾기 힘들다. 1862년 일시에 삼남지방을 휩쓴 임술민란의 경우, 농민항쟁은 각 군현의 경계 안에서 그 군현의 주민만으로 전개되었던 이유 가운데 중요한 것은 투쟁의 국지성과 분산성을 초월할 수 있는 연대조직 내지 투쟁조직이 부재하였기 때문이었다. 한 군현에 국한된 민회나 면리제와 같은 향촌기구가 그 구실을 담당한다는 것은 구조적으로 어려웠고, 실제 그런 일도 일어나지 않았다. 그러나 신앙을 함께 하기 위한 교단과 같은 강력한 종교조직은 전근대사회에서 거의 유일하다고 할 만큼 초지역적이며 탈공동체적 조직이라고 할 수 있다. 동원과 투쟁 조직으로서 동학의 포접제는 항상 그 중요성을 인정받아 왔고, 실제로 동학의 포와 접만이 투쟁조직의 기반이 될 수 있었으므로 동학농민전쟁은 전국적 항쟁으로 발전할 수 있었다.

그런데 문제는 동학의 포와 접은 허울일 뿐이며, 동학농민전쟁의 참가자들은 동학을 신앙하는 교도들이 아니라 다른 의식과 목적을 가졌던 민중이었다는 주장이다. 즉 이들의 마음에는 동학의 가르침보다는 계급의식, 또는 대동사상이나 민유방본이 자리 잡고 있었다고 한다. 그런데 특정한 집단에 속하는 자가 그 조직이 존립하는 의의와 공유하는 목적을 외면한다는 것은 드문 경우에 한정된다. 동학농민전쟁 과정에서 동학농민군은 동학의 종교의례를 집단적으로 행하고, 교도와 비교도의 구분을 엄하게 하고, 종교적 신념을 강하게 표출하고, 동학의 지도자들에게 지휘를 받았다. 이런 종교 행위를 무시하였던 자들이나 신앙과는 무관하게 동학농민군에 가담한 자들도 있었겠지만, 이들이 투쟁세력을 압도하였다고는 보기 힘들다. 동학농민군은 종교집단으로서 자기 정체성을 가지고 있었기 때문에 각종 종교 행위를 하였던 것이다.

Ⅲ. 글을 맺으며

동학농민전쟁에서 동학의 역할과 위상은 지극히 컸다. 그러나 이 역사적인 대사건을 오로지 동학이라는 종교에 초점을 맞추어 이해하고 설명할 수는 없다. 그런 시도는 동학이 모든 역사와 항쟁의 주역이었다는 인식에 고착된 편협한 연구 태도로서 수용하기 어렵다. 그 투쟁이 일어나고 전개되는 데는 동학 외에도 많은 중요한 인자들이 개입되어 있었다. 특히 장기적이며 구조적인 접근을 한다면, 동학만큼이나 지대한 역할을 한 요인도 없지는 않았다. 조선후기 사회의 경제적 변화의 결과라는 측면에서 본다면, 농민들의 투쟁이 발발할 수 있던 소지도 풍부하였다. 단기적으로도 1870년대 후반 이후 연속된 자연재해와 그에 따른 흉년이 몰고 온 경제적 타격도 결코 무시할 수 없다. 외세의 침입에 따른 대외적 위기의식도 동학농민전쟁 발생에 직접적인 영향을 미쳤다. 동학농민군의 모든 투쟁이 동학의 이념과 조직에 의해서 전개되었던 것도 아니었다. 또한 동학 자체의 움직임과는 별개인 상황도 투쟁의 발생과 전개에 적지 않게 작용하였다. 따라서 동학은 1894년 대사건의 원인과 변수 가운데 다른 어떤 것들보다 역할이 중요하였기 때문에 주목을 받는다고 할 수 있다. 분명한 것은 동학의 역할과 위상을 전면적으로 부정하거나 절대적으로 인정하는 연구는 실증과 해석에서 커다란 오류를 범했고, 동학농민전쟁을 제대로 이해하지 못하였다는 지적을 면할 수 없다는 점이다.

[附 錄]

'진보적 한국사학계'가 남긴 과제

한국역사연구회 지음 『1894년 농민전쟁연구』 1-5, 역사비평사 1991 - 1997.(1권 91년, 2권 92년, 3권 93년, 4권 95년, 5권 97년)

1. 이제는 벌써 몇 년이 지난 일이지만, 1994년 우리 한국사학계는 농민전쟁 100주년 기념행사로 떠들썩하였다. 논문과 저서가 쏟아지고, 학술단체가 결성되고, 강연회 · 기념회 · 발표회 · 대담회 등이 열리고, 매스컴에서도 시끌시끌하였다.

이런 분위기를 고조시키고 선도한 학자들 가운데에서도 한국역사연구회 회원들이 학술적으로나 대중적으로 가장 활발하게 활동하였다. 스스로 그렇게 일컫기도 하지만, 흔히 그들은 '진보적 소장 역사학자'로 불린다. 대부분 그들은 80년대에 서울대학교에서 석,박사과정을 밟았고, 독재정권 아래에서 전개된 학술운동의 주역이었으며, 앞으로 한국사학계를 짊어지고 나갈 동량임에 틀림없다. 역시 그들답게 수준 높고 방대한 연구 성과를 내놓음으로써 최고의 농민항쟁인 1894년 농민전쟁의 의의를 되새겼다.

올해 2월에 완간된 『1894년 농민전쟁연구』(이하 『전쟁연구』) 다섯 책은, 그들이 근 7, 8년 동안 정성과 열의를 기울인 노작이다. 역사 관련 학회 차원에서 특정한 주제를 가지고 이처럼 장기적인 사업을 마무리한 전례가 있는지 모르겠다. 이것 하나만 하여도, 한국역사연구회는 대단한 공적을 쌓았다고 할 수 있다. 더욱이 50편에 가까운 논문 가운데 다수는 해당 분야에서 주목받을 가치가 충분히 있다. 또한 연구자 개인이 논문만 제출하는 것으로 의무를 다한 것이 아니라 함께 모여 읽고 토론하고 수정하는 공동연구의 과정도 숱하게 거친 것으로 알고 있다. 이렇게 뛰어난 업적을 얻고 나서야 농민전쟁 100주년 기념사업은 이제 막을 내린 것 같다.

2. 한국역사연구회는 그 전신이라고 할 수 있는 근대사연구회 시절부터 역사관 정립과 역사학방법론 모색에 심혈을 기울이어 왔다. 그것을 '민중의식에 기반을 둔 민족사관', 또는 '민중을 축으로 하는 역사이해'라고 넓게 이해할 수 있고, 간단히 '민중사학'이라고 하여도 크게 틀리지는 않을 것이다. '진보'도 여기에서 나온 용어임은 길게 말할 필요도 없다.

『전쟁연구』 1권부터 5권에 이르기까지, 이러한 역사이해는 크게 변하지 않았다. 다만 몇 개의 특정한 분야와 주제에 한하여 작은 흔들림과 이탈을 읽을 수 있을 뿐이다. 그러나 사회와 학계의 변화는 여기에도 미쳤다. 「1894년 농민전쟁의 역사적 위치」를 읽으면서, 그 논문의 필자가 지난 80년대에 한 학술회의에서 발표한 글과 그에 대한 토론 광경을 새삼스럽게 떠올렸다.

『전쟁연구』의 시발점은 조선봉건사회의 해체이다. 이 중세 봉건사회가 근대사회로 이행하는 계기와 과정을 기본적으로 '내재적 발전론'에 입각하여 설명하고 있다. 즉 17,8세기 이후 봉건적 생산양식은 생산력의 발전으로 해체되어가고, '(경영형) 부농'이 새롭게 대두하고 있었다는 것이 1894년까지 조선사회의 경제적 발전상이었다고 한다. 이러한 봉건사회의 해체 과정에서 토지를 상실한 농민들이 그 동안 축적한 역량과 높아진 의식을 바탕으로 지주 등 봉건세력과 집권적 봉건국가를 타도하기 위해서 전개한 수많은 반봉건투쟁의 총결산이 곧 농민전쟁이다. 따라서 농민전쟁은 사회구성체 이행과정에서 사회혁명의 의의를 갖는다. 물론 이와 같은 역사관은 마르크스의 유물사관에 기초한 것이다.

그런데 계급투쟁의 주체는 계급의식의 성장에 의해서 만들어지기 때문에 투쟁적이며 저항적인 농민의식을 주목한다. 농민전쟁을 이끌어 나간 이념도 18·19세기 농민항쟁을 통해서 형성된 것이라고 한다. 그렇다면 동학이라는 종교가 차지할 수 있는 자리는 '종교적 외피'에 불과하다. 즉 동학은 농민전쟁에 조직 정도만 제공한 '매개'이며, 동학사상은 부차적인 것에 지나지 않는다는 주장이다. 이보다는 좀 더 적극적으로 동학의 의미를 찾는 연구자도 있기는 하지만, 16세기 초에 일어난 독일농민전쟁 연구를 통해서 엥겔스가 확립한 종교적 외피론과 이를 수용한 선배 학자들의 영향은 지대하다.

그리고 제국주의 침략에 직면하였던 조선의 민족모순은 세계체제와 동아시아의 국제관계에서 기인한다고 이해하고 있지만, 연구력이 집중되지 않은 것으로 미루어 기본 모순으로 파악하지 않은 듯하다. 이 대외적 위기도 제국주의의 경제적 침략에 따른 계급모순을 심화시킨 대내적 모순으로 전화될 때에는 중시된다.

3. 『전쟁연구』에 논문을 실은 연구자들은 모두 34명으로 이 가운데 몇 명은 두 편 이상을 집필하였다. 이렇게 규모가 크고 주제가 광범위한 공동연구를 근대사와 농민전쟁 전공자 몇 명이 감당하기란 불가능하기 때문에 여러 명의 조선후기 전공자들도 동참하였다. 또한 근대사를 전공하였을지라도, 분야가 크게 다른 연구자들도 있다. 각 집필자들의 연구 경향을 살펴보아도, 농민전쟁 자체

나 그에 관련된 분야에 대해서 지속적이며 깊은 관심을 보인 집필자는 많지 않다.

이 결과 『전쟁연구』는 몇 가지 면에서 미흡하다는 지적을 면하기 어렵다. 우선 깊이가 부족하거나 농민전쟁과의 직접적인 관련성이 명확히 인식될 수 없는 글이 실렸다는 점이다. 농민전쟁의 원인을 여러 측면에서 밝히고자 하였으나, 단지 배경 설명 수준을 넘지 못한 논문도 있다. 농민전쟁의 전개도 소략하게 기술된 부분이 적지 않다. 덧붙여 주제를 상당히 깊게 다룬 논문이 있는가 하며, 일부 논문은 해당 분야의 기존 연구를 재정리하거나 약간 보충하는 데 그쳤다. 공동 연구가 참으로 어렵다는 것을 새삼 일깨운다.

또 다른 비판은 선행 연구를 충분히 참고하지 않았다는 점에 집중된다. 집필자들이 나름대로 새로운 자료를 이용하고 참신한 해석을 내놓기도 하였지만, 그 가운데 상당한 부분은 이미 밝혀진 지 오랜 것들이다. 또한 중요한 논점도 그런 것들이 많다. 그런데도 불구하고 다수의 논저를 참고나 인용조차 하지 않았다는 것은, 다른 연구자들의 노고는 무시하고 집필자 자신들이 모든 것을 해결하였다는 오만한 태도라는 비판을 받을 수 있다. 그래서 『전쟁연구』는 한국사학계 전체의 연구 성과를 집약한 것이 아니라 한국역사연구회만의 단독 연구라는 인상을 주기도 한다.

그리고 역사학자의 의무라고 할 수 있는 실증 작업이 제대로 되지 않은 것도 눈에 많이 뜨인다. 물론 동일한 사료도 연구자의 시각에 따라 해석이 달라질 수 있다. 그러나 여기에서 제기하는 실증의 문제란, 너무나 명백한 사실이므로 달리 해석할 여지가 없거나 조금만 주의해도 사실을 정확하게 알 수 있었음에도 불구하고, 고의든 그렇지 않든 사료를 틀리게 해석한 것을 뜻한다.

그 가운데 실례를 몇 가지만 들겠다.

농민전쟁의 원인을 재정 위기에서 찾고 있는 논문은 농민전쟁 당시 호조와 선혜청의 1년 수입을 7,852,453냥으로 추정하였다. 그러나 1895년 2월에 일제 관리가 본국에 보고한 조선정부 재정 조사 결과에 따르면, 예상 세입 가운데 지세 항목만 하여도 500만 엔에 달하였다. 일본 은화 1엔에 조선엽전이 20냥 내지 30냥이었던 것으로 미루어 중추적 재정기구인 호조와 선혜청의 수입이 780만 냥 정도였다는 것은 재정 규모를 실제보다 지나치게 적게 잡은 것이다. 재정 관계 자료가 부실하고, 화폐 환산이 극히 어렵기 때문에 이런 착오가 생긴 듯하다.

농민전쟁의 준비 과정을 극적으로 보여 주는 '사발통문'의 사료적 가치에 대해서는 논란이 많다. 심지어 발견자의 조작설까지 나도는 형편이다. 사료적 가치를 조심스럽게 인정한다고 하여도, 이 문서는 원본 자체가 아님을 염두에 두어야 한다. 그런데 농민전쟁의 1차 봉기를 다룬 논문 등은, '전주성을 점령하고 경사로 직향할 사'가 고부민란이 일어나기 전에 구상된 것으로 이해한다. 즉 고부군의 조세 문제를 해결하려는 군현 차원의 운동을 준비하는 단계부터 전주감영과 수도 서울을 무력으로 점령하겠다는 계획을 세웠다는 말이다. 만약 사료를 철저하게 비판하고, 고부민란의 전개 과정을 좀 더 정확하게 파악했더라면, 이와 같은 추정은 하지 않았을 것이다.

이밖에 다른 연구자가 틀린 것도 그대로 인용해서 사용하고 있는 것도 있다. 몇몇 논문은 "수입품의 대종인 자본제 면제품은 청일전쟁 직전에 유입량이 조선인의 면포 총소비량 1/4이나 차지하였다."는 가지무라 히데끼(梶村秀樹)의 주장을 따르고 있는데, 총소비량 1/4은 조선인 총인구를 1천만 명 전후로 계산해서 얻은 결과이다. 그러나 1918년 인구조사에서는 총인구가 1천8백만명 전후이었으므로, 가지무라의 추정은 조선인의 인구를 거의 1/2이나 적게 파악한 것이다.

또한 사료 취급과 기술 방법에도 문제가 발견된다. 충청도 지역에서는 8월 중하순 이후에도, "농민군들은 여전히 결집하면서 세력을 확장하였다.", "농민군 활동이 점차 늘어나고 있"다고 하였지만, 실상은 그렇지 않았다. 집필자가 주목한 공주 근방에서는 8월 중순 이후 농민군의 활동이 급격하게 감소된 것으로 자료에 나타나며, 『일성록』 등 연대기에서도 사실이 확인된다. 그리고 이 지역의 "농민군 활동은 대체로 동학교단과 연계가 그다지 없거나, 혹은 동학교단의 영향력을 크게 받지 않은 자들에 의하여 이루어졌다고 하겠다.", "농민군을 조직하는 과정에서 소위 怨民 혹은 亂民으로 불리는 층들이 여기에 대거 참여하였다."고 단정하였지만, 앞의 주장과 마찬가지로 사실과 다르며, 주장을 입증할 사료도 제시하지 않았다. 이 두 가지 사항은 『전쟁연구』 4권의 218쪽에서 222쪽까지 단 5쪽에 걸쳐 실려 있는 것이다.

4. 앞에서 소개하였듯이, 『전쟁연구』는 내재적 발전론에 입각해서 농민전쟁의 원인과 의의를 설명하고 있다. 그러나 이 이론을 대표하는 김용섭의 경영형부농론은 발표 당시부터 송찬식과 신용하 등에게 집중적으로 비판받았으며, 80년대에는 이론과 실증 측면에서 이영훈에게 결정적으로 타격을 입었다고 생각된다. 그럼에도 불구하고 경영형부농설은 학계 일각에서 여전히 거론되고 있으며, 조선후기가 봉건사회 해체기라는 『전쟁연구』의 인식도 이 내재적 발전론에 의거하고 있음은 분명하다.

그렇다고 평자가 내재적 발전의 가능성을 전면 부정할 의사나 지식을 가진 것은 아니지만, 몇 가지 중요한 사항에 대해서는 의문을 제기하고 싶다. 조선사회는 봉건사회라는 명제의 맞고 틀림은 차치하더라도, 조선후기 농민층분해의 양극적 양상이 해체기 이전 시대와 크게 다른 바가 없는 이유를 충분히 제시하여야 조선후기 경제적 변화와 그 의미를 올바르게 파악할 수 있을 것이다. 그리고 경제적 발전의 산물인 부농층을 요호부민이라고 하지만, 이들의 사회경제적 범주는 제대로 확립되지 못한 상태로서 양반지주와의 차이, 경제력, 자본제적 성격 따위도 명쾌하게 밝혀지지 않았다. 이와 관련해서 집약적 농법에 의한 소농의 안정화와 자립화가 조선후기 농업 발전의 실질이라는 이영훈의 주장도 깊이 음미해야 한다. 이른바 폐정개혁안에 실린 '토지는 평균분작할 사'가 농민군의 토지제도 개혁과는 사실적으로 거리가 있다는 견해가 지지의 폭을 넓혀가는 추세에 비춰 본다면, 농민전쟁 주체세력인 빈농층의 경제적 지향을 봉건적 토지소유의 해체와 농민적 토지소유의 확립, 소상품생산자로의 성장, 아니면 조세징수의 합리화 등 어디에서 찾아야 할 것인가도 가늠하기 어렵다. 아울러 자본제로의 발달로 말미암아 봉건적 지주제가 해체되어 가다가 개항 이후 곡물 수출로 부농의 성장이 억제되고 지주제가 강화되었다고 하지만, 1889년 이전만 하여도 소량에 지나지 않던 곡물 수출이 '몰락하던 지주제'를 회생시킬 수 있었을까? 지주경영을 자극한 곡가 상승을 주도한 더 큰 요인은, 악화 발행이 초래한 극심한 인플레이션과 연속된 자연재해에 따른 흉년이라고 보는 것이 타당하다. 이처럼 조선후기와 농민전쟁기 역사 발전에 대한 연구와 이해가 미진한 상태에서는 농민전쟁의 성격과 의의를 '중세사회의 낡은 체제를 무너뜨리는 최후의 일격인 반봉건 투쟁', 또는 '부르주아 개혁의 실질적인 출발점'이라고 인식하는 것은 무리가 아닌가 한다.

농민전쟁의 원인으로서 장기적 변화와 발전도 반드시 고려해야 하지만, 사건 자체를 촉발시킨 계기는 좀 더 단기적인 관점에서 찾아야 한다.『전쟁연구』도 재정, 조세, 화폐, 곡물 수출 등 다양하고 단기적인 측면에서 농민전쟁의 원인에 접근하고 있으나, 역시 생산력 발전에 의한 봉건사회의 모순이 중심 자리를 차지하고 있다. 그러나 평자는 조선왕조가 농민의 대규모 저항에 직면하게 된 원인 가운데 가장 직접적이며 근본적인 것은 흉년이 몰고 온 곡물 생산량의 감소라고 생각한다. 개항한 1876년부터 시작해서 1894년에 이르기까지 1890년만 건너뛰고 자연재해, 특히 가뭄이 거의 해마다 발생하였다. 농업생산이 자연조건에 크게 좌우되던 전근대사회에서는 흉년은 일상적이라고 할 수 있지만, 피해도 크고 연거푸 발생할 경우에는 농민의 자생력은 고갈될 수밖에 없었다. 그 여파는 경제뿐만 아니라 사회와 정치에까지 두루 미치게 되어, 민란이 빈발하고 도적이 횡행하였으며, 조세 징수가 어려워져 재정 위기는 더욱 심각해졌다. 이에 따라 정부는 큰 폐단을 예상하면서도 재정 위기 타개책으로 조세 가징, 악화 발행, 차관 도입 등을 밀고 나가지 않을 수 없었다. 설상가상으로 외세의 정치·군사적 침략이 야기한 대외적 위기를 해소하기 위해서 추진한 각종 국가정책은 재정에 큰 압박을 가하였다. 결국 조세 수탈을 강화해서 재정 파탄과 대외적 위기를 극복하려던 국가와 흉년으로 생활 기반이 붕괴되다시피 한 농민의 충돌은 불가피하였다. 현재 북한이 겪고 있는 참상과 위기의 직접적인 원인도 자연재해이듯이, 농민전쟁은 심층적이며 장기적인 변화의 흐름 위에 흉년과 국가재정 파탄으로 말미암아 촉발되었다. 그렇지 않고,『전쟁연구』의 기본 전제처럼, 생산력의 발전에 따라 조성된 생산관계와 소유관계의 질곡 때문에 농민들이 계급투쟁에 나섰다는 것은 너무 막연하며 정태적인 원인 분석이라고 생각한다. 또한 이런 견해에 따른다면, 소작료(봉건지대)

를 둘러싸고 농민과 지주가 충돌한 항조사건이 조세 문제로 농민과 지방관리 사이에 일어난 항세사건보다 수적으로 훨씬 적었을 뿐만 아니라 농민전쟁과도 직접적인 관계가 별로 없었던 이유를 이해하기 어렵다.

자료 부족으로 매우 어렵겠지만, 농민전쟁 주체에 대한 논의도 한층 심화될 필요가 있다. 전근대사회 농민저항운동은 그 사회의 최빈민층, 곧 빈농층이 대규모로 참가함으로써 발생하고 확대된 것이 일반적인 예이다. 그러므로 전쟁의 참가층을 단지 빈농층이라고 규정하는 데에서 더 나아가 상세한 분석을 가하여야 한다. 그러나 농민의 계급적 구성과 토지 소유 및 경작 관계, 그리고 이와 농민항쟁을 연관해서 살피려는 시도는 그다지 성공하지 못하였다고 본다. 주체세력을 참가층 외에도 주도세력으로 구분하고, 그들은 경제적으로 부유한 하층 양반으로서 지식인이며 동학 접주였다고 하지만, 사례 연구가 풍부하게 집적되어야 할 것이다.

여기에서 또 한 가지 중요한 문제는, 주체세력의 계급구성이 밝혀지더라도, 그것만으로는 투쟁 참여 동기와 목적을 설명하기 어렵다는 점이다. 비록 주체세력과 동일한 계급적 조건과 사회적 위상을 가졌을지라도, 전쟁에는 절대 참가하지 않았던 자들이 훨씬 많았다는 것은 의심할 여지가 없다. 이들의 비참여는 무엇으로 설명할 수 있는가? 왜 똑같은 계급적 지위는 똑같은 계급의식과 실천력을 형성하지 못하였는가? 참여자들의 특징은 무엇인가? 결국 참여와 비참여는 '계급', '농민의 사회적 관계', '동학'의 문제로 귀결된다.

농민전쟁을 농민계급의 투쟁으로 규정하기 전에 계급의 개념과 농민운동의 성격을 먼저 살펴야 하지만, 계급이란 생산수단 소유관계로 결정되며, 통시대적으로 존재하는 사회적 실체라고 이해되는 『전쟁연구』의 견해를 따르도록 하자. 따라서 농민운동은 수준 차이는 있을지라도, 본질적으로 언제나 계급투쟁이 된다. 그런데 계급이 있었고, 계급투쟁이 전개되었다면, 당연히 계급조직을 상정할 수밖에 없다. 과연 조선후기 농민항쟁의 조직은 무엇이었으며, 그것은 계급성을 어느 정도 띠었던가? 『전쟁연구』는 1894년 전쟁 이전에 일어난 농민항쟁의 조직적 기반을 주로 두레와 향회와 민회에서 찾고 있지만, 이들은 계급조직이라기보다는 공동체 성격이 강한 향촌사회기구였다. 민회를 적극적으로 해석한다고 하여도, 그것은 군현 차원의 조세저항운동인 민요의 조직에서 크게 벗어나지 않았다. 이에 따라 농민전쟁의 초지역적 조직 기반을 계급조직이나 향촌사회기구의 밖에서 찾아야 하였는데, 그것이 바로 동학의 교단기구인 包와 接이다.

몇몇 필자들은 동학 조직이 농민전쟁에 기여하였음을 인정하고 있지만, 다른 한편에서는 동학사상은 그렇지 않았다는, 사상과 조직을 분리하는 주장을 내놓고 있다. 하지만 어떤 사회 집단이나 조직은 비슷한 이해관계와 가치관, 즉 공동의 목적을 지닌 구성원으로 이루어지는 것이 아닐까. 동학교도가 모인 조직은 교단기구가 되며, 계급이익을 추구하는 노동자들이 모인 조직은 노동조합 등 계급조직이 된다. 그런데 종교조직이 갑자기 계급조직으로 변해서 계급이익을 추구하였다는 것은 역사적 사실로 입증되지도 않고 상식으로도 납득하기 어렵다. 농민전쟁의 전 과정을 통해서 가장 중심적인 조직은 동학의 접과 포였으며, 농민군의 지도부와 주축은 동학교도였다. 집강소도 농민적 향권의 구현체가 아니라 동학 도소의 다른 이름, 혹은 집정기구의 성격이 그에 부가된 기구였다. 그러나 이 말은, 농민군이 동학의 교단기구에 의해서만 동원되고 조직되었다는 것은 아니며, 동학사상만이 시종일관 농민전쟁을 이끌었다는 억지도 아니다. 또한 농민군이 모두 동학교도는 아니었으며, 안에서 남접과 북접이 갈등한 것도 사실이다. 그러나 계급의식과 경합 관계에 놓인 여타의 이념과 의식은 부차적인 것이 될 수밖에 없다는 독단은 수용하기 어렵다.

만약 농민군의 의식이 동학과는 별개의 것이라고 한다면, 과연 그 의식의 실체는 무엇인가? 『전쟁연구』는 "大同思想"와 "思亂"이 농민의식, 정확하게 말해서 계급의식을 담고 있었다고 한다. "대동의 논리를 통해 각 계층간의 상반되는 이해관계를 조정하고 봉건이념을 대체할 수 있었으며 민중을 이념적으로 동일하게 묶어낼 수 있었다."고 한다. 思亂은, "낡은 체제를 한꺼번에 극복하려는 의식을 담은 것이며 변혁을 요구하는 민중의식의 다른 말"이며, "19세기 후반 민중의 의식은 이 思亂의 과정에서 구체적인 역사성을 지닌 체제 변혁을 요구하였다."고 한다. 그리고 "19세기 말 민중의식은 1894년 농민전쟁에서 농민군 지도부를 통하여 조선사회의 혁명이념으로 발전하였다."로 농민의식의 성장을 정리하고 있다.

평자가 보기에, 대동사상은 구체적 사상 내용을 알기 어려울 뿐더러 유교적이며 전통적인 색채가 농후해서 진보성을 인정하기 어렵다. 이런 사상을 바탕으로 일어난 농민항쟁이 과연 어느 정도 계급성과 혁명성을 띨 수 있었을까 의문스럽다. 더구나 사란, 즉 '난을 생각한다'는 과정을 거쳐 19세기 말의 민중의식이 되었다고 하는 것 역시 그 내용이 무엇이며, 어떠한 세계관에 기초하고 있는지, 실제 변혁운동에서 어떤 역할을 하였는지, 지향하던 체제가 무엇인지 상세하게 알 수가 없다. 동학을 창도한 최제우도 일찍이 조정에 의해서 "思亂"의 혐의자로 지목을 받았다. 또한 전봉준 등 농민군 지도부의 혁명이념도 소상하게 밝혀져야 농민의식의 실체가 명쾌하게 해명될 수 있을 것이다. 그렇지 않고 경제적 지향, 사회적 지향, 정치적 지향만 가지고는 혁명이념 내지 혁명사상의 전체 내용과 논리적 결구를 파악하기란 힘들다.

따라서 동학은 환상적이며 사회개혁의 현실적 프로그램이 없었다는 비판은 농민의식에도 그대로 적용되며, 오히려 그 의식은 더욱 큰 한계를 지적당할 수밖에 없다. 만일 농민의식이 일정한 체계를 갖춘 혁명사상으로 발전하였다면, 이 사상을 추종하는 세력들이 나타나고 그에 기초해서 전국적 투쟁을 이끌어낼 수 있는 연대조직도 만들어졌을 것이다. 동학도 역시 이러한 비판을 모면할 수 없는 전근대사회의 신종교였지만, 억압적인 세계관을 근원적으로 부정하고 민중에게 새로운 세계관을 제시하였다는 점에서 당시 어떤 사상보다 진보적이었으며, 공고한 인적 결합을 이루어 그들로 하여금 전쟁에 나서게 하였다.

5. 지금까지 평자가 나름대로 『전쟁연구』 5책을 이해하고 검토한 결과를 몇 가지 열거해 보았다. 34명의 필자가 쓴 49편의 우수한 논문을 올바로 분석하고 평하는 것은 애당초 평자의 능력과 자격으로는 감당하기 어려운 작업이었다. 그래도 커다란 만용을 부리고, 심적인 가책을 억누르며 일을 끝마쳤다. 평자가 굳이 이를 밝히는 까닭은, 위에서 거론한 크고 작은 과제는 집필자들뿐만 아니라 평자도 나누어 가질 수밖에 없기 때문이다. 바둑도 못 두는 사람이 옆에서 훈수하는 격이라고 할까. 집필에 참가한 한국역사연구회 회원들의 노고를 다시 한번 생각하며, 변하지 않는 순수함에 경의를 표한다.

柳永益의 '복고적·보수적 의거론' 비판

「全琫準義擧論」(『李基白先生古稀紀念 韓國史學論叢』 下, 일조각, 1994)
「甲午農民蜂起의 保守的 性格」(『갑오동학농민혁명의 쟁점』, 한국정치외교사학회 편, 집문당, 1994)

역사학계가 동학농민전쟁의 진보성, 또는 근대성, 또는 혁명성, 또는 계급성에 대체로 동의하고 있는 것과는 달리 유영익은 위의 논문과 대중적인 글을 통해서 "1894년의 농민봉기는 조선왕조의 國教였던 儒教의 大傳統안에서 유교적 理想國家를 재현, 보존할 것을 목표로, 유교적 義憤心에서 발동된, '義擧'였다고 보는 것이 마땅하지 않은가 생각한다."고 주장한다. 이와 같은 논지에 따른다면, "근대적 민주주의 내지 사회주의적 지향의 진보적인 社會革命(social revolution) 내지 階級戰爭(class war)"가 아니라, 유교적인 보수적인 '義擧'였다. 이런 성격부여는 최근까지만 하여도, "동학란"이라고 규정하였던 데에 비하여 진일보한 것이다. 또한 그런 측면에서 고찰하는 것도 연구 시각의 다양화라는 측면에서 의미가 있다. 그러나 1894년 농민봉기를 전근대적, 복고적인 사건으로 파악한다는 점에서는 근본적인 변화가 없는 듯하다.

그런데 이 주장에는 무엇보다 연구방법론상 커다란 문제점이 몇 가지가 있다고 생각한다. 첫째는 관련 자료를 부분적으로 발췌하여 사료로 사용하였다는 점이다. 동학농민전쟁의 역사를 본격적으로 연구하기 위해서는 이미 학계에 소개되고 이용되고 있는 자료만큼은 충분히 검토하여야 한다. 둘째는 전쟁의 최고 지도자 가운데 한 사람이었던 전봉준에게 너무 비중을 두는 점이다. 동학농민전쟁은 거대한 역사의 흐름으로서 지도자 몇 명의 의식과 역할로만 그 의미를 파악할 수 없다. 셋째는 동학농민군이 요구한 폐정개혁안을 단순히 문자적인 '요구조항'으로만 보았다는 점이다. 그것이 제출된 역사적 상황, 다른 말로 조선사회의 발전과 구조적 모순에 대한 인식이 배제되어 있다. 마지막으로 동학을 고찰의 대상에서 완전히 제외시켜 버렸다는 점이다. 동학이란 종교가 전쟁에서 의미가 없었다고 본다면, 적어도 그 이유라도 밝혀야 할 것이다.

이 연구의 문제점으로 먼저 전봉준의 유교적 배경 주장에 관하여 살펴보겠다. 전봉준 개인 연구의 첫 번째 순서는 그가 동학 지도자였다는 측면에서 그의 사상과 행위에 접근하는 것이라고 생각한다. 반박당할 수밖에 없는 후대의 회고담을 이용하여, 전봉준은 "유교적 합리주의자"가 틀림없었다고 단정함으로써 단숨에 넘어버릴 수 있을 만큼 이 문제가 간단한 것은 아니다. 전봉준의 사상을 밝히려면 동학과의 관계로부터 접근하여야 하며, 그렇다고 하면 자연히 동학의 성격 규명이 과제로 부각될 것이다. 이러한 과정을 거치지 않고서는 전봉준의 진면목을 제대로 잡아내기 어렵다.

전봉준의 사상과 세계관을 알려 주는 자료, 특히 그의 언어를 담고 있는 것은 포고문을 제외하고는 체포된 이후에 기록된 供草와 判決書와 일본 신문기사가 대부분이다. 이것도 물론 중요한 자료이긴 하지만, 체포된 상태에서 하는 진술은 그 신빙성에 문제가 많음은 충분히 인정해야 할 것이다. 특히 그 자신의 의도와 목적을 기존의 유교적 가치에 부합하도록 진술함으로써 거사의 정당성을 인정받으려고 하는 경향을 보일 수밖에 없다는 점을 고려해야 할 것이다. 또한 조사 기록에서 자신의 주장을 합리화할 수 있는 자료만을 선별하는 것은 왜곡된 결과를 낳을 수 있다.

전봉준을 비롯하여 당시 동학농민전쟁에 참가한 많은 지도자급의 동학교도들도 유교 경전을 공부하였고, 忠과 孝를 중시하는 등 유교적 배경을 가지고 있었던 점은 분명하다. 그러나 유교적인 요소가 발견되면, 곧바로 보수성으로 확대 해석하는 것은 곤란하다. 그리고 동학의 세계관이나 사회윤리, 근본적인 宗旨는 忠孝가 아니라, 無極大道로 輔國安民과 廣濟蒼生하는 것이었다. 최제우는 공자와 같은 유교의 성인이 세운 仁義禮智도 좋지만, 자신이 세운 無極大道와 無爲而化가 더 훌륭하다고 하였다. 신원운동 과정에서도 동학 지도부는 동학은 유·불·선 삼도가 통합된 가르침이라는 이론을 강조하였다. 이런 점에서 忠孝는 동학의 커다란 테두리 안에 들어있는 윤리사상에 불과하며, 전봉준이 말하는 忠孝도 아랫사람과 윗사람 사이에 지켜야 되는 전통적인 상하수직적인 신분관계에서 나온 관념이 아니다. 만일 동학농민군이 양반유생처럼 勤王的 성격의 忠孝라는 가치와 의식에 의거하여 봉기하였다고 한다면, 왕의 효유문을 지닌 관리들을 죽이는 대신 양반유생처럼 왕의 효유에 따라 곧바로 해산하였을 것이다. 그리고 제2차 기포의 목적을 "忠臣"임을 증명하려는 전봉준의 노력에서 찾았지만, 그것은 외세의 침략을 격퇴하기 위한 민족주의 정신의 발로였다. 달리 말하면, "유교적 지향성"에 따라, 혹은 왕에게 충성하기 위한 것이 아니라 일본세력을 몰아내기 위하여 봉기한 것이다. 그리고 봉기의 진정한 목적이 무엇인가에 따라 忠君愛國의 실질적인 성격이 규명되어야 한다.

또 전봉준이 대원군과 미리 봉기를 밀약하였다는 사실에서, "갑오농민봉기의 궁극적 목적은 閔氏戚族정권을 무너뜨리고 그 대신 대원군을 받들어 국정을 개혁하는데 있었다."고 보았다. 사실적으로 제2차 봉기를 앞두고, 대원군이 동학농민군 지도자에게 밀사를 보낸 것은 틀림없다. 이 다음의 문제는 전봉준이 대원군의 뜻에 따라 거병을 하였는가 하는 점이다. 전봉준은 대원군 의사가 무엇이든 "내가 마땅히 하여야 할 일은 내가 한다."라는 단호한 의지를 보였다.

동학농민군이 대원군의 監國을 요구한 것은 그가 가지고 있는 反外勢反閔氏의 정치적 이미지 때문이라고 생각한다. 그 이미지는 쇄국정책과 천주교 박해의 주인공이며, 실각 이후에는 민씨 척족의 최대 정적이었던 대원군에게 민중의 비판의식과 소망이 투사되어 형성되고 강화되었다. 동학농민군이 대원군을 대안적 정치세력으로 선택하였다는 것은 한계이지만, 그가 누구보다도 그런 강력한 이미지를 가지고 있었기 때문에 내린 차선책적인 결정이었을 것이다. 이 시기 대안적 정치인으로서 대원군이 갖는 중요성은 미국공사도 인정할 정도였다.

그리고 중앙정치세력인 대원군과 사전에 봉기를 '밀약'하였다는 것은 전봉준 등의 한계가 아니라, 그들의 탁월한 정치적 능력으로 해석되어야 한다. 그들은 중앙정치세력 상호간의 권력투쟁에 하나의 종속 변수로 존재하지 않았고, 그 정치세력의 공동지배체제를 위협하고 붕괴시킨 힘을 가지고 있었다. 오히려 개화파와의 권력투쟁에서 밀린 대원군이 도움을 받기 위하여 먼저 제휴를 요청하였으므로, 동학농민군 지도자들이 그를 투쟁 과정상 하나의 대안적 정치세력으로 검토 내지 선택하였다고 볼 수도 있다.

또한 봉기의 발발과 목적을 이렇게 개인적인 차원으로 끌어내리기에는 민중운동의 흐름이 너무 거대하였고, 또한 시대적 모순은 악화될 만큼 악화되어 있었다. 따라서 동학농민전쟁의 발생은 구조적인 시각에서 접근하여야 하며, 그 투쟁의 목표도 모순의 해결이라는 데에서 구해질 수 있다고 본다. 다른 말로 하면, 전봉준과 대원군의 밀약이 없었더라도, 전쟁은 일어났을 것이며, 국정의 개혁 정도는 단순히 폐정개혁 조항 몇 개만 실행하는 수준이 아니라 조선왕조체제의 근본적 모순을 해결하는 것이었다고 본다.

세 번째로 '폐정개혁안의 복고주의적 보수성'에 대하여 검토해 보자. 『東學史』의 폐정개혁안은 이미 실증적 차원에서 문제가 제기되었다. 사실 그 12개 조항 가운데 몇 개는 동학농민군이 정부에 요구한 것으로 보기 어려운 것도 있다. 그러나 실제로 전쟁에 참가하였던 인물의 기록이 전혀 진실을 담고 있지 않다고 간주하기도 어렵다. 적어도 그와 다른 사람들의 지향이 반영되었다고 생각할 수도 있겠다. 왜냐하면, 각 조항들은 당시 조선사회에서 심각한 모순들의 일부였고, 또 그것을 해결하기 위한 노력이 전쟁 이전과 전쟁 중에도 기울여져 왔기 때문이다. 노비문서를 불태워 버린다는 조항이 가장 좋은 예일 것이다. 혹시 오지영의 『東學史』에 "歷史小說"이라는 자구가 붙었다고 그의 기록을 허구라고 믿는다면, 1965년에 초간된 이병기의 『국문학개론』이 말하고 있는 소설의 개념과 '사실소설' 설명을 참고할 필요가 있다.

茂長 布告文은 "조선왕조의 정치질서 나아가 그의 밑바탕이 되는 모든 도덕적 원리와 사회조직을 保守할 것을 당연시 한 慕華主義的 유교지식인의 작품"이라고만 볼 수 있을까 하는 의문도 든다. 이렇게도 해석될 수 있는 부분은 왕을 미화한 부분과 인륜을 강조한 부분으로 1/3도 되지 않는 적은 분량이다. 또 그것은 관리들의 탐학 등을 비판하기 위한 논리의 근거이기도 하다. 그들이 처음부터 왕까지 부정한다거나 현실 윤리인 인륜을 부정한다는 것은 의

식상으로도 어려웠을 것이고, 전술상으로도 그다지 적절하지 않았다. 그렇다고 하여 왕이나 조선왕조를 부정하려는 의식이 없었던 것은 아니다. 그리고 엄격한 신분제도에 따른 인간불평등은 이미 '侍天主'라고 하는 동학사상에 의하여 부정되고 있다. 따라서 이런 내용은 그들의 한계도 보여준다고 생각되지만, 동학농민군의 정치사회적 목표까지 규정한다고는 생각되지 않는다. 제 1차 봉기에서 "병력을 몰아 서울로 가 권귀를 진멸하겠다"는 구호도 내놓았지 않았던가. 또한 堯舜과 文景의 시대에 대한 동경은 그들이 실현하려고 하거나 돌아가야 하는 사회를 구체적으로 제시하려고 한 것이 아니라 단지 동양 문화의 전통적인 이상세계, '유토피아'에 대한 막연한 희구에서 나온 것이다. 이 표현은 바로 고통스러운 현실을 초탈하고 싶다는 그들의 바람을 보여줄 뿐이다. 나머지 2/3 정도의 분량은 왕만을 제외한 여타의 관리들에 대한 혹독한 비판과 봉기의 정당성 및 자신들의 각오로 채워져 있다. 관리들은 학정의 주범으로서 도대체 기본적인 윤리조차도 없는 자들로 묘사되고 있다. 이는 현실의 정치질서를 철저하게 와해시키겠다는 의지의 표명이다. 따라서 이 포고문의 표현을 근대적 성격의 질서를 창출하기 위한 것으로 보기는 어렵다고 해석하더라도, 적어도 조선왕조의 질서를 강화하려고 하였다고는 말할 수 없다.

투쟁 지도자에게 요구되는 중요한 자질은 상황과 투쟁의 단계에 따라서, 그리고 상대에 따라서 적합한 의사 표현을 할 수 있는 능력이다. 투쟁 현장에서는 의사와 표현의 조절을 종종 요구한다. 여러 가지 상황 전개에 따라 투쟁의 목표와 수단 등을 조정하여야 하고, 그것을 적절하게 표현해야 한다는 전술전략적 필요성은 경험이 많고 뛰어난 투쟁 지도자라면 누구나 명심하고 있을 것이다. 그렇기 때문에 그들이 밖으로 내보이는 언어가 그들의 진정한 의사를 직설적으로 표현하는 것이라고 보기가 어려울 때가 많다. 전봉준이 보국안민이나 충효를 들고 나왔으므로, 고종도 동학농민군의 봉기에 대하여 일정한 이해를 표명하였고, 동학농민군이 전주성에서 무사히 철수할 수 있었다고 생각된다. 요컨대 그들이 사용하는 용어 자체에 너무 구속이 되어 이면을 읽지 못한다면, 그 실체를 놓칠 가능성도 있다는 것이다.

동학농민군들이 정부에 제출한 폐정개혁안에서는 사회구조의 근본적 변혁을 시도했다는 증거를 찾아볼 수 없으며, 그들의 목표란 일상생활의 경제적 문제의 해결이었다고 한다. 더 나아가, 새로운 근대적 비전이나 혁명적 요소가 완전히 결여되어 있다고 평가한다. 따라서 그들의 사상은 "단연코 保守的"이라고 한다. 앞에서도 지적한 바와 같이 폐정개혁 요구조항에 관한 분석은 철저하게 비역사적이며 비구조적이다. 이와 같은 요구가 왜 나오게 되었는가 하는 구조적 맥락을 완전히 외면하고 있다. 조선사회 모순의 총체적 표현이라고 할 수 있는 탐관오리를 제거하라는 요구가 왜 그렇게 축소 해석되는지 이해되지 않는다. 그 이전 시대에 농민들이 지방수령 외에 세도가와 중앙관리들까지 쫓아내라고 분명하고 강력하게 공개 요구한 적은 없었던 것 같다. 재정파탄에 몰린 조선정부가 민중을 효과적으로 착취하기 위한 의도로 설립하였고, 또 전운사 조필영의 부정의 기구이며 농민들에게는 부담을 가중시킨 轉運營의 폐지 요구를 복고적이라고 낮게 해석할 수는 없다. 농민의 토지 사유권을 부정하며 古來의 국가적 토지지배를 실행하고 있던 均田官을 혁파하라는 주장을 복고적이라고 볼 여지는 전혀 없다. 만약 이 요구조항들이 그대로 실행되었더라면, 조선왕조체제는 강화되지 않고 여지없이 붕괴하였을 것이다.

동학농민군들의 요구조건이 모두 구조적인 변혁을 초래할 수 있다거나, 근대적이며 혁명적인 것은 아니다. 전근대적인 것과 복고적인 것도 그 속에 혼재되어 있는 것도 사실이다. 농민들의 정치의식이 보수적이며 복고적인 면도 있었다. 그러나 유영익의 주장처럼 모든 것이 복고적이고 전근대적인 것은 아니었다. 이 폐정개혁안 속에는 조선사회의 역사적 발전과 모순이 담겨져 있다. 따라서 그것을 실행하라는 요구와 투쟁이 가는 길은 뒤가 아니라 앞을 향하고 있었다.

동학농민전쟁을 복고적이며 보수적이라고 단정하고 있는 유영익의 시각 자체가 오히려 복고적이며 보수적인 것이 아닌가 한다. 동학의 창도에서 동학농민전쟁에 이르는 시기에 동학과 민중이 어떤 상황에 놓여 있었고, 그 고통과 질곡에서 벗어나기 위해서 무엇을 희구하고 어떤 행위를 했는지 정확하게 알고 깊게 이해하여야만 동학농민전쟁, 갑오농민전쟁, 동학농민혁명, 동학혁명의 실체와 의의를 올바로 인식할 수 있을 것이다.

참고문헌

『各司謄錄』

『甲午·丙申日記』

『甲午記事』, 崔德基

『甲午朝鮮內亂始末』, 函南逸人

『甲午朝鮮陣』, 西村時輔

『謙山遺稿』, 李炳壽

『景山遺稿』, 鄭樂圭

『慶尙道固城府叢瑣錄』, 吳宖默

『古文書集成』

『管軒集』, 都漢基

『嶠南公蹟』

『求禮郡 社會組織 文書』

『求禮柳氏家의 생활일기』

『舊韓國外交文書』,

『權秉悳自敍傳』

『近世朝鮮政鑑』,

『金洛喆手記』

『錦藩集略』, 이헌영,

『羅巖隨錄』, 朴周大

『南遊隨錄』, 이복영

『大先生事蹟 附 海月先生文集』

『大韓季年史』, 鄭喬

『道源記書』,

『東邦協會報告』

『東匪討錄』,

『東學關聯判決文集』

『東學農民戰爭史料大系』
『東學亂記錄』
『東學史』, 吳知泳
『東學思想資料集』
『蘭坡遺稿』, 鄭錫珍
『明治官報拔萃駐朝鮮日本國領事館報告』, 姜萬吉 편
『뮈텔문서』,
『뮈텔주교일기』
『白凡逸志』, 金九
『北崖逸稿』
『北接日記』, 曺錫憲
『批難鄭鑑錄眞本』,
『備邊司謄錄』
『빠리外邦傳敎會 年報』,
『司法稟報』
『星湖僿說』. 李瀷
『續陰晴史』, 金允植
『訟案』
『手記』, 劉澤夏
『隨錄』
『水雲行錄』
『時聞記』, 李丹石
『時庵集』, 南皐
『侍天敎歷史』
『侍天敎宗繹史』
『新聞集成明治編年史』
『新世紀』, 李顯奎
『衙變時日記』
『兩湖電記』
『嶺上日記』, 金在洪

『寧海府賊變文軒』
『五道九都關草』,
『五洲衍文長箋散稿』, 李圭景
『梧下記聞』, 黃玹
『龍菴誠道師歷史略抄』, 金洛喆
『龍湖閒錄』
『右捕盜廳謄錄』
『原本新析 鄭鑑錄』
『凝窩先生文集』, 李源祚
『異本鄭鑑錄』
『李鴻章全集』
『日本外交文書』
『日省錄』
『日債報關錄』
『任城同苦錄』
『臨瀛討匪小錄』
『林下遺稿』, 金邦善
『在韓苦心錄』, 衫村濬
『渚上日月』
『全州府史』
『鄭鑑錄集成』, 安春根編
『鄭鑑錄』
『朝鮮王朝實錄』 CD-ROM
『朝鮮海關年報』
『從宦錄』, 金洛憲
『左捕廳謄錄』
『駐韓日本公使館記錄』,
『竹圃集』, 金禹鉉
『重犯供草』
『晉州樵軍作變謄錄』

『天道敎會史 草稿』
『天道敎會月報』
『淸季中日韓關係史料』
『淸光緖朝中日交涉史料』
『推案及鞫案』
『擇里志』, 李重煥
『韓國獨立運動之血史』, 朴殷植
『韓國民衆運動史資料大系』
『韓國天主敎會史』,샤를르 달레
『海月文集』
『嚮山日記』, 李萬燾

Anglo-American and Chinese Diplomatic Materials Relating to Korea (1887~1897)－근대한국관계영미중외교자료집－朴日根 編
Korea and Her Neighbors, Bishop, Isabella Bird
The Passing of Korea, Hulbert, Homer B
Korea-American Relations, Palmer, Spencer J.
THE KOREAN REPOSITORY

단행본

桂勳模, 1973, 『天道敎 東學關係文獻目錄』, 신인간사.
桂奉瑀, 1993, 『東學黨暴動』『韓國學硏究』 5 별집, 인하대.
具良根, 1993, 『甲午農民戰爭原因論』, 아세아문화사.
근대사연구회 편, 1987, 『韓國中世社會 解體期의 諸問題』 上下, 한울.
金庠基, 1975, 『東學과 東學亂』, 한국일보사.
김양식, 1996, 『근대한국의 사회변동과 농민전쟁』, 신서원.
金義煥, 1964, 『우리나라 近代化史論考』, 삼협출판사.
______, 1979, 『全琫準傳記』, 정음사.
______, 1986, 『近代朝鮮東學農民運動史の硏究』, 和泉書院.

김지하, 1994, 『동학이야기』, 솔.

金哲 편저, 1989, 『東學精義』, 동선사.

金泰坤, 1981, 『韓國巫俗硏究』, 집문당.

金洪喆, 1989, 『韓國 新宗教 思想의 硏究』, 집문당.

나종일, 1988, 「봉건제의 의미」 『봉건제』, 까지.

노태구 엮음, 1982, 『동학혁명의 연구』, 백산서당

동학농민전쟁 100주년기념사업추진위원회 편, 1991, 『동학농민전쟁연구자료집』 1, 여강출판사

망원한국사연구실 19세기 농민항쟁분과, 1988, 『1862년 농민항쟁』, 동녘

문순태, 1986, 『동학기행』, 어문각

朴宗根, 1989, 『淸日戰爭과 朝鮮』, 朴英宰 역, 일조각

벤자민 B.윔즈, 1966, 『改革·反亂 그리고 天道』, 홍정식 역, 신명문화사

배항섭, 2002, 『조선후기 민중운동과 동학농민전쟁의 반발』, 경인문화사.

申福龍, 1973, 『東學黨硏究』, 탐구당

______, 1978, 『東學思想과 한국민족주의』, 평민사

______, 1982, 『全琫準의 生涯와 思想』, 양영각

______, 1985, 『東學思想과 甲午農民革命』, 평민사

愼鏞廈, 1987, 『韓國近代社會史硏究』, 일지사

______, 1987, 『韓國近代社會思想史硏究』, 일지사

______, 1993, 『東學과 甲午農民戰爭硏究』, 일조각

吳尙俊, 1910.8.~1914.12, 『本教歷史』 『天道教會月報』 창간호-53호

우 윤, 1993, 『전봉준과 갑오농민전쟁』, 창작과 비평사, 1993

柳永益, 1990, 『甲午更張硏究』, 일조각, 1990

尹錫山, 1987, 『龍潭遺詞硏究』, 민족문화사

尹以欽, 1991, 『한국종교연구』 3, 집문당

李光麟, 1972, 『韓國開化史硏究』, 일조각

______, 1981, 『韓國史講座』 근대편, 일조각

李能和, 1968, 『朝鮮基督教及外交史』, 學文閣

李敦化, 1933, 『天道教創建史』, 천도교중앙종리원

李丙燾, 1986,『高麗時代의 硏究』(亞細亞文化社, 재판)
이상식 편저, 1994,『동학농민혁명과 광주·전남』, 전남대
李宣根, 1963,『韓國史』 최근세편, 진단학회.
______, 1963,『韓國史』 현대편, 진단학회.
이이화, 1994,『발굴 동학농민전쟁 인물열전』, 한겨레신문사.
李顯奎, 1924,『新世紀』, 侍天敎宗務本部.
張道斌, 1926,『甲午東學亂과 全琫準』, 德興書林.
張奉善,1936,『井邑郡誌』, 履露齋.
조동일, 1981,『동학성립과 이야기』, 홍성사.
______, 1993,『민중영웅이야기』, 문예출판사.
______, 1994,『한국문학통사』 제3판, 지식산업사.
趙鏞一, 1988,『東學造化思想硏究』, 東星社.
천도교중앙총부, 1981,『天道敎百年略史』 상.
崔守正, 1948,『鄭鑑錄에 對한 社會學的 考察』, 대성출판사.
崔承熙, 1981,『韓國古文書硏究』, 한국정신문화연구원.
최익한, 1985,『실학파와 정다산』, 청년사.
崔昌祚, 1984,『韓國의 風水思想』, 민음사.
崔玄植, 1980,『甲午東學革命史』, 金剛出版社.
韓沽劤, 1971,『東學亂 起因에 관한 硏究』, 서울대학교 출판부.
______, 1973,『한국사』 17, 국사편찬위원회.
______, 1975,『한국사』 15, 국사편찬위원회.
______, 1985,『韓國開港期의 商業硏究』, 일조각.
______, 1989,『東學과 農民蜂起』, 일조각, 중판.
黃善明, 1985,『朝鮮朝宗敎社會史硏究』, 일지사.
林明德, 1984,『袁世凱與朝鮮』, 中央硏究院 近代史硏究所.
張立文, 1980,『朱熹思想硏究』, 中國社會科學出版社.
陳正炎·林其錟, 1990,『中國大同思想硏究』, 이성규 역, 지식산업사.
姜在彦, 1975,『近代朝鮮の變革思想』, 日本評論社.
菊池謙讓, 1939,『近代朝鮮史』, 鷄鳴社.
朴榮喆, 1929,『五十年の回顧』, 재판.

三木榮, 1963,『朝鮮醫學史及疾病史』, 大阪, 富士精版.
西村時輔, 1895,『甲午朝鮮陣』, 大阪.
陸奥宗光, 1988,『蹇蹇錄』, 김태욱 역, 명륜당.
田保橋潔, 1972,『近代日鮮關係の硏究』下, 宗高書房, 復刻.
函南逸人, 1895,『甲午朝鮮內亂始末』.

논문

姜敦求, 1987,「新宗教硏究序說」『宗教學硏究』6, 서울대
姜仁秀, 1989,「동학소설연구」, 부산대 박사학위논문
강창일, 1988,「갑오농민전쟁 자료발굴:전봉준 회견기 및 취조록」『사회와 사상』1
고동환, 1990,「개항 이후 아래로부터의 변혁운동」『민족해방운동사』, 역사비평사
고석규, 1991,「19세기 농민항쟁의 전개와 변혁주체의 성장」『1894년 농민전쟁연구』1, 역사비평사
______, 1993,「1894년 농민전쟁과 '반봉건 근대화'」『동학농민혁명과 사회변동』, 한울
金敬順, 1987,「甲午農民戰爭에 關한 硏究」, 이화여대 박사학위논문
金敬宰, 1974,「崔水雲의 神觀念」『韓國思想』12
______, 1977,「崔水雲의 侍天主와 歷史理解」『韓國思想』15
金敬琢, 1971,「東學의『東經大全』硏究」『亞細亞硏究』41, 고려대
金敬泰, 1986,「甲申甲午期의 商權回復問題」『韓國史硏究』50·51
金光一, 1974,「崔水雲의 宗教體驗」『韓國思想』12
金祥起, 1990,「甲午·乙未義兵 硏究」, 한국정신문화연구원 부속대학원 박사학위논문
金庠基, 1957,「甲午東學運動의 歷史的 意義」『韓國思想』1·2
金洋植,「高宗朝(1876-1893) 民亂硏究」『龍巖 車文燮博士華甲紀念 史學論叢』
______, 1993,「全州和約期 執綱所에 대한 硏究史的 檢討」『史學誌』,

단국대
______, 1993,「1, 2차 全州和約과 執綱所 運營」『역사연구』2, 거름.
______, 1994,「開港 이후 火賊의 活動과 志向」『韓國史研究』84.
김열규, 1976,「신흥종교와 민간신앙」『韓國學報』4
김영작, 1982,「동학사상과 농민봉기」『동학혁명의 연구』所收, 백산서당
金龍德, 1964,「東學思想研究」『중앙대논문집』9
______, 1971,「東學思想에 대한 諸說의 檢討」『韓國史의 探究』, 을유문화사
______, 1974,「격문을 통해 본 전봉준의 혁명사상」『나라사랑』15
______, 1974,「東學軍의 조직에 대하여」『韓國思想』12
______, 1975,「東學革命運動의 性格」『韓國史의 再照明』, 독서신문사
______, 1989,「東學思想의 獨自性과 世界性」『韓國史 市民講座』4, 일조각
金容燮, 1958,「東學亂研究論」『歷史教育』3
______, 1968,「高宗朝의 均田收賭問題」『東亞文化』8
______, 1958,「全琫準 供草의 分析」『史學研究』2
______, 1972,「한말・일제하의 지주제」『東亞文化』11
______, 1993,『韓國近代農業史研究』上・下, 일조각
金容晙, 1989,「東學의 人間觀」『韓國思想』21
金義煥, 1964,「初期東學思想에 관한 研究」『우리나라 近代史論考』
______, 1970,「1892・3年의 東學農民運動과 그 性格」『韓國史研究』5
______, 1974,「갑오동학농민항쟁과 남북접문제」『나라사랑』15
______, 1977,「甲午年 東學軍의 全州占領과 民衆의 動態」『韓國思想』15
______, 1977,「甲午 東學農民抗爭의 新考察」『省谷論叢』8
______, 1977,「甲午年 9月 再起 後의 東學農民抗爭과 그 性格」『韓國學研究』2, 동국대
______, 1981,「辛未年(1871) 李弼濟亂 攷 -東學과의 關聯性을 中心으로-」『傳統時代의 民衆運動』下, 풀빛

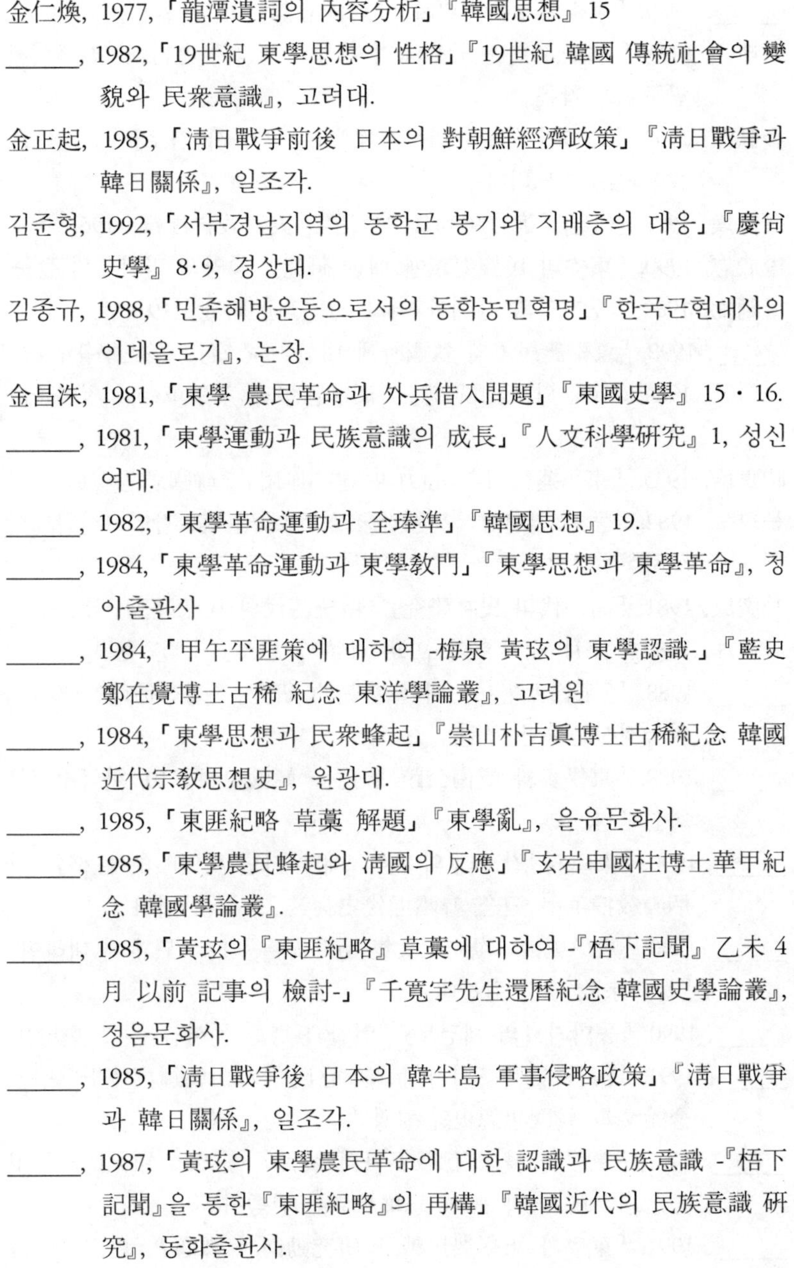

金仁煥, 1977,「龍潭遺詞의 內容分析」『韓國思想』 15

______, 1982,「19世紀 東學思想의 性格」『19世紀 韓國 傳統社會의 變貌와 民衆意識』, 고려대.

金正起, 1985,「淸日戰爭前後 日本의 對朝鮮經濟政策」『淸日戰爭과 韓日關係』, 일조각.

김준형, 1992,「서부경남지역의 동학군 봉기와 지배층의 대응」『慶尙史學』 8·9, 경상대.

김종규, 1988,「민족해방운동으로서의 동학농민혁명」『한국근현대사의 이데올로기』, 논장.

金昌洙, 1981,「東學 農民革命과 外兵借入問題」『東國史學』 15 · 16.

______, 1981,「東學運動과 民族意識의 成長」『人文科學研究』 1, 성신여대.

______, 1982,「東學革命運動과 全琫準」『韓國思想』 19.

______, 1984,「東學革命運動과 東學教門」『東學思想과 東學革命』, 청아출판사

______, 1984,「甲午平匪策에 대하여 -梅泉 黃玹의 東學認識-」『藍史 鄭在覺博士古稀 紀念 東洋學論叢』, 고려원

______, 1984,「東學思想과 民衆蜂起」『崇山朴吉眞博士古稀紀念 韓國近代宗教思想史』, 원광대.

______, 1985,「東匪紀略 草藁 解題」『東學亂』, 을유문화사.

______, 1985,「東學農民蜂起와 淸國의 反應」『玄岩申國柱博士華甲紀念 韓國學論叢』.

______, 1985,「黃玹의『東匪紀略』草藁에 대하여 -『梧下記聞』乙未 4月 以前 記事의 檢討-」『千寬宇先生還曆紀念 韓國史學論叢』, 정음문화사.

______, 1985,「淸日戰爭後 日本의 韓半島 軍事侵略政策」『淸日戰爭과 韓日關係』, 일조각.

______, 1987,「黃玹의 東學農民革命에 대한 認識과 民族意識 -『梧下記聞』을 통한『東匪紀略』의 再構」『韓國近代의 民族意識 研究』, 동화출판사.

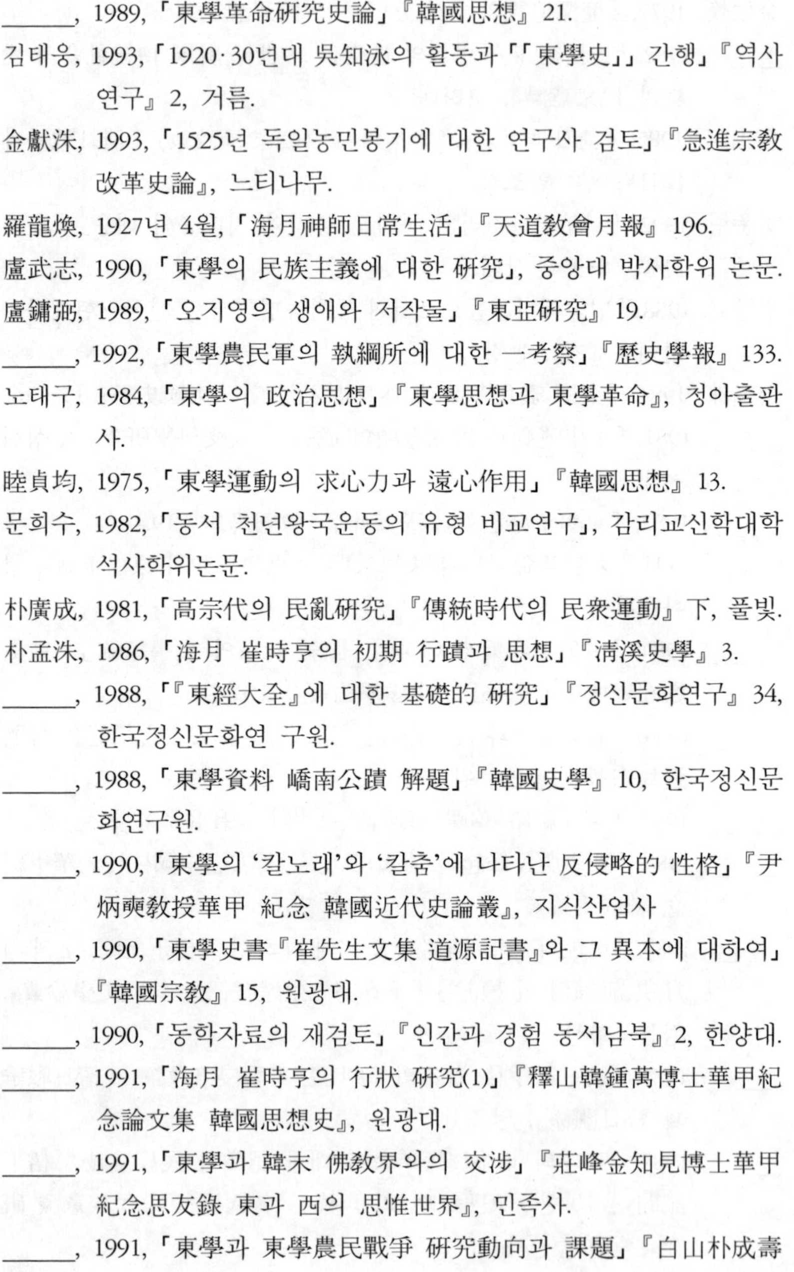

______, 1989, 「東學革命硏究史論」 『韓國思想』 21.

김태웅, 1993, 「1920·30년대 吳知泳의 활동과 「『東學史』」 간행」 『역사연구』 2, 거름.

金獻洙, 1993, 「1525년 독일농민봉기에 대한 연구사 검토」 『急進宗教改革史論』, 느티나무.

羅龍煥, 1927년 4월, 「海月神師日常生活」 『天道教會月報』 196.

盧武志, 1990, 「東學의 民族主義에 대한 硏究」, 중앙대 박사학위 논문.

盧鏞弼, 1989, 「오지영의 생애와 저작물」 『東亞硏究』 19.

______, 1992, 「東學農民軍의 執綱所에 대한 一考察」 『歷史學報』 133.

노태구, 1984, 「東學의 政治思想」 『東學思想과 東學革命』, 청아출판사.

睦貞均, 1975, 「東學運動의 求心力과 遠心作用」 『韓國思想』 13.

문희수, 1982, 「동서 천년왕국운동의 유형 비교연구」, 감리교신학대학 석사학위논문.

朴廣成, 1981, 「高宗代의 民亂硏究」 『傳統時代의 民衆運動』 下, 풀빛.

朴孟洙, 1986, 「海月 崔時亨의 初期 行蹟과 思想」 『清溪史學』 3.

______, 1988, 「『東經大全』에 대한 基礎的 硏究」 『정신문화연구』 34, 한국정신문화연 구원.

______, 1988, 「東學資料 嶠南公蹟 解題」 『韓國史學』 10, 한국정신문화연구원.

______, 1990, 「東學의 '칼노래'와 '칼춤'에 나타난 反侵略的 性格」 『尹炳奭教授華甲 紀念 韓國近代史論叢』, 지식산업사

______, 1990, 「東學史書 『崔先生文集 道源記書』와 그 異本에 대하여」 『韓國宗教』 15, 원광대.

______, 1990, 「동학자료의 재검토」 『인간과 경험 동서남북』 2, 한양대.

______, 1991, 「海月 崔時亨의 行狀 硏究(1)」 『釋山韓鍾萬博士華甲紀念論文集 韓國思想史』, 원광대.

______, 1991, 「東學과 韓末 佛教界와의 交涉」 『莊峰金知見博士華甲紀念思友錄 東과 西의 思惟世界』, 민족사.

______, 1991, 「東學과 東學農民戰爭 硏究動向과 課題」 『白山朴成壽

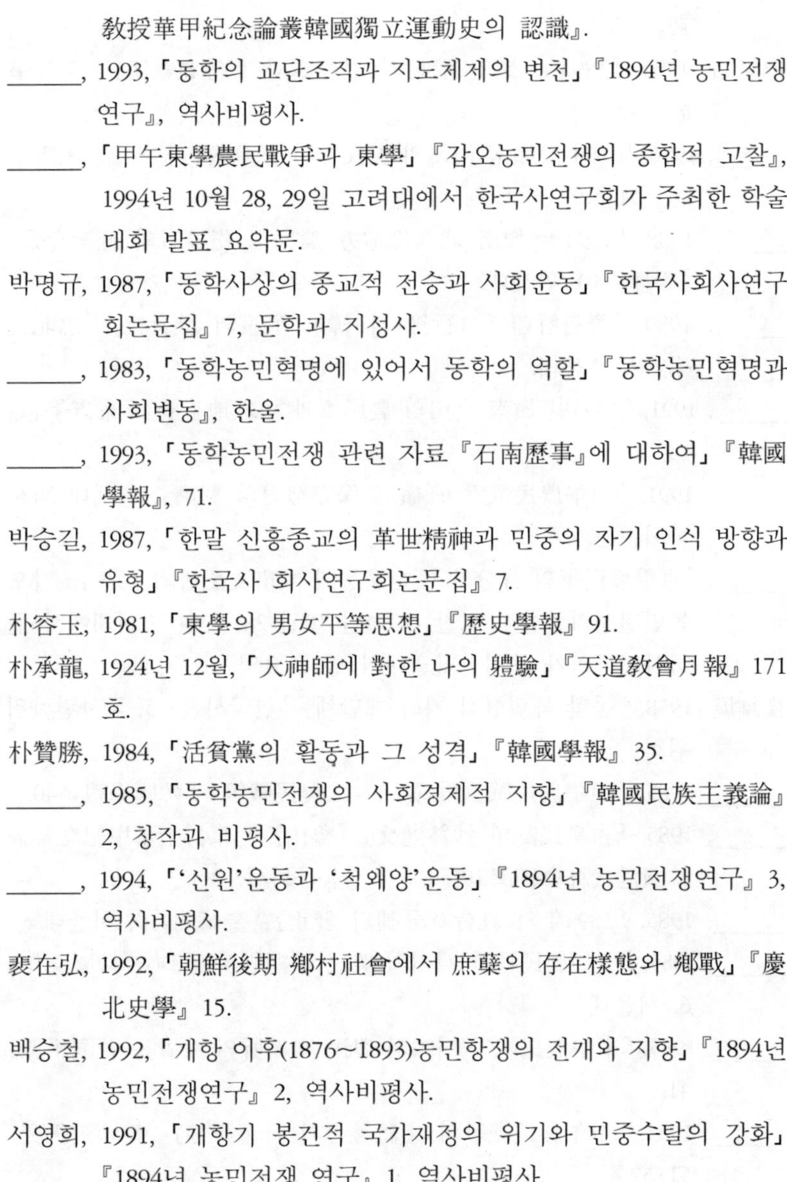

教授華甲紀念論叢韓國獨立運動史의 認識』.

______, 1993, 「동학의 교단조직과 지도체제의 변천」『1894년 농민전쟁 연구』, 역사비평사.

______, 「甲午東學農民戰爭과 東學」『갑오농민전쟁의 종합적 고찰』, 1994년 10월 28, 29일 고려대에서 한국사연구회가 주최한 학술대회 발표 요약문.

박명규, 1987, 「동학사상의 종교적 전승과 사회운동」『한국사회사연구회논문집』 7, 문학과 지성사.

______, 1983, 「동학농민혁명에 있어서 동학의 역할」『동학농민혁명과 사회변동』, 한울.

______, 1993, 「동학농민전쟁 관련 자료 『石南歷事』에 대하여」『韓國學報』, 71.

박승길, 1987, 「한말 신흥종교의 革世精神과 민중의 자기 인식 방향과 유형」『한국사 회사연구회논문집』 7.

朴容玉, 1981, 「東學의 男女平等思想」『歷史學報』 91.

朴承龍, 1924년 12월, 「大神師에 對한 나의 體驗」『天道教會月報』 171호.

朴贊勝, 1984, 「活貧黨의 활동과 그 성격」『韓國學報』 35.

______, 1985, 「동학농민전쟁의 사회경제적 지향」『韓國民族主義論』 2, 창작과 비평사.

______, 1994, 「'신원'운동과 '척왜양'운동」『1894년 농민전쟁연구』 3, 역사비평사.

裵在弘, 1992, 「朝鮮後期 鄕村社會에서 庶孽의 存在樣態와 鄕戰」『慶北史學』 15.

백승철, 1992, 「개항 이후(1876~1893)농민항쟁의 전개와 지향」『1894년 농민전쟁연구』 2, 역사비평사.

서영희, 1991, 「개항기 봉건적 국가재정의 위기와 민중수탈의 강화」『1894년 농민전쟁 연구』 1, 역사비평사.

성 암, 1934년 8월, 「교사이문－갑오년동학이야기」『天道教會月報』.

宋俊浩, 1986, 「朝鮮의 兩班制는 어떻게 理解할 것인가」『全羅文化論

叢』 1.

申榮祐, 1984, 「1894年 嶺南 醴泉의 農民軍과 保守執綱所」『東方學志』 44.

______, 1986, 「1894年 嶺南 尙州의 農民軍과 召募營」 上 · 下 『東方學志』 51·52.

______, 1988, 「1894年 嶺南 北西部地方 農民軍 指導者의 社會身分」『學林』 10, 연세대.

______, 1989, 「資料解題 『自行錄』과 韓末 醴泉의 社會相」『忠北史學』 2, 충북대.

______, 1991, 「1894년 嶺南 金山의 農民軍과 兩班地主層」『東方學志』 73.

______, 1991, 「甲午農民戰爭과 嶺南 保守勢力의 對應」, 연세대 박사학위논문.

______, 「東學農民軍의 身分制 否定운동과 兩班支配層의 對應」『갑오농민전쟁의종합적 고찰』(1994년 10월 28, 29일 고려대에서 한국사연구회가 주최한학술대회 발표 요약문).

愼鏞廈, 1978, 「동학 독립협회 기타 제단체」『한국사론』 5, 국사편찬위원회.

______, 1985, 「甲午農民戰爭의 第 1 次 農民戰爭」『韓國學報』 40.

______, 1985, 「古阜民亂의 沙鉢通文」『魯山劉元東博士華甲紀念論叢 韓國近代社會經濟 史研究』, 정음문화사.

______, 1985, 「1894年의 社會身分制의 廢止」『奎章閣』 9, 서울대.

______, 1985, 「甲午農民戰爭 시기의 農民 執綱所의 活動」『韓國文化』 6, 서울대.

______, 1985, 「甲午農民戰爭 시기의 農民 執綱所의 設置」『韓國學報』 41.

______, 1985, 「甲午農民戰爭의 主體勢力과 社會身分」『韓國史研究』 51·52.

______, 1986, 「甲午更張과 身分制의 廢止」『韓國의 社會와 文化』 6, 한국정신문화연 구원.

______, 1987, 「東學과 甲午農民戰爭의 民族主義」『韓國學報』 47.

______, 1987, 「東學의 社會思想」『韓國近代社會思想史硏究』, 일지사.

______, 1987, 「甲午農民戰爭과 두레와 執綱所의 폐정개혁 -農民軍 編成, 執綱所의 土地政策, 茶山의 閭田制·井田制 및 '두레'의 관련을 중심으로-」『한국사회사논문집』 8.

______, 1987, 「1894년의 社會身分制의 폐지」『韓國近代社會史硏究』, 일지사.

______, 1992, 「東學과 甲午農民戰爭의 결합」『韓國學報』 67.

______, 1993, 「집강소의 성립과 개혁의 성격」『동학농민혁명과 사회변동』, 한울.

______, 1994, 「茶山 丁若鏞의 土地改革案과 東學農民軍의 土地改革案」『李基百先生古稀紀念 韓國史學論叢』 下, 일조각.

申一澈, 1974, 「崔水雲의 歷史意識」『韓國思想』 12.

______, 1976, 「동학」『한국사론』 3, 국사편찬위원회.

______, 1979, 「東學思想」『韓國思想大系』 3, 성균관대.

______, 1979, 「東學思想資料集 解題」『東學思想資料集』 壹, 아세아문화사.

______, 1980, 「東學思想의 展開」『韓國思想』 17.

______, 1984, 「崔時亨의 凡天論的 東學思想」『崇山朴吉眞博士古稀紀念韓國近代宗敎思想史』, 원광대.

______, 1985, 「東學思想의 道敎的 性格問題」『韓國思想』 20.

申楨庵, 1959, 「鄭鑑錄의 思想的 影響」『韓國思想』 1·2

안병욱, 1988, 「갑오농민전쟁의 성격과 연구현황」『한국근현대연구입문』, 역사비평사.

______, 1993, 「19세기 민중의식의 성장」『1894년 농민전쟁연구』 3, 역사비평사.

安晉吾, 1982, 「東學思想의 淵源」『韓國近代民衆宗敎思想』, 학민사.

양병기, 1979, 「동학농민운동의 혁명성연구」『變革時代의 韓國史』, 동평사.

양병우, 1994, 「封建制의 槪念」『歷史學報』 141.

양상현, 1989,「1894년 농민전쟁과 항일의병전쟁」『남북한 역사인식 비교강의』, 일송정.

梁銀容, 1989,「韓國近世宗教의 民衆思想硏究」『韓國宗教』 14, 원광대.

吳斗煥, 1984,「當五錢硏究」『經濟史學』 7.

왕현종, 1990,「동학농민전쟁 용어 및 성격토론」『역사비평』 10호.

______, 1991,「19세기 말 호남지역 지주제의 확대와 토지문제」『1894년 농민전쟁연 구』1, 역사비평사.

우 윤, 1988,「19세기 민중운동과 민중사상」『역사비평』 계간 2호.

柳炳德, 1985,「崔濟愚의 東學思想」『韓國民衆宗教思想論』, 시인사.

柳永益, 1984,「淸日戰爭中 日本의 對韓侵略政策」『淸日戰爭을 前後한 韓國과 列强』, 한국정신문화연구원.

______, 1994,「全琫準 義擧論」『李基百先生古稀紀念 韓國史學論叢』下, 일조각.

尹大遠, 1987,「李弼濟亂의 硏究」『韓國史論』 16, 서울대.

尹錫山, 1981,「龍潭遺詞 硏究」『人文論叢』 5, 한양대.

______, 1984,「龍潭遺詞에 나타난 水雲의 人間觀」『韓國學論集』 5, 한양대.

______, 1985,「龍潭遺詞에 나타난 樂園思想 硏究」『韓國學論集』 8, 한양대.

______, 1989,「東學에 나타난 道教的 要素」『道教思想의 韓國的 展開』, 아세아문화사.

______, 1990,「東學歌辭에 나타난 民間信仰的 要素」『인간과 경험 동서남북』 2, 한양대.

윤승용, 1990,「민간신앙과 사회변혁」『역사속의 민중과 민속』, 이론과 실천.

尹以欽, 1987,「民族宗教」『社會變動과 韓國의 宗教』, 한국정신문화연구원.

______, 1991,「東學運動의 開闢思想」『韓國文化』 8.

尹燦遠, 1991,「『太平經』에 나타난 道教思想 硏究」, 서울대 박사학위

논문.

李光淳, 1972, 「崔水雲先生과 東學創道」『韓國思想』10.

______, 1974, 「東學의 顯道運動」『韓國思想』12.

______, 1980, 「韓國宗教運動史 -天道教」『韓國現代文化史大系』5, 고려대.

李敦化, 1926, 「東學의 私的 考察」『新人間』3-4.

李丙燾, 1954, 「東學亂의 歷史的 意義」『思想界』2-8.

______, 1960, 「동학교문(東學教門)과 그 발생의 제 도인(導因)」『국사상의 제문제』6.

李吉鎔, 1990, 「初期 東學의 人間觀 研究」, 서강대학교 박사학위논문.

李能和, 「朝鮮巫俗考」『啓明』19, 계명구락부.

李符永, 1973, 「崔水雲의 神秘體驗」『韓國思想』11.

李相佰, 1962, 「東學黨과 大院君」『歷史學報』17·18)

李相斐, 1990, 「民族宗教의 歷史的 使命」『韓國宗教』15, 원광대.

李相寔, 1986, 「東學農民革命運動의 民族主義에 관한 考察」『李元淳教授華甲紀念 史學論叢』, 교학사.

李榮昊, 1990, 「갑오농민전쟁 이후 동학농민의 동향과 민족운동」『역사와 현실』3, 역사비평사.

______, 1990, 「韓國近代民族運動 研究의 動向과 국사 教科書의 敍述」『歷史教育』47.

______, 1994년 봄호, 「1894년 농민전쟁 연구의 방향모색」『창작과 비평』84.

______, 「갑오농민전쟁에서의 토지개혁 방향」(1994년 10월 28,9일 고려대에서한국사연구회가 주최한 학술대회 발표 요약문).

李榮薰, 1985, 「朝鮮後期 土地所有의 基本構造와 農民經營」, 서울대 박사학위논문.

李離和, 1984, 「東學 農民革命에 나타난 南·北接의 갈등」『民族·統一·解放의 論理』, 형성사.

______, 1985, 「동학혁명의 선구 이필제」『學園』1, 학원사.

______, 1989~1990, 「전봉준과 동학농민전쟁」『역사비평』7-10호.

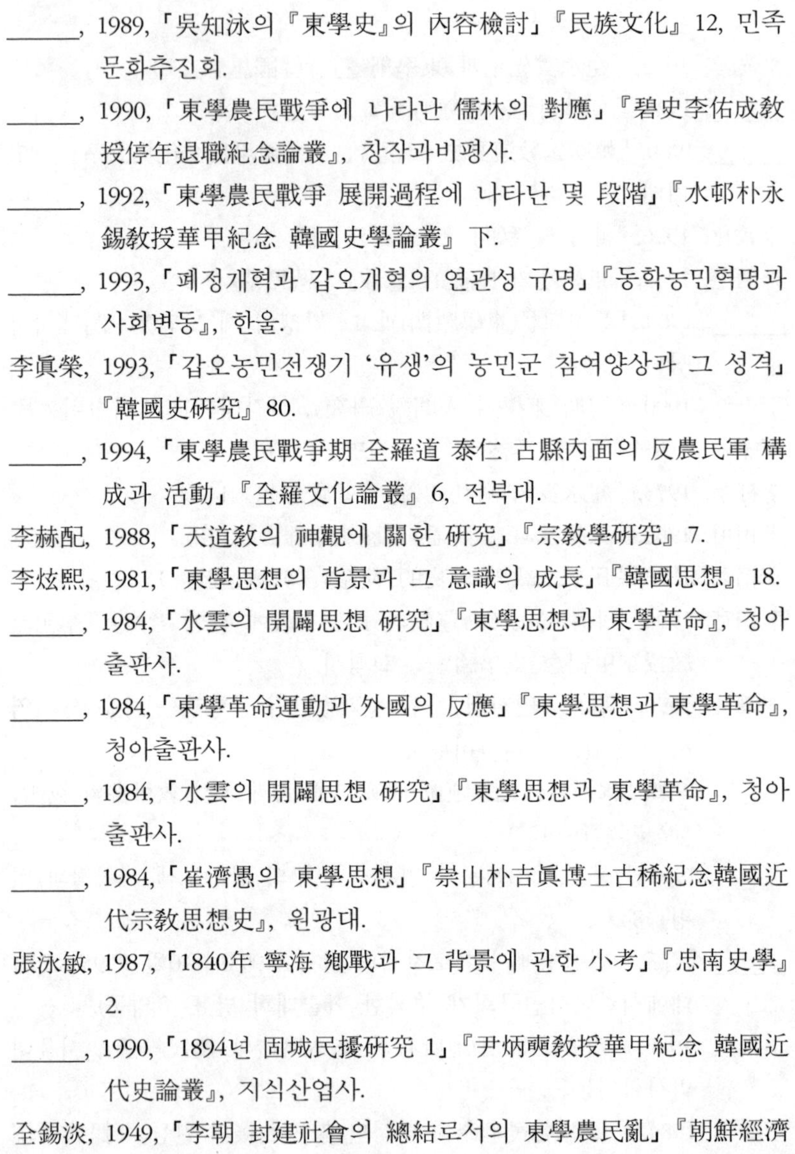

______, 1989, 「吳知泳의 『東學史』의 內容檢討」 『民族文化』 12, 민족문화추진회.

______, 1990, 「東學農民戰爭에 나타난 儒林의 對應」 『碧史李佑成敎授停年退職紀念論叢』, 창작과비평사.

______, 1992, 「東學農民戰爭 展開過程에 나타난 몇 段階」 『水邨朴永錫敎授華甲紀念 韓國史學論叢』 下.

______, 1993, 「폐정개혁과 갑오개혁의 연관성 규명」 『동학농민혁명과 사회변동』, 한울.

李眞榮, 1993, 「갑오농민전쟁기 '유생'의 농민군 참여양상과 그 성격」 『韓國史硏究』 80.

______, 1994, 「東學農民戰爭期 全羅道 泰仁 古縣內面의 反農民軍 構成과 活動」 『全羅文化論叢』 6, 전북대.

李赫配, 1988, 「天道敎의 神觀에 關한 硏究」 『宗敎學硏究』 7.

李炫熙, 1981, 「東學思想의 背景과 그 意識의 成長」 『韓國思想』 18.

______, 1984, 「水雲의 開闢思想 硏究」 『東學思想과 東學革命』, 청아출판사.

______, 1984, 「東學革命運動과 外國의 反應」 『東學思想과 東學革命』, 청아출판사.

______, 1984, 「水雲의 開闢思想 硏究」 『東學思想과 東學革命』, 청아출판사.

______, 1984, 「崔濟愚의 東學思想」 『崇山朴吉眞博士古稀紀念韓國近代宗敎思想史』, 원광대.

張泳敏, 1987, 「1840年 寧海 鄕戰과 그 背景에 관한 小考」 『忠南史學』 2.

______, 1990, 「1894년 固城民擾硏究 1」 『尹炳奭敎授華甲紀念 韓國近代史論叢』, 지식산업사.

全錫淡, 1949, 「李朝 封建社會의 總結로서의 東學農民亂」 『朝鮮經濟史』, 박문출판사.

鄭 珉, 1991, 「遊仙文學의 서사구조와 도교적 상상력」 『韓國道敎와 道家思想』, 아세아 문화사.

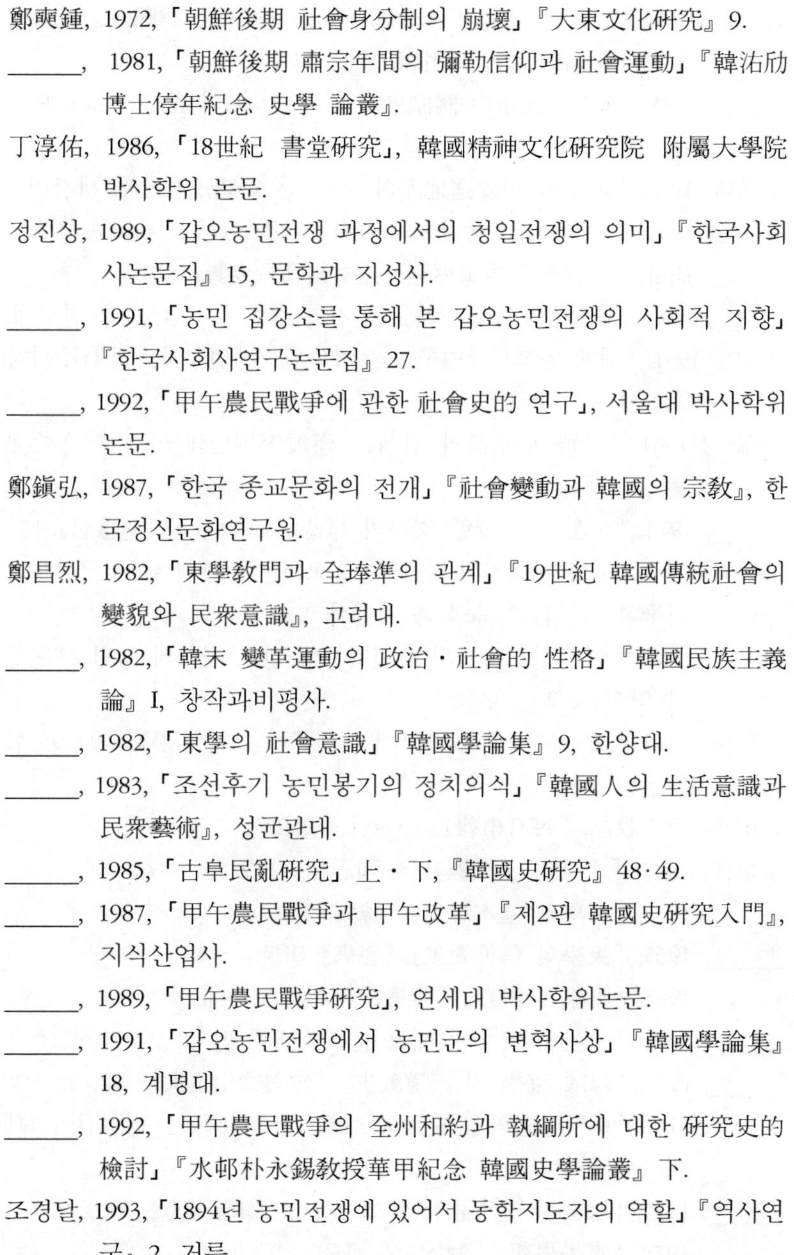

鄭奭鍾, 1972,「朝鮮後期 社會身分制의 崩壞」『大東文化硏究』 9.

______, 1981,「朝鮮後期 肅宗年間의 彌勒信仰과 社會運動」『韓沽劤博士停年紀念 史學 論叢』.

丁淳佑, 1986,「18世紀 書堂硏究」, 韓國精神文化硏究院 附屬大學院 박사학위 논문.

정진상, 1989,「갑오농민전쟁 과정에서의 청일전쟁의 의미」『한국사회사논문집』 15, 문학과 지성사.

______, 1991,「농민 집강소를 통해 본 갑오농민전쟁의 사회적 지향」『한국사회사연구논문집』 27.

______, 1992,「甲午農民戰爭에 관한 社會史的 연구」, 서울대 박사학위 논문.

鄭鎭弘, 1987,「한국 종교문화의 전개」『社會變動과 韓國의 宗教』, 한국정신문화연구원.

鄭昌烈, 1982,「東學教門과 全琫準의 관계」『19世紀 韓國傳統社會의 變貌와 民衆意識』, 고려대.

______, 1982,「韓末 變革運動의 政治·社會的 性格」『韓國民族主義論』 I, 창작과비평사.

______, 1982,「東學의 社會意識」『韓國學論集』 9, 한양대.

______, 1983,「조선후기 농민봉기의 정치의식」『韓國人의 生活意識과 民衆藝術』, 성균관대.

______, 1985,「古阜民亂硏究」上·下,『韓國史硏究』 48·49.

______, 1987,「甲午農民戰爭과 甲午改革」『제2판 韓國史硏究入門』, 지식산업사.

______, 1989,「甲午農民戰爭硏究」, 연세대 박사학위논문.

______, 1991,「갑오농민전쟁에서 농민군의 변혁사상」『韓國學論集』 18, 계명대.

______, 1992,「甲午農民戰爭의 全州和約과 執綱所에 대한 硏究史的 檢討」『水邨朴永錫教授華甲紀念 韓國史學論叢』 下.

조경달, 1993,「1894년 농민전쟁에 있어서 동학지도자의 역할」『역사연구』 2, 거름.

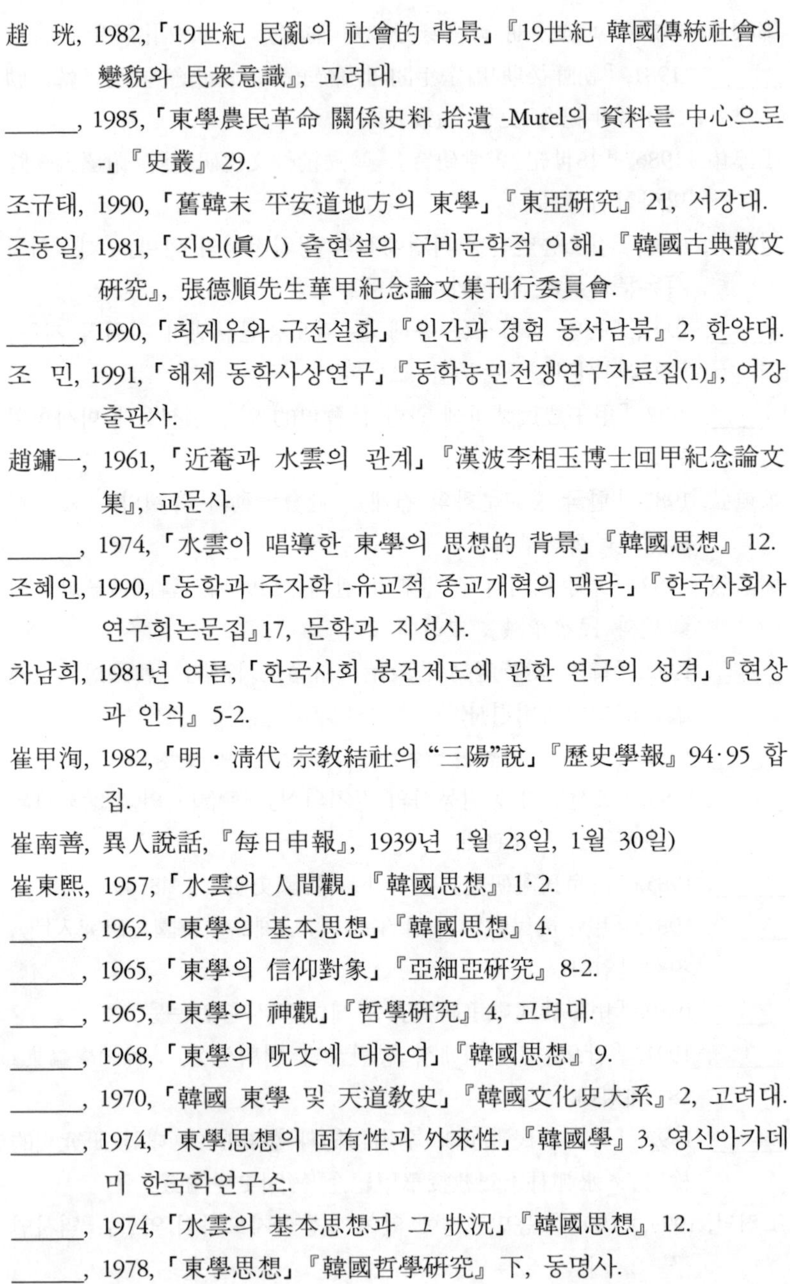

趙 珖, 1982,「19世紀 民亂의 社會的 背景」『19世紀 韓國傳統社會의 變貌와 民衆意識』, 고려대.

______, 1985,「東學農民革命 關係史料 拾遺 -Mutel의 資料를 中心으로-」『史叢』29.

조규태, 1990,「舊韓末 平安道地方의 東學」『東亞研究』21, 서강대.

조동일, 1981,「진인(眞人) 출현설의 구비문학적 이해」『韓國古典散文研究』, 張德順先生華甲紀念論文集刊行委員會.

______, 1990,「최제우와 구전설화」『인간과 경험 동서남북』2, 한양대.

조 민, 1991,「해제 동학사상연구」『동학농민전쟁연구자료집(1)』, 여강출판사.

趙鏞一, 1961,「近菴과 水雲의 관계」『漢波李相玉博士回甲紀念論文集』, 교문사.

______, 1974,「水雲이 唱導한 東學의 思想的 背景」『韓國思想』12.

조혜인, 1990,「동학과 주자학 -유교적 종교개혁의 맥락-」『한국사회사연구회논문집』17, 문학과 지성사.

차남희, 1981년 여름,「한국사회 봉건제도에 관한 연구의 성격」『현상과 인식』5-2.

崔甲洵, 1982,「明・清代 宗教結社의 "三陽"說」『歷史學報』94·95 합집.

崔南善, 異人說話,『每日申報』, 1939년 1월 23일, 1월 30일)

崔東熙, 1957,「水雲의 人間觀」『韓國思想』1·2.

______, 1962,「東學의 基本思想」『韓國思想』4.

______, 1965,「東學의 信仰對象」『亞細亞研究』8-2.

______, 1965,「東學의 神觀」『哲學研究』4, 고려대.

______, 1968,「東學의 呪文에 대하여」『韓國思想』9.

______, 1970,「韓國 東學 및 天道教史」『韓國文化史大系』2, 고려대.

______, 1974,「東學思想의 固有性과 外來性」『韓國學』3, 영신아카데미 한국학연구소.

______, 1974,「水雲의 基本思想과 그 狀況」『韓國思想』12.

______, 1978,「東學思想」『韓國哲學研究』下, 동명사.

______, 1980,「東學의 基本思想」『韓國史學』1, 한국정신문화연구원.

崔承熙, 1981,「書院(儒林)勢力의 東學排斥運動小考」『韓沽劤博士停年記念史學論叢』.

崔柳吉, 1973,「19世紀末葉 韓日貿易에 관한 推計 및 分析」『經濟論集』12-3, 서울대한국경제연구소.

최재현, 1990 가을,「맑스의 '아시아적 생산양식'에 대한 비판적 검토」『역사비평』10호.

表映三, 1983,「東學經典 解義」『新人間』407호.

______, 1985,「水雲 大神師의 生涯」『韓國思想』20.

______, 1989,「東學의 辛未 寧海 敎祖伸冤運動에 關한 小考」『韓國思想』21.

하원호, 1990,「부르조아 민족운동의 발생발전」『북한의 한국사인식』2, 한길사.

韓沽劤, 1964,「東學軍의 弊政改革案 檢討」『歷史學報』23.

______, 1964,「東學亂의 起因에 관한 硏究」『亞細亞硏究』15-16.

______, 1967,「東學軍에 대한 日人의 幇助說 檢討」『東方學志』8.

______, 1969,「東學思想의 本質」『東方學志』10.

______, 1969,「東學思想의 基本構造」『人文科學』22, 연세대.

______, 1970,「東學의 리더쉽」『白山學報』8

______, 1984,「東學과 東學亂」『韓國學入門』, 학술원.

______, 1978,「東學農民軍의 蜂起와 戰鬪 -江原・黃海道의 경우-」『韓國史論』4, 서울대.

______, 1987,「東學唱道의 時代的 背景」『斗溪李丙燾博士九旬紀念韓國史學論叢』, 지식산업사.

黃善明, 1983,「후천개벽과 革世思想」『韓國近代民衆宗敎思想』, 학민사.

洪性讚, 1981,「한말・일제하의 지주제 연구」『韓國史硏究』33.

______, 1983,「1894年 執綱所期 設包下의 鄕村事情」『東方學志』39.

黃性模, 1977,「韓國農民意識의 歷史的 發展」『曉岡崔文煥博士追念論文集』,曉岡崔文煥先生 紀念事業推進委員會.

石井壽夫, 1941,「教祖崔濟愚における東學思想の歷史的展開」『歷史學硏究』 85.

朴慶植, 1953,「開國と甲午農民戰爭」『歷史學硏究』 特輯號:朝鮮史の諸問題.

姜在彦, 1954,「朝鮮における封建體制の解體と農民戰爭(1)(2)」『歷史學硏究』 173·177.

朴宗根, 1962,「東學と1894年(甲午)農民戰爭について」『歷史學硏究』 269.

橫川正夫, 1976,「全琫準について一考察」『朝鮮史硏究會論文集』 13.

馬淵貞利, 1979,「甲午農民戰爭の歷史的位置」『朝鮮歷史論集』 下.

趙景達, 1982,「東學農民運動と甲午農民戰爭の歷史的性格」『朝鮮史硏究會論文集』 19.

______, 1983,「甲午農民戰爭指導者 = 全琫準 硏究」『朝鮮史叢』 7.

참고서

칼 만하임, 1976,『이데올로기와 유토피아』, 황성모 역, 삼성출판사.

黃善明, 1980,『민중종교운동사』, 종로서적.

______, 1989,『종교학개론』, 종로서적.

테다 스카치폴, 1981,『국가와 사회혁명』, 한창수, 김현택 옮김, 까지

조병한 편저, 1981,『태평천국과 중국의 농민운동』, 인간사.

프리드리히 엥겔스,『독일농민전쟁』, 이종훈·김용우 역, 1986,『독일혁명사 2부작』, 소나무.

D.B. 맥코운, 1991,『마르크스주의 종교이론』, 강돈두, 박정해 옮김, 서광사.

찾아보기

ㄱ

ㄴ

ㅈ

ㅊ

ㅍ

ㅎ

장영민 (張泳敏)

충남대 사학과
한국학대학원 석사, 박사
상지대학교 교수

동학의 정치사회운동 정가 : 33,000원

2004년 12월 20일 초판 발행
2006년 9월 30일 재판 발행

저자 : 張 泳 敏
회장 : 韓 相 夏
발 행 인 : 韓 政 熙
발 행 처 : 景仁文化社
편집 : 李 美 珍
서울특별시 마포구 마포동 324 - 3
전화 : 718 - 4831~2, 팩스 : 703 - 9711
E-mail : kyunginp@chollian.net
등록번호 : 제10 - 18호(1973. 11. 8)

ISBN : 89-499-0290-7 94900